CLEMENS SCHOLTEN

ANTIKE NATURPHILOSOPHIE UND CHRISTLICHE KOSMOLOGIE IN DER SCHRIFT »DE OPIFICIO MUNDI« DES JOHANNES PHILOPONOS

W
DE
G

PATRISTISCHE TEXTE UND STUDIEN

IM AUFTRAG DER

PATRISTISCHEN KOMMISSION

DER AKADEMIEN DER WISSENSCHAFTEN
IN DER BUNDESREPUBLIK DEUTSCHLAND

HERAUSGEGEBEN VON

H.CHR. BRENNECKE UND E. MÜHLENBERG

BAND 45

WALTER DE GRUYTER · BERLIN · NEW YORK

1996

ANTIKE NATURPHILOSOPHIE
UND CHRISTLICHE KOSMOLOGIE
IN DER SCHRIFT »DE OPIFICIO MUNDI«
DES JOHANNES PHILOPONOS

VON

CLEMENS SCHOLTEN

WALTER DE GRUYTER · BERLIN · NEW YORK
1996

♾ Gedruckt auf säurefreiem Papier,
das die US–ANSI-Norm über Haltbarkeit erfüllt.

Die Deutsche Bibliothek – CIP-Einheitsaufnahme

Scholten, Clemens:
Antike Naturphilosophie und christliche Kosmologie in der Schrift
„de opificio mundi" des Johannes Philoponos / von Clemens
Scholten. – Berlin ; New York : de Gruyter, 1996
(Patristische Texte und Studien ; Bd. 45)
Zugl.: Bonn, Univ., Habil.-Schr., 1994
ISBN 3-11-014834-X
NE: GT

ISSN 0553-4003

Printed in Germany
Druck: Gerike GmbH, Berlin
Buchbinderische Verarbeitung: Lüderitz & Bauer, Berlin

Marguerite Barankitse

und

Ève de la Tousche

in Verbundenheit

VORWORT

Persönliches Interesse an Fragen der Naturphilosophie und Astronomie und der Hinweis von Herrn Professor Dr. Dr. Carsten Colpe, Berlin, auf Johannes Philoponos standen am Anfang dieser Untersuchung. Sie gilt einem weithin vernachlässigten Gebiet antiker Geistes- und Kirchengeschichte. Ihr Abschluß regt, so ist zu hoffen, zu weiterer Beschäftigung mit dem Thema sowie mit Johannes Philoponos und seinem Umfeld an.

Von der Katholisch-Theologischen Fakultät der Rheinischen Friedrich-Wilhelms-Universität Bonn wurde die vorliegende Untersuchung im Sommersemester 1994 zusammen mit der erstmaligen Übersetzung von »de opificio mundi« in eine moderne Sprache als Habilitationsschrift angenommen. Die seitdem erschienene Literatur ist vor der Drucklegung berücksichtigt worden. Die genannte Übersetzung wird in Kürze an anderer Stelle zusammen mit Hinweisen zu den auch in dieser Arbeit angewendeten Übersetzungsprinzipien veröffentlicht; ihr soll eine ebenfalls vollständige Übertragung der Schrift »de aeternitate mundi« des Johannes Philoponos folgen.

Am Zustandekommen der Untersuchung sind viele Personen und Institutionen beteiligt, denen ich an dieser Stelle danken möchte: Mein herzlicher Dank gilt zuerst meinem Lehrer, Herrn Professor Dr. Ernst Dassmann, Bonn. Während meiner langjährigen Assistentenzeit bei ihm hat er mich in jeder Hinsicht mit fachlichem Rat und Verständnis unterstützt und den Gang dieser Arbeit mit kritischer Sympathie begleitet. Daneben danke ich Herrn Professor Dr. Karl-Heinz Menke (Korreferat) und, wie erwähnt, Herrn Professor Colpe, für Rat und Anregungen. In besonderer Weise sage ich Herrn Privatdozenten Winrich A. Löhr von der Evangelischen Schwesterfakultät in Bonn Dank für die gemeinsame Lektüre des Johannes Philoponos und die kritische Durchsicht dieser Arbeit, vor allem der Übersetzungen.

Der Deutschen Forschungsgemeinschaft bin ich für die Gewährung eines Habilitationsstipendiums und der Patristischen Kommission der Akademien der Wissenschaften in der Bundesrepublik Deutschland für die Aufnahme dieser Arbeit in die Reihe »Patristische Texte und Studien« zu Dank verpflichtet. Ihr Herausgeber, Herr Professor Dr. Ekkehard Mühlenberg, Göttingen, und Herr Professor Dr. Adolf Martin Ritter, Heidelberg, haben die Drucklegung aufmerksam verfolgt und anregende Hinweise gegeben. Die Österreichische Nationalbibliothek Wien hat eine Mikrofilmkopie des Codex bibliothecae Caesareae Vindobonensis theologicus graecus 29 (V), in dem die Schrift »de opificio mundi« des Johannes Philoponos enthalten ist, zur Verfügung gestellt; auch dafür sage ich Dank.

Gedankt sei schließlich für die Mithilfe beim Lesen der Korrekturen meiner Frau Maria Elisabeth, ferner Herrn Dipl.-Theol. Peter Dückers und Herrn cand. theol. Werner Nopper. Auch den Damen und Herren des Instituts für Kirchengeschichte und des Franz Joseph Dölger-Instituts in Bonn gilt für mancherlei Unterstützung mein Dank.

Für das Bemühen um eine sorgfältige Drucklegung bedanke ich mich beim Verlag Walter de Gruyter und besonders bei Herrn Wolfram Burckhardt.

Bonn, am 29. Juni 1995   Clemens Scholten

INHALTSVERZEICHNIS

ERSTER TEIL

GRUNDLEGUNG

ZUR ERFORSCHUNG DES JOHANNES PHILOPONOS

Person und Werk des Johannes Philoponos fristen in der theologischen Forschung ein Schattendasein. Selbst der Name dürfte außerhalb eines Kreises von Spezialisten vielfach unbekannt sein. Dafür gibt es mehrere Gründe. Einerseits fällt das 6. Jahrhundert im Osten in gewisser Weise in den Übergang der Zuständigkeiten von Alter Kirchengeschichte und Byzantinistik und markiert als Randzone beider Wissenschaftszweige nicht das Zentrum des Forschungsgebietes. Hinzu kommt, daß diese Zeit für eine Patrologie bzw. Dogmengeschichte, die sich hauptsächlich dem Erfassen aller Feinheiten trinitätstheologischer und christologischer Entwicklungen verschrieben hat, nach den Höhepunkten des 4. und 5. Jahrhunderts scheinbar nur noch mit der Nacharbeit und Sicherung von Entscheidungen beschäftigt ist, die schon vorher gefallen und im Grunde genommen aus heutiger Perspektive längst deutlich durchdacht und formuliert sind. Die Beschäftigung mit Erscheinungen, die als Nachwehen verstanden werden, stellt jedoch mehr eine lästige Pflicht als eine notwendige Aufgabe dar, da ein wirklicher Erkenntnisgewinn dabei nicht herauszuspringen scheint, zumal in diesem Fall die theologischen und kirchenpolitischen Kontroversen und Verwicklungen mit zunehmender Dauer immer unentwirrbarer werden. J.Ph. steht dabei bislang noch zusätzlich deshalb abseits des Interesses, weil er für die Dogmengeschichte lediglich dadurch auffällig geworden ist, daß er eine auf dem dritten ökumenischen Konzil von Konstantinopel 680/81 verurteilte tritheistische Irrlehre verbreitet hat und in der Christologie als Monophysit getreulich in den Fußstapfen des Severus von Antiochien gewandelt ist [1]. Die auf die Qualität der kommentierenden Arbeit des J.Ph. in opm. bezogene psychologisierende Wertung von RIEDINGER:

»Man spürt dem Johannes auch die Müdigkeit eines Menschen an, der sich in einer Zeit fühlt, die nur mehr kompilieren und kommentieren kann, weil

---

[1]   Vgl. z.B. BARDENHEWER 5,7f, ALTANER/STUIBER 507, GUDEMAN/KROLL 1570.

sie große Bibliotheken besitzt, denen sie nichts Besseres hinzufügen zu können glaubt, ...« [2],

kann mutatis mutandis daher als nicht untypisches Vorurteil über die vermeintlich epigonale Leistung des J.Ph. gelten. Mit einer solchen zusammenfassenden
Bewertung der theologischen Arbeit des J.Ph. hat sich die Patrologie im wesentlichen bisher zufriedengegeben und anderem zugewandt.
     Will man J.Ph. gerechter beurteilen, ist es freilich nicht damit getan, ihn
so wie bisher im klassisch dogmengeschichtlichen Sinn genauer unter die
Lupe zu nehmen und christologische oder trinitätstheologische Einzelheiten
präziser als bisher zu erforschen, daraufhin vielleicht Verständnis oder Sympathie für manche seiner Äußerungen zu bekunden und ihn aus seinem
Häretikerdasein zu befreien, um ihn damit schließlich vielleicht zum »salon-
fähigen Theologen« zu machen. Daß J.Ph. so wenig in theologischen Kreisen
bekannt ist, weil seine Ideen sich als unergiebig und, wenn man an seinen
Tritheismus denkt, als häretisch scheinbar erstaunlich simpel erwiesen haben, ist nämlich gerade durch einen solch dogmengeschichtlichen Ansatz
bedingt, der J.Ph. nur aus sehr verengter Perspektive erfaßt und weitgehend
die Eigenart seiner Person und seines Werkes ausklammert und nicht wahr-
nimmt, daß der Name J.Ph. für weit mehr als bloß eine Häresie steht. Wer
sich näher mit J.Ph. beschäftigt, wird schnell erkennen, daß er außerhalb des
theologischen Wahrnehmungsbereichs keineswegs eine unbedeutende oder
gar unbekannte Gestalt ist. Für die Philosophiegeschichte zählt J.Ph. im Gegenteil »zu den bedeutendsten Geistern der Spätantike« [3]. Für sie ist J.Ph. –
wie die andere philosophiehistorisch wichtige Gestalt dieser Zeit, der Heide
Simplicius, Schüler des Ammonius – der wichtigste Vertreter der neuplatonisch-aristotelischen Philosophenschule Alexandriens in der ersten Hälfte
des 6. Jahrhunderts und hat sich besonders als Kommentator vor allem des
Aristoteles einen Namen gemacht, wobei noch unerwähnt bleibt, daß unter
seinen Werken außerdem medizinische, astronomische, mathematische und
grammatikalische Schriften zu finden sind [4]. Wie wenig die Bedeutung dieser philosophiegeschichtlichen Wertschätzung ins theologische Bewußtsein
gedrungen ist, zeigt sich zum Beispiel daran, daß Standardwerke wie die
»Clavis Patrum Graecorum« oder der »ALTANER/STUIBER« es dabei bewenden
lassen, nur die im engen Sinn theologischen Werke des J.Ph., die im übrigen

---

2   U. RIEDINGER, Die heilige Schrift im Kampf der griechischen Kirche gegen die Astro-
    logie (Innsbruck 1956) 78.
3   Tusculum-Lexikon, hg.v.W. BUCHWALD/A. HOHLWEG/O.PRINZ (München³1982) 406.
4   Die beste Werkübersicht mit Editionen findet sich: rejection 231/5; in ihrer Echtheit
    umstritten sind bes. die medizinischen Schriften; 19 derartige Werke verzeichnet F.
    SEZGIN, Geschichte des arabischen Schrifttums 3 (Leiden 1970) 15/60.

innerhalb des Gesamtwerkes vom Umfang her gesehen bei weitem nicht den Schwerpunkt seines Schaffens darstellen, zu notieren und damit eine Trennungslinie zum übrigen Werk zu ziehen [5]. Hierin wirkt zudem ein weiteres Vorurteil hinein, das im letzten auf dem in weiten Teilen überholten, aber trotzdem immer noch lesenswerten und für die ältere Forschung maßgeblichen PW-Artikel von GUDEMANN/KROLL aus dem Jahre 1916 beruht, daß nämlich J.Ph. vom Heiden zum Christen konvertiert sei und damit alle nichttheologischen Schriften in eine aus theologiegeschichtlicher Sicht bedeutungslose Frühphase des J.Ph. fallen würden, so als könne man davon ausgehen, daß dogmengeschichtliche Stellungnahmen und frühere philosophische Denkweise nichts miteinander zu tun haben; daß eine solche Bewertung des J.Ph. kaum richtig sein kann, hätte man freilich spätestens seit den Analysen von ÉVRARD aus dem Jahre 1953 wissen können [6], da die Abfassungszeit solcher Schriften wie c.Arist. oder MetCom. sicher in seine behauptete »christliche« Zeit fällt; aber die theologische Forschung hat sich bisher mehr oder weniger der a priori plausiblen Einsicht verschlossen, daß bei J.Ph. theologisches Denken von philosophischen Voraussetzungen geprägt sein dürfte. Wie fruchtbar schon dann, wenn man lediglich den traditionell dogmengeschichtlichen, speziell christologischen Ansatz weiterverfolgt, die Forschung werden kann und daß sich ein solches Vorurteil des häretischen Epigonentums als brüchig erweist, hat jüngst das Standardwerk von GRILLMEIER deutlich herausgearbeitet [7] und damit endlich zumindest den Fragehorizont über den engen theologiegeschichtlichen Rahmen hinaus durch Zurkenntnisnahme des breit angelegten Schaffens des J.Ph. richtig erweitert.

Angesichts des Desinteresses der Patrologie verwundert es nicht, daß die wichtigen Impulse der Erforschung des Werkes des J.Ph. statt von patrologischtheologischer Seite bisher von philosophie- bzw. wissenschaftshistorischer Seite her kommen. Hier stellt bereits 1905 WOHLWILL fest:

---

5   ALTANER/STUIBER 507, ClavisPG 7260/7282; hinzuzufügen ist der Aufstellung die Schrift c.ep.Dosith.: vgl. Werkverzeichnis nr. 39.

6   É. ÉVRARD, Les convictions religieuses de Jean Philopon et la date de son commentaire aux »Météorologiques«: BAB.L 5. ser. 39 (1953) 299/357.

7   TH. HAINTHALER: GRILLMEIER 2,4,109/49, hier 149, schlagwortartig in der Schlußbewertung: »... explosive und folgenreiche Spekulation ...«. Noch immer bahnbrechend der ältere Aufsatz von TH. HERMANN, Johannes Philoponos als Monophysit: ZNW 29 (1930) 209/64. In der Beurteilung der Trinitätstheologie des J.Ph. bahnt sich ebenfalls eine Neubewertung an: EBIED/VAN ROEY/WICKHAM, Peter of Callinicum 25/ 33, wichtig daneben G. FURLANI, L'anatema di Giovanni d'Alessandria contro Giovanni Filopono: AAST 4 (1920) 188/94. Vgl. J. HAMMERSTAEDT, Der trinitarische Gebrauch des Hypostasisbegriffs bei Origenes: JbAC 34 (1991) 18[69]: »Zuerst hat wohl Johannes Philoponus die aristotelische οὐσία-Definition in den Zusammenhang mit der Trinitätslehre gebracht«; vgl. DERS., Hypostasis: RAC 16 (1993) 1032/4.

»Große Lücken [bleiben] in unserem Wissen von der Naturerkenntnis älterer Zeiten. Der herrschenden Vorstellung gemäß bietet uns die umfangreiche Literatur der Kommentare zu den naturwissenschaftlichen Schriften des
Aristoteles im wesentlichen nur die Anhäufung einer für die Entwicklung
der Naturwissenschaft unfruchtbaren Gelehrsamkeit. Diese Vorstellung erweist sich einer auch nur flüchtigen Prüfung der Kommentare des Philoponos
gegenüber als unzutreffend« [8].

Gerade von dieser Seite aus ist schon seit langem eine ganzheitliche Betrachtung des Werkes des J.Ph. gefordert [9] und die Erkenntnis entwickelt worden, die sich bis auf die modifizierte Kritik von VERRYCKEN in jüngster Zeit,
auf die noch einzugehen sein wird [10], durchgesetzt hat, daß eine Verteilung
des Werkes auf eine heidnische und eine christliche Phase J.Ph. nicht gerecht
wird und die Annahme seiner Konversion vom Heiden zum Christen aufzugeben ist, da er immer, auch schon in seiner Zeit vor der durch die Schrift
aetm. aus dem Jahr 529 markierten vermeintlichen Lebenswende Christ war [11].
Außer der Feststellung, daß das Schaffen des J.Ph. nicht aufgespalten werden
darf und als ganzes betrachtet werden muß, hat die philosophiehistorische
Forschung des weiteren anhand etlicher Einzeluntersuchungen zu verschiedenen
naturphilosophischen Themen inzwischen herausgestellt, daß J.Ph. nicht einfach
reiner Rezipient des Aristoteles bzw. einer philosophischen Tradition ist, die
zu seiner Zeit längst in eine Synthese des gesamten antiken Denkens unter
dem Dach eines neuplatonischen Hochschulbetriebs gemündet ist, sondern
mit ihr kritischen Umgang gepflegt und vielfach individuell geprägte, zum
Teil auch innovative, Aristoteles und Platon überholende Beiträge geliefert
hat [12]. In seinem grundlegenden einführenden Aufsatz zum von ihm herausgegebenen Sammelband »Philoponus and the rejection of Aristotelian science«
hat R. SORABJI im Überblick die naturphilosophischen Gegenstände und
Themen beschrieben, die J.Ph. in Absetzung von der aristotelischen Tradition behandelt und welche die durch SORABJIs eigene Untersuchungen berei-
cherte Forschung bisher festgestellt hat. Da sie wenig bekannt sein dürften,

---

8   WOHLWILL 82.

9   Vgl. WENDLAND 21: »Phil. verdient eine Monographie, die uns ein vollständiges Bild der
    Persönlichkeit nach den beiden Seiten ihrer schriftstellerischen Thätigkeit, der theolo-
    gischen und der grammatischen, entwirft. Vielleicht giebt die gründliche Arbeit R.'s
    [sc. aetm., ed. H. RABE] den Anstoß zur Erfüllung dieses schon von KRUMBACHER ge-
    äußerten Wunsches«.

10 Vgl. u. S. 123/43.

11 ÉVRARD, SAFFREY, Jean Philopon, akzeptiert von SORABJI: rejection 4f.37/40; ältere
    Anhänger der These von GUDEMAN/KROLL bei VERRYCKEN, development 234₃.

12 Lediglich A.E. HAAS, Über die Originalität der physikalischen Lehren des Johannes
    Philoponus: Bibliotheca Mathematica 3(6) (1906) 337/42 hat Zweifel an der Wichtigkeit
    des J.Ph., aber seine Meinung hat sich nicht durchgesetzt.

sollen sie im folgenden kurz vorgestellt werden. Im einzelnen sind dies: 1. Die
vor allem in aetm. 1 geübte Kritik an der Ewigkeit der Welt mittels des
Arguments, daß das Verstreichen einer unendlichen Anzahl von Jahren der
aristotelischen Annahme einer begrenzten Zahl alles Innerweltlichen widerspricht und die Vermehrung des Unendlichen durch immer neu hinzukom-
mende Jahre und Tage in Gegenwart oder Vergangenheit sich nicht mit dem
Begriff vom Unendlichen vereinbaren läßt [13]. 2. Die Entwicklung einer Impetustheorie bes. in PhysCom., die schließlich in opm. alle in der Natur vorkommenden Bewegungen auf ein einheitliches Prinzip zurückführt [14]; dabei wird
noch darum gestritten, ob J.Ph. nicht sogar der erste gewesen ist, der in
diesem Sinne Bewegung verstanden hat, oder ob nicht Hipparch oder einem
noch unbekannten Autor vor Hipparch, der im Corpus Aristotelicum seine
Spuren hinterlassen hat, der Primat gebührt [15]. Jedenfalls wird die mit einem eigenen physikalischen Fallgesetz in Verbindung stehende Theorie des
J.Ph. [16] gerne mit neuzeitlichen physikalischen Theorien verglichen und J.Ph.

---

13 SORABJI: rejection 6f, ausführlich ebd. 164/78, TODD 153/9, zustimmend A.W. MOORE,
The infinite (London/New York 1990) 47f: »the arguments ... constitute the first clear
allusion to the paradoxes of the infinitely big«.

14 LUCCHETTA, ipotesi, WOLFF, Fallgesetz 45/52, dazu kritisch SORABJI: rejection 7/13, vgl.
DERS., MSM 227/48, DERS.: Aristotle transformed 181/98, GRANT, Aristotle, Philoponus,
Avempace, and Galileo's Pisan dynamics: DERS., Studies 79/95.

15 Diskussion bei WOLFF: rejection 98/104, der sich für die Originalität des J.Ph. entscheidet, vgl. DERS., Geschichte der Impetustheorie 67/160; F. KRAFFT, Dynamische und
statische Betrachtungsweise in der antiken Mechanik = Boethius 10 (Wiesbaden 1970)
77f, hält Hipparch für den ersten Vertreter, während B. MANUWALD, Die Wurftheorien
im Corpus Aristotelicum: Aristoteles. Werk und Wirkung 1,151/67, den Verfasser von
Aristoteles Phys. VII 3 für den ältesten Vertreter ansieht, allerdings zugestehen muß,
daß die Datierung dieses Abschnitts offen ist. Daß Hipparch im Prinzip die Impetustheorie vertreten hat, ist Simplicius CaelCom. 264,25/265,6 zu entnehmen. T. KRISCHER,
Ein Zeugnis zur Geschichte der Impetustheorie: Hermes 122 (1994) 381/3, möchte auch
in Synesios ep. 5 (16 GARZYA), in der er das Erlebnis eines Seesturms schildert, einen
Reflex der Impetustheorie erblicken. Das muß man allerdings in den Text hineininter-
pretieren. Denn weder sind »φλεγμαίνοντα ὀνόματα« Worte, »die in einer wissenschaftlichen Untersuchung am Platze sind«, sondern einfach stark überzeichnende, heftige Ausdrücke (vgl. LIDDELL/SCOTT 1943b/1944a), welche die damalige Gefahr des Seesturms
drastisch darstellen sollen, noch spricht der Text aus, wie die Wellen, »ἰσχῦον ἔχοντα
τὸ ἐνδόσιμον τῆς κινήσεως«, die Kraft des Windes vermittelt bekommen haben. Daß
Synesios sagen will »solange die auf die Wogen übertragene vis impressa noch nicht
verbraucht ist«, steht nicht da. Synesios will keine bewußte wissenschaftliche Aussage
auf der Grundlage der Impetustheorie machen, sondern beschreibt unreflektiert das
Naturgeschehen. Dennoch dürfte es sinnvoll sein, das naturphilosophische Schrifttum
der Zeit zwischen Hipparch und J.Ph. weiter nach Spuren der Impetustheorie zu erforschen.

16 Vgl. WOLFF, Fallgesetz, FURLEY: FURLEY/WILDBERG 57₉.

ehrenhalber nicht zu Unrecht als »Vorgänger Galileis« anerkannt [17]. 3. Ein weiterer eigener Beitrag des J.Ph. zur Dynamik betrifft die Geschwindigkeit eines Gegenstandes im leeren Raum. Nach J.Ph. wird durch die Reduzierung des (Luft-)Widerstandes, den der Gegenstand auf seinem Weg überwinden muß, auf Null nicht die Geschwindigkeit unendlich groß, wie Aristoteles meint, sondern es fällt lediglich die zusätzliche Zeit weg, die zur Überwindung des Widerstandes benötigt wird; die Geschwindigkeit bleibt also endlich [18]. 4. J.Ph. bestimmt den Ort oder Raum, den ein Gegenstand einnimmt, als die Ausdehnung zwischen Begrenzungslinien, während Aristoteles den Ort eines Gegenstandes von der Begrenzung durch seine Umgebung definiert sein läßt; dieser Ort, wie ihn J.Ph. versteht, kann anders als Aristoteles annimmt, theoretisch, auch wenn in Wirklichkeit nicht vorkommend, leer sein [19]. 5. Dem natürlichen Ort der Elementenganzheiten Feuer, Luft, Wasser, Erde kommt keine eigenständige Kraft zu, die mithilft, Elemententeile an ihren Platz zu lenken, wie Aristoteles glaubt, sondern sie nehmen teleologisch die von Gott gewollte Ordnung ein [20]. 6. J.Ph. findet zu einem eigenen Materiebegriff, indem er die aristotelische prima materia als dreidimensionale Erstreckung begreift und zur Definition eines Körper erhebt; als Folge wird die aristotelische Kategorientafel aufgebrochen, indem Ausdehnung von der Kategorie der Quantität in die Kategorie der Substanz verlagert wird [21]. 7. Eine ausführliche Widerlegung widmet J.Ph. der aristotelischen Annahme eines fünften, für die Himmelszone bestimmten Elementes [22]. 8. Die aristotelische Theorie vom Licht als Aktualität des Durchsichtigen wird von J.Ph. um einige Elemente aus der Sehstrahltheorie ergänzt, die erklären, weshalb Licht

---

17　So im Titel WOHLWILL; zum Vergleich mit Galilei WOLFF: rejection 88/98, zu einer differenzierten und damit historisch gerechtfertigteren Beurteilung des Verhältnisses von J.Ph. zur neuzeitlichen Physik WIELAND, Raumtheorie 133f, der zu Recht feststellt, daß bei aller Nähe des J.Ph. zur Neuzeit kein gerader Weg beide verbindet; vgl. A.C. CROMBIE, Von Augustinus bis Galilei. Die Emanzipation der Naturwissenschaft (München 1977) 296.

18　SORABJI: rejection 13f.

19　SORABJI: rejection 14/6, vgl. FURLEY: ebd. 130/9, WIELAND, Raumtheorie, zum Zusammenhang mit der Lehre vom Impetus ebd. 128. H. CHADWICK, Philoponus the Christian theologian: rejection 50, sieht die Auffasung der prima materia als dreidimensionale Ausdehnung als ein Bindeglied zur Christologie des J.Ph. an: »The argument appears to serve the point that all synthesis is of particular and specific entities, not of abstractions or universals. Philoponus rejects the notion that the divine and human united in Christ can be the universal substance (ousia) of divinity and universal humanity: all universals are mental abstractions which have no existence outside the mind«.

20　SORABJI: rejection 16/8.

21　Ebd. 18/24.

22　Ebd. 24/6, ausführlich die Monographie von WILDBERG, criticism.

und Farbe mit der Distanz abnehmen und nicht in jeder Richtung alles zugleich sichtbar ist[23].

Gewiß erschöpft sich in den genannten einzelnen Punkten noch nicht die Bedeutung der philosophischen Leistung des J.Ph., nicht nur weil nach Ansicht SORABJIs die Ausrichtung gegen Aristoteles als ganze von Bedeutung ist, während Einzelheiten sich schon bei früheren Autoren nachweisen lassen[24], sondern auch weil sich ohne weiteres Themen wie z.B. die Diskussion des Naturbegriffs[25], die Ideen zur quantitativen Mischung von Qualitäten[26] oder die Äußerungen zur antiken Seelenlehre[27] finden lassen, bei denen er sich kreativ mit ihm vorgegebenen philosophischen Traditionen auseinandergesetzt und eigenständige Lösungen gefunden hat[28]. Denn auch die Forschung von philosophiege-

---

23 SORABJI: rejection 26/30 mit Richtigstellung der älteren Ansichten von S. SAMBURSKY, Philoponus' interpretation of Aristotle's theory of light: Osiris 13 (1958) 114/26, DERS., Weltbild 517/21.

24 SORABJI: rejection 30, vgl. das Fazit von TODD 170.

25 MACIEROWSKI/HASSING 73/100, vgl. McGUIRE 241/67.

26 TODD 159/70; SAMBURSKY, Weltbild 427/30, beschreibt das Problem und die Bedeutung des J.Ph. folgendermaßen: »Mehrere Jahrhunderte später [sc. nach Galen] nahm Philoponos das Problem der quantitativen Zusammensetzung von Mischungen in einem anderen Zusammenhang wieder auf, indem er eine Frage stellte, die in dieser Form niemals vorher in der gesamten Antike aufgeworfen worden war. Von der Annahme ausgehend, daß alle physikalischen Eigenschaften einer Substanz das Resultat einer bestimmten Mischung der primären Qualitäten [sc. warm, kalt, trocken, feucht] seien, fragt Philoponos, wie zu erklären ist, daß in manchen Fällen eine der Eigenschaften sich merkbar ändert, während die anderen anscheinend unverändert bleiben [sc. z.B.: während die Farbe des Honigs sich von Gelb nach Weiß hin ändern kann, wird seine Süße nicht betroffen]. Die Formulierung dieser Frage war an sich schon eine originale Leistung, aber die von ihm gegebene Antwort [sc. in GenCorCom. 169,24/171,12, übers. bei BÖHM 293/5] enthält zum erstenmal die Diskussion der funktionalen Abhängigkeit einer Gruppe variabler Größen von einer anderen und die klare Erkenntnis des Verlaufs einer Funktion, das heißt, mathematisch gesprochen, ihrer ersten Ableitung«. Die Lösung des J.Ph. sieht so aus, daß jede Qualität einen gewissen Variabilitätsbereich (πλάτος) umfaßt und die Umschlagpunkte von der einen Qualität in ihr Gegenteil nicht in allen Gegensatzpaaren identisch sind. Vgl. TSOUYOPOULOS 20/33, bes. 31/3, die allerdings feststellt, daß die Theorie des J.Ph. ähnlich auch bei Simplicius begegnet und deutlich in der neuplatonischen Tradition (Jamblich, Proklos) verwurzelt ist.

27 H. BLUMENTHAL, John Philoponus and Stephanus of Alexandria. Two Neoplatonic Christian commentators of Aristotle?: Neoplatonism and Christian thought 54/63. 244/6, VERRYCKEN, psychogonie.

28 Nur darauf hingewiesen sei, daß auch die philologische Arbeit aus den Werken des J.Ph. schon einigen Nutzen gezogen hat, indem sie J.Ph. als Überlieferer von Schriftstücken älterer Gelehrter ins Auge genommen hat; hingewiesen sei z.B. auf die Zitate des Timaioskommentars des Porphyrius in aetm.: vgl. A.F. SODANO, I frammenti dei commentari di Porfirio al *Timeo* di Platone nel *de aeternitate mundi* di Giovanni Filopono: RAAN NS 23 (1962) 97/125, dazu die Korrekturen von VERRYCKEN, Porphyry.

schichtlicher Seite ist noch weit davon entfernt, zu einem Abschluß gekommen
zu sein, und wie sich weitere Erkenntnisse gerade für die Interpretation der theologischen Schriften des J.Ph. auswirken werden, bleibt vorerst abzuwarten. Die
geforderte Gesamtbetrachtung des J.Ph. rückt daher, zumindest was eine umfassende Darstellung betrifft, noch in weite Ferne. Aber die Übersicht über die
bereits festgestellten innovativen Leistungen des J.Ph. macht deutlich, daß die
Bedeutung seines Schaffens zunächst einmal in dem Fortschritt besteht, den
seine naturphilosophischen Erkenntnisse und ihre Formulierung in einer
entsprechenden Terminologie gebracht haben. Für die theologische Forschung
bietet sich daher an, daß sie, will sie aus dem oben beschriebenen verengten
Forschungsansatz herauskommen, den notwendigen Brückenschlag zwischen
»nichtchristlichem« und »christlichem« bzw. »philosophischem« und »theologi-
schem« Schaffen des J.Ph. zunächst an eben dieser Stelle vornimmt und nach der
Bedeutung fragt, welche die antike Philosophie mit ihrer Begrifflichkeit als die
Domäne des J.Ph. für seine Formulierung christlicher Dogmatik bekommen
haben könnte, um zu einer differenzierteren Beurteilung auch der theologischen
Leistungen des J.Ph. zu kommen. Die einzige Arbeit im deutschen Sprachraum
aus dem Jahre 1967 von W. Böhm, welche diese Aufgabe gesehen hat, kann
jedoch historischen und textinterpretatorischen Gesichtspunkten nicht mehr
genügen, weil sie auswählt, vieles unverbunden nebeneinander stehen läßt und
in ihren Übersetzungen häufiger ungenau ist; als Hilfsmittel (nach Sachgebieten
geordneter und kommentierter Quellenquerschnitt) wird man sie trotzdem
weiterhin gerne zu Rate ziehen[29]. Daß die anderen Bereiche der Theologie pro-
fitieren, nachdem ein genaueres Verständnis der Naturphilosophie und ihrer
Begrifflichkeit bei J.Ph. erarbeitet ist, hat Böhm freilich richtig gesehen und ist
inzwischen, wie oben schon gesagt, an der ansatzweisen Erfassung der christologischen und trinitätstheologischen Sprachregelungen des J.Ph. abzulesen[30].
    Der erste Anknüpfungspunkt von theologischer Seite ist unter den gegebe-
nen Bedingungen aber nicht die Christologie oder Trinitätslehre, sondern die
Schöpfungstheologie als christliches Pendant zur antiken Naturphilosophie. Es
liegt nahe, deshalb als erstes einmal die schöpfungstheologische Schrift des J.Ph.
»de opficio mundi« danach zu befragen, wie sich in ihr das naturphilosophische
Wissen des J.Ph. niedergeschlagen hat und welche Möglichkeiten er gefunden
hat, als Christ christliche Schöpfungslehre und antike Kosmologie auf dem Hin-

---

29 Johannes Philoponos. Grammatikos von Alexandrien (6. Jh.n.Chr.). Christliche Natur-
    wissenschaft im Ausklang der Antike, Vorläufer der modernen Physik, Wissenschaft und
    Bibel. Ausgewählte Schriften übers., eingel. und komm. v. W. Böhm (München/Pader-
    born/Wien 1967). Insbesondere die Kapitel VI. Christliche Kosmologie und VIII. Wis-
    senschaft und Bibel lassen nicht erkennen, welche Stoffülle sich allein noch hinter opm.
    und aetm. verbirgt und zeigen, daß eine diachronische Betrachtung notwendig ist.
30 Böhm 411/37, Th. Hainthaler: Grillmeier 2,4,109/49.

tergrund ihrer physikalischen Grundlagen unter dem Anspruch, daß die Wahrheit nur eine sein kann, zu vereinbaren. Daß das »Tusculumlexikon« hierzu bemerkt, J.Ph. bemühe sich um den Ausgleich zwischen Philosophie und kirchlicher Lehre und »benutze das Lehrgebäude des Aristoteles zur Verteidigung des christlichen Lebens«[31], ist gerade angesichts der oben genannten Modifizierungen, die J.Ph. gegenüber Aristoteles vornimmt, so selbstverständlich nicht und bedarf ebenso einer genauen Überprüfung wie die mehr allgemeine Behauptung, J.Ph. habe in opm. christliche Schöpfungslehre und antike Naturphilosophie miteinander zu verbinden gewußt und den Schöpfungsbericht der Genesis mit naturwissenschaftlicher Erkenntnis für harmonisierbar gehalten (Konkordanztheorie)[32], wobei hier besonders nach den Bedingungen zu fragen ist, unter denen eine solche Einschätzung Geltung beanspruchen darf.

Weiter – und dies ist sicher weitaus schwieriger zu erheben und erst in einem zweiten Schritt zu bedenken – muß im Auge behalten werden, ob nicht umgekehrt das christliche Element selbst einen Referenzrahmen für philosophische Probleme, zunächst in opm., dann aber auch in den Aristoteleskommentaren liefert, der Rückwirkungen auf das spätantike philosophische Begriffs- und Lehrwerk gehabt hat, obwohl man sich davor zu hüten haben wird, gerade in der Spätantike religiöse Überzeugung und philosophische Lehre dadurch aufeinander zu beziehen, daß einerseits das eine notwendig zu Folgen für das andere geführt hat und andererseits solche Veränderungen, so sie gegeben sind, auch unmittelbar zu erkennen sind. VERRYCKEN stellt richtig fest: »If Philoponus did not develop a Christian philosophy in his first philosophical period, that does not show that he must have been a pagan at that time. And if he was born a Christian, that does not establish that his philosophy must always have been Christian in character«[33]. Um sichere Aussagen über die »Christlichkeit« oder »Nichtchristlichkeit« einer philosophischen Aussage und ihres in den Hochschulbetrieb der Zeit involvierten Autors machen zu können, bedarf es weitaus eher Hinweisen in der Biographie als Lehrmaßstäben, mit denen die philosophisch-theologische Orthodoxie von Ansichten, die nicht selten als Hypothesen vorgetragen werden, entschieden wird. Was als christlich erscheint, kann durchaus auch eine Möglichkeit innerhalb philosophischer Denkart sein. So hat, um ein Beispiel auf neuplatonischer Seite zu nennen, jüngst

---

31 Tusculum-Lexikon, hg.v.W. BUCHWALD/A. HOHLWEG/O.PRINZ (München³1982) 407.
32 Ebd.
33 VERRYCKEN, development 236. Die Nachfrage könnte eben nur bei den äußeren Bedingungen ansetzen, die es verhindert haben, daß J.Ph. z.B. in der Frühzeit eine »christliche Philosophie« entwickelt hat. Zur Kompatibilität von Christlichkeit und philosophischen Denkansätzen richtig auch BLUMENTHAL, John Philoponus 316/20. 328/34. Die Frage nach der Existenz von Spezifika der alexandrinischen Philosophie im Vergleich zur athenischen wird hier nicht weiter verfolgt; vgl. dazu ebd. 314/6.

VERRYCKEN anhand der Lehren des Ammonius gezeigt, wie vorsichtig man sein muß, im Bereich der Metaphysik christliche und nichtchristliche Ideen säuberlich zu scheiden, und mit welcher Bandbreite philosophischer Ansichten zu rechnen ist: was ehedem als »christlicher Einfluß« auf das Denken des Ammonius angesehen wurde, kann VERRYCKEN überzeugend als rein innerneuplatonische Weiterentwicklung bestimmter Ansätze interpretieren [34].

ERSTES KAPITEL

DE OPIFICIO MUNDI – DER TEXT UND SEINE GATTUNG

Die Untersuchung von opm. betritt Neuland. Eingehende Studien zum Inhalt sowie Übersetzungen der Schrift in moderne Sprachen existieren nicht [35]. Die einzige lateinische Übersetzung der Editio princeps von BALTHASAR CORDERIUS aus dem Jahre 1630 ist wie die Textedition selbst mehr oder weniger unbrauchbar [36]. Daß man sich bisher nur äußerst oberflächlich mit dem Text

---

34 VERRYCKEN: Aristotle transformed 199/231, dies ist kritisch z.B. zu LUCCHETTA, Ipotesi 351, zu bemerken, der die Impetustheorie von PhysCom. unmittelbar von christlichen Voraussetzungen aus versteht. Vgl. zum Problem »christlich – philosophisch« auch die Referierung der älteren Überlegungen bei SORABJI: ebd. 10/5.

35 Für diese Arbeit hat die Österreichische Nationalbibliothek Wien eine Mikrofilmkopie des Codex bibliothecae Caesareae Vindobonensis theologicus graecus 29 (V) zur Verfügung gestellt. Dafür gilt ihr der Dank. Der Codex des 11. Jhs. ist beschrieben bei: Philonis Alexandrini opera quae supersunt I, ed. L. COHN (Berlin 1896) XXXV/VII. Er enthält folgende Texte:
1. fol. 1ʳ-61ʳ Eusebii Pamphili libri Eclogarum propheticarum de Christo.
2. fol. 61ᵛ-141ᵛ Ioannis Philoponi libri VII in Hexaemeron.
3. fol. 142ʳ-146ʳ eiusdem Disputatio de tempore celebrandi Paschatis.
4. fol. 147ʳ-154ᵛ Philonis de opificio mundi.
5. fol. 155ʳ-249 Cyrilli episcopi Hierosolymitani Catecheses.
Außer dem unten zu besprechenden Fehler REICHARDTs bei seiner Edition von opm. fällt auf, daß er keineswegs alle Randnotizen des Codex in seiner Edition berücksichtigt hat. Etliche, allerdings zumeist leichtere Versehen, die REICHARDT als Editor unterlaufen sind, teilt BOFFI mit.

36 Ioannis Philoponi in cap. I. Geneseos de mundi creatione libri septem nunc primum in lucem editi interprete B. CORDERIO (Wien 1630). Einen Abdruck der CORDERIUS-

beschäftigt hat, zeigen die unterschiedlichen Urteile über die Textgattung. Die folgende Auswahl an Meinungen aus den letzten 100 Jahren seit der kritischen Edition von W. Reichardt im Jahre 1897 demonstriert die bis in die Forschung der Gegenwart hineinreichende Nachlässigkeit oder Unsicherheit in der Einschätzung des literarischen Charakters der Schrift. 1898 nennt J. Dräseke in seiner Besprechung der Reichardtschen Edition den Text kommentarlos »Sieben Bücher von der Weltschöpfung« oder »Schrift von der Weltschöpfung« [37], offensichtlich beeinflußt durch den von Reichardt selbstgewählten lateinischen Titel des Werkes, unter dem es heute noch zitiert wird [38]. Mit ihm wird dem Leser suggeriert, der Text sei von Themenstellung, Anliegen und Aufbau her systematisch orientiert und daher im Bereich der dogmatischen Theologie angesiedelt. Insoweit ist es folgerichtig, wenn 1988 J.C.M. van Winden von opm. als »systematischer Abhandlung« spricht [39] und Ch. Wildberg die Schrift »his last major treatise« nennt [40]; ebenso wird in der wegweisenden, ein Jahr vorher durch R. Sorabji herausgegebenen Aufsatzsammlung »Philoponus and the rejection of Aristotelian science« im Verzeichnis der Werke des J.Ph. opm. als »an avowedly theological treatment of creation in the book of Genesis« bezeichnet [41]; doch wird in allen Fällen ein Irrweg eingeschlagen. M. Wolff äußert sich nur ganz allgemein und hält

---

Ausgabe machte A. Gallandius, Bibliotheca veterum Patrum 12 (Venedig 1765) unter Übernahme weniger unbedeutender Konjekturen von J.B. Cotelier, Ecclesiae Graecae monumenta 3 (Paris 1686). Die lateinische Übersetzung ist mehr oder weniger eine Wort-für-Wort-Übertragung, die allerdings häufiger bei schwierigeren Passagen einfach aussetzt.

37   J. Dräseke, Rez. Reichardt: Wochenschrift für klassische Philologie 15 (1898) 118/24. Die nicht unwichtigen Rezensionen von A. Patin: ByZ 8 (1899) 494/9 und A. Brinkmann, Scriptio continua und Verwandtes: RMP 67 (1912) 611/4, nehmen zum Problem nicht Stellung. Die von Reichardt XV₁ genannte Arbeit von M. Schmidt, Textkrit. Bemerk. zu Ioh. Phil. περὶ κοσμοποιΐας: Hilgenfeld, ZfWTh I 289 (in: rejection 243 heißt es: »Zeitschrift für wissenschaftliche Theologie« 1855), ist trotz aller Bemühungen nicht zu bibliographieren gewesen.

38   Bereits die einhellig als mißlungen beurteilte editio princeps durch B. Corderius (Wien 1630) I trägt ihren Teil zu den späteren Mißverständnissen bei, weil sie den griechischen Titel »Περὶ κοσμοποιΐας λόγοι ἑπτά« und seine lateinische Übersetzung »de mundi creatione libri septem« frei erfindet; die Bezeichnungen bei Cotelier 647 und Gallandi 647 übernehmen diesen Irrtum. Von hier aus hat sich offenbar Zöckler 206 »sieben Bücher von der Weltschöpfung« beeinflußen lassen.

39   J.C.M. van Winden, Hexaemeron: RAC 14 (1988) 1250/69, hier 1262.

40   Wildberg, criticism 240.

41   Rejection 234. Vorsichtiger, aber immer noch ungenau spricht R. Sorabji, Johannes Philoponus: TRE 17 (1988) 144/50, hier 145, von einem »mit dem biblischen Schöpfungsbericht befaßten Werk«.

den Text für eine »populäre Schrift« oder eine »Streitschrift« [42], für F.E. ROB-
BINS ist opm. hingegen »really a commentary on Basil's Hexaemeron« [43]. Ebenso falsch sind die Stellungnahmen von H. CHADWICK 1987, opm. sei »a major
essay on the Mosaic cosmogony«, und S. FELDMANN 1988 »Philoponus gives a
midrashic treatment of creation in his De opificio mundi« [44]. Der Wahrheit
näher kommen schon die Äußerungen von L. MACCOULL, opm. sei »an anti-
Nestorian hexaemeral work« [45] bzw. werde »from its subject-matter« her auch
als Hexaemeron bezeichnet [46], wenngleich die formale Eigenheit des Textes
nicht berücksichtigt wird, da unklar bleibt, was »hexaemeral work« bedeuten
soll. Lediglich E. MANGENOT und in der jüngeren Vergangenheit B. SCHLEISS-
HEIMER haben die Gattung des Werkes richtig erkannt, wenn sie feststellen,
daß es sich bei opm. um »un commentaire scientifique de l'Hexaemeron«
handelt bzw. J.Ph. »De opificio mundi in der Form eines Kommentars zum
Schöpfungsbericht des Moses« geschrieben hat [47]; dabei wird offenbar unter
»Kommentar« im heutigen Sinne zu Recht die fortlaufende, Vers-für-Vers
oder Abschnitt-für-Abschnitt-Auslegung eines vorgelegten Textes verstanden,
wie sie im Grunde auch jeder moderne Bibelkommentar praktiziert. Bei genauerem Hinsehen ist durchaus zu erkennen gewesen, daß schon REICHARDT
die Textgattung in derselben Weise bestimmt hat [48], aber seine Hinweise waren
zu undeutlich und verblaßten vor der suggestiven Kraft seines selbstgewählten
lateinischen Werktitels, als daß sie ernsthaft beachtet worden wären [49].– Im
folgenden sind die Gründe darzulegen, die es rechtfertigen, opm. als Hexaemeronkommentar einzuschätzen.

---

42   WOLFF, Fallgesetz 49, DERS., Geschichte der Impetustheorie 104.
43   F.E. ROBBINS, The Hexaemeral literature (Chicago 1912) 58, ihm folgt K. KITAMURA,
      Cosmas Indicopleustès et la figure de la terre: Moïse géographe, publ. par A.DESREUMAUX/
      F. SCHMIDT (Paris 1988) 79/88, hier 79. Dabei sieht ROBBINS durchaus Richtiges.
44   CHADWICK: rejection 51, FELDMANN 75₁.
45   MACCOULL, Philoponus and the London sundial (1989) 19.
46   DIES., Dioscorus of Aphrodito (1985) 163.
47   E. MANGENOT (1920) 2337, B. SCHLEISSHEIMER, Glauben und Wissenschaft (1967) 331;
      als einziger weist SCHLEISSHEIMER zur Begründung auf die fortlaufende Kommentierung
      des Bibeltextes hin; richtig bewerten auch BÖHM (1967) 332 und BOFFI (1990) 545 die
      Sachlage, wenn BÖHM seine kurzen übersetzten Textabschnitte aus opm. unter die Über-
      schrift »Auszüge aus seinem Hexaemeronkommentar« stellt bzw. BOFFI im Titel ihres
      Aufsatzes von »commento all' hexaemeron« spricht; fälschlich meint sie jedoch, es gäbe
      »numerosi commenti all'Hexaemeron composti nell' antichità«.
48   REICHARDT XIII: »... minime neglegendus videtur hic Ioannis *commentarius*«; dazu kommt
      die textliche Hervorhebung der Hexaemeronzitate in seiner Edition.
49   Insofern wäre es konsequent, statt den Text als de opificio mundi (opm.) zu bezeichnen,
      ihn unter HexCom. zu zitieren; aus Gründen der Gewöhnung wird hier das Kürzel
      opm. beibehalten.

A. DIE ÄUSSERE BEZEUGUNG

Ältester und einziger sicherer Zeuge für opm. ist Photius, der die Schrift selbst noch gekannt hat. Von den insgesamt sechs Stellen seiner »Bibliothek«, an denen er J.Ph. und einzelne seiner Werke erwähnt, beziehen sich drei auf opm., eine davon macht nähere Angaben zum Inhalt des Textes[50]: Photius nennt hier kurz die Widmung und den Zweck der Schrift, das Ziel des Moses, die Abhängigkeit des Platon und anderer von Moses, die Differenzen zwischen Basilius und Theodor und die Ausführungen des J.Ph. zum Begriff ἀρχή, zu Himmel und Erde, zur ägyptischen Finsternis, zum Abyssos, zum Pneuma und zu den Engeln. Er referiert also korrekt und im wesentlichen erschöpfend das Vorwort und das erste Buch. Sowohl an dieser wie auch an der zweiten Stelle bibl. 43, die sich auf opm. bezieht, wird der Text als eine Schrift »εἰς τὴν ἑξαήμερον« bezeichnet, während sie an der ersten bibl. 38 unbestimmter »πόνημα εἰς τὴν κτίσιν«, also »Arbeit« oder »Buch zur Schöpfung«, heißt. Aus diesen Angaben läßt sich dreierlei entnehmen: 1. Photius hat erkannt, daß opm. als ganzes eine Hexaemeronschrift ist. 2. Ob ihm im letzten klar geworden ist, daß opm. ein Kommentar ist, muß man angesichts der sich mehr allgemein auf den Inhalt stützenden Einordnung als »Buch zur Schöpfung« bezweifeln; vielleicht hat er es nicht für wichtig gehalten, es eigens zu erwähnen, aber wahrscheinlicher ist, wie seine Inhaltsangabe indirekt zeigt, daß er die Lektüre des Werkes nach dem ersten Buch abgebrochen und es gar nicht vollständig studiert hat und ihm deswegen der Charakter der Schrift entgangen ist. Jedenfalls bahnt sich schon hier der Irrtum über die Textgattung an, der dann in der Neuzeit wiederholt wird. 3. Aus der Inhaltsangabe, die sich genau auf den Umfang eines einzigen, des ersten Buches beschränkt, läßt sich ferner mit relativer Wahrscheinlichkeit schließen, daß Photius bereits die Einteilung des Textes in Bücher kannte. Dies dürfte genau wie in der Gegenwart mit zu der ungenauen Einschätzung des Textcharakters beigetragen haben.

B. DIE INNEREN KRITERIEN

I. Der Titel

Erstes verläßliches Indiz zur Bestimmung der Textgattung ist der griechische Titel »... τῶν εἰς τὴν Μωϋσέως κοσμογονίαν ἐξηγητικῶν ...«. Gewiß

---

50 Es sind bibl. cod. 38 (1,23 HENRY): erwähnt opm.; 43 (1,27,11f H.): ebenfalls opm.; 55 (1,45 H.): erwähnt die Schrift »Gegen das vierte Konzil«, vgl. nr. 28 der Werkliste; 75 (1, 153f H.): erwähnt die Schrift »Über die Trinität«, vgl. nr. 32 der Werkliste; 215 (3,130f H.): erwähnt die Schrift gegen Jamblich »Über die Statuen«, vgl. nr. 40 der Werkliste; 240 (5,166/9 H.): Bericht über den Inhalt von opm.

stellt die Echtheit der Werktitel antiker Schriften häufig ein Problem dar, da es sich bei den Bezeichnungen, unter denen sie überliefert sind und heute zitiert werden, unter Umständen um Formulierungen, die sich gegenüber dem vom Autor gewollten Text verändert haben, oder sogar um erst später hinzugekommene Überschriften der Manuskripttradition handeln kann, doch gibt es dafür im vorliegenden Fall keine Anzeichen. Er findet sich zwar nicht als Überschrift über das Gesamtwerk in der Handschrift, sondern eingebunden in die Buchüberschrift nach dem κεφάλαια-Index des ersten Buches[51] in der Form »τῶν εἰς τὴν Μωϋσέως κοσμογονίαν ἐξηγητικῶν λόγος πρῶτος«, aber es besteht kein Grund, daran zu zweifeln, daß damit der Gesamttitel vorliegt. Ein ähnlicher Fall liegt in Hippolyts refutatio vor: Hier ist der Titel κατὰ πασῶν αἱρέσεων ἔλεγχος ebenfalls aus den Überschriften der Buchindices zu entnehmen[52]. Daß der Titel von opm. mit großer Wahrscheinlichkeit als ursprünglich angesehen werden darf, läßt sich daraus ableiten, daß die Bezeichnung ἐξηγητικά im fraglichen Zeitraum benutzt wurde und sogar genau den Bedeutungsgehalt »fortlaufender Kommentar zu einem vorgegebenen Text« hatte. Diese Art Textgattung liegt vor allem in den Werken der spätantiken neuplatonischen Aristotelesinterpreten vor, wenn sie Schriften des Aristoteles oder anderer Philosophen auslegen[53]. Bei ihnen folgt nach der ἔκθεσις τῆς λέξεως, d.h. der Zitation der auszulegenden Aristotelespassage[54], der Kommentar, der zum nicht geringen Teil, meist nach einigen allgemeinen Bemerkungen (προθεωρία[55]), Einzelauslegung

---

51   Dazu vgl. u. S. 26/31.

52   M. MARCOVICH, Hippolytus refutatio omnium haeresium = PTS 25 (Berlin 1986) 8.

53   Selbstverständlich ist die Exegese und Kommentierung nicht auf philosophische Texte beschränkt, aber hier wird sie in ihrer formalen Durchführung, wie sie auch in opm. begegnet, am deutlichsten greifbar; zu den übrigen Kommentaren (zu Dichtern, Medizinern etc.) im Überblick H. SCHRECKENBERG, Exegese I: RAC 6 (1966) 1174/94. Die Formalia des Kommentarverfahrens und ihre Wichtigkeit auch für die christliche Bibelauslegung verdienen eine viel stärkere Würdigung; für weitere Unterschungen wegweisend sind die Arbeiten von SCHÄUBLIN, NEUSCHÄFER und HADOT, Introductions.

54   VANCOURT 8 stellt für Olympiodor fest, daß vom auszulegenden Aristotelestext im Text häufig nur einige einleitende Worte festgehalten sind; in der Vorlesung, so nimmt er an, wurde der Textabschnitt wohl in ganzer Länge vorgetragen. Bei J.Ph. jedoch sind die Texte, soweit ersichtlich, nicht gekürzt. Andererseits ist auch damit zu rechnen, daß der Aristotelestext der Kommentare durch die Abschreiber nach den Aristotelesausgaben korrigiert wurde, also schwierig feststellbar ist, welchen Aristotelestext die Kommentatoren vorliegen hatten.

55   Vgl. J.Ph. AnCom. 424,4.13; 121,9f: Rückverweis auf eine allgemeine, hier mit κεφάλαιον bezeichnete Einleitung und der Vorverweis auf die Erklärung der λέξις. SAFFREY 261 bestimmt die beiden Abschnitte als AnCom. 115,22/121,9 und 121,9/122,26.

(ἐξήγησις) des Textes (λέξις) ist [56]; anschließend wird das nächste Stück Aristoteles zitiert und ausgelegt [57]. Der Ausleger selbst ist ἐξηγητής [58], und das schriftliche Produkt seiner Auslegung wird als ὑπομνηματικαὶ ἐξηγήσεις [59] oder eben als ἐξηγητικὰ ὑπομνήματα bzw. kurz einfach als ἐξηγητικά oder ὑπομνήματα bezeichnet [60]. Nicht nur stimmt die gewählte Ausdrucksweise »τὰ εἰς... (folgt das Thema) ἐξηγητικά« genau mit der Überschrift von opm. überein, sondern auch einer der Aristoteleskommentare des J.Ph. trägt einen derart formulierten Titel, der ebenfalls ursprünglich sein dürfte: so lautet die Überschrift seines Kommentars zum ersten Buch der Metereologie »Ἰωάννου Γραμματικοῦ Ἀλεξανδρέως τῶν εἰς τὸ πρῶτον τῶν Μετεωρολογικῶν Ἀριστοτέλους ἐξηγητικῶν τῶν εἰς τὰ τρία τὸ

---

56 Vgl. Simplicius CaelCom. 336,29/31, J.Ph. GenCorCom. 55,11. 21f, MetCom. 79,29/36. Die Bezeichnungen προθεωρία und ἐξήγησις τῆς λέξεως für den den Wortlaut auslegenden Teil werden offenbar erst in der Schule des Olympiodor Standard, wenngleich partiell durchaus schon früher benutzt.

57 Das Schema ist insofern nicht immer streng durchgehalten, als manchmal Teile des Aristotelestextes ausgelassen werden bzw. nicht in der λέξις zitierte Stücke im Kommentar verarbeitet sind oder die Auslegung durch Exkurse (»Korollarien«) unterbrochen wird. In den Kommentaren seit Olympiodor läßt sich im Text hinter dem Schema der Vorlesungsstil belegen, wenn der Kommentar in πράξεις unterteilt ist, die wiederum, wie gesagt, in θεωρία (Gesamtüberblick über den Inhalt der Aristotelesaussage) und Detailauslegung (λέξις) zerfallen; allerdings fallen manchmal θεωρία und λέξις zusammen. In den Kommentaren des Proklos und vor allem des Ammonius läßt sich dieser Vorlesungsaufbau teilweise rekonstruieren. Auch an einigen Stellen aus MetCom. des J.Ph. kann man die θεωρία/λέξις-Abfolge erkennen: vgl. u. S. 109 Anm. 390. Zum Thema Kommentar/Vorlesung vgl. VANCOURT 8/11, WESTERINK, Astrologisches Kolleg 6/10, W. CHARLTON (transl.), Philoponus on Aristotle on the intellect (London 1991) 6f.12, M. RICHARD, Ἀπὸ φωνῆς: Byzantion 20 (1950) 191/222, A.J. FESTUGIÈRE, Modes de composition des commentaires des Proclus: MH 20 (1963) 77/100, PRÄCHTER, Aristoteleskommentare 531/3, SORABJI: Aristotle transformed 5/7. Zu Ziel, Einteilung und Vorgehen innerhalb des eigentlichen Auslegungsteils des Kommentars SONDEREGGER 15/22 anhand der Schrift PhysCom. des Simplicius.

58 J.Ph. GenCorCom. 82,13.28, AnCom. 101,37/102,1; 21,27f u.a. Für die jüngeren Kommentatoren ist Alexander von Aphrodisias der ἐξηγητής schlechthin.

59 J.Ph. aetm. 4,7 (70,2/4), ebd. 6,27 (211,26/9), zu übersetzen mit: Auslegungen in Kommentarform.

60 Vgl. J.Ph. aetm. 6,27 (212,14f): »Ἀλεξάνδρου Ἀφροδισιέως ἐκ τῶν εἰς τὰ λεγόμενα [sc. Arist. de caelo 279b4] ἐξηγητικῶν ὑπομνημάτων«, ebd. 9,11 (364,5f) »...ἐν πέμπτῳ λόγῳ τῶν εἰς τὸν Τίμαιον ἐξηγητικῶν [sc. des Proklos]«. Diese Stelle zeigt zugleich, daß die Kommentierung Platons ebenfalls mit dieser Begrifflichkeit erfaßt wurde. – ὑπομνήματα heißt zwar im Raume der Philosophenkommentierung zumeist »Kommentar« (vgl. K. FROEHLICH, Bibelkommentare – Zur Krise einer Gattung: ZThK 84 [1987] 465/92, bes. 469/75), doch ist gegenüber ἐξηγητικά die Bedeutungsbreite dieses Begriffs viel größer: vgl. M. DURST, Hegesipps »Hypomnemata« – Titel oder Gattungsbezeichnung?: RQ 84 (1989) 299/330, bes. 310f.

πρῶτον« [61]. Im Bereich der christlichen Auslegung der heiligen Schriften wird der Begriff ἐξηγητικά in der gleichen Weise verwendet. Besonders Origenes gibt diese Bezeichnung seinen Bibelkommentaren zu Gen., 1Thess. oder Joh. [62]; der Johanneskommentar trägt sie sogar im Titel und heißt »τὰ εἰς τὸ κατὰ Ἰωάννην εὐαγγέλιον ἐξηγητικά« [63]. Bekannt sind die ἐξηγητικά des Basilides sowie seines Sohnes Isidor zum Propheten Parchor [64]. Eusebius nennt christliche Kommentare zur Hl. Schrift »ἐξηγητικὰ ὑπομνήματα«, Anatolius die Schriften des Juden Aristobul zum Alten Testament βίβλοι ἐξηγητικοί [65]. Vom Titel her kann also kein Zweifel daran bestehen, daß

---

61 MetCom. 1,1/3. Interessant ist die Textvariante Ἰωάννου προοίμιον τῆς εἰς τὰ μετέωρα ἐξηγήσεως«, gleicht sie doch dem Titel des Kommentars des Lehrers des J.Ph. Ammonius zur Isagoge des Porphyrius »Ἀμμωνίου Ἑρμείου ἐξήγησις« (PorphIsagCom. 1,1); allerdings ist auffällig, daß kein weiterer der in CAG edierten Aristoteleskommentare einen solchen Titel trägt; meist wird ihr Titel mit »ὑπόμνημα« oder »σχόλια« oder noch anders gebildet. Dies spricht aber eher für die Echtheit des Titels von MetCom. Ferner heißt die Überschrift zu CatCom. des J.Ph. in der Handschrift F²: »Ἰωάννου τοῦ Φιλοπόνου ἐξήγησις εἰς τὰς τοῦ ἀριστοτέλους δέκα κατηγορίας πάνυ ἀναγκαία«, der Hrsg. wählt die Form der Handschrift C: »Ἰωάννου τοῦ Φιλοπόνου σχόλια εἰς τὰς κατηγορίας«. Als ἐξήγησις ist auch der Kommentar des J.Ph. zur Isagoge des Nikomachus (ed. R. HOCHE) betitelt, allerdings ist in diesem Falle die Authentizität ebenso unsicher. Bezeugt ist die Überschrift »ἐξήγησις τοῦ Φιλοπόνου εἰς τὸ πρῶτον/δεύτερον ...« nur in Codex C, zum zweiten Buch noch Codex μ: »ἀρχὴ τῆς ἐξηγήσεως ...« , vgl. die Edition von HOCHE Teil 2,II; Teil 3,I. Natürlich ist immer Vorsicht gegenüber der Echtheit der Titel geboten, wie VANCOURT 15 auch anhand der Kommentare des Olympiodor feststellt.

62 Orig. c.Cels. 2,65 (GCS Orig. 1,188,8/10 KOETSCHAU): »τὴν δὲ φανεῖσαν ἡμῖν εἰς τοὺς τόπους διήγησιν ἐξεθέμεθα ἐν οἷς ὑπηγορεύσαμεν ἐξηγητικοῖς τῆς πρὸς Θεσσαλονικεῖς προτέρας ἐπιστολῆς«, ebd. 4,37 (GCS Orig. 1,308,5/7 K.): »ταῦτα δὲ νῦν ἑρμηνεύειν οὐκ ἀπαιτεῖ ἡ προκειμένη πραγματεία· προηγουμένως γὰρ ἐν τοῖς εἰς τὴν Γένεσιν ἐξηγητικοῖς ταῦθ' ἡμῖν κατὰ τὸ δυνατὸν ἐξήτασται«, vgl. Euseb. h.e. 3,1,3 (GCS Eus. 2,1,188,11f SCHWARTZ): »... ἐν τρίτῳ τόμῳ τῶν εἰς τὴν Γένεσιν ἐξηγητικῶν ...«. Orig. JohCom. 20,44 [422] (GCS Orig. 4,388,30f PREUSCHEN): »... τοῦ εἰκοστοῦ τῶν εἰς τὸ κατὰ Ἰωάννην εὐαγγέλιον ἐξηγητικῶν τόμου ...«, vgl. Euseb. h.e. 6,24,1 (GCS Eus. 2,2,570,18/20 SCHWARTZ): »... ὡς ἐν μὲν τῷ ἕκτῳ τῶν εἰς τὸ κατὰ Ἰωάννην Ἐξηγητικῶν σημαίνει ...« und in gleicher Weise auch die Katene zu Mk. (unter Cyrill Alex. laufend, aber von Victor Antioch.) nach J.A. CRAMER, Catenae in Evangelia S. Matthaei et S. Marci ad fidem Codd. Mss. (Oxford 1840 = Hildesheim 1967) 266,12f über den JohCom. des Origenes.

63 Origenes JohCom. (GCS Orig. 4,3 PREUSCHEN) und in den Buchüberschriften; dazu ist der Text als Vers-für-Vers-Kommentar aufgebaut.

64 Klem.Alex. strom. 4,81,1 (GCS Klem. 2⁴,284,5f STÄHLIN/FRÜCHTEL): »... ἐν τῷ εἰκοστῷ τρίτῳ τῶν Ἐξηγητικῶν ...«, ebd. 6,53,2 (GCS Klem. 2⁴,458,19f S./F.): »... ἐν τῷ πρώτῳ τῶν τοῦ προφήτου Παρχὼρ Ἐξηγητικῶν ...«.

65 Euseb. praep.ev. 1,3,4 (GCS Eus. 8,1²,10,25 MRAS/DES PLACES), Anatolius de Pascha bei Euseb. h.e. 7,32,16 (GCS Eus. 2,2,724,5f SCHWARTZ), von dem man ebenfalls aus Eusebius weiß, daß er mit der alexandrinischen Philosophenschule und der dortigen Pflege des

opm. ein Kommentar zum Hexaemeron sein will [66]. Bemerkenswert ist vor allem, daß in der christlichen Hexaemeronauslegung im griechischen Raum ein solcher Titel – soweit sich dies noch feststellen läßt – zum ersten und wohl auch einzigen Mal auftaucht und J.Ph. damit anders als alle Vorgänger den Anspruch bekundet, einen wissenschaftlichen Kommentar zum Hexaemeron im Stile des Verfahrens von λέξις/ἐξήγησις der antiken Kommentartradition zu schreiben [67]. Später findet sich dann diese Art der Kommentie-

---

Aristoteleserbes eng verbunden war. Ansonsten heißen Bibelkommentare ebenfalls häufig ὑπομνήματα, z.B. Olympiodor EkklCom. (PG 93,477B), ohne daß damit notwendig schon eine bestimmte Form festgelegt ist. Eng verwandt mit dem in den ἐξηγητικά greifbaren Aufbau sind Kommentare wie Olympiodors HiobCom. und wahrscheinlich auch sein gerade genannter EkklCom. Nach der Vorrede zu Ziel und Methode des Werkes (ὑπόθεσις) ist der Text neben der satz- bzw. versweisen Kommentierung in Kephalaia gegliedert, an deren Spitze jeweils eine προθεωρία steht; danach wird die Textzitation zusammen mit der Auslegung unter die Überschrift αἱ λέξεις gestellt: vgl. U.u.D. HAGEDORN, Olympiodor. Diakon von Alexandrien. Kommentar zu Hiob = PTS 24 (Berlin 1984) XLVI/LII.

66 Vgl. u. S. 40. Daß J.Ph. in Kephalaion 1,1 (2,13) sein Werk als πραγματεία bezeichnet, sagt nichts über die Form aus, da der Begriff unspezifisch ist.

67 Von den in ClavisPG Bd. 5,116f aufgelisteten griechischen Hexaemeronschriften kann als Kommentar im Sinne fortlaufender Auslegung des zuerst in kurzen Abschnitten zitierten Textes keine einzige außer der des J.Ph. bezeichnet werden; in Frage käme vielleicht das Werk des PsAnastasius Sin. ClavisPG 7770, das gelegentlich den Hexaemerontext am Anfang der nach Schöpfungstagen geordneten Kapitel zitiert; allerdings ist der Text noch nicht kritisch ediert und zudem auf längeren Strecken nur lateinisch erhalten (PG 89). Zieht man die Genesiskommentare hinzu (ebd. 115f), also Texte, die den gesamten Genesistext auslegen (wollen), so läßt sich ein solches Verfahren sicher nur bei Didymos (hier ist allerdings kein Werktitel erhalten, wobei aufgrund der Edition von P. NAUTIN: SC 233,32 nicht ganz klar ist, ob die Textzerstörung ihn vernichtet hat) und vorher, obwohl der Text verloren ist, bei Origenes nachweisen, dessen Text ja von ihm selbst als ἐξηγητικά klassifiziert wird; alle anderen Texte sind entweder anderen Form zugehörig (Quaestiones, Homilie [λόγοι] u.a., thematische Orientierung z.B. bei Cyrill Glaphyra) oder lassen aufgrund ihres fragmentarischen Zustands keine genaue Bestimmung ihrer Form zu. Erschwerend kommt hinzu, daß die in ClavisPG genannten Werktitel häufiger neuzeitliche Bezeichnungen sind und sich der originale Titel wenn überhaupt nur durch eine Überprüfung der Handschriften und der Zitation in späteren Werken wird nachweisen lassen: vgl. z.B. die verschiedenen Bezeichnungen der Hexaemeronschrift des Severian ClavisPG 4194: De mundi creatione homiliae (ClavisPG Bd. 5,116 und PG 56,429: Gesamtüberschrift [wohl von B. DE MONTFAUCON]), in cosmogoniam homiliae (ClavisPG Bd. 2,470: in Anlehnung an die Überschriften der einzelnen »Homilien«), Kosmas top. 10,20/38 (SC 197,259/77 WOLSKA-CONUS) kennt seine Teile jeweils als »(πρῶτος, δεύτερος, τρίτος usw.) λόγος τῆς ἑξαημέρου«. Die Hexaemeronschriften des PsEustathius Ant. (ClavisPG 3393) und PsMakarius/Makarius Magn. (ClavisPG 6118) sind keine Kommentare im genannten Sinne, obwohl ClavisPG sie so bezeichnet; PsEustathius umfaßt als Gegenstand der Auslegung weitaus mehr als das Hexaemeron und ist im Hexaemeronteil nach Schöpfungstagen geordnet, kommentiert aber keinen zunächst

rung des Hexaemerons eher im syrischen als im griechischen Bereich [68]. Daß J.Ph. seine Arbeit nicht, wie man von Photius her erwarten könnte, als Kommentar »... εἰς τὴν ἑξαήμερον«, sondern »... εἰς τὴν Μωϋσέως κοσμογονίαν« bezeichnet, hängt wiederum mit seinem Anliegen zusammen, auf das noch einzugehen sein wird.

II. Die Hexaemeronzitate in opm.

Den deutlichsten Beweis für die Richtigkeit der Behauptung, opm. sei ein Hexaemeronkommentar, liefert das von J.Ph. gewählte Verfahren, die Verse Gen. 1,1/31 zu zitieren. Unschwer läßt sich nämlich erkennen, daß sich als roter Faden durch das gesamte Werk die fortlaufende Zitation der Verse des biblischen Hexaemerontextes zieht. Sie sind nicht nur streng in der Reihenfolge der Genesis geordnet, sondern J.Ph. macht sich darüber hinaus in den allermeisten Fällen, bevor er mit der Auslegung beginnt, noch die Mühe, zusätzlich zur Zitation der Septuaginta die Versionen der drei griechischen Übersetzer Aquila, Theodotion und Symmachus anzuführen. Dies zeigt die folgende Übersicht:

Gen.	Version	Ort in opm.	Bezug zur Kap.einteilung
1,1	LXX	1,3 (7,6f)	direkt nach Kap.anfang
1,1	A	1,4 (11,8f)	direkt nach Kap.anfang

---

zitierten Bibeltext; PsMakarius (Ottob. Nr. 268, f. 75ᵛ-81 = Brix. B. VII,7, f. 11ʳ-17ᵛ) stellt ein katenenartiges Gebilde zu Gen 1/3 dar (vgl. G. SCHALKHAUSSER, Zu den Schriften des Makarius von Magnesia = TU 31,4 [Leipzig 1907] 185); Makarius (Vat. 2022 f. 236 [= Ottob. 268 f. 73ᵛ] ist ebenfalls keine Hexaemeronschrift, handschriftlich wird sie jedenfalls mit λόγοι εἰς τὴν Γένεσιν überschrieben: ebd. 125. 137. Welche Form das Werk des Philon von Karpathos zum Sechstagewerk hatte, läßt sich aus der kurzen Angabe des Kosmas top. 10,58 (SC 197,299 W.) »εἰς τὴν ἑξαήμερον« nicht entnehmen. Aufschlüsse vermögen nicht die Titel, sondern nur die Texte selbst zu geben, dazu ausführlich: C. SCHOLTEN, Titel – Gattung – Sitz im Leben. Probleme der Klassifizierung antiker Bibelauslegung am Beispiel der griechischen Hexaemeronschriften: FS E. DASSMANN = JbAC Ergbd. 23 (Münster 1996). – Eine Liste von antiken und mittelalterlichen griech. und lat. Werken zur Schöpfungsthematik bieten auch Y.-M.J. CONGAR, Le thème de Dieu-Créateur et les explications de l'hexaémeron dans la tradition chrétienne: Mélanges offèrts au Père H. DE LUBAC I = Théologie 56 (Paris 1963) 189/222, hier 215/22, und ZAHLTEN 284/300.

68   Vgl. L. SCHLIMME, Der Hexaemeronkommentar des Moses bar Kepha = GöO 1,14,1 (Göttingen 1977) 32/8; L. VAN ROMPAY, Le commentaire sur Genèse-Exode 9,32 du manuscript (olim) Diyarbakir 22 = CSCO 483f S 205f (Louvain 1986) V/LIII, als Entstehungsdatum des von ihm edierten Textes nennt VAN ROMPAY Anfang bis Mitte des 8.Jhs.

1,2	LXX A Th S	2 (59,4/18)[69]	zw. Buch- u. Kap.überschrift
1,3	LXX A Th S	2,8 (73,25/74,4)	direkt vor neuem Kap.
1,4a	–	–	fehlt [70]
1,4b	LXX A S [71]	2,13 (82,13/9)	direkt vor neuem Kap.
1,5a	LXX	2,14 (83,25f)	direkt vor neuem Kap.
1,5b	LXX	2,17 (90,4f)	direkt vor neuem Kap.; aufgenommen am Beginn von opm. 2,23
1,6/8a	LXX A Th S	3 (109,16/110,15)	zw. Buch- u. Kap.überschrift
1,6b	–	–	fehlt [72]
1,9/10	LXX A Th S [73]	4 (159,5/14)	zw. Buch- u. Kap.überschrift
-1,9/10	LXX	4,3 (165,20/6)	Neuaufnahme direkt vor neuem Kap. mit Kurzbesprechung der anderen Versionen am Beginn von opm. 4,4
1,11/2a	LXX	4,10 (182,17/24)	innerhalb des Kap. [74]
1,12b/13	–	–	fehlt [75]
1,14ab [76]	LXX	4,10 (183,12/5)	direkt vor neuem Kap.

---

69 Gen. 1,2b wird schon vorher in 1,5 (13,9f) erwähnt, ist hier aber nicht λέξις.

70 Es handelt sich um den Satz: »καὶ εἶδεν ὁ θεὸς τὸ φῶς ὅτι καλόν«.

71 Symmachus wird nicht wörtlich zitiert, sondern es wird nur gesagt, daß er διέστειλεν anstelle von διεχώρισεν liest.

72 Es handelt sich um »καὶ εἶδεν ὁ θεὸς ὅτι καλόν. καὶ ἐγένετο ἑσπέρα καὶ ἐγένετο πρωί, ἡμέρα δευτέρα«.

73 Aquila, Theodotion und Symmachus werden hier nicht wörtlich zitiert, sondern es wird nur gesagt, daß sie – angesprochen wird hier nur der erste Satz bis einschließlich »καὶ ἐγένετο οὕτως« – anstelle von »εἰς συναγωγὴν μίαν« lesen »εἰς τόπον ἕνα«. In 4,4 (166,6/11) wird nachgetragen, daß die drei den anschließenden LXX-Satz »καὶ συνήχθη τὸ ὕδωρ τὸ ὑποκάτω τοῦ οὐρανοῦ εἰς τὰς συναγωγὰς αὐτῶν, καὶ ὤφθη ἡ ξηρά« auslassen; ferner wird in 4,8 (178,19/26) ihre Version des letzten Satzes des Abschnitts (Gen. 1,10 ohne »καὶ εἶδεν ὁ θεὸς ὅτι καλόν«) wörtlich zitiert, wobei Theodotion und Symmachus gleichlauten.

74 REICHARDT ist entgangen, daß in opm. 4,10 (182,17) die fortlaufende Zitierung des Hexaemerontextes weitergeführt wird und kein durchgehendes Zitat aus Gen. 1,10/2 vorliegt, sonst hätte er einen neuen Absatz begonnen und den Text wie üblich gesperrt gedruckt.

75 Es handelt sich um den Satz »καὶ εἶδεν ὁ θεὸς ὅτι καλόν. καὶ ἐγένετο ἑσπέρα καὶ ἐγένετο πρωί, ἡμέρα τρίτη«.

76 J.Ph. bietet gegenüber dem heutigen LXX-Text von WEVERS die auch sonst bezeugte Variante <ἐπὶ> τῆς γῆς.

1,14c	LXX	4,14 (187,21f)	direkt nach Kap.anfang, aber textlich eingebunden
1,14a[77]	LXX	4,14 (189,9/11)	direkt vor neuem Kap.
1,15	–	–	fehlt [78]
1,16	LXX	4,15 (190,16/9)	direkt vor neuem Kap.
1,16	A Th S	4,17 (193,11/194,1)	innerhalb des Kap.
1,17	–	–	fehlt [79]
1,18a	–	–	fehlt [80]
1,18b/19	–	–	fehlt [81]
1,20/21a	LXX	5 (204,9/15)	zw. Buch- u. Kap.überschrift; dazu kurzer Verweis auf Basilius
1,20aα [82]	LXX	5,5 (214,25)	Neuaufnahme direkt nach Kap.anfang
-1,20aβ [83]	LXX	5,6 (217,22f)	Neuaufnahme innerhalb des Kap.
-1,20a [84]	A Th S	5,6 (218,6/16)	direkt vor neuem Kap.
-1,21a	LXX	5,7 (219,10/3)	Neuaufnahme direkt vor neuem Kap.
-1,20a	Th S	5,8 (219,23/220,2)	Neuaufnahme innerhalb des Kap. eingebunden
1,21b	–	–	fehlt [85]

---

77 Besprochen wird in opm. 4,15 (190,9/12) auch Gen. 1,17.

78 Wahrscheinlich liegt nur ein Versehen des J.Ph. vor.

79 Gen. 1,17 wurde schon bei der Besprechung von Gen. 1,14a (verstanden vermutlich als Gen 1,15) im Auslegungsteil opm. 4,15 (190,9/12) zitiert.

80 Der Grund des Fehlens ist wahrscheinlich darin zu suchen, daß Gen. 1,18a keine neue Sachaussage gegenüber Gen. 1,16.14 bringt und auch textlich in den entsprechenden Passagen weitgehend identisch ist; vgl. Gen. 1,18a: »καὶ ἄρχειν τῆς ἡμέρας καὶ τῆς νυκτὸς καὶ διαχωρίζειν ἀνὰ μέσον τοῦ φωτὸς καὶ ἀνὰ μέσον τοῦ σκότος« mit Gen. 1,16: »... εἰς ἀρχὰς τῆς ἡμέρας καὶ ... εἰς ἀρχὰς τῆς νυκτὸς« und Gen. 1,14 »... τοῦ διαχωρίζειν ἀνὰ μέσον τῆς ἡμέρας καὶ ἀνὰ μέσον τῆς νυκτὸς«.

81 Es handelt sich um die Aussage »καὶ εἶδεν ὁ θεὸς ὅτι καλόν. καὶ ἐγένετο ἑσπέρα καὶ ἐγένετο πρωί, ἡμέρα ...«.

82 Es handelt sich um »ἐξαγαγέτω τὰ ὕδατα ἑρπετὰ ψυχῶν ζωσῶν«.

83 Es handelt sich um »καὶ πετηνὰ πετόμενα κατὰ τὸ στερέωμα τοῦ οὐρανοῦ«.

84 Ohne »καὶ ἐγένετο οὕτως«.

85 Es handelt sich um die Aussage »καὶ εἶδεν ὁ θεὸς ὅτι καλά«.

1,22	LXX	5,8 (220,26/221,2)	direkt vor neuem Kap.
1,23	–	–	fehlt [86]
1,24/5 [87]	LXX	5,10 (224,1/7)	direkt vor neuem Kap.
1,26a	LXX A Th S	6 (229,7/17)	zw. Buch- und Kap.überschrift
-1,26a	LXX	6,4 (237,23f)	Neuaufnahme direkt vor neuem Kap.
-1,26a	A Th S	6,5 (238,23/239,1)	Neuaufn. inn. d. Kap.
1,26b	LXX	6,6 (240,1/4)	innerhalb des Kap.
1,27	LXX A Th S	6,17(266,26/267,11)	innerhalb des Kap. [88]
-1,27	LXX [89]	6,18 (269,28/270,2)	Neuaufnahme direkt vor neuem Kap.
2,7	LXX A Th S [90]	6,21 (273,16/274,2)	direkt vor neuem Kap.
1,28	LXX A Th S	7 (282,15/283,18)	zw. Buch- und Kap.überschrift
1,29/30	LXX A Th S	7,4 (289,9/290,19)	innerhalb des Kap. [91]
1,31	LXX	7,5 (292,22/4)	direkt vor neuem Kap.
-1,31a [92]	LXX A Th S	7,7 (296,7/14)	direkt vor neuem Kap.
-1,31b	LXX	7,12 (304,6)	Neuaufnahme direkt vor neuem Kap.
2,2	LXX	7,13 (306,1/4)	direkt vor neuem Kap., aber textlich eingebunden

---

86 Es handelt sich wieder um die Aussage »καὶ ἐγένετο ἐσπέρα καὶ ἐγένετο πρωί, ἡμέρα ...«.

87 In der Handschrift fehlt der Passus »καὶ ἐγένετο οὕτως. καὶ ἐποίησεν ὁ θεὸς τὰ θηρία τῆς γῆς κατὰ γένος«; ob es ein Fehler der Handschrift ist oder ob der verkürzte Text auf J.Ph. zurückgeht, ist schwer zu entscheiden; anderweitig bezeugt ist die Auslassung von »αὐτῶν« zwischen »κατὰ γένος« und »καὶ εἶδεν ὁ θεός ὅτι καλά«, vgl. WEVERS 80.

88 Der anschließende Text bis Kapitelende wirkt eher wie eine philologische Vorbemerkung; daher steht auch hier der Text im Prinzip vor dem neuen Kap.

89 Aquila, Theodotion und Symmachus werden in opm. 6,18 ebenfalls wieder in partiellen Zitaten hinzugezogen.

90 Partielle Zitierung von Aquila, Theodotion und Symmachus auch in opm. 6,26.

91 Der anschließende Text bis Kapitelende wirkt eher wie eine philologische Vorbemerkung; daher steht auch hier der Text im Prinzip vor dem neuen Kap.

92 Gleichzeitig wird unmittelbar zuvor darauf verwiesen, daß es schon früher jeweils hieß »καὶ εἶδεν ὁ Θεὸς ὅτι καλόν«.

Die Abweichungen vom Schema sind geringfügig und lassen sich leicht erklären: a. Fehlende Verse/Versteile: Vier Fälle lassen sich unterscheiden: 1. Die Verse Gen. 1,4a; 1,6b; 1,12b/13; 1,18b/19; 1,21b; 1,23 bieten die gleichbleibende Aussage »καὶ εἶδεν ὁ θεὸς ὅτι καλόν« in Verbindung mit »καὶ ἐγένετο ἑσπέρα καὶ ἐγένετο πρωί, ἡμέρα…«[93]. Die erste Wendung wird unter ausdrücklichem Verweis summarisch in Verbindung mit Gen. 1,31a, die zweite der Sache nach im Anschluß an Gen. 1,31b bei der Erörterung des Grundes für die Sechszahl der Schöpfungstage abgehandelt. 2. Gen. 1,17 fehlt zwar als Zitat in der laufenden Abfolge, wird aber bereits vorher in opm. 4,15 (190,8/12) bei der Besprechung von Gen. 1,14a (resp. 1,15) als »Wiederaufnahme« dieses Verses durch den Genesistext angesehen und bestätigend zitiert. Dieses Verfahren entspricht vollkommen der Art und Weise, wie in den Aristoteleskommentaren Aristotelestexte behandelt werden können. 3. Ganz ähnlich nimmt sich auch das Fehlen von Gen. 1,18a aus; für J.Ph. scheint der Vers sachlich nichts Neues zu besagen und wird aus diesem Grunde übergangen. 4. Das Fehlen von Gen. 1,15 ist vermutlich nur eine Verwechslung von J.Ph. Denn wenn man in seiner Bibel 1,14a und 1,15 nicht für vollkommen identisch halten will, ist die nochmalige Zitation von 1,14a in der Abfolge überraschend und eigentlich fehl am Platze, erscheint aber dem Aufbau von opm. nach an der richtigen Stelle am Ende eines Kapitels, und zwar genau dort, wo man 1,15 erwarten könnte. Das Versehen ist durchaus erklärlich, weil beide Verse ohnehin ganz ähnlich lauten: 1,14a: »Καὶ εἶπεν ὁ θεός ›γενηθήτωσαν φωστῆρες ἐν τῷ στερεώματι τοῦ οὐρανοῦ εἰς φαῦσιν (ἐπὶ) τῆς γῆς‹…«, 1,15: »καὶ ἔστωσαν εἰς φαῦσιν ἐν τῷ στερεώματι τοῦ οὐρανοῦ ὥστε φαίνειν ἐπὶ τῆς γῆς. καὶ ἐγένετο οὕτως«. Auch der Vers Gen. 1,14c ist zwar im eigentlichen Sinne wegen seiner syntaktischen Einbindung nicht als λέξις zitiert, doch da er sich an der richtigen Stelle der Reihenfolge befindet, darf man in diesem Fall nicht von einem Fehlen des Verses sprechen. – b. Überzählige Verse: Gen 2,7 ist der einzige Vers, der den Ablauf des zu kommentierenden Hexaemerontextes unterbricht. Ersichtlich ist dies daran, daß er in allen vier griechischen Versionen zitiert und damit als zu kommentierender Vers gekennzeichnet wird[94]. J.Ph. gibt jedoch deutlich zu verstehen, daß ihm die Abweichung bewußt ist, denn er begründet die Hinzuziehung des Verses eigens mit inhaltlichen Erwägungen[95]. – c. Das gelegentliche Fehlen von Aquila, Theodotion und Symmachus oder einzelner von ihnen[96] läßt sich nicht immer endgültig erklären, da bis auf wenige Ausnahmen keine Kontrollmöglichkeiten bestehen, welchen Text die bei J.Ph. fehlenden Versionen bieten, doch dürfte in allen Fällen die Übereinstimmung mit der

---

93 Nur Gen. 1,4a hat kürzer »καὶ εἶδεν ὁ θεὸς τὸ φῶς ὅτι καλόν«.

94 Dies unterscheidet ihn z.B. von Gen. 9,1/3, zitiert in opm. 6,16 (264,15/21).

95 Opm. 6,21 (273,11/5). Gen. 2,2 ist wohl nicht mehr als λέξις verstanden.

96 Alle drei fehlen bei 1,5a; 1,5b; 1,11/12a; 1,14ab; 1,14c; 1,22; 1,24f; 1,31b; 2,2; Theodotion und Symmachus fehlen bei 1,1.

Septuaginta oder die allenfalls geringfügige Abweichung der Hauptgrund sein, die drei nicht anzuführen [97].

Die dem Genesistext folgende Zitationsordnung ist ebenso evident, wie die Benutzung von vier griechischen Textversionen in dieser systematischen Form bemerkenswert ist. In keiner anderen griechischen Hexaemeronschrift läßt sich solches beobachten, ja man findet Vergleichbares auch in den noch erhaltenen Genesiskommentaren nicht [98] und dürfte in den allermeisten Fällen in Kommentaren zu anderen Büchern oder Abschnitten des AT ebenfalls das gleiche Ergebnis erhalten [99]. Gewiß soll das nicht heißen, daß Aquila, Theodotion und Symmachus bei der Auslegung der griechischen und lateinischen Väter, die wie Hieronymus Griechisch können, keine Rolle spielen, im Gegenteil läßt sich vielfach belegen, daß alle drei und auch noch andere griechische Übersetzungen bei der Kommentierung immer wieder hinzugezogen werden – man braucht nur Hieronymus' Hebr. quaest. in Gen., Eusebius' Jesajakommentar oder die Prophetenkommentare des Theodoret zu lesen [100]; besonders im Bereich der antiochenischen Exegese läßt sich die Berücksichtigung und Verwertung der Übersetzungen von Aquila, Theodotion und Symmachus häufig feststellen [101].

---

97 Übereinstimmung (bis auf minimale Abweichungen) lassen sich anhand des zweiten Apparates bei WEVERS für Theodotion und Symmachus in Gen. 1,1 feststellen, geringfügige Abweichungen in Gen. 1,11/12a, 1,14 und 2,2. Für Gen. 1,4b; 5a; 5b; 1,22; 1,24f und 1,31b gibt es keine Vergleichsmöglichkeit.

98 Die Schrift GenCom. des Origenes wird hier vermutlich eine Ausnahme gemacht haben. – In diesem Zusammenhang verdient Beachtung, daß die Katene nr. 23 (TEG 1,19 PETIT) zu Gen. 1,2 ähnlich wie J.Ph., wenn auch kürzer, die Versionen von Aquila, Symmachus und Theodotion bietet. Rückschlüsse auf die Bedeutung dieses Befundes sind allerdings spekulativ.

99 Einen zuverlässigen, allseits zutreffenden Beweis für die letzte Behauptung kann man natürlich schwer erbringen, aber eine Durchsicht bekannterer griechischer AT-Kommentare zeigt nichts Gegenteiliges.

100 Hieron. quaest. Gen.: CCL 72,1/56 DE LAGARDE, Euseb. JesCom. = GCS Eus. 9 ZIEGLER. Vgl. O. MUNNICH: bible grecque 142/61.

101 Für Joh. Chrysostomus, Theodor und Theodoret vgl. KIHN 90/3, DEVREESSE, Essai sur Théodore 57; beide stellen fest, daß bei Theodor Symmachus öfters als Aquila und Theodotion bemüht wird; gleichzeitig stellt KIHN fest, daß bei Theodor die Benutzung der drei Übersetzer nach dem PsCom. (vgl. Index bei R. DEVREESSE, Théodore de Mopsueste sur les Psaumes = StT 93 [Città del Vaticano 1939]) deutlich zurückgeht und sie ihm nicht zur »wissenschaftlichen Kritik, sondern zur exegetischen Erläuterung« dienen. Allerdings ist die Abgrenzung dieser beiden von KIHN benutzten Begriffe mehr als schwierig. – Für den Bereich der Oktateuchexegese des Eusebius von Emesa, des Diodor und des Severus von Ant. vgl. DEVREESSE, Anciens commentateurs Octat. 62.91.96 (Eusebius); 155₈.158 (Diodor); 187 (Severus); daneben 135 (Apolinaris). Diodor benutzt in PsCom. Aquila und Symmachus, vgl. den Index bei J.M.OLIVIER, Diodor de Tarse Commentaire sur les Psaumes = CCG 6 (Turnhout 1980). In GenCom. des Prokop liegen 35 nur durch ihn bezeugte Lesarten vor, wie WEVERS 61 angibt.

Doch steht opm. mit der konsequenten Einhaltung einer durch die Aufgabe der
Auslegung in dieser Weise festgelegten Form der Vorabzitierung der vier Übersetzungen konkurrenzlos da. Nicht von ungefähr ist opm. für die Rekonstruktion
der Übersetzungen von Aquila, Theodotion und Symmachus daher von großem
Wert [102]. Die Septuaginta nimmt bei diesem Verfahren zwar nach wie vor die
Rolle des zu exegesierenden Standardtextes ein, doch wird bei der Auslegung
ausführlich auf die Nuancen geachtet, welche die anderen Übersetzungen ins
Spiel bringen. Dabei wird nicht nur, wenn passend, deren sinngemäße Übereinstimmung mit der Septuaginta unterstrichen, sondern andernorts freimütig auch
deren Vorzüge ihr entgegenhalten oder mit ihnen Hypothesen früherer Ausleger
zurückgewiesen [103]. In diesem Punkte unterscheidet sich die Arbeitsweise des
J.Ph. prinzipiell nicht von der der Antiochener [104]. Es legt sich nahe, daß solche
Sorgfalt bei der Textvergewisserung außer der philologischen Kompetenz, die
J.Ph. mitbringt, wie seine beiden grammatikalischen Schriften, die sich mit Akzenten beschäftigen, beweisen, Gründe haben muß, die mit dem Anliegen der
Schrift zusammenhängen. Darauf wird noch einzugehen sein.

III. Die Buch- und Kapiteleinteilung

Die offenkundig urprüngliche Anlage von opm. als Kommentar läßt nach
ihrem Verhältnis zur Buch- und Kapiteleinteilung fragen. Ganz augenfällig
stellt diese ein zweites Aufbauprinzip des Textes dar und ist, wie gesehen, so
markant, daß sie mit dazu beiträgt, den eigentlichen Charakter des Werkes
für den Leser zu verschleiern. Daher drängt sich die Vermutung auf, bei der
Buch- und Kapiteleinteilung handele es sich um eine spätere, nicht von J.Ph.
stammende Gliederung [105].
    Entgegen der Erwartung läßt sich dieser Verdacht jedoch nicht bestätigen.
Daß die Einteilung in sieben Bücher (λόγοι) dem Kommentarcharakter nicht

---

102 Vgl. WEVERS 61 und im 2. Apparat 75/84. J.Ph. ist für den von ihm behandelten Genesis-
     teil häufig der einzige Zeuge; insgesamt steuert er 16 Lesarten bei und steht nach Hierony-
     mus (54), Prokop (35), Isho'dad (34) und Bar Hebräus (17) an vierter Stelle; deren Zahlen
     relativieren sich noch, da sie sich auf den gesamten Genesistext und nicht allein auf das
     Hexaemeron beziehen. Einen Vergleich der Übersetzung des Symmachus mit den anderen
     Versionen mit Blick auf die exegetischen und theologischen Besonderheiten seiner Arbeit
     gibt A. SALVESEN, Symmachus in the Pentateuch = JSSt.M 15 (Manchester 1991), bes. 1/
     194.
103 Vgl. opm. 2,5 (68,8/69,3), 4,17 (193,11/194,16), 5,6 (218,6/16), 5,8 (219,14/220,25), 6,5
     (238,21/239,11), 6,18 (268,10/269,27), 7,4 (288,13/291,12).
104 Vgl. KIHN 87/93.
105 In diese Richtung geht die Annahme von REICHARDT XIII, wenigstens die Kapitelüber-
     schriften hätten nicht J.Ph. zum Verfasser.

widerspricht und ohne weiteres als original angesehen werden darf[106], belegen die bereits genannten Stellen bei Autoren vor J.Ph., welche nicht nur die Bezeichnung ἐξηγητικά für bestimmte Schriften kennen, sondern gleichzeitig einen Hinweis auf eine Bucheinteilung dieser Werke geben: Klemens erwähnt das 23. (Buch) der ἐξηγητικά des Basilides und das erste des Isidor zum Propheten Parchor, Origenes den 20. Band (τόμος) seines JohCom., Eusebius den sechsten desselben Werkes sowie den dritten Band des Genesiskommentars dieses Autors[107]; ferner kennt er die Unterteilung des Isaiaskommentars des Origenes in wenigstens 30, des Ezechielkommentars in 25 und des Hoheliedkommentars in 10 Bücher[108]. Hieronymus weiß von einer Einteilung des Isaiaskommentars des Didymos in 18 Bände[109]. J.Ph. bezeugt die Gliederung des Genesiskommentars des Theodor von Mopsuestia, die auch anderweitig überliefert ist[110]. Anführen kann man ebenfalls die Einteilung der Kommentare des Olympiodor in Kephalaia, welche die Funktion von Büchern übernehmen[111]. Am klarsten freilich belegt opm. selbst die Gliederung nach Büchern, wenn am Ende von 4,2 und in 2,2 auf das erste (Buch) und am Ende des sechsten auf das nächste Buch verwiesen wird[112]; dadurch erhärtet sich die Annahme, daß auch die Angaben des Photius auf dem Hintergrund der Bucheinteilung von opm. gemacht sind[113]. Somit dürfte die Gliederung nach Büchern ursprünglich sein, mag auch vorläufig nicht zu entscheiden sein, ob gleiches für die Ausleitung der einzelnen Bücher »τέλος τοῦ πρώτου (δευτέρου usw.) λόγου« gilt oder nicht[114].

---

106 REICHARDT XIII: »atque in libros quidem opus divisisse ipse auctor mihi videtur«.

107 Vgl. o. S. 18 Anm. 62/4.

108 Eusebius h.e. 6,32,1f (GCS Eus. 2,2,586,14/23 SCHWARTZ); zum Isaiaskommentar des Origenes vgl. Hieronymus IsCom. prol. (CCL 73,3,85/8 ADRIAEN), R. DEVREESSE, L'édition du commentaire d'Eusèbe de Césarée sur Isaïe: RevBib 42 (1933) 541₃. Nach Hieronymus hatte Eusebius seinen Isaiskommentar entweder in 10 (de vir. illustr. 81 [83,11 RICHARDSON]) oder 15 Bücher (IsCom. prol. [CCL 73,3,91f A.]) gegliedert.

109 Hieronymus IsCom. prol. (CCL 73,3,92/4,100 ADRIAEN).

110 Opm. 1,8 (17,10f): »... ἐν τῷ πρώτῳ τῶν εἰς τὴν Γένεσιν«, 6,9 (245,2f): »... ἐν τῷ τετάρτῳ τῶν εἰς τὴν Γένεσιν«. Zu den weiteren Belegen für Theodors GenCom. DEVREESSE, Essai sur Théodore 5. Vgl. die Bezeugung der Einteilung des Timaioskommentars des Proklos durch J.Ph. aetm. 9,11 (364,5f).

111 Vgl. o. S. 18f Anm. 65.

112 Opm. 4,2 (164,4): »... ὡς ἐν τῷ πρώτῳ δεδείχαμεν«; opm. 2,2 (62,14): »... ὡς ἐν τῷ πρὸ τούτου δέδειχα«; weniger wahrscheinlich ist der Bezug auf opm. 2,1, womit dann sogar die Kapiteleinteilung als ursprünglich bewiesen wäre; opm. 6,26 (282,12f): »... ἐπὶ τὰ συνεχῆ τῶν προτέρων ἀφ' ἑτέρας ἀρχῆς λόγου μετέλθωμεν«.

113 Vgl. o. S. 15.

114 REICHARDT hält sie für Zusätze des Schreibers. Die graphische Gestaltung gibt darüber keine Aufschlüsse: im Falle von Buch 1/4 ist die Formel, plaziert in der Seitenmitte, durch eine gestrichelte Linie vom Text abgesetzt; bei Buch 5 und 7 ist die gestrichelte Linie

Doch wie steht es um die Kapiteleinteilung? Obwohl REICHARDT der Meinung war, daß die Kapitelüberschriften nicht von J.Ph. stammen, hat er, ohne sich dessen bewußt zu sein, den Schlüssel zum Beweis des Gegenteils bereits in der Hand gehalten. Bei der Edierung des Textes ist ihm nämlich aufgefallen, daß die Kapitelüberschriften der einzelnen Bücher mit ganz unwesentlichen Abweichungen ein zweites Mal am Beginn jeden Buches, ebenfalls durchnumeriert und vor der Buchüberschrift λόγος πρῶτος, – δεύτερος usw. vereinigt, zu finden sind. Da er aber einfach davon ausgegangen ist, daß die Überschriften vor Beginn jeden Buches Abschriften der Überschriften sind, die sich innerhalb des Textes befinden, also gegenüber dem Text sogar nur tertiär sind, hat er fatalerweise auf die Edition gerade dieser Kapitelüberschriften vor Beginn jeden Buches verzichtet [115]. Wegen der Kürze, mit der er dies notiert, ist es offensichtlich nicht bemerkt worden, jedenfalls hat niemand bisher daran Anstoß genommen. Nach allem, was man über antike Buchformen weiß, müssen aber gerade diese am Buchbeginn versammelten Kapitelüberschriften gegenüber den innertextlichen primär sein. Denn ein solches κεφάλαια-System als Buchinhaltsverzeichnis läßt sich lange vor J.Ph. belegen und wahrscheinlich sogar bis in vorchristliche Zeit zurückverfolgen. Es ist in paganen und christlichen Schriften aller Art so verbreitet, daß hier nur einige Beispiele genannt werden können: im paganen Bereich benutzen das System z.B. Cato, Plinius der Ältere, Aulus Gellius, Diodoros Sikylos, Epiktet/Arrian, PsPlutarch, Ptolemäus, Sextus Empiricus, Jamblich, Damianos und Proklos; ältester Beleg sind wahrscheinlich Theopomps Philippika in einem Papyrus des 2.Jhs.v. Chr. [116]. In Werken christlicher Schrift-

---

hinter der Schlußwendung gezogen. Im übrigen könnte die Edition REICHARDTs nahelegen, bei Buch 5 und 6 würde die Schlußnotiz fehlen; dem ist jedoch nicht so. RABE sieht für aetm. die Schlußformel »τέλος τῆς λύσεως τοῦ ... λόγου« als authentisch an.

115   REICHARDT XIII.

116   *Cato* de agricultura (ed. A. MAZZARINO); *Plinius* histor. nat. 1 (ed. J. BEAUJEU), *Aulus Gellius* noct. Att., vgl. bei Aulus Gellius noct. Att., ed. C. HOSIUS (Stuttgart 1959) 6₃ die Bemerkung des Editors: »capitulorum, quae in melioribus codicibus libris singulis praefixa exstant, variae lectiones ante ipsa capita inveniuntur«; ediert werden die Kapitelangaben aufgrund der Bemerkung am Schluß des Vorworts an dessen Ende; *Diodoros Sic.* bibl. (ed. C.H. OLDFATHER); *Ptolemäus* synt. (HEIBERG); *Epiktet* diss. (ed. H. SCHENKL); *PsPlutarch* plac.philos. (ed. J. MAU); Sextus Emp. pyrrh. (MUTSCHMANN/MAU); *Jamblich* vita Pythag. (ed. L. DEUBNER); *Damianos* (ed. R. SCHOENE); *Proklos* in rem publ. Com. (ed. W. KROLL), theol.plat. (ed. H.D.SAFFREY/G.L. WESTERINK), vgl. Proclus Théologie platonicienne 1, ed. H.D.SAFFREY/I.G. WESTERINK (Paris 1968) 129 mit weiteren Hinweisen auf das Enneadensytem des *Porphyrius* und weitere Werke von *Syrian* und *Jamblich*. Zu *Theopomp* P. WENDLAND: GCS Hipp. 3, XIVf, der einen kurzen, aber instruktiven Überblick über die Geschichte des κεφάλαια-Systems gibt; vgl. auch R. FRIDERICI, De librorum antiquorum capitum divisione atque summariis (Diss. Marburg 1911) bes. 58f. Leider ist immer noch die Erkenntnis von H. MUTSCHMANN, Inhaltsangabe und Kapitelüberschrift: Hermes 46 (1911) 93/107, hier 103₁ zu berücksichtigen:

steller begegnet es bei Hippolyt, Klemens von Alexandrien, Eusebius, Theodoret, Gelasius, Apolinaris, vielleicht bei Gregor von Nyssa und einigen anderen, wobei die Authentizität des Kapitelindexsystems durch die Editoren jeweils im einzelnen begründet und gesichert ist [117]. Auch wenn es keine Hinweise darauf

»Die Editoren verfahren in diesem Punkte mit größter Willkür. Während die einen die Argumente und Titel ruhig abdrucken, lassen andere sie stillschweigend weg ...«. Vgl. als Beispiel neueren Datums die Bemerkungen von J. DILLON in seiner Übersetzung von *Dexippus* On Aristotle Categories (London 1990) 16: »I have decided to include the chapter headings in the text of the translation, rather than grouping them at the beginning (where they are to be found in the manuscripts), or omitting them altogether, in order to help the reader ... The chapter headings are probably not by Dexippus himself ... but they are reasonably authoritative ...«. Daß die Kephalaiaeinteilung keineswegs immer ursprünglich sein muß, wenngleich vielfach nicht mehr auszumachen ist, von wem sie stammt (vielleicht manchmal doch noch vom Autor), zeigt z.B. *(Ps)Heliodor*s Kommentar zu den Isagogika des Paulus von Alexandrien: WESTERINK, Astrologisches Kolleg 8/10.

117 *Hippolyt* ref.: vgl. WENDLAND (o.Anm. 116) XIII/V; *Klem.Alex.* paid. (GCS Klem.Alex. 1³,89.153.235 STÄHLIN/TREU): wichtig ist dabei, daß zum zweiten Buch die Handschriften P und F gemeinsam das System durch die Überschrift τὰ ἐν τῶι δευτέρωι λόγω τοῦ παιδαγωγοῦ κεφᾶ (κεφάλαια M κεφάλειν F) bezeugen, auch wenn das eigentliche Verzeichnis der Kapitelüberschriften fehlt. *Eusebius* h.e.: vgl. E. SCHWARTZ: GCS Eus. 2,3,CL: »In allen Hss. und Übersetzungen sind die Kephalaia vor jedem Buche zusammengestellt. Sie sind auch deutlich darauf berechnet hinter einander gelesen zu werden ... Schon daraus folgt, daß die Manier von AΣ die Kephalaia innerhalb des Textes am Rande oder über den einzelnen Abschnitten zu wiederholen, secundär ist und den Absichten des Verfassers widerspricht«. *Eusebius* dem.ev.: vgl. I.A. HEIKEL: GCS Eus. 6,XXIVf: »Nichts spricht gegen die Annahme, daß die vor den einzelnen Büchern stehenden Inhaltsangaben von Eusebius selbst herrühren«. *Eusebius* praep.ev.: vgl. K. MRAS: GCS Eus. 8,1,VIIIf, E. DES PLACES: SC 206,52/4. Umstritten ist lediglich *Eusebius* Vita Const.: vgl. F. WINKELMANN: GCS Eus. 1,1,XLVI/IX, allerdings dürfte dazu das letzte Wort nicht gesprochen sein. Für *Epiphanius'* Panarion ist die Anakephalaiosis nichts anderes als eine (nachträgliche?) Inhaltsangabe im Kephalaiastil. *Theodoret* h.e. (GCS Theod.² L. PARMENTIER/F. SCHEIDWEILER): hier sind die Kephalaia wie bei J.Ph. noch vor die Buchüberschriften gezogen. *Gelasius* h.e.: vgl. G. LOESCHKE/M. HEINEMANN: GCS Gel. XXV: auch wenn nur der Kapitelindex zu Buch 3 erhalten ist, werden die Wiederholungen innerhalb des Textes mit relativer Wahrscheinlichkeit für abgeleitet gehalten. *Gregor Nyss.* c.Eunom.: hier sind die Kephalaia vor das Gesamtwerk gestellt; allerdings bemerkt der Editor W. JAEGER: GNO 2, XLVIIf: »capitulationem codicibus traditam non retinui, cum in libro I solo ab ipso Gregorio profecta esset, cetera spuria essent, ad librum II prorsus nulla exstaret«, ohne daß klar wird, ob er selbst alle Kapitelindices dem Werk vorangestellt hat. Zu *Apolinaris'* IsCom. berichtet Hieronymus IsCom. prol. (CCL 73,3,92/4,100 ADRIAEN), daß er ihn mehr anhand der Kapitelindices als anhand des Textes liest: »... ut non tam commentarios quam indices capitulorum nos legere credamus«. *PsKaisareios* erot.: vgl. R. RIEDINGER, Pseudokaisarios = ByA 12 (München 1969) 122f, wiewohl er sich zur Authentizität nicht äußert. Eingeleitet werden die Kapitelindices mit »τάδε ἔνεστιν ἐν ...« oder »κεφάλαια«; die einzelnen Kapiteltitel beginnen meist mit »ὅτι ...«, daneben mit »πῶς ...«, »τίς ...« oder »περί ...«.

gäbe, daß in den Fällen, in denen Handschriften sowohl Kapitelindexsystem als
auch Zwischenüberschriften bieten, letztere in aller Regel sekundär sind, so läßt
sich die Frage für opm., wie sich das System der Kephalaiaindices zu den Überschriften im laufenden Text verhält, durch einige Beobachtungen bei J.Ph. selbst
beantworten: Bereits in seinem früheren Werk aetm. benutzt J.Ph. für alle Bücher Indices mit Kapitelüberschriften; die Überschriften im Text aber sind als
deren Abschriften zu bewerten, weil sie nicht durchgängig erscheinen, sondern
erst ab fol. 183^v (aetm. 11,9) auftauchen, und zwar vom selben Schreiber in abge-
kürzter Form an den unteren Rand geschrieben [118]. Das Auffinden der Kapitel
ist jedoch auch ohne Kapitelüberschriften im Text hier wie in allen anderen
Fällen dadurch möglich, daß die einzelnen Kapitel in der Inhaltsangabe nume-
riert sind und die Zahlen zur Markierung eines Kapitelbeginns im Text wieder-
kehren, wo sie am Rand oder möglicherweise, obwohl dies unübersichtlicher ist,
im Text selbst plaziert worden sind. Überträgt man die Einsichten aus aetm. auf
opm., so fällt sofort das für REICHARDT entscheidende Argument weg, in opm.
1,4; 5,7; 6,14; 6,15 und 7,14 seien die Überschriften »falso loco« eingefügt und aus
diesem Grund die Kapitelüberschriften des Textes und davon abgeleitet dann
auch die Kapitelindices nicht ursprünglich. Kehrt man nämlich die Argumentation um und hält die numerierten Kapitelindices für primär und sieht die Kapitelüberschriften des Textes als ihre erst sekundär in den Text eingedrungenen
Kopien an [119], während die an den Indices orientierte Kapitelnumerierung sich
schon von Anfang an am Textrand befunden hat [120], erhält man einen durch-
gehenden Text, der an den von REICHARDT genannten Stellen erst durch die nun
in der Tat nachträgliche Einfügung der Kapitelüberschriften aufgebrochen
worden ist. Weder inhaltliche noch sprachliche Gesichtspunkte sprechen dagegen, daß an diesen Stellen von Anfang an neue Kapitel begonnen haben [121], weil

---

118 Vgl. H. RABE XIII im Vorwort zu seiner Edition von aetm.: »Ante singulos libros in
      conspectu posita sunt argumenta capitum. haec inde a fol. 183v. eadem manu etiam
      repetita sunt apud capita ipsa in margine inferiore. conspectus illos non minus genuinos
      censebam in hoc opere quam singulorum librorum superscriptiones et subscriptiones;
      sexto enim p.Chr. saeculo Philoponum scripsisse hac in re non est obliviscendum. sed
      argumenta repetita librario cuidam deberi videntur; nam cum in posteriore tantum
      codicis parte inveniuntur, tum non in ipso textu sed in margine scripta sunt, omni
      genere abbreviationum referta«.

119 Wie in aetm. ist auch in opm. in beiden Fällen derselbe Schreiber dafür verantwortlich.

120 Daß in opm. die Zahlen ursprünglich vermutlich am Rand standen, kann man vielleicht
      daraus schließen, daß sie in der Handschrift bei den allerersten Kapiteln noch deutlich
      außerhalb des Textblocks am Rand stehen, während sie später immer mehr in die Nähe
      der Kapitelüberschrift gerückt sind; letztere sind gegenüber dem linken und rechten
      Rand eingerückte und auf die Mitte der Seite zentrierte Textblöcke.

121 Die Übergänge zu opm. 5,7 und 7,14 lassen sich mit den vielen anderen Kapiteln verglei-
      chen, die unmittelbar nach einem Bibelzitat beginnen, die zu 6,14 und 6,15 mit aetm.
      6,4 (127,27/128,5), wo mit einem Zitat das neue Kapitel beginnt.

der Text ohne störende Kapitelüberschriften nur mit Zahlzeichen am Rand durchgängig lesbar ist [122]. Auch die Länge der Kephalaia oder ihre häufig am Text orientierte Formulierung spricht nicht gegen ihre Authentizität, da gleiches für aetm. gilt[123]. Wann genau und von welcher Hand die Überschriften in den Text kopiert worden sind, läßt sich nicht mehr festellen.

Ein weiteres gewichtiges Argument für die Authentizität der Kapiteleinteilung von opm. stellt c.Arist. dar. Diese Schrift war, wie dem unmittelbaren Zeitgenossen des J.Ph. Simplicius zu entnehmen ist, gleichfalls in Bücher und Kapitel unterteilt: er erwähnt das 7. κεφάλαιον des ersten, das 13. des zweiten und das 25. des fünften Buches [124]; bestätigt wird er von einem syrischen Fragment der Schrift c.Arist. wohl aus dem 7. Jahrhundert; ausdrücklich wird hier ein Text aus c.Arist. eingeleitet mit: »Der Titel des zweiten κεφάλαιον (syr. *qpl'wn*) des achtes Buches des Johannes Grammatikus gegen Aristoteles« und anschließend dessen Text zitiert [125]; noch später zitiert Farabi aus dem zweiten Kapitel des ersten Buches [126].

Aus allen genannten Gründen ist es berechtigt, J.Ph. selbst für den Urheber der Kapitelindices in opm. zu halten.

Ein Vergleich der Kephalaia der Indices und der des Textes läßt erkennen, daß Abweichungen weitaus seltener als völlige Übereinstimmungen vorkommen. Liegen Unterschiede vor, so sind sie zu geringfügig, um aus sich heraus Aufschluß über die Priorität zu geben; minimale Zusätze, die das entsprechende Pendant nicht hat, gibt es in beiden Gruppen. Da die Kephalaia der Indices bisher noch nicht ediert sind, sollen sie im folgenden erstmals zugänglich gemacht werden, indem sie denen des Textes gegenübergestellt werden, wenn Differenzen vorliegen; in allen nicht aufgeführten Fällen sind sie identisch.

---

122 Daß der Text ursprünglich noch weitaus durchgängiger gestaltet war, als es die jetzige Handschrift zeigt, wenn sie die Zitate aus der Septuaginta, Aquila, Theodotion und Symmachus im Stile von Lemmata besonders am Buchbeginn präsentiert, zeigen Stellen wie opm. 5,7 (218,6/16) und 6,17 (266,26/267,11), wo der Schreiber es versäumt hat, die Zitate wie üblich besonders hervorzuheben; in letzterem Fall hat REICHARDT für seine Edition eigeninitiativ Abhilfe geschaffen, indem er so wie an früheren Stellen verfährt und die Namen der drei Übersetzer eigens absetzt.

123 Auch FRIDERICI (o.Anm. 116) 58 ist zu dem Schluß gekommen: »Ita lemmata quoque non extrinsecus in librorum verba illata sunt neque iis demum insertis divisio orta est, sed e contrario ex divisione ipsa, id est ex locutionibus illis ac formulis, quibus scriptores ad rem vel argumentum novum transibant, progenita sunt«.

124 Simplicius CaelCom. 32,1; 75,16f; 190,21f.

125 C.Arist. frgm. 134 (BM ms. Add. 17214), vgl. WILDBERG, against Aristotle 148, zur Datierung ebd. 26. Nicht klar ist, ob der Kephalaiontext im Index oder innerhalb des Textes gelesen wurde.

126 C.Arist. frgm. 3 (WILDBERG, against Aristotle 43f, bzw. MAHDI 257/9).

Kapitelindex

Zwischenüberschriften

1,4 ὅτι τὸ »ἐν κεφαλαίῳ« ἀντὶ τοῦ »ἐν ἀρχῇ« παρὰ τῷ Ἀκύλᾳ κεῖται.

1,4 τί τὸ »ἐν κεφαλαίῳ« ἀντὶ τοῦ »ἐν ἀρχῇ« παρὰ τῷ Ἀκύλᾳ σημαίνει.

1,7 ὅτι τὴν ἐξωτάτω πασῶν σφαῖραν καὶ ἄναστρον ὁ Πτολεμαῖος ἐκ Μωϋσέως τὰς ἀφορμὰς λαβὼν πρῶτος ὑπέθετο τοῖς πρὸ αὐτοῦ ἀγνοουμένην.

1,7 ὅτι τὴν ἐξωτάτω πασῶν σφαῖραν καὶ ἄναστρον Ἵππαρχος καὶ Πτολεμαῖος ἐκ Μωϋσέως τὰς ἀφορμὰς λαβόντες πρῶτοι ὑπέθεντο τοῖς πρὸ αὐτῶν ἀγνοουμένην.

1,8 ἔνστασις πρὸς Βασίλειον Θεοδώρου τοῦ Μοψουεστίας προϋπάρχειν τοῦ αἰσθητοῦ κόσμου τοὺς ἀγγέλους εἰπόντα, καὶ ὅτι οὐδὲν ἕτερον εἴρηται περὶ τῆς γενέσεως αὐτῶν Μωϋσεῖ.

1,8 ἔνστασις πρὸς Βασίλειον Θεοδώρου τοῦ Μοψουεστίας προϋπάρχειν τοῦ αἰσθητοῦ κόσμου τοὺς ἀγγέλους εἰπόντα, καὶ ὅτι οὐδὲν εἴρηται περὶ τῆς γενέσεως αὐτῶν Μωϋσεῖ.

1,22 ὅτι Θεόδωρος ἐξηγούμενος τὸ »καὶ εἶπεν ὁ θεὸς ›γενηθήτω φῶς‹« ἀνθρωπίνην φωνὴν δίδωσι τῷ θεῷ καὶ τοῖς ἀγγέλοις τὸ τῶν φωνῶν αἰσθητήριον, ὧν εἰς ὑπήκοον λαλῆσαι τὸν θεόν, καὶ ὡς ἄτοπος ἡ τοιαύτη ὑπόνοια.

1,22 ὅτι ἐξηγούμενος Θεόδωρος τὸ »καὶ εἶπεν ὁ θεὸς ›γενηθήτω φῶς‹« ἀνθρωπίνην φωνὴν δίδωσι τῷ θεῷ καὶ τοῖς ἀγγέλοις τὸ τῶν φωνῶν αἰσθητήριον, ὧν εἰς ὑπήκοον λαλῆσαι τὸν θεόν, καὶ ὡς ἄτοπος ἡ τοιαύτη ὑπόνοια.

2,15 ὅτι καὶ τοῖς θείοις πάλιν λόγοις Θεόδωρος ἀντιφθέγγεται καὶ μανιχαϊκῶς τὸ σκότος οὐσίαν εἶναι λέγει. καὶ Θεοδώρητος μετὰ πάντων αὐτῷ τἀναντία φρονεῖ τε καὶ ἀποδείκνυσι.

2,15 ὅτι καὶ τοῖς θείοις πάλιν λογίοις Θεόδωρος ἀντιφθέγγεται καὶ μανιχαϊκῶς τὸ σκότος οὐσίαν εἶναι λέγει. καὶ Θεοδώρητος μετὰ πάντων αὐτῷ τἀναντία φρονεῖ τε καὶ ἀποδείκνυσι.

2,16 ὅτι οὐκ ἔστιν οὐσία τὸ σκότος ἀλλὰ στέρησις καὶ μόνη φωτός, καὶ ὡς οὐδὲ ἓν καὶ τὸ αὐτὸ κατ' ἀριθμὸν ἐστὶν ἀεί, οὐδὲ τὸ ἐν τῷ ἀέρι γινόμενον φῶς, ἀλλ' ἑκάτερον ἄλλο τε ἄλλο κατ' ἀριθμὸν γίνεταί τε καὶ φθείρεται.

2,16 ὅτι οὐκ ἔστιν οὐσία τὸ σκότος ἀλλὰ στέρησις καὶ μόνη φωτός, καὶ ὡς οὐδὲ ἓν καὶ τὸ αὐτὸ κατ' ἀριθμὸν ἐστὶν ἀεί, οὐδὲ τὸ ἐν τῷ ἀέρι γινόμενον φῶς, [οὐδὲ τὸ σκότος] ἀλλ' ἑκάτερον ἄλλο τε ἄλλο κατ' ἀριθμὸν γίνεταί τε καὶ φθείρεται. (Den Klammerinhalt hat REICHARDT richtig getilgt.)

2,21 Πῶς ἂν τὸ ὑπόδειγμα τοῦ Ἰωνᾶ σωθείη, τὸ τρεῖς ἡμέρας καὶ τρεῖς νύκτας ἐν τῷ τάφῳ μεῖναι τὸν κύριον, καὶ ὅτι κατὰ Θεόδωρον οὐ σώζεται.

2,21 Πῶς ἂν τὸ ὑπόδειγμα τοῦ Ἰωνᾶ σωθείη, τὸ τρεῖς ἡμέρας καὶ τρεῖς νύκτας ἐν τῷ τάφῳ καὶ τῷ ᾅδη μεῖναι τὸν κύριον, <καὶ> ὅτι κατὰ Θεόδωρον οὐ σώζεται. (καὶ ist [richtige] Einfügung von REICHARDT.)

2,22 ἀπόδειξις ἐκ τοῦ νόμου, ὅτι προηγεῖται τῆς νυκτὸς ἡ ἡμέρα, καὶ περὶ τοῦ καιροῦ τῆς ἀναστάσεως τοῦ δεσπότου Χριστοῦ.

2,22 ἀπόδειξις ἐκ τοῦ νόμου, ὅτι προηγεῖται τῆς νυκτὸς ἡ ἡμέρα, καὶ περὶ τοῦ καιροῦ πάλιν τῆς ἀναστάσεως τοῦ δεσπότου Χριστοῦ.

3,3 ὅτι τὸν πρῶτον οὐρανον τὸν ἄναστρον οἶδεν Ἵππαρχος καὶ ὁ Πτολεμαῖος ...

3,3 ὅτι τὸν πρῶτον οὐρανον τὸν ἄναστρον οἶδεν Ἵππαρχος καὶ Πτολεμαῖος ...

3,4 ὅτι οὐ δεῖ τὴν αἰτίαν ζητεῖν, δι' ἣν ὁ πρῶτος γέγονεν οὐρανός, διότι μηδ' ἄλλου τῶν ἐκεῖ γενομένων τὴν αἰτίαν ἀνθρώπους εἰπεῖν ἐνδέχεται.

3,4 ὅτι οὐ δεῖ τὴν αἰτίαν ζητεῖν, δι' ἣν ὁ πρῶτος γέγονεν οὐρανός, διότι μηδ' ἄλλου τῶν γενομένων τὴν αἰτίαν ἀνθρώπους εἰπεῖν ἐνδέχεται.

3,10 ἔκθεσις γραφικῶν ῥήσεων, ἃς οἱ ἀπὸ Θεοδώρου προφέρουσιν, ὅτι μὴ σφαιρικὸν δῆθεν τὸ οὐράνιόν ἐστι σῶμα, ὧν αἱ μὲν αὐτὸ τοὐναντίον δεικνύουσιν, ὅτι σφαιρικόν, αἱ δὲ περὶ τοῦ σχήματος οὐδένα λόγον ποιοῦνται.

3,10 ἔκθεσις γραφικῶν ῥήσεων, ἃς οἱ ἀπὸ Θεοδώρου προφέρουσιν, ὅτι μὴ σφαιρικὸν δῆθεν τὸ οὐράνιόν ἐστι σῶμα, ὧν αἱ μὲν αὐτὸ τοὐναντίον δεικνύουσιν, ὅτι σφαιρικόν, αἱ δὲ περὶ τοῦ σχήματος λόγον οὐδένα ποιοῦνται.

3,15 ὅτι τὴν μεταξὺ τοῦ οὐρανοῦ τοῦ πρώτου καὶ τοῦ στερεώματος οὐσίαν ὁμωνύμως ὕδωρ ἐκάλεσε Μωϋσῆς.

3,15 ὅτι τὴν μεταξὺ τοῦ πρώτου οὐρανοῦ καὶ τοῦ στερεώματος οὐσίαν ὁμωνύμως ὕδωρ ἐκάλεσε Μωϋσῆς.

4,4 ὅτι ἀναγκαία γέγονεν ὑπὸ τῶν ἑβδομήκοντα ἡ ἐπανάληψις τοῦ »καὶ συνήχθη τὸ ὕδωρ« καὶ τῶν ἑξῆς καθ' ὁμοίωσιν τῶν ἄλλων τοῦ θεοῦ προσταγμάτων, καὶ τίς ἐν ἑκάστῳ τούτων δύναμις.

4,4 ὅτι ἀναγκαία γέγονεν ὑπὸ τῶν ἑβδομήκοντα ἡ ἐπανάληψις τοῦ »καὶ συνήχθη τὸ ὕδωρ τὸ ὑποκάτω τοῦ οὐρανοῦ« καὶ τῶν ἑξῆς καθ' ὁμοίωσιν τῶν ἄλλων τοῦ θεοῦ προσταγμάτων, καὶ τίς ἐν ἑκάστῳ τούτων δύναμις.

4,9 ὅτι οὔτε ποταμοὺς οὔτε λίμνας ἦν πρὸς τῆς τοῦ κόσμου συμπληρώσεως ὑπάρχειν.

4,12 ὅτι ἡ τοῦ ὑποκειμένου τῷ φωτὶ σώματος διαφορὰ τῆς ἐν τοῖς φωστῆρσι τοῦ φωτὸς διαφορᾶς ἐστιν αἰτία, ὡς καὶ τοῦ ὑπὸ σελήνην πυρὸς ὁμοίως.

5,11 ὅτι τὸ »εἰς ψυχὴν ζῶσαν« ἀπὸ τοῦ κρείττονος μέρους τὸ ὅλον ζῷον ἐδήλωσε. καὶ ὅτι ἐν ἀρχῇ τῆς κοσμοποιΐας ἅμα τῷ θείῳ νεύματι τέλειον ἕκαστον ὑπέστη.

5,14 διὰ τί μὴ καὶ ἐπὶ τῶν ἀπὸ γῆς ζῴων εἴρηται τὸ »αὐξάνεσθε καὶ πληθύνεσθε«.

6,8 ὅτι τὸ »κατ᾽ εἰκόνα καὶ καθ᾽ ὁμοίωσιν« ἐκ παραλλήλου ὁ Παῦλος ἤκουσεν ἐπὶ τῆς πρὸς τὸν θεὸν ἐξομοιώσεως.

6,10 ὅτι τὸν Χριστόν φησι Θεόδωρος ἕνα ὄντα ἐξ ἡμῶν εἰς οὐρανὸν ἀναγαγεῖν τὸν θεόν, ἵνα τε ὑψηλὸς ὢν ὑπὸ πάσης προσκυνῆται τῆς κτίσεως καὶ ἵνα μὴ ὑπὸ τῶν ἐναντίων ἐπιβουλεύηται δυνάμεων, καὶ ἔλεγχος τῆς ἀσεβοῦς ταύτης ὑπονοίας.

6,12 ὅτι κατασκευάζων τὸ πᾶσιν ὁμολογούμενον, ὅτι ἐπὶ μόνου τοῦ ἀνθρώπου τὸ »κατ᾽ εἰκόνα« εἴρηται, παράγει τὸ »ἀνὴρ οὐκ ὀφείλει καλύπτεσθαι, εἰκὼν καὶ δόξα θεοῦ ὑπάρχων« οὐ νοήσας τὸ εἰρημένον.

6,13 ὅτι καὶ αἱ ἀρχαὶ καὶ αἱ ἐξουσίαι καὶ οἱ κοσμοκράτορες καὶ τὰ τοιαῦτα πεπλάνηκε τῇ ὁμωνυμίᾳ Θεό-

4,9 ὅτι οὔτε ποταμοὺς οὔτε λίμνας ἦν πρὸ τῆς τοῦ κόσμου συμπληρώσεως ὑπάρχειν.

4,12 ὅτι ἡ τοῦ ὑποκειμένου σώματος τῷ φωτὶ διαφορὰ τῆς ἐν τοῖς φωστῆρσι τοῦ φωτὸς διαφορᾶς αἰτία ἐστίν, ὡς καὶ τοῦ ὑπὸ σελήνην πυρὸς ὁμοίως.

5,11 ὅτι τὸ »ψυχὴν ζῶσαν« ἀπὸ τοῦ κρείττονος μέρους τὸ ὅλον ζῷον ἐδήλωσε. καὶ ὅτι ἐν ἀρχῇ τῆς κοσμοποιΐας ἅμα τῷ θείῳ νεύματι τέλειον ἕκαστον ὑπέστη.

5,14 διὰ τί μὴ καὶ <ἐπὶ> τῶν ἀπὸ γῆς ζῴων εἴρηται τὸ »αὐξάνεσθε καὶ πληθύνεσθε«. (ἐπί von REICHARDT hinzugefügt.)

6,8 ὅτι τὸ »κατ᾽ εἰκόνα καὶ καθ᾽ ὁμοίωσιν« ἐκ παραλλήλου ὁ Παῦλος ἤκουσεν ἐπὶ τῆς κατ᾽ ἀρετὴν πρὸς τὸν θεὸν ἐξομοιώσεως.

6,10 καὶ ὅτι τὸν Χριστόν φησι Θεόδωρος ἕνα ὄντα ἐξ ἡμῶν εἰς οὐρανὸν ἀναγαγεῖν τὸν θεόν, ἵνα τε ὑψηλὸς ὢν ὑπὸ πάσης προσκυνῆται τῆς κτίσεως καὶ ἵνα μὴ ὑπὸ τῶν ἐναντίων ἐπιβουλεύηται δυνάμεων, καὶ ἔλεγχος τῆς ἀσεβοῦς ταύτης ὑπονοίας.

6,12 ὅτι κατασκευάζων τὸ πᾶσιν ὁμολογούμενον, ὅτι ἐπὶ μόνου τοῦ ἀνθρώπου τὸ »κατ᾽ εἰκόνα« εἴρηται, παράγει τὸ »ἀνὴρ οὐκ ὀφείλει κατακαλύπτεσθαι, εἰκὼν καὶ δόξα θεοῦ ὑπάρχων« οὐ νοήσας τὸ εἰρημένον.

6,13 ὅτι καὶ αἱ ἀρχαὶ καὶ αἱ ἐξουσίαι καὶ οἱ κοσμοκράτορες καὶ τὰ τοιαῦτα πεπλάνηκε τῇ ὁμωνυμίᾳ Θεό-

δωρον τὸ μὴ μόνον οὐ τῶν ἐν τῷ
κόσμῳ εἶναι τοῦ ἀνθρώπου τὸ
ἀρχικόν.

δωρον, <εἰς> τὸ μὴ μόνου τῶν ἐν
τῷ κόσμῳ εἶναι τοῦ ἀνθρώπου τὸ
ἀρχικόν. (εἰς Einfügung von REI-
CHARDT.)

6,14 ὅτι καλῶς διορισάμενος μίαν
αἰτίαν εἶναι δεῖν, καθ' ἣν μόνος ὁ
ἄνθρωπος κατ' εἰκόνα γέγονε τοῦ
θεοῦ, οὐδὲν αὐτὸς μόνου ἀνθρώπου
παρείληφεν ἴδιον.

6,14 ὅτι καλῶς διορισάμενος μίαν
αἰτίαν εἶναι δεῖν, καθ' ἣν μόνος
ἄνθρωπος κατ' εἰκόνα γέγονε τοῦ
θεοῦ, οὐδὲν αὐτὸς μόνου ἀνθρώπου
παρείληφεν ἴδιον.

6,17 ὅτι οὐδὲ δυνάμεις εἶναι δύο τῆς
ψυχῆς, τήν τε λογικὴν καὶ τὴν ζω-
τικήν, εἰκόνα δύναται φέρειν τοῦ τε
υἱοῦ θεοῦ καὶ τοῦ ἁγίου πνεύματος.

6,17 ὅτι οὐδὲ δυνάμεις εἶναι δύο τῆς
ψυχῆς, τήν τε λογικὴν καὶ τὴν ζω-
τικήν, εἰκόνα δύναται φέρειν τοῦ τε
υἱοῦ θεοῦ καὶ τοῦ ἁγίου αὐτοῦ
πνεύματος.

6,25 ὅτι καὶ ἐκ τοῦ νόμου τοῦ περὶ
τῶν ἐξαμβλώσεων δείκνυσι Μωϋσῆς, ὅτι μετὰ τὴν διοργάνωσιν
ψυχοῦται τὰ ἔμβρυα.

6,25 ὅτι καὶ ἐκ τοῦ νόμου τοῦ περὶ
ἐξαμβλώσεων δείκνυσι Μωϋσῆς, ὅτι
μετὰ τὴν διοργάνωσιν ψυχοῦται
τὰ ἔμβρυα.

7,5 ὅτι κυριωτάτη τροφὴ τῶν
ἀνθρώπων μάλιστά ἐστι τὰ ἀπὸ
γῆς, καὶ τῶν ἄλλων δὲ ζῴων
ὁμοίως, ὕστερον δὲ τὸ σαρκοφαγεῖν
ἐπιτέτακται.

7,5 ὅτι κυριωτάτη τροφὴ τῶν
ἀνθρώπων μάλιστά ἐστι τὰ ἀπὸ
γῆς, καὶ τῶν ἄλλων δὲ ζῴων
ὁμοίως ἦν, ὕστερον δὲ τὸ σαρκοφαγεῖν ἐπιτέτακται.

IV. Die Einleitung von opm.

Vor die Exegese des Hexaemerontextes hat J.Ph. noch eine Einleitung gestellt.
Es handelt sich um den Beginn der Schrift bis einschließlich Kapitel 1,2, der ein
allgemeines Vorwort zum Anlaß der Abfassung von opm. und einen eigenen
Prolog zur Auslegung beinhaltet [127]. Dieser Prolog weist in formaler Hinsicht
Ähnlichkeiten zu Kommentarprologen zu Philosophen, Dichtern und Rhetoren
auf, welche die Annahme, opm. sei ein Kommentar, weiter bestätigen.

---

127 Vorwort opm. (1,6/2,12), Prolog opm. 1,1f (2,16/7,3). REICHARDT hat ohne Anhalt in der
Handschrift eigenmächtig Προοίμιον vor das Vorwort gesetzt.

Die Untersuchungen von PRÄCHTER, MORAUX, I. HADOT und NEUSCHÄFER haben klargemacht, daß solche Kommentarprologe einem festen Schema folgen, das am deutlichsten in den Werken des Ammonius und seiner Schule faßbar wird, wo es im philosophischen Lehrbetrieb verankert ist und sich in den Kommentaren zu Aristoteles, Platon oder Porphyrius, die ja meistens nur die Nachschriften der Vorlesungen darstellen, niedergeschlagen hat[128]. Es ist jedoch nicht von den spätantiken Philosophenkommentatoren voraussetzungslos erfunden worden; einzelne Punkte, gelegentlich miteinander verknüpft, finden sich bereits bei Andronikos von Rhodos, Sosigenes, Herminos, Porphyrius, Dexippos und anderen Autoren, wenn auch noch nicht streng geordnet oder unter anderer Bezeichnung [129]. Die Prologe des Origenes zu CantCom. und PsCom. belegen, daß das Schema schon früh existiert hat, weit verbreitet gewesen und auch christlicherseits angewandt worden ist [130]; Athanasius hat sich seiner bedient, und gleiches gilt für die Antiochener Diodor, Theodor von Mopsuestia und Theodoret [131]. In der Ammoniusschule benutzen es außer Ammonius selbst Simplicius, Asklepios, Olympiodor, Elias, David, Eustratius und eben auch J.Ph. [132]. Bei ihm begegnet es in AnalPrCom., CatCom. und MetCom. [133].

Das Schema umfaßt zur Zeit des J.Ph. folgende sechs Punkte, die ein Kommentator im Hinblick auf die auszulegende Schrift vor der eigentlichen Kommentierung zu besprechen hat: 1. Das Leitziel (ὁ σκοπός oder ἡ πρόθεσις), anders gesagt, das Thema oder inhaltliche Zentrum der Schrift [134]. 2. Der

---

128 Vor Ammonius wird im philosophischen Raum das Schema auf paganer Seite bei Proklos und Phoibammon erkennbar: vgl. MORAUX, Aristotelismus 1,81/5, HADOT, Introductions, NEUSCHÄFER 57/67; vgl. neuestens J. MANSFELD, Prolegomena. Questions to be settled before the study of an author, or a text = PhAnt 61 (Leiden 1994); an älterer Literatur D. VAN BERCHEM, Poètes et grammairiens: MH 9 (1952) 79/87, P. COURCELLE, Les lettres grecques en Occident (Paris ²1948) 264/78, PRÄCHTER, Aristoteleskommentare 526/33 = DERS., Kleine Schriften 292/9, H. RABE, Prolegomenon Sylloge (Leipzig 1935) IV/VII, WESTERINK, Prolegomena XXVIIf. XXXI, J. MOGENET, L'introduction à l'Almageste (Brüssel 1955) 18f: daß in dieser anonymen, wahrscheinlich Eutokios zuzuweisenden Einleitung zur ptolemäischen Syntaxis das Schema begegnet, spricht dafür, daß dieser Text im philosophischen Studiengang benutzt und kommentiert wurde.

129 MORAUX, Aristotelismus 1,81/5.

130 HADOT, Introductions, NEUSCHÄFER 67/84.

131 KIHN 337/40, SCHÄUBLIN 66/72. Daß das Schema über exegetische Schriften im engeren Sinne hinaus Verwendung gefunden hat, zeigt Theodoret affect.: O. SCHISSEL, Die Προθεωρία des Theodoretos von Kyrrhos zur Ἑλληνικῶν θεραπευτικὴ παθημάτων: ByZ 30 (1929/30) 18/22.

132 Hinzu kommt der Lateiner Boethius; auch Thomas von Aquin hat das Schema rezipiert. Am deutlichsten wird es in den jeweiligen Kategorienkommentaren.

133 AnalPriorCom. 1,5/9,20; CatCom. 8,23/13,32; MetCom. 1,23/3,19.

134 Vgl. K. PRAECHTER, Review of the Commentaria in Aristotelem Graeca: Aristotle transformed 31/54, hier 45₄₅ [ed.], NEUSCHÄFER 60.

Nutzen der Schrift für die Leser (τὸ χρήσιμον). 3. Die Authentizität der Verfasserschaft (τὸ γνήσιον). 4. Die Einordnung der Schrift in das übergeordnete Buch oder Gesamtcorpus des Schrifttums eines Autors (ἡ τάξις) bzw. in die Reihenfolge der Lektüre resp. des Vorlesungsstoffes (ἡ τάξις τῆς ἀναγνώσεως). 5. Der Titel der Schrift (αἰτία τῆς ἐπιγραφῆς). 6. Die Einteilung der Schrift (εἰς τὰ κεφάλαια διαίρεσις) [135]. In der Entwicklung des philosophischen Kommentarprologs seit Ammonius kommen noch die Punkte 7. Die Frage, zu welchem Teil der Philosophie die Schrift gehört (εἰς ποῖον μέρος φιλοσοφίας ἀνάγεται) und 8. Die Methode des logischen Vorgehens und Argumentierens (ὁ τρόπος τῆς διδασκαλίας) hinzu [136]. Weder ist die Reihenfolge, in der diese Punkte im Prolog zu besprechen sind, festgelegt [137], noch besteht die Pflicht, sie allesamt zu erörtern [138]. Da J.Ph. dieses Schema kennt und mit ihm in seinen Kommentarwerken, bes. MetCom., arbeitet, legt es sich nahe zu untersuchen, ob er es opm. ebenfalls verwendet.

Obwohl das Schema im Prolog zu opm. nicht streng Punkt für Punkt abgehandelt wird, hat es doch deutlich erkennbar auf seine Abfassung eingewirkt. Jedenfalls lassen sich viele Züge als Anlehnung an die Form des antiken Kommentarprologs verständlich machen. Ohne Schwierigkeiten ist der erste und wichtigste Punkt, die Behandlung des σκοπός, wiederzufinden: Ausführlich wird zu Beginn der Frage nachgegangen, welches Leitziel Moses mit seiner Schrift [139] verfolgt hat [140], und dazu festgestellt, daß es nicht, wie es offenbar aus bestimmten Gründen von verschiedenen Seiten mißverstanden wurde, darin bestanden hat, Naturphilosophie zu lehren oder naturwissenschaftliche Untersuchungen anzustellen, sondern daß es die Absicht des Moses gewesen ist, die damaligen Menschen zur Gotteserkenntnis zu führen, also theologische Aussagen zu ma-

---

135 Bei dichterischen Werken meint κεφάλαιον noch näher an der ursprünglichen Wortbedeutung »Hauptgesichtspunkt«.

136 NEUSCHÄFER 63/6.

137 WESTERINK, Prolegomena XXVII.

138 Vgl. Simplicius CatCom. 8,32/9,3: »Oftmals erscheint der Nutzen (τὸ χρήσιμον) im selben Moment wie das Leitziel (σκοπός), und der Titel (ἐπιγραφή) ist für jedermann klar, zum Beispiel der Titel ›Über die Seele‹. Was die Authentizität betrifft, so muß sie nicht in allen Fällen nachgewiesen werden, nur in dem Fall, wenn es einen Grund gibt, sie zu bestätigen«. Ammonius behandelt in CatCom. 13,3/6 τὸ χρήσιμον, verzichtet aber in InterprCom. 1,18/20 aus demselben Grund wie Simplicius auf eine Besprechung dieses Punktes. J.Ph. AnPriorCom. 4,26/9 und CatCom. 12,12/6 stellt einleitend zum χρήσιμον fest, daß es schon aus der Behandlung des σκοπός ersichtlich sei. Vgl. auch die Auswahl der Punkte, die Proklos im Vorwort zu TimCom. 3F (1,9,25/8 DIEHL) aufzählt.

139 Opm. 1,1 (3,2) συγγραφή kann auch einfach Geschichte oder Erzählung bedeuten.

140 Opm. 1,1 (3,1/4,14).

chen. In diesem Zusammenhang fällt dann auch der Terminus technicus σκοπός, nachdem das Kephalaion schon den Begriff πρόθεσις benutzt hat [141]:

> »Dies [sc. Naturphilosophie zu betreiben] war freilich für den bewunderns-
> werten Moses nicht das Ziel [σκοπός], sondern er wurde als erster von Gott
> vorherbestimmt, die Menschen zur Gotteserkenntnis zu führen und sie ein
> dementsprechendes Leben zu lehren. Gerade darum hat er alles, was dazu
> beitrug, auch geschrieben, daß ja diese große und ruhmvolle Schöpfung der
> Welt weder von selbst existiert noch von der höchsten, nämlich göttlichen
> Substanz ist, sondern durch jenen unsichtbaren und alleserschaffenden
> Anfang vor der Entstehung als etwas, das es noch nicht gab, zu dieser nun-
> mehr sichtbaren Schönheit gebracht worden ist« [142].

Gleichzeitig kommt mit der Zielbestimmung auch der Nutzen für die Leser ins Spiel: wie Ammonius und Simplicius es für selbstverständlich halten, daß beides häufig nicht voneinander getrennt werden kann, so ist für J.Ph. in diesem Fall mit dem σκοπός sofort das χρήσιμον »Gotteserkenntnis und entsprechendes Leben« gegeben. Dies wird noch deutlicher in der Fortsetzung, selbst wenn der Terminus technicus hier nicht fällt, sondern nur vom »ὠφελεῖν« gesprochen wird; dieser Begriff wird nämlich von den antiken Kommentatoren an der Seite von χρήσιμον untechnisch verwendet und weist auf die sittlich-moralische Ver-besserung des Menschen, die durch die zu kommentierende Schrift erreicht wird; für Origenes etwa bezeichnet ὠφέλεια eine vielschichtige Grundkategorie seines Bibelverständnisses [143], und auch Theodoret stellt seine Begründung des χρήσιμον von PsCom. unter das Leitwort ὠφέλεια [144]. J.Ph. schreibt:

> »Da Moses also den ganz ungebildeten, mehr noch, den beinahe nichts über
> die Erscheinungen wissenden Seelen die Erkenntnis über Gott einflößen
> will, führt er sie aus den früheren Gewohnheiten und Vertrautheiten zum
> Gedanken an den unsichtbaren Gott, indem er darauf aufmerksam macht,
> was Gott für ein Künstler bei der Schöpfung des Ganzen ist, wenn er be-
> fiehlt, jetzt möge dies, dann ein anderes, als erstes und zweites, entstehen,
> und daß gleichzeitig zur Anordnung das Befohlene hervorgebracht wurde.
> Für die niederen Seelen ist dies, wie ich sagte, die größte Erfahrung der

---

141 Opm. 1,1 (2,13/5): »Welches das Ziel der vorliegenden Abhandlung ist und welches das Thema/die Absicht für Moses in der Schrift über die Entstehung der Welt ist«. Diese Formulierung des Kephalaions in antiker Begrifflichkeit bestätigt im übrigen, was zur Echtheit oben schon gesagt wurde.

142 Opm. 1,1 (3,11/21).

143 Vgl. NEUSCHÄFER 251f. 259/61.

144 Theodoret PsCom. (PG 80,857A/860A), vgl. SCHÄUBLIN 68.

Hinführung zu Gott, denen, die wirklich denken und schon zum Gedanken an die göttliche Ursache fortgeschritten sind, wird sie durchaus nichts schaden, sondern den größten Nutzen bringen [ὠφελήσει δὲ τὰ μέγιστα]«[145].

Dafür taucht der Begriff χρήσιμον an einer zweiten Stelle des Vorworts auf, wo J.Ph. nochmals an das genannte Anliegen des Moses erinnert; hier ist die Formulierung freilich nur ganz allgemein ausgerichtet:

> »Niemand verlange also, wie ich sagte, daß Moses Astronomie betreibt oder systematisch die Ursachen der Dinge der Natur behandelt. Denn dies ist nicht das Ziel [σκοπός] der Theologen und keine Lehre, die zur Gotteserkenntnis führt, sondern ist Aufgabe der Sachkundigen, die sich mit Einzeldingen beschäftigen. Jede Fertigkeit wird zu irgendeinem Zweck ersonnen, der für das Leben der Menschen nützlich ist [πρός τι τέλος .... χρήσιμον]«[146].

An die Besprechung des σκοπός der mosaischen Abhandlung schließt sich in opm. ein Vergleich zu Platon an, der auf den ersten Blick nichts mit den Formalia des Kommentarprologs zu tun hat. Obwohl kein weiterer bekannter Begriff aus der Sparte der Formalia fällt, erschließt sich bei näherem Hinsehen der Teil opm. 1,2 dennoch mit Hilfe dieser Voraussetzung, und zwar speziell mit der Annahme, daß J.Ph. die τάξις des mosaischen Schöpfungsberichts erörtert.

J.Ph. stellt Moses nämlich nicht einfach irgendeinem platonischem Text gegenüber, sondern einem Zitat aus dem Timaios als dem Text par excellence, der philosophischerseits das Thema Weltentstehung behandelt; speziell geht es dabei um die Rede des Demiurgen an die himmlischen Götter, mit der er sie beauftragt, die drei sterblichen Geschlechter zur Vervollkommnung der Welt zu erschaffen, die mit dem Sprechen Gottes im Hexaemeron verglichen wird. Als Einleitung zum Platonzitat Tim. 41B/D schickt J.Ph. folgenden Gedanken voran:

> »Auch ist es nicht einmal verwunderlich, daß Moses als ältester auf diese Weise den Schöpfungsbericht [δημιουργικὴν διήγησιν] für die, die zur Gotteserkenntnis zu führen waren, gerade verfaßt hatte, als auch Platon die, welche schon philosophisch über die Schöpfung des Alls aus Gott nachgedacht hatten, belehrte und ihn in vielen verschiedenen Dingen nachahmte; als alles Himmlische entstand, führt er den Demiurgen selbst ein, der auf folgende Weise Anordnung trifft«[147].

---

145 Opm. 1,1 (3,22/4,7). Dies wird dann noch ebd. (4,7/14) exemplifiziert.
146 Opm. 1,2 (6,4/8).
147 Opm. 1,2 (4,17/24).

Wenn J.Ph. die Schriften Moses' und Platons miteinander in Verbindung bringt, dann geschieht es, zunächst auf der Sachebene betrachtet, offensichtlich aus dem Verständnis heraus, daß beide Texte auf ihre Weise denselben Gegenstand, nämlich die Weltentstehung behandeln. Von dieser Parallelsetzung mit Platon her fällt also Licht auf den schon vermerkten Umstand, daß J.Ph. seine Schrift nicht als Hexaemeronauslegung, sondern als Kommentar »εἰς τὴν Μωϋσέως κοσμογονίαν« bezeichnet [148]. Die Aussage, daß Moses als der ältere von beiden, ja sogar absolut gesehen als erster überhaupt sich mit der Welterschaffung befaßt hat, Platon hingegen sein Nachfolger ist und aus ihm geschöpft hat [149], aber wegen seines anderen Adressatenkreises, also eines anders gelagerten χρήσιμον, eine differierende Art der Darstellung wählen mußte, stellt eine deutliche Ordnung der beiden kosmologischen Darstellungen her. Hier würde τάξις also nicht die Stellung des Schöpfungsberichtes in der Reihe der mosaischen Bücher oder der anderen biblischen Schriften meinen, sondern die Bestimmung des Verhältnisses des biblischchristlichen Schöpfungsberichts zur philosophischen Kosmologie. Man mag einwenden, daß J.Ph. hier nur die längst verfestigte Vorstellung von der zeitlichen Priorität des Moses gegenüber den griechischen Dichtern und Philosophen hervorgeholt hat [150]. Sicher ist äußerlich gesehen diese Beobachtung durchaus nicht falsch, aber für J.Ph. verbindet sich mit dieser Einschätzung mehr, wenn man auf die mehr formalen Voraussetzungen und Implikationen dieser Abhängigkeitsthese schaut, die bei ihm unausgesprochen im Hintergrund stehen dürften. Dazu muß man sich ins Gedächtnis rufen, daß der Timaios im Vorlesungsplan der Ammoniusschule zusammen mit dem Parmenides den krönenden Abschluß des ganzen Philosophiestudiums bildet, der nur nach gründlichen, vorher zu erwerbenden mathematischen Vorkenntnissen gelesen werden kann, also nach Einschätzung der Fachleute nur für philosophisch Fortgeschrittene richtig zu verstehen und für solche auch geschrieben ist [151]. Als σκοπός dieser Schrift geben die Platoniker die Natur an, (während der Parmenides als Typos des Dialogs gilt, der theologisch orientiert

---

148   Vgl. o. S. 20.

149   Daß die Nachahmung Platons zumeist verstanden wird als Lektüre, die häufig in die Übernahme mosaischer Gedanken mündet, zeigen Stellen wie opm. 2,12 (78,20/6), 3,5 (119,1/5) (hier weicht Platon aber von Moses ab), 6,21 (273,1/10), 7,12 (303,25/304,5).

150   A.J. DROGE, Homer or Moses? Early Christian interpretations of the history of culture = HUTh 26 (Tübingen 1989), P. PILHOFER, Prebyteron kreitton. Der Altersbeweis der jüdischen und christlichen Apologeten und seine Vorgeschichte = WUNT 2,39 (Tübingen 1990), E. OSBORN: JThS 41 (1990) 656/9, C. SCHOLTEN: JbAC 34 (1991) 184/7.

151   Auch im jüdischen Bereich gibt es, wie Origenes vermerkt, eine Reihenfolge der Lektüre, die den besonderen Charakter des Hexaemerons hervorhebt. So bildet der Anfang der Genesis zusammen mit dem Anfang und Ende des Buches Ezechiel sowie dem Hohen Lied den letzten Teil des Schriftstudiums: vgl. HADOT, Introductions 113.

ist) [152]. Es kommt hinzu, daß sich mit der von J.Ph. zitierten Passage Tim. 41B/D in platonischem Verständnis ein weiterer besonderer Anspruch verbindet. Diese Stelle, so ist den Prolegomena zur platonischen Philosophie zu entnehmen, die ein anonymer Autor wohl in der zweiten Hälfte des 6.Jhs. verfaßt hat, stellt einen der wenigen Abschnitte bei Platon dar, wo Sokrates im Modus der göttlich-prophetischen Inspiration gesprochen hat [153]. Wenn also J.Ph. diesen Text der von Moses überlieferten Rede Gottes im Hexaemeron gegenüberstellt, dann vergleicht er die mit höchster Dignität ausgestatteten pagan-philosophischen und christlichen Passagen zur Beteiligung Gottes an der Weltentstehung miteinander: die eine will nach Ansicht ihrer antiken Interpreten eine göttlich inspirierte Aussage über die Beziehung Gottes zur Erschaffung der Welt machen, die auf der Ebene der φύσις Geltung beansprucht, während die andere, ebenfalls für inspiriert gehalten [154], theologisch das Verhältnis Gottes zur Welt beschreibt. So erklärt es sich, daß J.Ph., wenn er beide Texte miteinander in Beziehung setzt, bemüht ist klarzumachen, daß Moses nicht in dem Sinne mißverstanden werden darf, als wolle er »ἀστρονομεῖν« oder »τῶν φυσικῶν αἰτίας τεχνολογεῖν«, also – wie Platon – den Anspruch erheben, naturwissenschaftliche Hypothesen aufzustellen bzw. philosophische Reflexionen über die Ursachen der Naturdinge zu vermitteln –, was freilich nicht bedeutet, wie sich noch zeigen wird, daß auf der Ebene der φυσιολογία, also der naturkundlichen Einzelaussage, bei Moses klare Auskünfte zu finden sind und mit solchen der antiken Naturbeschreibung verglichen werden können. Man könnte daher sogar davon sprechen, daß J.Ph. damit der Sache nach zugleich den Aspekt des ὑπὸ ποῖον μέρος ἀνάγεται (τὸ παρὸν σύγγραμμα) behandelt, doch ist, wie gesehen, die Aufnahme dieses Punktes in das Kommentarprologschema sicher erst nach J.Ph. nachzuweisen.

Noch ein weiteres ist zu bedenken. Wie aus Proklos zu entnehmen ist, sieht ein Großteil der antiken Philosophie Timaios 41B/D als Beleg für die von ihr vertretene Anfanglosigkeit der Welt an [155]. Diese Lehre stellt in der Kosmologie einen bleibenden Gegensatz zum christlichen Schöpfungsverständnis dar. Zitiert nun J.Ph. Tim. 41B/D als einen Text, den Platon in Nachahmung mosaischer Gottesworte entworfen hat, welche die unmittel-

---

152 So Albinos eis. 3, Proklos TimCom. 1 A/C (1,1,1/2,11 DIEHL), vgl. PRÄCHTER, Richtungen und Schulen 139/41 = Kleine Schriften 199/201, anonym. Prolegom. zur platon. Philosophie (wohl 2. Hälfte 6.Jh.) 26 (47,14/6 WESTERINK), ähnlich auch Calcidius TimCom. 1/6 (57,1/60,3 WASZINK).

153 Anoym. Proleg. 27 (51,8/11 WESTERINK).

154 Es besteht kein Zweifel daran, daß J.Ph. Moses für prophetisch inspiriert hält: vgl. opm. prooem. (1,18/2,1), 1,10 (25,23f), 1,15 (35,3f), 2,13 (79,5/82,12) u.a.

155 In TimCom. zur Stelle, vgl. BALTES, Weltentstehung 2,116/8.

bare, zeitliche Entstehung der Dinge durch Gott aus dem Nichts kundtun
wollen, so liegt darin eine Erledigung der paganen philosophischen Interpretation dieses Textes, insofern aus der Abhängigkeit Platons von Moses und
damit der Vergleichbarkeit beider gerade an dieser Stelle eine Timaiosdeu-
tung ihren Platz erhält, die Platon die Lehre einer zeitlichen Entstehung der
Welt beimißt [156]. J.Ph. greift so implizit auf, was er gegen Proklos in der
früheren Schrift aetm. ausführlich zum Verständnis von Tim. 41B in diesem
Sinne gesagt hat [157]. Mit der Voraussetzung einer solchen Platondeutung ist
es klar, daß J.Ph. den Gedanken der unmittelbaren, zeitlichen Entstehung
der Welt durch Gott in den Worten des Moses deutlicher als bei Platon
ausgedrückt finden muß. Im Verlauf von opm. wird er dies bestätigen und
nochmals dartun, daß nach Moses niemand mehr so klar den zeitlichen Beginn der Welt ausgedrückt hat; vielmehr sei durch Aristoteles als ersten die
zu verwerfende These von der Ewigkeit der Welt aufgekommen [158].

Opm. 1,2 kann man also als ausführliche Stellungnahme zur τάξις des mosaischen Schöpfungsberichts interpretieren: Die beiden wichtigsten antiken Texte
zur Kosmogonie werden miteinander in Beziehung gebracht, indem ihre Passagen, die die unmittelbare Entstehung der Welt durch Gott behandeln, miteinander verglichen werden. Beide werden für prophetisch inspiriert gehalten, doch
ist der eine vom anderen abhängig. Der ältere beansprucht, eine theologische
Aussage für ungebildete Leute zu sein, während der zweite naturphilosophisch
für Fortgeschrittene konzipiert ist.

Weitere Angaben, die in Anlehnung zu diesem Kommentarprologschema
konzipiert sein könnten, lassen sich nicht finden. Daß Hinweise zur Authentizität,
Titel und Kapiteleinteilung des Schöpfungsberichts fehlen, braucht jedoch
angesichts der oben angeführten Hinweise zur nicht vorhandenen Notwendigkeit,
vollständig zu sein, nicht zu verwundern, zumal zumindest über die Verfasserschaft des Textes in der gesamten christlichen und paganen Antike keine Zweifel bestehen. Auch daß Titel und Kapiteleinteilung nicht behandelt werden,
muß nicht unbedingt verwundern, denn das Hexaemeron ist ohne eigene Überschrift und Unterteilung nur ein Teil der Genesis, bei der eine Untersuchung
dieser Punkte eher Sinn macht; vielleicht hängt die fehlende Diskussion auch
damit zusammen, daß die Schrift nicht wie die Kommentarprologe der Philosophenschule aus dem Vorlesungsbetrieb heraus entstanden ist.

Aber es ist schließlich noch zu berücksichtigen, daß J.Ph. den Prolog mit
einer Stellungnahme zum Zweck seiner eigenen Schrift beginnt und beschließt.
Gewiß scheint es selbstverständlich, in einem Vorwort etwas über das Ziel zu

---

156 In diesem Sinne wird die Einleitung Tim. 41A/B zu Tim. 41B/D nochmals in opm. 3,10
     (134,24/9) zitiert, freilich mehr sinngemäß als wörtlich.
157 Aetm. 4,14 (94,2/98,20), 6,28 (225,24/228,10), 7,13 (272,7/11), 13,12 (508,5/514,12).
158 Opm. 2,13 (82,3/12), diese Aussage ebenso in MetCom. 16,36/17,18.

sagen, das man mit einer Schrift verfolgt, aber es geschieht bei J.Ph. wiederum in einer Weise, die ihre Herkunft von der antiken Exegesetradition verrät und eine letzte Bestätigung für die Behauptung liefert, opm. sei ein Kommentar. In formaler Hinsicht fordert nämlich die antike Gepflogenheit, daß die ganze Erklärung unter ein einziges, beherrschendes Prinzip (εἷς σκοπός) gestellt werden muß [159]. Dieser Regel entspricht J.Ph., wenn er als ausschließliches Ziel seiner Abhandlung – zunächst ganz allgemein – angibt:

> »Da aber noch Zweifel hinsichtlich eines Aspektes [sc. des Themas] besteht, daß das Geglaubte gar nicht in Übereinstimmung mit den Phänomenen stehe, was von Basilius mit Recht in der Kirche ausgelassen wurde, weil er seine Worte zum Nutzen der Menge unter das Volk brachte und weil sie für den einfachen Mann zum Hören und für seine Auffassungsgabe ungeeignet sind, werde ich dies nun mit Hilfe Gottes soweit als möglich zu erforschen versuchen« [160].

Da das Ziel des Moses nicht als naturwissenschaftliche Belehrung bestimmt worden ist, sich aber der einheitliche σκοπός der Exegese vom σκοπός des zu kommentierenden Textes ableitet, muß J.Ph. gleichfalls betonen, daß er keine naturwissenschaftlichen Lehren um ihrer selbst willen untersucht, sondern lediglich zu Vergleichszwecken hinzuzuziehen beabsichtigt [161]. Wie sich zeigen wird, sind die Motive und Zielsetzungen, die ihn zu seiner Themenwahl bewogen haben, zwar noch verzweigter, aber er genügt der Forderung, nur ein Leitthema zu verfolgen, wenn er nochmals am Ende des Vorworts als genaues Ziel seiner Abhandlung formuliert:

> »Es soll also nur erforscht werden, ob er [sc. Moses] etwas geschrieben hat, was nicht mit den Phänomenen übereinstimmt. Wenn ich deshalb irgend-

---

159 K. Prächter, Richtungen und Schulen 128/41 = Kleine Schriften 188/201, Ders., Rez. Procli Diadochi in Platonis Timaeum comm. ed. Diehl: GGA 167 (1905) 525/8, A. Bielmeier, Die neuplatonische Phaidrosinterpretation. Ihr Werdegang und ihre Eigenart = Rhetorische Studien 16 (Paderborn 1930) 23f. Die Vorgabe, eine Schrift von einem einheitlichen Aspekt aus zu interpretieren, durchzieht seit Jamblich die Kommentare der Neuplatoniker. Inhaltlich bestimmt sich der εἷς σκοπός vom σκοπός der zu kommentierenden Schrift her. Ist also der σκοπός eines Werkes die Natur, so muß die Auslegung φυσικῶς erfolgen. Da sich eine solche Forderung nicht immer glatt einhalten läßt, besonders mit Blick auf die Proömien der platonischen Dialoge, müssen die Exegeten Wege finden, dem Prinzip modifiziert Genüge zu tun: vgl. Prächter ebd.

160 Opm. 1,1 (2,19/26).

161 Deswegen ist es absurd, wie Sheldon-Williams 482 zu behaupten, das Unterlassen einer ausführlicheren Diskussion naturphilosophischer Fragestellungen durch J.Ph. sei »an indication of his declining intellectual powers«.

wo irgendwelche Naturforscher oder Kundige in der Astronomie der Schrift
des Moses gegenüberstelle oder Spekulationen jener Art zur Verteidigung
dieser benutze, möge mich niemand von den Unwissenderen tadeln. Denn
das Ziel der vorliegenden Untersuchung besteht gerade darin, nach Möglichkeit zu zeigen, daß es nichts gibt, was in der Weltentstehung des Propheten
nicht mit der Ordnung des Alls übereinstimmt, sondern daß im Gegenteil
vieles von dem, was später durch die Naturforscher an Suche nach den
Ursachen betrieben wurde, aus dem, was Moses geschrieben hat, seinen
Anfang genommen hat« [162].

V. Form- und Stilelemente

Innerhalb der kommentierenden Teile von opm. begegnen außerdem stilistische
Elemente, die ebenfalls in Kommentaren des J.Ph. zu finden sind. Allerdings
können die folgenden Bemerkungen nur vorläufig sein, da eine Untersuchung
der Stilmerkmale solcher Werke fehlt und nicht sicher ist, ob es sich wirklich um
für die Kommentarform typische Erscheinungen handelt oder ob nicht eher
durchgängige stilistische Eigenheiten des Autors vorliegen.

Die Bemerkung des J.Ph. in opm. 5,1, er wolle in gewohnter Weise zunächst über die τάξις (Ordnung oder Reihenfolge) der im kommentierten
Bibeltext genannten Gegenstände handeln, läßt als erstes auf eine bestimmte
Vorgehensweise schließen, nach der die kommentierenden Teile von opm.
aufgebaut sind und die sich als erstes stets mit der Stimmigkeit der naturkundlichen Reihenfolge der im zu kommentierenden Text aufgezählten Gegenstände beschäftigt [163]. Einerseits entspricht dies intentionaliter dem eingangs
von MetCom. zu findenden Bemühen, die in den Dingen selbst begründete
τάξις der Welt, angefangen von den physikalischen Prinzipien über den Himmel
und die Meteora bis hin zu den Lebewesen anhand der Reihenfolge der aristotelischen Schriften Physik, de caelo, de generatione et corruptione, Metereologie und Zoologie aufzuzeigen [164]. Andererseits läßt sich ferner beobachten,
daß J.Ph. an vier Stellen die genaue Besprechung des Wortlauts (λέξις) des
Bibeltextes an eine erste sachliche Kommentierung anschließt und mittels
der Exegese des betreffenden Verses seine eigene Position gegenüber vorher

---

162 Opm. 1,2 (6,14/24). Obwohl J.Ph. im Gegensatz zu Basilius ein Unternehmen für Ge-
bildetere beginnen will, rechnet er, selbst wenn der Hinweis auf die Unwissenderen
mehr topisch ist bzw. eventuell sogar auf die Anhänger des Theodor zielt oder auch noch
mit der Bestimmung des mosaischen σκοπός zusammenhängen kann, durchaus mit
einem breiteren Publikum.

163 Opm. 5,1 (205,10f), vgl. auf dem Hintergrund dieser Aussage opm. 2,1 (60,3/5), 2,2
(62,8/15), 3,17 (157,12/28), 4,1 (162,18f).

164 Vgl. MetCom. 3,26/5,6.

genannten anderen Meinungen abklärt [165]; mindestens zweimal macht J.Ph.
dabei explizit deutlich, daß er die Erklärung der λέξις als Korrelat zur τάξις
versteht und damit τάξις und λέξις die beiden Abschnitte seines Kommentars sind [166]. Diese Zweiteiligkeit deckt sich deutlich mit dem z.B. in Met-
Com. zu beobachtenden Verfahren der Abfolge von θεωρία und λέξις eines
antiken Philosophenkommentars, auf die Erklärung des Wortlautes nach einigen allgemeinen Bemerkungen zum Thema eigens, und zwar an zweiter
Stelle, einzugehen [167]. Das in opm. gewählte formale Vorgehen, auch wenn es
nicht mittels entsprechender Hinweise starr und schematisch überall durchgeführt ist und wohl auch nichts mehr mit dem Vorlesungsbetrieb zu tun
hat, verrät somit deutlich die Handschrift des geschulten antiken Kommentators.
    Daß er logische Schlußverfahren, wie er sie in seinen Kommentaren oder
auch in aetm. benutzt, als methodisches Rüstzeug ebenfalls in opm. bereithält
und von hier aus seine Argumente aufbaut, kann man opm. 6,14 entnehmen [168].
    Eine allgemein wiederkehrende Wendung stellt der Beginn eines kürzeren
oder längeren Abschnittes mit μήποτε dar, wodurch das Folgende als Alter-
nativhypothese gekennzeichnet wird [169]. Ebenfalls begegnet die Gliederung

---

165 Opm. 3,14 (149,13f): »Aber laßt uns hernach zur Untersuchung des Wortlauts übergehen
     und ihn von neuem vorlegen«; 4,1 (162,18f): »... nun möge die Bedeutung der göttlichen
     Worte geprüft werden«; 4,3f (165,20f): »Aber laßt uns den Verstand auf die Untersu-
     chung des Wortlauts richten«; 5,1 (210,17f): »Nach diesen Worten wollen wir zur Unter-
     suchung des Wortlauts übergehen«, verbunden mit ebd. (205,6/11).

166 Opm. 4,1 (162,19f): »Nachdem also die Reihenfolge besprochen wurde, möge nun die
     Bedeutung der göttlichen Worte geprüft werden«; opm. 5,1 (205,6/11): »Ich werde mich
     aber, wie ich anfangs darlegte, bemühen, die jetzigen Schwierigkeiten des Wortlauts
     und was nicht mit der Natur übereinzustimmen scheint, zu beheben und zu zeigen, daß
     auch im vorliegenden Fall die Lehre wirklich weise ist und mit dem, was bereits ent-
     standen ist, folgerichtig zusammengehört. Zuerst ist es richtig, in gewohnter Weise
     über die Ordnung zu sprechen«, verbunden mit ebd. (210,17f) (s.Anm. vorher). Opm.
     2,1 (60,3f) scheint die λέξις auch als »κατὰ μέρος ἐξέτασις« zu bezeichnen; wo diese in
     opm. 2 genau einsetzt, ist nicht ganz klar; in Frage käme 2,1 (60,19/25).

167 MetCom. 4,21/3, vgl. o. S. 17 Anm. 57. Nachzufragen bleibt, ob auch der antike
     Philosophenkommentar eine Kommentierung einzelner Stellen unter dem Stichwort
     τάξις – nicht zu verwechseln mit der Frage nach der τάξις innerhalb des Kommentar-
     prologs – kennt.

168 Opm. 6,14 (259,26): »καὶ τί δέον ἐστὶν ἐκ συλλογισμοῦ τοῦτο λαμβάνειν;«.

169 Vgl. opm. 2,2 (62,28), ebd. (64,8) 2,12 (78,15), 3,5 (120,9), 4,6 (175,9:ἴσως), 4,14 (189,1),
     5,2 (211,6), 5,5 (216,4), 5,10 (223,7f.11:μήποτε ... ἢ ἴσως), 5,14 (229,3:ἴσως), 6,7 (242,15),
     7,5 (292,9), 7,13, (304,10:ἴσως) mit MetCom. 6,14; 81,1; 82,8; 85,36; 95,29; 97,9; 121,29;
     PhysCom. 55,5; 65,1; 74,24; 115,19; 197,13; 201,10 u.ö.; daß die Formel in Kommentaren
     und anderen wissenschaftlichen Werken weiter verbreitet ist, zeigen J.Ph. aetm. 3,7
     (54,18), 9,14 (369,1), 12,6 (474,9), Akakios quaest.var.: Collect.Coisl. nr. 39 (CCG 15,36
     PETIT), Prokop GenCom. (PG 87,56B.76D.137C), Simplicius CaelCom. 463,9, PhysCom.
     230,21, CatCom. 140,15, Damaskios princ. 15 (1,44,12 WESTERINK/COMBÈS).

eines Abschnitts durch πρῶτον, δεύτερον (ἔπειτα) in opm. wie in den Kommentaren [170]. In beiden Fällen kommen abschließende Wendungen wie »τούτου οὕτως ἐχόντος«, »δεδειγμένου« o.ä. vor [171]; häufig findet sich das floskelhafte δῆλον [172] sowie die Ankündigung, es werde »geprüft« oder »erforscht« (σκοπήσωμεν o.ä., ζητεῖν o.ä.) [173]. Im übrigen lassen sich auch in der Schrift aetm. diese Elemente feststellen.

VI. Folgerung

Alle Beobachtungen zu Aufbau und Anlage von opm. lassen einzeln wie insgesamt nur den Schluß zu, daß J.Ph. mit opm. einen Kommentar zum Hexaemeron geschrieben hat, der sich formal nicht von den wissenschaftlichen Kommentaren zu Aristoteles unterscheidet. Welche genauen Konsequenzen sich aus dieser Erkenntnis für die Interpretation von opm. ergeben, wird man exakt erst dann angeben können, wenn die Bedeutung und der Sitz im Leben sowohl der Kommentarform als ganzer als auch ihrer einzelnen Elemente sowie der Zusammenhang ihrer Rezeption im christlichen Bereich bekannt wären. Nur soviel deutet sich zumindest schon jetzt an, daß aufgrund des ursprünglich »wissenschaftlichen« Charakters dieser Form damit zu rechnen ist, daß an bestimmten, zum Teil markierten Stellen Aussagen als Hypothesen aufgefaßt werden wollen; wieweit sich J.Ph. mit ihnen identifiziert oder nicht, muß bis auf weiteres im Einzelfall beurteilt werden [174].

---

170 Opm. 1,3 (10,12.15), 1,11 (27,22;28,7), 6,16 (262,10; 263,19), 6,20 (271,15; 271,20), 7,10 (299,26; 300,20 [hier fehlt ἔπειτα]), vgl. PhysCom. 129,7 bzw. 130,33; 148,10 bzw. 12; MetCom. 41,25 bzw. 42,1.

171 Opm. 3,1 (111,16), 3,6 (120,18), 3,13 (148,20), 7,8 (298,26f), 7,11 (303,20), MetCom. 34,29; 69,38.

172 Opm. 1,14 (34,1), 2,18 (91,22), 3,1 (111,8), 3,6 (122,7), 3,14 (152,14), 7,10 (300,19); MetCom. 18,36; 52,27.33; 59,6; PhysCom. 161,21; 204,26 u.a.

173 Opm. 1,10 (25,22), 1,16 (40,15), 3,6 (120,19), 3,7 (123,11), MetCom. 34,12; 35,9f.

174 In opm. 2,3 (65,26/66,3) liegt ein Hinweis dafür vor, daß J.Ph. die von ihm selbst aufgestellte und mit μήποτε eingeleitete Hypothese aus opm. 2,2 (62,28/64,14) für richtiger hält als die vorher in opm. 2,2 (62,16/27) skizzierte Überlegung.

ZWEITES KAPITEL

DIE ZIELE VON OPM.

Da die Wahl der Kommentarform nicht in einem vergleichbaren äußeren Anlaß begründet sein dürfte, wie man ihn für die Aristoteleskommentare angeben kann, die im Vorlesungsbetrieb der antiken Hochschule ihren Sitz im Leben haben – es ist kaum denkbar oder zumindest aufgrund der bisherigen Kenntnisse, daß ein eigenes christliches Schulwesen in der Antike nicht existiert, nur schwer vorstellbar, daß opm. als Vorlesung geschrieben wurde –, ist nach anderen Erklärungen innerhalb des Werkes und seines Umfeldes zu suchen, die J.Ph. veranlaßt haben könnten, ein Werk zur Kosmologie in Kommentarform abzufassen.

Nimmt man die Angaben des J.Ph. eingangs von opm. ernst, und es gibt keinen Grund, dies nicht zu tun, so besteht nach seinen eigenen Worten das Anliegen darin zu beweisen, daß die Kosmologie des Moses in Übereinstimmung mit der Wirklichkeit steht, also die Heilige Schrift nichts anderes lehrt, als was menschliche Vernunft an Gesetzmäßigkeiten in der Natur entdeckt hat [175]. Ein inhaltlicher Anlaß für die Abfassung von opm. ist deshalb in dem Umstand zu sehen, daß dieser Sachverhalt bestritten wird. Offenbar gibt es Leute, von denen die Aussagen des Moses, wie J.Ph. sich ausdrückt,

> »unerträglich in den Schmutz gezogen werden« und »welche stolz sind, die geregelte Ordnung des Alls untersucht zu haben (und sagen), daß Moses Naturphilosophie betrieben hat ohne Übereinstimmung mit den Phänomenen« [176].

Bereits die Art des von J.Ph. referierten Vorwurfs zeigt klar, daß es sich bei den Kritikern nicht um Christen handeln kann. In Frage kommen nur die heidnischen Philosophen, also die neuplatonischen Fachkollegen des J.Ph., die sich innerhalb ihres Studiums naturwissenschaftliche Kenntnisse angeeignet haben und Anhänger des ptolemäischen Weltbildes sind. Daß diese Einschätzung richtig ist, zeigen weitere Stellen aus opm., die von diesen Kritikern handeln: So hat sie der Abschnitt opm. 2,13 im Blick, wenn er ihnen die Glaubwürdigkeit des

---

175 Opm. 1,1 (2,19/25). Daß J.Ph. dieses Ziel konsequent im Auge behält, zeigen opm. 3,3 (113,23f), 3,17 (157,4/8), 4,10 (180,18f), 4,14 (187,21/188,2), 4,16 (191,2/4) und 5,1 (205,6/10).

176 Opm. prooem. (2,1/4).

Moses versichern will, die ihre eigene Tradition (die »griechischen Weisen und
ihre Orakel«) zugestanden hat, auch wenn bei Moses keine Angaben über die
αἰτία zu finden sind, weshalb Gott die Welt erschaffen hat, denn auch die philosophische Tradition hat sich vergeblich bemüht, sie zu ergründen. Ganz ähnlich argumentiert opm. 3,4, wenn es am Schluß des Kapitels heißt:

> »Wenn sie also nicht imstande sind, eine natürliche Ursache für die Phäno-
> mene anzugeben, dann sollen sie uns auch nicht um einen Grund für die
> unsichtbaren fragen« [177].

Mit der dritten Person »sie« sind offenbar wieder die heidnischen Philosophen
in Absetzung von den Christen (»uns«) gemeint [178]. Besonders deutlich wird es
in opm. 5,9, wo J.Ph. eine kurze Stellungnahme gegen die Ewigkeit der Welt [179]
mit Zitaten aus Platons Timaios einschiebt, die eng an aetm. angelehnt ist und
unvermittelt, ohne daß Bezugspersonen vorher genannt wären, von »αὐτοί«
spricht, die ganz wie in aetm., wo dieses Phänomen häufiger zu beobachten ist,
nur die heidnischen Philosophen – an anderer Stelle in opm. heißen sie genauso
wie im kirchlichen Sprachgebrauch »οἱ ἔξω σοφοί« [180] – sein können, die nämlich, wie z.B. aetm. belegt, an der Anfangslosigkeit der Welt festhalten [181]. Auch
die vielen Hinweise in opm. auf die Abhängigkeit Platons von Moses in grundsätzlichen Dingen haben vor allem den Zweck, den Heiden die Übereinstimmung
der eigenen mit der abqualifizierten christlichen Tradition vor Augen zu führen
und ihnen zu demonstrieren, daß für sie kein Grund zu Überheblichkeit wegen
vermeintlicher Überlegenheit der eigenen Tradition besteht [182]. Vielleicht ist
die ausführliche Stellungnahme gegen die Genethlialogie in opm. 4,18/20 mehr
als ein traditioneller Topos und hat ebenfalls diese Gruppe im Blick, wenn J.Ph.
feststellt, daß er den Abschnitt geschrieben hat, um zu beweisen, daß die Genethlialogie keine τέχνη ist [183], denn wie ein Kommentar zu den Isagogika des Pau-

---

177 Opm. 3,4 (117,21/3).
178 J.Ph. referiert ohne direkte Anbindung an den Kontext in der dritten Person Plural auch
     unpolemisch-zustimmend Lehren der Philosophen: opm. 3,7 (122,24/123,6).
179 Vgl. ganz ähnlich auch opm. 4,3 (165,3/19): »... Hat Gott nun, wie sie sagen, es von
     Ewigkeit her gemacht, weshalb ist es unglaubwürdig, wenn er, der der Welt sogar den
     Beginn des Seins gegeben hat, die Erde so, wie sie jetzt ist, gestaltet hat?«.
180 Opm. 6,7 (242,11), vgl. Kosmas top. 1,1 (SC 141,273 WOLSKA-CONUS) u.a.
181 Opm. 5,9 (221,24f), vgl. aetm. 1,2 (3,9), 4,2 (61,5/9), 4,3 (64,6/9) u.a.
182 Vgl. o. S. 40/2.
183 Opm. 4,20 (202,15f), vgl. ebd. (204,3/7): »Und dies ist der größte Beweis für den from-
     men Glauben der Christen, daß er die, die der Lehre beitreten, der gottverhaßten
     Genethlialogie abzuschwören befiehlt, weil sie die, die sich um sie kümmern, von Gott
     entfremdet«; vgl. U. RIEDINGER, Die heilige Schrift im Kampf der griechischen Kirche
     gegen die Astrologie (Innsbruck 1956) 77/9.

lus von Alexandrien beweisen könnte, war Astrologie im 6. Jh. kein vergangener Aberglaube, sondern wurde noch als Teil des Quadriviums und damit des philosophischen Lehrplanes gelehrt; um 600/650 soll Paulus zeitweilig sogar Ptolemäus von seiner Stellung in der alexandrinischen Schule verdrängt haben [184]. Daß es die heidnischen wissenschaftlich Gebildeten sind, die das Hexaemeron für falsch halten und als wertlos abtun, geht schließlich mit aller Deutlichkeit aus zwei weiteren Stellen hervor, in denen er ihren Tadel befürchtet und den daraus resultierenden Schaden für das Ansehen der christlichen Lehre abwenden möchte:

>»Die dies also wissenschaftlich erkannt haben und die Phänomene selbst durch Beobachtung verstanden haben, wie werden sie nicht, wenn sie auf die (Äußerungen) des guten Theodor oder von einem, der ihm nahesteht, stoßen [185] und eine derartige Einfalt ihrer Gedanken sehen, unsere ehrwürdige Lehre umschwärmen wie die Fliegen, die auf den Wunden des Körpers sitzen, und gegen uns schmähen, um nicht zu sagen gegen Gott, indem sie der gesamten Lehre die Widersinnigkeit seiner [sc. Theodors] Gedanken zufügen?« [186].

Daher muß er feststellen:

>»Dies bin ich gezwungen zu sagen, damit nicht die Fehler von einem oder zweien von uns die gottesfürchtige Lehre der Beschimpfung preisgeben. Denn wer das Wahre ehrt, durch wen auch immer es gefunden wurde, der ehrt die Wahrheit selbst, Christus« [187].

Beide Stellen geben außerdem einen deutlichen Hinweis auf den Grund, weshalb das Hexaemeron für heidnische Intellektuelle inakzeptabel ist. In ihrer Vorstellung verbindet sich nämlich mit der Kosmologie des Moses offensichtlich ein ganz bestimmtes Modell vom Aufbau der Welt, das nicht mit ihrem Wissen übereinstimmt, ihnen aber als die christliche Lehre vom Kosmos gilt bzw. so präsentiert worden ist.

Der Name Theodor zeigt an, daß es das Weltbild der Antiochener ist, das im Verständnis der heidnischen Philosophen für christliche Kosmologie steht. Es unterscheidet sich vom ptolemäisch-sphärischen Kosmostyp grob gesagt dadurch,

---

184 Zur Stellung und Bedeutung der Astrologie in Alexandrien im 6. Jh. WESTERINK, Astrologisches Kolleg 18/21, vgl. HUNGER, Profane Literatur 2,228. 232f.

185 ἐντυγχάνω kann sowohl persönliche Begegnung als auch Lektüre meinen; in aetm. benutzt J.Ph. das Wort von der Lektüre, z.B. 6,6 (135,3).

186 Opm. 3,8 (126,13/21), vgl. schon vorher ebd. (125,5/126,12).

187 Opm. 3,13 (149,8/12).

daß der Aufriß des Weltbaus nach Art eines zweistöckigen Hauses gezeichnet
wird. Die Basis bildet die flache, meist rechteckig vorgestellte Erdoberfläche, der
Himmel als Dach ist keine rotierende Kugel, sondern ein tonnenartiges Gewölbe in der Gestalt eines der Länge nach geteilten Zylinders. Das Firmament ist als
flacher, starr fixierter Zwischenboden in den Bau eingezogen und scheidet die
himmlischen von den irdischen Wassern. Die Sonne bewegt sich nicht kreisförmig um die Erde, sondern kehrt nachts nach Osten, verdeckt durch den Ozean
im Norden, zum Ausgangspunkt zurück[188]. Diesen Weltbau im Schöpfungsbericht unter Zuhilfenahme anderer Bibelstellen beschrieben zu finden, charakterisiert die Hexaemeronauslegung nach Basilius im fünften und sechsten Jahrhundert. Diodor, Johannes Chrysostomos, Severian, Theodor und Theodoret
bestimmen mit ihren Genesiskommentaren, Homilien oder Quaestiones in
Octateuchum die Auslegungstradition, zahlreiche weitere, zum Teil nur unvollständig erhaltene Werke zum Sechstagewerk oder zur Genesis bestätigen den
Eindruck, daß die antiochenische Kosmologie in dieser Zeit konkurrenzlos do-
miniert[189]. Auch der große Genesiskommentar des Prokop von Gaza am Anfang
des 6. Jhs., der kompendienartig alle ihm zur Verfügung stehenden unterschiedlichen Auslegungen sichtet, favorisiert dieses Weltmodell[190]. Den Höhepunkt

---

188 Vgl. WOLSKA-CONUS, Geographie 173/7.

189 Zu nennen sind: PsEustathius Antiochenus (PG 18,708/93), Gennadius von Kon-
     stantinopel (458/71) (PG 85,1624/66), Basilius von Seleukia (gest. 468) (PG 85,27/37),
     Jakob von Saruq (gest. 521) (JANSMA), PsKaisareios (6.Jh.) (GCS) und noch im vierten
     Jahrhundert Akakios, Eusebius von Emesa und vor allem Ephraem. Zum Gang der
     Hexaemeronauslegung ZÖCKLER, ROBBINS, Hexaemeral literature, J.C.M. VAN WIN-
     DEN, Hexaemeron: RAC 14 (1988) 1250/69.

190 PG 87,21/1080. Anders als WOLSKA-CONUS, Geographie 179f, meint, ist Prokop über-
     zeugter Anhänger des antiochenischen Weltmodells: vgl. u. S. 289/95. Auch Johannes
     von Gaza als der zweite von WOLSKA genannte Vertreter der Schule von Gaza läßt sich
     kaum als Mann des Kompromisses zwischen antiochenischem und sphärischem Welt-
     bild zeichnen; er steht deutlich im Lager der Anhänger eines flachen Weltaufbaus. Damit
     fällt nicht nur die Schule von Gaza als Vertreter sphärischer Anschauungen oder wenig-
     stens als kompromißbereite Gruppierung zwischen den Lagern aus, sondern auch die
     Einschätzung WOLSKAS ebd. 181f, »daß mit Ausnahme der syrischen Schule, die au-
     ßerhalb der griech.-röm. Überlieferung blieb, das sphärische Weltbild bei den christl.
     Schriftstellern, griechischen wie lateinischen, weiterlebte«, fragwürdig. Nach Ausweis
     der Hexaemeronkommentierung des Ostens ist das syrisch-antiochenische Weltbild
     nicht die Ausnahme von der Regel, sondern in kirchlichen Kreisen überall in der öst-
     lichen Reichshälfte allgemein akzeptiertes kosmologisches Wissen. Illustrativ ist Fila-
     strius haer. 133 (CCL 9,297f HEYLEN): Häresie ist die Lehre, daß die Gestirne am Him-
     mel befestigt sind (dies ist eine Grundannahme des sphärischen Weltbildes) und nicht
     täglich eingesammelt werden. Denn die Schrift lehrt im Gegenteil, daß Engel für den
     täglichen Lauf der Gestirne sorgen. – Daß das sphärische Weltbild weiterlebt, wie WOLSKA-
     CONUS sich ausdrückt, bedeutet eigentlich nicht mehr, als daß man noch von ihm weiß,
     so wie heute noch das ptolemäische Weltbild bekannt ist, aber das heißt nicht, daß es

der antiochenischen Tradition stellt das Werk des Kosmas Indikopleustes dar [191]. Kosmas ist Zeitgenosse des J.Ph. und hat seine »Christliche Topographie« in Alexandrien verfaßt. In ihr wird der enge Rahmen einer reinen Hexaemeronauslegung verlassen und aus der gesamten Schrift durch Anführung einer Unzahl von passend erscheinenden Stellen das Weltbild der Antiochener erwiesen. Christliche Kosmologie wird umfassend mit dem gleichgesetzt, was die Heilige Schrift lehrt, umgekehrt wird die Schrift zum unschlagbaren Beweis für die kosmologischen Anschauungen der Antiochener. Wenn also die neuplatonischen Philosophen nach den Angaben des J.Ph. in opm. das christliche Verständnis vom Aufbau der Welt mit dem antiochenischen gleichsetzen, so wird diese Einschätzung durch die quantitative Vorherrschaft christlicher Stellungnahmen von antiochenischer Seite aus nur bestätigt. Daß J.Ph. an Basilius anknüpfen muß, um einen Zeugen auf christlicher Seite beizubringen, zeigt auch, selbst wenn es dafür noch andere Gründe gibt, daß J.Ph. weit zurückgehen muß, um eine Autorität für sein eigenes Weltmodell anführen zu können. Der völlige Ausfall verwertbarer christlicher Zeugnisse aus dem Alexandrien des 5. und auch des 6. Jahrhunderts belegt, daß sein Heimatort nach dem 4. Jahrhundert kirchlicherseits nicht die Rolle eines Widerpartes zu antiochenischer Kosmologie gespielt hat [192]. J.Ph. ist also wohl auch in dieser Hinsicht in der alexandrinischen Christengemeinde zeitlebens eher ein Einzelgänger geblieben [193].

Wie nun WOLSKA in ihren Arbeiten zu Kosmas Indikopleustes gezeigt hat, ist opm. sachlich auf das Werk des Kosmas bezogen, wie sich umgekehrt Kosmas an den Inhalten von opm. ausrichtet und das dort propagierte sphärische Weltbild

---

im Bewußtsein als Lebenswirklichkeit allgemein verankert war. Daß Kosmas als Antiochener in Alexandrien seine Lehren bis auf den Widerspruch des J.Ph. vertreten kann, zeigt zumindest die Akzeptanzbereitschaft kirchlich »alexandrinischer« Kreise an, wenngleich zugegebenermaßen man nichts über die genauen Zusammenhänge des Auftretens des Kosmas weiß.

191 Der Name taucht erst im 10. oder 11. Jahrhundert in den Handschriften auf, das Werk selbst gibt sich zu Beginn als Χριστιανοῦ λόγος aus und will anonym bleiben, wie es der Taktik der Anhänger der »Drei Kapitel« nach den Aussagen des Leontius von Byzanz adv. incor. et nestor. (PG 86,1360D/1361C) entsprochen haben soll: vgl. WOLSKA-CONUS: SC 141,60f. Der Titel Χριστιανικὴ Τοπογραφία findet sich erst an verschiedenen Stellen innerhalb des Werkes, wird aber von WOLSKA ebd. 59f für echt gehalten. Bei Moses von Chorene geograph. (7/15 SOUKRY) ist der Autor ein Konstantin von Antiochien. Daß Moses von Chorene anders als Photius bibl. 36 (1,21f HENRY) noch Zugang zu alten Informationen besaß, ist zumindest nicht auszuschließen; mit dem Ort Antiochien ist wenigstens die geistige Heimat richtig beschrieben.– Hier wird jedoch wie üblich der Name »Kosmas« aus Gründen der Praktikabilität beibehalten.

192 Auch WOLSKA-CONUS, Geographie 177/9, kann zwischen Eusebius bzw. Cyrill von Jerusalem und J.Ph. keinen Alexandriner mehr nennen.

193 Im griechischen Raum taucht die sphärische Kosmologie wieder auf im Hexaemerongedicht (ClavisPG 7834) Georgs des Pisidiers (610/41): vgl. G. BIANCHI, Sulla cultura di Giorgio di Pisida: Aevum 40 (1966) 35/52.

für unchristlich hält [194]. Auch wenn das Werk des Kosmas in opm. nicht genannt wird [195], so ist damit festgestellt – und diese Einschätzung wird sich in
dieser Arbeit weiter bestätigen –, daß für die in der Forschung erkannte antian-
tiochenische Ausrichtung von opm., die sich in der permanenten Auseinandersetzung mit dem Exponenten Theodor von Mopsuestia und in Abstrichen auch
mit Theodoret ausdrückt, ein zeitgenössischer Anknüpfungspunkt im christlichen Raum vorliegt.

Läßt man einmal außen vor, daß die Kommentierung biblischer Texte in der
christlichen Tradition nichts Ungewöhnliches darstellt und es daher auch nicht
zu überraschen braucht, einen biblischen Kommentar bei J.Ph. zu finden, so
lassen sich doch einige spezielle Anhaltspunkte nennen, weshalb diese Textform
gerade in diesem Fall einen besonderen Sinn macht. Hält man sich nämlich vor
Augen, daß die gesamte christliche Tradition, wenn sie kosmologische Fragen
diskutiert, exegetisch, und zwar am Hexaemerontext, orientiert ist und Kosmas
den antiochenischen Kosmostyp schließlich universal biblisch begründen will
und dabei den engen Rahmen einer Hexaemeronauslegung verläßt, erscheint es
einleuchtend, daß J.Ph., will er in die antiochenische Phalanx einbrechen, selbst
zum Mittel des Kommentars greift. Wer als Christ beweisen will, daß eine andere
Kosmologie richtig ist, muß die festgeschriebene Verbindung zwischen flachem
Weltaufbau und Schrift aufbrechen und zeigen können, daß das in der Schrift
enthaltene Weltbild ein anderes ist bzw. daß sie an ihrer entscheidenden kosmologischen Stelle so interpretiert werden kann, daß das eigene sphärische Kosmosmodell
ihr nicht widerspricht. Die Beschäftigung mit dem Hexaemeron ist so gesehen im
Vergleich mit Kosmas Rückbesinnung auf den kosmologischen Grundtext der
Bibel; die Interpretation weiterer biblischer Texte ist demgegenüber sekundär
und stellt eine Aufgabe dar, die nur im Rahmen der Interpretation des Hexaemerons
sinnvoll ist. Dabei vermag jedoch erst eine auf den eigentlichen Sinn aller Texte
achtende, mit größter Genauigkeit durchgeführte Interpretation den Streit um
die Bibel als Kronzeugen der christlichen Kosmologie zu entscheiden. Die
Vergewisserung, ob eine bestimmte Lehre »(in der Schrift) geschrieben steht«
oder nicht, wird zum Kernproblem der von J.Ph. geführten Diskussion [196]. Von
hier aus erklärt sich in opm. die kontinuierliche Vergewisserung des richtigen
Hexaemerontextes mit Hilfe der Versionen von Aquila, Theodotion und Symmachus. Auch das fortwährend zu beobachtende Bemühen des J.Ph., den Sinn
der Bibeltexte auf literaler Ebene zu verstehen und nicht in allegorische Deutun-

---

194 WOLSKA, Topographie bes. 147/218, sowie die Edition des Kosmas von WOLSKA-CONUS
     in SC 141; 159; 197.
195 Angesichts der Anonymität des Werkes des Kosmas (vgl. o. Anm. 191) kann J.Ph. es
     ohnehin nicht namentlich benennen.
196 Vgl. z.B. opm. 1,9/22 zur Frage der Existenz der Engel vor der Erschaffung der Welt, wo
     die Ausführungen beständig um das Thema kreisen, ob eine Lehre in der Schrift zu
     finden ist oder nicht, vgl. etwa opm. 1,9 (19,16/22), 1,11 (27,21/28,16), 1,12 (28,20f; 29,10f.19;

gen zu flüchten, erklärt sich zwanglos von der gestellten Aufgabe her, die Übereinstimmung zwischen Schrift und Natur zu beweisen. Denn für den Nachweis, daß
die Erscheinungsformen und Gesetzmäßigkeiten der beobachtbaren Wirklichkeit
durch die Schrift beschrieben werden, ist eine allegorische Interpretation von
Bibelaussagen unangebracht und überflüssig, wenn eine realistische Aussageabsicht vorausgesetzt wird [197].

Eine akribische Auslegung auf gesicherter Textgrundlage entspricht aber
ebenso dem intellektuellen Niveau, das J.Ph. durch seine Ausbildung vermittelt
bekommen hat und auf dem er bei seiner schriftstellerischen Tätigkeit üblicherweise argumentiert – daß J.Ph. der erste ist, der das Hexaemeron im Stile eines
antiken Kommentars bespricht, wurde bereits gesagt –, und stellt in den Augen
eines an den Standard wissenschaftlicher Kommentierung gewöhnten Mannes
das geeignete Mittel dar klarzustellen, daß bisher ein falscher und oberfläch-
licher Eindruck von christlicher Kosmologie an die Öffentlichkeit vermittelt
worden ist und daß bei methodisch exaktem Vorgehen eine christliche Lehre
vom Kosmos entwickelt werden kann, die sich mit dem Kenntnisstand der Zeit
in den Grundzügen deckt. Daß das Unternehmen, die Übereinstimmung von
Glauben und Naturphilosophie zu zeigen, für J.Ph. in den Bereich der Disputa-
tion von Philosophen oder Gelehrten gehört, zeigt die in diesem Zusammen-

---

30,7f.17f.24f), 1,16 (36,1/6) u.a. J.Ph. kennt dabei nach opm. 1,8 (18,22/4) und 1,11 (28,7/
16) eine Theorie dogmatischer Lehrsätze: Es gibt solche Lehren, die explizit in der Schrift
enthalten sind, und es gibt solche, die nicht in ihr genannt sind, aber aus den expliziten
als Folgerung geschlossen werden. Diese Theorie ist nichts anderes als die Anwendung
des methodischen Grundsatzes antiker Exegese, wie er bei Cicero de inventione 2,50,152
zu finden ist: »Ex eo quod scriptum sit ad id quod non sit scriptum pervenire«, vgl. P.
HADOT, Théologie, exégèse, révélation, écriture, dans la philosophie grecque: Les règles
de l'interprétation, ed. M. TARDIEU (Paris 1987) 13/34, hier 21, mit weiteren Belegen.
J.Ph. stellt an dieser Stelle nicht nur das Manko fest, daß Theodors Lehren zur zweiten
Kategorie gehören, sondern erhebt den zusätzlichen Vorwurf, sie würden der Vernunft-
begründung entbehren.

197 Besonders deutlich äußert sich J.Ph. in diesem Sinne an zwei Stellen in opm. zu allegorischen Interpretationen des Origenes, dem er vorwirft, nicht die realistischen Inter-
pretationsmöglichkeiten ausgeschöpft zu haben: opm. 5,14 (228,9/14): »Und weil er in
Schwierigkeiten war, wandte er sich gänzlich der Allegorie zu. Was mir aber dazu [sc. zur
literalen Deutung des Textes] einfällt, ist folgendes«; opm. 6,24 (278,18/21): »Origenes
aber, der an vielen Stellen den wörtlichen Sinn der Schrift nicht feststellen konnte und
sagte, dies sei unmöglich, allegorisiert alles, auch das, bei dem er selbst die Folgerichtigkeit des Wortlauts angegeben hat«. Eine pauschale Verwerfung der allegorischen
Deutung ist damit freilich nicht beabsichtigt, wie opm. 3,14 (149,25/150,14) zeigt. Auslegung auf literaler Ebene bedeutet für J.Ph. jedoch ebensowenig ein sklavisches Festhalten am Wortlaut. J.Ph. unterscheidet sehr wohl zwischen buchstäblichem und sinn-
gemäßem Verständnis eines Bibeltextes und wirft Theodor vor, nur den Buchstaben,
aber nicht den Sinn eines Textes erfaßt zu haben, vgl. opm. 1,18 (46,8/48,10) am Beispiel
der Anthropomorphismen des biblischen Gottesbildes.

hang gemachte Bemerkung, daß Basilius dieses Thema in seinem Hexaeme-
ronwerk zu Recht ausgeklammert habe, weil es für die Auffassungsgabe einfacher Menschen ungeeignet sei, selbst wenn es sich zugleich um eine Schutzbehauptung für Basilius handeln sollte [198].

Von dieser Beschreibung des in opm. behandelten Themenfeldes aus bleibt
zu fragen, wer die von J.Ph. anvisierte Leserschaft von opm. ist: die christliche
Welt resp. die Anhänger der Antiochener in Gestalt des Kosmas, denen die
Unsinnigkeit der von ihr geteilten Kosmologie demonstriert werden soll, oder
die Neuplatoniker, die von der Richtigkeit der christlichen Kosmologie überzeugt werden sollen. Eine Antwort fällt zunächst nicht ganz leicht, weil es keine
verläßlichen Beurteilungskriterien für Wünsche eines Autors gibt, die er nicht
ausspricht und deren Äußerung in einem Kommentar auch formal gar keinen
Platz hat. Für ersteres läßt sich anführen, daß opm. zufolge im innerkirchlichen
Raum Stimmen laut geworden sind, die J.Ph. vorwerfen, er habe in aetm. die
unterscheidend christlichen Gesichtspunkte gegenüber philosophischen Beweis-
gängen vernachlässigt [199]; gewiß sollen also diese innerkirchlichen Kritiker mit
opm. zufriedengestellt werden. Doch wird dadurch ebensowenig ein unterstelltes
Interesse des J.Ph., ein heidnisches Publikum anzusprechen, unmöglich wie durch
den Umstand, daß der letzte Anstoß zur Abfassung seitens des Bischofs Sergius
gekommen ist [200]. Deutlicher weist dann eher das Werben des J.Ph. um Verständnis bei den »Unwissenderen« für die eventuell sich ergebende, dem eigentlichen Skopos zuwiderlaufende Notwendigkeit, im Laufe der Untersuchung
pagane Naturkundler oder Astronomen hinzuziehen, auf von J.Ph. befürchtete
Vorbehalte bei seinen Lesern gegenüber paganer Wissenschaft und damit auf
christliche Adressaten hin [201], aber wiederum wird damit eine pagane Zuhörerschaft nicht eo ipso ausgeschlossen. Ferner wird man anführen, daß J.Ph.,
wenn er die Übereinstimmung zwischen Bibel und sphärischem Weltbild zeigt,
sich nirgends um einen Ausgleich oder Kompromiß zwischen Bibel und Naturwissenschaft bemüht, sondern alle Fälle, an denen naturphilosophische Unklarheiten bestehen [202] oder Naturphilosophie und Bibel unterschiedliche Aussagen
machen [203], anhand des Bibeltextes entscheidet; der Aufweis von Übereinstimmung bedeutet für ihn lediglich entweder die Feststellung der Überlegenheit

---

198 Opm. 1,1 (2,21/5).

199 Opm. prooem. (1,14/2,1).

200 Opm. prooem. (2,4/12).

201 Opm. 1,2 (6,15/24). Daß die Beweise laut opm. 3,8 (126,25/8) für »die in den mathe-
     matischen Wissenschaften Unkundigen« formuliert werden, geht in dieselbe Rich-
     tung.

202 Z.B. opm. 6,2 (233,10/7) in der Frage der Beseelung des Himmlischen, vgl. u. S. 378.

203 Z.B. opm. 3,5 (118,13/119,21) bei der Frage der elementaren Beschaffenheit des Firma-
     mentes.

der Bibel oder der Abhängigkeit der Philosophen von der Bibel; höchstens wird
fallweise zu erklären versucht, weshalb Aussagen zu bestimmten Einzelheiten,
über welche die Naturkunde gesicherte Auskunft geben kann, nicht in der Bibel
zu finden sind [204]. Doch besagt diese Erkenntnis mehr etwas über die Christlichkeit des J.Ph., als daß sie verläßliche Sicherheit über die Adressaten gibt.
Wohl aber geben die Ausführlichkeit, mit der J.Ph. sich bemüht, sowohl das
rechte Verständnis biblischer Texte, und zwar nicht nur der Verse des Hexaemerons, sondern vieler anderer zu ermitteln, als auch im engen Sinne eine christo-
logisch korrekte Exegese bestimmter Verse vor dem Hintergrund falscher Auslegungen zu erzielen [205], sowie die Diskussion weiterer binnentheologischer
Themen [206] schon einen deutlichen Hinweis nicht nur auf die J.Ph. vorgegebenen Anknüpfungspunkte, sondern auch auf eine vorausgesetzte christlich-theologische Leserschaft von opm. Denn J.Ph. macht im Zusammenhang solch
theologischer Ausführungen nirgends deutlich, daß er diese Themen einer paganen Leserschaft vermitteln will, sondern der Diskussionsgegner bleibt die christ-
lich-antiochenische Seite. Von daher ist anzunehmen, daß J.Ph. einen christlichen Leserkreis, und hier die Anhänger des antiochenischen Weltbildes, im Auge
hat, mag auch nicht auszuschließen sein, daß J.Ph. zugleich beabsichtigt, gegenüber der eigenen monophysitischen Kirche seinen Standpunkt deutlich zu machen und ihr Argumentationshilfen zu geben. Man gewinnt den Eindruck, daß
die in opm. erkennbar bestehenden Verbindungen zu neuplatonisch-philoso-
phischen Thematiken und Formalien sowie die dort berichtete Kritik der
neuplatonischen Fachleute, so gewiß man nicht ausschließen darf, daß sie realiter geäußert worden ist [207], als Artikulation des Bildungshorizontes des J.Ph.
und als seine Vertrautheit mit dort diskutierten Fragestellungen verstanden
werden müssen. Sie bilden die geistige Heimat, die das Bemühen des J.Ph. nährt
und verständlich macht, aber daß es J.Ph. mit der Abfassung von opm. um das
Ziel geht, vornehmlich die Philosophen anzusprechen und von der Richtigkeit
der Bibel zu überzeugen, wird man daraus nicht schließen können. Die Formulierung des Zieles von opm., die Übereinstimmung der Bibel mit der Wirklichkeit nachzuweisen, mag sich bei einem christlichen Adressaten zwar zunächst
merkwürdig ausnehmen, da auch die Antiochener dies gar nicht bezweifeln und

---

204 Z.B. opm. 1,5 (12,18/13,20) zum Problem, weshalb die Schrift scheinbar das Element
    Luft nicht kennt.
205 Besonders deutlich bei der Exegese von Gen. 1,26f.
206 Z.B. die Frage der Art der Existenz der Engel in opm. 1,9/22.
207 Opm. prooem. setzt voraus, daß sie bereits geäußert wurde. Jedoch ist solche Kritik an
    christlich-antiochenischer Kosmologie in Texten der heidnischer Zeitgenossen bisher
    nicht zu verifizieren; die Auseinandersetzung des Simplicius mit J.Ph. betrifft nicht die
    Frage der biblischen Kosmologie, sondern die naturphilosophischen Argumente des
    J.Ph. für bestimmte, von Aristoteles abweichende Lehren innerhalb des von beiden
    geteilten sphärischen Weltbildes.

in gleicher Weise die Bibelnähe der Wirklichkeit für sich reklamieren, aber naturphilosophische Wirklichkeit ist für J.Ph. eben das ihm in der Hochschul-
ausbildung vermittelte sphärische Weltbild der paganen Philosophie. Deren von
J.Ph. für vollkommen berechtigt gehaltene und geteilte Kritik aber an dem nach
ihren Erkenntnissen absurden christlich-antiochenischen Weltbild hat die Auseinandersetzung mit dessen Anhängern in Form des Werkes des Kosmas sachlich zur Voraussetzung und vor allem die wissenschaftliche Form der Stellungnahme zu einem mit dem Text der Heiligen Schrift inzwischen untrennbar
verflochtenen Thema für J.Ph. erst möglich gemacht.

DRITTES KAPITEL

ZUR DATIERUNG VON OPM.

A. OPM., KOSMAS UND DER DREIKAPITELSTREIT

Das Verfahren des J.Ph., einen zeitgenössischen Gegner, dessen Existenz erst
beim Befragen des Umfeldes und an Feinheiten der Argumentation in opm.
ersichtlich wird, nicht unmittelbar, sondern über die Bekämpfung seiner geistigen Ahnherren zu widerlegen und es dem Leser zu überlassen, Folgerungen aus
der aufgedeckten Zuordnung zu einer Schulrichtung zu ziehen, die in der Gegenwart diskreditiert ist, ist im Grundsatz als Schema antiker Häresiologie bekannt, schiebt aber die Frage nach etwaigen übergeordneten theologisch-kirchen-
politischen Anlässen oder Ambitionen für die Niederschrift von opm. sowie die
Einordnung des Werkes in die Vorgänge der Jahre 540 bis 560 in den Vordergrund. Denn es läßt sich auf den ersten Blick schwer vorstellen, daß sich J.Ph. in
opm. mit Theodor und seiner Schule auseinandersetzt, ohne daß Verbindungen
zum Dreikapitelstreit bestehen, der sich in dieser Zeit zuspitzt und im Jahre 543
oder 544 in einem ersten Dekret Justinians (ClavisPG 6881)[208], dem Brief gegen
die drei Kapitel (ebd. 6882), dem Edikt von 551 (ebd. 6885) und dann im Jahre
553 mit der Verurteilung Theodors, Theodorets und des Ibas von Edessa in Konstantinopel seinen Höhepunkt erreicht. Die Vermutung, daß opm. in den aktu-

---

208 Das Dekret selbst ist verloren, aber in Fragmenten bei Facundus erhalten: vgl. F.
     CARCIONE, La politica religiosa di Giustiniano nella fase conclusiva della »seconda
     controversia origenista« (543-553). Gli intrecci con la controversia sui Tre Capitoli: Studi
     e ricerche sull' oriente cristiano 9 (1986) 131/47, hier 135f mit Anm. 17; er entscheidet sich
     für das Datum »subito dopo la primavera del 544«; GRILLMEIER 2,2,441f.

ellen Theologenstreit verwickelt ist, erhält weitere Nahrung, wenn man bedenkt, daß mit dem Dreikapitelstreit die neu auflebenden Auseinandersetzungen um den ebenfalls in den Jahren 543 und 553 verurteilten Origenes verquickt sind [209] und, was bisher übersehen worden ist, in opm. neben der offenen Ablehnung des Theodor ebenfalls einige typische origenistische Positionen herausgegriffen und widerlegt werden: Dabei handelt es sich um die Lehre von der Präexistenz der Seelen, vom Seelenfall und von der Beseelung der Gestirne und – mit Abstrichen – um die Frage der Begrenzheit der Macht Gottes [210]. Man wird daher opm. als ein Dokument beurteilen müssen, das in seinen Aussagen, die von kirchenpolitischer Warte aus bedeutsam sein könnten, mit der Entscheidung von 553 übereinstimmt bzw. – wenn man diese Einsicht werten will – dem spätestens seit diesem Zeitpunkt offiziellen theologischen Kurs angepaßt ist [211]. Sucht man in opm. nach Hinweisen, die eine genauere Einordnung der Schrift in die genann-

209 Die Verbindung zwischen Origenismusfrage und Dreikapitelstreit besteht personell in der Gestalt des Origenisten Theodor Askidas, dem von Justinian in Konstantinopel eine Mittlerrolle im Dreikapitelstreit zugestanden wird: F. DIEKAMP, Die origenistischen Streitigkeiten im sechsten Jahrhundert (Münster 1899) 50/4, D. B. EVANS, Leontius of Byzantium. An Origenist christology (Washington 1970) 135, F. CARCIONE, La politica religiosa di Giustiniano nella fase iniziale della »seconda controversia Origenista«: Studi e ricerche sull' oriente cristiano 8 (1985) 3/18. Sachlich sind Origenismus und Gegnerschaft gegen Theodor von Mopsuestia durch monophysitische Vorstellungen miteinander verschränkt, wie umgekehrt Antiorigenismus und Sympathie mit Theodor Hand in Hand gehen. Die Streitigkeiten um Origenes brechen 530/2 in Palästina aus und werden durch die Ausweisung des Leontius von Byzanz aus der Mönchsgemeinschaft durch Sabas in Konstantinopel virulent: GRILLMEIER 2,2,404/8, zur Chronologie DIEKAMP 139/41.

210 Opm. 7,2f (284,12/288,11): Präexistenz und Seelenfall; der Abschnitt wird von J.Ph. am Schluß eigens als Exkurs eingeordnet und mit dem Hinweis beendet, er habe bereits gegen die Anamnesislehre Platons in der Schrift gegen Proklos alles weitere ausgeführt: vgl. Konstantinopel cn. (c.Orig.) 2.4.5 (ACO 4,1,248 STRAUB). Es kann daher keine Rede davon sein, daß J.Ph. in opm. eine Präexistenz der Seelen lehrt und damit Origenist ist, wie BLUMENTHAL, John Philoponus 330, mit Blick auf opm. 6,23 (276,23/277,6): »... χωριστὴν αὐτοῦ [sc. σώματος] τὴν οὐσίαν ἔχει [sc. ἡ ψυχή]· καὶ διὰ τούτου φθειρομένου πάλιν χωρίζεται καὶ οὐ συνδιαλύεται αὐτῷ λυομένῳ« behauptet. Die Einführung der λογικὴ ψυχή durch Gott in den menschlichen Embryo vor der Geburt bedeutet noch keine Präexistenz der Seele, sondern ihre Erschaffung; auch kann man aufgrund dieser Stelle nicht definitiv entscheiden, ob und wie J.Ph. einen Auferstehungsleib lehrt, wenn er sagt, daß die Seele sich vom Körper trennt, wenn dieser sich auflöst. – Opm. 6,2 (231,7/233,17): Beseelung des Himmlischen; vgl. u. S. 345/83, bes. 379/83. Begrenzung der Macht Gottes: opm. 1,17 (41,3/43,18), allerdings ist der Abschnitt eher indirekt gegen Origenes gerichtet.

211 Die von Justinian im Jahre 543 ed.c.Orig. anath. 8 (ACO 3, 214,1/3 SCHWARTZ) verworfene Lehre von der Begrenzung der Macht Gottes wird 553 schon nicht mehr erwähnt. Einen Schluß auf die Datierung von opm. erlaubt dies nicht, da in opm. der Bezug zu Origenes nicht klar ersichtlich ist und J.Ph. in dieser Frage einen eigenen Weg einschlägt: vgl. u. S. 180f.

ten Vorgänge ermöglichen, erheben sich jedoch vielfältige Schwierigkeiten, die letztlich sogar an einer unmittelbaren Verwicklung in die Geschehnisse zweifeln lassen. Denn zwar scheut sich J.Ph. im allgemeinen durchaus nicht, im unmittelbaren Zusammenhang mit dem Konzil von Konstantinopel andernorts seine philosophischen Überzeugungen zu den anstehenden Themen darzulegen und so in kirchenpolitische Vorgänge involviert zu werden [212], aber man vermißt in

---

212 Von den antichalkedonensischen Stellungnahmen des J.Ph. gehört der »Diaitetes«, da vor den »Tmemata« geschrieben, in die unmittelbare Nähe von Konstantinopel – vielleicht sogar kurz vorher verfaßt (so auch CHADWICK: rejection 46; die Angabe des Nikephoros Call. h.e. 18,47 [PG 147,425/8], der Diaitetes sei an den Patriarchen Sergius von Konstantinopel adressiert, ist wertlos, da sie eine mehrfache Kontamination darstellt) –, wie aus tmem. 1 und 11 bei Michael Syr. chron. 8,13 (2,97.110 CHABOT) zu ersehen ist: »... comme nous l'avons montré clairement dans le Διαιτητής«; die »Tmemata« selbst fallen in die Zeit bald nach dem Konzil: vgl. tmem. 1 bei Michael Syr. chron. 8,13 (2,97f CHABOT): »Le synode qui s'est réuni de nos jours à Constantinople a dit les mêmes choses dans la VIe Session«, tmem. 4 bei Michael Syr. chron. 8,13 (2,102 CH.): »L'arrogance des Romains s'est même manifestée de nos jours, dans le synode qui se réunit à Constantinople pour l'examen des Trois chapitres; quand ils s'assemblèrent et anathématisèrent Theodorus, Theodoretus et la lettre d'Ibas à Mari«. Gleiches gilt für diait.epit. und diait.dub. Daß der Brief an Justinian eine Spätschrift (um 560) sei, wie im Gefolge von SANDA heute allgemein behauptet wird (z.B. DEVREESSE, Anciens commentateurs: RevBib 45 [1936] 365₁; TH. HAINTHALER: GRILLMEIER 2,4,133; CHADWICK: rejection 55), scheint fraglich; denn die als Begründung angeführte Aussage des J.Ph. ep. ad Just. 1 (172 SANDA), er könne der Einladung des Justinian nach Konstantinopel wegen seines fortgeschrittenen Alters, seiner Gebrechlichkeit und des Winters nicht Folge leisten, kann auch zehn Jahre zuvor zutreffen (wenn sie nicht ohnehin eine Schutzbehauptung darstellt); nicht nur würde eine Einladung an J.Ph. im Vorfeld von Konstantinopel einen guten Sinn machen, sondern auch der Tenor des Briefes scheint eher auf eine Einflußnahme auf eine noch offene Entscheidung hinzuweisen, wenn J.Ph. ep. ad. Just. 2 (173f SANDA) von Justinian die Verurteilung der Formel »in zwei Naturen« fordert, die bis zum heutigen Tag die Kirche Gottes spalte. Daß J.Ph. diese Forderung nach Konstantinopel 553 erfüllt sieht, kann man zumindest daraus schließen, daß er in tmem. 11 bei Michael Syr. chron. 8,13 (2,119/21 CHABOT) durch die Kanones 12/14 und 9 des Konzils von Konstantinopel das Konzil von Chalkedon für verurteilt hält. Auch die Angabe von ep. ad Just. 7 (180 S.), auf die SANDA 5f hinweist, ist zu allgemein und floskelhaft, um präzise historisch ausgewertet zu werden: »... Christus magnus Deus, quem cum caritate colis, magnum honorem et viatica coelestia Vobis post bonam senectutem pro itinere Vestro ad Deum instituendo servet, ut tesseram illam ›duarum naturarum‹, quae causa scandali et divisionis ecclesiae Dei exstitit ... ex ecclesia Dei eiciatis, ne cum alius a Deo munus tanto gradu insigne accipiat, iuste glorietur« muß nicht auf die letzten Lebensjahre Justinians verweisen, die ja erst aus heutiger Sicht in die Jahre 560/65 fallen. Jedoch ist ein terminus post quem für den Brief dadurch zu gewinnen, daß die »confessio fidei« (ὁμολογία πίστεως) in ep. ad Just. 7 (180 S.) wahrscheinlich das Edikt von Konstantinopel aus dem Jahre 551 (ClavisPG 6885) ist; FURLANI, lettera, bes. 1259/65, erkennt ferner zahlreiche Anspielungen auf diesen Text und hält den Brief für älter als den Diaitetes, datiert ihn also in die Jahre 551/53.

opm. jegliche Bezugnahme auf aktuelle Geschehnisse, das heißt speziell auf eine Verurteilung des Theodor oder des Origenes, wie er sie im Falle des Theodor in tmem. durch Zitierung der Kanones von Konstantinopel macht. Hinzu kommt, daß sich nur drei Passagen aus opm., die Theodor widerlegen, mit Konzilstexten vergleichen lassen; aber selbst hier sind die Ähnlichkeiten sehr allgemein und lassen keinen Gedanken an engere Verflechtungen entstehen[213]. Wegen dieses Schweigens des J.Ph. hat WOLSKA daher die Datierung von opm. in die Zeit zwischen 557 und 560 abgelehnt und die Schrift vor 553 unter Verweis auf die engen Beziehungen von opm. zu der von ihr in die Jahre 547/49 datierten Schrift des Kosmas in die Jahre 546/49 verlegt, wobei sie die Abfolge der beiden Schriften offenläßt. Ein Motiv für die Abfassung von opm. soll jetzt darin liegen, die Hauptanklagepunkte gegen Theodor zusammenzustellen und so das Konzil vorzubereiten; der teilweise polemische Ton erkläre sich aus der zeitlichen Nähe zu Kosmas vor der Entscheidung von 553 besser[214]. Doch ist diese Überlegung nicht zwingend. Auch bei der von WOLSKA vorgeschlagenen Datierung kann man argumentieren, daß eigentlich ein Hinweis auf die früheren Verurteilungen von Theodor und Origenes im Jahre 543/4 durchaus passend gewesen wäre. Da aber, wie gesehen, in opm. nicht der geringste Hinweis auf irgendeine schon erfolgte offizielle Verwerfung gegeben wird, so plausibel er ja zur Bekräftigung der Richtigkeit der eigenen Argumentation aus heutiger Sicht erscheinen mag, ist auf diesem Weg der Beweis für die Datierung von opm. vor Konstantinopel nicht zu erbringen. Ebenso lassen sich für die Vermutung, J.Ph. habe opm. u.a. aus dem Motiv heraus verfaßt, zur Klärung der anstehenden theologisch-kirchen-politischen Fragen beizutragen, dem Text selbst keine Indizien direkter Art entnehmen. Umgekehrt stellt allerdings der Schluß, daß man bei einem Ansatz vor

---

213 Opm. 6,9 (244,26/245,12), aufgegriffen in 6,10 (247,12/251,18): Gottheit und Mensch-heit in Christus verhalten sich wie Kaiser und Bild des Kaisers zueinander, im Ver-gleich zu Konstantinopel cn. 12 »... κατ᾽ ἰσότητα βασιλικῆς εἰκόνος εἰς πρόσωπον τοῦ θεοῦ λόγου προσκυνεῖσθαι ...« (ACO 4,1,243,6f STRAUB); opm. 6,10 (247,21/248, 3): Gott nahm einen Menschen, machte ihn unsterblich, führte ihn nach der Auferste-hung zum Himmel und verband ihn mit sich, im Vergleich zu cn. 12 (unmittelbare Fortsetzung von eben) »... καὶ μετὰ τὴν ἀνάστασιν ἄτρεπτον ταῖς ἐννοίαις καὶ ἀναμάρτητον παντελῶς γενέσθαι·« (ACO 4,1,243,7f S.) Diese beiden Verbindungen bereits erkannt von WOLSKA, Topographie 164₂. 297f. In tmem. 11 bei Michael Syr. chron. 8,13 (2,120 CHABOT) macht J.Ph. in seinem Kommentar zum 12. Kanon die Bemerkung: »et il est évident que ceux qui ont reçu Theodorus et ses écrits sont compris sous cet anathème«. Obwohl dies natürlich für J.Ph. auch auf Kosmas zutrifft, ist der Hinweis zu allgemein, um ihn konkret mit Kosmas zu verbinden. Eine dritte Linie läßt sich zwischen opm. 6,10 (247,12/21) und cn. 3 (ACO 4,1, 240,12/6 S.) durch die jeweilige Verwendung von Gal. 4,4 ziehen: Es geht um das rechte Verständnis der Menschwerdung Gottes.

214 WOLSKA, Topographie 163/5.

553 den Namen des J.Ph. in den Konzilstexten oder ein Aufgreifen gewisser Argumente von opm. gegen Theodor oder Origenes durch das Kónzil unbedingt erwarten könne, aber eine Rezeption durch das Konzil von 553 sich nicht belegen läßt, ebensowenig ein zwingendes Argument für eine Datierung nach 553 dar. Daß opm. auf dem Konzil nicht hinzugezogen wurde, könnte man z.b. mit dem kosmologischen Standpunkt erklären. Auch für die Vermutung, J.Ph. sei aus Opportunität auf den offiziellen kirchenpolitischen Kurs eingeschwenkt und opm. deshalb nach 553 zu datieren, gibt es keine Anhaltspunkte; gleiches würde im übrigen auch für 543 gelten. Der Grund, weshalb J.Ph. nicht auf die Verurteilung von Theodor und Origenes eingeht, muß in einer anderen, noch nicht richtig faßbaren Richtung gesucht werden. Daß er es unterläßt, von sich aus die Verbindung seiner Schrift zu den kirchenpolitischen Ereignissen deutlich zu machen, genügt für eine Datierung welcher Art auch immer jedenfalls nicht. Vielleicht ist es gerade die rein inhaltliche Auseinandersetzung in der Form des Kommentars mit der antiochenischen Position, die alle Versuche, kirchenpolitische Ambitionen hinter opm. zu entdecken, vereitelt; vielleicht muß man tatsächlich damit rechnen, daß J.Ph. als Gelehrter lediglich die Auseinandersetzung in der Sache sucht, aber die kirchenpolitischen Folgerungen anderen überlassen möchte.

Außer dem Schweigen des J.Ph. zur Kirchenpolitik gibt es nur noch zwei Hinweise, die als Kriterium für die Eingrenzung des Entstehungsdatums von opm. hinzugezogen wurden. Dabei handelt es sich um das schon angesprochene Verhältnis zu Kosmas Indikopleustes sowie um die Identifizierung des Adressaten der Schrift namens Sergius.

Um mit letzterem zu beginnen, so besteht seit den Hinweisen von REICHARDT Übereinstimmung darüber, daß es sich um Sergius von Tella, den späteren monophysitischen Patriarchen von Antiochien handelt. Der in der Adresse von opm. neben ihm genannte Athanasius dürfte dabei der von Sergius (und dem edessenischen Mönch Amantius) erzogene Neffe der Kaiserin Theodora sein [215]. Nach der Untersuchung von BROOKS hat Sergius sein Patriarchat zwischen 557 und 560 ausgeübt [216]. Da J.Ph., so das Argument, den Adressa-

---

215 Johannes v. Ephesus hist.eccl. 5,1 (CSCO 106 S 55,191,31/192,17 BROOKS), Michael Syr. chron. 9,30 (2,253a/255a CHABOT), 10,2 (2,285b CHABOT), Bar Hebräus chron.eccl. 1,46f (1,225/8; 235f ABBELOOS/LAMY): er unterstützt die Tritheisten; vgl. REICHARDT Xf, J.R. MARTINDALE, The prosopography of the later Roman empire 3A (Cambridge 1992) 147. Zum historischen Verlauf des Tritheismus im 6.Jh. vgl. EBIED/VAN ROEY/WICKHAM, Peter of Callinicum 1/8, die allerdings Athanasius nicht behandeln. Wegen dieser Identifizierung des Athanasius dürfte Sergius von Reš 'aina (gest. 536), der führende Mann auf dem Gebiete der Aristotelesrezeption in Syrien (vgl. A. BAUMSTARK, Geschichte der syrischen Literatur [Bonn 1922] 167f), nicht in Frage kommen.

216 E.W. BROOKS, The Patriarch Paul of Antioch and the Alexandrine schism of 575: ByZ 30 (1929/30) 468/76, hier 469f. Die dreijährige Dauer des Patriarchats ist Jo-

ten in seiner Eigenschaft als Patriarch anrede, müsse opm. in eben dieser Zeit zwischen 557 und 560 entstanden sein [217]. Diese Überlegung ist zwar nicht von der Hand zu weisen, aber ein letztgültiges Kriterium für das Abfassungsdatum stellt auch die Adressierung von opm. an Sergius nicht dar, weil die von J.Ph. gewählte Wendung »τιμιωτάτη μοι κεφαλή, Σέργιε, καὶ τῶν ἐν ἀρχιερεῦσι θεοῦ τελούντων μέγιστον ἐγκαλλώπισμα« nicht zweifelsfrei notwendig die Patriarchenwürde des Sergius ausspricht. Da das Wort κεφαλή ohnehin nicht mehr als den Bischofsrang anzeigt [218], bleibt zur Verifizierung der Patriarchenstellung nur der Begriff ἀρχιερεύς übrig. Mit relativer Wahrscheinlichkeit nimmt Johannes von Ephesus zwar im Falle des

---

hannes v. Ephesus de beatis orientalibus 48 (PO 18,4,689 BROOKS) und 50 (PO 19,1,156f BROOKS) zu entnehmen; nach ebd. und 49 (PO 18,4,691.697 B.) empfing Sergius von Jakob Baradai die Patriarchenwürde. Die Jahre 557/60 folgert BROOKS aus dem Datum der Einsetzung des Archimandriten Paulus zum antiochenischen Patriarchen im Jahre 564, weil nach Johannes v. Eph. de beatis orient. 48 (PO 18,4,689f B.) Paulus drei Jahre nach dem Tod des Sergius Patriarch wird. Das Datum 564 wiederum ergibt sich folgendermaßen: »... in 563 Theodosius wrote to ask him [sc. Jakob Baradai] to consecrate the Alexandrine archimandrite Paul, who was living in Constantinople, to the patriarchate [DM 89 = Documenta ad origines monophysitarum illustrandas, ed. I.-B. CHABOT = CSCO 17.103 S 17.52 {Louvain 1908.1933}, hier CSCO 103 S 52,62,16/21 CHABOT: ›... ut impositione manuum in loco beati Sergii fratris nostri, quod idem est ac dicere in loco eius, qui cum sanctis est, patriarchae Severi, hunc religiosissimum abbatem Paulum perficiatis‹.] ... among the Documenta is a letter written from Constantinople to James [sc. Jakob Baradai] by the Arab shaikh Al Harith in which he says that Theodosius [sc. der in Konstantinopel im Exil lebende monophysitische Alexandrinische Patriarch] had told him something about Paul which had given him great pleasure [DM 139] {corr. DM 144} = CSCO 103 S 52,100,16/22 CHABOT: ›Id etiam notum facio sanctitati vestrae, beatum papam Theodosium aequum iudicavisse ut mihi patefaceret quod spectat ad {syr.: sw'rn' hw dmtl} abbatem Paulum archimandritam magnum; et valde gavisus sum, et glorificavi Deum‹ (clearly his intended promotion), and Theophanes [AM 6056 = Theophanes chron. anno mundi 6056 {1,240,13/7 DE BOOR}] places Al Harith's [sc. Arethas] visit to Constantinople in Nov. ind. XII (563), from which it follows that Paul was consecrated in 564«; vgl. EBIED/VAN ROEY/WICKHAM, Peter of Callinicum 1f. Woraus BROOKS das Jahr 563 für das Schreiben des Theodosius an Jakob Baradai entnimmt, ist nicht klar.

217 Zusammenfassung der Argumente bei WOLSKA, Topographie 163f, E. STEIN, Histoire du Bas-Empire 2, publ.p. J.-R. PALANQUE (Paris 1949 = Amsterdam 1968) 627$_2$, ÉVRARD 299/300; STEIN und ÉVRARD schließen sich BROOKS an. DEVREESSE, Anciens commentateurs: RevBib 45 (1936) 364/6 nennt ohne Grund die Jahre 563/5, MASPERO 200f ohne Kenntnis der BROOKS zur Verfügung stehenden Texte 560/3. Auch SHELDON-WILLIAMS 481 kennt BROOKS nicht und plaziert Sergius in den Zeitraum 546/9.

218 LAMPE 749a.

Sergius *rjšwt khnwt'* (Hoherpriester) als Bezeichnung der Patriarchenwürde [219], aber er reserviert das Wort keineswegs nur für Patriarchen, sondern auch gewöhnliche Bischöfe sind für ihn Hohepriester [220]; außerdem ist daraus für die Bedeutung von ἀρχιερεύς bei J.Ph. nichts abzuleiten. Aber im griechischen Sprachgebrauch ist der Sachverhalt nicht anders. Es gibt zwar gleichfalls die Tendenz, den Hohepriestertitel besonders für Metropoliten, Patriarchen und andere ausgezeichnete Bischöfe zu benutzen, aber er ist ihnen nicht exklusiv vorbehalten [221]. Unabhängig von den Nachrichten bei Johannes von Ephesus über Sergius ist J.Ph. also nicht mehr zu entnehmen, als daß er Sergius als Bischof ohne besonderen Hinweis auf einen Patriarchenrang anredet [222]. J.Ph. kann also opm. Sergius in einer Zeit gewidmet haben, in der er noch nicht offizieller Patriarch von Antiochien war. Nun sollen allerdings Bischofs- und Patriarchenweihe bei Sergius zusammenfallen, Sergius also vor seiner dreijährigen Patriarchenzeit noch nicht Bischof gewesen sein [223]. Gewiß verlautet über eine Weihe des Sergius zum gewöhnlichen Bischof bei Johannes von Ephesus oder in den »Documenta monophysitarum« nichts, aber nach den Ausführungen des Johannes kann man sie auch nicht ausschließen [224]. Zur Klärung hilft es nicht weiter, den Adressa-

---

219 Vgl. Johannes v. Eph. de beatis orient. 48 (PO 18,4,689 BROOKS): »This man therefore, having attained ordination [χειροτονία] to the patriarchate [*ptrjrkwt'*] while in the royal city [Konstantinopel], and presided over the church, teaching and comforting and edifying and establisihing everyone in the truth for three years after he had received the right hand [sc. Ordination] of the high-priesthood of Antioch, ended his course, and was carried from the life here to our Lord in the same royal city«; vgl. ebd. 49 (PO 4,691 B.): »... the blessed Sergius, whom we mentioned above, who also attained the honour of the high-priesthood through the blessed James [Jakob Baradai]; ebd. (PO 18,4,697): »even as no small number of bishops [ἐπίσκοπος] and two patriarchs [*ptrjrk'*; = Sergius und Paulus] also received ordination [χειροτονία] from him [Jakob Baradai] ...«; ebd. 50 (PO 19,1,156f .): »... afterwards they went up to the royal city, and in our presence they ordained a patriarch in Antioch [im Syrischen heißt es jedoch nur: ... machten zum Patriarchen in Antiochien], a man whose name was Sergius from the city of Thella, who was living in the royal city and was versed in religious learning. And, when he had completed three years, he departed from the world«.

220 Vgl. Johannes v. Ephesus de beatis orientalibus 50 (PO 19,1,155 BROOKS): »... highpriests, that is bishops ...«, ebd. 49 (PO 18,4,692 B.): Jakob Baradai und Theodor werden Hohepriester, das heißt (Titular)Bischöfe von Edessa und Hirtha.

221 F.L. HOSSFELD/G. SCHÖLLGEN, Hoherpriester: RAC 16 (1994) 4/58, hier 46.

222 Es ginge zu weit, in der Formulierung eine Zweistufigkeit zu erkennen: κεφαλή als Bezeichnung der Bischofswürde, ἀρχιερεύς als zusätzliche Patriarchenwürde. Schon GUDEMAN/KROLL 1771 hatten sich zu Recht an der vagen und gewundenen Formulierung »τῶν ἐν ἀρχιερεῦσι τελούντων« gestoßen.

223 STEIN (o.Anm. 217) 627₂, ihm folgt ÉVRARD 299f₃. Aber STEIN bringt keinen Beweis für seine Behauptung bei.

224 Die Angaben des Johannes müssen kritisch gesehen werden. Daß er z.B. mit Zeiträu-

ten der Philoponus-Schrift totalit., einen Presbyter Sergius, ins Spiel zu bringen.
Ein Teil der handschriftlichen Überlieferung sowie moderne Autoren haben
ihn zwar mit dem späteren Patriarchen identifiziert [225], doch bleibt diese
Annahme mehr als unsicher. Selbst wenn es sich um ihn handeln würde, ist
für die zeitliche Einordnung des Sergius und damit die Datierung von opm.
nichts gewonnen, da die Annahme, diese Schrift sei nach diait., diait.epit.
und diait.dub. geschrieben, mit der Begründung von SANDA nicht zu beweisen ist [226], dieser Text also durchaus noch vor opm. entstanden sein kann,
sogar wenn eine Abfassung von opm. vor 553 ins Auge gefaßt wird. Weil
ferner über den Zeitpunkt des Aufenthalts des Theodoraneffen Athanasius
bei Sergius nichts Sicheres in Erfahrung zu bringen ist [227] – Johannes von
Ephesus berichtet als erster von seinen späteren Aktivitäten im Dienste der
Tritheisten [228] –, läßt sich mittels der Adresse von opm. keine wirkliche
Klarheit über den Entstehungszeitpunkt von opm. gewinnen: Zwar ist die

---

men willkürlich je nach zu vermutender Intention umgehen kann, läßt sich daraus
ersehen, daß er an der einen Stelle Sergius dem Severus von Antiochien »wenige Jahre
nach dessen Tod (gest. 538) ... in der Orthodoxie« (PO 18,4,689 B.), d.h. doch wohl in
offizieller Sukzession, nachfolgen läßt, an der anderen Stelle hist. eccl. 1,41 (CSCO 106
S 55 35,27/30 BROOKS) jedoch sehr wohl weiß, daß Sergius erst »nach langer Zeit« –
BROOKS zufolge nach fast 20 Jahren – Severus beerbt. Die Tendenz bei Johannes von
Ephesus scheint es an der ersten Stelle wie anderenorts in der besagten Schrift zu sein,
eine auch zeitlich möglichst kontinuierliche Entwicklung monophysitischer Sukzession
aufzuzeigen. Sergius wird zum Patriarchen von Jakob Baradai gemacht, der mit Sergius
zusammen nach Konstantinopel gekommen ist und dort 15 Jahre nach seiner Ankunft
im Jahre 542 (PO 19,1,153 B.) die Bischofsweihe für Edessa empfangen hat (PO 18,4,692
B.). Sie stellt keine notwendige Voraussetzung für eine Bischofsordination des Sergius
dar, denn von Jakob Baradai ist nur die Verleihung der Patriarchenwürde an Sergius
berichtet. Vgl. nochmals Joh. v. Eph. de beatis orient. 50 (PO 19,1,156f B.), zitiert o. S.
62 Anm. 219. Welcher Unterschied theologisch und kirchenrechtlich zwischen Bi-
schofs- und Patriarchenweihe bestand und wie er liturgisch gestaltet ist (Handaufle-
gung), bedarf weiterer Untersuchung.

225 J.Ph. totalit. 13 (139 SANDA) im Explizit des Codex V: »Explicit tractatus dialectici Ioannis
Philoponi ad reverendissimum et sanctum Sergium patriarcham Antiochenum«;
DEVREESSE, Anciens commentateurs: RevBib 45 (1936) 365₁: »Le prêtre Serge de Tella
n'était pas encore patriarche, que Philopon était déjà en excellentes relations avec lui; il
lui avait dédié un traité ›Sur le rapport entre les parties et les éléments, le tout et les
parties‹«. SANDA 6 lehnt aus allerdings unzureichenden Gründen die Identifizierung ab.

226 SANDA 6 führt an: »Etiam tractatus ad Sergium phrasim »in« [sc. duabus naturis] absolute prohibet ideoque post I-III [sc. Diaitetes usw.] videtur esse exaratus«.

227 Für Bar Hebräus chron.eccl. 1,46 (1,225/8 ABBELOOS/LAMY) fällt er einfach in die Patri-
archatszeit des Sergius; ob allerdings Bar Hebräus sich Sergius aus der zeitlichen Distanz
anders als Patriarch vorstellen kann, ist müßig zu fragen. Auch aus der Angabe ebd. »Hic
[sc. J.Ph.] de ea opinione [sc. Tritheismus] tractatum conscripsit quem Constantino-
polim ad Athanasium misit« läßt sich diesbezüglich nichts entnehmen.

228 Vgl. o. S. 60 Anm. 215.

Begründung für den Zeitraum 557 bis 560 durchaus plausibel, aber definitiv
ausgeschaltet sind frühere Datierungen nicht.

Das zweite angeführte Kriterium betrifft das Verhältnis zur »Christlichen
Topographie« des Kosmas Indikopleustes. Die thematische Nähe beider Schriften, abzulesen an den vielen, häufig polemischen Stellungnahmen sowohl zur
kosmologischen Grundkonzeption als auch zu zahllosen Einzelaussagen des jeweils anderen Textes, hat WOLSKA zur Genüge gesichert[229]; deshalb wird sie hier
auch nicht weiter verfolgt, obwohl zusätzlich zu den von ihr gelieferten Hinweisen viele weitere Berührungspunkte zwischen beiden Schriften vorhanden sind,
die ihre Einschätzung bestätigen würden[230]. Aber diese Beziehung bietet ebenfalls zunächst keinen sicheren Anhaltspunkt dafür, ob opm. vor oder nach dem
von WOLSKA vorgeschlagenen Abfassungsdatum der »Topographie« 547/9 entstanden ist, da ja so, wie die Polemik des J.Ph. die »Topographie«, umgekehrt die
Polemik des Kosmas die Existenz von opm. vorauszusetzen scheint und auf den
ersten Blick nicht zu erkennen ist, welche Stellungnahme die andere evoziert
hat. Um Anhaltspunkte für die Datierung von opm. zu finden, ist jedoch zu
überprüfen, ob es bei genauerem Zusehen vielleicht doch verläßliche Hinweise
für die Abfolge beider Schriften gibt.

Bevor man inhaltlich die Beziehung überprüft, ist zu beachten, daß die
Topographie des Kosmas ein in mehreren Etappen verfaßtes Werk ist und sowohl die Topographie als auch opm. nicht die einzigen Stellungnahmen im
Streit der Kontrahenten gewesen sind. Von Kosmas ist bekannt, daß sich drei
seiner vier bezeugten Schriften mit naturphilosophisch-kosmologischen resp.
geographischen Gegenständen befaßt haben; dies sind außer der »Topographie«
ein einem Konstantin gewidmetes Buch (τόμος) zur Geographie und eine an
einen Diakon Homologos adressierte Schrift (λόγος; βίβλος), die sich mit der
Gestalt der Welt und der Gestirnbewegung beschäftigt hat. Beide Texte sind
früher als die Endredaktion der »Topographie« entstanden, wie dem Prolog
dieses Werkes zu entnehmen ist, und ebenfalls als Streitschriften im Konflikt
um die kosmologische Thematik konzipiert[231], aber nicht mehr erhalten. Die

---

229 WOLSKA, Topographie 147/218.
230 Einiges weitere findet sich in ihrer Ausgabe der Schrift des Kosmas (SC 141; 159; 197) im
     Apparat.
231 Kosmas top. prol. 1f (SC 141,255/9 WOLSKA-CONUS). Die geographische Schrift behan-
     delt u.a. auch die Größe der Sonne. In Verbindung mit der zweiten Schrift erwähnt
     Kosmas noch ein von ihm verfertigtes Instrument oder besser Modell, das er in Nach-
     ahmung der paganen Himmelsgloben (κατὰ μίμησιν τῆς ὀργανικῆς τῶν ἔξωθεν
     σφαίρας) zur Veranschaulichung seiner Theorie des Weltaufbaus und der Gestirn-
     bewegung entworfen hat. Die vierte Schrift ist der in top. 8,3 (SC 197,171 W.) erwähnte,
     nicht erhaltene CantCom., den Kosmas während seiner Arbeit an der »Topographie«
     geschrieben hat und der die Fertigstellung der Topographie, zumindest des achten Buches,
     wie er selbst sagt, verzögert hat.

Entstehung der »Topographie« selbst muß sich in mehreren Phasen vollzogen
haben, wie das Inhaltsverzeichnis (πίναξ), die Präsentation des Themas (ὑπόθεσις), die Subskription unter Buch 5 und mehrere Querverweise innerhalb des
Textes belegen: Nach diesen Angaben sind die Bücher 1/5 das ursprüngliche,
mit »χριστιανικὴ τοπογραφία« bezeichnete Werk, das die Bücher 6/12 nach
und nach ergänzt haben [232]: Buch 6 ist nach Beendigung von 1/5 auf Kritik an
der dort propagierten Gestalt des Kosmos hin entstanden und behandelt die
Größe der Sonne [233]. Buch 7 ist auf Anfrage eines Anatolius an einen Anastasius geschrieben und will die Unvergänglichkeit der Himmel mittels der Heiligen Schrift zeigen [234]. Erinnert wird an die frühere »Topographie«, die nun
bereits sechs Bücher umfaßt [235]. In diesem Buch wird die Konfrontation mit
dem Gegner dem Tonfall und der auf die Person hin zugeschnittenen Invektive
nach am deutlichsten, wenngleich auch hier der Name des Kontrahenten nicht
fällt. Buch 8 kommentiert den Gesang des Ezechias (Jes. 38,9/20) und richtet
sich an einen Petrus, den er wegen der Verzögerung, mit der das Werk wegen
der Abfassung des an einen Theophilos gerichteten Hoheliedkommentars ent-

---

232 Kosmas top. Inhaltsangabe und Themenpräsentation 3/6 (SC 141,261/9 WOLSKA-CONUS),
     top. 2,5 (SC 141,309/11 W.), subscriptio top. 5 (SC 159,373 W.). Um die Adressierung der
     »Topographie« gibt es Unklarheiten: Buch 2 spricht unvermittelt ohne vorherige Erwäh-
     nung einen Pamphilus an: top. 2,1f.5 (SC 141,305/7.9/11 W.), nach 8,20 (SC 197,191 W.)
     hat er Kosmas zur Abfassung der »Topographie« und nicht bloß zur Abfassung der
     Schrift über das Bundeszelt (= top. Buch 2/5) gedrängt, wie WOLSKA-CONUS: SC 141,58
     unter Berufung auf top. 2,1f.5 angibt. Eine förmliche Adressierung von Buch 1 an die
     »vorgeblichen Christen« (sc. J.Ph.), wie WOLSKA-CONUS ebd. sie sieht, ist weder aus top.
     1 (SC 141,273 W.) noch top. 1,4 (SC 141,277 W.) zu entnehmen. Beides zusammen
     spricht dafür, daß die ursprüngliche »Topographie« ihm gewidmet gewesen ist; diese
     Widmung aber ist möglicherweise deswegen verloren, weil sie vielleicht in dem in top.
     8,25 (SC 197,195 W.) erwähnten Proömium der »Topographie« zu finden war, das nicht
     unbedingt bei der Endredaktion der Gesamttopographie, aber in der späteren Manuskript-
     tradition verlorengegangen ist. Vielleicht hat doch die Handschrift L, anders als WOLSKA-
     CONUS: SC 141,58f meint, etwas vom ursprünglichen Proömium nach dem ersten Pro-
     log (SC 141,259 W.) bewahrt. Aber es bleibt Vermutung.
233 Kosmas top. 6,1 (SC 197,13 WOLSKA-CONUS). Auch im Inhaltsverzeichnis (SC 141,263
     W.) ist das Buch als Hinzufügung gekennzeichnet.
234 Nach top. 7,1 (SC 197,57 WOLSKA-CONUS) hat Anastasius um die Schrift gebeten, nach
     der Subskription ist sie ihm gewidmet, und der γραμματικός Anatolius ist der Bittstel-
     ler. Unsicher ist die Identifizierung dieser Person mit einem von Olympiodor 1AlkCom.
     erwähnten γραμματικός τις 'Ανατόλιος, die L.G. WESTERINK, Olympiodorus. Commen-
     tary on the First Alcibiades of Plato (Amsterdam 1956) 4 erwägt, dessen Aktivitäten vor
     550 und wahrscheinlich nach 546 greifbar sind: vgl. STEIN (o.Anm. 217) 754,1, WOLSKA-
     CONUS: SC 197,166 Anm. 97².
235 Kosmas top. 7,4 (SC 197,61 WOLSKA-CONUS). In top. 7,1 (SC 197,59 W.) wird noch auf
     eine andere auf Anfrage hin verfaßte Schrift verwiesen, die sich mit der Sphäre und ihrer
     Bewegung befaßt hat; wahrscheinlich ist es die schon erwähnte Schrift an Homologos.

standen ist, um Entschuldigung bittet [236]; zweimal wird die »Topographie« erwähnt, ohne daß Näheres über den Umfang gesagt wird; deswegen können sowohl Buch 1/5 oder Buch 1/6 als auch alle früheren Bücher gemeint sein [237].
Buch 9 enthält keine Hinweise auf die Entstehungsmodalitäten. Buch 10 gibt
an, auf Kritik an den Schriftbeweisen des Buches (βίβλος) hin verfaßt zu sein
und liefert eine Sammlung von Väterzitaten, von der allerdings wohl nur die
Kapitel 1/41 authentisch sind [238]; ob mit dem Buch nur die ursprüngliche »Topographie« oder die Bücher 1/9 gemeint sind, bleibt offen [239]. Die Bücher 11 und
12 sind durch die Inhaltsangabe als Zusätze zu Buch 1/10 gekennzeichnet, sie
dürften erst bei der letzten Redaktion hinzugefügt worden sein [240]. WOLSKA-
CONUS hält es für denkbar, daß in Buch 6 ein Auszug aus dem früheren, Konstantin gewidmeten geographischen Werk vorliegt und Buch 9 Passagen der
anderen verlorenen astronomischen Schrift bewahrt hat; auch Buch 11 und 12
könnten nach ihrer Meinung Teile des geographischen Werkes enthalten [241].
Thematisch sind Anknüpfungen des Kosmas an seine beiden früheren Schriften ohne weiteres denkbar, nur wird sich über den Umfang der Benutzung nichts
weiter sagen lassen [242].

---

236 Kosmas top. 8,1/3 (SC 197,169/71 WOLSKA-CONUS). WOLSKA-CONUS: SC 141,33 beschreibt
     die Stimmungslage des Buches so: »Le ton amer est celui d'un auteur déçu, méconnu et
     raillé«.

237 Kosmas top. 8,20 (SC 197,191 WOLSKA-CONUS): χριστιανικὴ καὶ περιεκτικὴ κοσμο-
     γραφία; »und umfassend« (om. im übrigen LS) bezieht sich nicht auf den Buchumfang;
     top. 8,25 (SC 197,195 W.): χριστιανικὴ τοπογραφία; hier wird ferner auf das προοίμιον
     dieser Schrift, in dem der Lehrer des Kosmas, Patrikios (= Mar Abba) genannt wird,
     verwiesen, was sich im vorliegenden Zustand der Topographie nicht auf den Prolog,
     sondern auf den Beginn von Buch 2 bezieht (vgl. o. S. 65 Anm. 232).

238 Kosmas top. 10,1f (SC 197,239/41 WOLSKA-CONUS), vgl. WOLSKA-CONUS: SC 141,56; die
     restlichen Kapitel stellen eine Sammlung zu christologischen Themen dar, die nach
     ihrer Meinung wahrscheinlich im Umfeld von 553 erstellt wurde.

239 Die Inhaltsangabe sieht Buch 10 offenbar in Beziehung zu allen neun Büchern vorher
     und versteht es zugleich als Abschluß des Gesamtwerkes: SC 141,263 WOLSKA-CONUS.

240 Kosmas top. Inhaltsangabe 3 (SC 141,263 WOLSKA-CONUS): »ἔτι ἔξωθεν τῆς βίβλου·
     λόγος ια΄«; »ἔτι ἕτερος λόγος ιβ΄«. Buch 11 und 12 fehlen in V. Interessant ist, daß Buch
     12 sich ein ähnliches Ziel wie J.Ph. in opm. setzt: es soll gezeigt werden, daß die Grie-
     chen aus Moses und den Propheten geschöpft haben.

241 WOLSKA-CONUS: SC 141,29.34.36.

242 Da der Prolog in der jetzigen Gestalt als Einleitung des Gesamtwerks fungiert und dort
     die zwei Schriften als früher verfaßt dargestellt und von der »Topographie« unterschieden
     sind, ist es nicht wahrscheinlich, daß sie mehr oder weniger unverändert in der zuerst
     geschriebenen Form in Buch 6 und 12f bzw. 9 vorliegen, ohne daß Kosmas darauf hin-
     weisen würde, es sei denn, daß es sich beim Prolog um die zuerst nur auf die »Topo-
     graphie« (Buch 1/5) bezogene Einleitung handelt. Doch ist dies eher unwahrscheinlich,
     da die ursprüngliche Topographie wohl, wie top. 8,25 (SC 197,195 WOLSKA-CONUS)
     nahelegt, ein Proömium besaß: vgl. o. S. 65 Anm. 232.

Als Abfassungszeit steht für Buch 6 wegen der in ihm erwähnten Sonnen-
und Mondfinsternisse der aktuellen zehnten Indiktion das Jahr 547 fest [243].
Buch 1/5 muß dementsprechend früher verfaßt sein, terminus ante quem non
ist der in top. 2,56 erwähnte Krieg zwischen den Bewohnern von Axum und
Himyar in den Jahren wohl zwischen 525 und 531 [244] sowie der Beginn der
Regierungzeit des persischen Katholikos Mar Abba (Patrikios) wahrscheinlich
540 [245]; vermutlich ist die ursprüngliche »Topographie« jedoch nicht allzu
lange vor Buch 6 verfaßt. Das Entstehungsdatum der übrigen Bücher jedoch
ist außer dem terminus post quem offen: Buch 7 kann, wenn man die Identifizierung des Anatolius zu übernehmen bereit ist, bald nach Buch 6 entstanden
sein; Buch 8 ist mit Verzögerung entstanden, ohne daß man über die Dauer
des Aufschubs Klarheit gewänne, für alle übrigen Bücher liegen keine Angaben vor: sie können gleichzeitig mit Buch 8, danach oder vielleicht auch
früher verfaßt sein; terminus post quem ist allein das Entstehungsdatum von
Buch 1/5. Es ist also durchaus denkbar, daß das Gesamtwerk in den Jahren
547/9 zu Ende geführt wurde, wie WOLSKA glaubt, aber 549 stellt nicht notwendig den Terminus post quem non dar. Ebensogut ist ein späteres Abfassungsdatum der Bücher 7/10 und vor allem der Endredaktion durch Kosmas
möglich; der vermutlich spätere Einschub der Zitatensammlung in 10,42/75
sowie die ausdrücklich im Inhaltsverzeichnis als Zusätze gekennzeichneten
Bücher 11 und 12 beweisen, daß noch einige Zeit lang an der Topographie
gearbeitet wurde. Damit steht nichts im Wege, die Endfassung des Werkes
aus der Zeit 547/9 herauszuverlegen und es für möglich zu halten, daß das
Werk in den Jahren nach 553 zusammengestellt wurde. Wenn der Prolog erst
bei der Endfassung erstellt wurde, ist nicht ausgeschlossen, daß die beiden
verlorenen Schriften an Konstantin und Homologos sogar noch nach der
ursprünglichen »Topographie« (Buch 1/5) verfaßt worden sind. Der Hinweis
im Prolog auf Auseinandersetzungen, die im Hintergrund auch dieser Schriften stehen, muß daher nicht in die Zeit vor Buch 1/5, also vor 547, führen.

Daß sich unter diesen Voraussetzungen die Chanchen verringern, eine
genaue Zuordnung von opm. zur »Topographie« leisten zu können, ist unmittelbar einsichtig. Angesichts des komplexen Entstehungsprozesses der »Topographie« muß die Frage nach dem Abfassungsdatum von opm. noch differenzierter gestellt werden. Man wird nun bei J.Ph. nicht nur zu suchen
haben, welche direkten Hinweise es dafür gibt, daß ihm diese Schrift be-

---

243 WOLSKA, Topographie 28₁. Datum der Sonnenfinsternis ist der 6. Februar 547, Datum
    der Mondfinsternis der 17. August 547: vgl. D.J. SCHOVE, Chronology of eclipses and
    comets AD 1-1000 (Woodbridge/Washington 1984) 98f.
244 Die Notiz des Kosmas bezieht sich wahrscheinlich auf den zweiten Himyarfeldzug Kalebs:
    vgl. H. BRAKMANN, Axomis (Aksum): RAC Suppl. 1 (Lief. 5/6) (1992) 755/8.
245 Ebd., die Regierungszeit von Mar Abba 540/52 nach STEIN (o.Anm. 217) 702.

kannt war und er sich in opm. mit ihr auseinandersetzt, sondern genauer darauf achten müssen, ob seine Kritik ein bestimmtes Stadium der Entstehung der »Topographie« trifft oder auch etwas mit den beiden verlorenen Schriften zu tun gehabt hat.

Leider gibt es in opm. nur wenige Stellen, die als direkte Bezugnahmen zum Werk des Kosmas interpretiert werden können. In Frage kommen folgende vier Hinweise:

> 1. Opm. 1,8: »Weniges aber mögen die, die dies verteidigen, uns, die wir bis jetzt nachfragen, endlich antworten« [246].

Anlaß dieses Einwurfs ist die Lehre Theodors von der gleichzeitigen Erschaffung der Engel mit der materiellen Welt, die J.Ph. im Anschluß an Basilius ablehnt. Kosmas denkt in diesem Punkt in den Büchern 1/5,7,9 und 10[247] wie Theodor, geht allerdings nirgends auf die naturphilosophische Argumentation in opm. 1,9/17 oder die anschließende Exegese ausgewählter Schriftstellen in 1,18/22 ein. Deshalb ist es zwar möglich, daß J.Ph. die »Topographie« als ganze vorliegt und er moniert, daß mündliche Stellungnahmen seinerseits bisher keinen Erfolg gehabt hat, aber es ist auch nicht auszuschließen, wenngleich eher unwahrscheinlich, daß er seine Kritik gegenüber top. 1/5 geäußert und Kosmas darauf zu reagieren verzichtet hat. Die Entscheidung wird dadurch noch weiter erschwert, daß J.Ph. sich an dieser Stelle nicht notwendig überhaupt auf eine schriftliche Äußerung seines Gegenüber beziehen muß.

> 2. Opm 1,17: »Wenn aber, wie gezeigt wurde, jedes, was begrenzt ist, Körper ist, nimmt er also an, daß auch die Engel als Körper existieren. An anderer Stelle habe ich mich mit der vorliegenden Anschauung auseinandergesetzt und gezeigt, daß bei ihnen auch das Unbegrenzte einen der Größe nach unendlichen Körper bedeutet, der deshalb auch nicht durch einen Ort umfaßt wird. Denn was gäbe es außerhalb eines unendlichen Körpers, das diesen umfängt? Unter diesen Umständen wäre er nämlich nicht mehr unendlich. Eine andere Bedeutung von Begrenzung und Unbegrenztheit erkennen sie nicht an. So stellen sie sich also auch Gott unbegrenzt vor, lassen ihn mit allen Körpern und der ganzen Welt ausgedehnt sein und glauben, daß er sie örtlich übertrifft, auch wenn sie sagen, Gott habe eine unkörperliche und geistige Substanz« [248].

---

246 Opm. 1,8 (18,24f).

247 Vgl. die Stellenübersicht bei WOLSKA-CONUS: SC 197,411. Top. 10,45.52 (SC 197,285.291 W.) sind keine Exzerpte, sondern Eigenaussagen des Kosmas.

248 Opm. 1,17 (41,24/42,13), vgl. 1,9 (20,7/14. 23,7/10) und vielleicht 1,22 (53,22/59,2).

Diese Stelle muß in Zusammenhang mit der folgenden gesehen werden:

> 3. Opm. 6,15: »Daß aber er und die Anhänger seiner Partei die göttliche
> Grenzenlosigkeit körperlich denken, haben wir schon früher in den Bü-
> chern [oder: Argumenten] gegen sie und in den (Büchern) weiter oben
> gezeigt« [249].

Beide Aussagen weisen darauf hin, daß J.Ph. sich schon vor opm. mit den Ideen
der Antiochener auseinandergesetzt hat und gegen sie eine Schrift verfaßt hat.
Mit einem der erhaltenen Werke des J.Ph. kann sie weder vom Thema noch von
der Adressierung her identifiziert werden und muß daher als verloren gelten. Die
Frage der göttlichen Unendlichkeit bzw. der Geistigkeit des Gottesbegriffs spielt
allerdings in der »Topographie« des Kosmas ebenfalls überhaupt keine Rolle.
Die verlorene Schrift des J.Ph. läßt sich also dem erhaltenen Werk des Kosmas
nicht zuordnen, sie kann sowohl früher als top. 1/5 als auch später als das Gesamtwerk liegen. Demzufolge lassen sich für die Datierung von opm. aus der Existenz
dieser Schrift keine Schlüsse ziehen, so wichtig auch die Erkenntnis ist, daß J.Ph.
noch mindestens eine weitere Schrift zu dieser Frage verfaßt hat [250].

> 4. Opm. 3,8: »Die dies also wissenschaftlich erkannt haben und die Phänome-
> ne selbst durch Beobachtung verstanden haben, wie werden sie nicht, wenn
> sie auf die (Äußerungen) des guten Theodor oder von einem, der ihm nahe-
> steht, stoßen und eine derartige Einfalt ihrer Gedanken sehen, sich von unserer
> ehrwürdigen Lehre abwenden wie die Fliegen, die auf den Wunden des Kör-
> pers sitzen, und gegen uns schmähen, um nicht zu sagen gegen Gott, indem
> sie der gesamten Lehre die Widersinnigkeit seiner [sc. Theodors] Gedanken
> zufügen? Aber ihre Ansichten sollen sein wie es sei. Denn ich erröte in
> Wahrheit, das auch nur zu sagen, mit dem sich jene vermutlich sogar brü-
> sten und (es) schriftlich [γραφῇ] lehren. Daß dies doch nicht so wäre!« [251].

Diese Aussage stellt den einzigen direkten Hinweis darauf dar, daß J.Ph. ein schrift-
liches Produkt seines Gegenübers vorgelegen hat [252]. Die zitierte Stelle erklärt
sich zumindest als Bezugnahme auf einen schriftlichen Text am zwanglosesten,

---

249 Opm. 6,15 (261,13/5).

250 WOLSKA, Topographie 299, ist sich nicht sicher, ob opm. 6,15 sich auf eine verlorene
Schrift des J.Ph. bezieht. Die Zweifel beseitigt jedoch die Stelle opm. 1,17, die WOLSKA
nicht kennt.

251 Opm. 3,8 (126,13/24). Zu erwägen ist auch eine Übersetzung mit »... das auch nur zu
sagen, was wahrscheinlich der Grund dafür ist, daß jene, sogar die Angesehenen, es in
einer Schrift weitergeben (oder: lehren). Daß dies doch nicht so wäre!«.

252 Weniger wahrscheinlich, aber nicht ganz auszuschließen ist die Annahme, ἐκείνων
und ἐκεῖνοι in opm. 3,8 (126,22f) bezöge sich auf die heidnischen Kritiker; dann

da andere Interpretationen umständlicher wirken: Kaum wahrscheinlich ist, daß
sich γραφῇ auf die hl. Schrift bezieht; dafür vermißt man den bestimmten Artikel. Plausibler ist die Deutung allgemein auf »schriftliche Tradition« der
(antiochenischen) Schule [253], doch weshalb wird ausgerechnet an dieser Stelle
so betont »schriftlich« in Gegensatz zum bloßen Sagen gestellt? Der Plural in der
Anrede spricht im übrigen nicht dagegen, daß J.Ph. einen einzelnen Autor meint.
J.Ph. kommt an keiner Stelle in opm. mehr auf den Vorwurf der Schriftlichkeit
zurück, den er bei Theodor und Theodoret unschwer hätte erheben können, da
er wiederholt den Genesiskommentar des Theodor bzw. die »Quaestiones«
Theodorets erwähnt. Auch die Bezeichnung Theodors oder auch Theodorets als
»angesehen« – wenn diese Übersetzung überhaupt zutrifft – wäre ungewöhnlich,
da ausschmückende Anreden dieser Personen in opm. gewöhnlich ironisierende
Züge tragen; diese hinter σεμνυνόμενοι aufzuspüren, verlangte sehr viel Subtilität.
Außerdem kommen Theodor und Theodoret in opm. 3 nicht weiter vor[254]. Daher
gibt diese Stelle sehr wahrscheinlich einen Hinweis darauf, daß J.Ph. ein oder
auch mehrere Werke aus unmittelbarer zeitlicher Nähe von Anhängern des
Theodor schriftlich vorliegen. Das aber können nur Schriften des Kosmas sein,
selbst wenn damit noch offen ist, welche J.Ph. speziell im Blick hat.

   In Verbindung mit dem Umstand, daß Kosmas weder auf die Argumente des
J.Ph. zur Unkörperlichkeit Gottes noch auf die Auslegung des J.Ph. derselben
Bibelverse, die auch er selbst zur Absicherung seines Weltbilds benutzt, in opm.
3,10f eingeht, umgekehrt jedoch J.Ph. durch seine Art der Auslegung, wie sich
zeigen wird, deutlich eine Schriftargumentation wie die des Kosmas in seiner top.
voraussetzt [255], ist es jedoch am wahrscheinlichsten, daß opm. 3,8 einen Hinweis
darauf darstellt, daß J.Ph. die »Topographie« und nicht ein anderes Werk vorliegt. Damit stellt dann umgekehrt die »Topographie« nicht eine Antwort auf
opm. dar; WOLSKA hatte ja noch gezögert, dies festzulegen. Handelt es sich bei
opm. 3,8 tatsächlich um eine Bezugnahme des J.Ph. auf die »Topographie«, so
kann freilich diese Stelle aus sich heraus nicht erhellen, ob J.Ph. top. 1/5 oder die
gesamte »Topographie« anvisiert. Die im Laufe dieser Arbeit vorzunehmende
Untersuchung der Schriftexegese des J.Ph. in opm. 3,10f[256] führt insofern nicht

---

müßte man paraphrasierend übersetzen: »Aber ihre Kritik soll sein wie sie sei; ich
nämlich erröte in Wahrheit, das auch nur zu sagen, worauf sie vielleicht sogar stolz
sind und es schriftlich weitergeben«. Eine Auswertung für die Schrift des Kosmas
fiele dann von vorneherein weg. Doch scheint es einsichtiger, daß J.Ph. sich für den
Unsinn der Antiochener und ihre Überheblichkeit vor den Philosophen schämt, als
daß er über eine Kritik errötet, auf die ihre Urheber eigentlich keinen unmittelbar
einsichtigen Grund haben, stolz zu sein.

253 So WOLSKA, Topographie 166₂.
254 Vgl. u. S. 82.
255 Vgl. u. S. 406/19.
256 Vgl. ebd.

weiter, als alle wichtigen kontrovers diskutierten Bibelstellen zwar bestätigen, daß
J.Ph. auf die »Topographie« des Kosmas reagiert und nicht umgekehrt, aber sie
werden sowohl in top. 1/5 als auch im späteren Teil der »Topographie« genannt.
Die Schriftstellen, die nur in top. 10 vorkommen, kann J.Ph. auch direkt aus dem
Werk Severians, das ihm, wie sich zeigen wird, vermutlich noch vorlag, entnommen haben[257]. Daher ist die Datierung von opm. sowohl nach der Abfassung von
top. 1/5, nach dem Abschluß von Buch 9 – Kosmas hat ja mit Buch 10 auf Kritik
àn seinen Schrifbeweisen reagiert – als auch nach der Fertigstellung des Gesamtwerkes möglich, wenngleich die letztere Annahme pausibler wirkt, da eben in den
späteren Büchern top. 6/10 keine Stellungnahmen des Kosmas zu Argumenten
des J.Ph. aus opm. zu erkennen sind. Auch die Aufforderung des J.Ph. an seine
Kontrahenten in opm. 1,8, zu früheren Anfragen Stellung zu beziehen, wird in
Verbindung mit opm. 3,8 nicht unsinnig: J.Ph. vermißt dann eine Auseinandersetzung des Kosmas mit seiner früheren, verlorenen Schrift gegen Theodor oder
auch einfach mündlich vorgetragener Kritik.
    Noch ein Stück weiter in der chronologischen Verhältnisbestimmung von
opm. und top. führt, wie sich zeigen wird [258], der Vorwurf des Kosmas gegen die
christlichen Anhänger der Epizykeltheorie, sie lehrten eine Beseelung der Planeten mit »göttlicheren Seelen« [259]. Kosmas scheint, wenn er die von ihm abgelehnte Vorstellung als Beseelung einzelner Gestirne beschreibt, zwar Origenes
im Blick zu haben, doch geht der ganze betreffende Abschnitt bei Kosmas gegen
die kosmologischen Anschauungen eines J.Ph., wie sich Kosmas sich auch an
anderer Stelle bemüht, J.Ph. an die Seite des Origenes zu stellen [260]. Kosmas
kann sich aber nur, wie sich zeigen wird, auf die Annahme einer Weltseele bei
J.Ph. beziehen. Wertet man dies chronologisch aus, scheiden opm. sowie cont.
(und wohl auch aetm [2]) und opm. als Angriffsziel des Kosmas aus, weil J.Ph.
in diesen Texten eine Beseelung des Himmlischen in welcher Form auch immer
explizit ausschließt.
    So wahrscheinlich es also ist, daß J.Ph. mit opm. auf die »Topographie«
antwortet und nicht umgekehrt, so unsicher bleibt èine genaue Fixierung des

---

257 Vgl. u. S. 415.
258 Vgl. u. S. 382.
259 Kosmas top. 1,12 (SC 141,283 WOLSKA-CONUS): »Καὶ πῶς ἐμψυχωμένους ἂν εἴποιτε
καὶ θειοτέραις ψυχαῖς;«.
260 Top. 7,95 (SC 197,165 WOLSKA-CONUS): »... τοὺς οὐρανοὺς καταλύεσθαι λέγων,
οὓς καὶ σφαιροειδεῖς δοξάζει κατὰ τὴν ὑποθήκην τῶν ἔξωθεν, καὶ τούτους ἀεὶ
περιστρέφεσθαι [dies stimmt für J.Ph. allerdings nicht], ... οὐδενὶ τὸ σύνολον
ἀκολουθήσας, εἰ μὴ ἐκ μέρους τῷ χρηστῷ Ὠριγένη"; vgl. WOLSKA, Topographie
191f. Im übrigen scheinen sich Origenes und J.Ph. tatsächlich in einigem zu treffen
(Annahme einer neunten Sphäre, vermutlich auch Übernahme der ptolemäischen
Epizykele). In 7,93 (SC 197,161/3 W.) kritisiert Kosmas die Apokatastasislehre des
Origenes.

Abfassungsdatums. Zum gegenwärtigen Zeitpunkt läßt sich nicht mehr sagen, als daß opm. zwischen den Jahren 546 und 560 verfaßt worden ist. Dabei scheint ein Termin gegen Ende dieses Zeitraumes eher wahrscheinlich als ein früher.

B. VERWEISE IN OPM. AUF SCHRIFTEN DES J.PH.

Da die Eingrenzung des Entstehungsdatums von opm. mittels der Analyse der Chronologie des Streites mit Kosmas nicht mehr weiter möglich ist und jede äußere zeitgenössische Bezeugung der Schrift ausfällt, bleibt nur die Suche nach anderen textimmanenten Hinweisen übrig, um weitere Anhaltspunkte für eine Datierung zu finden. Außer der Adressierung fehlen jedoch in opm. weitere Bezugnahmen auf historische Gestalten oder Ereignisse. Stattdessen finden sich häufiger Verweise auf früher verfaßte eigene Werke oder Ausführungen, bei denen es sich bei näherem Zusehen allerdings herausstellen kann, daß es sich nicht um andere Schriften, sondern Querverweise innerhalb von opm. handelt. Zwar ist leider von vornherein zu erwarten, daß mit diesen Hinweisen nur eine relative Datierung von opm. erzielt werden kann, da aber Bezugnahmen auf andere Werke in vielen Schriften des J.Ph. das einzige inhaltsunabhängige Mittel zu ihrer chronologischen Fixierung darstellen und sie für das Gesamtwerk des J.Ph. bisher weder vollständig gesammelt worden sind noch zu einer allseits akzeptierten Bewertung ihrer chronologischen Bedeutung geführt haben, wenn die Forschung überhaupt auf sie aufmerksam geworden ist[261], soll mit der Zusammenstellung und kurzen Besprechung der Verweise aus opm. ein Beginn gemacht werden, der dazu anregen soll, gleiches auch für andere Schriften in Angriff zu nehmen und von dieser Seite aus die sowohl in der Feinheit der relativen Chronologie als auch der Großordnung des Schrifttums noch häufig offenen Datierungsprobleme vieler Schriften des J.Ph. einer Klärung näherzubringen[262].

Bei den im folgenden genannten Passagen wird jeweils nach der Stellenangabe und dem Verweiswortlaut, falls möglich, der ungefähr zu erschließende Werkinhalt, der natürlich nicht der einzige gewesen sein muß, angegeben und die Schrift, auf die verwiesen wird, zu identifizieren versucht; in Fällen von Querverweisen wird der betreffende Abschnitt aus opm. genannt:

> 1. Opm. 1 (1,6f): »πολὺς μὲν ἐμοὶ περὶ τῆς τοῦ κόσμου γενέσεως ἐν πολλαῖς
> πραγματείαις διήνυσται λόγος«. Thema: Widerlegung der Anfangslosigkeit

---

261 Vgl. z.B. das Werkverzeichnis des J.Ph. und u. S. 135/7.
262 Man denke nur an die weitreichenden Thesen von VERRYCKEN, development; dazu u. S. 123/43.

bzw. Ewigkeit der Welt. Identifizierung: wahrscheinlich summarisch aetm., c.Arist., cont. und aetm. [2].

2. Opm. 1,17 (42,2f): »ἐν ἑτέροις δὲ περὶ τοῦ προκειμένου θεωρήματος διαλαβὼν ἔδειξα ὅτι ...«. Thema: Körperlichkeit und Unendlichkeit Gottes. Identifizierung: verlorene Schrift gegen die Antiochener [263].

3. Opm. 2,1 (60,12f): »τοῦτο γὰρ ἡμῖν ἐν τῷ περὶ τῶν ῥοπῶν σπουδάσματι δέδεικται«. Thema: Die Bewegung der einfachen Körper. Identifizierung: sehr wahrscheinlich eine verlorene Schrift [264].

4. Opm. 2,1 (60,23f): »σκότος μὲν λέγων, ὡς ἔφθην εἰπών, τὸν ἐσκοτισμένον ἀέρα«. Verweis auf opm. 1,5.

5. Opm. 2,2 (62,12/4): »τὸν ἀφώτιστον γὰρ οὕτως ἐκάλεσεν ἀέρα ...ὡς ἐν τῷ πρὸ τούτου δέδειχα«. Verweis auf opm. 1 [265].

6. Opm. 2,13 (80,10/3): »πάντων τῶν πάλαι φυσικῶν φιλοσόφων μέχρις αὐτοῦ Πλάτωνος ἀρχὴν τοῦ εἶναι τῷ κόσμῳ δεδωκότων κἀμοῦ τοῦτο κατ᾽ ἐμὴν δείξαντος δύναμιν ...«. Thema: Die Welt hat einen Anfang. Identifizierung: wahrscheinlich aetm.

7. Opm. 2,16 (88,21f): »καὶ τοῦτο δεδείχαμεν ἐν τῷ πρώτῳ τῶν εἰς τὰ Πρόκλου γραφέντων ἡμῖν«. Thema: Licht und Sonne. Identifizierung: aetm. 1.

8. Opm. 3,5 (118,3f): »Ἀριστοτέλης δὲ πέμπτης οὐσίας σωμάτων τὸν οὐρανὸν ὑποθέμενος αὐτάρκη πρὸς ἡμῶν τὸν ἔλεγχον εἴληφε«. Thema: Abweisung des fünften Elementes. Identifizierung: c.Arist., vielleicht sogar gedacht in Verbindung mit aetm. oder auch MetCom. [266].

9. Opm. 3,17 (157,14f): »καὶ τοῦτο λόγῳ δέδεικται ...«. Thema: Anfanghaftigkeit der Welt. Identifizierung: wenn die Aussage nicht ganz allgemein gemeint ist, aetm.

---

263 Vgl. o. S. 68f.
264 Vgl. dazu u. S. 202/8.
265 Vgl. o. S. 27.
266 Es liegt jedoch kein Verweis auf opm. 1,9 (19,12/9) vor, wie REICHARDT glaubt, da er übersieht, daß J.Ph. in opm. 1,9 Aristoteles nicht widerlegt, selbst wenn er ihm in der Annahme eines fünften Elements weder hier noch an anderer Stelle in dieser Schrift, wie z.B. opm. 4,13, folgt.

10. Opm. 4,7 (177,4/6): »ὅτι γὰρ ἀδύνατον ἦν δι᾽ ἀπείρων εἰς τὰ νῦν ὄντα τὴν γένεσιν προελθεῖν, ἐν ἑτέροις πολλάκις ἐδείξαμεν«. Thema: Endlichkeit der vergangenen Zeit. Identifizierungsmöglichkeiten: aetm. 1,3 (9,14/ 11,17), aetm. 18,3 (619,1/620,19); c.Arist. frgm. 132; MetCom. 16,36/18,16; PhysCom. 428,14/430, 10, PhysCom. 467,5/468,4.

11. Opm. 4,11 (183,23f): »καὶ ὁ διαχωρισμὸς οὗτος ἐποίησεν ἡμέραν καὶ νύκτα κατὰ τὴν εἰρημένην ὑφήγησιν ἐν ἐκείνοις ἡμῖν«. Thema: Licht/Tag bzw. Finsternis/Nacht von Gen. 1,2f. Identifizierung: opm. 2,14/8.

12. Opm. 4,13 (185,21f): »ἤδη μὲν οὖν περὶ τούτου λόγον δεδώκαμεν«. Thema: Fähigkeiten des Schöpfers. Identifizierung: wohl opm. 2,10 oder eine andere vergleichbare Stelle aus opm.

13. Opm. 4,13 (186,25f): » ὁπότε καὶ φθάσαντες εἴπομεν, ὅτι ...«. Thema: Das Licht von Gen. 1,2 existiert zunächst im Durchsichtigen. Identifizierung: opm. 2,11f.

14. Opm. 4,13 (187,13f): »τοῦτο γὰρ καὶ ἐν τῷ περὶ φωτὸς λόγῳ δεδείχαμεν ...«. Thema: Die Glaubwürdigkeit des Moses. Identifizierung: opm. 2,8/13, bes. 13.

15. Opm. 5,1 (210,1/4): »καὶ τοῦτο ἡμῖν ἐν ἑτέροις ἰδίας ἔτυχεν ἐξετάσεώς τε καὶ ἀποδείξεως, ὅτι τὴν λογικὴν ἐν τῇ μήτρᾳ ψυχὴν τὸ ἔμβρυον δέχεται«. Thema: Der Embryo empfängt schon im Mutterleib die λογικὴ ψυχή. Identifizierung: vielleicht AnCom. 212,26/214,33, möglicherweise jedoch eine eigene, nicht mehr erhaltene Abhandlung.

16. Opm. 5,9 (222,9/12): »ἡμῖν μὲν οὖν τοῖς ἀρχὴν ἔχειν τὸν κόσμον ἐθέλουσι, θείοις λογίοις πεπιστευκόσι καὶ δεδειχόσι αὐτό γε τοῦτο ἐν ἑτέροις, ταῦτα λέγειν ἀκόλουθον«. Thema: Die Welt ist nicht ewig. Identifizierung: aetm.

17. Opm. 6,2 (232,10/2): »κύκλῳ γὰρ καὶ τὸ ὑπέκκαυμα κινεῖται καὶ ὁ τούτῳ πλησιάζων ἀήρ, καὶ ὅτι μὴ βίᾳ, δεδείχαμεν ἐν ἑτέροις«. Thema: Feuer und oberer Teil der Luft bewegen sich natürlich im Kreis. Identifizierung: c.Arist. [267], möglich aber auch aetm. 13,3 (489,3/490,5) [268] oder beides.

18. Opm. 6,14 (258,16f): »ἐν ἰδίᾳ γὰρ τοῦτο πραγματείᾳ δεδείχαμεν«. Thema: Alle Lebewesen besitzen die Fähigkeit zur Zeugung dessen, was

---

267 Vgl. WILDBERG, criticism 241.
268 Vgl. u. S. 359/64.

ihnen gleicht. Identifizierung unklar; REICHARDT denkt an GenCorCom. oder PhysCom. 241,23/242,7; da beide Schriften sich nicht ausschließlich diesem Thema widmen, die Stelle aus dem PhysCom. ohnehin nur nebenbei das Thema anklingen läßt und J.Ph. betont, es handele sich um eine eigene Abhandlung, ist nicht auszuschließen, daß es sich um eine wiederum verlorene Schrift handelt.

19. Opm. 6,15 (261,13/6): »ὅτι δὲ καὶ τὸ ἀπερίγραφον εἶναι τὸ θεῖον αὐτός τε καὶ οἱ τῆς αὐτοῦ συμμορίας σωματικῶς νοοῦσιν, ἐν τοῖς πρὸς αὐτοὺς λόγοις καὶ ἐν τοῖς ἀνωτέρω δείξαντες ἔφθημεν«. Thema: Körperlichkeit und Unendlichkeit Gottes. Identifizierung: die auch in opm. 1,17 (oben Nr. 2) genannte verlorene Schrift gegen die Antiochener sowie opm. 1[269].

20. Opm. 6,23 (277,26/278,3): »δεδείχαμεν δὲ καὶ ἡμεῖς ἐν ἄλλοις, ὡς ἐπειδὰν τὴν αἰσθητικὴν ζωὴν καὶ κινητικὴν τὰ τῶν ἀνθρώπων ἔμβρυα δέξηται, συνεισκρίνεται πάντως αὐτοῖς καὶ ἡ λογικὴ ψυχή«. Thema: Der Embryo empfängt schon im Mutterleib die λογικὴ ψυχή. Identifizierung: vielleicht AnCom. 212,26/214,33, möglicherweise eine eigene, nicht mehr erhaltene Abhandlung; jedenfalls wohl dieselbe Schrift wie oben Nr. 15.

21. Opm. 7,3 (288,5/10): »ἐκεῖνο δὲ μόνον ὑπομνήσας τὸν περὶ τούτων καταπαύσω λόγον, ὅτι καὶ πρὸς Πλάτωνα δεικνύειν ἐθέλοντα, ὡς αἱ ἐνταῦθα μαθήσεις ἀναμνήσεις ὑπάρχουσιν, ὧν ἔξω σώματος ἐγνώκασιν ἡμῶν αἱ ψυχαί, ὁλόκληρον πραγματείαν ἐλεγκτικὴν τῶν εἰς τοῦτο ἐπιχειρήσεων αὐτοῦ τε καὶ Πρόκλου προκατεβαλόμην εἰς δύναμιν«. Das Thema läßt sich diesmal nicht ganz eindeutig angeben; je nachdem wie man es faßt, wird auch die Identifizierung mit aetm., die auf den ersten Blick die wahrscheinlichste ist, problematisch. Zwar scheint es so, daß die Abhandlung sich mit der Widerlegung der Anamnesislehre Platons befaßt, doch ist dann die Identifizierung mit aetm. schwierig, weil sich in aetm. kein Abschnitt direkt mit diesem Thema beschäftigt; als Konsequenzen aus dieser Lehre kann man vielleicht nur die Ausführungen in aetm. 9,11 (351,27/365,11) ansehen, aber das bleibt unsicher. Der Abschnitt in opm. vor dieser Passage zeigt jedoch, daß das Thema auch allgemeiner die (abgelehnte) Präexistenz der Vernunftseelen betreffen könnte. Dieses Thema wird aber in aetm. ebenfalls nur am Rande berührt, z.B. 12,1 (468,17/22). Wenn man sich damit begnügen würde, die Schrift nur ganz allgemein als Auseinandersetzung mit Platon und den Folgerungen des Proklos thematisch zu beschreiben und die Aussage zur Anamnesislehre Platons nur als kontextprovozierten Einschub zu deuten, läßt

---

269 Vgl. o. S. 68f.

sich noch am ehesten ein direkter Bezug zu aetm. herstellen; J.Ph. setzt sich
vor allem in Buch 9 mit irrigen platonischen Annahmen auseinander.– Da
sich keine der genannten Möglichkeiten definitiv erhärten läßt, ist schließlich ebenfalls nicht auszuschließen, daß es sich um eine weitere verlorene
Schrift des J.Ph. handelt; aber auch dies bleibt unbeweisbar.

Wie erwartet lassen sich aus dieser Übersicht keine präzisen Angaben zur Datierung von opm. gewinnen. Fest steht nur, daß aetm., c.Arist. und wohl auch
cont. und aetm. [2] der Schrift vorausgehen; ob sich J.Ph. auch auf MetCom.,
PhysCom. und AnCom. bezieht, ist unsicher, da es in den in Frage kommenden
Fällen Alternativen gibt. Für die drei letztgenannten Schriften wird allerdings
ebenfalls ein früheres Entstehungsdatum angenommen, sieht man von der Vermutung ab, daß PhysCom. eine spätere Überarbeitung von Schriften sein soll,
die noch vor aetm. geschrieben sein sollen, und mit der Abfassung von Met-
Com. nach c.Arist. und der inhaltlichen Nähe beider Schriften noch nicht endgültig erwiesen ist, daß MetCom noch vor opm. verfaßt ist [270]. Die Übersicht
zeigt freilich, daß J.Ph. weitere Werke geschrieben hat, die als solche bisher noch
nicht erkannt worden, aber wohl auch nicht mehr erhalten sind, da sie sich mit
keiner bekannten identifizieren lassen: außer der schon genannten Schrift gegen
die Antiochener ist dies vor allem das σπούδασμα περὶ ῥοπῶν. Dagegen ist bei
drei weiteren Verweisen unsicher, ob es sich um eigenständige, bisher nicht
bekannte Schriften handelt; am wahrscheinlichsten ist es von der Art des Ver-
weises her, den J.Ph. gibt, bei nr. 15 (bzw. 20) und nr. 18, da eine Identifizierung
mit einem Aristoteleskommentar des J.Ph. sowohl sachlich als auch formal problematisch ist [271], während nr. 21 sich einer genauen Beurteilung entzieht.

---

270 Vgl. u. S. 121.
271 Daß ein Kommentar mit πραγματεία bezeichnet wird, ist ungewöhnlich.

VIERTES KAPITEL

DIE CHRISTLICHEN QUELLEN DER HEXAEMERONAUSLEGUNG DES J.PH.

Nach eigenen Angaben hat J.Ph. für seine Kommentierung des Hexaeme-rons Quellen zu Rate gezogen und ausgewertet [272]. Im folgenden soll es allein um die von J.Ph. verwendeten Texte der Hexaemeron- resp. Genesis-auslegung der christlichen Tradition und nicht um die Quellenbenutzung des J.Ph. insgesamt gehen [273]. Allerdings bleibt die Suche nach Vorlagen aus verschiedenen Gründen unergiebig und führt zu keinen sicheren Resultaten, sieht man von einigen schnell zu gewinnenden Erkenntnissen über die Benut-zung der wenigen ausführlicher zitierten oder erwähnten Werke früherer Ausleger durch J.Ph. ab.

Autorität schlechthin ist Basilius, der »der Große« (ὁ πολύς, ὁ μέγας) genannt wird [274], für J.Ph. mit aller göttlichen und menschlichen Weisheit

---

272 Opm. 1,2 (6,24/7,1).

273 Sieht man von der Hexaemerontradition ab, werden folgende christliche Autoren als Garanten orthodoxer Lehrtradition, ohne daß an der betreffenden Stelle ein speziel-les Werk von ihnen angeführt oder im Hintergrund stehen würde, namentlich ge-nannt: opm. 3,13 (148,27/149,4) Athanasius, ebd. die »heiligen Gregore« (Gregor von Nazianz und Gregor Thaumaturgos [oder Gregor von Nyssa?]), ebd. PsDionysios Areopagita und »mehrere andere Kirchenlehrer«; an christlichen Autoren mit be-stimmten, nicht auf das Hexaemeron bezogenen Werken, die J.Ph. selbst angibt, oder die sich aus heutiger Sicht identifizieren lassen, kommen vor: opm. 6,17 (266,4/ 7) wahrscheinlich Gregor Naz. or. 31,11; opm. 2,21 (100,14/7) Eusebius h.e. 1,10,2; opm. 2,21 (101,1f) und 3,9 (129,19/23) PsDionysios Areopagita ep. 7 (PG 3,1081A): J.Ph. ist hier der erste Zeuge, der ep. 7,2 als Zeugnis von der Sonnenfinsternis bei der Kreuzigung versteht (dazu BARDENHEWER 4,290); opm. 1,10 (25,6/16) PsDio-nysios Areopagita cael.hier., vgl. u. S. 175f. Obwohl (Flavius) Josephus für J.Ph. natürlich als jüdischer Autor gilt, muß er hier insofern erwähnt werden, als außer einem kurzen Verweis auf eine Stelle aus den Antiquitates opm. 2,21 (100,16f) J.Ph. von Josephos dem Hebräer eine Stelle aus dem Werk περὶ τοῦ παντός opm. 3,16 (155,1/17) skizziert, das wahrscheinlich – mit allen Vorbehalten – die Schrift κατὰ Πλάτωνος περὶ τῆς τοῦ παντὸς οὐσίας des Hippolyt sein dürfte: vgl. ClavisPG 1898, C. SCHOLTEN, Hippolytos II (von Rom): RAC 15 (1991) 492/551, hier 507f.531. – Die paganen Quellen, die J.Ph. vielfach nennt und über die der Index der Edition von REICHARDT rasch einen ersten Überblick verschafft, bleiben an dieser Stelle unberücksichtigt.

274 Opm. 1,1 (2,18), 1,3 (7,9), 1,8 (16,19f), 2,10 (76,3), 3,6 (121,20), 3,13 (148,26), 4,10 (183,1), 4,17 (194,27).

ausgestattet ist [275] und dessen Andenken heilig zu halten ist [276]. J.Ph. hat die Hexaemeronvorträge des Basilius im Originaltext zur Verfügung gehabt, wie die Zitate beweisen, die bis auf Winzigkeiten wörtlich dem Basiliustext entnommen sind [277]. Daß J.Ph. die Texte nicht einem Florilegium entlehnt hat, sondern die Hexaemeronvorträge insgesamt zur Verfügung gehabt hat, ist aus den zahlreichen, sich nicht wörtlich, aber sinngemäß ausdrücklich auf Basilius beziehenden Stellen ersichtlich [278]. Zweimal verweist er auf ein ganzes Buch des Hexaemerons und begnügt sich damit festzustellen, daß Basilius vollkommen ausreichend den Bibeltext exegesiert hat und er sich deshalb eine eigene Darstellung seiner Inhalte ersparen kann [279]. Zustimmend referiert werden sodann: die verschiedenen Bedeutungen von Anfang für Gen. 1,1, die Funktion des Firmaments bei der Bestimmung der Bedeutung der Finsternis aus Gen. 1,2, die Entstehung der Engel und Geistwesen vor dem sichtbaren

---

275 Opm. 2,15 (85,1f), vgl. 4,18 (195,10), 5 prooem. (204,19f): »ἡ ἱερὰ καὶ σοφωτάτη Βασιλείου φωνή«.

276 Opm. 1,8 (17,18).

277 Vgl. opm. 1,8 (16,23/17,3) mit Basilius hex. 1,5 (SC 26²,108 G.): hier setzt J.Ph. den Artikel τό zu »ἐν ἀρχῇ γεγονέναι«; opm. 3,6 (120,24/121,3) mit Basilius hex. 1,3 (SC 26²,96 GIET): hier hat J.Ph. statt »κυκλοφορικῶν σωμάτων« »κυκλοφορουμένων«; ebd. (121,4/7) mit ebd. (SC 26²,98 G.), ebd. (121,27/122,3) mit hex. 2,5 (SC 26²,164 G.), ebd. (122,3/7) mit hex. 2,8 (SC 26²,176 G.): hier hat J.Ph. wieder den Artikel τοῦ bei den Worten »μετὰ τὴν τοῦ ἡλίου γένεσιν«; opm. 3,7 (124,8/14) mit hex. 1,10 (SC 26²,130 G.): hier hat J.Ph. lediglich das erste δ᾽ nicht und γε hinter »εἰ δὲ μή γε« anstelle von »εἰ δὲ μή, ἀλλὰ τό γε ἁπλοῦν« bei Basilius.

278 Opm. 1,3 (7,8/10,6) bezieht sich auf hex. 1,5 (SC 26²,108/12 GIET), opm. 2,10 (76,3/11) auf hex. 6,2f (SC 26²,334/6 G.), opm. 2,15 (84,25/85,5) auf hex. 2,5 (SC 26²,166 G.), opm. 3,6 (122,11f) auf hex. 1,10 (SC 26²,126/30 G.), opm. 4,9 (179,6/10) auf hex. 4,4 (SC 26²,258 G.), opm. 4,10 (182,27/183,7) auf hex. 5 (SC 26²,278/322 G.), opm. 4,14 (187,21/188,2) auf hex. 6,4/7 (SC 26²,332/62 G.), opm. 4,17 (194,25/195,2) auf hex. 6,10 (SC 26²,376/80 G.), opm. 4,18 (195,6/10) auf hex. 6,5/7 (SC 26²,348/62 G.), opm. 5 prooem. (204,16/21) auf hex. 7 (SC 26²,390/426 G.). Unklar ist lediglich, welche Stelle opm. 3,6 (121,8/26) im Blick hat: in Frage kämen höchstens hex. 1,4 (SC 26²,102 G.) oder 6,5/7 (SC 26²,348/62 G.). – Nur in opm. 6 und 7 kommt Basilius nicht mehr vor.

279 Opm. 4,10 (182,27/183,7) auf hex. 5 (SC 26²,278/322 G.), opm. 5 prooem. (204,16/21) auf hex. 7 (SC 26²,390/426 G.); hier macht J.Ph. zwar noch eigene Anmerkungen, aber sie sind seiner Aufgabe gewidmet, Schwierigkeiten bezüglich der Übereinstimmung von Bibel und Wirklichkeit zu beseitigen. Ähnlich pauschal verweist opm. 4,14 (187,21/188,2) auf hex. 6,4/7 (SC 26²,332/62 G.), auch an dieser Stelle schließt J.Ph. noch weitere Bemerkungen an, diesmal freilich zusätzlich noch zum Inhalt. U. RIEDINGER, Die heilige Schrift im Kampf der griechischen Kirche gegen die Astrologie (Innsbruck 1956) 78 bewertet diese Verfahrensweise des J.Ph. ganz falsch als Zeichen der schwindenden Kreativität der Zeit, weil er die Anliegen des J.Ph. nicht erkannt hat; über seine Beurteilung des J.Ph. wurde bereits berichtet (vgl. o. S. 3f).

Kosmos, die Erschaffung des Lichtes vor den Lichtträgern Sonne, Mond und Sternen, die Existenz der Meere vor der der Flüsse und die Gedanken des Basilius über die Wirkungen des Mondes auf die Natur [280]. Das Hexaemeron des Kappadokiers gilt vor allem deshalb als Kronzeuge für J.Ph., weil darin das eigene sphärische Weltbild zu finden ist [281]; dabei teilt J.Ph. die Auffassung seines Vorgängers, daß die Absicht des biblischen Schöpfungsberichtes nicht die naturwissenschaftliche Beschreibung der Wirklichkeit ist, sondern die heilspädagogische Intention, die Menschen zur Gotteserkenntnis zu führen [282]. Zugleich ist der methodische Ansatz, das Hexaemeron Vers für Vers in der Reihenfolge des Bibeltextes zu besprechen, im wesentlichen auch bei Basilius verwirklicht, und dieser nimmt ebenfalls von jeglicher allegorischer Deutung im Unterschied z.b. zu Didymos Abstand [283]. Beide Faktoren passen in das Konzept des J.Ph. und werden die Rezeption des Basilius gefördert, ja vielleicht sogar zur Gestaltung des Vorgehens von opm. angeregt haben. Daß Basilius in der antiochenischen Tradition als Autorität galt, aber nach Meinung des J.Ph. falsch verstanden wurde, und somit ein gemeinsamer Anknüpfungspunkt für den Streit zwischen J.Ph. und den Antiochenern vorliegt, der schließlich ebenfalls den Rekurs auf Basilius begünstigt hat, läßt sich daran ablesen, daß nach J.Ph. Theodor dem Basilius vorgeworfen hat, dessen Lehre sei nicht in der Schrift belegt [284]; die Bedeutung des Basilius für die Antiochener wird sich im übrigen auf andere Weise bestätigen [285].

Zwar sind noch viele weitere inhaltliche Übereinstimmungen vorhanden, die J.Ph. nicht eigens vermerkt, aber die Harmonie ist nicht ohne Beeinträchtigung, sondern es tun sich zwischen Basilius und J.Ph. auch hin und wieder Risse auf. Allerdings weiß letzterer sie geschickt zu überspielen. So äußert sich bei genauem Zusehen Basilius weitaus zurückhaltender gegenüber der Kugelgestalt der Welt, als J.Ph. dies gerne hätte. Zwar ist er insofern im Recht, als deutlich durchscheint, daß Basilius ein sphärisches Weltbild für das wahrscheinlichste hält [286], aber er bezieht noch andere Vorschläge der Naturlehrer in seine Überlegungen ein und betrachtet die kugelförmige Erde

---

280 Opm. 1,3 (7,8/10,6), 2,10 (76,3/11), opm. 2,15 (84,25/85,5), opm. 4,9 (179,6/10), opm. 4,17 (194,25/195,2), opm. 4,18 (195,6/10), opm. 5 prooem. (204,16/21). Basilius wird noch in opm. 1,11 (27,21f), opm. 1,13 (33,1/5) und 1,14 (34,1/4) in dem Zusammenhang genannt, daß Theodor ihm vorwirft, die betreffende Lehre des Basilius sei nicht in der Schrift belegt.

281 Opm. 3,6 (120,21/121,7; 122,11/8).

282 Opm. 1,1 (3,1/21) und hex. 1,11 (SC 26²,134/6 GIET), 3,10 (SC 26²,342 G.) u.a.

283 Hex. 2,5 (SC 26²,162 GIET), 9,1 (SC 26²,478/82 G.).

284 Opm. 1,11 (27,21f), 1,13 (33,1/5) und 1,14 (34,1/4).

285 Vgl. u. S. 88.

286 Vgl. hex. 1,9f (SC 26²,124/30 GIET), 9,1 (SC 26²,480/2 G.).

im Weltzentrum mehr als Hypothese denn als unumstößliches Faktum [287], während J.Ph. den vorsichtigen Tonfall nicht mehr übermittelt. Ferner muß J.Ph., um sein Vorhaben, den Nachweis der Übereinstimmung zwischen Schöpfungsbericht und antiker Naturlehre, speziell in der Frage der Gestalt der Welt, überhaupt durchführen zu können, die mehr oder weniger pauschale Abwertung aller himmelskundlichen Forschungen durch Basilius [288] als relative Verurteilung bloß einer als Astrologie bezeichneten Wissenschaft umdeuten, während er die naturwissenschaftliche Beschreibung und Deutung der Himmelsphänomene, die er als Astronomie bezeichnet, notwendigerweise gutgeheißen muß [289]. J.Ph. ist damit im übrigen einer der allerersten, der diese neuzeitliche begriffliche Unterscheidung beider Gebiete auf diese Weise sprachlich vornimmt [290]. Sogar eindeutig abweichend von Basilius beantwortet

---

287 Vgl. das Ende von hex. 1,10 (SC 26², 130 GIET): »Sollte dir von diesen Aussagen die eine oder andere annehmbar klingen, so gelte dein Staunen der Weisheit Gottes, die dies so angeordnet hat. Das Staunen ob so großer Dinge wird ja nicht abgeschwächt, wenn man die Art und Weise ergründet, wie etwas Staunenswertes zustande kommt. Verhält es sich aber anders, so soll die Einfachheit des Glaubens größer sein als die Beweise des Verstandes«. Eine genaue Analyse des Hexaemerons in naturphilosophischer Hinsicht fehlt, seitdem sich GRONAU im Jahre 1914 und Y. COURTONNE, Saint Basile et l'hellénisme (Paris 1934) mit dem Verhältnis zur Naturphilophie beschäftigt haben. Insbesondere wird meistens der hypothesenartige Charakter vieler Stellen übersehen und die Polemik gegen pagane Philosophie überbewertet, so z.B. E. AMAND DE MENDIETA, The official attitude of Basil of Caesarea as a Christian bishop towards Greek philosophy and science: The Orthodox churches and the West, ed. D. BAKER = Studies in Church history 13 (Oxford 1976) 25/49. Wertlos ist E. CLAPSIS, St. Basil's cosmology: Diakonia 17 (Bronx/ New York 1982) 215/23. Eine gerechtere Würdigung deutet sich bei G.D. DRAGAS, La doctrine de la création d'après l'Hexaemeron de saint Basile le Grand: Istina 28 (1983) 282/308 (im wesentlichen Referierung des Inhalts von Basilius hex.) und J.C.M. VAN WINDEN, Hexaemeron: RAC 14 (1988) 1250/69, hier 1255. 1260/2, an.

288 Daß Basilius auch der Astronomie eher reserviert gegenübersteht, zeigt hex. 1,4 (SC 26²,102 GIET); vgl. anders opm. 3,6 (121,8/26).

289 Opm. 3,6 (121,8/26): Die Astronomie beschäftigt sich mit den Bewegungen der Gestirne; davon muß man die Frage nach ihrer Substanz unterscheiden: vgl. Oympiodor MetCom. 19,23/25.

290 Vgl. W. HÜBNER, Die Begriffe »Astrologie« und »Astronomie« in der Antike = AAWLM.G 1989,7 (Wiesbaden/Stuttgart 1989) 27/32; als frühesten Beleg der Wortunterscheidung findet er Simplicius PhysCom. 293,10/5 mit einer Zweiteilung zwischen Astronomie und Astrologie und im Westen etwa zeitgleich Cassiodor in Psalm. 148 concl. (CCL 98,1321,259/ 63 ADRIAEN); wenig später unterscheidet Olympiodor MetCom. 19,23/5 drei Bereiche: ἡ περὶ οὐρανοῦ πραγματεία beschäftigt sich mit der οὐσία der Gestirne, ἡ ἀστρονομία mit ihrer κίνησις, ἡ ἀστρολογία mit ihren ἀποτελέσματα. Der Sache nach begegnen solche Differenzierungen, wie HÜBNER bemerkt, schon bei Ptolemäus und Sextus Empiricus. Aus dem Beleg aus opm., den HÜBNER nicht kennt, kann man in Verbindung mit den Stellen bei Simplicius und Olympiodor schließen, daß die terminologische Abgrenzung zwischen Astronomie und Astrologie in der Ammoniusschule aufkam.

J.Ph. die Frage nach der Anzahl der Himmel und Sphären, der terminologischen Benutzbarkeit dieser beiden Begriffe und nach der Substanz des Firmaments [291]. Selbst die Übernahme eines Ansatzes des Basilius kann zu Divergenzen führen. Von den vier von Basilius eher untechnisch aufgezählten Bedeutungen für das Wort »Anfang« aus Gen. 1,1, die Basilius alle gelten lassen will [292], meint J.Ph. betonen zu müssen, Basilius favorisiere die beiden ersten; er selbst hält es für geboten, die dritte auszuscheiden, weil er sie als Wirkursache auffaßt [293]. Offensichtlich versteht er an dieser Stelle Basilius von einer ihm bekannten philosophischen Schematik her. Dies wird deutlicher, wenn J.Ph. sagt, er kenne weitere Bedeutungen von Anfang [294], denn aus PhysCom. und aetm. ist zu entnehmen, daß ihm ein als platonisch geltendes Schema von sechs Bedeutungen für ἀρχή neben dem allgemein bekannteren aristotelischen von vier geläufig ist [295]. Auch bei der Interpretation gleicher Bibelverse kann J.Ph. zu anderen Erkenntnissen kommen [296]. Freilich setzt er sich in allen Fällen mit Basilius nicht explizit auseinander, sondern es bleibt dem aufmerksamen Leser überlassen, die Unterschiede wahrzunehmen. Kurz: J.Ph. lehnt sich zwar insgesamt stark an Basilius an, aber er geht durchaus kritisch mit ihm um, tut dies aber stillschweigend, um sich nicht selbst des besten Gewährsmannes der kirchlichen Tradition für seine Kosmologie zu berauben. J.Ph. kommentiert also Basilius nicht, wie ROBBINS gemeint hat [297], sondern respektiert und benutzt ihn als Autorität der kirchlichen Vergangenheit zur Absicherung und Bestätigung seiner Kommentierung des biblischen Hexaemerons im Sinne des sphärischen Weltbildes. Das angestrebte Ziel von opm. markiert nicht nur für J.Ph., sondern auch für den heutigen Beobachter den generellen Unterschied der beiden Ansätze.

Wie J.Ph. mit Theodor umgeht, dessen Genesiskommentar er ausgiebig benutzt [298], läßt sich nicht endgültig angeben, da die wenigen erhaltenen syrischen und griechischen Fragmente keine wirkliche Kontrollmöglichkeit bieten. Zu vermuten ist jedoch, wenn man die Benutzung des Basilius und

291 Vgl. opm. 3,3 (113,23/116,17) mit hex. 3,3 (SC 26²,198/200 GIET).

292 Hex. 1,6 (SC 26²,110/2 GIET).

293 Opm. 1,3 (9,24/10,6).

294 Opm. 1,3 (11,1/3).

295 Aetm. 6,12 (159,5/26). Platonisch kann eigentlich nur heißen »neuplatonisch«. Die aristotelische Systematik von vier αἰτία, die ebenfalls an dieser Stelle durchscheint und auch die Klassifizierung der ἀρχαί nach opm. bedingt, wird in PhysCom. 5,7/8,26 explizit von der platonischen Sechszahl unterschieden.

296 Vgl. u. S. 410f.

297 ROBBINS, Hexaemeral literature 58, vgl. o. S. 14.

298 In opm. 1,12 (30,25/31,1) weist J.Ph. darauf hin, daß die Lehre des Theodor nicht nur im Genesiskommentar, sondern auch in anderen seiner Schriften ihren Niederschlag gefunden hat. Welche J.Ph. gemeint hat und ob er sie selbst kannte, muß offen bleiben.

Theodorets vergleicht, daß wörtliche Zitate zuverlässig sind. Dem widerspricht nicht, daß die in der Collectio Coisliniana erhaltenen, kürzlich edierten Theodortexte zu Gen. 1,26, die zu opm. 6,9/14 parallelgehen [299], nicht wirklich übereinstimmen [300]. Denn dies ist darauf zurückzuführen, daß J.Ph. hier nicht wörtlich zitiert, wie noch der Editor von opm. gemeint hat [301], sondern paraphrasiert. J.Ph. zitiert Theodor überhaupt selten wörtlich; allermeist handelt es sich um sinngemäße Zusammenfassungen [302]. Sicher scheint jedoch, daß er den Genesiskommentar des Theodor unmittelbar gelesen hat; dafür spricht jedenfalls, daß er die Einteilung in Bücher kannte [303]. Die Auseinandersetzung mit Theodor wird in den Büchern 1, 2 und 6 von opm. geführt, die Bücher 3, 4, 5 und 7 beschäftigen sich nirgends explizit mit ihm [304]. Außerdem trennt J.Ph. zwischen Theodor und seinen Anhängern; letztere werden in den Büchern 1,2 und 3 erwähnt [305]. Die Feststellung, daß J.Ph. sich in Buch 3 mit den Anhängern Theodors, aber nicht mit Theodor selbst auseinandersetzt, ist insofern eine nicht unwichtige Beobachtung, als sie einen – wenn auch bescheidenen – ersten Ansatzpunkt für Nachforschungen bieten könnte, wo und wie sich in opm. die Auseinandersetzung des J.Ph. mit Kosmas niedergeschlagen hat, da man hier möglicherweise eher als in opm. 1 die Chance hat, Aussagen des Kosmas unverschleiert durch Äußerungen Theodors zu begegnen; nicht von ungefähr hat schon WOLSKA die meisten Reibungspunkte zwischen den beiden Kontrahenten Kosmas und J.Ph. in Buch 3 erheben können [306]. An anderer Stelle in dieser Arbeit wird sich Gelegenheit bieten, diesen Ansatz weiterzuverfolgen [307].

J.Ph. hat anscheinend auch die Quaestiones in Octateuchum des Theodoret selbst in der Hand gehabt, wie besonders das ausführliche Zitat in opm. 2,15 zeigt. Alle Zitate Theodorets belegen eine außerordentliche Genauigkeit, mit

---

299 Vgl. opm. 6,9 (245,5/12), 6,10 (249,14/7), ebd. (250,6/15), 6,11 (251,25/252,2), ebd. (252,6/11), 6,13 (254,22/255,2), 6,14 (256,9/11), ebd. (256,16/9), ebd. (256,21/7); ebd. (258,25f) mit Collect.Coisl. nr. 71f (CCG 15,68/72 PETIT).

300 Collect.Coisl. nr. 71 (CCG 15,69f PETIT).

301 Richtig gesehen durch den Vergleich mit Prokop schon von DEVREESSE, Essai sur Théodore 12f.

302 Die Stellen sind in der Abfolge der Genesisverse gesammelt, um die übrigen Fragmente ergänzt und besprochen bei DEVREESSE, Essai sur Théodore 5/25.

303 Vgl. o. S. 27.

304 In opm. 3,8 (126,14/6) hat die einmalige Erwähnung des Namens Theodor in opm. 3 keinen Text von ihm zum Anlaß.

305 Opm. 1,10 (27,1); 1,12 (28,20f); ebd. (31,1); 1,16 (40,2f),; 2,16 (86,26); 3,8 (126,15/21); 3,10 (131,13f); ebd. (132,8) und die zahlreichen Aussagen in der dritten Person Plural.

306 WOLSKA, Topographie 147/92, bes. 167/79.

307 Vgl. u. S. 406/19.

der J.Ph. ihn ausschreibt [308]. Das Werk wird entweder mit τὰ ζητούμενα τῆς παλαιᾶς διαθήκης [309], mit τὰ τῆς παλαιᾶς γραφῆς ἀπορούμενα [310] oder mit τὰ ἐν τῇ παλαιᾷ διηπορημένα γραφῇ bezeichnet. Es hat also bei J.Ph. zwar keinen festen Titel, aber es ist sicher, daß es sich insgesamt um »Quaestiones zum Alten Testament« und nicht bloß um solche zur Genesis gehandelt hat [311]. Ferner kennt J.Ph. frühere Äußerungen Theodorets, die mit denen Theodors konform gegangen, jedoch durch die Ausführungen der »Quaestiones« teilweise zurückgenommen worden sind [312]. Auf welches Werk J.Ph. anspielt, muß offenbleiben.

Die Identifikation weiterer Hexaemeronschriften, die J.Ph. benutzt haben könnte, erweist sich als außerordentlich schwierig, obwohl er wahrscheinlich solche Werke kannte. Denn er löst sein eingangs von opm. gegebenes Versprechen, auf frühere Ausleger zu verweisen, wenn er ihnen Gedanken entnimmt, nur insoweit ein, als er sich damit begnügt, solche Stellen pauschal mit »einige«, »andere«, »jemand« zu kennzeichnen. In diesen Fällen läßt sich daher nur über den Inhalt nachweisen, welche früheren Schriften benutzt wurden. Dies zeigt die folgende Übersicht:

Stelle	Person	ihre Meinung/Thematik
1,1 (2,16f)	viele	[1] ... haben zum Hexaemeron geschrieben
1,2 (6,24/7,1)	ältere Ausleger	[2] J.Ph. will entscheiden, ob er von ihnen etwas übernimmt
1,3 (9,9f)	die meisten	[3] ... meinen: Gen. 1,1 »Anfang« bedeutet: Himmel und Erde sind Fundament von allem

308 Vgl. opm. 1,14 (33,17/25) mit Gen.quaest. 5 (9,9/15 FERNANDEZ MARCOS/SÁENZ-BADILLOS): J.Ph. hat nur δίκαιον statt ἀναγκαῖον, opm. 1,16 (36,21/37,3 bzw. 40,16/8) mit Gen. quaest. 3 (6,21/7,4 F.M./S.-B.): J.Ph. τὰ ἀρξάμενα – Theodoret τὰ δέ γε ἀρξάμενα; J.Ph. ἀσώματον εἶναι λέγοντες – Th. ἀσώματον λέγοντες εἶναι; J.Ph. τὸν θειότατον Δανιήλ – Th. τὸν θεῖον Δανιήλ; J.Ph. ἐν ἰδίᾳ περιγραφῇ – Th. ἐν ἰδίᾳ εἶναι περιγραφῇ, opm. 2,15 (85,17/86,15) mit Gen.quaest. 7 (11,14/12,6 F.M./S.-B.): J.Ph. διὸ καὶ δυόμενον – Th. καὶ δυόμενον; J.Ph. οὕτως οὐρανὸς καὶ γῆ – Th. οὕτως ὁ οὐρανὸς καὶ ἡ γῆ; allerdings interpunktieren die Herausgeber Theodorets teilweise etwas anders als REICHARDT. Theodoret wird noch genannt opm. 1,18 (45,7/12) und 1,19 (48,23f). Die Erwähnungen beschränken sich auf die beiden ersten Bücher von opm.

309 Opm. 1,14 (33,16f).

310 Opm. 1,16 (36,20f).

311 Die »Quaestiones in Genesim« haben keinen eigenen Titel.

312 Opm. 1,14 (33,11/6).

1,3 (10,7)	einige	[4] ... sagen für »im Anfang« »in der Weisheit«
1,4 (11,10/2)	einige	[5] ... sagen: »in der Zusammenfassung« ist dasselbe wie »im Anfang«
1,5 (12,6/8)	fast alle	[6] ... zeigen, daß Himmel und Erde alle Elemente umfassen
1,5 (13,3/6)	andere	[7] ... sagen, daß ägyptische Finsternis »handgreiflich« genannt wird, weil damals etwas Festes gesucht wurde
1,8 (17,20/18,3)	einige	[8] ... sagen, wie Theodor berichtet, Gott dürfe nicht allein sein
2,3 (64,19/?[65,7?])	jemand	[9] ... sagt, Gen. 1,2 bezieht sich auf die mittleren Elemente
2,5 (67,19/22)	fast alle	[10] ... stimmen überein, daß die Ungestaltetheit der Erde von Gen. 1,2 die fehlende natürliche Vollkommenheit meint
2,5 (68,18/20)	viele	[11] ... lesen οὐδέν mit θ (nicht notwendig auf christl. Exegeten bezogen)
2,6 (69,13/5)	viele	[12] ... wurden wegen Forschungen zur manichäischen Finsternis angeklagt
2,9 (74,17/9)	einige	[13a] ... exegesieren Gen. 1,3 »Licht« nicht
2,9 (74,19/75,14)	andere	[13b] ... sagen, das Licht von Gen. 1,3 sei das Feuer
2,9 (75,19/27)	ein anderer	[13c] ... sagt, das Licht von Gen. 1,3 sei eine Erhitzung der Luft
2,23 (107,9/12	einige	[14] ... haben gesehen, daß das Hebräische »der eine« statt »der erste« sagt
3,1 (110,20/111,1)	viele	[15a] ... zeigen, daß Gen. 1,6 keine Wiederholung von Gen. 1,1 ist
3,2 (112,12/4)	die vermuten	[15b] ... , daß Gen. 1,6 eine Wiederholung von Gen. 1,1 ist

3,2 (113,4/14)	einige	[15c] ... meinen, Gen. 1,6 ist eine Wiederholung von Gen. 1,1
3,9 (128,3/8)	einige	[16] ... meinen, die Himmelsenden liegen auf der Erde auf
3,10 (138,3/10)	gewisse Leute	[17] ... glauben, die Sonne bewege sich nachts im Norden, durch hohe Berge verdeckt, nach Osten zurück
3,10 (139,8/12)	einer	[18] ... hat vorgetragen, die Sonne verläßt nachts den Himmel
3,11 (143,19/23)	einige	[19] ... sagen, Hebr. 8,2 beziehe sich auf den Himmel
3,14 (150,14/6)	alle	[20] ... geben zu, daß das wahrnehmbare Wasser unterschiedlich benannt wird
4,4 (166,10/3)	einige	[21] ... meinen, die Wiederholung Gen. 1,9LXX καὶ συνήχθη τὸ ὕδωρ sei überflüssig (gemeint ist Origenes, wie das anschließende Zitat beweist)
4,18 (195,6/10)	einige	[22] ... deuten Gen. 1,14c als Hinweis auf die Genethlialogie [313]
5,6 (217,24/218,5)	einige	[23] ... verstehen in Gen. 1,20 »Himmel« als Luft
6,2 (231,7/11)	einige	[24] ... glauben, das Himmlische sei beseelt
6,3 (234,12/7)	alle	[25] (auch die Juden) beschäftigen sich mit dem Plural aus Gen. 1,26 »Laßt uns machen«
6,3 (235,8/10)	andere	[26] ... glauben, der Plural aus Gen. 1,26 sei Pluralis maiestatis bzw. zeige ein Selbstgespräch an
6,5 (238,3/23)	einige	[27] ... sagen, Gen. 1,26 »Bild Gottes« sei der Sohn, nach dem die Menschen geschaffen seien

---

313 Prokop GenCom. (PG 87,92CD) zeigt, daß durchaus Christen gemeint sein können.

6,6 (239,18/21)	einige	[28] ... vermuten, »Bild« und »Abbild« bezöge sich auf den Körper des Menschen
6,10 (251,6/8)	alle	[29] ... werden von Theodor verspottet, weil sie Gen. 1,26 »Bild und Abbild« falsch auslegten, vgl. opm. 6,11 (652,5f), 6,17 (266, 8/11); 6,17 (266,20f): wenn Theodor etwas Richtiges sagt, hat er es von seinen Vorgängern
6,18 (268,10/6)	einige	[30] ... vermuten, Gen. 1,27 »er machte« und »er schuf« bedeute etwas anderes
6,25 (280,22/281,3)	einige	[31] ... legen Ex. 21,22f zum Problem der Beseelung des Embryos falsch aus
7,1 (283,24/284,3)	einige	[32] ... verstehen Gen. 1,28 »Wachset« im Hinblick auf die Größe, »mehret euch« im Hinblick auf die künftige Zahl
7,2f (284,12/288,4)	einige	[33] ... glauben, die Seelen kamen durch einen Fall in die Körper
7,5 (291,27/292,2)	einige	[34] ... sagen, Tiere und Menschen waren anfangs Vegetarier
7,9 (299,7/10)	einige	[35] ... bemerken, daß vom Menschen nicht gesagt wird »Und Gott sah, daß es schön war«
7,13 (304,18f)	einige	[36] ... haben eine Theorie zur Zahl »sechs« aufgestellt (nicht notwendig christl. Ausleger)

Zunächst ergibt sich, daß in den allermeisten Fällen J.Ph. Auslegungen angegeben hat, die er zwar nicht für völlig wertlos hält, die er aber doch glaubt, verbessern zu können [314]. Seine eigene Interpretation wird häufiger mit Hilfe

---

314 Dies gilt, nachdem nn. 1 und 2 nicht zu berücksichtigen sind, für die nn. 3, 4, 8, 13a/c, 15b/c, 16, 17, 18, 19, 21, 22, 23, 24, 25, 26, 27, 28, 29, 30, 31, 32, 33, 34 und 35. Selbst nr. 12 kann man als Auseinandersetzung betrachten, da J.Ph. es ablehnt, sich weiter mit dieser Frage zu beschäftigen. Lediglich nn. 6, 7, 10, 14, 15a, 20 und 36 werden akzeptiert, wobei nn. 14 und 36 noch weiterentwickelt werden. Die eigene Auslegung folgt meist unmittelbar im Anschluß an die Erwähnung der Meinung der Vorgänger.

der Versionen von Aquila, Theodotion und Symmachus begründet und abgesichert [315]. Damit ist nicht gesagt, daß es nicht eine große Zahl von Übereinstimmungen zu früheren Auslegungen gibt, nur vermerkt J.Ph. diese nicht,
so daß die Suche nach weiteren Quellen daher kaum Chancen hat, zu einem
eindeutigen Ergebnis zu gelangen. Denn es tut sich hier wie auch an allen
oben aufgezählten Stellen eine grundsätzliche Schwierigkeit auf. Wenn es
nämlich in diesen Fällen gelingt, Übereinstimmungen zwischen Referaten
des J.Ph. und früheren Autoren festzustellen, was durchaus möglich ist, läßt
sich häufig nicht entscheiden, aus welcher Quelle J.Ph. letztlich schöpft, da
sich entweder mehrere Stellen der Tradition finden lassen, welche die gleichen Aussagen machen, oder überhaupt unsicher bleibt, ob J.Ph. eine bestimmte Schrift vor sich gehabt hat oder ob ihre in Frage kommende, von
J.Ph. wiedergegebene Einzelaussage ihm nicht vielmehr über Zwischenglie-
der jüngeren Datums vermittelt ist. Daß exegetische Traditionen in größerem Ausmaß bereits vor J.Ph. gesichtet, gebündelt und zusammengestellt
worden sind und die er deshalb benutzt haben könnte, macht ein Blick auf
den Stand der Erforschung der Genesiskatene und ihres Umfeldes deutlich.

Nach den Erkenntnissen von F. PETIT ist die Genesiskatene das Werk eines
einzigen Autors [316]. Das bisher praktizierte Verfahren, die Katene nach den von
KARO/ LIETZMANN erarbeiteten Katenentypen I, II und III zu edieren, wird daher
aufgegeben, weil diese drei Überlieferungsstränge jetzt als Zeugnisse verstanden
werden, welche die ursprüngliche Katene schrittweise erweitert haben [317]. Der
anonyme Verfasser der Katene hat zum Bibeltext, den er sukzessive zitiert, von
ca. 30 Autoren ungefähr 60 Werke verarbeitet, die ihm unmittelbar zur Verfügung gestanden haben. Aus diesem Grunde läßt sich annehmen, daß er Zugang
zu einer theologischen Bibliothek gehabt hat und eine Art Gelehrter gewesen ist.
Seine Auswahl endet mit Cyrill von Alexandrien. Daher ist sein Werk vermutlich in der zweiten Hälfte des 5. Jahrhunderts entstanden. Ein unmittelbarer
Entstehungsanlaß läßt sich zwar nicht erkennen, aber die Intention dürfte es
gewesen sein, ein Arbeitsinstrument für die Exegese zu liefern. Der Kompilator
läßt sich keiner Schule, Antiochien oder Alexandrien, zuordnen; das ausgewählte

---

315　Nr. 10, 11, 23, 27, 30.

316　Die folgenden Angaben nach F. PETIT (ed.), La chaîne sur la Genèse. Édition intégrale
　　1. Chapitres 1 à 3 = TEG 1 (Louvain 1991) XIII/XXIV.

317　Damit ist CCG 2 obsolet geworden. – Die frühere Klassifizierung von KARO/LIETZ-
　　MANN bleibt jedoch angesichts der Komplexität der Überlieferung in gewisser Weise
　　berechtigt. Typ I und II bilden jetzt die Primärtradition, die natürlich selbst im Laufe
　　der Zeit zahlreiche Ergänzungen erfahren hat. Typ III dagegen ist sekundär, insofern
　　sein Grundtext nicht die Katene, sondern die Collectio Coisliniana ist; die Entleh-
　　nungen aus der Katene dienen dem Zweck, einen fortlaufenden Kommentar zu er-
　　stellen. Typ II hat umgekehrt die Katene als Grundtext und Anleihen bei der Collectio
　　Coisliniana gemacht.

Textmaterial zeigt unter dogmatischem Gesichtspunkt keinerlei Eigenheiten, sondern bezeugt einen vollkommen orthodoxen Standpunkt. Interessant ist die Einsicht, daß bestimmte, seltener angeführte Autoren offenbar nach thematischen Gesichtspunkten gruppiert sind, die theologisch umstritten gewesen sind. Dabei handelt es sich um die Themen: Engel, der Mensch als Abbild Gottes, die Verbindung zwischen Seele und Körper und die Präexistenz der Seele. Die diesbezüglichen Texte haben möglicherweise kleinere Sammlungen dargestellt, die vielleicht zu Diskussionszwecken angefertigt worden sind und dem Katenisten bereits vorlagen.

Die thematische Ausrichtung kleinerer Einheiten erinnert an die zweite Sammlung von Texten zur Genesis, die sogenannte Collectio Coisliniana. Sie ist nach den Untersuchungen von PETIT keine fortlaufende Katene zum Bibeltext, sondern beschränkt sich auf die Erklärung schwieriger Textstellen. Die Collectio Coisliniana ist unabhängig von der Katene entstanden[318]. Zum Großteil zitiert sie ausschließlich Autoren, die Positionen der antiochenischen Schule vertreten. Mit aufgenommen sind aber auch Auszüge aus dem Hexaemeron des Basilius, der damit offensichtlich vom Kompilator als Antiochener reklamiert wird. Die Existenz dieser Sammlung bestätigt also die in den Augen des J.Ph. selektive Rezeption des Kappadokiers durch Theodor und seinen Anhang. In der handschriftlichen Überlieferung wird sie gemeinsam mit Theodorets Quaestiones in Octateuchum tradiert. Die Absicht des Verfassers scheint es gewesen zu sein, dieses Werk Theodorets vor dem Hintergrund der Meinungen seiner Vorgänger und Zeitgenossen zu erläutern und zu verdeutlichen. Ein Entstehungsdatum wird von PETIT nicht genannt, doch legen sowohl der jüngste zitierte Autor Gennadius (gest. 471) als auch der Abfassungszweck einen Zeitpunkt in Nachbarschaft zur Genesiskatene nahe; die beiden von PETIT erstellten Stemmata, welche die Collectio Coisliniana mit der Katene zusammenbringen[319], scheinen dies ebenfalls anzudeuten[320]. Auch wenn keine Klarheit zu gewinnen ist, ist jedenfalls eine Abfassung noch vor opm. nicht auszuschließen.

Ein Abfassungsdatum vor opm. läßt sich mit Sicherheit von der dritten großen exegetischen Arbeit zur Genesis in dieser Zeit, dem Genesis- resp. Oktateuchkommentar des Prokop von Gaza (gest. um 538), behaupten. Zumeist wurde dieses Werk fälschlich als »Catena in Octateuchum« betitelt[321] und übersehen, daß es sich um einen Genesiskommentar im Sinne fortlaufender Kommentierung

---

318 Man darf also nicht von einem Katenentyp IV sprechen, wie es DEVREESSE, Ancien commentateurs Octat. XIV, und in anderen Veröffentlichungen getan hat; zum ganzen: F. PETIT (ed.), Catenae Graecae in Genesim et in Exodum 2. Collectio Coisliniana in Genesim = CCG 15 (Turnhout 1986) XVII/XX.

319 PETIT: CCG 15,XIX, DIES.: TEG 1,XXXVII.

320 Vgl. PETIT: CCG 15,XCVI/CVI.

321 ClavisPG 7430.

der Bibelverse handelt, dessen Anlage sehr stark an die spätere Arbeit des J.Ph.
erinnert, auch wenn ihr deren konsequente Durchführung fehlt[322]. Eine kritische Edition des GenCom. liegt nicht vor, doch läßt sich anhand der Angaben
des Prooemiums über den Charakter des Werkes sagen, daß es sich um einen
Auszug aus einer noch größeren eigenen Arbeit über denselben Gegenstand handelt, die ausführlich Exegesen der Väter und anderer Autoren zum Oktateuch
anscheinend größtenteils wörtlich dargeboten hat[323]. Kriterium dieser früheren, vermutlich katenenartigen Sammlung war offenbar nicht Orthodoxie oder
die Zusammenstellung der Meinungen einer bestimmten Schulrichtung, sondern zunächst wenigstens größtmögliche Vollständigkeit. Diese Eigenschaften
lassen sich unschwer noch im vorliegenden GenCom. wiedererkennen, auch
wenn jetzt namentliche Verweise fehlen und trotz der Referierung gegenteiliger
Meinungen Prokop keinen Hehl daraus macht, daß er Anhänger des antiochenischen Weltbildes ist[324]. In Anlehnung an den Titel des ältesten Manuskripts
bezeichnet PETIT daher den GenCom. nicht zu Unrecht als Epitome[325]. PETIT,
die bereits den Übereinstimmungen zwischen Katene und GenCom. nachgegangen ist, muß jedoch angesichts der Komplexität der Materie momentan
die Frage noch offenlassen, wie sich der GenCom. bzw. das ihm zugrundeliegende Werk zur Katene verhält. So ist völlig offen, ob der Katenist aus dem Werk
Prokops geschöpft hat, das er in GenCom. selektiert hat, oder ob dieser Arbeit
die Katene vorausgeht, die dann Prokop bekannt war[326]. Allerdings schließt
PETIT aus, daß Prokop in GenCom. die Collectio Coisliniana benutzt hat, da er
deren Hauptgewährsleute Theodoret, Isidor von Pelusium und Gennadius igno-
riert hat[327].
    Die Konsequenz für die Erhebung der Quellen von opm. ist in jedem Fall
ernüchternd. Denn nicht nur ist zunächst mit vier umfangreichen Textsamm-
lungen als möglichen Vorlagen des J.Ph. zu rechnen – die Katene, die Collectio
Coisliniana, die Sammlung des Prokop, sein GenCom. (die Epitome der Sammlung), außerdem legt die Katene nahe, daß sie und damit auch die anderen Kom-

---

322 So bespricht Prokop nicht alle Bibelverse.
323 Prokop GenCom. prooem. (PG 87,21A): »Schon früher haben wir – Gott hat das Ver-
     mögen gelenkt – die schriftlichen Auslegungen der Väter und anderer zum Oktateuch
     zusammengestellt, indem wir sie aus Kommentaren und verschiedenen Reden (λόγοι)
     gesammelt haben. Aber da wir die Worte des Dargestellten selbst wörtlich ausgeführt
     haben [Text ist an dieser Stelle unklar überliefert], ob sie miteinander übereinstimmen
     oder nicht, und da uns deshalb die Schrift ungeheuer lang geriet, habe ich jetzt die
     Schrift bewußt auf ein erträgliches Maß zusammengezogen«.
324 Vgl. Prokop GenCom. (PG 87,40BC).
325 PETIT: TEG 1,XVII$_{16}$.
326 PETIT: TEG 1,XVIIf.
327 PETIT: CCG 15, XCVIf.

pilationen noch aus kleineren Einheiten geschöpft haben können –, sondern da
die große Sammlung des Prokop verloren ist, kann man mit dem Verweis auf
diese Tradition alles Fragen nach den Quellen des J.Ph. beantworten, für die sich
in der Katene, der Collectio Coisliniana oder Prokops GenCom. keine Parallelen finden. Denn daß J.Ph. nicht einfach nur aus der Katene, der Collectio
Coisliniana oder Prokops GenCom. je für sich oder aus allen dreien zugleich
geschöpft hat, ergibt der direkte Vergleich der von opm. auf die Tradition zurückgeführten Meinungen mit diesen drei möglichen Quellen:

Nr.	Bemerkung	Prokop	C.Coisl.	Katene
(o.S.83/6)		PG 87	CCG 15	TEG 1
1	fällt aus			
2	fällt aus			
3		36C/37A	–	–
4		–	–	–
5		37B	–	nr. 10[328]
6		45B	–	nr. 10[329]
7	ExCom.?	–[330]	–	–
8	fällt aus			
9	Nachw. unsicher	45B	–	–
10		41B	–	–[331]
11	fällt aus[332]			
12	Angabe zu vage			

---

328 Autor unbestimmbar.
329 S. Anm. vorher.
330 Prokop ExCom. (PG 87,559) hat eine andere Auslegung.
331 Nr. 11 (TEG 1,9 PETIT) kennt zwar den Sachverhalt, aber es handelt sich um Basilius hex.
     2,1 (SC 26²,140 GIET).
332 Die Katene nr. 23 (TEG 1,19 PETIT) bietet zwar die Version der drei anderen Übersetzer
     zu Gen. 1,2, aber J.Ph. hat seine Bibeltexte sicher nicht aus der Katene; außerdem bezieht sich J.Ph. nicht notwendig ausschließlich auf Gen. 1,2.

13a	schwer nachweisbar			
13b		–	–	–
13c		–	–	–
14		60D/61B	–	–[333]
15		64C	–	–
16		40BC	–	–
17		89CD	–	–
18		–	–[334]	–
19		40B	–	nr. 6
20	schwer nachweisbar			
21	Origenes	–	–	–
22		92CD	–	–
23		101B	–	–
24	origenistisch	–	–	–
25		108C	–	–[335]
26	jüdisch	–	–	–
27		128B	–	nr. 130
28		120A	nr. 73	–
29	fällt aus			
30		37D	–	–
31	ExCom.?	–[336]	–	–
32		–	–	–
33	origenistisch.	–	–	–
34		137CD[337]	–	–

---

333 Nr. 52/4 (TEG 1,34f PETIT) stellen keine richtige Parallele dar.
334 Auch nicht in Collect.Coisl. nr. 42 (CCG 15,40f PETIT) enthalten.
335 Die Katene nr. 127 (TEG 1,98f PETIT) hat nur einen Auszug aus Basilius hex. 9,6 (SC 26²,514 GIET).
336 Prokop ExCom. (PG 87,617) macht andere Bemerkungen als J.Ph.
337 Vgl. PG 87,120B.

| 35 | – | – | – |
| 36 | 140B | – | – |

Der Überblick legt freilich sogar nahe, daß J.Ph., wenn er explizit auf Meinungen anderer Ausleger hinweist, weder aus der Katene noch aus der Collectio Coisliniana geschöpft hat, da in allen Fällen, in denen man aus sachlichen Gründen die Vorlage dieser beiden Sammlungen vermuten kann, auch eine Parallelüberlieferung bei Prokop nachzuweisen ist. Außerdem existieren unabhängig zu den Stellen in opm., wo auf Meinungen früherer Exegeten verwiesen wird, zahlreiche engere Gemeinsamkeiten zwischen J.Ph. und Prokop [338]. Doch bedeutet dies keineswegs, daß notwendig Prokops GenCom. die Quelle für J.Ph. gewesen sein muß. Daß er nämlich nicht einfach nur diese Schrift benutzt haben kann, zeigen nr. 4, nr. 13b und 13c, nr. 18, nr. 32 und nr. 35, die weder bei ihm noch in den beiden anderen Sammlungen, im übrigen aber auch nicht in Basilius' Hexaemeron zu finden sind. Nr. 26 wird an vielen Stellen erwähnt, u.a. durch Basilius im Hexaemeron [339]; damit erübrigt sich hier weiteres Suchen.

Nachforschungen ergeben, daß die nr. 4 genannte Vorstellung bei Origenes bzw. in der origenistischen Tradition begegnet [340]. Nr. 13b kommt in der Hexaemeronapologie des Gregor von Nyssa und nr. 18 bei Severian vor [341]. Nr. 32 findet sich der Sache nach bei Basilius/Gregor von Nyssa [342]; ob J.Ph. aus dieser Vorlage geschöpft hat, ist allerdings mehr als unsicher.

338 Die Stellen können hier nicht umfassend dokumentiert werden; vgl. als zwei charakteristische Beispiele opm. 1,3 (7,14/8,17) mit Prokop GenCom. (PG 87,37A), opm. 2,18/23 (90,10/109,14) mit GenCom. (PG 87,53A/64B).

339 Basilius hex. 9,6 (SC 26²,514 GIET); weitere Belege, z.B. aus Justin, bei ALEXANDRE, commencement 171f. Die Vorstellung, Gott spreche in Gen. 1,26 mit sich selbst bzw. die Formulierung sei ein Pluralis maiestatis, gilt überall als jüdisch.

340 Origenes, wahrscheinlich GenCom., bei Calcidius TimCom. 276 (280,9/281,15 WASZINK), Didymos GenCom. 1f (SC 233,32/4 NAUTIN), vgl. ALEXANDRE, commencement 69. Vor Origenes kennen sie bereits Theophilus Ant. Autol. 2,10 (38/40 GRANT): P. NAUTIN: In principio 61/93, bes. 71/3, der Fragmententargum (»Mit Weisheit schuf und vollendete Gott die Himmel und die Erde«) und Targum Neofiti (»Seit dem Anfang, mit Weisheit schuf und vollendete [das Wort] Gottes die Himmel und die Erde«): G. ANDERSON, The interpretation of Genesis 1:1 in the Targums: CBQ 52 (1990) 21/9, hier 23f. Das Subjekt »das Wort« beim Targum Neofiti ist textkritisch nicht eindeutig.

341 Vgl. u. S. 239 und S. 415; entscheidend ist hier, daß Kosmas, der Severian rezipiert hat und aus dem J.Ph. geschöpft haben könnte, diesen Sachverhalt nicht mehr überliefert, sondern Severian bereits in seinem Sinne umgeschrieben hat.

342 Basilius bzw. Gregor Nyss. de creat.homin. 2,5 [PG 44, 281/4] (GNO suppl. 46,4/48,3 HÖRNER); vgl. Irenäus adv.haer. 4,38,3 (SC 100,956 ROUSSEAU), ALEXANDRE, commencement 200.

Nr. 13c und nr. 35 lassen sich zwar momentan nicht nachweisen, sind dem Inhalt nach jedoch so allgemein, daß sie sich gewiß an irgendeiner Stelle der Genesisauslegung noch werden finden lassen. Außerdem kann man, wie gesagt, wenn man die Quellen des J.Ph. benennen will, mühelos auf die Prokops GenCom. voraufgehende verlorene, von ihm selbst erstellte Kompilation verweisen; ihr Fehlen macht ebenfalls jeden Nachweis unmöglich, ob J.Ph. tatsächlich Prokops GenCom., Basilius/Gregor Nyss. Sermo de creatione hominis, Gregors Hexaemeronapologie bzw. Severians Hexaemeronhomilien kannte. Auch läßt sich nicht sagen, wenn man mit dieser unbekannten Größe argumentieren will, ob es wirklich diese Sammlung Prokops gewesen sein muß, die J.Ph. kannte; die Existenz der Collectio Coisliniana und der Katene erlauben jedenfalls den Schluß, daß es noch weitere ähnliche Sammlungen dieser Art gegeben haben kann [343].

Die Übersicht weist noch auf ein weiteres Problem hin, das mit dem gerade genannten eng verbunden ist. Nr. 21, nr. 24 und nr. 33 sind Traditionen, die ebenfalls in keiner der Kompilationen nachzuweisen sind, aber ohne Zweifel wie nr. 4 als origenisch/origenistisch identifiziert werden dürfen; nr. 21 führt J.Ph. sogar selbst auf Origenes zurück. Da J.Ph. ihn an weiteren Stellen in opm. erwähnt und sich mit einigen seiner exegetischen Ansichten auseinandersetzt, bleibt nachzufragen, ob J.Ph. Schriften des Origenes unmittelbar kannte, und wenn ja welche, und wenn nicht, wie ihm diese origenistischen Traditionen übermittelt worden sind. Wie sich schnell ergibt, spitzt sich die Frage auf das Problem zu, ob J.Ph. den Genesiskommentar des Origenes kannte. Folgende Stellen sind zu untersuchen:

> 1. Opm. 4,4 (166,6/18): »Bis zu ›Und so geschah es‹ haben es die übrigen Übersetzer wiedergegeben; das ›Und es sammelte sich das Wasser unterhalb des Himmels an seinen Sammelstellen, und das Trockene wurde sichtbar‹ findet sich nur in der Septuaginta. Einige meinen, dies sei überflüssig, weil es durch den Satz ›Und so geschah es‹ angezeigt sei; ›es müßte denn‹, sagt Origenes, ›in den alten Kopien so geschrieben sein; aber auch infolge der Spannung in der Aussage scheint die Wiederholung nicht nötig zu sein. Gott hat nämlich befohlen, daß das Wasser sich an einem einzigen Ort sammle; die Wiederholung «Und das Wasser unterhalb des Himmels sammelte sich an seinen Sammelstellen» aber‹, sagt er, ›steht im Plural‹. Dies läßt sich leicht lösen, ...«.

Ob ein wörtliches Zitat oder eine Paraphrase vorliegt, läßt sich nicht entscheiden. Sicher ist allerdings, daß die Bemerkung nicht den GenHom. des Origenes

---

343 Nr. 7 und nr. 31 mögen aus irgendeiner Tradition zu Exodus, vielleicht in Form einer Oktateuchkatene, entstammen.

entnommen ist, denn in den entsprechenden Ausführungen zu Gen. 1,9 findet
sich eine solche Aussage nicht [344].

> 2. Opm. 4,18 (195,13/197,27): »Vieles ist dazu [sc. zur Genethlialogie] auch
> vom alten Origenes geschrieben worden; ich werde aber nur eines seiner
> Unternehmen erwähnen, das ungewöhnlich ist und vielen nach ihm nicht
> bekannt war und das eben mit der Methode der Genethlialogie sie selbst
> widerlegt. ›Zuerst also‹, sagt er, ›wundert sich einer über die Griechen,
> weshalb sie, die so viele Methoden der Weissagung ausgedacht haben,
> Vorzeichen, Vogelschau, Eierschau, Aufschneiden der Eingeweide, Handle-
> sen, Schau durch Feuer, Sternbeobachtung bei Sternschnuppen und den
> Betrug in den Orakelstätten, und die annehmen, daß jedes davon das
> Zukünftige anzeigt, nicht aber bewirkt, weshalb sie nun aber doch annehm-
> men, daß nur die Astrologie Wirkungen ausübt hinsichtlich der von ihr
> angezeigten Dinge, indem sie sich, wie es scheint, zur Beruhigung ihrer
> eigenen Gottlosigkeit ausgedacht haben, daß sie durch den Zwang des
> Schicksals und nicht durch die Schlechtigkeit der Gedanken so handeln‹.
> Denn daß sie, ›auch wenn ihnen eingeräumt würde, die Wahrheit zu
> sagen‹, sagt er, allein vorbedeutend, aber nicht bewirkend sind, hat er aus
> der Methode der Genethlialogie selbst gezeigt, indem er eine aristoteli-
> sche Regel benutzte. Denn auch dieser sagte, als er forschte, welches die
> Gestalt der Sterne ist, ›was wir als Gestalt eines einzigen Sterns zeigen
> können, das ist notwendig auch die aller‹ [Aristoteles de caelo II 11 291b23].
> Als er dann aus den Phasen des Mondes gezeigt hat, daß seine Gestalt
> kugelförmig ist, folgerte er daraus, daß so auch die aller ist. Dies nun
> wandte Origenes auf die Konstellationen bei der Geburt der Lebewesen
> an. ›Was wir bei einer der Konstellationen finden‹, sagt er, ›sei es anzei-
> gend, sei es bewirkend, muß dasselbe auch bei allen sein‹. Als Grundsatz,
> dem alle zustimmen, hat er aber vorher angenommen, daß keine Wirk-
> ursache später als das Bewirkte sein kann, sondern entweder existiert sie
> vor ihm, oder sie ist, wenn es jemand so scheint, gleichzeitig zu dem, was
> bewirkt wird. Nach dieser Voraussetzung geht er zum Untersuchungs-
> gegenstand über: ›Wenn die Genethlialogen‹, sagt er, ›das Horoskop des
> eben geborenen Kindes stellen, z.B. welcher Stern sich zur Stunde seiner
> Geburt im Aszendenten befindet, oder welcher den westlichen Horizont
> innehat, welcher sich im Meridian über und unter der Erde befindet und
> welches Tierkreiszeichen jeder Planet innehat, ihre gegenseitige Konstel-
> lation und alles andere, was sie dabei gewöhnlich beobachten, so sagen sie
> daraus nicht nur dem vorhin gerade Geborenen die Zukunft voraus, son-

---

344 Vgl. Origenes GenHom. 1,2 (GCS Orig. 6,5,4/20 BAEHRENS).

dern auch die Lebensverhältnisse der bereits vor ihm geborenen Vorfahren und, wenn sie, wie es wahrscheinlich ist, gestorben sind, versuchen sie
zu sagen, welches Leben sein Vater führte, ob er Soldat, Kaufmann, Müßig-
gänger, Schreiber [oder: untätiger Intellektueller] oder Priester war, wieviel Besitz [oder: Ansehen] er hatte, die Eigenschaften der Seele und des
Körpers, wie lange er lebte, ob er vielleicht schon tot ist oder noch zu
leben hat. Dasselbe [sagen sie] auch über die Mutter und die Geschwister,
wenn es vor dem Kind welche gab. Wenn wir also‹, sagt er, ›ihnen zugestehen, die Wahrheit zu sagen, ist es klar, daß die herausgefundene Gestirn-
konstellation bei der Geburt des Kindes für die Vorfahren nicht wirkur-
sächlich war, sondern nur anzeigend; also kann sie auch dem Kind die
Zukunft nur anzeigen, aber nicht bewirken. Denn es ist unmöglich, daß
ein und dasselbe das eine anzeigt und bewirkt, das andere aber nur anzeigt
und nicht bewirkt. Und so ist es bei allem, was geschieht. Wenn also alle
das vorher Vorhandene anzeigen und folglich alle das Zukünftige anzeigen dürften, ist keins davon aktiv wirksam‹. Soweit Origenes« [345].

Der Editor von opm. REICHARDT verweist als Quelle auf Origenes GenCom.
3,9f [346]. Dieser Text ist erhalten durch: 1. die Philokalie [347], 2. Eusebius
praep.evang. [348] und 3. die Katene [349]. Daneben existiert eine sehr freie
Paraphrase in Prokops GenCom. [350]. Hat J.Ph. eine dieser Traditionen benutzt, oder kannte er den GenCom. des Origenes unmittelbar? Ausscheiden
kann man wohl, daß J.Ph. aus Prokop schöpft, da die Unterschiede sowohl
textlich und sachlich zu groß sind, wenngleich eigenartig ist, daß beide gleichzeitig ausgerechnet an derselben Stelle Origenes referieren; möglicherweise
besteht an dieser Stelle eine Abhängigkeit des Prokop von der Philokalie oder
vielleicht auch von der Katene. J.Ph. folgt allerdings auch nicht, jedenfalls
nicht wörtlich, wie die Edition REICHARDTs suggeriert, der Philokalie, sondern
paraphrasiert noch weitläufiger als Prokop dieselbe Stelle [351]. In der Sache
bestehen die nächsten Berührungen zu den ersten beiden Anläufen des Origenes in Philokalie 23,14/6 [352]; sehr wahrscheinlich ist ferner, daß der Verweis
auf die aristotelische Prämisse des Arguments des Origenes von J.Ph. eingetragen ist. Aber es ist nicht sicher, daß die Philokalie die unmittelbare Vorlage

---

345 Die Anführungen nach REICHARDT.
346 Origenes GenCom. III,9f (27/34 LOMMATZSCH).
347 Philokalie 23,14/6 (SC 226,174/86 JUNOD).
348 Eusebius praep. evang. 6,11,55/73 (GCS Eus. 8,1²,355,1/360,12 MRAS/DES PLACES).
349 Nr. 100 (TEG 1,73,31/76,247 PETIT).
350 Prokop GenCom. (PG 87,96A/97D).
351 Vgl. E. JUNOD: SC 226,63. 174f₁.
352 Philokalie 23,14/6 (SC 226,174/86 JUNOD).

darstellt, sondern ebenso kann es Eusebius gewesen sein, denn aus aetm. ist zu entnehmen, daß J.Ph. die Praeparatio evangelica des Eusebius kannte [353]. Selbst die Katene könnte als Vorlage in Frage kommen, doch ist dies eher unwahrscheinlich, da keine weitere der Origenes erwähnenden Stellen von opm. in der Katene enthalten ist und die Benutzung der Katene durch J.Ph. aus anderen Gründen, wie gesehen, zwar nicht endgültig auszuschließen, aber doch eher unwahrscheinlich ist. Wenn man davon ausgeht, daß die Philokalie bzw. Eusebius' praep.evang. Origenes' GenCom. zumindest annähernd wörtlich zitiert haben, kann J.Ph. an dieser Stelle, sollte er den GenCom. selbst benutzt haben, diesen ebenfalls nicht zitieren, wenngleich man so vorsichtig sein muß einzukalkulieren, daß J.Ph. eine andere Stelle aus Origenes GenCom. wörtlich zitiert; dann aber kann auch eine andere Schrift des Origenes in Frage kommen. Daß J.Ph. den GenCom. des Origenes benutzt hat, kann man daher aus dieser Stelle allein weder beweisen noch widerlegen. Sicher ist wiederum nur, daß die GenHom. des Origenes nicht als Quelle in Frage kommen, da die Ausführungen zu Gen. 1,16/9 die Genethlialogie nicht behandeln [354].

> 3. Opm. 5,14 (228,9/13): »An dieser Stelle hat Origenes untersucht, weshalb nicht auch bei der Entstehung der Lebewesen aus der Erde wie bei der [sc. Entstehung der Lebewesen] aus den Wassern »Wachset und mehret euch und erfüllt die Erde« gesagt wurde. Und weil er keinen Ausweg wußte, wandte er sich schließlich der Allegorie zu«.

REICHARDT hat in seiner Edition von opm. es für möglich gehalten, daß diese Bemerkung auf Origenes GenHom. 1,11 zielt [355]. Doch diese Identifizierung ist unmöglich. Denn für Origenes ist an dieser Stelle im Gegensatz zu dem, was J.Ph. angibt, das Problem, weshalb bei der Entstehung der Erdlebewesen nicht gesagt wird »Wachset und mehret euch und erfüllt die Erde«, überhaupt kein Thema. Er bemerkt vielmehr kurz »secundum litteram quidem nulla quaestio est«; anschließend deutet er dann wie üblich allegorisch, ohne dies allerdings als Notlösung zu empfinden [356]. Die Philokalie bietet ebenfalls keine Stelle, die als Vorlage gedient haben könnte. Deshalb ist nicht ausgeschlossen, daß J.Ph. hier wieder eine Auslegung des Origenes bespricht, die er in dessen GenCom. gefunden hat.

---

353 Aetm. 6,27 (211,10/8).
354 Vgl. Origenes GenHom. 1,7 (GCS Orig. 6,8,13/10,5 BAEHRENS).
355 Origenes GenHom. 1,11 (GCS Orig. 6,12,21/13,24 BAEHRENS).
356 Diese Einschätzung dürfte auch mehr die Bewertung des J.Ph. als die des Origenes widerspiegeln.

4. Opm. 6,24 (278,18/279,1): »Origenes aber, der an vielen [sc. Stellen] den wörtlichen Sinn der Schrift nicht feststellen konnte und sagte, dies sei unmöglich, allegorisiert alles, auch das, bei dem er selbst die Folgerichtigkeit des Wortlauts angegeben hat. Auch jetzt sagt er, daß das ›Er blies ihm Lebensatem ein‹ die Mitteilung des Heiligen Geistes durch Einhauchung sei, und als Bestätigung dafür nimmt er das Geschehen zu Lebzeiten des Herrschers Christus. Denn nach der Auferstehung hauchte er seine Jünger an und sagte: ›Empfanget den Heiligen Geist‹. So nimmt er es also auch bei Adam an«.

Wiederum liegt kaum ein wörtliches Zitat vor. Eine Bezugnahme auf die GenHom. des Origenes scheidet nochmals wegen des fehlenden Sachbezugs aus [357]. Auch die Philokalie enthält nichts Vergleichbares. Dagegen spricht erneut nichts gegen die Annahme eines Rekurses auf den GenCom. des Origenes, wenngleich eine positive Bestätigung nicht zu erbringen ist.

An den genannten Stellen setzt sich J.Ph. direkt mit dem namentlich genannten Origenes auseinander. Anders verhält es sich in opm. 1,3 [nr. 4], 6,2 [nr. 24] und 7,3 [nr. 33]: Die hier behandelten Themen »Gen. 1,1 ›Anfang‹ bedeutet ›Weisheit‹«, »Beseelung des Himmlischen« und »Seelenfall« sind zwar Lehren, die traditionell Origenes zugeschrieben werden, aber der Umstand, daß J.Ph. an beiden Stellen ohne Namensnennung in der dritten Person Plural referiert, spricht dafür, daß er weniger Origenes selbst im Blick hat als die sich an seine Person heftende, gerade in der Gegenwart des J.Ph. wieder virulente origenistische Tradition [358]. Deswegen wird man alle Stellen nicht für die Frage auswerten dürfen, ob J.Ph. Schriften des Origenes, speziell den GenCom., benutzt hat.

Das Fazit der Untersuchung zu Origenes lautet also: J.Ph. hat sicher nicht aus den GenHom. des Origenes geschöpft. Es steht nichts im Wege, daß er den GenCom. des Origenes noch selbst gekannt hat, auch wenn es sich nicht positiv beweisen läßt. Die Tatsache freilich, daß J.Ph. an allen vier oben zitierten Stellen keine Angaben macht, woher er die Bemerkungen des Origenes genommen hat, sondern der Eindruck entsteht, er präsentiere ganz selbstverständlich eben die Auslegung des Origenes, spricht in einem exegetischen Werk insgesamt eher dafür, daß er sie in einem Werk gefunden hat, das ein gleichgerichtetes Interesse verfolgt hat. Dies müßte aber eben der GenCom. sein. Da dieser verloren ist, wäre damit eine weitere unbekannte Größe gefunden, die dazu herhalten kann, noch nicht identifizierte Stücke aus opm. in der Tradition zu verankern.

Ein weiterer Unsicherheitsfaktor besteht schließlich noch darin, daß nicht klar ist, wie Origenes in der alexandrinischen Hexaemeron- bzw. Genesis-

357 Vgl. Origenes GenHom. 1,13 (GCS Orig. 6,15,4/18,15 BAEHRENS).
358 Vgl. o. S. 56f, u. S. 379/82.

auslegung nachgewirkt hat und ob J.Ph. sie gekannt hat bzw. auf welchem Wege er sie rezipiert haben könnte. In Frage kommt vor allem der GenCom. des Didymos, der freilich schon den letzten Höhepunkt der alexandrinischen Beschäftigung mit dem Hexaemeron darstellt; danach bricht die Kommentierung ab und erfährt keine echte Wiederbelebung bis zu J.Ph. [359]; die »Glaphyra in Pentateuchum« des Cyrill sind gerade im Rahmen des Hexaemerons für die kosmologischen Fragen unergiebig. Aber an keiner Stelle lassen sich in opm. Anhaltspunkte erkennen, daß J.Ph. außer Origenes und Eusebius einen anderen alexandrinischen Schriftsteller, sei es Didymos oder Cyrill, verwertet hat [360]. Anknüpfungspunkte in der jüngeren Vergangenheit hat offenbar schon J.Ph. nicht gesehen. Damit bestätigt sich nochmals, was das Übergewicht der antiochenisch ausgerichteten Genesiskommentare schon ergab: Das Weltbild der Antiochener scheint sich im Laufe des fünften Jahrhunderts in der Kirche ohne Widerspruch durchgesetzt zu haben.

Das Endergebnis der Suche nach den christlichen Quellen für die Hexaemeronauslegung des J.Ph. nimmt sich bescheiden aus: Sicher nachweisbar ist nur die Benutzung von Basilius' Hexaemeron, Theodors Genesiskommentar und Theodorets Quaestiones in Octateuchum. Nicht unwahrscheinlich ist, daß der Genesiskommentar des Origenes vorgelegen hat. Vielleicht kannte J.Ph. noch Severians Hexaemeronhomilien und die Hexaemeronapologie des Gregor von Nyssa, aber diese Möglichkeiten verlieren sich im Dunkel einer Tradition, aus der J.Ph. in reichem Maße hat schöpfen können.

---

359 Vgl. die Übersicht bei ALEXANDRE, commencement 15f.

360 Oben nr. 4 läßt sich eben unschwer auf Origenes zurückführen; der Vermittlung durch Didymos bedarf es nicht.

FÜNFTES KAPITEL

ZU DIESER UNTERSUCHUNG

A. ZIEL UND VORGEHENSWEISE

Das Ziel der vorliegenden Untersuchung ist die Erhebung der kosmologischen Anschauungen des J.Ph. in opm. Nicht berücksichtigt werden seine Ausführungen zur Geographie, Zoologie, Pflanzenkunde und Anthropologie, also im wesentlichen der dritte bis sechste Schöpfungstag; gleichwohl werden Bemerkungen zur kosmologisch-naturphilosophischen Thematik aus diesem Teil von opm. mitverwertet. Um die Eigenheit und die Originalität der kosmologischen Vorstellungen des J.Ph. einschätzen zu können, werden zwei einander bedingende und ergänzende Zugänge gewählt. Zuerst werden die Inhalte der Hexaemeronexegese des J.Ph. vor den Hintergrund der Hexaemeron- bzw. Genesisauslegung seiner christlichen Vorgänger gestellt. Der Vergleich soll, ohne allen Einzelheiten und Verzweigungen nachzugehen, die verschiedenen, sich zu J.Ph. hinziehenden grundlegenden Entwicklungslinien zu einzelnen Problemfeldern aufzeigen, um die Rezeption, Modifizierung oder Zurückweisung dieser Traditionen und die Neuerungen des J.Ph. bei der Interpretation des Bibeltextes erfassen zu können. Vernachlässigt werden bei diesem Durchgang durch die Hexaemerontradition die verschiedenen Textgattungen wie Homilie, Quaestiones, GenCom., in denen die Aussagen vorliegen, da J.Ph. selbst sie auswertet, ohne Unterschiede zu machen, obwohl sie natürlich von der Forschung beachtet werden müssen. Auf der anderen Seite sind die Voraussetzungen in den Blick zu bekommen, die J.Ph. von seiner Verwurzelung in der neuplatonisch-aristotelischen Schultradition her mitbringt. Denn die hier entwickelten und von ihm erlernten naturphilosophischen Lehren geben ihm die Möglichkeit an die Hand, seine eigenen Standpunkte einer aus der Hexaemeronexegese erwachsenden christlichen Lehre vom Kosmos zu formulieren und vor allem zu begründen, wenn ihm unterschiedliche Interpretationen vorliegen, weshalb die eine Meinung eines christlichen Vorgängers berechtigt und die andere abzulehnen ist.

B. SCHWIERIGKEITEN

Einem Erreichen des angestrebten Zieles mittels des skizzierten Verfahrens stehen jedoch vielfältige Schwierigkeiten im Wege. Zwar werden sie die Ergebnisse nicht so sehr unter Vorbehalte stellen, welche die Korrektheit der ermittelten

Inhalte, besonders aus opm., betreffen, dennoch müssen sie vorgestellt und beschrieben werden, um deutlich zu machen, unter welchen Bedingungen und
Einschränkungen die Beschäftigung mit opm. und den anderen Schriften des
J.Ph. steht und daß eine solche ins Auge gefaßte Untersuchung daher im Rahmen der gegebenen Möglichkeiten einen vorläufigen Charakter hat. Vor allem
ist dies auch deshalb geboten, weil jede ähnliche künftige Arbeit zu J.Ph. mit
denselben Widrigkeiten zu kämpfen haben wird. Es handelt sich dabei sowohl
um Probleme grundsätzlicher als auch um solche mehr vorläufiger, prinzipiell
durchaus überwindbarer Art, die zu klären wären, bevor das Thema behandelt
werden kann. Beide Gruppen stellen sich für diese Arbeit jedoch als gleich dar,
weil sie beide an dieser Stelle nur bedingt einer Lösung näher gebracht werden
können, da jedes Problem selbst eine eigene umfangreiche Spezialstudie verlangt, die vorab angefertigt werden müßte. Die folgenden Überlegungen behandeln also Bedingungen zwar grundsätzlicher Art, unter denen eine Beschäftigung mit dem Werk des J.Ph. steht, können sie aber lediglich an Fallbeispielen
beschreiben und Perspektiven und Kriterien daraus abzuleiten versuchen, die
bei der Interpretation beachtet werden müssen.

I. Textgattung und Überzeugung des Autors

Wer die naturphilosophischen Überzeugungen des J.Ph. in seinen Schriften vor
der Abfassung von opm. erheben will, muß sich darüber im klaren sein, mit
welcher Art von literarischer Produktion er es jeweils zu tun hat und welche
Hindernisse ihm von dieser Seite aus in den Weg gelegt werden, wenn die tatsächlichen, von J.Ph. selbst geteilten Vorstellungen festgestellt werden sollen.
Natürlich ist das Bemühen normal, bei einer antiken Schrift die Einleitungsfragen soweit als möglich zu klären, also Aussageabsicht, Adressat und Textgattung – um nur einiges zu nennen – zu erheben, um zu einer angemessenen
Interpretation der Textdetails und der persönlichen Ansichten des Autors auf
dem Hintergrund dieser Vorgaben zu gelangen; beispielsweise sind Aussagen
einer christlich-apologetischen Schrift bekanntlich von der Tendenz her anders
zu bewerten als die einer Schrift, die innergemeindliche Wirkungen entfalten
will. Lassen sich im Idealfall, der allerdings selten vorkommt, diese Einleitungsfragen befriedigend beantworten, kann eine solche Erstellung des Kontextes einer Schrift entscheidend dazu beitragen, sowohl die Einzelaussagen zu relativie-
ren als auch die persönlichen Überzeugungen ihres Verfassers besser in den Blick
zu bekommen, die sich vielleicht auf den ersten Blick nicht direkt zu erkennen
geben, weil sie hinter einer Fassade von zweckbedingten Äußerlichkeiten verborgen sind. Selbstverständlich gelten diese Regeln der Texterschließung gleichermaßen bei der Interpretation der Schriften des J.Ph., und gewiß stellen viele Schriften des J.Ph. ebenfalls nicht den gerade beschworenen Idealfall dar, bei dem die
Klärung aller Einleitungsfragen mit der Textinterpretation Hand in Hand geht

und so dazu beiträgt, hinter aller zweckgebundenen Einkleidung die eigentlichen, persönlichen Charakteristika und Anliegen ihres Verfassers sichtbar werden zu lassen. Aber selbst wenn sich zumindest ein Teil der Vorfragen soweit als möglich beantworten lassen würde – und zu dem, was sich beantworten läßt, zählt in vielen Fällen der in dieser Arbeit benutzten Schriften des J.Ph. auch die Gattungsfrage, wenigstens unter rein formalem Gesichtspunkt –, so tritt bei J.Ph. eine Erschwernis eigener Art auf, ohne daß damit gesagt sein soll, daß sie ausschließlich seine Person betrifft. Es handelt sich darum, daß gerade durch die Feststellung der benutzten Textgattungen und der Art der Darstellung sowie der damit zusammenhängenden Absichten ihres Autors eine Barriere zwischen die vom modernen Interpreten ohne weiteres erhebbaren Inhalte und den antiken Autor und seine persönlichen Überzeugungen geschoben wird, die auf Anhieb zunächst nicht erkennbar ist und die, selbst wenn sie einmal erkannt ist, nur schwer, und wenn, dann nur an einzelnen Stellen überwindbar ist. Zwei typische Beispiele aus Schriften, die in dieser Arbeit bevorzugt zu Wort kommen werden, mögen verdeutlichen, daß und wie Aussagegehalte und Überzeugung des Autors auseinanderklaffen können:

1. Von aetm. ist sehr schnell in Erfahrung zu bringen, daß die Schrift im Jahre 529 als Widerlegung einer Schrift des Proklos geschrieben worden ist, in der dieser mindestens ca. 50 Jahre vorher mit 18 Argumenten die Ewigkeit der Welt möglicherweise gegen den christlichen Glauben an einen zeitlichen Beginn der Welt[361] behauptet hat. Auf den ersten Blick handelt es sich bei aetm. also um eine der vielen antiken Streitschriften, in der ein Autor einen gegnerischen Text sukzessive oder punktuell, ihn zitierend oder paraphrasierend widerlegt, indem er die mangelnde Übereinstimmung mit seiner eigenen Überzeugung oder dem Glauben der Gruppe, die er vertritt, darlegt, erläutert, mit anderem Material illustriert, polemisch verschärft oder auch alles zusammen versucht. Zwar gilt dies in gewisser Hinsicht auch für aetm., doch eine nähere Beschäftigung mit dieser Schrift läßt erkennen, daß es auf einem Niveau und in einer Form geschieht, für die antik ein Vergleichsstück erst noch gefunden werden muß und die man bis auf weiteres mangels besserer begrifflicher Qualifizierung als wissenschaftlich-logisch oder scholastisch bezeichnen muß[362]. J.Ph. hat nämlich nicht

---

361 Daß die Schrift des Proklos gegen die Christen gerichtet war, läßt sich dem Titel so nicht entnehmen, wie R. BEUTLER, Proklos: PW 23,1 (1957) 186/247, hier 200f, suggeriert. J.Ph. läßt nur erkennen, daß er die Annahmen des Proklos als Affront gegen die Christen sowie ihre Heilige Schrift und damit als Angriff auf den christlichen Glauben an einen zeitlichen Beginn der Welt ansieht; vgl. aetm. 4,8 (75,5/12); ob Proklos seine Schrift ausdrücklich gegen die Christen gerichtet hat, ist daraus noch nicht zwingend ersichtlich. Daher ist es voreilig, wie BALTES, Weltentstehung 2,134, von »achtzehn Argumenten gegen die Christen« zu reden.

362 WENDLAND 19 hat die Methode im Prinzip erkannt, auch wenn er ihr wenig abgewinnen kann, wenn er sagt: »Charakteristisch ist, daß über der Freude an der haarspalten-

nur das Verfahren gewählt [363], jedes der Argumente des Proklos, nachdem er es
zitiert hat, einzeln zu widerlegen, sondern er tut dies, indem er zunächst einfach
der Logik des Proklos folgt und die Absurdität der Konsequenzen aufzeigt, die
sich ergeben, wenn man sein Argument übernehmen würde, das entweder der
Realität (τὰ πράγματα), der Logik (λογικὴ ἀκολουθία), der übereinstimmen-
den Meinung der Weisen (οἱ σοφοί), der gemeinsamen Überzeugung der Durch-
schnittsmenschen oder auch allem zugleich widerspricht [364]. Dabei geschieht es
häufiger, daß er nicht nur eine Annahme des Proklos als Ausgangspunkt nimmt [365],
um dessen Gedankengang aus sich heraus zu widerlegen, sondern daß er zusätzlich selbst Unterhypothesen aufstellt bzw. eigene Hypothesen findet [366], die Proklos seiner Meinung nach noch für sich hätte reklamieren können, um diese
dann schließlich gleichfalls als absurd zu verwerfen. Außerdem macht es J.Ph.
keine Schwierigkeiten, Hypothesen des Proklos gelten zu lassen, um die Falschheit ihrer Konsequenzen aufzeigen zu können, obwohl er selbst sie eigentlich
strikt ablehnt und ohnehin gar nicht gewillt ist, ihnen zuzustimmen. Es ist schwer,
eine antike Schrift zu finden, die sich in ähnlicher, häufig formallogischer Weise
mit einer Vorlage auseinandersetzt [367]. Da sich solche Argumentationsfiguren

---

den Dialektik die großen von Plato und Aristoteles in die Debatte eingeführten kulturhi-
storischen Gesichtspunkte vergessen sind«. Positiver PATIN 251f: »Nun aber stehen wir
in Schrift und Gegenschrift vor einem Dokumente, welches die Scholastik als speziell
lateinische oder abendländische Erscheinung zu betrachten kaum gestattet; denn hier
findet sich alles, was dort wesentlich ist in der Methode, Technik, Terminologie, in
Voraussetzungen und Zielen und überhaupt in der ganzen Weltanschauung ... Die
Wichtigkeit des Buches kann ich mithin nicht gering anschlagen«.

363 Leider ist der Anfang der Schrift verloren, der vielleicht Hinweise über Abfassungs-
     motiv und Vorgehen enthalten hat.

364 Vgl. z.B. aetm. 7,2 (248,7/11).

365 Dabei geht er so vor, daß er – wie z.B. in den Büchern 2,1; 4,1; 5,1; 6,1f; 7,1; 8,1; 10,1; 13,1;
     14,1; 15,1; 17,1 und 18,1; – zunächst das Argument des Proklos mit eigenen Worten noch
     einmal paraphrasierend wiederholt, um sich auf diese Weise eine breitere Angriffsfläche
     für die folgende Widerlegung zu verschaffen; interessant ist, daß dieses Vorgehen im
     Kephalaion 1 der Bücher 14 und 15 als ἐξήγησις bezeichnet wird. Ferner gibt er – wie
     z.B. in den Büchern 3,1; 4,2 und 6,3 – noch einen Überblick über die von ihm beabsich-
     tigten Schritte.

366 Z.B. 7,6; 7,8; 7,10; 7,14; 13,8.

367 Man denkt zwar unwillkürlich an Origenes, der ebenfalls ein schon länger vorher ver-
     faßtes Werk, den ἀληθὴς λόγος des Kelsos, widerlegt, aber der Stil der Beschäftigung
     ist in beiden Fällen ein ganz anderer. Als typisch für einen stark formalisierten Aufbau
     kann man die Widerlegung eines proklischen Gedankens ansehen, wenn verschiedene
     Gegenargumente des J.Ph. sukzessiv, gleichsam mit erstens, zweitens usw. (im Griechi-
     schen jeweils durch ἄλλως gekennzeichnet), geordnet sind; vgl. z.B. aetm. 7,5 (255,13),
     ebd. (256,4), 7,7 (260,3), 7,17 (280,8), 7,20 (287,8) u.a. Auch im Bereich des philosophi-

des J.Ph. sehr lange ausdehnen können [368], verliert ein Leser, der sich nicht den Duktus des Gedankenganges eines Buches von aetm. in Gänze vor Augen führt, sondern sich einzelne Passagen herausgreift, leicht die dienende Funktion vieler Einzelüberlegungen aus dem Auge, die nur im Zusammenhang der Gesamtdarstellung eines Buches ihren Platz erhalten, und ist sich nicht darüber im klaren, daß er in Argumentationsreihen des J.Ph. eingreift, deren Ausgangspunkt und Grundvoraussetzungen er nicht mehr in den Händen hält [369]. Leider, und dies macht einen Teil der Schwierigkeiten von aetm. aus, macht J.Ph. selbst nur selten direkte Angaben, an welcher Stelle er eine Hypothese des Proklos oder auch anderer Philosophen wie Platon oder Aristoteles nur, um sie zu widerlegen, akzeptiert, ihr aber grundsätzlich widerspricht und sich nicht damit aufhält, seine Ablehnung noch einmal eigens zu begründen. Ein schönes Beispiel für einen solchen Fall stellt der Beginn der Argumentation von Buch 7 dar. Dort gibt er den Hinweis, daß er selbst über eine bestimmte Annahme, in diesem Fall die These Platons, daß Selbstbewegung die Definition und die Substanz der Seele und Selbstbewegung Anfang der Bewegung sei, ganz anders denkt als Proklos, sie aber akzeptieren will, weil er anders nicht mit seiner Widerlegung ansetzen kann, ohne auch nur anzudeuten, was seiner Meinung nach stattdessen die richtige Definition der Seele sei [370]; er schreibt:

---

schen Disputierens lassen sich bisher keine echten Analogien finden. Vergleichen kann man vielleicht die »Pyrrhoneïschen Grundzüge« des Sextus empiricus, allerdings fehlt ihm ein konkretes Pendant. Zur Methode, ein Lemma zu zitieren und anschließend zu widerlegen, vgl. Cyrill Alex. c. Iulianum oder Augustinus c. Iulianum. Leider ist auch bei J.Ph. nicht klar, weshalb er sich so lange nach der Abfassung der Schrift des Proklos an deren Widerlegung macht. Ferner ist zu beachten, selbst wenn es sich nur um eine stilistische Figur handeln sollte, daß er ohne direkt erkennbaren Grund sich keineswegs allein mit Proklos, sondern sehr oft mit einer Mehrzahl von Personen auseinandersetzt – wahrscheinlich den heidnischen Philosophen (Neuplatoniker/Aristoteliker).

368 KROLL: GUDEMANN/KROLL 1794 schätzt die umfangreichen Ausführungen des J.Ph. nicht richtig ein, wenn er sie als »Wortschwall« abtut.

369 Ein Beispiel liefert DUHEM 2,108/10, wenn er meint, J.Ph. rede in aetm. 7,21 von der spiralartigen Bewegung des Himmelskörper bzw. seiner Gestirne, verkennt aber, daß in 7,21 (290,24) »αὐτό« nicht das οὐράνιον σῶμα, sondern das von einigen Neuplatonikern angenomme ἀίδιον σῶμα der Seele ist.

370 Vom christlichen Schöpfungsglauben aus ist anzunehmen, daß er die Anfangslosigkeit der Seele nicht akzeptiert und ihre ewige Dauer a parte post auf eine von Gott ihr zusätzlich geschenkte Fähigkeit, nicht aber ihre Natur zurückführt, wie er ähnlich in aetm. 6 die ewige Dauer das Kosmos a parte post nach Platon begründet hat. Daß die λογική ψυχή des Menschen durch Gott ihren Anfang bekommen hat, ist aetm. 12,2 (468,26/469,5), opm. 1,10 (23,21/27,5) und opm. 6,23 (276,19/280,10) zu entnehmen; vgl. SORABJI: rejection 33 mit Anm. 223; die Interpretation von opm. 6,23 durch JUDSON: ebd. 183$_{14}$, die darauf hinausläuft, daß die λογική ψυχή auch a parte ante unsterblich sei, ist angesichts von opm. 1,10 nicht aufrechtzuerhalten.

»Jedem aber ist, glaube ich, klar, daß der vorliegende Versuch [sc. des Pro-
klos] nicht an der Wirklichkeit orientiert ist und der Beweis für die Ewigkeit
des Kosmos nicht mittels für diesen Fall allseits akzeptierter Annahmen (zustande kommt), sondern, wenn (man) überhaupt (von Beweis sprechen will),
mittels dessen, was Platon für richtig hält [371]. Und deswegen bräuchten wir,
die wir es ganz und gar nicht ertragen, die unbewiesenen Behauptungen
Platons zuzugeben (denn bei zweien, die lieb sind, wie der Schüler Platons
sagt, ist es immer richtig, die Wahrheit vorzuziehen [372]), wenn auch tatsächlich aus den Ansichten Platons über die Seele das Ungewordensein und die
Unvergänglichkeit des Kosmos folgen sollte, wohl keine lange Abhandlung
darüber zu machen, bis jemand durch klare Beweise den vorausgesetzten
Hauptsatz beweist. Denn niemals würde ich die Selbstbewegung als göttliche Substanz und Definition der Seele (annehmen). Und wenn ich nicht
das vorliegende Thema [σκοπός] verlassen wollte, würde ich die von Proklos in der kommentierenden Abhandlung zum Phaidros zur Verteidigung
dessen gemachten Aussagen, daß die Selbstbewegung die Substanz der Seele
ist, vergleichen und deutlich, glaube ich, beweisen, daß der Gedanke nichts
Richtiges oder Notwendiges besitzt. Aber dies soll jetzt übergangen werden.
Wir wollen vielmehr die Lehre Platons, die davon ausgeht, daß Selbstbewegung Definition und Substanz der Seele und Selbstbewegung Anfang der
Bewegung ist, hinnehmen und sehen, ob daraus, wenn Platon die Seele
ungeworden und unvergänglich nennt, irgendeine Notwendigkeit folgt, auch
den Kosmos als ungeworden und unvergänglich anzunehmen. Und da das
ganze Gebilde des Fehlschlusses mit der Aussage Platons, daß Selbstbewegung
Anfang der Bewegung ist, seinen Anfang genommen hat, ist es richtig, eben
dies zu überprüfen, wie es gemeint ist, und ob aus dieser Annahme notwendig die Ewigkeit des Kosmos folgt. Denn wenn gezeigt wird, daß nicht
notwendig aus dem ersten das zweite folgt, wird offenbar nichts im Wege
stehen, daß Platon die Seele als ungeworden und Selbstbewegung als Anfang der Bewegung, den Kosmos aber als geworden annimmt« [373].

Löst man dann im Fortgang des Buches oder auch in anderen Fällen Aussagen aus dem Zusammenhang heraus – und aetm. wird in den meisten Fällen
von der Forschung bis heute mehr als Steinbruch für Einzelbelege benutzt
denn als einheitliches Werk gewürdigt –, erhält man nur Bruchstücke, die

---

371 Die Annahme Platons ist nämlich, daß Selbstbewegung Definition der Seele ist.
372 Aristoteles Eth.Nikom. I 4 1096a16f.
373 Aetm. 7,2 (248,7/249,13); vgl. auch 7,8 (261,17/20): »Wenn Platon behauptet, die Seele
     sei, weil Anfang der Bewegung, ungeworden (denn der Anfang ist ungeworden), hat er
     es nicht richtig gesagt, wie mir scheint«.

sich, wenn sie nicht mehr in ihrem Kontext und in ihrer Funktion belassen sind, unter der Hand schnell zu Zeugnissen für Positionen des J.Ph. wandeln, ohne daß dies tatsächlich der Fall ist. Eine entsprechende Auswertung, wie sie noch in jüngster Zeit VERRYCKEN versucht, kann dann in dieser Schrift nur Widersprüche und Aporien finden und deshalb Eile bei der Abfassung unterstellen, welche die inhältlichen Spannungen erkläre[374]. Wegen der grundsätzlichen Bedeutung sei dieser verkürzende Deutungsansatz am Beispiel vorgestellt: Um seine These belegen zu können, daß aetm. lediglich ein erster, vorläufiger Entwurf des J.Ph. ist, der viele philosophische Fragen unbeantwortet im Raum stehen lasse, die erst später gelöst würden, glaubt VERRYCKEN, aetm. 1,4 (14,14/20), 1,8 (23,20f) und 12,5 (473,23/5) handelten von der Stellung der Engel zu Gott und belegten, daß ewiges Schaffen unmöglich sei[375]. Davon kann jedoch keine Rede sein. Die erste Stelle macht eine Aussage, die sich auf den Kosmos bezieht und zudem hypothetisch ist, die beiden anderen formulieren eine Bedingung für materiell Entstandenes (nämlich den Kosmos), nicht für Geistiges. Diese Einsicht läßt sich freilich erst an der Lektüre des weiteren Argumentationszusammenhangs gewinnen. Ebenso wird der begrenzt argumentativ-hypothetische Charakter der Aussagen innerhalb ihres Kontextes letztlich nicht gesehen, die belegen sollen, daß der zur Entstehung der Welt führende Wille Gottes sich sukzessiv in mehreren Akten darstellt[376]; in Wirklichkeit besteht wenig Zweifel, daß für J.Ph. nach aetm. Gottes Wille ein einziger ist[377]. Ferner besteht kein Widerspruch zwischen der These, daß Gottes geistige Aktivität »alles auf einmal erkennt« und den Aussagen, daß es ein »Früher« und »Später« in Gottes Erkenntnis gibt, da die Ausdrücke in diesem Fall, wie VERRYCKEN sieht, eben nur analogen Charakter haben und nicht zeitlich verstanden werden dürfen[378].

Würde man in diesem sich auf Einzelheiten konzentrierenden Stile aetm. durchgehend interpretieren, so müßte man auch, um ein weiteres Beispiel zu nennen, davon ausgehen, daß J.Ph. als Christ in aetm. Anhänger einer Ewigkeit der Welt a parte post ist, wenn man seine Ausführungen in aetm. 6,28f zugrundelegt. Dies widerspricht aber allem, was aus den späteren Schriften c.Arist., aetm. [2], de resurrectione und der Schrift »Gegen den Brief des

---

374 VERRYCKEN, development 266.

375 Ebd. 266$_{200}$.

376 Gegen die Auswertung von aetm. 4,10 (80,26f), 16,4 (574,13/ 578,9) und ebd. (583,23/ 584,2) durch VERRYCKEN, development 266$_{194}$.

377 Dies wird man zumindest aus den von VERRYCKEN ebd. 266$_{193}$ beigebrachten Belegen 4,10 (81,12/25), 16,2 (568,6/16) und 16,4 (583,23/584,3) schließen müssen. Man kann vielleicht auch auf aetm. 1,2 (5,10/6) verweisen: Entsprechend der Einfachheit Gottes ist auch seine Potenz nicht auf viele Kräfte verteilt, sondern eine einzige.

378 Zu VERRYCKEN ebd. 266.

Dositheus« zu entnehmen ist [379]. Tatsächlich geht es in aetm. 6,28f auch nur
darum, gegen Proklos und seine Anhänger zu zeigen, daß Platons Lehre eines
zeitlichen Anfangs der Welt – J.Ph. hat vorher gegen Proklos bewiesen, daß
Platon so und nicht anders verstanden werden muß – nicht mit seiner Annahme ihrer ewigen Dauer in die Zukunft hinein in Konflikt gerät; was J.Ph.
selbst in dieser Frage denkt, steht an dieser Stelle gar nicht zur Debatte.

Dieser rein reflektierend-analytische Charakter von aetm. gibt somit sehr
viel indirekter, als man zunächst meinen könnte, etwas über die originären
Ansichten des J.Ph. preis. Sie verbleiben häufiger im Hintergrund, als daß sie
wirklich ausgesprochen und entwickelt werden, obwohl natürlich das Grundanliegen, aus dem heraus er seine Schrift schreibt, sowie der allgemeine philosophische Horizont seiner Überlegungen ohne weiteres klar sind [380]. Gelegentlich
kann man an kleinen Bemerkungen, die gar nicht unmittelbar in Verbindung zum besprochenen Gegenstand stehen, erkennen, daß J.Ph. stillschweigend von zusätzlichen Voraussetzungen aus denkt, die er offenbar nicht für
nötig hält näher zu erklären, weil sie ihm selbstverständlich dünken; für den
heutigen Leser aber sind sie nicht ohne zusätzliche Kenntnisse, die er anders-
woher gewinnen muß, auf Anhieb plausibel [381]. Daher müssen in Zukunft
bei der Interpretation Einwürfe des J.Ph. wie z.B. »nach Platon« [κατὰ
Πλάτωνα], »wenn es so ist, wie Platon glaubt« [εἴπερ ... ὡς Πλάτωνι δοκεῖ]
o.ä. genauer beachtet werden, da sie wahrscheinlich weniger philosophiege-
schichtliche Identifizierung sein als vielmehr die leise Andeutung einer Zurücknahme und Distanzierung des Gelehrten gegenüber dem angesproche-

---

379 Vgl. c.Arist. frgm. 132 bei Simplicius PhysCom. 1178,2/5, frgm. 134 (BM MS Add. 17214),
     zu aetm. [2] SORABJI/WILDBERG: FURLEY/WILDBERG 97/103, zu resurr. und c.ep.Dosith.
     SORABJI: rejection 33.

380 Deswegen ist auch die Vermutung, wie sie VERRYCKEN angebracht hat, J.Ph. habe
     aetm. als gerade konvertierter Christ verfaßt, da er in aetm. mit der Bibel wenig
     vertraut zu sein scheine, abwegig; ähnlich wie VERRYCKEN im übrigen schon WEND-
     LAND 19: »Der christliche Standpunkt des Philoponus tritt ganz zurück; nur ganz
     gelegentlich begegnen Bibelcitate«. Solche Aussagen gehen von falschen Vorausset-
     zungen aus.

381 Z.B. mutet die Bemerkung in aetm. 7,16 (280,5/7) »denn auch wir räumen ein, daß
     zwischen die Verstandesseele und den Körper die Natur und die alogischen Kräfte
     treten, die selbst geworden und vergänglich sind«, was die Mittlerstelle der Natur
     zwischen Seele und Körper betrifft, ungewöhnlich an, da man geneigt ist, Natur und
     Körper eher zu identifizieren als zu trennen; weiß man hingegen, daß Natur, wie der
     Begriff im Neuplatonismus und auch bei J.Ph. im PhysCom. gefaßt wird, als Form
     gedacht wird, die von außen vermittelt wird (vgl. u. S. 349f), so versteht man diese
     Aussage ohne weiteres. Vgl. als weiteres Beispiel die Rede vom psychischen Pneuma,
     das durch die löchrigen Nerven strömt, in aetm. 7,20 (288,8/11), die, was die Exi-
     stenz eines Seelenpneumas und sein Strömen durch die Nerven betrifft, ganz unver-
     mittelt auftritt, aber auf bestimmten naturphilosophischen Vorstellungen basiert.

nen Inhalt bekunden wollen [382]. Natürlich bleiben viele Einzelheiten als solche wertvoll und geben Aufschluß über das Wissen, dessen sich J.Ph. bedient, und die Ansätze, die er teilt, vielleicht sogar die Neuerungen, die er einbringt, aber es bleibt immer ein Schuß Unsicherheit, ob er nicht lediglich aus Argumentationszwecken sich auf bestimmte Aussagen eingelassen hat, in Wirklichkeit aber, würde man ihn nach seiner eigenen Meinung ohne den Zusammenhang mit Proklos befragen, vielleicht an einigen Stellen anders denken würde. So wäre, um ein letztes Beispiel zu nennen, aus den Ausführungen in aetm. Buch 7 und 13 aus sich heraus nicht ohne weiteres zu ersehen, ob J.Ph. selbst von der Existenz einer Weltseele überzeugt ist oder über sie nur handelt, weil die Vorgabe des Proklos es erforderlich macht, wenn nicht aus Simplicius unabhängig von aetm. bekannt wäre, daß J.Ph. wenigstens zu dieser Zeit eine Weltseele lehrt, sollte dies nicht eine bewußte oder unbewußte Mißdeutung seines Gegners sein [383].

In methodischer Hinsicht wird man die gleiche Vorsicht gegenüber den beiden Schriften c.Arist. und aetm. [2] resp. cont. walten lassen müssen. Auch bei ihnen ist zwar das Grundanliegen klar, doch machen diese Texte, besonders c.Arist., einen ähnlich ausgedehnten logisch argumentativen Eindruck wie aetm. [384], wenngleich nicht sicher ist, ob J.Ph. wie in aetm. von der Zitierung einer bestimmten Vorlage ausgeht [385]. Doch erschwert hier entscheidend der Überlieferungszustand der Schriften eine genaue Einschätzung ihrer Anlage und ihrer Inhalte: Sie sind nur in Auszügen überliefert, die keinen genauen Eindruck von der Länge des ursprünglichen Textes vermitteln, da sie im wesentlichen nur durch die Hand des Simplicius, des erklärten Gegners des J.Ph. erhalten sind, der in seinen CaelCom. und PhysCom. neben vielen anderen Philosophenmeinungen auch Aussagen des J.Ph. zur Widerlegung gesammelt hat. Für c.Arist. stellt die Vermutung, Simplicius referiere

---

382 Z.B. aetm. 6,24 (196,22f), 6,28 (230,10/9), 7,8 (262,19f). Daß J.Ph. sich in aetm. nicht einfach auf die Seite Platons stellt, indem er sich von Aristoteles abwendet, sondern Platon gegenüber ebenfalls Einwände hat, sagt er selbst in opm. 7,4 (288,5/11) und bes. aetm. 9,2/4.

383 Vgl. u. S. 365.

384 Wie aetm. ist c.Arist. in Bücher und Kapitel unterteilt; bekannt ist die Existenz von mindestens acht Büchern, ferner, daß Buch 1 mindestens 7, Buch 2 mindestens 13 und Buch 5 mindestens 25 Kapitel besaß: Simplicius CaelCom. 32,1; 75,16f; 190,21f; vgl. WILDBERG, against Aristotle 26/8.31. Auch er rechnet mit einem Charakter von c.Arist., der aetm. gleicht. Den enormen Umfang des Werkes bestätigt Simplicius CaelCom. 25,28/32 in polemischem Tonfall: J.Ph. habe durch die Länge der Bücher (διὰ πολυστίχων βιβλίων) nicht nur die Ungebildeten abschrecken, sondern auch die Klügeren vom Studium abhalten wollen.

385 In Frage kommt nach WILDBERG, against Aristotle 26f, Aristoteles de caelo I 2/4 (unter Einschaltung von Met. I 3).

ca. ein Drittel der Schrift, eine Höchstgrenze dar und ist nur solange zutreffend, wie von acht Büchern im Umfang der Hälfte von aetm. ausgegangen
wird [386]. Lediglich in zehn Fällen, bezogen auf ca. 130 Fragmente, hat Simplicius
c.Arist. wörtlich zitiert, während er an den übrigen Stellen paraphrasierend
oder summarisch einen Gedankengangs des J.Ph. wiedergegeben hat. Gewiß
ist WILDBERG zuzustimmen, daß es unwahrscheinlich ist, daß Simplicius in
seinen Referaten Argumente des J.Ph. bewußt fehlinterpretiert hat, daß er
also die Grundpositionen des J.Ph. durchaus korrekt wiedergibt [387], aber WILD-
BERG muß gleichzeitig zugeben, daß Simplicius auf J.Ph. anscheinend nur
dann näher eingeht, wenn es um Aristoteles oder seine Kommentatoren geht,
er aber dessen christlich-theologische Aussagen gar nicht ernsthaft berührt
und es kaum feststellbar ist, wieviele Argumente des J.Ph. er gesammelt bzw.
mit Stillschweigen übergangen hat [388]. Stellt man zusätzlich ein ähnliches
Argumentationsverhalten des J.Ph. wie in aetm. in Rechnung, mag man die
Schwierigkeit ermessen, durch den Text zu den wirklichen Überzeugungen
des J.Ph. vorzudringen. Dies gilt in gleichem Maße von den nicht sehr
umfangreichen erhaltenen Auszügen aus aetm. [2].

2. Von prinzipiell ähnlicher Art wie das von aetm., c.Arist. und aetm. [2]
gestellte Problem ist die Schwierigkeit, welche die Aristoteleskommentare des
J.Ph. bereithalten. Auch sie geben nicht auf Anhieb unmittelbar Einblick in die
eigenen Gedanken des J.Ph., da sie an erster Stelle aus der Absicht verfaßt sind,
nach einer gewissen formalen Schematik einen vorgegebenen Text zu erläutern:
Der in kurze Abschnitte unterteilte Aristotelestext wird als Lemma dem eigentlichen Kommentar vorangestellt, dieser beschäftigt sich dann nach Bedarf mit
einer Reihe von Punkten, die SONDEREGGER anhand des PhysCom. des Simplicius
herausgearbeitet und zusammengestellt hat, ohne daß damit bereits eine vollständige Systematik erreicht wäre; dabei handelt es sich um:

> »Einordnung des Abschnitts in den Gedankenablauf; Stellung des Ab-
> schnitts zum vorangegangenen; Hinweis auf sein Ziel; Art und Weise der
> Argumentation des Aristoteles; Herausstellen der als Argumente gelten-
> den Sätze; Anordnung dieser in einen Syllogismus (ev. in mehr als einer
> Figur); Nachweis der Wahrheit der Prämissen; Aufbringen eventuell im
> Text fehlender Prämissen; Zitate aus anderen Werken des Aristoteles; Zitate
> anderer Philosophen, die die Interpretation bestätigen; Einwände gegen
> Aristoteles...; Gegeneinwände und Widerlegungen; andere Erklärungen

---

386 So WILDBERG, against Aristotle 31.
387 Allerdings gibt SORABJI bei WILDBERG: FURLEY/WILDBERG 99 für aetm. [2] einen Fall an,
     in dem nach seiner Meinung Simplicius J.Ph. verzeichnet.
388 WILDBERG, against Aristotle 29/31.

des Textes; Textvarianten, Begründung der eigenen Lesung; Entwicklung des von Aristoteles Gesagten von einem anderen Ausgangspunkt her; Fragen zum Text« [389].

Zwar fehlen sowohl weitere Untersuchungen, ob der erklärende Teil eines Aristoteleskommentars, der sich mit diesen Punkten beschäftigt, außer dem seit Olympiodor auch im Text belegbaren Schema von θεωρία und λέξις einem in gewisser Weise festgelegten Aufbau folgt, als auch genaue Vergleiche, ob sich in allen und, wenn ja, in welchen Kommentaren ein solches Schema wiederfinden läßt; daß ein solches nicht immer streng eingehalten wird, läßt sich bereits an dem sehr unterschiedlichen Umfang ablesen, den der einzelne Kommentar für verschiedene Stellen des zu exegesierenden Textes erübrigt bzw. Kommentare verschiedener Autoren für dieselben Stellen aufwenden. Jedenfalls läßt sich ohne Mühe feststellen, daß viele dieser Gesichtspunkte auch an zahlreichen Stellen in den Kommentaren des J.Ph. zu entdecken sind [390]. Daher sind aus diesen Werken des J.Ph. von der Textgattung her ebenfalls zunächst keine direkten Aufschlüsse über die Ansichten des J.Ph. zu gewinnen, wenn solche Werke das Primärziel haben, einen Text zu erklären, der die Thematik vorgibt, und sie zunächst keine eigenen Stellungnahmen zu einer vom Autor gewählten Sachfrage darstellen [391].

Natürlich gibt es auch in den Kommentaren Abschnitte, die ganz offenkundig nicht einfach nur das richtige Verständnis des Aristoteles lehren, sondern Anschauungen ihrer Verfasser sein wollen. Wenn es sich um längere zusammenhängende Passagen handelt, die die Abfolge der Lemmata unterbrechen und einem bestimmten Thema gewidmet sind, so haben die Herausgeber des CAG sie in ihrer Edition als »Korollarien« kenntlich gemacht und vom übrigen Textcorpus im Druck abgesetzt, weil in einzelnen Handschriften entsprechende Hinweise am Rand vorhanden sind, die beweisen, daß bereits die Kopisten auf

---

389 SONDEREGGER 17f.

390 Z.B. läßt sich die Abfolge von θεωρία/λέξις deutlich in MetCom. 4,21/3; 35,9f; 39,1; 71,4; 79,30f erkennen, auch wenn der Begriff θεωρία nicht zu finden ist.

391 SONDEREGGER 15 hat unrecht, wenn er am Beispiel des Simplicius meint festhalten zu können, ein Kommentar schreibe den Text des Aristoteles sozusagen weiter und führe über ihn hinaus bzw. bedeute, die »Sache selbst am Leitfaden des Aristotelischen Textes nach- und weiter(zu)denken«. Als Beleg führt er die Einleitung des Corollarium de tempore aus PhysCom. 773,10/5 an; sie lautet: »Da wir nicht nur das Ziel lernbegieriger Übung haben, nämlich die Meinung des Aristoteles über die Zeit kennenzulernen, sondern eher, ganz zu verstehen, was denn die Zeit eigentlich sei (so, glaube ich, kommen wir auch dem Gedanken des Aristoteles über die Zeit näher), wollen wir auch dies kurz, aber doch sorgfältig prüfen«. Doch besagt dieser Text das genaue Gegenteil, denn Simplicius gibt deutlich zu verstehen, daß zwei Dinge auseinanderzuhalten sind: 1. die Kommentierung des Aristoteles, die er bis dahin geleistet hat, und 2. seine eigene Ansicht zum Problem, die er anschließt.

dieses Phänomen aufmerksam geworden sind[392]. Solche Abschnitte, man kann
sie auch als Exkurse bezeichnen, sind in PhysCom. des Simplicus das Korollarium über den Ort (PhysCom. 601,1/645,19) und das Korollarium über die
Zeit (PhysCom. 773,8/800,25), in PhysCom. des J.Ph. sind es das Korollarium
über den Ort (PhysCom. 557,8/585,4) und das Korollarium über das Leere
(PhysCom. 675,12/ 695,8)[393]. Das Kriterium, einen solchen Exkurs festzustellen,
ist allein die Einleitung eines folgenden umfangreicheren, nicht durch Lemmata
unterbrochenen Textes mittels einer entsprechenden Kennzeichnung durch den
Autor selbst, der explizit angibt, im folgenden seinen eigenen Standpunkt
darzulegen, nachdem er sich zuvor um die Deutung des Aristotelestextes bemüht hat[394]. Freilich ist damit zu rechnen, daß dies nicht die einzigen derarti-
gen Passagen in den Kommentaren sind und die genannten Korollarien lediglich wegen ihrer besonderen Länge schon als solche Exkurse erkannt sind. J.Ph.
macht nämlich in der Einleitung des Exkurses über das Leere folgende wichtige
Bemerkung:

> »Wir haben nämlich unsere eigenen Einwände gegen die Versuche [sc. des
> Aristoteles] schon früher am jeweiligen Ort festgehalten«[395].

Daraus ist zu schließen, daß die Kommentare noch weitere Abschnitte enthalten können, die Stellungnahmen des Autors sind, natürlich zu einem Thema, das durch den Aristotelestext vorgegeben ist. Will man solche Exkurse,
in denen der Autor seine eigene Meinung darlegt, identifizieren, so wird man
zunächst auf das beschriebene Kriterium der Selbstkennzeichnung zurückgreifen müssen. Wegen des Umfangs einer solchen Durchsicht kann sie an
dieser Stelle nicht für alle Kommentare des J.Ph. durchgeführt werden; exempla-
risch soll sich hier auf MetCom. beschränkt werden, der aufgrund der Thematik
und der wahrscheinlichen zeitlichen Nähe mit opm. am meisten in Verbindung steht.
    In der Tat lassen sich bei einer Prüfung mindestens zwei Abschnitte in
MetCom. finden, die man im Anschluß an die Terminologie des CAG als »Korollarien« bezeichnen darf, da sie dem Kriterium der Selbstkennzeichnung ent-
sprechen. Es handelt sich um: 1. den Abschnitt MetCom. 41,23/44,35, der von
der Wärme der Sonne handelt; eingeleitet wird er mit der Bemerkung: »Derart
also ist (die Meinung) des Aristoteles und seiner Anhänger. Aber auch wir müs-

---

392 PhysCom. 557,8 und 675,12 lautet die Randkennzeichnung in M² und t »παρέκβασις«.
393 Alle vier sind inzwischen in Englische übersetzt durch URMSON und FURLEY/WILDBERG.
394 Vgl. besonders deutlich die Einleitung zum »Corollarium de loco« des J.Ph. PhysCom.
     557,8: »Nunmehr ist es Zeit, unseren eigenen Beitrag dem Gedankengang hinzuzu-
     fügen«; ähnlich in den anderen Korollarien.
395 PhysCom. 675,15f.

sen das, was jeder (einzelnen Annahme) entgegensteht, sagen und für die Wahrheit Rechenschaft ablegen«; 2. den Abschnitt MetCom. 113,33/118,25, der das Phänomen der Milchstraße diskutiert; seine Einführung lautet: »Das ist die Meinung des Aristoteles zur Milchstraße; aber es geschieht (wenn man ihr folgt) vieles, das für den Verstand widersinnig und unmöglich ist und sich rein zufällig so verhält. Denn wenn der Komet ...« usw. (es folgt die Darlegung der eigenen Meinung). Ob man den Abschnitt MetCom. 34,11/35,10, der von dem Bewegungsverhalten der Elemententeile und -ganzheiten handelt, hinzunehmen sollte, ist nicht ganz sicher; eingeleitet wird er mit »Das lehrt er [sc. Aristoteles] aber in Verbindung damit, wenn er (in seiner Abhandlung) voranschreitet; wir aber werden unterdessen das Gesagte prüfen«. Die Ausleitung lautet: »Nach diesen Worten werden wir den Wortlaut prüfen«. Es handelt sich bei diesem Stück weniger um die Präsentation einer abweichenden Meinung als um eine Passage im Kommentarstil der θεωρία, auch wenn J.Ph. hier eigenständig darstellt.

Zwar sind damit exkursartige Stellen gefunden, an denen J.Ph. seine eigenen Anschauungen in Absetzung von der aristotelischen Meinung darlegt, aber die exemplarische Durchsicht der Schrift MetCom. ergibt des weiteren auch, daß Selbstkennzeichnung des Autors zur Identifizierung der Passagen nicht ausreicht, in denen er sich mit seiner eigenen Meinung zu Wort meldet. An zahlreichen Stellen machen kurze Einwürfe zu kleineren Problemen zu deutlich, daß J.Ph. auch im Detail aus eigenem beiträgt bzw. Vorbehalte gegenüber dem kommentierten Aristoteles hat [396], wenngleich ganz allgemein demgegenüber wiederum eingeschränkt werden muß, daß nicht notwendig in der ersten Person formu-

---

396 Solche Einwürfe lauten: MetCom. 6,37: »... ich glaube aber, es ist nicht richtig ...« (gegen Alexander); 8,13: »... ich glaube aber ...«; 9,8: »ich aber glaube ...«; 15,23: »ich habe aber schon gesagt, daß ...«; 12,20: »auch dies aber fügen wir hinzu ...«; 15,34/16,1: »... nicht richtig ...«; 16,36/17,20: Aristoteles gerät mit seiner Meinung der Anfanglosigkeit der Welt in Widerspruch; das Argument gleicht im übrigen aetm. 1; 17,35: »... ob dies richtig ist, vermag ich nicht zu sagen ...«; 22,8 »Mir aber scheint das der Text nicht klarzumachen, sondern ...« (setzt sich von Alexander ab); 23,22f: »Soweit wir, Aristoteles aber ...«; 43,7 und 43,37 sind ohnehin Teil des ›Korollariums‹; »62,33 »... behaupte ich ...«; 47,30: »wir aber haben schon vorher gesagt ...«; 48,14: »Dazu haben aber auch wir etwas zu sagen« (Auseinandersetzung mit einer Deutung des Alexander); 61,16: »wie wir früher sagten«; 77,19: »... im Fortgang werden wir dazu kommen«; 77,22f: »Wie wir nämlich bei spiegelnden Oberflächen gezeigt haben, daß ...«; 68,6/8: »... das aber ist nicht richtig, vielmehr werden wir aus den eigenen Worten des Aristoteles beweisen ...«; 75,30: »Und ich glaube wenigstens ...«; 78,31: »... wie wir vorher sagten«; 79,31: »Ich freilich sage ...« (es geht um eine eigene Aristotelesdeutung); 82,16f: »Aber auch die Gestalt der Kometen verändert sich oft, was wir gesehen haben«; 86,18f: »Auch in unseren Zeiten haben wir viele (Kometen) gesehen ...«; 96,22f: »wir haben geschlossen, daß er (Komet) vier Tierkreiszeichen hinter sich gelassen hat«; 97,27: »Daher glaube ich ...«; 110,13: »Ich aber glaube, daß ...«. Diese Liste ergänzt die von VERRYCKEN, development 242₄₇. VERRYCKEN stellt fest, daß solche persönlichen Einwürfe verstärkt in den Kommentaren, die er nach 529 ansiedelt, zu beobachten sind.

lierte Einschübe auf Divergenzen zwischen J.Ph. und Aristoteles hinweisen
müssen, sondern ebenfalls lediglich Erläuterung sein können, welche die Grundvoraussetzung nicht in Frage stellt [397]. Deshalb wird man nicht um eine Einzel-
analyse der betreffenden Texte herumkommen und zugleich am Kontext orientiert darauf zu achten haben, ob

> 1. eine einfache Übernahme und Wiedergabe eines Aristotelestextes,
>
> 2. eine ausführlichere Darstellung eines Sachverhaltes, so wie Aristoteles ihn
> nach Meinung des Kommentators sieht, ohne eine eigene Wertung ins Spiel
> zu bringen,
>
> 3. eine Erläuterung der Ideen des Aristoteles unter Hinzuziehung weiterer
> Vorstellungen oder Autoren,
>
> 4. eine Auseinandersetzung mit diesen Vorstellungen oder Autoren oder
> schließlich
>
> 5. die eigene Meinung des Autors

vorliegt. Um eine Anschauung für J.Ph. reklamieren zu können, reicht es nicht
aus, auf ihr Vorkommen im Text zu verweisen, sondern es muß sichergestellt
sein, daß J.Ph. sie explizit teilt. Dies wird in vielen Fällen allerdings nur dann
sicher möglich sein, wenn J.Ph. direkt und in ausführlicher Weise ein Thema
behandelt und seine eigene Meinung unmißverständlich als solche kennzeich-
net. Eine festgelegte Reihenfolge, nach der diese fünf genannten verschiedenen
Vorgänge ablaufen, wenn sie vorkommen, gibt es dabei nicht. J.Ph. kann nach
einem Aristoteles-Lemma Aristoteles referieren [398], direkt mit Kritik einsetzen [399]
oder frühere Exegeten hinzuziehen [400] oder, um ein Beispiel aus PhysCom. zu
nennen, im Verlauf des Kommentars unter Einstreuung von kurzen Aristote-
leszitaten paraphrasieren [401]. Selbstverständlich fällt hier wieder, gerade wenn
J.Ph. Aristoteles mit Hinweisen veranschaulicht, die über den Aristotelestext
im engen Sinn hinausgehen, vieles an Angaben ab, das Einblicke in das Wissen
vermittelt, aus dem J.Ph. schöpft und das ihm präsent ist, z.B. wenn er an passender Stelle genaue, ihm aus astronomischer Tradition bekannte Maßangaben
über die Größe der Erde oder die Entfernung der Gestirne referiert, die er nicht
Aristoteles entnehmen konnte [402], oder auf Diskussionsbeiträge seiner Vorgänger

---

397 Dies gilt häufiger für mit »λέγω ...« formulierte Einschübe, die bedeuten »damit meine
   ich« bzw. »damit ist gemeint«, z.B. PhysCom. 536,6f, vgl. u. S. 139f Anm. 497; in
   MetCom. begegnen sie, wenn nichts übersehen ist, nicht.
398 Z.B. MetCom. 11,19/12,5.
399 Z.B. MetCom. 16,36/17,20.
400 Z.B. MetCom. 6,27.
401 Z.B. PhysCom. 515,8/516,26.
402 MetCom. 15,5/28; 18,31/21,37, 104,21/105,14.

Alexander und Damaskios eingeht. Dadurch erfährt man sicher Wertvolles über den Kenntnisstand des J.Ph., aber damit ist man gerade auch im Falle der Kommentare immer noch nicht bis zu den Überzeugungen des J.Ph. vorgedrungen. Denn es handelt sich wie bei vielen anderen Kommentarwerken der paganen Philosophen, insbesondere der Ammoniusschule, mit großer Wahrscheinlichkeit um Aufzeichnungen von Vorlesungen, die dem philosophischen Lehrbetrieb entstammen und aus »wissenschaftlichem« Abstand einen Gegenstand präsentieren und untersuchen[403]. Dieser Lehrbetrieb aber hat wie bis auf den heutigen Tag u.a. die Weitergabe von Schulwissen zum Gegenstand. Individuell mag es durchaus verschieden umfangreiche und intensive Stoffpräsentation und Formen der Vermittlung gegeben haben – eine Differenzierung könnte nur ein direkter Vergleich der vorhandenen Kommentare zu derselben Aristotelesschrift untereinander erbringen –, aber das Verfahren verbleibt jedesmal in einem Rahmen, der allein durch den zu kommentierenden Text und den an ihm ausgerichteten Lehrbetrieb vorgegeben ist, welcher selbst wiederum stark von neuplatonischen Interessen und Themenvorgaben bestimmt wird[404]; dabei fällt noch nicht einmal ins Gewicht, daß einige der erhaltenen Kommentare nur einzelne Bücher einer Aristoteleschrift kommentieren[405]. Wie stark dieses Anliegen im Vordergrund steht, vermag man daran zu ermessen, daß J.Ph. in MetCom., in einer Schrift also, die unbestritten nach aetm. – mag man auch bereit sein, wie VERRYCKEN über eine ältere Grundlage nachzudenken[406] – und damit in seiner christlichen Zeit entstanden ist – falls man einen religiösen Bruch in der Biographie anzunehmen bereit ist[407] –, an keiner Stelle aus christlicher Überzeugung entstandene Überlegungen formuliert oder zur Erläuterung christliche Autoren einbringt geschweige denn andeutet, daß er als Christ kommentiert oder Vorlesung hält[408], sondern daß er sich mit großer Selbstverständichkeit an das Muster eines normalen antiken Aristoteleskommentars hält.

---

403 Vgl. dazu u. S. 395/400.

404 Auf diese Gefahr macht nochmals SORABJI: Aristotle transformed 15f, aufmerksam.

405 Z.B. erläutert die Schrift MetCom. nur das erste Buch der Aristotelesschrift, der Text PhysCom. scheint zunächst nur den Büchern 1/4 gewidmet gewesen zu sein.

406 VERRYCKEN, development 257f, vgl. dazu u. S. 127. 139/42. Die Annahme erweist sich in der von ihm vorgetragenen Form allerdings als falsch.

407 Vgl. u. S. 118/43.

408 MetCom. 53,26f stellt eine interessante Bemerkung zum formalen Aufbau von MetCom. dar; J.Ph. sagt: »Nachdem dies hinreichend gesagt worden ist, unterbrechen wir den Vortrag und beenden an dieser Stelle den ersten (Buch-)Teil [τὴν ἀκοὴν ἀναπαύοντες ἐνταῦθα τῷ πρώτῳ τμήματι δίδομεν πέρας]«. Eine genaue Interpretation ist jedoch schwierig. Ist ἀκοή wirklich der mündliche Vortrag? Meint τμήμα einfach ein Stück einer Vorlesung oder ein Buchkapitel, und wenn letzteres, von welchem Buch, dem des Aristoteles, was möglich ist, da – zumindest in modernen Ausgaben – an dieser Stelle der

Man wird die Art, wie J.Ph. Sachfragen behandelt, daher am besten bis auf weiteres als »wissenschaftlich« bezeichnen. Gewiß ist er nicht der einzige antike Autor, der sich in dieser Weise mit einer Problemstellung auseinandersetzt. Ein vergleichbares Vorgehen läßt sich unschwer in vielen Werken der neuplatonischen bzw. alexandrinischen Tradition finden. Man braucht z.b. nur daran zu denken, wie Ptolemäus in seiner Syntaxis seine eigene Epizykeltheorie entwickelt, nachdem er zuvor die älteren Modelle zur Erklärung der Planetenbewegung dargestellt hat [409]. Ähnliches läßt sich bei Proklos in seiner Hypotyposis und seinem Timaioskommentar feststellen[410]. Auch der CaelCom. des Simplicius ist in seiner Grundlage ein Elaborat referierender Gelehrsamkeit. Immer wieder läßt sich beobachten, daß in solchem Referatstil frühere, durchaus vollkommen verschiedene Hypothesen vorgestellt werden, ohne daß unmittelbar sofort ersichtlich wird, ob der jeweilige Autor einer bestimmten Auffassung zuneigt und welche dies ist. Eine solche Art »wissenschaftlicher« Behandlung resp. Kommentierung eines Gegenstandes hat sich offenbar im Schul- und Lehrbetrieb des 2./3. Jahrhunderts herausgebildet und auch in die christliche Schultradition Einzug gefunden [411]. WIELAND stellt, wenn auch in anderem Zusammenhang, für J.Ph. richtig fest: »Die Grundannahmen, mit denen sein [sc. des Aristoteles] Kommentator Philoponus arbeitet, haben indessen sehr oft schon ... die Funktion von Hypothesen, auch wenn sie von ihm nicht ausdrücklich als solche bezeichnet werden«[412]. Die Position des Autors offenbart sich meistens erst bei der Lektüre größerer Zusammenhänge, oder sie wird an kleinen, sich manchmal nur in einzelnen wertenden Adjektiven niederschlagenden ironisch-polemischen Nebenbemerkungen, ganz wie bei J.Ph. in aetm., unterschwellig mitgeteilt.

Übergang von Met. I,3 zu Met. I,4 erfolgt, oder ist das Buch die Schrift MetCom. des J.Ph., der seinem Werk eine eigene Einteilung gegeben hat, die aber nicht mehr erhalten ist? Auch die drei weiteren Stellen MetCom. 63,8f; 71,34; 118,25f geben keinen endgültigen Beweis, daß es sich um eine Vorlesung handelt, wenngleich sie dem nicht widersprechen. Daß der θεωρία/λέξις-Aufbau in MetCom. zu erkennen ist, kann man ebenfalls für die Annahme einer Vorlesung anführen.

409 Vgl. u. S. 330.

410 Vgl. u. S. 332/4.

411 Vgl. zur Methodik der Kommentierung bes. Diogenes Laertius vit. 3,65: »Für die Auslegung der Lehre (Platons) gelten folgende Regeln. Zuerst gilt es Bescheid zu geben über Wortsinn und Bedeutung jeder Stelle, sodann über die zugrundeliegende Absicht, ob es für sich im eigentlichen oder im bildlichen Sinn zu nehmen ist, ob es zur Stütze seiner Lehrsätze oder zur Widerlegung der Dialogpartner dient; drittens, ob es mit dem Gesagten seine Richtigkeit hat«. Bezeichnend ist, daß erst an letzter Stelle die Frage nach der Richtigkeit des Inhalts des kommentierten Gegenstands gestellt wird. Ein christliches Beispiel aus dieser Zeit stellt Origenes dar, wie er in de princ. Hypothesen entwickelt, also »théologie en recherche« treibt, wie CROUZEL dies nennt, ohne sich sogleich mit einer von ihnen zu identifizieren.

412 WIELAND, Raumtheorie 135, im Fazit seiner Untersuchung.

Es kommt für die Kommentare des J.Ph. noch eine weitere Erschwernis hinzu, zu seinem Denken vorzudringen. Sieht man von drei Ausnahmen ab, spricht nämlich in allen Kommentaren nicht einfach J.Ph., sondern der Titel der Werke gibt jeweils an, es seien Vorlesungsnotizen, die aus dem Beisammensein mit seinem Lehrer Ammonius erwachsen seien und von denen wiederum drei mit eigenen Bemerkungen versehen worden seien (»... σχολικαὶ ἀποσημειώσεις ἐκ τῶν συνουσιῶν 'Αμμωνίου τοῦ 'Ερμείου μετά τινων ἰδίων ἐπιστάσεων ...«) [413]. Den Anteil des J.Ph. von dem des Ammonius abzugrenzen, hat bisher niemand mangels geeigneter Anhaltspunkte unternommen, und es wird auch in Zukunft kaum möglich sein, weil ein systematischer Vergleich zwischen Ammonius/J.Ph. und Ammonius angesichts des geringen Erhaltungszustands der literarischen Hinterlassenschaft des letzteren nicht erschöpfend zu führen ist [414]. Bei den Ausnahmen handelt es sich um die Schriften CatCom., PhysCom. und MetCom.; diese Werke sind offenbar eigenständige Produkte des J.Ph. [415].

---

413   Titel zu AnalPriorCom., GenCorCom., AnCom., AnalPostCom; die letzten drei weisen auf die Hinzufügungen des J.Ph. hin; vgl. SORABJI: Aristotle transformed 7f. Den Begriff »συνουσίαι« hat man sich im Anschluß an *Hunain b.Ishaq*, der freilich aus arabischer Zeit den medizinischen Lehrbetrieb in Alexandrien schildert, wohl sehr wörtlich zu verstehen; Hunain (bei Meyerhof, Alexandrien 399): »Man pflegte sich jeden Tag zur Lektüre und Interpretation eines Hauptwerkes von ihnen [sc. den Medizinern] zu versammeln, wie sich heute unsere christlichen Freunde an den Stätten der Lehre, die als σχολή bekannt sind, jeden Tag zu einem Hauptwerk von den Büchern der Alten zu versammeln pflegen«. Dazu MEYERHOFF ebd.: »In dieser Form hat sich der Schulbetrieb im Morgen- wie im Abendlande durch das ganze Mittelalter hindurch erhalten, im islamischen Orient sogar bis zum heutigen Tage. Man braucht nur in eine der großen als theologische Lehrstätten dienenden Moscheen hineinzugehen, um den Lehrbetrieb in alexandrinischer Form vor sich gehn zu sehen: ein Schüler liest dem Lehrer ein Stück aus einem grundlegenden Werke vor, und dieser knüpft daran seine Fragen und Interpretationen«. An welchem Ort der philosophische »Vorlesungsbetrieb« in Alexandrien stattfand, ist offen, wenngleich es Hinweise darauf gibt, daß es sowohl eine zentrale Lehrstätte, an der verschiedene Disziplinen wie Rhetorik, Philologie und Philosophie gemeinsam bzw. zu bestimmten Zeiten gelehrt wurden, als auch »privaten« Unterricht gegeben hat: SORABJI: Aristotle transformed 8/10 mit Verweis auf Zacharias vita Severi 23 (= PO 2,1,23f KUGENER): Dort heißt es, daß die Philosophen freitags gewöhnlich in der Schule (σχολή) lehren, während die übrigen Lehrer ihre Fächer »unter sich« dozieren. Eher als Unterricht im »Privathaus« scheint dies allerdings zu bedeuten, daß es eine zentrale, von allen genutzte Lehrhalle gibt, neben der für die einzelnen Disziplinen vorgesehene Räumlichkeiten existieren, die entweder unter demselben Dach oder in benachbarten Gebäuden untergebracht sind.

414   Zu Ammonius wegweisend VERRYCKEN: Aristotle transformed 199/231, ferner BLUMENTHAL, John Philoponus 321/8.

415   Für den Physikkommentar hat sich in allen Handschriften außer L² ein genauer Titel nicht mehr erhalten; VITELLI: CAG 16,V₁: »supersunt -κροάσεως ἀριστ- in M, προλεγόμενα τῶν φυσικῶν (ἀποσημειώσεις 'Ιωάννου 'Αλεξανδρέως τοῦ Φιλοπόνου addit

II. J.Ph. und die philosophische Tradition

Auch ein Vergleich mit den Vorgängern des J.Ph. in der Aristoteleskommentierung wird die genannten prinzipiellen Schwierigkeiten nicht beseitigen können. Es wird durchaus einmal möglich sein, die Eigenheiten der Kommentierung des J.Ph. besser in den Blick zu bekommen und zu erkennen, welche Passagen er vornehmlich kommentiert, mit welchem Material er zusätzliche Erläuterungen gibt und was seine eigenen Bemerkungen darstellen. Dazu müßten die in den Kommentaren verabeiteten Autoren, die philosophischen, in der Spätantike zumeist längst zu einer Synthese gebrachten Ideen und ihre Herkunft aus den verschiedenen Schulrichtungen, die physikalischen und mathematischen Hypothesen, deren Beheimatung und deren Verflechtung mit naturphilosophischen Grundüberzeugungen erhoben werden. Wollte man dies leisten, wäre vorab ein in allen Einzelheiten kompletter Vergleich zwischen allen Kommentaren des J.Ph. und denen seiner Vorgänger und Zeitgenossen zu den gleichen Aristotelestexten zu führen, mit anderen Worten der Aristotelismus der Spätantike so, wie es MORAUX für die Zeit bis ins 2. Jahrhundert nach Chr. mit großem Erfolg unternommen hat, aufzuarbeiten [416]. Dies sprengt jedoch den Rahmen dieser Arbeit bei weitem, zumal wenn man sich vergegenwärtigt, daß die Kommentierung des Aristoteles in großen Stil erst ab dem späten zweiten Jahrhundert nach Chr., also nach dem von MORAUX untersuchten Zeitraum einsetzt und eine fruchtbare Gemeinschaft mit dem Neuplatonismus und der antiken Mathematik und Astronomie eingegangen ist [417]. Eine übergreifende und vergleichende Erforschung der Aristoteleskommentierung, besonders ihrer methodischen Verfahren, steht ohnehin erst am Anfang [418]. Daher wird das Manko bestehen bleiben, daß allgemein

---

L²) habet L, om. K. equidem praeposui titulum a me fictum, quo si quis aptiorem fingi posse censuerit, non repugnabo«. Anders MetCom: »Ἰωάννου Γραμματκοῦ Ἀλεξανδρέως τῶν εἰς τῶν Μετεωρολογικῶν Ἀριστοτέλους ἐξηγητικῶν τῶν εἰς τὰ τρία πρῶτον« MVa, ähnlich O; CatCom.: »Ἰωάννου τοῦ Φιλοπόνου σχόλια εἰς τὰς κατηγορίας« (vgl. o. S. 18 Anm. 61).

416 MORAUX, Aristotelismus 1/2.

417 Der spätantike philosophische Hochschulbetrieb lehrt und kommentiert Naturwissenschaft, Aristoteles und Platon nebeneinander; vgl. dazu u. S. 397f.

418 Eine Würdigung der Aristoteleskommentierung gibt im Jahre 1909 PRÄCHTER, Aristoteleskommentare als Besprechung der Edition des CAG. Seitdem ist dieser Bereich nicht mehr eigens thematisiert worden. Eine neue Phase der Beschäftigung mit dem CAG setzt erst ein mit dem Überblick über die Geschichte der Aristoteleskommentierung von SORABJI: WILDBERG, against Aristotle 1/17, bis auf die Schlußübersicht über das CAG in allen Bänden der Reihe »Ancient commentators on Aristotle«, ed. R. SORABJI wiederabgedruckt (Ausnahme: Alexander of Aphrodisias on Aristotle Prior Analytics 1.1-7, transl. J. BARNES u.a. [London 1991]) und vor allem DERS.: Aristotle transformed 1/30. Bisher sind in dieser Reihe, die sich zum Ziel gesetzt hat, wichtige Texte der antiken Aristoteleskommentatoren in englischer Übersetzung vorzulegen, folgende Bände in

an vielen Stellen einfach außen vorgelassen werden und offenbleiben muß, welche Inhalte bei J.Ph. überkommen sind und keinen Anspruch auf Originalität erheben können oder wo er eigenständig weitergedacht und z.b. wichtige Kritikpunkte gegenüber Aristoteles und seinen Vorgängern in der Kommentierung eingebracht hat, die ihn zu neuen Lösungen geführt haben. Dieses Problem betrifft im übrigen nicht nur die reine Aristoteleskommentierung, sondern erstreckt sich auch auf die kosmologisch-naturphilosophischen Werke der Antike, die zumindest theoretisch als Voraussetzung der kosmologischen Anschauungen des J.Ph. gedient haben könnten. Die Geschichte dieser Schriften ist seit Platons Timaios über Aristoteles de caelo, PsAristoteles' de mundo, Plotins enn. II 1 (40) περὶ κόσμου, Proklos TimCom. und einer Vielzahl weiterer, sich mit naturphilosophischen, kosmologischen und astronomischen Detailfragen beschäftigenden Werke ein Weiterdenken und Rezipieren in ständiger Auseinandersetzung sowohl mit den Vorgängern als auch einer Vielzahl anderer philosophischer Gesichtspunkte, die in die jeweilige Interpretation miteinfließen; hier ist es im Einzelfall nur schwer möglich, die Schichten einer gut 800jährigen Rezeptionsgeschichte voneinander abzulösen und den genauen Herkunftsort zu bestimmen. Als letzte Bezugspunkte kommen für J.Ph. natürlich immer wieder die grundlegenden Werke, der platonische Timaios und Aristoteles de caelo., in Frage.

Dabei ist noch nicht berücksichtigt, daß, wenn man J.Ph. als Aristoteleskommentator befragt, die Forschung weit davon entfernt ist, zu einer allseits akzeptierten Bewertung schon des Corpus Aristotelicum selbst zu gelangen. Fragen der Chronologie der Schriften, Echtheitsprobleme, inhaltliche Brüche, Überarbeitungshypothesen, Interpretationsschwierigkeiten und vieles mehr beschäftigen nach wie vor in großem Maße die Aristotelesforschung. Theoretisch dürften alle diese Probleme auch in die Aristotelesrezeption hinein weiterwirken. In dieser Arbeit kann jedoch die Diskussion der Aristotelesfor-

---

London erschienen: *Alexander of Aphrodisias* on Aristotle Metaphysics 1, transl. W.E. Dooley (1989); *Alexander of Aphrodisias* ethical problems, transl. R.W. Sharples (1990); *Alexander of Aphrodisias* on Aristotle Prior Analytics 1.1-7, transl. J. Barnes u.a. (1991); *Alexander of Aphrodisias* quaestiones 1.1-2,15, transl. R.W. Sharples (1992); *Alexander of Aphrodisias* quaestiones 2.16-3.15., trans. R.W. Sharples (1994); *Alexander of Aphrodisias* on Aristotle Metaphysics 2&3, transl. W.E. Dooley/A. Madigan (1992); *Ammonius* on Aristotle's Categories, transl. S.M. Cohen/G.B. Matthews (1991); *Dexippus* on Aristotle Categories, transl. J. Dillon (1990); *Philoponus* against Aristotle on the Eternity of the world, transl. Ch. Wildberg (1987); *Philoponus* on Aristotle on the intellect (de Anima 3.4-8), transl. W. Charlton (1991); *Philoponus* corollaries on place and void with *Simplicius* against Philoponus on the eternity of the world, transl. D. Furley/Ch. Wildberg (1991); *Philoponus* on Aristotle Physics 5-8 with *Simplicius* on Aristotle on the void, transl. P. Lettinck/J. Urmson (1994) [nicht mehr eingesehen]; *Philoponus* on Aristotle Physics 3, transl. M. Edwards (1995) [nicht mehr eingesehen]; *Simplicius* on Aristotle Physics 6, transl. D. Konstan (1989); *Simplicius* corollaries on place and time, transl. J.O. Urmson (1992). *Simplicius*, on Aristotle Physics 7, transl. C. Hagen (1994).

schung selbst nicht geführt werden, sondern es muß, selbst wenn dies ein
weiteres Manko ist, der Forschungsstand, wie er letztmals zusammenfassend
von FLASHAR dargestellt worden ist, vorausgesetzt werden [419].

Die richtungweisenden Untersuchungen zu J.Ph. von SORABJI jedoch lassen
bereits erkennen, daß er in viel stärkerem Maße als gemeinhin bekannt, innova-
tiv das aristotelische Erbe durchdacht und neuformuliert hat [420]; nicht von
ungefähr entdeckt die Aristoteleskritik der Renaissance J.Ph. und macht ihn
durch ihre Übersetzungen einem Galileo Galilei zugänglich. Was die philosophiehistorische Forschung an Erkenntnissen über die eigenständige Weiterentwicklung der Philosophie des Aristoteles und in geringerem Maße auch der Platons
durch J.Ph. gesammelt hat, wird in dieser Arbeit dankbar zugrundegelegt werden müssen.

Erschwerend kommt hinzu, daß eine Untersuchung der mathematischen
und physikalischen Kenntnisse bzw. Eigenleistungen des 6. Jahrhunderts, das in
dieser Hinsicht nach allgemeiner Einschätzung in eine seit Ptolemäus eher epigonale und rezipierende Epoche fallen soll, fehlt und vielleicht auch angesichts nur
weniger verläßlich datierbarer Zeugnisse nicht zu erbringen ist [421]. Abgesehen
von der Tatsache, daß die antike Hochschulphilosophie sich in starkem Maße
mit mathematischen, astronomischen und physikalischen Gedankengängen
beschäftigt hat und naturphilosophische Fragen in Auseinandersetzung mit der
Naturwissenschaft der Zeit diskutiert hat, ist weitgehend ungeklärt, welche früheren Texte aus diesem Bereich in der Zeit des J.Ph. vorausgesetzt werden können
und philosophischerseits benutzt wurden.

III. Person und Schrifttum des J.Ph.

Wie eingangs bereits angedeutet, hat die von philosophiehistorischer Seite gewon-
nene Erkenntnis der Notwendigkeit, die Aristoteleskommentare und das christ-

---

419 H. FLASHAR, Aristoteles: Grundriß der Geschichte der Philosophie. Die Philosophie der
     Antike 3, hg. v. H. FLASHAR (Basel/Stuttgart 1983) 175/457; vgl. GUTHRIE, History 6.

420 Insbesondere sein zusammenfassender Aufsatz: rejection 1/40.

421 So ist offen, ob und wie die Werke von jüngeren Autoren wie Theon oder Pappos
     neben den traditionellen Autoren wie z.B. Euklid oder Ptolemäus berücksichtigt wur-
     den. – Vor allem beim Verständnis der antiken mathematischen und naturwissenschaftli-
     chen Texte im engeren Sinne tun sich außerdem für einen Nichtfachmann schnell
     Kompetenzgrenzen auf. Als verläßliche Grundlage sind die ausführlicher kommentier-
     te Zusammenstellung wichtiger Texte zu einzelnen Sparten der antiken Naturwis-
     senschaft von COHEN/DRABKIN sowie die Geschichte der Astronomie von NEUGEBAUER
     unentbehrlich; Überblick über das 5./7. Jahrhundert ebd. 2,1029/58. Einen groben, aller-
     dings bei weitem nicht vollständigen und zum Teil fehlerhaften Überblick gibt SMITH,
     auch seine Übersicht endet mit dem J.Ph. Nicht zugänglich war C. HAAS, Late Roman
     Alexandria (Diss. Michigan 1988).

liche Schrifttum des J.Ph. gemeinsam zu untersuchen und zu einer Klärung
der Beziehung dieser beiden Schriftengruppen zu gelangen, zu zwei Lösungsvor-
schlägen geführt, seine biographische Entwicklung zu verstehen und die genannten Schriftengruppen sowie die zahlreichen weiteren Werke bestimmten Phasen seines Lebens zuzuordnen. Ausgangspunkt aller Überlegungen sind dabei
zwei chronologische Fixpunkte: Die Nennung des Jahres 517 in PhysCom. [422]
und des Jahres 529 in aetm. [423]. Den ersten Vorschlag haben GUDEMANN/KROLL
gemacht, indem sie das Schaffen des J.Ph. in zwei Perioden unterteilen: in die
erste, heidnische Phase werden pauschal die Aristoteleskommentare und alle irgendwie »pagan« anmutenden Werke plaziert, in die zweite die verbleibenden
Schriften, die aufgrund ihrer Thematik als »christlich« erscheinen bzw. die
christliche Überzeugung ihres Verfassers erkennen lassen; der Übergang von
der ersten zur zweiten Phase wird als Konversion religiöser Art vom Heiden-
tum zum Christentum verstanden, die um das Jahr 520 stattgefunden haben
soll [424]. Diese Lösung sowie andere, radikalere Aufteilungen des Werkes [425] sind
jedoch verworfen worden, seitdem ÉVRARD erkannt hat, daß MetCom. aus
inhaltlichen Gründen wie z.B. der Ablehnung eines fünften Elements, die diesen Kommentar mit der nach aetm. einzuordnenden Schrift c.Arist. verbindet,
nicht der ersten, sondern der zweiten Phase zugeordnet werden muß und andererseits in PhysCom. die Ablehnung der Ewigkeit der Welt zu finden ist, eine Vorstellung, die J.Ph. als Christen ausweise. Aussagen, die zur Christlichkeit des
Autors in Spannung zu stehen scheinen, werden dabei so erklärt, daß sie entweder für christlich denkbar gehalten werden [426] oder daß sie nicht den Standpunkt des Autors, sondern des referierten Aristoteles widerspiegeln [427]. Folg-

---

422　PhysCom. 703,16f: »φαμὲν γὰρ ἐνεστηκέναι νῦν καὶ ἐνιαυτὸν καὶ μῆνα καὶ ἡμέραν,
　　　ἐνιαυτὸν Διοκλητιανοῦ ἔτος σλγ᾿, μῆνα παχών, ἡμέραν δεκάτην« = 5. (nicht 10.)
　　　Mai 517. Die Lesart τλγ᾿ kann nicht richtig sein. Im Kontext geht es um das Thema,
　　　daß es nicht zweierlei Zeit geben kann.

423　Aetm. 16,4 (579,14/7). Die Abfassung von aetm. wird damit allerdings nur in eine rela-
　　　tive Nähe nach diesem Datum gerückt.

424　GUDEMANN/KROLL passim. Die Anhänger dieser Theorie verzeichnet VERRYCKEN,
　　　development 234₃.

425　Z.B. von TANNERY, Philoponus: La Grande Encyclopédie 26 = Mémoires scientifique 7
　　　(1925) 318/20, der das Werk auf mehrere verschiedene Autoren aufteilt: den Tritheisten,
　　　den Verfasser von opm. (610/639), einen kleinasiatischen Grammatiker, von dem De
　　　pascha und die grammatikalischen Schriften stammen sollen, und schließlich den Schü-
　　　ler des Ammonius.

426　Dies betrifft den Fall der Lehre einer Präexistenz der Seele in AnCom. 16,10/26 und
　　　PhysCom. 128,22/31; hier werden origenistische Einflüsse vermutet.

427　Dies betrifft den Fall, daß in PhysCom. Stellen zu finden sind, die das fünfte Element
　　　voraussetzen; die Stellen sind gesammelt von ÉVRARD 324f und VERRYCKEN, development
　　　235₁₀.245₆₀, es handelt sich um: PhysCom. 9,23/10,2; 219,19/22; 220,20/5; 340,31; ferner

lich hängt nach ÉVRARD die von GUDEMANN/KROLL angenommene Konversion
in der Luft; stattdessen ist davon auszugehen, daß J.Ph. auch die Aristoteleskommentare als Christ geschrieben hat [428]. Diese einheitliche Sicht auf das Schaffen des J.Ph. hat breitere Zustimmung gefunden und sich in einem gewissen
Forschungskonsens insofern niedergeschlagen, als der dritte wichtige Markstein
in der Philoponosforschung dieses Jahrhunderts nach GUDEMANN/KROLL und
ÉVRARD, der von SORABJI im Jahre 1987 herausgegebene Sammelband »Philoponus
and the rejection of Aristotelian science« diesen Ansatz von ÉVRARD übernommen
hat und auf der Grundlage, daß J.Ph. zeit seines Lebens Christ gewesen ist, eine
zeitliche Ordnung des Schrifttums versucht, welche einige schon früher von
GUDEMANN/KROLL und anderen gemachte Beobachtungen zur relativen zeitlichen Reihenfolge auswertet. Zur besseren Orientierung folgt das Fazit dieser
Überlegungen in Form der von SORABJI erstellten Zeittafel, die mit den Angaben von CHADWICK im selben Band verglichen ist [429]:

vor den Symmikta Theoremata	AnCom.
	GenCorCom.
vor 517	CatCom.
	Symmikta Theoremata
517	PhysCom.
529	aetm.
nach 529	c.Arist.
	MetCom.
nach c.Arist., vor opm.	aetm. [2] (bzw. nicht polemisches Werk [cont.] gegen die Ewigkeit der Welt)
546/9 (oder 557/60)	opm.
um 553	Diaitetes
553 oder später	Epitome des Diaitetes
	Solutio dubiorum in Diaitetes duplex
	De totalitate et partibus
553/5	Tmemata

---

nach VERRYCKEN PhysCom. 1,17; 1,23f; 15,29f; 16,2; 16,8; 152,5/7; 156,10/2; 363,21/5; 438,9f;
497,8/9; 601,12f; 777,11f.
428 ÉVRARD passim.
429 SORABJI: rejection 4f.37/40, CHADWICK: ebd. 55.

nach 556/7	De differentia, numero ac divisione
557/60 (oder 546/9)	opm.
nach opm. (nicht vor 567)	De Paschate
vor 565	ep. ad. Justinianum
vor 567	c.Andream
567	De Trinitate
nicht vor 567	c.Themistium
vor 574	De resurrectione

Eine solche Zeittafel verbirgt dem Leser natürlich die zahlreichen Schwierigkeiten und Unsicherheiten, die eine wirklich zuverlässige Chronologie zu erstellen verhindern [430]. Sie kann nur eine grobe Übersicht geben und muß in vielen Teilen eher als Arbeitshypothese denn als Wiedergabe gesicherter Erkenntnis verstanden werden. Man braucht nur die Erläuterungen des Schemas von SORABJI zu lesen oder einige einfache eigene Beobachtungen anzustellen, um zu erkennen, daß eine befriedigende Lösung der Datierung in vielen Fällen nicht in Sicht ist und deshalb auch der komplexe Schaffensprozess noch nicht richtig durchschaut werden kann. Einige Beispiele: Die relative Abfolge der Schriften nach dem Diaitetes ist offen, der Abfassungszeitpunkt des Briefes an Justinian umstritten (zwischen 560/5 oder noch vor 553) [431]. Eine Abfassung von MetCom. nach statt vor c.Arist. wird von WILDBERG wahrscheinlich gemacht [432]. Übersehen worden ist bisher, daß 529 kein absolutes Datum darstellt, sondern nur einen Fixpunkt, nach dem, wenn auch wahrscheinlich in größerer Nähe, aetm. abgefaßt ist [433]. Schwerwiegender, wenngleich ebenfalls nicht dem Verfasser dieser Übersicht anzulasten, der ausdrücklich diese Einschränkung macht [434], ist aber der Umstand, daß sie unvollständig ist und Werke nicht einordnet oder einordnen kann, die bisher unbestritten als echt gelten. So fehlen die Kom-

---

430 Anzumerken bleibt noch, daß MacCOULL, Dioscorus, einen Brief des Dioskorus von Aphrodito ca. 575 an J.Ph. gerichtet sein läßt. Allerdings gibt es weder für den Adressaten noch das Abfassungsdatum einen wirklichen Beleg.

431 Vgl. o. S. 58 Anm. 212.

432 WILDBERG: rejection.

433 Vgl. aetm. 16,4 (579,14/6): »καὶ νῦν γὰρ ἐφ' ἡμῶν κατὰ τὸ διακοσιοστὸν τεσσαρακοστὸν πέμπτον Διοκλητιανοῦ ἔτος ἐν τῷ αὐτῷ ζῳδίῳ τῷ ταύρῳ γεγόνασιν οἱ ἑπτὰ πλανώμενοι, εἰ καὶ μὴ ἐν τῇ αὐτῇ μοίρᾳ ἅπαντες«. Mit νῦν ist nicht mehr als die engere Gegenwart angezeigt.

434 SORABJI: rejection 37.

mentare zu den beiden Analytiken (nr. 2 und 3 der Werkliste[435]), der Kommentar zur Arithmetik des Nikomachus (nr. 15), die Schrift über das Astrolab (nr. 16), die beiden grammatikalischen Schriften »de vocabulis ...« und »Tonika parangelmata« (nr. 17 und 18). Das Verhältnis von aetm.[2] und cont. (nr. 22) ist offen. An theologischen Schriften werden nicht genannt der »Brief an einen Parteigänger« (nr. 34), die Schrift »Gegen den Brief des Dositheus« (nr. 37). Verlorene Schriften wie der Phaidonkommentar (nr. 11), wahrscheinlich ein Kommentar zur Isagoge des Porphyrius (nr. 10) und ein Topikkommentar (bzw. zu den Sophistici Elenchi [nr. 8]) sowie in ihrer Echtheit nicht anerkannte bzw. umstrittene Schriften wie der MetaphCom. (nr. 9) und die medizinischen Werke (nr. 12, 13 und 14[436]) sind vielleicht nicht zu Unrecht zunächst außen vorgelassen, wenngleich die Existenz solcher Schriften eine Hilfe für relative chronologische Fixierungen anderer Werke darstellen kann. Probleme der Texttradition wie im Falle mehrerer Versionen des AnCom. (nr. 6) und Unsicherheiten in der Abgrenzung zweier Schriften wie bei cont. (nr. 22) und aetm. [2] (nr. 21) [437] haben verständlicherweise im Schema ebenfalls keine Lösung finden können.

---

435 Die Nummern in Klammern beziehen sich auf die Werkübersicht am Ende dieser Arbeit; sie sind mit den in: rejection 231/5 genannten identisch.

436 Weitere, im Arabischen bekannte medizinische Schriften unter dem Namen des J.Ph. verzeichnet F. SEZGIN, Geschichte des arabischen Schrifttums 3 (Leiden 1970) 15/60. MEYERHOFF, Alexandrien 394/8 stellt anhand späterer arabischer Berichte fest, daß es in Alexandrien ein Kompendium von 16 Schriften Galens gab, das den Schülern vorgelesen wurde und das zumindest partiell u.a. anscheinend auch von J.Ph. kommentiert und eingeleitet wurde. Dies läßt darauf schließen, daß Medizin auch ein Teil des philosophischen Studiums war. Bemerkenswert ist, daß R.B. TODD, Philosophy and medicine in John Philoponus' commentary on Aristotle's De anima: DOP 38 (1984) 103/10 gerade bei J.Ph. in AnCom. im Unterschied zu Alexander, Themistius und Simplicius größere medizinische Kenntnisse und ein größeres Gespür für die philosophischen Implikationen medizinischer Probleme feststellen kann. Zum medizinischen Lehrbetrieb vgl. L.G. WESTERINK, Philosophy and medicine in late antiquity: Janus 51 (1964) 169/77, J. DUFFY, Byzantine medicine in the sixth and seventh centuries. Aspects of teaching and practice: DOP 38 (1984) 21/7: er stellt zusätzlich zum Galenkompendium noch die Lektüre von ca. elf Schriften des Hippokrates fest und betont wie WESTERINK die starken formalen Ähnlichkeiten der Kommentierung dieser Schriften zu den Philosophenkommentaren.

437 Dafür, daß beide Schriften Fragmente aus einer Schrift darstellen, also aetm. [2] und cont. im Grunde aus einer Schrift stammen, spricht sich PINES aus. WILDBERG: corollaries 100 hingegen geht von zwei verschieden Schriften aus; er identifiziert die von Simplicius PhysCom. 1326/36 referierten Stücke (= aetm. [2]) mit dem in der arabischen Tradition genannten einbändigen Werk »Daß jeder Körper begrenzt ist und eine begrenzte Kraft besitzt«. Nicht aufrechtzuerhalten ist die Meinung von SORABJI, TCC 198f, cont. könnte eine Zusammenfassung von Teilen von c.Arist sein, da J.Ph. aetm. [2] bei Simplicius PhysCom. 1333,30/2 auf c.Arist. zurückverweist.

Man könnte die Datierungsprobleme zunächst auf sich beruhen lassen bzw. an spätere Untersuchungen weiterreichen und auf der Grundlage des Schemas trotz aller Schwierigkeiten weiterzuarbeiten versuchen, wenn nicht inzwischen von VERRYCKEN ein neuer Vorschlag zur Chronologie unterbreitet worden wäre, der die Daten dieses Grundgerüstes kräftig durcheinanderwirbelt und die religiöse und philosophische Entwicklung des J.Ph. anders deutet. An dieser Stelle können nur ihre wichtigsten Einsichten und Argumente vorgestellt und bewertet werden, soweit sie diese Arbeit berühren.

Die Hypothese versteht sich als Mittelweg zwischen GUDEMANN/KROLL und ÉVRARD. Ausgangspunkt der Überlegungen sind auch bei VERRYCKEN die Daten 517 und 529. Mit SAFFREY wird daraufhin ein Geburtsdatum um das Jahr 490 angenommen[438]. Dabei ist J.Ph. von Haus aus, wie der Name Johannes[439] zeigt, Christ, der zunächst Philologie (Grammatik) studiert[440], dann aber ca. 510 durch die neuplatonische Schule und ihren Lehrer Ammonius angezogen wird, bei ihm Philosophie studiert und schließlich selbst wie ein Neuplatoniker denkt[441]. Das Verhältnis zu Ammonius versucht VERRYCKEN neu zu bestim-

---

438 SAFFREY, Jean Philopon.

439 Zu den verschiedenen Interpretationen des Beinamens »Philoponos« (einfach: »Arbeiter«, oder: Angehöriger einer christlich engagierten Gemeinschaft) vgl. TH. HAINTHALER: GRILLMEIER 2,4,111f. Die zweite Lösung favorisieren MASPERO 197₄, SAFFREY 403/5, LUCCHETTA, Aristotelismo 584, WILSON, Scholars 44, BECK 138f, E. WIPSZYCKA, Les confréries dans la vie religieuse de l'Égypte chrétienne: Proceedings of the XIIth. inter. congress of Papyrology (Toronto 1970) 511/25; vgl. P. SIJPESTEIJN, New light on the φιλοπόνοι: Aegyptus 69 (1989) 97/9, F.R. TROMBLEY, Hellenic religion and Christianization 2 (Leiden 1994) 1/51. BLUMENTHAL, John Philoponus 317f stellt allerdings die Verwendung des Begriffs »Philoponos« auch für andere Philosophen fest; damit erübrigen sich die Spekulationen über die Mitgliedschaft des J.Ph. in einer christlichen Gruppe. Zu Recht kann daher BLUMENTHAL im Beinamen nicht mehr als einen Verweis auf das umfangreiche Schaffen des J.Ph. sehen.

440 Geschlossen von VERRYCKEN, development 250₁₀₃, aus Simplicius CaelCom. 26,21/3: »οὐ γὰρ ἀπὸ Μενάνδρου καὶ Ἡρωδιανοῦ καὶ τῶν τοιούτων ἦλθεν [sc. J.Ph.] ἡμῖν ἀκριβέστερον Ἀριστοτέλους τὰ περὶ τῆς φύσεως τῶν ὄντων πεπαιδευμένος«; der Satz scheint jedoch nur zu besagen, daß J.Ph. keine genügende Ausbildung hat, um Aristoteles richtig zu interpretieren. Der bestätigende Verweis von VERRYCKEN ebd. 238₂₅ auf das von Simplicius benutzte Wort ὀψιμαθής für J.Ph. in CaelCom. 159,3.7; PhysCom. 1133,10 (vgl. CaelCom. 29,7f; 140,5) als Beleg für eine relativ späte Wendung des J.Ph. von der Philologie zur Philosophie kann nicht ausschließen, daß es sich um einen aus einem polemischen Wortspiel mit φιλομαθής gebildeten Begriff handelt und ihm daher keine zeitliche Komponente innewohnt: vgl. CaelCom. 159,2f: »οὐ φιλομαθὴς ἀλλ' ὀψιμαθής«, PH. HOFFMANN, Simplicius' polemics: rejection 57/83, hier 62. VERRYCKEN ebd. 250 will ferner die grammatischen Schriften des J.Ph. in diese Zeit ansetzen.

441 Belegt wird dies durch zwei Bemerkungen im »Ammonius« des Zacharias von Mitylene, daß Ammonius eine Gefahr darstellt, weil er die Jugend von Gott entfremde und einen Schüler zum »Hellenismos« verleitet hat: Zach. Ammon. hypoth. 1/3 (93MINNITI COLONNA): »Φοιτητής τις Ἀμμωνίου, τοῦ δῆθεν φιλοσόφου, γενόμενος καὶ ἠρέμα πρὸς

men: War J.Ph. für SAFFREY der Assistent des Ammonius, der den christlichen Schüler benutzte, um unter dessen Deckmantel seine eigenen Schriften zu Aristoteles zu publizieren, die er als Neuplatoniker in eigenem Namen nicht herauszugeben wagte, so übernimmt die Rolle eines offziellen Editors der Ammoniusschriften für VERRYCKEN eher Asklepios [442], während nichts beweise, daß J.Ph.' Projekt einer Edition von Ammoniuskommentaren durch Ammonius selbst gewünscht oder beaufsichtigt ist; vielmehr sind CatCom., AnalPriorCom. und der Kommentar des J.Ph. zur Arithmetik des Nikomachus eine Art studentischer Mitschriften wie der Kommentar des Asklepios zur Arithmetik des Nikomachus, dessen MetaphCom. oder die Ammonius zugeschriebenen, aber wohl nicht von ihm stammenden CatCom. und AnalPriorCom. [443]. Nach gewisser Zeit (ca. 517) wird J.Ph. de facto die führende Figur der Schule, ohne allerdings offizieller Nachfolger des Ammonius zu werden [444]; dies wird vielmehr wahr-

---

Ἑλληνισμὸν ἀποκλίνας, παραγέγονε κατὰ τὴν Βηρυτίων νόμους ἀναγνωσόμενος«; Ammon. 27/32 (95 M.C.): »φράζε δὴ οὖν ὅπως αὐτῷ τὸ φροντιστήριον ἔχει καὶ ὁ τῶν ἀκροατῶν σύλλογος, καὶ εἰ φοιτῶσιν ἐς αὐτοῦ τὰ νῦν νέοι τινὲς ἀγαθοὶ καὶ καλοὶ καὶ τὴν ψυχὴν ἄσυλοι. καὶ γάρ με δέος ἴσχει ἀκήριον, ἀγωνιῶντα μὴ ἐμπλή- σῃ τῆς αὐτοῦ ἀδολεσχίας τοὺς νέους· δεινὸς γὰρ ὁ ἀνὴρ διαφθεῖραι νέων ψυχάς, ἀφιστῶν θεοῦ τε καὶ τῆς ἀληθείας«. Solche Aussagen auf J.Ph. zu beziehen, ist möglich, bleibt aber hypothetisch.

442 VERRYCKEN, development 238f; Grundlage dieser Beurteilung ist die Erkenntnis von G. WESTERINK, Deux commentaires sur Nicomaque. Asclépius et Jean Philopon: REG 77 (1964) 526/35 und L. TARÁN, Asclepius of Tralles, Commentary to Nicomachus' introduction to arithmetic = TAPhS NS 59,4 (Philadelphia 1969) 10/3, daß J.Ph.' Nikomachuskommentar von dem des Asklepios abhängt und nicht direkt auf Ammonius zurückgeht. Zum Kommentar zu Nikomachus vgl. noch É. ÉVRARD, Jean Philopon. Son commentaire sur Nicomaque et ses rapports avec Ammonius: REG 78 (1965) 592/8.

443 Vgl. BLUMENTHAL, John Philoponus 325f, der zu einer ähnlichen Sicht wie VERRYCKEN bezüglich der Autorschaft des Ammonius für den ihm zugeschriebenen Kategorienkommentar und den Kommentar zur ersten Analytik kommt: ἀπὸ φωνῆς zeige die studentische Mitschrift der Ammoniusvorlesung, nicht die unmittelbare Verfasserschaft des Ammonius an. – VERRYCKEN will anscheinend den Kommentar zur Arithmetik des Nikomachus ebenfalls in diese Frühzeit verweisen.

444 Für die Chronologie des J.Ph. ist in jedem Falle schwierig zu bewerten, weil zu undeutlich, die Aussage des Simplicius CaelCom. 26,18f, daß er J.Ph. niemals selbst gesehen habe: »οὐ γάρ ἐστι μοί τις πρὸς τὸν ἄνδρα φιλονεικία, ὃν οὐδὲ θεασάμενος οἶδά πώποτε«. Simplicius hat in Alexandrien bei Ammonius studiert (vgl. CaelCom. 462,20f), allerdings ist dessen Tod oder Ausscheiden aus der Schule nicht eindeutig zeitlich fixierbar. VERRYCKEN, development 239: noch vor 517, HADOT: ebd. 278 hält einen Zeitraum bis 526 für möglich. Deshalb schlägt SAFFREY, Jean Philopon 402$_4$, vor, daß Simplicius in Alexandrien J.Ph. nicht begegnet ist, weil letzterer zum Zeitpunkt, als Simplicius Philosophie hörte, Grammatik studierte. Auch für I. HADOT, Le problème du Néoplatonisme Alexandrin. Hiéroclès et Simplicius (Paris 1978) 25 ist daher 517 der früheste Zeitpunkt der philosophischen Laufbahn des J.Ph. Allerdings hat HADOT übersehen,

scheinlich Eutokios. J.Ph. beginnt schließlich mit der Edition eigener Kommentare; bevor 517 PhysCom. erscheint, veröffentlicht J.Ph. den (verlorenen) Kommentar zur Isagoge des Prophyrius und CatCom. [445], ferner die Symmikta Theoremata [446]. Doch stellt PhysCom. für VERRYCKEN keine geschlossene Einheit dar, die in Gänze auf das Jahr 517 datiert werden kann. Den Anstoß für alle weiteren Überlegungen zur Neubewertung der Datierungsprobleme und der philosophisch-religiösen Entwicklung des J.Ph. gibt die Beobachtung, daß J.Ph. an drei Stellen in PhysCom. auf einen Kommentar zu Aristoteles Phys. VIII verweist [447], der gegen die Ewigkeit der Bewegung resp. der Welt Stellung be-

---

daß nicht mehr auszumachen ist, ob der Titel des PhysCom. des J.Ph. einen Bezug zu Ammonius hat: vgl. VITELLI: CAG 16,V₁: »Commentariorum inscriptionem Ἰωάννου ... ἐκ τῶν συνουσιῶν τοῦ Ἀμμωνίου τοῦ Ἑρμείου ... videtur maximam partem ex ingenio dedisse TRINCAVELLIUS; certe oblitterata est (supersunt -κροάσεως ἀριστ-) in M, ...«. Auf der Grundlage der allerdings nicht eindeutig zu sichernden Hypothese, daß Simplicius nach seinem Aufenthalt in Persien in den Jahren 529/32 nach Alexandrien zurückgekehrt sei (so BLUMENTHAL, John Philoponus 321), kann man die obige Simpliciusbemerkung sogar in der Zeit nach 532 zu interpretieren versuchen. Aber das bleibt alles unsicher.

445 Dies wird aus PhysCom. 250,27f »... γένοιντ᾽ ἂν αἱ πᾶσαι ἐκ τούτων συμπλοκαὶ ἐξ κατὰ τὴν ἐν Εἰσαγωγῇ παραδεδομένην ἡμῖν μέθοδον« und ebd. 414,21f »ὡς εἴρηται ἐν Κατηγορίαις« sowie 705,21f »εἴρηται δὲ καὶ ἐν Κατηγορίαις, ὅτι ...« geschlossen. Doch beziehen sich diese Texte nicht, wie VERRYCKEN, development 250₁₀₄ und VITELLI: CAG 17,995, behaupten, auf die Kommentare des J.Ph., sondern allem Anschein nach direkt auf die Isagoge des Porphyrius bzw. die Kategorien des Aristoteles. Damit wird die Existenz eines Kommentars des J.Ph. zur Isagoge des Porphyrius nicht ausgeschlossen. BAUMSTARK 167/81 erkennt syrische Fragmente einer solchen Schrift, ferner existierte ein nicht edierter lateinischer Text mit dem Titel Philoponi interpretatio in Quinque Voces Vat.Lat. ms 4558, 193ʳ/200ʳ: vgl. Werkliste nr.10.

446 Belegbar durch den Verweis PhysCom. 156,16f; PhysCom. 55,24/6 gilt jetzt nicht mehr als Verweis auf diese Schrift. Bezugnahmen auf die Symmikta Theoremata liegen außerdem in AnalPostCom. 179,10f und 265,5f vor.

447 PhysCom. 458,30f: »... ὅτι δὲ οὐ δέδεικται ἐξ ἀνάγκης ἀίδιος οὖσα ἡ κίνησις, ἱκανῶς ἐν ταῖς σχολαῖς τοῦ ὀγδόου τῆσδε τῆς πραγματείας ἐδείξαμεν«. Die Bemerkung bezieht sich anscheinend nicht auf den exkursartigen Teil 456,17/458,30 zum Thema »Zeit« unmittelbar vorher, sondern auf den Teil 452,13/456,16, der mit Verweis auf Aristoteles de caelo zeigt, daß weder die geradlinige Bewegung noch die Kreisbewegung unbegrenzt (ἄπειρον) ist. 639,7/9 (J.Ph. setzt sich von der Annahme des Aristoteles ab, widernatürliche Bewegung im Leeren müsse ewig sein): »καὶ εἴρηται μέν μοι πρὸς τοῦτο τὸ θεώρημα μέτρια ἐν ταῖς σχολαῖς τοῦ ὀγδόου ταύτης τῆς πραγματείας, ἔνθα τὸν περὶ τούτων προηγουμένως ἐκίνησε λόγον ὁ Ἀριστοτέλης, πῶς τὰ παρὰ φύσιν κινούμενα κινεῖται, οὐδὲν δὲ χεῖρον καὶ νῦν διὰ βραχέων ὑπομνῆσαι τὰ ὑποπίπτοντα πρὸς τὸν λόγον τοῦτον ἀπίθανα«; 762,7/9: »ὅτι δὲ ἡ κίνησις ἀεὶ ἔστιν, ἐν τῷ ὀγδόῳ ταύτης τῆς πραγματείας πειρᾶται μὲν δεικνύναι, πᾶν δὲ μᾶλλον δείκνυσιν ἢ τοῦτο, ὡς ἐν ταῖς σχολαῖς ἐκείνου τοῦ βιβλίου ἀπεδείξαμεν«.

zieht und damit im Widerspruch zu dem steht, was in den erhaltenen Resten von PhysCom. zu Phys. VIII gesagt wird [448]; dieser Kommentar zu Buch VIII der Physik ist freilich verloren. Aber es gibt darüberhinaus im erhaltenen Text von PhysCom. Stellen, die sich gegen die Ewigkeit der Welt aussprechen. Ferner erkennt VERRYCKEN einen Widerspruch in der Lehre vom Ort innerhalb des PhysCom. zwischen den beiden »Korollarien« und dem übrigen Textcorpus. Deshalb nimmt er an, daß PhysCom. in der jetzt vorliegenden Form eine spätere Bearbeitung darstellt aus der Zeit, in der J.Ph. zum Vertreter einer zeitlichen Begrenzung der Welt geworden ist [449]. Folgende drei Texte glaubt er also auseinanderhalten zu müssen: die erste Redaktion des PhysCom. aus dem Jahre 517, den verlorenen Kommentar zu Phys. VIII und die zweite Redaktion des PhysCom., wobei die beiden letzten Werke nach der geistigen Kehrtwende im Jahre 529 angesetzt werden. Inhaltliche Gründe führen dazu, auch AnCom., GenCorCom. und AnalPriorCom. in den Zeitraum der ersten Redaktion des PhysCom. anzusiedeln, also um das Jahr 517, jedenfalls vor der Entstehung von aetm. im Jahre 529. Alle Schriften vor diesem Datum gehören einer mit »Philoponus 1« bezeichneten Periode an. In ihr vertritt J.Ph. ein neuplatonisches System: Das höchste Prinzip ist nicht ein persönlicher Gott, sondern das Eine/ Gute, das eine ontologische Hierarchie von Substanzen mit ihrem Abschluß in der materiellen Welt anführt. Schöpfung ist ein notwendiger Prozeß, kein freier Akt. Die platonischen Ideen werden als Gedanken des Nous des aristotelischen Demiurgen verstanden. Dieser ist nicht mehr nur causa finalis, sondern auch causa efficiens der Weltbewegung und -ordnung [450].

Alle Werke nach diesem Zeitpunkt werden »Philoponus 2« zugewiesen: Gott ist jetzt als höchstes Seiendes der Schöpfer, der in einem freien Akt die Welt schafft. Zwischen Aristoteles und Platon wird eine Kluft in der Frage der Existenz der Ideen gesehen [451]. Das Jahr 529 markiert aber nicht mehr eine Erstbekehrung zum Christentum, sondern nur eine Rückkehr zum Denken

---

448 Excerpta Veneta CAG 17,882/7; Der Editor VITELLI VIIf verweist auf frühere Bedenken gegen die Echtheit, hält sie selbst aber für echt. – Vollständig liegen von PhysCom. nur die Bücher 1/4 vor, von den Büchern 5/8 existieren nur kleine Stücke; soll man sie als Auszüge, Kurzfassung oder Fragmente bezeichnen?

449 VERRYCKEN, development 244/54; die von ihm als Bearbeitung der zweiten Redaktion genannten Stellen sind: PhysCom. 54,8/55,26; 191,9/192,2; 428,23/430,10; 456,17/ 459,1; 467,1/468,7; 557,8/585,4 (Corollarium de loco); 592,16/32; 619,10/3; 632,2/634,4; 639,3/643,8 (Entwicklung der Impetustheorie); 675,12/695,8 (Corollarium de inani), 761,34/762,9. VERRYCKEN schließt nicht aus, daß sich weitere Passagen finden lassen. Wenn man der Logik seiner Argumentation folgt, ließe sich z.B. 452,13/456,16 hinzufügen.

450 VERRYCKEN, development 236f.

451 Ebd. 237.

der frühen Jugendzeit, »a return (on the level of doctrine) to Christianity«[452].
Nach 529 war J.Ph. nach VERRYCKEN de iure γραμματικός, aber de facto
wahrscheinlich als Lehrer der Philosophie tätig. Als Olympiodor wohl nicht
lange vor 540 Nachfolger des Eutokios wird und sich die Hochschule wieder
als Hort paganen Geisteslebens stabilisiert, scheidet J.Ph. als Philosoph aus
dem Lehrbetrieb aus und widmet sich fortan theologischen Themen[453]. »Philoponus 2« schreibt in seiner philosophischen Zeit nach 529 außer aetm. noch
c.Arist., AnalPostCom., MetCom., das »nichtpolemische Werk« gegen die
Ewigkeit der Welt (cont.), den verlorenen Kommentar zu Physik VIII sowie
die zweite Redaktion des PhysCom. Daß aetm.[2] und cont. möglicherweise
differenziert werden müssen, wird nicht berücksichtigt. Allerdings werden auch
in AnalPostCom. und in MetCom. Spuren entdeckt, die darauf schließen
lassen, daß diese Werke ebenfalls Überarbeitungen von Schriften aus der Zeit
vor 529 darstellen[454]. Faßt man die komplizierten Entstehungsverhältnisse
nach VERRYCKEN tabellarisch zusammen, ergibt sich folgendes Bild:

vor 517	grammatische Schriften (nr. 17 und 18)
	NicomArithCom. (nr. 15)
	Symmikta Theoremata (nr. 24)
	CatCom. (nr. 1)
	PorphIsagogCom. (10)
517	1. Redaktion PhysCom.
vor oder nach 517, vor 529	AnCom. (nr. 6)
	GenCorCom. (nr. 5)
	AnalPriorCom. (nr. 2)
	1. Redaktion MetCom. (nr. 4)
	1. Redaktion AnalPostCom. (nr. 3)
529	aetm.

---

452 Ebd. 240.
453 Ebd. 243₅₃, belegt mit opm. prooem. (1,9) »σεμνὴ φιλοσοφία« sowie einer Bemerkung
     in totalit. (126 SANDA) »Investigatio et intentio mentis castitatis tuae piissimae, o pres-
     byter Sergi, rursus ad rationalia certamina nos incitat, eo quod interrogas, quomodo in
     totalitate partes esse arbitremur, ...«.
454 Nach 529 werden datiert AnalPostCom. 242,14/243,25, event. 133,30/134,2, vor 529
     AnalPostCom. 67,17f (implizit), 110,14f, 135,11/5; MetCom. bleibt überwiegend nach
     529 angesiedelt, eine frühere Schicht soll in 11,24/37 und 12,24/32 vorliegen.

nach 529/vor 540   c.Arist.

                          2. Redaktion MetCom.

                          2. Redaktion AnalPostCom.

                          Phys.VIIICom.

                          2. Redaktion PhysCom.

                          aetm. [2]/cont.

nach 540   theologische Schriften

Als Motiv der »Konversion« von »Philoponus 1« zu »Philoponus 2« wird keine
echte Bekehrung vermutet, sondern eine opportunistische Haltung gegenüber
der Kirche, die ihn wahrscheinlich immer als einen der ihren betrachtet und
ihn möglicherweise in Verbindung mit der antiheidnischen Politik Justinians
des Jahres 529 unter Druck gesetzt habe [455]. Der Wunsch des J.Ph., seine philosophische Karriere nicht zu gefährden, soll ihn zur Abfassung des program-
matischen Werkes aetm. bewogen haben, mit dem er sich als christlicher Philosoph in der Öffentlichkeit beweisen konnte. Abgesichert wird die These einer
vorgetäuschten Christlichkeit mit arabischen Berichten des 10. Jahrhunderts,
daß J.Ph. mit aetm. und c.Arist. die Christen über seine wahren Ansichten zur
Ewigkeit der Welt getäuscht habe und Geld von ihnen für die Abfassung beider
Texte erhalten habe [456]. Avicenna berichtet ähnliches und bemerkt, niemand
könne daran vorbeigehen, daß J.Ph. in GenCorCom. anders als in c.Arist. in
Übereinstimmung mit Aristoteles denke [457]. Einen Schimmer dieser arabischen
Überlieferung glaubt VERRYCKEN schon an einer Stelle bei Simplicius zu erken-
nen [458]. Das Vorwort zu opm. belege parallel noch in etwas späterer Zeit einen
christlichen Druck auf J.Ph. Dieser habe in aetm. ersichtlich nur mangelnde
Bibelkenntnisse, sei also als Christ höchstens Anfänger und in Feinheiten unbe-

---

455 Allerdings wird zu Recht nicht mehr das Motiv bemüht, J.Ph. habe einer Schließung
     der alexandrinischen Hochschule mit aetm. entgegentreten wollen, wie es noch SAFFREY,
     Jean Philopon 408f, und einige andere angenommen haben.

456 VERRYCKEN, development 258/60, unter Verweis auf KRAEMER 321/5. Es handelt sich um
     den Abschnitt über J.Ph. bei as-Sijistani, Siwan al-Hikma und al-Farabi bei MAHDI.

457 Ebd. mit Verweis auf KRAEMER 323f.

458 Simplicius CaelCom. 59,13/5: (Andere aber haben auch schon Aristoteles widersprochen),
     »οὐδεὶς μέντοι κακοσχόλως οὕτως εἰς μόνον ἀπέβλεψεν τὸ ἀντιτετάχθαι δοκεῖν
     τοῖς ἀίδιον τὸν κόσμον ἀποδεικνῦσι διὰ τὰς κρατούσας εὐτελεῖς ἐννοίας περὶ τοῦ
     τὸν κόσμον δημιουργήσαντος«. VERRYCKEN, development 260, übersetzt: »aimed in
     such an unserious way, because of the prevailing worthless conceptions about the
     demiurge of the world, only at *seeming to* oppose those who demonstrate the eternity
     of the world«.

wandert [459]. Hinter der in aetm. feststellbaren Differenz zwischen Aristoteles und Platon verberge sich der Gegensatz zwischen Ammonius und J.Ph. [460], und die in aetm. referierte Furcht Platons vor einer Verbreitung aller seiner Ansichten spiegle in Wirklichkeit die eigenen Sorgen des J.Ph. wider [461].

Läßt sich diese in groben Zügen referierte Gesamtsicht VERRYCKENs halten? Positiv ist sicherlich, daß erneut herausgestellt wird, daß es inhaltliche Brüche im Werk des J.Ph. gibt und möglicherweise mit Entwicklungen im Denken des J.Ph. gerechnet werden muß. Auch der Versuch, die nichtphilosophischen grammatischen und Teile der naturwissenschaftlichen Schriften zeitlich einzuordnen, ist anzuerkennen. Doch die vorgeschlagenen Interpretationen der Stellen, auf die VERRYCKEN seine Thesen stützt, stellen in keinem Fall die einzige Deutungsmöglichkeit dar; vielmehr ist es immer die unwahrscheinlichere Lösung, die VERRYCKEN bevorzugt. Es bleiben zu viele Unbekannte, als daß man dieser Lösung folgen kann.

Um mit Einfachem zu beginnen: Schon nach der Chronologie in der Sicht VERRYCKENs ist die Datierung der grammatikalischen Schriften nicht die ausschließliche Möglichkeit. Wenn J.Ph. zwischen 529 und 540 de iure γραμματικός war, weshalb soll er sie nicht in dieser Zeit verfaßt haben? Gehört die Schrift über das Astrolab in diese Phase seines Schaffens? Ebenso problematisch ist die These, er sei gerade erst in dieser Zeit de facto als Philosoph in Erscheinung getreten, und dies damit zu begründen, die in MetCom. gehäuften persönlichen Einwürfe ließen den selbstbewußten Lehrcharakter gerade dieser Schrift erkennen [462] bzw. es gebe spätere Hinweise auf seinen Rückzug aus dem Lehrbetrieb. Beleg sollen wie gesehen sein opm. prooem. (1,9) der Begriff σεμνὴ φιλοσοφία sowie vor allem die Bemerkung in de totalitae et partibus:

> »Investigatio et intentio mentis castitatis tuae piissimae, o presbyter Sergi, rursus ad rationalia certamina nos incitat, eo quod interrogas, quomodo in totalitate partes esse arbitremur, ...« [463].

Das Wort σεμνός ist seiner Wertigkeit nach doppeldeutig (»ehrwürdig«, wahrscheinlicher aber »überheblich«), besagt aber in jedem Fall nichts über den Verlauf der Karriere des J.Ph., der andere Beleg drückt viel eher als ein vorangegangenes Ausscheiden des J.Ph. aus dem philosophischen Lehrbetrieb ganz harmlos die von Sergius an J.Ph. gestellte geistige Herausforderung aus; ob

---

459 VERRYCKEN, development 273.
460 Ebd. 262 mit Verweis auf aetm. 2,2 (26,20/33,5). Ammonius als Gegenüber wird ebd. 261$_{181}$ auch in aetm. 9,11 (359,14/7) vermutet.
461 VERRYCKEN, development 261$_{181}$, mit Verweis auf aetm. 9,4 (331,17/332,23).
462 VERRYCKEN, development 242.
463 J.Ph. totalit. 1 (126 SANDA).

»rursus« einen speziellen historischen Bezug hat, muß vollkommen offen bleiben; wenn ja, kann es sich statt auf die philosophische Laufbahn auch auf eine
frühere Schrift, z.b. den Diaitetes, beziehen.

Vollkommen ungesichert bleiben die von VERRYCKEN bemühten Motive
für die »Kehrtwendung« des Jahres 529 [464]. Mit der zeitgenössischen Quelle
Simplicius läßt sich jedenfalls eine vorgetäuschte Christlichkeit des J.Ph. zu
dieser Zeit nicht belegen. Denn daß Simplicius CaelCom. 59,13/5 als moralische Aussage interpretiert werden kann, ist mehr als zweifelhaft. Die Bemerkung wird im Anschluß an c.Arist. Frgm. 36 gemacht [465]. Sie besagt lediglich, daß keiner so sehr wie J.Ph. allein die Meinung im Blick gehabt hat, es
stehe den Vertretern der Ewigkeit des Kosmos entgegen, das fünfte Element
abzulehnen; man könnte auch paraphrasieren: keiner hat so leichtfertig wie
J.Ph. dem nur scheinbaren Widerspruch zu den Anhängern der Ewigkeit der
Welt seine Aufmerksamkeit geschenkt, wenn diese ein fünftes Element verwerfen. In Wirklichkeit besteht nach Simplicius kein Widerspruch: man kann
die Welt als ewig denken, auch wenn man nur vier Elemente annimmt.–
Selbst wenn VERRYCKEN mit seiner Interpretation recht hätte, reicht ein einziger solcher Text kaum aus, seine Meinung zu stützen; andere Aussagen bei
Simplicius, die man in diesem Sinne deuten könnte, gibt es nicht. Auch die
spätere arabische Tradition ist kein wirklicher Beweis, sondern sie läßt sich
ohne weiteres aus ihrem eigenen Zusammenhang verstehen. Daß arabische
Autoren beim Aristoteleskommentator J.Ph. Texte entdecken müssen, die
der von ihnen gelehrten und bei J.Ph. an anderer Stelle gefundenen Lehre
von der Ewigkeit der Welt widersprechen, können sie aus dem Glaubenszusam-
menhang des Islam ohne weiteres so verstanden und eingeordnet haben, daß
J.Ph. »*taqiyya*« (Furcht, Verstellung, reservatio mentis) geübt hat. Anfänglich
an die Ausnahmesituation der Verfolgung gebunden, ist Verstellung (*taqiyya*)
seit der Mitte des 8. Jahrhunderts zu einer Maxime des Islam im Verhältnis
zur Welt geworden. Die Praxis der Verstellung ist nicht mehr nur eine Kon-
zession in Notsituationen geblieben, sondern zu einem praktischen Postulat
des Glaubens geworden [466]. Vernunft kann die Geheimhaltung gebieten.

---

464 Daß in der Jugend überhaupt eine Hinwendung zum Neuplatonismus erfolgt ist, ist
    denkbar, aber ebenfalls mit Zacharias (vgl. o. S. 123f Anm. 441) nicht zwingend beweis-
    bar.

465 C.Arist. frgm. 36 bei Simplicius CaelCom. 59,6/10 in der Übersetzung von WILDBERG
    57: »He [J.Ph.] considers himself to have won an important point in showing that other
    <philosophers> as well have argued against the fifth substance, but he does not notice
    that none of these wrote their replies in the belief that the eternity of the world was
    being shaken, but they were engaging in practice arguments which, in comparison to
    the teachings of earlier philosophers, contained something novel«.

466 E. MEYER, Anlaß und Anwendungsbereich der *taqiyya*: Der Islam 57 (1980) 246/80.

Die *taqiyya* gleicht einem Schleier, hinter dem Wahres und Reines verborgen gehalten wird [467]. Daß die arabischen Autoren eine eigene Maxime bei J.Ph. verwirklicht sehen, ist ohne weiteres denkbar, zumindest nicht weniger plausibel als die von VERRYCKEN gemachte Deutung. Avicenna dürfte im übrigen keine von der arabischen Tradition unabhängige Quelle darstellen, sondern seine Einschätzung des J.Ph. den Arabern entnommen haben.

Doch weshalb sollte J.Ph. in aetm. Grund haben, die Christen zu täuschen, selbst wenn seine geplante Karriere in der heidnischen Hochschule zu dieser Zeit von ihrem Wohlwollen abhängig gewesen sein sollte? Spätestens in dem Moment, in dem mit Olympiodor die alexandrinische Schule nach VERRYCKEN heidnisch wiedererstarkt ist, hätte J.Ph. frühere Rücksichtnahmen fallen lassen und in den Schoß der neuplatonischen Philosophie zurückkehren können. Doch er wird stattdessen angeblich aus der Hochschule herausgedrängt und schreibt seitdem theologische Schriften. Wenn man sie nicht als erneute Winkelzüge und kryptoheidnische Machwerke abtun will, ist davon auszugehen, daß inzwischen dann doch eine wirkliche Rückkehr oder wenigstens ein mit aetm. einsetzender Bekehrungsprozeß stattgefunden hat. Dann aber kann aetm. wiederum nicht aus rein taktischen Motiven Christlichkeit vortäuschen. Außerdem: wenn J.Ph., wie VERRYCKEN meint, in den Kommentaren dieser Zeit mehr nach innen zum Forum der Fachwelt spricht [468], weshalb werden in MetCom., um nicht den strittigen Text PhysCom. zu bemühen, Positionen dargestellt, die man zwar ohne weiteres als interne Schulmeinungen einordnen kann, die aber der Sache nach, auch wenn man Entwicklungen zugestehen wird, in der Grundlinie aetm. folgen?

Daß J.Ph. in aetm. erst oberflächlich mit Christlichem vertraut ist und diese Schrift nur den ersten Schritt der Rückwendung zum Christentum darstellt, glaubt VERRYCKEN dem Umgang mit der Bibel entnehmen zu können: wer so wie J.Ph. mit »wie die heiligen Worte irgendwo sagen« [469] die Heilige Schrift zitiere, könne kaum tiefergehende Bibelkenntnisse besitzen und werde damit als Anfänger entlarvt [470]. Wer allerdings Kirchenschriftsteller kennt, weiß, wie vage sie oftmals Bibelzitate mit solchen Formeln einleiten. Man könnte, wenn man wollte, aus dieser Floskel genau das Gegenteil schließen und sagen, J.Ph.

---

467 M.C. BATESON, »This Figure of Tinsel«. A study of themes of hypocrisy and pessimism in Iranian culture: Daedalus 108 (1979) 125/34.

468 VERRYCKEN, development 261$_{181}$. Diese Unterscheidung, die Kommentare, in denen J.Ph. sich mit Ammonius explizit auseinandersetzt, seien hochschulintern ausgerichtet, während aetm. sich an »die Öffentlichkeit« wende, ist ohnehin mehr als fragwürdig. Urteilt man vom Argumentationsstil in beiden Werkgruppen her, kann dies kaum zutreffen.

469 Aetm. 4,8 (75,19f).

470 Das Argument ist schon insofern schwierig, als ja von einer christlichen Vergangenheit vor der neuplatonischen Wende ausgegangen wird.

erweise sich darin als typisch christlicher Autor. Ziel und Methodik des J.Ph. in
aetm. geben andere, einfachere Erklärungsmöglichkeiten an die Hand, die weit-
gehende Abstinenz von einer Benutzung der Schrift zu verstehen [471]. Auch alle
weiteren Hinweise von VERRYCKEN auf die anfängerhaften Kenntnisse des christlichen Dogmas in aetm. haben sich aus denselben Gründen schon als unzurei-
chend erwiesen [472].

Ferner gibt es in aetm. keinen wirklichen Hinweis darauf, daß J.Ph. mit
aetm. programmatisch eine Karriere als christlicher Philosoph an der heidnischen Hochschule zu starten beabsichtigt und durch seine Bekämpfung des
Proklos die Leserschaft davon hat ablenken wollen, daß er ehemaliger Anhänger des Ammonius war. Eine direkte Auseinandersetzung mit Ammonius

---

[471] Vgl. o. S. 101/7. Noch kurz erwähnt sei das Argument VERRYCKENs, development 273$_{250}$,
J.Ph. sei nach Ausweis von aetm. 9,13 (367,9/18) noch nicht linienkonform zum christlichen Dogma, weil er eine zeitliche Interpretation des Hexaemerons ablehne. Dies än-
dere sich mit c.Arist. (vgl. Simplicius PhysCom. 1174,22/5) und dann opm. Doch geht
es in aetm. 9,13 nur um die zeitlose Entstehung der Welt (ἀχρόνως) am Beginn; diese
Lehre wird in opm. nicht aufgegeben, wie opm. 1,1 (4,7/11) zu entnehmen ist. Wenn
aber J.Ph. in aetm. und in opm. die zeitlose Entstehung der Welt am Anfang lehrt,
besteht keine Veranlassung anzunehmen, daß dies in c.Arist. nicht der Fall ist. Die
sechstägige Schöpfungsdauer hingegen bezieht sich für J.Ph. auf die anschließende
Ausgestaltung der Welt in der Zeit, wie opm. 4,3 (165,9/14) deutlich belegt, wo J.Ph.
zwischen anfänglicher Erschaffung der Welt und ihrer Ausgestaltung unterscheidet.
Auch aus Simplicius PhysCom. 1174,22/5 läßt sich nichts anderes entnehmen: »εἴπερ
ποτὲ παράγει [sc. Gott], ποτὲ δὲ φθείρει, καὶ παράγει τὰ μὲν πρότερον, τὰ δὲ
ὕστερον, ὡς οὗτος [sc. J.Ph.] ὁμολογεῖ, καὶ ποτὲ μὲν τάδε, ποτὲ δὲ ἐκεῖνα, ὥστε ἐν
ἓξ ἡμέραις ποιήσαντα τὸν κόσμον ἄλλο τι κατ' ἄλλην τῶν ἡμερῶν ἀπεργάσασθαι«.
Damit kann man nicht belegen, daß J.Ph. in c.Arist. Anhänger einer zeitlichen Interpretation des Hexaemeron in dem Sinne ist, wie Simplicius es gerne hätte, nämlich
einer anfänglichen Schöpfung in der Zeit. Simplicius, selbstverständlich selbst Anhänger einer nichtzeitlichen (ἀχρόνως) Entstehung der Welt und im Kontext der zitierten
Stelle bemüht, diese Lehre zu verteidigen, polemisiert gegen J.Ph., indem er ihm vorwirft, vom biblischen Schöpfungsbericht aus gezwungen zu sein, eine sukzessive Schöpfung in der Zeit anzunehmen, die dem philosophischen Verständnis vom zeitlosen anfänglichen demiurgischen Schaffen unangemessen ist und zuwiderläuft. Für Simplicius
wird diese Welt im biblischen Bericht in sechs Tagen in einer Weise ausgestaltet, die
erneute demiurgische Eingriffe erkennen lasse, die sich nicht von anfänglichen Schaffen Gottes unterscheiden: eben diese Schwierigkeit macht sich Simplicius für seinen
Angriff zunutze. Man wird davon ausgehen dürfen, daß J.Ph. die Schwierigkeiten
empfunden hat, da er in opm. 7,13 (304,9/305,29) symbolischen Interpretationen der
Zahl der sechs Tage durchaus nicht abgeneigt zu sein scheint, wenngleich er seinem
nichtallegorischen Ansatz folgend die wörtliche Bedeutung akzeptiert. – Simplicius jedoch ist nicht mehr zu entnehmen, als daß er J.Ph. als Christ einschätzt.

[472] Vgl. o. S. 105f. Auch LUCCHETTA, Aristotelismo 583, glaubt, daß aetm. einen Autor hat,
der längst Christ ist, interpretiert dies allerdings fälschlich von einer Christianisierung
der neuplatonischen Schule her.

muß seine Christlichkeit glaubwürdiger beweisen als verschlüsselte Hinweise, auf die man, wenn man ablenken will, besser ganz verzichten könnte, und wie VERRYCKEN auf die verlorene Einleitung von aetm. zu verweisen, in der etwas zu seiner Kehrtwendung gestanden haben könnte, stellt eine Hypothese auf die andere. Daß J.Ph. auf die höchst umständliche Weise, durch den Verweis auf die von Platon in ep. 5 [473] ausgedrückte Furcht vor den Massen glauben machen wolle, er sei zu Stellungnahmen im Sinne des Heidentums gedrängt worden, obwohl er eigentlich ganz anders gedacht hätte, heißt bei J.Ph. ein großes Maß an Subtilität vermuten, und kann wiederum nicht plausibel machen, weshalb er es nicht direkt sagt. Ebenfalls gibt es keinen textimmanenten Anhaltspunkt dafür, daß J.Ph. in aetm. 2,2 durch den Aufweis der Uneinigkeit zwischen Aristoteles und Platon bezüglich der Existenz der Ideen seine eigene frühere Anhängerschaft bei Ammonius für die (christliche) Öffentlichkeit reflektiere. Es läßt sich dem Text nur entnehmen, daß er sich in diesem Fall auf die Seite Platons stellt, nicht um die Öffentlichkeit von seiner Opposition zu Ammonius zu überzeugen, sondern um Proklos zu widerlegen, der selbst von der platonischen Ideenlehre her für die Ewigkeit der Welt argumentiert [474]. Daß J.Ph. in aetm. nicht offen seinen gegenüber Ammonius geänderten Standpunkt zugibt, kann man weder mit Rücksichtnahmen auf seine paganen Kollegen erklären, die von seiner Schrift ohnehin einen anderen Eindruck gewinnen müssen und auch gewonnen haben, wie man an der Reaktion des Simplicius sieht [475], noch mit der beabsichtigten Täuschung der Öffentlichkeit begründen; wirksamer wäre dafür wiederum das offene, wenn auch vorgetäuschte Bekenntnis, der eigenen Vergangenheit abzuschwören. In beiden Fällen gibt es keinen Anhaltspunkt, daß es methodisch überhaupt gerechtfertigt wäre, derartige Interpretationsmuster zu verwenden [476].

Schließlich muß man aus der Einleitung von opm. keine Mahnung des Sergius an J.Ph. heraushören, der anrüchigen philosophischen Vergangenheit abzuschwören, sondern der Beginn kann ohne weiteres als normale Ergebenheitsfloskel in einer Adressierung verstanden werden. Das Motiv einer Disziplinierungsabsicht von seiten des Sergius, falls jemals vorhanden, ließe sich im Text ohnehin selbst nicht greifen. Wenn die Bewertung von VERRYCKEN zuträfe, warum gibt es in den anderen theologischen Werken nichts dergleichen?

---

473 322AB.

474 Ob J.Ph. selbst dadurch schon als Anhänger der Ideenlehre identifiziert werden darf, ist damit noch offen.

475 Simplicius CaelCom. 135,26/31 will das Geschwätz des J.Ph. aus aetm. 11 gar nicht erst lesen.

476 Es steht nichts im Wege, daß in aetm. 9,11 (360,8/10) summarisch auf die Ansicht des Proklos und nicht die des Ammonius verwiesen wird.

Ein weiteres Problem stellt die Argumentation mit e-silentio-Argumenten dar. VERRYCKEN meint, in aetm. 7,6 sei eigentlich von der Sache her ein Hinweis des J.Ph. auf seinen (verlorenen) Kommentar zu Physik VIII notwendig, und schließt aus seinem Ausbleiben bzw. dem tatsächlichen Verweis auf c.Arist. sowie einer von ihm gesehenen Andeutung auf eine vielleicht beabsichtigte Abfassung dieses Werkes im Zusammenhang mit dem anderen, angeblichen Verweis auf aetm. [2], dieser Kommentar existiere zu diesem Zeitpunkt eben noch nicht [477]; die Stelle lautet:

> »Was aber die Kreisbewegung betrifft, welche die himmlischen Körper vollziehen, wird ein vollständigerer Beweis in den Einwänden gegen Aristoteles über die Ewigkeit des Kosmos, so Gott will, geführt [478], daß sie weder (immer) dieselbe ist noch daß sie ewig ist. Denn dazu bedarf es mehrerer Argumente von unserer Seite. Wenn wir aber im ersten Buch hinreichend gezeigt haben, daß die Entstehung des Kosmos unmöglich ewig sein kann (wie nun auch deutlicher eigens gezeigt werden wird [479], nachdem wir die Verwirrung durch all die Schwierigkeiten beseitigt haben [480]), ist klar, daß auch die Kreisbewegung nicht ewig sein kann« [481].

Eine zweite Stelle ist aetm. 10,6:

> »Wenn sie nun, gestützt auf die Ansätze des Aristoteles, behaupten, die Kreisbewegung sei ohne Anfang und Ende, werden wir sehen, ob irgendeiner dieser Gedanken zwingend ist, wenn wir mit Gottes Hilfe dorthin gelangen; denn es besteht im Moment keine Notwendigkeit, dies zu behandeln, da der Philosoph [sc. Proklos; oder Aristoteles?] in seinen eigenen Argumenten nichts dergleichen vorgebracht hat. Wir werden auch prüfen, ob es irgendwelche Argumente gibt, mit denen wir zeigen werden, daß die Kreisbewegung unmöglich ewig sein kann. Jetzt haben wir solches nur den Anläufen des Proklos entgegenzubringen, und haben deshalb, so gut wir konnten, nur das dargelegt, was zur Widerlegung seiner Argumente (geeignet ist)« [482].

Auch hier lautet die Argumentation, daß nicht einzusehen ist, warum J.Ph. auf eine zukünftige Widerlegung des Aristoteles, also c.Arist., verweisen soll-

---

477 VERRYCKEN, development 250f.
478 Nach VERRYCKEN, development 251 c.Arist. 6.
479 Nach ebd. cont.
480 Nach ebd. der Hinweis auf die zukünftige Abfassung von PhysCom. zu Phys. VIII.
481 Aetm. 7,6 (258,21/259,6).
482 Aetm. 10,6 (399,20/400,3).

te, wenn sie mit dem verlorenen Kommentar zu Physik VIII schon vorläge. Folglich könne der verlorene Kommentar zu Physik VIII im Jahre 529 noch nicht existiert haben und sei erst später verfaßt [483].

Die Frage, ob man J.Ph. vorschreiben kann, auf welche eigenen Werke er bei passender Gelegenheit verweisen muß bzw. ob man, wenn er diesen Vorstellungen nicht entspricht, schließen kann, daß bestimmte Texte noch nicht existieren, mag jeder selbst beantworten. Stattdessen ist darauf aufmerksam zu machen, daß solche Argumentationsfiguren mit einem wichtigen, immer wieder zu Recht bemühten Kriterium für die Erstellung einer relativen Werkchronologie des J.Ph. arbeiten: Es handelt sich um das Thema »Querverweise« in seinen Schriften.

Das große Manko, mit dem alle Untersuchungen zu J.Ph. zu kämpfen haben, besteht darin, daß bis jetzt niemand diese Verweise auf andere Schriften und die Querverweise innerhalb der einzelnen, vielfach äußerst umfangreichen Werke bzw. solche Stellen, die dafür in Frage kommen könnten, gesammelt und gesichtet hat [484]. Daß eine auf das gesamte Schrifttum ausgedehnte Untersuchung lohnend sein kann, läßt sich bereits an opm. erkennen, wo bei der Durchsicht zwei bisher nicht erkannte frühere Schriften zu Tage gekommen sind [485]. Bevor diese Untersuchung nicht vollständig durchgeführt ist, wird niemand eine definitive Aussage zur relativen Chronologie der Werke des J.Ph. machen können. Diese Arbeit ist unentbehrlich, weil sie nach dem augenblicklichen Erkenntnisstand das einzige formale, wohl halbwegs verläßliche innere Kriterium einer relativen Datierung darstellen könnte. In Verbindung mit den wenigen äußeren Zeugnissen im Werk des Simplicius oder im späteren kirchlichen Schrifttum, könnten sie ein – und das ist wichtig – vom Inhalt wenigstens teilweise unabhängiges Datierungskriterium darstellen.

Die unterschiedliche Auswertung von bisher erkannten Stellen zeigt jedoch schon an, daß, selbst wenn einmal eine solche Arbeit vorliegen sollte, häufig Interpretationsspielräume offen bleiben werden. Viele der bis jetzt gefundenen Belege sind keineswegs eindeutig, und man kann geteilter Meinung darüber sein kann, worauf sie sich im Einzelfall beziehen [486]. Dies gilt auch für die von VERRYCKEN für seine Argumentation benutzten Verweise. So ist weder in aetm. 1,3 (zweimal) noch in 5,4 und 7,6 zweifelsfrei beweisbar, daß J.Ph. auf sein künftiges sog. »unpolemisches« Werk gegen die Ewigkeit der Welt (aetm. [2]/cont.) verweist; in allen Fällen gibt es sogar bessere Alternati-

---

483 VERRYCKEN, development 251f.

484 Die Register in CAG s.v. Φιλόπονος geben erste Hinweise, sind aber nicht vollständig.

485 Vgl. o. S. 72/6.

486 So wird z.B., wie schon erwähnt, behauptet, PhysCom. 250,28 bezöge sich auf den verlorenen Kommentar zur Isagoge des Porphyrius; es steht nichts im Wege, daß J.Ph. direkt an die Isagoge erinnert.

ven [487]. Schon gar nicht kann man aus der in 7,6 in Zusammenhang mit
dem angeblichen Verweis auf dieses Werk gemachten Formulierung »nachdem wir die Verwirrung durch all die Schwierigkeiten beseitigt haben« schließen,
daß J.Ph. damit zumindest indirekt den verlorenen Kommentar zu Buch
VIII im Kopf hat [488]. Der Verweis PhysCom. 430,9f ist zu wenig präzise, um
eindeutig auf aetm. [2]/cont. gedeutet werden zu können [489]. Ebenso ist es
unzulässig, unter der Voraussetzung, der verlorene Kommentar zu Physik
VIII sei nach aetm. verfaßt, den Verweis in PhysCom. 55,24/6 als Bezugnahme auf aetm. zu interpretieren und sich damit die Voraussetzung bestätigen
zu lassen [490].

   Auch für die drei Verweise in PhysCom. auf einen Kommentar zu Physik
VIII, den für VERRYCKEN wichtigsten Ansatzpunkt seiner Überarbeitungsthese,
lassen sich andere Lösungen denken. Vielleicht hat es tatsächlich einen Kommentar nur zu Buch VIII der Physik gegeben, der zeitlich vor PhysCom. I/IV

---

487 1. aetm. 1,3 (9,20/7): »Daß es aber in keiner Weise möglich ist, daß das Unbegrenzte
     aktuell existiert, weder daß es alles auf einmal existiert noch daß es Teil für Teil entsteht,
     werden wir deutlicher an anderer Stelle im Verlauf zeigen, wenn Gott es will, nachdem
     wir alle Schwierigkeiten [Aporien], die eine ewige Existenz des Kosmos macht, aufge-
     deckt und unsere eigene Position dann errichtet haben, daß er unmöglich ewig ist«. Die
     Bemerkung »im Verlauf« (προϊόντες) weist sogar eher auf einen Querverweis innerhalb
     aetm.; in Frage käme aetm. Buch 4.– 2. aetm. 1,3 (11,14/7): »Wenn also bei unentstan-
     denem Kosmos dieses Unsinnige eintreten muß und noch anderes mehr, wie wir an
     anderer Stelle zeigen werden, kann der Kosmos also unmöglich unentstanden und an-
     fanglos sein«. Der Verweis ist viel zu undeutlich, um auszuschließen, daß es sich um
     einen pauschalen Verweis auf die weitere Ausführungen in aetm. handelt. – 3. aetm. 5,4
     (117,20/1): »Daß aber die Zeit einen Anfang hat, werden wir an anderer Stelle zeigen«;
     hinzunehmen muß man ebd. (118,4f): »Dies [sc. daß die Zeit einen Anfang hat] also
     wird im sechsten Buch mehrfach aufgezeigt werden«. Damit ist mit großer Sicherheit
     der erste Verweis aus aetm. 5,4 (117,20/1) kein Verweis auf eine andere Schrift, sondern
     nur auf aetm. 6.– 4. aetm. 7,6 (259,3/5) (Text s.o.): Auch hierfür gibt es mit aetm. 12,3
     eine Alternative innerhalb von aetm.

488 So VERRYCKEN, development 251. Daß in aetm. 1,3 (9,22/6) eine fast gleichlautende
     Bemerkung gemacht wird, zeigt, daß es sich um eine allgemeine Formulierung handelt,
     die sich auf das in aetm. zu bewältigende »Spinnwebengeflecht der Schlüsse des Phi-
     losophen«, wie es J.Ph. in aetm. 3,5 (52,5f) ausdrückt, bezieht.

489 Gegen VERRYCKEN, development 254; vgl. PhysCom. 430,9f: »τὸν δὲ περὶ τούτων
     ἐντελέστερον λόγον ἰδίᾳ ἐπισκεψώμεθα«. Rein theoretisch käme aetm. 6 in Frage;
     vielleicht handelt es sich auch um einen Querverweis innerhalb des PhysCom.

490 PhysCom. 55,24/6: »Möge dies von uns im Augenblick hinreichend gesagt sein zu der
     Annahme, daß das Seiende nicht entstanden ist; an anderer Stelle haben wir derartige
     Vorstellungen zur Genüge behandelt«; VERRYCKEN, development 252f. Dieser Verweis
     muß für ihn bei der zweiten Redaktion eingetragen worden sein. Natürlich sind auch
     die Meinungen von GUDEMANN/KROLL 1179, hier sei auf einen verlorenen CaelCom.
     Bezug genommen, und von ÉVRARD 340, sowie WOLFF, Fallgesetz 121f[27].133, es handele
     sich um die Symmikta Theoremata, mehr als problematisch.

verfaßt worden ist. Sollte J.Ph., als er PhysCom. I/IV schrieb, einen kompletten Kommentar zur Physik beabsichtigt haben, wäre zwar ein futurisch formulierter Verweis sinnvoller, denn der logische Fortgang einer kontinuierlichen Erklärung verlangt die Abfassung eines Kommentars zu Buch VIII nach der Niederschrift zu Buch I/IV [491]. Doch ist dies notwendig der Fall? Wer kann sagen, ob J.Ph. überhaupt einen vollständigen Kommentar zur Physik aus einem Guß, orientiert an der Buchabfolge der Physik, schreiben wollte? Der Umstand, daß in der jetzt vorliegenden CAG-Edition Exzerpte aus den Büchern V/VIII im Anschluß an den Kommentar zu den Büchern I/IV zu finden sind, bietet jedenfalls keine Garantie dafür, daß J.Ph. einen solchen PhysCom. Buch für Buch in der numerischen Reihenfolge geschrieben hat; ob er oder jemand anders später einen solchen zusammengestellt hat, ist demgegenüber eine andere Frage. Der Umfang allein der Bücher zu Physik I/IV spricht eher gegen ein solches Mammutprojekt und für eine diskontinuierliche, sich länger hinziehende Abfassungsgeschichte. Die Entstehung aus dem Vorlesungsbetrieb heraus könnte vielleicht eine Erklärung für eine sektionsweise Kommentierung sein, die nicht der Reihe der Bücher der Physik folgt. Auch andere Kommentare befassen sich nur mit einem oder zwei Büchern einer Aristotelesschrift [492]. Auch wenn sich hier keine wirkliche Sicherheit gewinnen läßt, kann J.Ph. also durchaus auf einen früher verfaßten Kommentar zu Buch VIII verweisen.

Die entscheidenden Argumente für eine spätere Abfassung des verlorenen Kommentars zu Physik VIII kommen daher auch von inhaltlicher Seite her: der »anti-eternalistische« Charakter dieser Schrift passe nicht zu den Texten zu Physik VIII [493], und die Konzeption des Ortes im Corpus des PhysCom. sei der der beiden Korollarien im selben Kommentar entgegengesetzt [494]. Doch hier stellt sich im ersten Fall erneut zunächst die Frage, woher eigentlich diese wenigen erhaltenen Stücke stammen. Weder kann man sicher sein, daß die Stücke einmal von J.Ph. selbst zu einem großen Physikkommentar. zusammengestellt worden sind – wenn er es getan hat, erhebt sich natürlich sofort die weitere Frage, weshalb er nicht den verlorenen Kommentar zu Buch VIII an die Stelle des Teils gesetzt hat, von dem jetzt nur die Exzerpte vorliegen –, noch ist umgekehrt nicht von vorneherein auszuschließen, daß die Exzerpte zu Buch

---

491 VERRYCKEN, development 244: »The first possibility is that the anteriority of *in Physica 8* was just a matter of succession within one and the same redaction: Philoponus then must have written Book 8 before he wrote Books 1-4. But why should he have done so? And if he did, why didn't he simply refer to it in the future tense? Therefore, it seems better to think of a a discontinuous anteriority«.

492 Dabei ist nicht immer klar, ob dieser Umstand sich aus der Perspektive des Erhaltungszustandes ergibt.

493 Excerpta Parisiensis: CAG 17,823/51, Excerpta Veneta: ebd. 882/908.

494 VERRYCKEN, development 246/8.

VIII nicht doch aus eben dem verlorenen Kommentar zu Buch VIII stammen,
denn der geringe Umfang dieses Stückes im Vergleich zu den erhaltenen kompletten Teilen zu Buch I/IV läßt berechtigterweise vermuten, daß dieser Teil
einmal wesentlich breiter ausgeführt war. Da man die Motive nicht kennt, die
zu der jetzt vorliegenden Auswahl aus dem Kommentar zu Physik VIII geführt
haben – daß es eine solche ist, wird zumindest von den Editoren als selbstverständlich angenommen –, sollte man wenigstens in Erwägung ziehen, daß unter
anderem auch eventuell vorhandene »anti-eternalistischen« Stücke vom Exzerptor
unberücksichtigt geblieben sind. Wenn J.Ph. bei der zweiten Redaktion des Phys-
Com. neue Querverweise wie im Falle von PhysCom. 55,24/6 eingetragen haben soll, kann man im übrigen fragen, warum er nicht das Datum 517 bei der
zweiten Redaktion getilgt oder ersetzt hat. Außerdem bleibt gänzlich offen, und
VERRYCKEN sieht das Problem durchaus, weshalb J.Ph. nicht auch die anderen
Kommentare aus der Zeit vor 529 nochmals überarbeitet hat [495].

Damit ist man bei den inhaltlichen Brüchen im Werk des J.Ph. angelangt, die für die Überarbeitungshypothese VERRYCKENs letztlich entscheidend
sind. Ohne sie im mindesten leugnen zu wollen, muß man doch fragen, ob es
nicht andere Lösungsansätze gibt, die in vielen Fällen einfachere Erklärungen
darstellen. Dafür ist vor allem daran zu erinnern, was schon die erste, gewiß
vorläufige Analyse des Arbeitsstils des J.Ph. in aetm. und zum Teil auch in
MetCom. nahegelegt hat: 1. Erst die weiträumige Erfassung der Gedanken-
gänge in Verbindung mit der Kenntnis des Grundansatzes eines Werkes kann
eine Annäherung an die eigentlichen Vorstellungen des J.Ph. leisten und ein
Urteil darüber ermöglichen, welche Positionen J.Ph. selbst teilt und welche
er nur hypothetisch aufbaut, aber nicht wirklich für richtig hält.– 2. Notwendig ist vor allem die Bestimmung und textliche Abgrenzung der Stellen
in den Kommentaren, wo J.Ph. Aristoteles referiert bzw. von dessen Ansatz
aus einen bei ihm gefundenen Sachverhalt näher darstellt oder erläutert, wo
er im Kommentarstil weiteres Material beiträgt bzw. auch dieses erläutert
und wo er schließlich sich selbst zu Wort meldet. ÉVRARD hat diese Schwierigkeit prinzipiell schon richtig gesehen, wenn er schreibt: »Un exégète est
inévitablement amené à répéter certaines thèses de l'auteur qu'il explique,
sans pouvoir les critiquer chaque fois qu'il rencontre« [496]. Auch VERRYCKEN

---

495 VERRYCKEN, development 243f: »Why was there no revision of the first group of
commentaries? We do not know. But this problem as such is no greater than the problems
that arise from a unitarian approach, e.g.: Why does Philoponus criticise eternalism in
the *in Physica*, but not in *in de Generatione et Corruptione* and *in de Anima-in de Intellectu*,
especially since the latter two commentaries were composed ›with certain observations
of his own' ...? I fully realise that my hypothesis creates some new problems, and that
a large amount of philological work remains to be done«.

496 ÉVRARD 355₃.

hat zwar im Grundsatz das Problem erkannt, hat aber offenbar das Ausmaß der rein darstellenden Teile eines Philosophenkommentars unterschätzt und die Texte des PhysCom. außerhalb der beiden »Korollarien« nicht kontextgebunden analysiert und ist deswegen zu dem Urteil gekommen, J.Ph. vertrete in beiden Fällen ein anderes Raumkonzept. Dem muß jedoch entschieden widersprochen werden. *Alle* Stellen, die VERRYCKEN dafür anführt, daß J.Ph. im Textcorpus des PhysCom. Anhänger des aristotelischen Verständnisses des Ortes sei, sind, wenn man sie im größeren Zusammenhang eines Gedankenganges liest, nichts anderes als Wiedergaben, Erläuterungen und Zusammenfassungen der Gedanken des Aristoteles durch J.Ph., die nichts über seine eigene Position aussagen[497]. Die behaupteten Brüche existieren also gar nicht und lösen sich wenigstens in diesem Punkt vollständig auf. Für eine Schichtenscheidung kommen sie folglich nicht in Frage.

Als weiteres Beispiel dafür, daß sich von diesem Gesichtspunkt aus Texte durchaus anders einordnen lassen, seien noch die beiden von VERRYCKEN genannten Stellen aus dem MetCom., 11,24/37 und 12,24/32, besprochen, die er glaubt, einer Schicht vor 529 zuweisen zu können; die erste lautet innerhalb des Kontextes:

> »[Aristoteles Met. 339a24]: ›Überdies ist es [sc. das Himmelselement] ewig und hat am Ort der Bewegung kein Ende, sondern ist immer im (Zustand der) Vollendung; alle diese Körper [sc. die Elemente] aber haben ihre voneinander getrennten Orte‹. [J.Ph.]: Und dies [sc. sagt Aristoteles] zum Beweis dafür, daß das Kreisbewegte die erste Ursache der Veränderung und Bewe-

---

497 Diese Stellen sind: PhysCom. 2,21/2; 2,25/7; 340,7/9; 347,9/11; 440,16/7; 444,5/6; 447,18/ 20; 448,20/1; 454,23f; 463,3/4; 499,26/7; 526,20/3; 536,6/7; 539,5/6; 542,17/8; 542,36; 543,1/4; 546,16/7; 555,25/7; 619,1/4; 661,9/12 (vgl. 346,8/9); 677,9/686,29; 689,4/16; 689,26/694,27; 693,30; 697,26; vgl. VERRYCKEN, development 247$_{73-92}$. Einige Beispiele dafür, daß VERRYCKEN die genannten Stellen des PhysCom. prinzipiell falsch einordnet: PhysCom. 454,23 ist ein drittes, auf der aristotelischen Voraussetzung vom Ort aufbauendes Argument des Aristoteles, daß ein unbegrenzter Körper kein geradlinig bewegter sein kann; der Gedankengang beginnt in 452,13. – PhysCom. 536,6/7 referiert J.Ph. die aristotelische Lösung des Zenonschen Paradoxons »... εἰ ὁ τόπος τῶν ὄντων, πᾶν δὲ τὸ ὂν ἔν τινί ἐστι, καὶ ὁ τόπος ἔν τινι ἔσται« (ebd. 535,31f); das λέγω, das für VERRYCKEN die Akzeptanz der aristotelischen Lehre vom Ort durch J.Ph. suggeriert, ist in Wirklichkeit nur eine Erläuterung des Ausdrucks κυρίως τόπος bei Aristoteles zur Verständnishilfe des Lesers (vgl. ähnlich 542,18f). – Ebenso PhysCom. 539,5/6: Die Stelle ist eine Erklärung, daß Aristoteles πρώτως τόπος anstelle von κυρίως τόπος sagt und kein Beleg für die Meinung des J.Ph.– PhysCom. 555,25/7 ist lediglich eine Zusammenfassung des Referates der Argumentation des Aristoteles, die in 554,22/4 mit denselben Worten im Munde des Aristoteles (φησί) beginnt. – PhysCom. 499,26f ist nur eine Hinzufügung des J.Ph., die besagt, daß dasselbe vorher dargestellte aristotelische Argument nicht nur für die schweren, sondern auch für die leichten

gung innerhalb ist. Denn das Unentstandene und Unvergängliche ist Ursache des Entstehenden und Vergehenden, und das Vollendete (Ursache) des
Unvollkommenen und das Sich-stets-Gleichbleibende (Ursache) dessen, was
nicht so ist. Vollkommen aber und stets gleichbleibend ist die Kreisbewegung, die geradlinige Bewegung aber hat Anfang und Ende und kommt zur
Ruhe. [[Denn in der Reihenfolge der Natur des Seienden sind die himmlischen Körper zwischen Unkörperlichem und Geistigem und allseits Unveränderlichem und dem, was stets entsteht und vergeht irgendwie etwas Mittleres. Zwar sind sie <nämlich> dadurch, daß sie Körper und nicht vollständig
unbeweglich und unveränderlich sind (denn sie sind örtlich veränderlich),
dem Ersten untergeordnet und stehen ihm nach; aber das, was sich nur örtlich bewegt, übertrifft unmittelbar das, was sich in allem, in Substanz, Qualität und Ort verändert, wie das, was unterhalb des Mondes ist. Aber auch
durch die fortwährende und ununterbrochene (Eigenschaft der) Bewegung
steht es bei ständiger Bewegung fest und ist sozusagen in der Bewegung unbeweglich dadurch, daß die Gesamtheit des Himmels immer denselben Ort
innehat und nicht von einem zum anderen wechselt. Der Himmel ist in der
Mitte zwischen dem Ersten und dem Letzten, er hat weder wie jenes die
Unveränderlichkeit noch wie dieses die gänzliche Veränderung, und wie er
von jenem die Unveränderlichkeit in der Bewegung hat, so gibt er dem, was
nach ihm ist, die stetige Veränderung durch seine eigene Immerbewegung.]]

Körper gilt. – PhysCom. 526,20/3 ist eine Kommentierung des Vorgehens des Aristoteles
in Phys. IV 4 211b5/212a7: vgl. die Einleitung diese Abschnitts ab 526,11: »Nachdem er
eingangs gezeigt hat, daß es den Ort gibt und er dann in der Folge auch seine Substanz
angeben wollte, hat er sich dem Gegenargument zugewandt ... Dann hat er mehrfach
beschrieben, daß er weder Materie noch Form sein kann; nachdem er das gesagt hat,
wendet er sich dem Aufweis zu, was der Ort ist und legt dar, was er selbst vom Ort
glaubt; denn nachdem er das gezeigt hat, ich meine, was die Substanz des Ortes ist,
lösen sich [für Aristoteles!] alle Schwierigkeiten auf. Besonders die, die aus den [im
Sinne des Aristoteles!] falschen Annahmen über die Substanz des Ortes erwachsen
sind, wie die, die annehmen, der Ort sei die Erstreckung in drei Dimensionen ...«. Die
eigene Meinung des J.Ph. steht wieder nicht zur Debatte. Besonders offensichtlich ist
die Fehleinschätzung von PhysCom. 2,25/7 und 440,16/7, wo sogar deutlich erkennbar
Aristoteles und nicht J.Ph. das Subjekt der Aussage ist. Zu sagen »There can be no
doubt that Philoponus was aware of the full significance of *deiknunai*« (VERRYCKEN
ebd. 247f$_{85}$) legt eine Betonung in den Satz, die falsch ist: es geht nicht darum, daß
endgültig bewiesen worden ist, sondern höchstens darum, daß *Aristoteles* in seinem
Kommentar dies getan hat. – Die Aufzählung kann hier abgebrochen werden; von der
Unhaltbarkeit der übrigen Belege, auch der, an denen J.Ph. mit persönlichen Ein-
würfen (»sage ich« usw.) scheinbar seine eigene Meinung kundtut, kann sich jeder
selbst überzeugen. Zu erinnern ist auch nochmals an die Einleitung zum Corollarium
de loco 557,8f: J.Ph. sagt, jetzt sei die Zeit für seinen eigenen Beitrag gekommen,
nachdem er Aristoteles dargestellt habe.

Denn ›er hat kein Ende‹, sagt er, ›am Ort der Bewegung‹, das heißt der örtlichen Bewegung; denn es gibt keinen Ort, von dem der Himmel ausgeht und
stillstehen wird, wie das geradlinig Bewegte ...«[498].

Daß der in doppelte eckige Klammern gesetzte Abschnitt als dezidierte eigene
Meinung des J.Ph. ausgewertet werden darf, wie VERRYCKEN es möchte, weil
sie im Gegensatz zu der an anderer Stelle in MetCom. geäußerten Ansicht von
der normalen elementaren Beschaffenheit des Himmlischen stehe, läßt sich
vom Kontext der Stelle her nicht wahrscheinlich machen. Dagegen spricht,
daß der Abschnitt mit γάρ angeknüpft wird, daß die Mittelstellung des Himmlischen mit »irgendwie« charakterisiert wird und er sofort wieder in eine Exegese
des vorgegebenen aristotelischen Satzes mündet. Man versteht diesen Abschnitt
ohne weiteres, wenn man ihn als Problembeschreibung oder erläuternde Darstellung des Sachverhalts im Anschluß an Aristoteles charakterisiert. Dessen
Aussage Met. 339a24 wird als ein von diesem gegebener Beweis dafür interpretiert, daß die Kreisbewegung, wie es eingangs der Ausführungen des J.Ph. heißt,
die Ursache der Bewegung in der Welt ist. Eine Reminiszenz aus vergangenen
Tagen des J.Ph. anzunehmen, ist überflüssig.
    Das gleiche gilt für die zweite Passage:

»[[Weshalb aber bewegt er [sc. der Himmel] sich im Kreis? Plotin sagt,
weil er den Nous nachahmt. Denn wie der göttliche und schöpferische
Nous durch Rückbezug auf sich selbst alles sieht und darin sich, so, sagt
er, ahmt ihn nach Möglichkeit das Himmlische nach und vollzieht dadurch die Rückwendung auf sich selbst. Und wie jener [sc. Nous] aufgrund seiner Substanz nirgends, aber aufgrund seiner Aktualitäten überall
(da) ist, so ist auch der Himmel, der nicht zugleich überall sein kann, da
er Körper ist, den Teilen nach überall; und [er bewegt sich im Kreis,] weil
er durch seine Substanz über das, was innerhalb ist, herausgehoben ist
und alles durch seine Aktualitäten leitet.]] So beschaffen also ist die
Kreisbewegung, aber keine andere Bewegung. Denn da sie ohne Grenze
ist, ist sie nicht geradlinig; denn es ist bewiesen, daß, wenn das geradlinig
Bewegte am Ende der Gerade angelangt ist, auf der es sich bewegt, es
vollständig stillsteht und das eigene Ziel eingenommen hat, zu dem es
von Natur aus durch die Bewegung geführt wurde; daher kann die geradlinige Bewegung nicht vollkommen oder ewig sein, sondern als unvollkommene hat sie gewiß Anfang und Ende«[499].

---

498 MetCom. 11,16/12,1.
499 MetCom. 12,24/37.

Es kann keine Rede davon sein, daß J.Ph. im markierten Abschnitt als eigene Meinung eine Höherwertigkeit des Himmels vertritt. Vielmehr referiert er in groben Zügen den Inhalt von Plotin enn. II 2 (14), so wie er ihn versteht, wobei er vielleicht zusätzlich weitere Stellen aus Plotin im Kopf hat [500]. Auch syntaktisch gibt es keine Schwierigkeit, den Satz »und weil er durch seine Substanz über das, was innerhalb ist, herausgehoben ist und alles durch seine Aktualitäten leitet« als Plotinreferat aufzufassen [501]. Damit fallen momentan alle Anhaltspunkte für eine Schichtenscheidung in MetCom. aus.

Daß nicht alle inhaltlichen Spannungen sich auf diese Art werden erklären lassen, mag durchaus sein, nur kann man nicht den zweiten Schritt vor dem ersten tun und ohne vorherige Klärung der genannten Fragen die Lösung schon jetzt ausschließlich in der Literarkritik suchen, wenn eine vollständige Analyse der Kommentare unter dem Prinzip der Scheidung von Referat und eigener Darstellung des Verfassers fehlt und diese methodisch primäre Untersuchung noch nicht als Beurteilungsgrundlage vorliegt [502]. Angesichts des immensen philologischen Aufwandes, den sowohl eine solche inhaltliche Analyse der Kommentare als auch die Suche nach den Querverweisen im Werk des J.Ph. verlangen, ist es allerdings nicht verwunderlich, daß bisher niemand beide Untersuchungen in extenso auf sich genommen hat.

Sieht man von diesen Einsichten selbst ab, so bleiben für die vorliegende Untersuchung als Interpretationshilfe wiederum nur dürftige Konsequenzen. Außer dem Abfassungsdatum von aetm. wohl kurz nach 529, dem Termin für opm. zwischen 546 und 560, der Abfassung der Werke c.Arist. sowie mit relativer Sicherheit MetCom., aetm. [2] und cont. [503] innerhalb dieses Zeitraumes und vermutlich der Abfassung von AnCom. vor 529 kann wenig Sicheres sowohl zu Datierungsfragen als auch zur Biographie des J.Ph. gesagt

---

500 Die Aussage »und weil er durch seine Substanz über das, was innerhalb ist, herausgehoben ist und alles durch seine Aktualitäten leitet« mag auf Plotin enn. II 1 (40) 1 (1,145,12/ 146,16 HENRY/SCHWYZER) oder ebd. 4 (1,149f H./S.) anspielen; Plotin selbst lehnt ja im übrigen ein fünftes Element ab. Die Unterscheidung von Substanz und Aktualitäten innerhalb des Nous, die der Vergleichspunkt mit dem Himmel ist, findet sich in enn. II 2 nicht.

501 Der ὅτι-Satz in 12,30 führt den ὅτι-Satz in 12,25, der sich an »φησὶν ὁ Πλωτῖνος« anschließt, fort.

502 Daher ist es verfrüht, wenn SORABJI: Aristotle transformed 13, die Hypothesen von VERRYCKEN fortsetzend, versucht, auch in AnCom. eine spätere Schicht zu entdeken (unter Bezug auf AnCom. 330,24), AnCom. 339,35 als Verweis auf einen früheren MetCom. und AnCom. 391,32 als solchen auf CatCom. zu verstehen. Auch H.J. BLUMENTHAL, Simplicius and others on Aristotle's discussion of reason: Gonimos. Neoplatonic studies presented to L.G. WESTERINK (Buffalo 1988) 103/19, scheint sich VERRYCKEN anschließen zu wollen.

503 Daß der MetCom. nach c.Arist. verfaßt ist, wie WILDBERG: rejection nahelegt, kann man durchaus übernehmen.

werden. Das Verhältnis des J.Ph. zu Ammonius läßt sich nach wie vor nicht genau fassen [504], außerdem bleibt unklar, ob und wann J.Ph. offiziell als Philosoph in der alexandrinischen Hochschule aufgetreten ist. Eine Hypothese wie die von VERRYCKEN muß man zwar bei der Untersuchung der Schriften des J.Ph. im Auge behalten, doch da sie in der vorliegenden Form kaum Chancen hat, akzeptiert zu werden, kann sie nicht die erste Entscheidungshilfe bei Interpretationsschwierigkeiten darstellen. Daß mit Entwicklungen im Denken des J.Ph. gerechnet werden muß, ist eine Überlegung, die unabhängig von allen Hypothesen zur Werkchronologie selbstverständlich jeweils mitbedacht wird.

Noch kurz ist auf die jüngste Publikation zur Biographie des J.Ph. hinzuweisen [505]. Sie übernimmt die Überarbeitungshypothesen von VERRYCKEN, möchte jedoch darüber hinaus vor allem die Bedeutung des Monophysitismus für J.Ph. ins Zentrum rücken. Dazu ist zu bemerken: Der Ansatz, die Aristoteleskommentare (und die Schriften des J.Ph. insgesamt) nicht nur philosophiehistorisch einzuordnen, sondern in Beziehung zum Monophysitismus zu setzen, ist sicher nicht falsch. Methodisch aber ist der Nachweis einer wirklichen Beziehung nicht gelungen, da J.Ph. in den Aristoteleskommentaren nirgends eine monophysitische Problemstellung ausdrücklich zum Thema macht. Denn es genügt noch nicht das Vorkommen eines Begriffs oder Gedankens, welche auch im Monophysitismus eine Rolle spielen, in einer Philoponosschrift, um das Anliegen eines Aristoteleskommentars oder der Schriftstellerei des Johannes Philoponos insgesamt darin zu sehen, im Dienste des Monophysitismus tätig zu sein. Daß J.Ph. sich seine philosophischen Kenntnisse zunutze macht, um Christologie und Trinitätslehre zu formulieren, ist natürlich unstreitig; allerdings steht die Aufarbeitung dieses Teils seines Schaffens erst ganz am Anfang. Ferner ist der Nachweis, Johannes Philoponos sei zweisprachig (Griechisch/Koptisch) [506], mit opm. 1,3 (»ὅλης ... ζητοῦμεν reflects the Coptic cleft sentence with second tense«), opm. 1,4 (»εἰώθαμεν reflects the Coptic tense of habitude«) und opm. 2,7 (»καλοῦσι parallels the Coptic way of doing a passive«) nicht möglich. Es handelt sich nicht um sprachliche Eigenheiten, die nicht innerhalb des Griechischen erklärbar wären.

---

504   Bei der Hypothese von VERRYCKEN werden die Kommentartitel, die das jeweilige Werk an Ammonius rückbinden, von der zeitlichen Verteilung her noch schwieriger: Wie bereits gesagt, tragen alle Kommentare des J.Ph. außer CatCom., MetCom. und PhysCom. im Titel die Worte »... σχολικαὶ ἀποσημειώσεις ἐκ τῶν συνουσιῶν Ἀμμωνίου τοῦ Ἑρμείου μετά τινων ἰδίων ἐπιστάσεων ...«; nur beim AnalPriorCom. fehlt der Zusatz »μετά τινων ἰδίων ἐπιστάσεων«; vgl. BLUMENTHAL, John Philoponus 326.

505   L.S.B. MACCOULL, A new look at the career of John Philoponus: Journal of early Christian studies 3 (1995) 47/60.

506   Ebd. 49$_{13}$.

ZWEITER TEIL

DURCHFÜHRUNG

ERSTES KAPITEL

GEN. 1,1 – DIE ENGEL UND DER RAUM

Gen. 1,1: »Im Anfang schuf Gott Himmel und Erde«.

A. AUFBAU UND INHALT VON OPM. 1

J.Ph. geht bei der Kommentierung von Gen. 1,1 anhand eines klar erkennbaren Aufbaus vor. Auf den Prolog folgt zunächst opm. 1,3f die Auslegung des Begriffs »Anfang« [1], danach opm. 1,5/7 die Erläuterung der Wendung »Himmel und Erde«: für J.Ph. steht fest, daß Himmel und Erde die äußersten Grenzen der sichtbaren Welt sind und gleichzeitig mit Himmel und Erde auch die Elemente des Raumes zwischen beiden, Wasser, Luft und Feuer, geschaffen wurden; im Detail stellt J.Ph. ferner klar, daß der »Himmel« von Gen. 1,1 als äußerste Umgrenzung die ptolemäische neunte Sphäre sein muß.

Diese Themen bilden jedoch eher den von den Erfordernissen der Exegese gebotenen Auftakt zur Beschäftigung mit dem in Gen. 1,1 gesehenen Hauptproblem, als daß sie J.Ph. Gelegenheit bieten könnten, ein Verständnis des Aussagegehaltes von naturphilosophischem Ansatz aus zu erzielen, das über die Einsichten der Vorgänger wesentlich hinausginge. Der eigentliche Untersuchungsgegenstand ist das Schweigen des Schöpfungsberichtes zur Erschaffung der Geistwesen. Das Thema hat viele Autoren vor J.Ph. beschäftigt und zu gegensätzlichen Antworten geführt: Die einen haben daraus geschlossen, daß die Engel vor der Schöpfung von Himmel und Erde erschaffen wurden, und das Fehlen von Aussagen im Hexaemeron wie Basilius meist damit begründet, daß es unpassend ist, vor Anfängern über die geistige Welt zu sprechen [2]; so sagen Johannes Chrysostomus und Severian, Moses hätte auf die durch den Aufenthalt in Ägypten geschwächten geistigen Fähigkeiten der Israeliten Rücksicht neh-

---

1   Vgl. o. S. 81.

2   Basilius hex. 1,5 (SC 26²,104/6 GIET). Für die Erschaffung der Engel vor dem Kosmos sprechen sich ferner aus z.B. Origenes princ. 2,3,1/5 (GCS Orig. 5,113,13/120,29 KOETSCHAU), 3,5,3 (GCS Orig. 5,272,22/273,16 K.), Gregor Naz. or. 38,9 (PG 36,320C), weitere Belege bei J. TURMEL, Histoire de l'angélologie des temps apostoliques à la fin du Vᵉ siècle: RHLR 3 (1898) 289/308. 407/34. 533/52, hier 407/11, DERS., L'angélologie

men und sie nur über die sichtbaren Dinge zur Gotteserkenntnis führen wollen, weil sie sonst fälschlich die Engel für Gott gehalten hätten [3]. J.Ph. reduziert diese Lösung auf einen formalen Kern: Moses hat seine Darstellung des göttlichen Wirkens auf die sichtbare Welt beschränkt und nur durch die sichtbaren Werke der Schöpfung die Menschen zur Gotteserkenntnis führen wollen, obwohl Moses durchaus der Meinung war, wie seine späteren Ausführungen beweisen, daß die Engel vor der sichtbaren Welt erschaffen wurden [4]. Andere Autoren haben aus dem Schweigen hingegen geglaubt schließen zu müssen, der Schöpfungsbericht gebe mit seiner Aussage »im Anfang (schuf Gott)…« Zeugnis von der mit Himmel und Erde beginnenden Erschaffung alles Seienden. Daß die Engel stillschweigend mitgemeint sein müßten, könne man daran ablesen, daß auch andere Gegenstände wie z.B. das Feuer ebenfalls nicht eigens erwähnt seien, obwohl es mit Himmel und Erde miterschaffen sein müsse [5]. In diesem Sinne sprechen sich die »Antiochener« Epiphanius, Theodor, Theodoret, Basilius von Seleukia und Kosmas aus [6]. Dabei fällt auf, daß Johannes Chrysostomos und Severian, die gewöhnlich auf der Seite Theodors und seiner Partei stehen, in diesem Punkte noch nicht so denken [7]. Als kontrovers diskutiertes Thema kennt Stephanus Gobarus den Sachverhalt [8].

---

depuis le faux Denys l'Aréopagite: RHLR 4 (1899) 217/37. 289/309. 414/34. 537/62, hier 414/9, J. MICHL, Engel IV (christlich): RAC 5 (1962) 109/200, hier 116f. Ein anonymer Autor in der Katene, nr. 18 (TEG 1,14f PETIT), nennt Athanasius (unauffindbar), Basilius, Gregor und Joh. Chrysostomos (vgl. u. Anm. 7) als Väter, die die Erschaffung der Engel vor dem Kosmos lehren.

3   Joh. Chrysost. Gen.serm. 1,2 (PG 54,582f), Severian creat.or. 1,2 (PG 56,431f).

4   Opm. 1,8 (18,16/22). Julian Apostata c.Galilaeos bei Cyrill Alex. c.Iul. 3 (frgm. 18 [107f MASARACCHIA]) hat bereits erkannt, daß der Schöpfungsbericht nur über die sichtbare Schöpfung spricht und nichts über die Erschaffung der Geistwesen sagt; deshalb hält ihn Julian anscheinend für nur beschränkt gültig.

5   Amphilochios von Ikonium nach Katene nr. 17 (TEG 1,13f PETIT).

6   Epiphanius pan. 65,4,8f (GCS Epiph. 3,7,5/11 HOLL), mens. 22 (PG 43,276BC), auch bei Kosmas top. 10,43 (SC 197,283 WOLSKA-CONUS), Theodor bei J.Ph. opm. 1,8 (17,3/17) sowie in der Fortsetzung, Theodoret Gen.quaest. 2f (5,3/7,21 FERNÁNDEZ MARCOS/SÁENZ-BADILLOS), indirekt auch Basilius Seleuk. or. 1,2 (PG 85,32A) im Kommentar zu Gen. 1,3: »ἐπειδὴ γὰρ ἄρτι πλασθεῖσαι τῶν ἀγγέλων αἱ μυριάδες…«, Kosmas top. 2,101.108 (SC 141,421.429/31 WOLSKA-CONUS), 3,13.28.33.42 (SC 141,449/51.465.469.479 W.), 4,2 (SC 141,535/7 W.), 5,245/7 (SC 159,357/9 W.), 7,48/59 (SC 197,107/17 W.) u.a. Diese Überlegungen der Antiochener begegnen schon bei Ephraem: vgl. P. FEGHALI, Les premiers jours de la création. Commentaire de Gn 1,1-2,4 par saint Éphrem: ParOr 13 (1986) 3/30, hier 13$_{30}$.

7   Vgl. Joh. Chrysost. ad Stagirium 1,2 (PG 47,427), o. Anm. 2.

8   Photius bibl. 232 (5,72 HENRY). MARCUS III/3 übersieht, daß die Erschaffung der Geistwesen in der Väterzeit keineswegs einhellig vor der Erschaffung der sichtbaren Welt gelehrt wird; ferner ist ihm nicht klar, daß die »Geistwesen« zumeist in irgendeiner Form »materiell« oder »körperlich« gedacht werden.

J.Ph. handelt diese Frage systematisch in folgenden Punkten ab: Als erstes expliziert er in opm. 1,8 das Thema als Gegenstand einer Kontroverse zwischen Theodor und Basilius: Ersterer nimmt an, daß die Engel gleichzeitig mit Himmel und Erde erschaffen wurden, während sein Vorgänger der Meinung war, daß die Geistwesen präexistieren und die Schrift mit Gen. 1,1 nur den Anfang der sichtbaren, körperlichen Welt in Raum und Zeit beschreibt. Im folgenden verteidigt J.Ph. in opm. 1,9 diese Auffasung des Basilius. Dazu bedient er sich als erstes eines syllogistischen Verfahrens: Zunächst läßt er sich auf die Annahme des Theodor ein, die Engel seien mit der Welt als ein Teil von ihr geschaffen. Wenn dies der Fall ist, müßten sie entweder Körper sein, oder, wenn sie der Substanz nach unkörperlich sind, müßten sie wenigstens als Teil der Körperwelt einen mit ihnen verbundenen Körper besitzen. Zunächst wird die erste Hypothese unter Auswertung entsprechender Schriftzeugnisse, welche die Überweltlichkeit der Engel bestätigen, für unmöglich erklärt: weder ein fünftes Element noch eines der vier gewöhnlichen Elemente kommt für die Engel in Frage, da dies ihre Vergänglichkeit bedeutet und ihrem in der Schrift bezeugten Nous- und Logosbesitz widerspricht [9]. Danach wird die zweite Hypothese widerlegt: richtig an ihr ist zwar, daß die Substanz der Engel unkörperlich ist, aber ein als Werkzeug dienender Körper ist ebenso vergänglich und bedeutet daher erneut die Vergänglichkeit der Engel als ganze, soweit sie sich innerhalb des Kosmos befinden. Als Folgerung ergibt sich, daß die Engel vollständig unkörperlich sind und daher nicht zusammen mit der körperlichen Welt erschaffen worden sein können. Bestätigt wird dies in opm. 1,10 anhand der Untersuchung der Erschaffung der λογική ψυχή des Menschen, die als den Geistwesen prinzipiell verwandt gilt: Laut Schöpfungsbericht ist sie nicht zugleich mit der ἄλογος ψυχή und dem Körper erschaffen worden. Daraus kann auf ähnliche Entstehungsverhältnisse bei den Engeln geschlossen werden. Es schließt sich in opm. 1,10 noch eine Zusammenfassung des bisher Gesagten an: Von den drei Möglichkeiten für den »Zeitpunkt« der Erschaffung der Engel – vor der Welt, zusammen mit der Welt, nach der Welt –, scheidet die letzte von vornherein aus, da nicht einmal die Antiochener sie annehmen, und die zweite fällt weg, da die Engel nichts Körperliches an sich haben; also bleibt nur die erste übrig. Es folgt opm. 1,11 eine Widerlegung des Theodor und seiner Anhänger mittels des formalen Argumentes, daß ihre Ansicht über den Zeitpunkt der Erschaffung der Engel kein direk-

---

9 Ob man wie MORAUX, quinta essentia 1258f, aus dieser Stelle schließen kann, »daß es in der Zeit des späteren Neuplatonismus Leute gab, die den höheren Dämonen einen Leib aus q.e. zuzusprechen geneigt waren«, muß ebenso bezweifelt werden wie die Überlegung, daß J.Ph. selbst mit einer solchen Annahme liebäugelt. Denn J.Ph. stellt den Gedanken nur als eine Hypothese hin, um alle in Frage kommenden Möglichkeiten einer Materialität der Substanz der Engel durchzuspielen und auszuschließen.

tes Schriftargument ist, sondern nur eine Schlußfolgerung aus Sätzen der
Schrift, also sozusagen ein Argument zweiter Klasse darstellt [10]; ihm fehlt
aber nach J.Ph., wie sich dies für solche Argumente anscheinend eigentlich
gehört, die Begründung mittels der Vernunft. Sodann wird diese Behauptung einer fehlenden Schriftgemäßheit der Exegese der Antiochener anhand
von anderen Beispielen in opm. 1,12f belegt. Anschließend führt J.Ph. in
opm. 1,14 mit Theodoret einen Autor ins Feld, der in seinen »Quaestiones
in Octateuchum« im Unterschied zu Theodor die Existenz der Engel vor
Himmel und Erde für schriftgemäß hält und durch solch ersichtliche inner-
schulische Uneinigkeit nach außen hin die Überzeugungskraft der antiochenischen Position schwächt. Zum Schluß faßt J.Ph. in opm. 1,15 seine bis
dahin gelieferten Argumente zusammen.

Als zweites beschäftigt sich J.Ph. mit der Begründung des Theodor für die
gleichzeitige Erschaffung von Geistwesen und Welt. Sein Argument, die Engel
könnten sich nur innerhalb des Kosmos befinden, weil es nichts Inneres vor dem
Äußeren geben könne, wird in opm. 1,16 mittels einer Definition von Körper
widerlegt. Für J.Ph. gerät Theodor mit sich selbst in Widerspruch, da er die
Engel damit einerseits für körperliche, dann aber auch für geistige Wesen hält:
Theodors Verständnis von Körperlichkeit und Geistigkeit durchzieht ein inne-
rer Widerspruch. Auch an Theodoret wird die gleiche Kritik geübt, weil er eine
Begrenzung der Engel lehrt, die bei ihm ein örtliches und damit körperliches
Verständnis vom Aufenthalt der Engel verrät. In opm. 1,17 wird das Argument
der örtlichen Begrenzung der Engel aufgenommen und auf den Gottesbegriff
übertragen und gezeigt, daß Theodor sich auch die Unendlichkeit Gottes körperlich vorstellt. Schließlich folgt in opm. 1,18/22 die Auseinandersetzung des J.Ph.
mit den Schriftbeweisen des Theodor für die gleichzeitige Erschaffung von Engeln
und Welt. Im Überblick ergibt sich damit folgender Aufbau von opm. 1:

A. Prolog (1,1f)
B. Exegese von »Anfang« (1,3f)
C. Exegese von »Himmel und Erde (1,5/7)
D. Die Erschaffung der Geistwesen (1,8/22)
    I. Problemstellung (1,8)
    II. Syllogistische Widerlegung des Theodor (1,9)

---

10   Dieses Prinzip ist in der antiken Hermeneutik vorgebildet: vgl. z.B. Cicero invent.
    2,50,152: »ex eo quod scriptum sit ad id quod non scriptum sit pervenire«, Marius
    Victorinus adv. Ar. 2,7,12: »de lectis non lecta componere«, Origenes princ. praef. 10:
    »... et unum, ut diximus, corpus efficiat exemplis et affirmationibus, vel his, quas in
    sanctis scripturis invenerit, vel quas ex consequentiae ipsius indagine ac recti tenore
    repperit«; vgl. P. HADOT, De lectis non lecta componere ... Raissonnement théologique
    et raisonnement juridique: StPatr 1 = TU 63 (Berlin 1957) 209/20.

J.Ph. entscheidet den sich angesichts des Schweigens des Schöpfungsberichtes über die Engel entzündenden alten Streit, wann die Engel im Verhältnis zum Kosmos erschaffen wurden bzw. ob die Engel sich innerhalb des Kosmos befinden oder nicht, mittels des Beweises der vollkommenen Unkörperlichkeit der Engel und den aus ihr abzuleitenden Konsequenzen. Wenn Theodor die Engel gleichzeitig zum Kosmos erschaffen sein läßt und sie innerhalb des Kosmos ansiedelt, sieht J.Ph. ihre Geistigkeit nicht gewahrt, selbst wenn Theodor versichert, er gehe von ihrer Unkörperlichkeit aus. J.Ph. erweist diese Behauptung als falsch, indem er zeigt, daß die Idee eines Aufenthalts der Engel im Kosmos ihnen notwendig Körperlichkeit beilegen muß, da das Sich-Befinden an einem Ort innerhalb dieser Welt für J.Ph. per definitionem Körperlichkeit substantieller oder im Falle der λογικὴ ψυχή des Menschen zumindest akzidenteller Art bedeutet.

Anknüpfungspunkt ist für J.Ph. die Begründung, die Theodor dafür gibt, daß von den drei Möglichkeiten des »Zeitpunktes« der Erschaffung der Engel – vor der Welt, gleichzeitig mit der Welt, nach der Welt – nur die zweite in Frage kommt; J.Ph. zufolge hat Theodor gesagt:

> »Es erscheint mir merkwürdig zu glauben, daß vor Himmel und Erde die unsichtbaren und vernünftigen Substanzen durch Gott entstanden, die sich innerhalb von ihnen befinden und durch sie begrenzt werden, wie uns die ganze göttliche Schrift belehrt. Denn welches Argument wird es zulassen, daß das Innere [sc. die Engel] vor dem Äußeren [sc. Himmel und Erde] und das Umfaßte vor dem Umfassenden existiert? Also muß man auch danach suchen, wo sich damals die befanden, die jetzt durch diesen Ort eingegrenzt sind« [11].

Auch wenn die in dieser Aussage gemachte Behauptung Theodors, seine Lehre sei schriftgemäß, für J.Ph. der zentrale Streitpunkt ist, wendet sich J.Ph. der

---

11   Opm. 1,16 (35,18/36,1).

ausführlichen Diskussion der Schriftbeweise des Theodor erst nach der inhaltlichen Auseinandersetzung zu[12]. Sie können hier aber übergangen werden, da sie anders als im Falle von opm. 3 keine definitiven Einsichten über den zeitgenössischen Konflikt zwischen Kosmas und J.Ph. bieten können, weil sich in opm. Buch 1 angesichts des verlorenen Genesiskommentars des Theodor dessen Anteil nicht von dem seiner Anhänger unterscheiden läßt[13].

B. ΤΟΠΟΣ UND ΣΩΜΑ IM COROLLARIUM DE LOCO DES PHYSCOM.

Die Widerlegung des J.Ph. fußt auf seiner naturphilosophischen Konzeption von Körper (σῶμα) und Ort/Raum (τόπος), wie er sie in Auseinandersetzung mit dem aristotelischen Verständnis vom Ort im »Corollarium de loco« des PhysCom. und partiell nochmals in Verbindung mit der Bewegungslehre im »Corollarium de inani« des PhysCom. entwickelt hat[14].

Aristoteles hat in Physik IV 4 211b5/212a7 vier Möglichkeiten zur Definition des Ortes eines Körpers diskutiert: a. die Materie, b. die Form, c. die Ausdehnung innerhalb der äußeren Begrenzung des Körpers, d. die Begrenzung des Körpers durch seine Umgebung. Er selbst hat sich für die letzte Möglichkeit entschieden[15]. J.Ph. hingegen stimmt der dritten Lösung zu und hält die dreidimensionale Ausdehnung (τριχῇ διάστημα) zwischen den Grenzen der Umgebung für die Definition des Ortes eines Körpers. Seine Auseinandersetzung mit der Position des Aristoteles im »Corollarium de loco« erfolgt in drei Schritten: Er kritisiert I. die beiden aristotelischen Argumente gegen c.[16], dann argumentiert er II. in fünf Anläufen gegen die von Aristoteles eingenommene Position d.[17] und verteidigt schließlich III. seine eigene Vorstellung unter elf Gesichtspunkten[18].

---

12 Auch in opm. 3,8/13 erfolgt zweimal zuerst die sachliche Auseinandersetzung und dann die Diskussion der Schriftbeweise; vgl. u. S. 385f.

13 Vgl. o. S. 82.

14 Vollständige engl. Übersetzung bei FURLEY/WILDBERG 14/48, partiell auch bei SAMBURSKY, concept of place 98/114. Die Aussagen aus dem Corollarium de inani werden im folgenden jeweils verglichen.

15 Doch vgl. de caelo I 9 279a11/8 (36f MORAUX): »Denn in jedem Ort kann ein Körper existieren; leer nennt man nämlich das, worin zwar kein Körper ist, aber doch sein kann«.

16 PhysCom. 557,12/560,17 und 560,17/563,25.

17 PhysCom. 563,26/567,28.

18 PhysCom. 567,29/585,4. Die Gliederung des Korollariums nach FURLEY/WILDBERG 14/48.

Zusammmengefaßt stellt sich der Inhalt des Corollariums folgendermaßen dar [19]:

Das Fazit der Ausführungen des Teils I. gegen Aristoteles lautet: Aristoteles verwechselt unkörperliche Ausdehnung und Ort. Der Ort ist unbeweglich und selbst nicht der Körper.

Die fünf Argumente des Teils II. gegen die Annahme des Aristoteles lauten:

a. Ausgehend vom Begriff des Körpers als dreidimensionaler Ausdehnung zeigt sich, daß bei der Annahme des Aristoteles die Oberfläche als Definition des Ortes dieses Körpers nicht seinen Inhalt in Gänze berührt [20].

b. Die äußere Oberfläche eines Körpers kann nicht gleich dem Körper in ihm sein, wenn man davon ausgeht – was allgemein zugestanden wird –, daß der Ort gleich dem Körper in ihm ist [21].

c. Der Ort soll unbeweglich sein, aber die einen Körper umgebende Oberfläche, z.B. die angrenzende Luft, verändert sich ständig, während der Körper stillsteht [22].

d. Es gibt keinen Ort für die äußerste Sphäre, deren Bewegung Ortsveränderung (κίνησις κατὰ τόπον) und nicht quantitative (κίνησις κατ' αὔξησιν καὶ μείωσιν) oder qualitative Veränderung (κίνησις κατ' ἀλλοίωσιν) ist: 1. Der Behelfslösung, die Saturnsphäre sei der Ort des äußeren Himmels, widerspricht die Grundvoraussetzung, daß der Ort die *äußere* Begrenzung des Körpers ist. 2. Die andere Möglichkeit, daß die jeweils aneinander angrenzenden Teile der äußersten Sphäre selbst füreinander Ort sind, kommt nicht in Frage. Denn: α. sind die Teile eines Kontinuums, hier der Himmelssphäre, nicht per se örtlich, sondern nur deshalb, weil das Ganze, dem sie angehören, am Ort ist. Diese Möglichkeit kommt, wenn der Ort der Zustand der übergeordneten Größe und nicht der der Teile ist, ferner nicht in Frage, weil β. die Teile als Teile des Ganzen substantiell nicht voneinander zu trennen sind; wenn sie aber als Ort füreinander dienen würden, hätten sie eine voneinander getrennte Existenz, da sie nicht mehr Teile des Ganzen sind. Schließlich γ: Wenn der Himmel unteilbar ist, kann man sich einen Ortswechsel der Teile nicht vorstellen, wenn die Teile einander als Ort fungieren bzw. sich voneinander entfernen. Wenn Bewegung Ortsveränderung ist, bewegt sich nur das Ganze und bewegen sich nicht die Teile, die einander nicht Platz machen können, ohne daß der Zusammenhang des Ganzen aufgehoben wird [23].

---

19   Das Folgende in Anlehnung an FURLEY: rejection 130/9 und FURLEY/WILDBERG 14/48.

20   PhysCom. 563,26/564,3.

21   PhysCom. 564,3/14, vgl. Corollarium de inani PhysCom. 694,2/12.

22   PhysCom. 564,14/565,1, vgl. Aristoteles Physik IV 4 212,20/2: »Der Ort ist die unmittelbare, nicht in Bewegung begriffene angrenzende Fläche des umschließenden Körpers«.

23   PhysCom. 565,1/567,7, vgl. WIELAND, Raumtheorie 124f. Auch das Corollarium de inani PhysCom. 690,3/691,8 beschäftigt sich mit dem Bewegungsverhalten der Sphären als dem Gegenstand, der, ohne durch einen Körper behindert zu werden, die schnellste aller vorkommenden Bewegungen ausführt und sich dennoch nicht unendlich schnell

e. Wenn der Ort nicht Ausdehnung, sondern die Grenzfläche der Umgebung wäre, können die Teile der Luft, wenn sich z.B. ein Mensch bewegt, jeweils nur Oberflächen an die Stelle bringen, an der sich der Körper vorher befunden hat, da sie als Begrenzung des Körpers eben nur Oberflächen sind; Oberflächen jedoch füllen kein Volumen auf[24].

Teil III. stellt positiv dar, daß die Definition des Ortes die dreidimensionale Ausdehnung ist[25].

a. Bei Ortsveränderungen der Körper werden die Orte gewechselt, die unterschieden vom Körper sind und unbeweglich bleiben. Der Ort ist das Maß des Inhalts und als Ausdehnung ein theoretisch leerer Raum, den es jedoch de facto niemals gibt[26].

b. Verhindert wird das Entstehen eines leeren Raumes nämlich durch die sogenannte »Kraft des Leeren« (ἡ τοῦ κενοῦ βία), deren Existenz durch die Beobachtungen bewiesen wird, daß bei Hochhalten von Gefäßen mit feinen Öffnungen im Boden die Flüssigkeit nicht nach unten ausfließt, wenn die obere Öffnung etwa mittels des Daumens verschlossen wird[27], und daß durch einen Strohhalm Wasser entgegen seiner natürlichen Bewegungstendenz nach unten angesaugt werden kann. Die Hypothese, daß Ort die Oberfläche ist, kann die Existenz dieser Kraft des Leeren nicht erklären, die verhindert, daß es leere Räume gibt[28]. Oberflächen hingegen können nicht voll oder leer sein. Aristoteles würde zustimmen, daß sich nichts außerhalb der konvexen Oberfläche der Fixsternsphäre befindet; niemand würde daher behaupten können, daß diese leer oder voll ist[29].

---

bewegt, sondern eine gewisse Zeit für eine Umdrehung braucht. Die Konsequenz für J.Ph. lautet, daß dann auch geradlinig bewegte Körper, wenn sie sich durch einen leeren Raum bewegen würden, Zeit benötigen und ihre Geschwindigkeit nicht, wie Aristoteles gemeint hat, unendlich groß wird.

24 PhysCom. 567,8/28. Mittels der Bewegung der Körper argumentiert auch das Corollarium de inani PhysCom. 691,8/692,26; 694,13/27; vgl. 689,13/7.

25 PhysCom. 567,29/568,1 stellt eine Art Fazit aus dem Vorangegangenen dar. Die Eliminierung der Alternativen a., b. und d. des Aristoteles für die Definition des Ortes läßt nur Lösung c. zu.

26 PhysCom. 568,1/569,17, vgl. Corollarium de inani PhysCom. 694,13/27, JAMMER 58.

27 Es handelt sich um die sog. κλεψύδραι, Gefäße, die zum Transport von Flüssigkeiten benutzt wurden, beschrieben etwa von Hero pneum. 1,7f (1,56/65 SCHMIDT), vgl. COHEN/DRABKIN 326f.570, FURLEY/WILDBERG 30_{25}.

28 Die Frage, welche Verbindungen solche eher theoretischen Aussagen über die »Kraft des Leeren« zur praktischen Hydropneumatik in Alexandrien haben, bedarf weiterer Klärung. Bemerkenswert ist immerhin, daß ausgerechnet Straton von Lampsakos, der als geistiger Vorgänger des J.Ph. in der Frage der Definition des Ortes bezeichnet werden darf, in Alexandrien Mechanik und Pneumatik initiiert hat – Hero z.B. lehnt sich in vielem an Straton an: vgl. COHEN/DRABKIN 248_{1}, SMITH 16f.

29 PhysCom. 569,18/572,6.

c. Gegen den Einwand, daß Leere doch einfach der fehlende ·Kontakt zwischen zwei Körpern bzw. zwischen Körper und umgebender Oberfläche sein könne, macht J.Ph. geltend, daß es einen Unterschied zwischen Berührung (ἅπτεσθαι) und Begrenzung (πεπεράνθαι) gibt. Wenn man davon ausgehen würde, daß Leere der fehlende Kontakt eines Körpers zu einem anderen sei, dann müsse es außerhalb des Universums Leere geben, da die Himmelssphäre außen ebenfalls keinen Kontakt zu irgendeiner Umgebung besitzt; doch nimmt Aristoteles zu Recht an, daß es außerhalb des Universums keine Leere gibt [30].

d. Daß Wein in Schläuchen diese zum Bersten bringt, beruht darauf, daß er Raum benötigt, und zeigt vor allem, daß Ausdehnung substantiell und nicht bloß akzidentell wie Kontakte zu anderen Körpern mit dem Körper verbunden ist [31].

e. Nachdem J.Ph. ausführlich die Erlaubtheit von Gedankenexperimenten bewiesen hat, stellt er die Hypothese auf, daß bei Wegnahme des gesamten Rauminhaltes zwischen Erdmittelpunkt und äußerer Himmelssphäre ein dreidimensionaler leerer Raum zurückbleiben müßte, der von seinem voher dort befindlichen Inhalt verschieden ist. Der Himmel kollabiert dabei nicht, weil seine Stabilität nicht von dem, was er umgibt, abhängig ist [32].

f. Zum selben Ergebnis gelangt man, wenn man hypothetisch nur einen Teil des Inhaltes einer Kugel wegnimmt: in einer nur halb mit Luft gefüllten Hohlkugel aus Bronze wird sich ein leerer Raum auftun, wenn sich die Luft zu Erde oder Wasser verwandelt, die beide weniger Platz als die Luft benötigen; oder, und J.Ph. nimmt hier zu einer Kritik des Themistius an Galen Stellung und muß Galen recht geben, wenn aus einer Hohlkugel Wasser ausfließt, bleibt, wenn kein anderer Körper als Ersatz eindringt und die Bronzekugel nicht kollabiert, ein leerer Raum zurück. Dies zeigt die gedanklich mögliche Trennbarkeit von Raum und Rauminhalt an, auch wenn sie de facto nicht auftritt [33].

g. J.Ph. wehrt die Meinung ab, er setze dreidimensionale Ausdehnung, also den leeren Raum, mit der Ausdehnung eines Körpers gleich, wenn man sie von allen ihren Qualitäten abstrahiere. Der Raum ist jedoch nicht der in ihm sich aufhaltende Körper. Hätte der Raum körperliche Eigenschaften, würden er und der in ihm befindliche Inhalt als zwei Körper einander durchdringen, was unmöglich ist [34]. Hingegen erfüllt der Ort als leere Ausdeh-

---

30 PhysCom. 572,7/573,21.
31 PhysCom. 573,22/574,12. Interessant ist, daß J.Ph. das Argument auf dem Nebengedanken aufbaut, daß die Schläuche durch Wein gesprengt werden, den der Schöpfer jeweils neu geschaffen hat. In aetm. 11,4 (416,1/15) wird derselbe Sachverhalt nur als Umwandlungsprozeß eines festliegenden Quantums an Wein dargestellt.
32 PhysCom. 574,13/575,20.
33 PhysCom. 575,21/577,9.
34 Vgl. Corollarium de inani PhysCom. 688,31/5, aetm. 7,17 (280,8/285,2), E. GRANT, The principle of the impenetrability of bodies in the history of concepts of separate space from the Middle Ages to the seventeeth century: DERS., Studies.

nung alle von Aristoteles für den Ort genannten Definitionsbedingungen: Er
ist den Grenzen nach mit seinem Inhalt gleich, unbeweglich, kein Teil seines
Inhaltes, von ihm (gedanklich) trennbar, und umgibt ihn zugleich, wie die
Grenzen des Körpers diesen umgeben [35].
    h. Die folgenden Ausführungen des J.Ph. bedürfen einer ausführlicheren
Besprechung. Von seiten traditioneller naturphilosophischer Theorie sieht J.Ph.
den Einwand auf sich zukommen, daß sein Verständnis vom Ort als dreidimensionaler Ausdehnung ohne Substanz und Materie Ort als rein quantitative Größe begreift [36]. Die Quantität jedoch könne, so der Einwand, nicht an sich bestehen, sondern existiere wie alle anderen Kategorien nur in der Substanz. Daher
könne es einen solchen Ort, wie ihn J.Ph. sich vorstellt, nicht geben. Dem hält
J.Ph. grundsätzlich entgegen, daß nicht die Theorie der Maßstab der Wirklichkeit ist, sondern umgekehrt [37]. Bei natürlichen Dingen kommt nach J.Ph. Form
immer in der Quantität als Zugrundeliegendem vor. Dreidimensionale Erstrek-
kung ist somit eine untrennbar mit der Substanz verbundene Kategorie [38]. Der
Begriff »substantielle Quantität« fällt dafür in PhysCom. 578,23/32 nicht, doch
ist davon auszugehen, daß J.Ph. an dieser Stelle das gleiche Konzept wie in aetm.
vor Augen hat, wenn er schreibt:

> »Deshalb würde ich sagen, daß alle natürlichen Formen in der Quantität als
> Zugrundeliegendem das Sein haben. Und warum muß man über die Quan-
> tität sprechen? Keine natürliche Form nämlich (sagt man) würde ohne Materie
> bestehen können; alles sei also gegenüber der Materie akzidentell. [Dieser
> Satz ist als potentieller Einwand gegen das Verständnis des J.Ph. von Quan-
> tität und nicht als Meinung des J.Ph. aufzufassen.] Um zu erkennen, wie es
> sich nun verhält, bedürfte es einer langen Argumentation und einer Menge
> Zeit ...« [39].

In aetm. bezeichnet J.Ph. dann explizit die dreidimensionale Ausdehnung als
Substanz des Körpers und stellt fest, daß sie kein »ποσὸν συμβεβηκός« sein

---

35 PhysCom. 577,10/578,4.
36 PhysCom. 578,5/579,18.
37 Ähnlich im Corollarium de inani PhysCom. 687,15/29. Diese Aussagen sind deshalb
    bemerkenswert, weil als gängige Meinung über das Verhältnis von philosophischer
    Theorie und beobachtbarer Wirklichkeit im Verständnis der Spätantike die Ansicht
    Gültigkeit beansprucht, wie sie SAMBURSKY, Weltbild 11, formuliert, daß das Weltbild
    des Aristoteles, das in der Spätantike zur vorherrschenden naturphilosophischen Lehre
    wird, eine »nur lose mit der Erfahrung verbundene Theorie« sei.
38 PhysCom. 578,5/32.
39 PhysCom. 578,23/8. Daß die letzte Bemerkung ein Hinweis auf aetm. sein will, läßt sich
    nicht beweisen.

kann; ebenso sind die Qualitäten der Elemente nicht akzidentell, sondern substantiell:

>»Daher ist die Substanz des Körpers schlechthin nichts anderes als die un-
bestimmte Dreidimensionalität, die, indem sie durch den Unterschied klein
– groß bestimmt wird und indem sie die Unterschiede annimmt, die die
Formen der körperlichen Substanzen schaffen, die individuellen Substanzen
der Körper vollendet, ich meine die von Wasser, Feuer, Sonne, Mond und
allem übrigen. Nachdem das also gezeigt wurde, ist klar, daß die dreidimensionale Ausdehnung nicht akzidentelle Quantität ist. Denn sie würde
ohne den Untergang des Körpers entstehen und wieder verschwinden, nun
aber kann man sich den Körper nicht einmal ohne dreidimensionale Ausdehnung vorstellen. Folglich ist sie Substanz des Körpers. Wenn nun die
dreidimensionale Ausdehnung sogar Substanz des einfachen Körpers ist und
nur sie bei der Veränderung der Körper unveränderlich verharrt, wie bewiesen ist, gibt es also kein Argument, das zeigen kann, daß ihm die unkörperliche Materie zugrundeliegen muß. Daher ist sie [sc. die dreidimensionale
Ausdehnung] das erste Zugrundeliegende aller natürlichen Formen, auf
dessen Grundlage [ἐξ οὗ] nun auch, wenn die substantiellen Qualitäten sich
verbunden haben, die in konkreter Existenz [ἐν ὑπάρξει] gebildeten Körper
entstehen, Feuer, Wasser und das übrige. Denn wie das Unverständige [ἄλο-
γον] bzw. Sterbliche nicht durch sich Bestand hat, wenn es aber sich mit
dem Lebewesen, das heißt dem beseelten Sinnenwesen, sich verbindet und
so seine Existenz bekommt (ich meine aber Lebewesen nicht der Gattung
nach, sondern das [Lebewesen], das bereits Existenz besitzt und Teil des
zusammengesetzten [Gesamtwesens] wird), so bekommen auch das Warme
bzw. Leichte und was die Substanz des Feuers vollkommen macht, ebenso
auch das Feuchte und Kalte, die (die Substanz) des Wassers bilden, und die
wesentlichen Eigenschaften von Erde und Luft, die deren körperliche Unterschiede sind, im einfachen Körper als der dreidimensionalen Ausdehnung ihr Dasein« [40].

Der Unterschied zu Aristoteles liegt darin, daß J.Ph. das aristotelische Schwanken in der Bewertung der Gegensätze – bald als Qualitäten, bald als Prinzipien
– dadurch auflöst, daß er die prima materia wegfallen läßt bzw. abstrakt in die
Dreidimensionalität verlegt und andererseits die Gegensätze als Qualitäten definiert und von akzidentellen zu substantiellen Qualitäten erhebt und damit die
aristotelische Kategorientafel durchbricht [41]. Wie historisch das Verständnis von
prima materia (logisch oder real gedacht) und Unkörperlichkeit der »Materie an

---

40   Aetm. 11,6 (425,1/24).
41   Vgl. WOLFF, Fallgesetz 117/9.

sich« aufeinander einwirkten bzw. sich gegenseitig förderten, ist noch nicht hinreichend erschlossen. Moderatus (1.Jh.n.Chr.) hat, wie Simplicius aus Porphyrius entnimmt, angegeben, daß die Pythagoreer und Platon (Platoniker) die Materie als Quantität und Schatten des Geistigen gedacht hätten [42]. Die Probleme, die sich in Verbindung mit der Substanz-Akzidens-Beziehung ergeben, hat als erster anscheinend Lukios (ca. 170/80 n.Chr.) angesprochen [43]. Simplicius selbst beschreibt die prima materia als vollkommen unbestimmte Körperlichkeit, von der er eine durch drei Dimensionen bestimmte allgemeine Körperlichkeit unterscheidet [44].

Substanzen treten auch nach dem Korollarium des PhysCom. niemals ohne die anderen Kategorien auf, ob diese nun wie in aetm. als substantielle oder bloß als akzidentelle, aber von der Substanz untrennbare Größen gedacht sind, obwohl sie gedanklich isoliert werden können [45]. J.Ph. kritisiert in diesem Zusammenhang dadurch gleichzeitig das neuplatonische Konzept des »Selbststandes« (αὐθυπόστατος) der Substanz und stellt fest, daß Substanz an sich nicht existieren kann, sondern, so ist zu ergänzen, substanzbildender Quantität und des weiteren substanzbildender Qualitäten bedarf. Der Begriff αὐθυπόστατος beschreibt, wie FURLEY bemerkt [46], Seiendes, das aktuell durch sich selbst existiert, ohne etwas anderes als Zugrundeliegendes zu benötigen. Es ist selbsterzeugt, ewig, nicht zusammengesetzt, unvergänglich und daher immateriell. In aetm. benutzt J.Ph. den Begriff in eben diesem eigenen, vom neuplatonischen verschiedenen Sinne: Substanz an sich gibt es nicht, sondern

> »nur dies nämlich ist bei dem, was man an den Körpern wahrnimmt, das αὐθυπόστατον und die Substanz des Körpers schlechthin, was dreidimensionales, nach Größe oder Kleinheit unbestimmtes Volumen ist« [47].

Bei dieser Analyse der Bestandteile eines Dinges durch J.Ph. muß freilich seine Bemerkung beachtet werden, daß der dreidimensionale, von seinen Qualitäten

42   Simplicius PhysCom. 230,34/232,6, vgl. J. DILLON, The middle Platonists (London 1977) 347. Zur Aufhebung des Unterschiedes von Körperlichkeit und Unkörperlichkeit bei Plotin vgl. C. COLPE, Die griechische, die synkretistische und die iranische Lehre von der kosmischen Mischung: OrSuec 27/8 (1978/9) 132/47, hier 145. Christlicherseits vgl. bes. Origenes princ. 4,4,7 (GCS Orig. 5,357,29/358,25 KOETSCHAU), Gregor Nyss. hex. (PG 44,128C/132A), dazu ALEXANDRE, exégèse 167f.172/4.

43   Vgl. WOLFF, Fallgesetz 112/9, MORAUX, Aristotelismus 2,536/9.

44   Simplicius PhysCom. 230,21/33; vgl. TSOUYOPOULOS 13/5, SORABJI, MSM 3/22.

45   PhysCom. 578,32/579,15.

46   FURLEY: FURLEY/WILDBERG 40₃₀, vgl. J. WHITTAKER: EnAC 21 (1974) 193/237.

47   Aetm. 11,5 (424,8/11), vgl. aetm. 11,6 Keph. (405,25/7): »καὶ ὅτι τὸ ἐν τοῖς σώμασιν αὐθυπόστατον καὶ ἡ ἁπλῶς οὐσία τὸ ἀόριστόν ἐστιν τριχῇ διαστατὸν ἔσχατον ὂν πάντων ὑποκείμενον«.

abstrahierte Körper als das *zweite* Zugrundeliegende neben der Materie als erstem Zugrundeliegendem bezeichnet wird, die beide, soweit sie es für sich überhaupt vermögen, ein eigenes Dasein zu haben, trotzdem niemals ohne Qualitäten auftreten[48]. Mit der Bezeichnung des dreidimensionalen Körpers als *zweites* Zugrundeliegendes legt J.Ph. nämlich einen aristotelischen Materiebegriff zugrunde[49]. Dies harmoniert jedoch nicht mit aetm., wo J.Ph. die dreidimensionale körperliche Ausdehnung zum *ersten* Zugrundeliegenden und zur prima materia erhebt[50]. SORABJI schließt daraus jedenfalls auf eine Änderung der Ansichten des J.Ph. von PhysCom. hin zu aetm. und hält es offenbar nicht für möglich, daß J.Ph. schon in PhysCom. die Dreidimensionalität bzw. die Quantität als erstes Zugrundeliegendes denkt[51]. Doch ob man anhand der Bemerkung über die Quantität als zweites Zugrundeliegendes einen Wechsel konstatieren soll, ist schwierig zu beurteilen. Gewiß stellt die Annahme SORABJIS die wahrscheinlichste Möglichkeit dar. Aber es ist nicht sicher, ob mit der obigen Bemerkung über den dreidimensionalen qualitätslosen Körper J.Ph. nicht einfach nur für den Leser am Konzept des Aristoteles und seiner Sprachregelung anknüpft und darauf aufbauend seine Gedanken entwickelt, ohne daß er das Konzept selbst notwendig teilt. Auch wenn ferner J.Ph. an einer anderen Stelle des Korollariums[52] Dreidimensionaliät zur Definition eines Körpers nicht als ausreichend erachtet (es gibt ja für ihn darüberhinaus den dreidimensionalen leeren Raum), ist dies nicht unbedingt notwendig, wie SORABJI meint[53], ein weiterer Hinweis auf Unterschiede zu aetm. Denn in aetm. geht es J.Ph. nicht um eine *Definition* von Körper, sondern um den Nachweis, daß die von seinem Gegner angenommene ewige prima materia so nicht existiert, und in PhysCom. 561,5/24 besteht als übergeordnetes Ziel der Nachweis, daß es Dreidimensionalität, d.h. den Ort, unabhängig vom Körper gibt und, selbst wenn dies überflüssig anzunehmen ist, mehrere körperlose Ausdehnungen an einem Ort sein können; dieses Ziel strebt J.Ph. aber mit dem Nachweis an, daß nach den *Aussagen des Aristoteles* Raum als Quantität nicht ausschließlich an den Körper gebunden sein muß; was J.Ph. zum Verhältnis von Quantität und Substanz zu sagen hat, steht daher nicht notwenig zur Debatte[54].

Auch eine weitere von SORABJI hinzugezogene Stelle aus dem Corollarium de inani muß nicht notwendig einen Hinweis für einen Unterschied zwischen PhysCom und aetm. darstellen. Die Stelle lautet:

---

48 PhysCom. 579,3/6.
49 Vgl. das Referat in CatCom. 83,13/9.
50 Aetm. 11,3 (412,15/415,10; bes. 414,19f) und 11,6f (424,12/428,25; bes. 426,21/4) u.a.
51 SORABJI: rejection 19 und MSM 24f, er folgt damit WOLFF, Fallgesetz 120/37.
52 PhysCom. 561,5/24.
53 SORABJI, MSM 24, DERS.: rejection 20.
54 Auch SEDLEY: rejection 149f[27] will diese Passage als Zeugnis für die wirkliche Position des J.Ph. eher gering veranschlagen.

»Auch wenn wir jegliche Qualität vom Körper wegnehmen würden, wird
die Materie als (quantitatives) Volumen und der qualitätlose Körper [ἡ
ὀγκωθεῖσα ὕλη καὶ τὸ ἄποιον σῶμα] zurückbleiben, der sich aus Materie
und quantitativer Form [τὸ κατὰ ποσὸν εἶδος] zusammensetzt ...«[55].

SORABJI interpretiert die Stelle wohl so, daß ὀγκωθεῖσα ὕλη das erste und ἄποιον
σῶμα das zweite Zugrundeliegende ist und stößt sich offenbar daran, daß nach
dieser Aussage das ἄποιον σῶμα aus Materie und Form besteht, während dies in
aetm. bestritten wird[56]. Freilich wird bei dieser Annahme nicht recht deutlich,
in welchem Verhältnis τὸ κατὰ ποσὸν εἶδος und ὀγκωθεῖσα ὕλη zueinander
zu denken sind. Die Schwierigkeit wird geringer, wenn man ὀγκωθεῖσα ὕλη
und τὸ ἄποιον σῶμα das gleiche bedeuten läßt; dies ergäbe das Konzept aus
aetm., das ἄποιον σῶμα und dreidimensionale Erstreckung identifiziert. Daß
J.Ph. das ἄποιον σῶμα aus Materie und Form zusammensetzt, läßt sich an
dieser Stelle des Korollariums damit erklären, daß er gegen einen potentiellen
Einwand des Aristoteles zeigen will, daß das Leere kein Körper sein kann, weil
selbst bei Absehung von allen Eigenschaften, die ein Körper aufweisen kann,
immer noch ein Körper zurückbleibt, der nicht mit dem Leeren identisch sein
kann, da er als Körper aus Materie und Form besteht; beides kann das Leere nicht
aufweisen.
    Folgt man hingegen einem Hinweis von WIELAND[57], so läßt sich im Corpus
von PhysCom. die Gleichsetzung von körperlicher Erstreckung und quantitativer Bestimmung der Materie eines Körpers, sofern von seiner Form abgesehen

---

55 PhysCom. 687,31/3. Im Kontext wird von J.Ph. gezeigt, daß die Annahme des Aristo-
    teles falsch ist, Leeres und Körper miteinander zu identifizieren.

56 Aetm. II,3 (414,17/415,10): »Wenn wir jedoch einen solchen Körper, wenn die Elemente
    verschwunden sind, unveränderlich verharren sehen, scheint dieser das erste Zugrunde-
    liegende und die erste Materie eines jeden Naturgegenstandes zu sein. Weil jeder mit
    Qualitäten versehene Körper aus Zugrundeliegendem und Form zusammengesetzt ist,
    muß deswegen der qualitätslose Körper, der den qualitativ bestimmten Körpern so, wie
    sie qualitativ bestimmt sind, zugrundeliegt, nicht auch schon aus Zugrundeliegendem
    und Form zusammengesetzt sein. Denn auch kein qualitativ bestimmter Körper ist,
    insofern er Körper ist, aus Zugrundeliegendem und Form (zusammengesetzt), sondern
    er ist es, insofern er derartig Körper ist und qualitativ bestimmt ist, warm oder kalt,
    schwer oder leicht; denn allem liegt der qualitätslose Körper zugrunde. Also besteht
    jeder mit Qualitäten versehene Körper einerseits aus der zugrundeliegenden dreidimen-
    sionalen Erstreckung, das heißt dem qualitätslosen Körper, andererseits aus der Form –
    feuriger, luftiger oder irgendeiner anderen. Wie also die Form nicht aus Zugrunde-
    liegendem und Form zusammengesetzt ist, so wird auch der Körper an sich, der allen
    natürlichen Formen zugrundeliegt, nicht aus Zugrundeliegendem und Form zusam-
    mengesetzt, sondern liegt selbst allem zugrunde und ist einfach«.

57 WIELAND, Raumtheorie 131.

wird (ὀγκωθεῖσα oder ποσωθεῖσα ὕλη), durch J.Ph. erkennen [58]. Die Stelle ist ein Kommentar zu Physik IV 2 209b1/18 und lautet:

> »Wenn aber der Ort das ist, was ein jedes umschließt, wäre der Ort, sagt er [sc. Aristoteles], einfach die Grenze [πέρας τι; vgl. Physik IV 2 209b1f]. Wenn aber der Ort das ist, was ein jedes als erstes begrenzt und abgrenzt, könnte man meinen, der Ort sei die Form. Denn das Eigentümliche der Form ist es, ein jedes abzugrenzen und zu begrenzen und vom übrigen zu scheiden [lies ἀποκρίνειν statt ἀποκρῖνον]. Daher nun, sagt er, könnte man meinen, der Ort eines jeden sei die Form, aus anderem aber, was sich an ihm [sc. dem Ort] vorfindet, könnte man annehmen, er sei die Materie [vgl. Physik IV 2 209b3/6]. Denn wenn der Ort eine gewisse räumliche Erstreckung ist und die ausgedehnten Größen [μέγεθος] aufnimmt, könnte man glauben, er sei Materie. Denn die Materie an sich ist eine derartige unbestimmbare Erstreckung, sie wird aber begrenzt durch die Oberflächen der ausgedehnten Größen, ihre Gestalten und übrigen Zustände. Denn wenn wir, sagt er, von der Kugel die Zustände, die Gestalt und die Grenzen wegnehmen würden, bleibt nichts anderes zurück als unbestimmte Erstreckung ohne Grenze [vgl. Physik IV 2 209b6/12], dies aber ist die Materie als quantitatives Volumen [ὀγκωθεῖσα ὕλη]. Da nun auch der Ort etwas derartiges zu sein scheint (denn er ist an sich etwas Ungestaltetes und Qualitätsloses, nimmt aber Dinge mit Gestalt und Qualität auf), könnte man daraufhin glauben, er sei die Materie. Aber nicht nur deswegen (könnte man dies glauben), sondern weil er ein und derselbe bleibt, wenn er mehrere ausgedehnte Größen zu verschiedenen Zeiten aufnimmt. Denn dies ist besonders der Materie eigentümlich. Deswegen, sagt er, hat auch Platon im Timaios die Fähigkeit zur Aufnahme der Form und den Raum als ein und dasselbe bezeichnet, die Fähigkeit zur Aufnahme der Form aber bedeutet für ihn die Materie [vgl. Physik IV 2 209b12/4]. Wenn freilich die Materie fähig zur Aufnahme der Form ist, diese Fähigkeit aber der Raum ist, der Raum aber nichts anderes als der Ort ist, hat Platon also gesagt, daß die Materie der Ort ist. Wenn aber Platon im Timaios die Materie anders bezeichnet hat, indem er sie aufnahmefähig genannt hat, in den Ungeschriebenen Lehren sie aber als das Große und das Kleine bezeichnet, haben wir nichts dagegen, außer daß er sagt, die Aufnahmefähigkeit sei der Raum und der Ort. Alle anderen nun, sagt er, haben lediglich zugegeben, daß es den Ort gibt, nur Platon hat sich darangemacht zu sagen, was er ist, indem er meint, daß der Raum und der Ort die Materie ist [vgl. Physik IV 2 209b14/8]. Aristoteles nun, der wie gewohnt das Offenbare widerlegt, macht Platon, wenn er sagt, die Materie

---

58 PhysCom. 515,8/516,26.

sei der Ort, zu Recht einen Vorwurf, es ist aber offensichtlich, daß Platon nicht den Ort, den wir jetzt behandeln, der die zusammengesetzten Körper aufnimmt, als Materie bezeichnet, sondern daß er analog zu den natürlichen Formen die Materie als Ort bezeichnet, denn so wie jeder Körper am Ort ist, so ist jede natürliche Form in der Materie« [59].

Aber auch diese Einschätzung von WIELAND ist nicht unproblematisch: zum einen wird an dieser Stelle nicht vom Körper, sondern vom Ort gesprochen; ferner hat WIELAND nicht beachtet, daß J.Ph. hier eigentlich wieder nur die verschiedenen Möglichkeiten erläutert, die Aristoteles zur Definition von Ort angibt, der dessen Gedanken aber nicht gelten lassen will. Daß die ὀγκωθεῖσα ὕλη als dreidimensionale Erstreckung in dieser von Aristoteles abgelehnten Hypothese zugleich als das erste Zugrundeliegende gedacht wird, kann man zwar vermuten, aber dem Text nicht explizit entnehmen. Daher läßt sich aus dem Gesagten höchstens indirekt schließen, daß J.Ph. selbst bereit ist, körperliche Erstreckung und prima materia bzw. erstes Zugrundeliegendes zu identifizieren. In jedem Falle ist diese Stelle, um eine Übereinstimmung der Anschauungen in PhysCom. und aetm. festzustellen, ebenfalls nicht genügend beweiskräftig.

Als Fazit der Überlegungen bleibt nur die magere Erkenntnis, daß für eine Festlegung des Verhältnisses zwischen den Korollarien bzw. dem Corpus von PhysCom. und aetm. der Vergleich der Anschauungen über die qualitätslose dreidimensionale Erstreckung als Bestimmung des Körpers nicht ausreicht. Wiederum fordert die methodische Schwierigkeit ihren Tribut, daß Sicherheit über die wirklichen Anschauungen des J.Ph. erst dann zu gewinnen sein wird, wenn durch den Kontext jeder einzelnen Stelle gewährleistet ist, daß wirklich J.Ph. seiner eigenen Meinung Ausdruck gibt. Eine umfassende Aufarbeitung von PhysCom. unter diesem Gesichtspunkt steht jedoch noch aus [60]. Sollte freilich die Meinung von SORABJI zutreffen, wären die ohnehin fragwürdigen Hypothesen zur Chronologie von VERRYCKEN nicht aufrechtzuerhalten.

Als Abschluß dieses Abschnittes des Korollariums zieht J.Ph. aus der Erkenntnis, daß Quantität nicht ohne Substanz vorkommt, die Konsequenz, daß der leere Raum – obwohl er gedanklich für sich existieren kann – niemals ohne Körper vorkommt [61].

i. J.Ph. erkennt einen weiteren möglichen Einwand: Bei seinem Konzept vom Ort als leerem Raum kann man nicht, so der Einwand, die beiden Grundgegebenheiten des aristotelischen Weltbildes »oben« und »unten« [62] definieren

---

59 PhysCom. 515,8/516,8. Es folgt noch eine nähere Ausführung des letzten Gedankens. WOLFF, Fallgesetz 120$_{25}$, hat diese Stelle ganz gegenteilig für die Annahme hinzugezogen, daß J.Ph. in PhysCom. eine aristotelische Materieauffassung vertritt.

60 Vgl. o. S. 138f.

61 PhysCom. 579,15/8.

62 Vgl. Aristoteles Physik IV 4 212a22/31.

und erklären, daß die natürlichen Orte der Elementenganzheiten mit einer Kraft ausgestattet sind, welche die Elemente danach streben läßt, an der angrenzenden Oberfläche ihren Platz einzunehmen, wie z.B. das Feuer nach der konkaven Oberfläche der Mondsphäre strebt. Dem entgegnet J.Ph., daß sich »oben« und »unten« eben nicht absolut fixieren lassen und keine Eigenschaft des Raumes oder Ortes sind. Hohe Berge kann man als »oben« bezeichnen, obwohl sie eigentlich von ihrer elementaren Eigenschaft her »unten« sind, während die Luft in den Tälern zugleich relativ zu den Gipfeln »unten« ist, obwohl sie als Element eigentlich »oben« ist. Ferner ist das aristotelische Konzept von der Kraft, die den natürlichen Orten der Elementenganzheiten innewohnen soll, aufzugeben: Die Elemente nehmen den Ort allein aufgrund der ihnen innewohnenden Bewegungstendenz ein, die ihnen bei der Erschaffung durch den Schöpfer mitgegeben worden ist [63].

j. Noch ein anderer Einwand beschäftigt J.Ph.: Ort als leeren Raum könne es nicht geben, weil er unbegrenzt sein müsse; bezogen auf das Weltall würde dies einen unbegrenzten Kosmos bedeuten, was gegen die Beweise des Aristoteles in Physik III 4 204a1 und de caelo I 9 278b20 ist. Unbegrenzt muß er deshalb sein, da nur Körper begrenzt sind, und zwar durch ihre Oberfläche, der Ort im Verständnis des J.Ph. aber eben kein Körper ist. J.Ph. hält dem entgegen: wenn man sich leeren Raum denken kann, ist es möglich, ihn auch mit einer Oberfläche als Begrenzung zu denken. Selbst wenn man dies nicht tun möchte, muß der leere Raum nicht unbegrenzt sein. Denn da der leere Raum der Ort der Körper ist, nehmen die Körper nur den ihnen zur Verfügung stehenden Raum ein. Die äußerste Grenze des Kosmos fällt so mit der Grenze des leeren Raumes zusammen [64].

k. Schließlich setzt sich J.Ph. noch mit mehr formalen Gegenargumenten seines Lehrers Ammonius auseinander: Aristoteles sei Naturphiloph und beschäftige sich nur mit Dingen der Natur, die ein Prinzip der Bewegung und der Ruhe in sich haben. Ein leerer Raum jedoch besitze dies nicht, komme also nicht natürlich vor und könne daher nicht als Definition des Ortes akzeptiert werden. Dagegen führt J.Ph. an, daß Aristoteles sehr wohl nach der Existenz des Ortes an sich und nicht nur anhand der Naturdinge gesucht hat. Außerdem muß nach Aristoteles der Ort unbeweglich sein, und es gibt natürliche Dinge wie die Himmelspole, die unbeweglich sind [65].

Überblickt man diese Argumente, so lassen sich als wesentliche Ergebnisse festhalten, daß für J.Ph. Ort und Körper zwei verschiedene Größen sind. Ort ist der unbewegliche, von seinem Inhalt trennbare und theoretisch leere dreidimensionale Raum, den in der Wirklichkeit allerdings immer ein Körper, und

---

63 PhysCom. 579,19/582,18, vgl. Jammer 59.
64 PhysCom. 582,19/583,12.
65 PhysCom. 583,13/585,4.

zwar immer nur einer, einnimmt [66]. Gleichzeitig ist der Ort als Raum der aristotelischen dynamischen Qualitäten entkleidet, da er nicht mehr die Fähigkeit besitzt,
verschiedenen Arten von Körpern auch verschiedene Arten von Bewegung mit-
zuteilen[67]. Dafür besitzt er eine eigentümliche Kraft, die es verhindert, daß er leer
wird. Nur in bezug auf die Grenzen stimmt der Ort mit dem Körper überein.

Sorgfältig von dieser Definition des Ortes als dreidimensionaler, also *räumlicher* Ausdehnung zu unterscheiden ist die Erfassung der letzten Grundlagen
eines Körpers. Wenn in einem Körper in Gedanken seine Elemententeile Feuer, Luft, Wasser und Erde getrennt werden, diese sodann in ihre Bestandteile,
die vier Qualitäten warm, kalt, feucht und trocken, zerlegt und diese wiederum
nach einem letzten Zugrundeliegenden befragt werden, das als Subjekt aller
Veränderung verharrt, die beim Übergang der Elemente ineinander erfolgt, so
bleibt nach J.Ph. in aetm. – ob im Corollarium de loco und PhysCom. insgesamt, ist nicht sicher, wenngleich nicht unmöglich – keine aristotelische form-
und qualitätslose ewige prima materia übrig[68], sondern dreidimensionale Ausdehnung als substanzbildende Quantität eines Körpers, auf der als letztem Zugrundeliegendem die substanzbildenden Qualitäten aufruhen[69]. Nur noch in über-
tragenem Sinn läßt sich diese dreidimensionale Ausdehnung als »prima materia«

---

66 SEDLEY: rejection 151, stellt richtig fest, daß τόπος für J.Ph. sowohl »Vakuum« als auch
    »Raum« meint und J.Ph. den Begriff des Raumes vom Begriff des Leeren her entwickelt.

67 Vgl. WIELAND, Raumtheorie 127f.

68 Die Frage, ob Aristoteles selbst in diesem Sinne von einer prima materia ausgeht bzw.
    ob seine physikalischen Lehren ein derartiges Konzept im metaphysischen Sinne verlan-
    gen, auch wenn es nicht so genannt wird, ist umstritten, kann aber hier nicht weiter
    untersucht werden. Zu den Unstimmigkeiten in der Lehre des Aristoteles und seinen
    zwei einander widersprechenden Ausführungen zum Thema in Physik I 9 192a31/3 und
    Metaphysik VII 3 1029a20/4 und zu weiteren Stellen (Metaph. XII 3 1069b35; V 4
    1015a7/10; Phys. II 11 193a29) vgl. GILBERT 184/9, DE VRIES 64f, W. DETEL, Materie:
    HWP 5 (1980) 870/80, hier 876f, H.M. ROBINSON, Prime matter in Aristotle: Phronesis
    19 (1974) 168/88. Daß die prima materia für Aristoteles nur ein Reflexionsbegriff, aber
    keine Realität ist, meint mit anderen DÜRING 373; vgl. JOACHIM in seiner Edition von
    GenCor. 198f. Zuletzt hat W.CHARLTON, Prime matter, a rejoinder: Phronesis 28 (1983)
    197/211 dargelegt, daß die eingangs gestellte Frage in beiden Teilen zu verneinen sei.
    Doch selbst wenn CHARLTON Recht hat, ist dies für J.Ph. von geringem Belang, da er
    zu seiner Zeit bereits selbstverständlich von πρώτη ὕλη als dem strukturlosen Zugrun-
    deliegenden der vier Elemente redet: z.B. aetm. II,3 (414,20), PhysCom. 191,4/8:
    πρώτη ὕλη ist das, was bei aller Veränderung der Materie im einzelnen in der Zeit
    ungeworden und unvergänglich bleibt.

69 An dieser Stelle unterscheidet sich die Konzeption des J.Ph. von der des Simplicius.
    Ohne an dieser Stelle auf die Einzelheiten der Raumtheorie des Simplicius eingehen zu
    können, so ist hier doch festzuhalten, daß er zwar ebenfalls grundsätzlich zwischen dem
    Ort als räumlicher Ausdehnung und dem in ihm befindlichen Körper trennt, aber die
    Grundlagen des Körpers anders bestimmt: er hält an der qualitätslosen prima materia
    fest und stellt daneben als das Abstraktum allgemeine Körperlichkeit, die sodann Grund-

bezeichnen; in Wirklichkeit kann von Materialität keine Rede mehr sein. Dreidimensionale Ausdehnung stellt für J.Ph. in aetm. nicht bloß das erste Zugrundeliegende eines Körpers dar, sondern läßt sich auch als seine Substanz bestimmen [70]. Von der Ausdehnung des Ortes ist sie dadurch unterschieden, daß sie eben *körperliche* Ausdehnung ist und daher als das Volumen (ὄγκος) des Körpers aufzufassen ist [71]. Freilich handelt es sich dabei um das Volumen an sich, bei dem von allen konkreten Größenbestimmungen der körperlichen Ausdehnung nach (μέγεθος) [72] und möglichen Wandlungen abgesehen wird, auch wenn ein solch abstraktes Volumen eines Körpers wiederum nicht tatsächlich existiert [73].

Bedeutsam ist, daß dieses Verständnis der letzten Grundlagen eines Körpers sich in c.Arist., aetm. [2], diait., totalit. und tmem., also Schriften, die zeitlich nach aetm. anzusetzen sind, wiederfinden läßt [74].

J.Ph. ist mit seinen Ideen vom τόπος als dreidimensionalem Raum nicht der erste, der in dieser Weise das aristotelische Verständnis kritisiert und ablehnt. Bereits die unmittelbaren Nachfolger des Aristoteles Theophrast und bes. Straton von Lampsakos haben Ansichten vertreten, die wesentliche Gedanken des J.Ph.

---

lage der qualitativ meßbaren körperlichen konkreten Ausdehnung ist: vgl. SORABJI, MSM 4/22, G. VERBEKE, Ort und Raum nach Aristoteles und Simplikios: Aristoteles als Wissenschaftstheoretiker, hg.v. J. IRMSCHER/R. MÜLLER = Schriften zur Geschichte und Kultur der Antike 22 (Berlin 1983) 113/22. Die von Simplicius vertretene Beschreibung von Körper hat das Mittelalter in den Begriffen prima materia und quantitas materiae rezipiert: vgl. TSOUYOPOULOS 8/20, WIELAND, Raumtheorie 131_{28}.

70 Aetm. II,5 (423,14/424,11), II,6 (424,23/425,10), vgl. SORABJI, MSM 27.

71 Vgl. WIELAND, Raumtheorie 123.

72 μέγεθος bezieht sich immer auf die körperliche Ausdehnung, nicht auf die Erstreckung des Ortes; hierfür wird διάστημα benutzt.

73 Aetm. II,5 (424,10f), II,6 (12/7), Corollarium de inani PhysCom. 687,30/688,9, vgl. SEDLEY: rejection 146/50.

74 C.Arist. frgm. 71 bei Simplicius CaelCom. 134,9/28 und frgm. 72 bei ebd. 135,21/136,1; aetm. [2] bei Simplicius PhysCom. 1331,20/5; diait. 41 (78f SANDA): Nur das, was alle Bestandteile eines Dinges – das sind die Körperlichkeit, die allem zugrundeliegt, und die Proprietäten (ἴδιον) – zugleich in den Blick nimmt, wird mit dem Begriff Natur bezeichnet, daher kann auch bei Christus nur die eine Person aus Gottheit und Menschheit als Natur bezeichnet werden; tmem. 8 bei Michael Syr. chron. 8,13 (2,108 CHABOT): »Nous avons montré clairement ailleurs que ce n'est pas la matière première incorporelle, mais la matière à trois dimensions qui est le substratum de tout. Donc, ce qui est composé de cette matière à trois dimensions et d'une forme quelconque, comme celle du feu, est un corps spécifique: il tient cela du substratum, ceci de la forme«. J.Ph. überträgt dann diese Erkenntnis, daß ein qualitativ festgelegter Körper aus dieser so verstandenen »Materie« und der Form zusammengesetzt ist, wiederum auf die Verbindung von Gottheit und Menschheit in Christus und bestimmt sie als eine zusammengesetzte Natur (μία φύσις σύνθετος); totalit. 7 (135 SANDA): Feuer ist nicht mehr da, wenn es in trocken oder leicht oder warm zerlegt wird.

vorwegnehmen [75]. Im Neuplatonismus entwickeln Plotin, Jamblich, Syrian, Proklos und Damaskios ausführliche Theorien zum Raum und machen sich Gedanken über die Zusammenhänge von Körper, Materie, Bewegung, Zeit und Raum. Plotin unterscheidet grundsätzlich zwischen physikalischem und intelligiblem Raum [76]. Für Jamblich ist, ausgehend von Platons Einschätzung, daß der Raum in seiner Mittelstellung zwischen Sein und Werden einen aktiven Part ausübt, ganz anders als für J.Ph. der Ort »eine materielle Kraft, die den Körper trägt und ihn zusammenhält« [77]. Bei Damaskios ist der intelligible Raum als geistiger Raumpunkt Vorbild und Ursache der räumlichen und zeitlichen Ausdehnung der Welt. Anders als J.Ph. vertritt Damaskios zudem die Ansicht, daß die Lage (θέσις) eines Dings – ein Begriff, der bei Damaskios anstelle von τόπος Grundbegriff ist – sich nicht von ihm abtrennen läßt, auch wenn er sich in Bewegung befindet [78]; dabei ist ihm wie anderen Neuplatonikern der Gedanke nicht fremd, daß der physikalische Ort eine räumliche Ausdehnung darstellt. Eine ausführliche zusammenfassende Darstellung und Bewertung aller früheren Positionen gibt schließlich Simplicius in seinem Corollarium de loco, dem viele der Aussagen der älteren Philosophen zu verdanken sind [79]. Eine Einordnung des J.Ph. in diese Geschichte der Raumtheorie und der genaue Vergleich mit dem Korollarium des Simplicius ist zwar gewiß interessant, kann hier jedoch unterbleiben. Zum einen ist nämlich eine solche systematische Beschreibung der verschiedenen Standpunkte bereits von JAMMER und SAMBURSKY zumindest im Überblick geleistet worden [80], zum anderen setzt sich J.Ph. in seinem Korol-

---

75 Zur frühen griechischen Philosophie vgl. K.A.ALGRA, Concepts of space in Greek thought = PhAnt 65 (Leiden 1994), zu Theophrast bei Simplicius PhysCom. 639,15/22 vgl. ferner SORABJI: rejection 16f, zu Straton M. GATZEMEIER, Die Naturphilosophie des Straton von Lampsakos = Monographien zur Naturphilosophie 10 (Meisenheim 1970) 93/7, D. FURLEY, Strato's theory of the void: Aristoteles. Werk und Wirkung 1,594/609. Straton nimmt z.B. die Vorstellung vorweg, daß das Leere δυνάμει κενόν und ausdehnungsgleich mit dem Körper der Welt ist; ferner gleicht seine Erklärung des Ortswechsels der Körper der des J.Ph.; ähnlich verweist Kleomedes cael. 1 (2,25/38 TODD) auf den Wechsel von Flüssigkeit oder Luft aus Gefäßen, um die Existenz des Leeren zu zeigen. – In der Folgezeit stehen in der Doxographie im wesentlichen Pythagoreer/Stoiker und Peripatetiker gegeneinander; die ersteren lehren, obwohl es hier Differenzierungen gibt, im Prinzip den Ort als ausgedehntes Leeres, die Peripatetiker hingegen werden als Anhänger ihres Lehrers Aristoteles hingestellt: vgl. PsPlutarch plac. 2,10 (5,2,1,84,16/85,2 MAU), Sextus Empiricus pyrrh. 3,16 [119/35] (1,166,22/170,26 MUTSCHMANN/MAU), der selbst keiner Theorie beistimmen kann. – J.Ph. aetm. 11,3 (413, 24/414,5) führt seine Theorie vom ἄποιον σῶμα als dreidimensionaler Erstreckung auf die Stoiker zurück.

76 Vgl. SAMBURSKY, concept of place 15f.

77 JAMMER 60.

78 Vgl. JAMMER 60f.

79 Corollarium de loco PhysCom. 601,1/645,20, übers. von URMSON 17/81

80 JAMMER 7/26.55/64, SAMBURSKY, concept of place 11/29.

larium außer mit der aristotelischen mit keiner anderen Raumtheorie eines neuplatonischen Autors auseinander, sieht man von den punktuellen Bezugnahmen
auf die Physikparaphrase des Themistius und Ammonius ab[81], die wiederum bei
Simplicius keine Rolle spielen [82]. Es ist unklar, in welchem Maße J.Ph. die zum
Teil sehr unterschiedlichen und von seiner Meinung abweichenden Standpunkte
der Neuplatoniker gekannt hat und ob er über eine Kritik dieser Vorgänger bzw.
die Rezeption ähnlich wie er selbst denkender Autoren zu seiner Position, wie er
sie in PhysCom. vertritt, gefunden hat.

C. DIE LEHRE VOM ORT IN OPM. UND DIE
THEOLOGISCHEN KONSEQUENZEN

In opm. übernimmt J.Ph. sein in PhysCom. entwickeltes Verständnis vom Ort
als dreidimensionaler Ausdehnung und seine sicher in aetm. zu belegende Idee
von der Dreidimensionalität des qualitätslosen Körpers als dessen Substanz oder
erstes Zugrundeliegendes, um zu beweisen, daß die Lokalisierung der Engel innerhalb des Kosmos durch Theodor unmöglich richtig sein kann. Theodors
Aussage, daß die Engel sich innerhalb dieses Ortes, das heißt des Kosmos, befinden, muß J.Ph. angesichts der Benutzung von Begriffen durch den Antiochener, die ihm von seinen philosophischen eigenen Überlegungen her bestens
vertraut sind (»ἀνάγκη δὴ ἄρα κἀκεῖνο ζητεῖν ὅπου τότε ἦσαν αἱ νῦν τῷδε
περιγεγραμμέναι τῷ τόπῳ« [83]), geradezu dazu herausfordern, ihr sein philo-
sophisches Konzept entgegenzuhalten:

> »Dies heißt nichts anderes, als den Engeln Körper und Größe beizulegen.
> Denn das Sein am Orte ist Sache allein der Körper, die sich in drei Di-
> mensionen erstrecken. Und der Ort ist nämlich Erstreckung [τὸ γὰρ ἐν
> τόπῳ εἶναι μόνων ἐστὶ σωμάτων, ἅπερ τριχῇ διέστηκε. καὶ γὰρ ὁ τόπος
> ἐστὶ διάστημα]« [84].

Mit aller Deutlichkeit begegnet hier die grundsätzliche Unterscheidung zwischen Ort und Körper: Ort ist die dreidimensionale Ausdehnung, in der sich

---

81   J.Ph. PhysCom. 575,28/577,11 mit Bezug auf Themistius PhysParaphr. 114,7/12; PhysCom.
      583,13/585,4 mit Bezug auf »den Philosophen« (Ammonius oder Aristoteles).
82   Wenigstens nicht namentlich. FURLEY: FURLEY/WILDBERG 38$_{38}$ erwägt, daß Simplicius
      PhysCom. 573,16/25 aufgrund sehr ähnlicher Formulierungen ebenfalls auf Themistius
      zurückgeht; allerdings ist diese Stelle nicht Teil des Korollariums.
83   Opm. 1,16 (35,25/36,1).
84   Opm. 1,16 (36,7/9).

der Körper befindet. Dieser wiederum ist durch Dreidimensionalität charakterisiert [85]. Wenig später beschreibt J.Ph. diesen Sachverhalt nochmals:

>Denn es gibt drei Arten von Größe [Ausdehnung: μέγεθος]: Körper, Oberfläche, Linie; ein Körper aber hat drei Dimensionen; Länge, Breite, Tiefe. Die Grenze des Körpers aber ist eine Fläche, sie entfaltet sich zweifach und hat allein Länge und Breite. Die Linie aber ist die Grenze der Fläche und hat allein die Erstreckung in die Länge. Wenn es also außerhalb von Körpern keine räumliche Größe [Ausdehnung] gibt, ist es, sollte es etwas Unkörperliches geben, ganz sicher ohne räumliche Größe [Ausdehnung] und Erstreckung. Denn in einem Körper haben jede Fläche und jede Linie Platz. Wenn also der Ort nur Körper umfaßt, ist es unmöglich, daß sich eine unkörperliche Substanz an sich an einem Ort befindet< [86].

Die Beziehung von Ort und Körper ist also wechselseitig: Körper kommen notwendig nur örtlich vor, und von Ort kann man nur sprechen, insofern sich ein Körper in ihm befindet; dies greift den Gedanken auf, daß sich an einem Ort immer ein Körper befindet:

>Wie aber kann das Unteilbare und Ausdehnungslose örtlich sein, wenn weder eine Fläche noch eine Linie per se örtlich sind, weil sie zwar ausgedehnt, aber unkörperlich sind? Allein die Körper sind örtlich. Und wenn etwas örtlich ist, ist es ganz gewiß Körper. Denn der Ort ist Merkmal von Körpern, nicht von Nichtkörpern< [87].

Deshalb muß für J.Ph., auch wenn dies nicht gesagt wird, schon die implizite Trennung zwischen Ort und Körper, die Theodor vornimmt, wenn er sagt, daß das Innere (sc. die Engel) nicht vor dem Äußeren (sc. der Himmelsbegrenzung) sein könne, falsch sein, weil Ort und Körper de facto immer aufeinander bezogen sind.

In den bisher vorgestellten Texten begegnet nur der Begriff von Körper, der in drei Dimensionen (μέγεθος) tatsächlich existiert. Um die Auseinandersetzung mit Theodor zu führen, ist es in der Tat ausreichend, an der konkreten dreidimensionalen Ausdehnung von Körpern anzusetzen. Das heißt aber nicht, daß J.Ph. in opm. nicht die qualitätslose Dreidimensionalität als Definition des Körpers kennt. Im Gegenteil expliziert er in anderem Zusammenhang, als er den Symbolgehalt der Zahl der sechs Schöpfungstage zu erläutern versucht, in einer

---

85 Vgl. opm. 1,16 (39,11/3): »Jede Substanz nämlich, die drei Dimensionen hat, ist Körper, mag sie auch noch so feinteilig sein«.

86 Opm. 1,16 (37,19/38,4).

87 Opm. 1,16 (39,19/23).

Dihärese[88] des innerweltlich Seienden mit aller wünschenswerten Klarheit seine Auffassung von der Substanz des Körpers, wie er sie in aetm. (und wahrscheinlich auch in PhysCom. Corollarium) voraussetzt:

> »Dasselbe wird aber auch denen offenkundig, die mehr naturwissenschaftlich[89] forschen. Denn was allen Körpern zugrundeliegt, ist der eigenen Struktur [λόγος] nach qualitätslos; daraus entsteht der mit Qualitäten versehene Körper. Dieser wird in Unbeseeltes und Beseeltes eingeteilt [διαιρεῖται]. Vom Beseelten aber ist das eine pflanzlich, das andere halb pflanzlich, halb lebendig [ζῴφυτον], das andere Lebewesen; vom Lebewesen ist das eine vernünftig, das andere ohne Vernunft. Und wieder ergibt sich die Sechs: die Materie von allem (ist) der qualitätslose Körper [ἡ ὕλη πάντων τὸ ἄποιον σῶμα], auch wenn er niemals ohne Qualitäten zu finden ist, das Unbeseelte, das Pflanzliche, das halb Pflanzliche halb Lebendige, das Lebewesen ohne Vernunft, das mit Vernunft« [90].

Die entscheidenden Begriffe ὕλη, ἄποιον σῶμα, ποιότης werden wie in aetm. II,3 einander zugeordnet: (erste) Materie und qualitätsloser dreidimensionaler Körper werden identifiziert; eine aus Form und Zugrundeliegendem bestehende »Materie hinter dem qualitätslosen Körper« gibt es nicht; für die Qualitäten bildet der qualitätslose Körper das erste Zugrundeliegende[91].

Die Widerlegung der Aussage des Theodor zu den Engeln beruht darauf, daß dreidimensional ausgedehnte Existenz, Körper und sinnliche Wahrnehmbarkeit zueinandergehören. Alles, was innerhalb des durch den Himmel begrenzten Bereiches wahrnehmbar ist, gehört zum κόσμος αἰσθητός, und alles, was sinnlich wahrnehmbar ist, muß Körper sein, während νοῦς und λόγος per definitionem das Gegenteil der Sinnenwelt sind:

> »Denn dem Geistigen steht das sinnlich Wahrnehmbare gegenüber, jedes sinnlich Wahrnehmbare ist Körper. Und umgekehrt ist jeder natürliche Körper wahrnehmbar, also ist nichts, was nicht wahrnehmbar, sondern geistig ist, Körper, sondern ganz und gar unkörperlich. Aber auch vernünftig ist

---

88 Zur antiken Methode der Dihärese vgl. BAUMSTARK 195/202 (Texte), J. MANSFELD, Heresiography in context. Hippolytos' Elenchos as a source for Greek philosophy = Philosophia Antiqua 56 (Leiden 1992) 326/31, I. HADOT, Simplicius. Commentaire sur les catégories 1 (Leiden 1989) 63/93, E. SCHÜTRUMPF, Form und Stil aristotelischer Pragmatien: Philologus 133 (1989) 177/91.

89 Vorher hat J.Ph. μαθητικώτερον die Zahl Sechs mittels der drei Dimensionen Länge, Breite, Tiefe dargestellt. Die Einteilung mathematisch – physikalisch ist typisch für die antike Theorie der Wissenschaften.

90 Opm. 7,13 (305,20/9).

91 Aetm. 11,3 (414,5/415,10).

kein Körper, weil er keine Gotteserkenntnis hat, selbst wenn er beseelt ist, sondern das Vernünftige [λογικόν] befindet sich in unkörperlichen und von Körpern getrennten Substanzen, wie beschaffen auch die Seelen der Menschen sind. Wenn also die Substanz der Engel vernünftig und unkörperlich ist, ist sie ganz gewiß auch ohne Größe« [92].

Ein Mittelding aus Körperlichkeit und Geistigkeit gibt es nicht. Selbst wenn man der Seele als geistiger Größe eine gewisse Körperlichkeit zuspräche, würde sich das bekannte philosophische Dilemma ergeben, daß das Dasein einer körperlichen Seele im Körper die Existenz zweier Körper am selben Ort bedeutet; Körper jedoch können, wie es PhysCom. und aetm. feststellen, einander nicht durchdringen:

>»Wenn also unser Körper aus den Elementen entstand, die die Anfänge jeder körperlichen Substanz sind, die Seele aber nicht aus ihnen, ist sie folglich stärker als die Natur der Körper. Wenn die Seele aber nicht Körper ist, so dürfte sie gewiß unkörperlich sein. Denn es gibt nichts Mittleres zwischen Unkörper(lichem) und Körper(lichem); auch kann ein Körper einen anderen nicht durchdringen, so daß es einerseits den Körper, andererseits die Seele gibt« [93].

Weil für J.Ph. Geistigkeit auf Unkörperlichkeit schließen läßt und diese wiederum notwendig die Folgerung erlaubt, daß die Engel sich nicht innerhalb des Kosmos aufhalten können, wird J.Ph. nicht müde, mit allen Mitteln die *vollständige* Geistigkeit der Engel zu beweisen und den Widerspruch bei Theodor offenzulegen, der für ihn zwischen dessen Behauptung, auch für ihn seien die Engel geistig und unkörperlich, und dessen gleichzeitiger Annahme besteht, sie kämen örtlich innerhalb des Kosmos vor, weil sie zeitgleich mit der Erschaffung der Welt ihr Dasein erhalten hätten. Denn J.Ph. sieht sehr wohl, daß es innerhalb des Kosmos Geistiges gibt, dessen Existenzweise einer Erklärung bedarf. Vor allem gilt dies für die λογικὴ ψυχή des Menschen. Sie stellt ja eigentlich ein Gegenbeispiel dar, das als Modell für die örtliche Existenz geistiger Wesen und damit der Engel innerhalb des Kosmos dienen kann [94]. Außerdem vergleicht J.Ph. selbst beide, wenn er anhand der vom Körper getrennten Erschaffung der λογικαὶ ψυχαί der Menschen nach dem Bericht des Hexaemeron beweist, daß Körperliches und Geistiges nicht gemeinsam ins Dasein gerufen und daher auch die Engel als Geistwesen nicht gemeinsam mit dem Elementenkosmos geschaf-

---

92 Opm. 1,16 (37,10/9).

93 Opm. 1,10 (24,24/25,5), vgl. PhysCom. 577,13/5, aetm. 7,17 (280,23/285,2).

94 Das Beispiel benutzt Kosmas top. 1,30/2 (SC 141,301/3 WOLSKA-CONUS); von den philosophischen Überlegungen des J.Ph. verlautet allerdings nichts.

fen wurden [95]. Doch ist damit die Analogie zwischen Engeln und λογικαὶ ψυχαί schon erschöpft. Zunächst macht J.Ph. klar, daß es ein Irrtum ist zu glauben, die menschlichen Seelen seien deswegen örtlich, weil sie sich innerhalb des Kosmos befinden; vielmehr gilt, daß sie als geistige Wesen ihrer Substanz nach genauso wenig wie die Engel am Ort sind; sie sind nur akzidentell mit einem Körper verbunden, der ihnen als Werkzeug dient und den sie zwar bewegen, der sie selbst aber wiederum nur akzidentell einer Ortsveränderung aussetzt, die ja eine Eigentümlichkeit von Körpern ist:

> »Deshalb sind auch die vernünftigen Seelen nicht per se, sondern per accidens am Ort, weil ihre Körper, denen sie Form [εἶδος] verleihen, örtlich sind, wie sie auch per accidens örtlich bewegt werden, von denen, die sie bewegen« [96].

Die an sich nicht unsinnige Überlegung, daß die Engel wie die Seelen mit als Werkzeug dienenden Körpern ausgestattet sind, weist J.Ph. jedoch ebenfalls entschieden zurück, da sie für ihn offensichtlich den Engeln Eigenschaften beilegt, die er nicht an ihnen beobachten kann. Nachdem er Schriftzeugnisse dafür zusammengetragen hat, daß die Engel der Substanz nach in jedem Fall unkörperlich sein müssen, fährt er fort:

> »Entweder sind sie überhaupt nicht Körper, wie ich meine und wir wenig später zeigen werden, oder aber sie sind der Substanz nach unkörperlich und mit Körpern versehen, die als Werkzeug dienen, wie auch unsere Seele. Auch so wären sie jedoch erneut sterblich, weil sie einen sterblichen Körper besitzen, der aus vergänglichen Elementen besteht wie wir. Denn niemand kann sagen, daß Gott ihre Körper unsterblich schuf. Denn die Schriften lehren nicht, daß er sterblich oder unsterblich ist oder daß sie überhaupt Körper sind oder mit einem ausgestattet wären« [97].

---

95   Opm. 1,10 (24,12/25,21). Der Anfang bis Mitte des 8.Jhdts. entstandene Kommentar zu Gen.-Exodus 9,32 des Manuskripts (ehemals) Diyarbakir 22 (CSCO 484 S 206,2,27/3,9 VAN ROMPAY) kennt diese Argumentation mit der Erschaffung der menschlichen Seele. Er lehnt sie ab und betont stattdessen, daß die Erschaffung der Seele zu einem späteren Zeitpunkt als die Körper im Gegenteil dafür spreche, daß die Engel mit Himmel und Erde erschaffen wurden; vgl. ebd. (CSCO 484 S 206,9,27/10,4 v.R.).

96   Opm. 1,16 (36,11/5), dies stellt die Antwort auf Kosmas top. 1,30f (SC 141,301/3 WOLSKA-CONUS) dar.

97   Opm. 1,9 (22,17/23,1). MORAUX, quinta essentia 1259, mißversteht diese und die zuvor zitierte Aussage des J.Ph., wenn er sagt: »Die Substanz der Engel, behauptet Philop., ist weder ein Körper, noch ist sie etwas Immaterielles, das, wie die Menschenseele, mit einem Körper verbunden ist«. J.Ph. will den Engeln nicht eine besondere Stofflichkeit zusprechen und sie damit den rein geistigen Menschenseelen unterordnen, sondern

Ob diese Begründung Theodoˈr überzeugen würde, ist nicht sicher, denn die
kosmische Funktion der Lenkung der Gestirne, welche die Engel im Weltbild
der Antiochener übernehmen, ist ja zeitlich begrenzt und könnte durchaus von
den Substanzen der Engel in einer solchen Weise wahrgenommen werden, wie
die menschliche Seele in der Welt agiert. Man darf vielleicht annehmen, daß
J.Ph., obwohl er sich hierzu nicht äußert, bei dem gerade angeführten Zitat
stillschweigend die Voraussetzung macht, daß eine solche Trennung von Substanz und Akzidens deshalb nicht möglich ist und daher die Engel als ganze
betroffen sind, weil für ihn, wie er es im Korollarium des PhysCom. angedeutet
hat, alle Kategorien aufeinander bezogen sind und auch die Substanz nicht für
sich bestehen kann [98]. Dies gilt zumal dann, wenn er in opm. im Anschluß an
aetm. Körperlichkeit an sich zu einer Quantität substantieller Art erhebt. Freilich bleibt dann unklar, was noch als Substanz der Engel zu gelten hätte. Außerdem würde wiederum die menschliche Seele als den Engeln verwandte geistige
Größe das Gegenbeispiel für ein solches Verständnis der Untrennbarkeit von
Substanz und Akzidens bieten, da die λογικὴ ψυχή für J.Ph. als Substanz nach
der Auflösung des Körpers von Natur aus weiterbesteht und nicht durch eine
zusätzliche Handlung Gottes unsterblich gemacht wird [99]. Für J.Ph. wird die
Sache sogar insofern noch schwieriger, als er zugestehen muß, daß die Engel
bzw. sogar Gott selbst mit den Menschen Kontakt aufgenommen haben und

---

ihnen im Gegenteil jede Form von Materialität, die mit Körperlichkeit notwendig für
J.Ph. verbunden ist, absprechen und sie noch über die Menschenseelen stellen, da sie
nicht einmal ein ὀργανικὸν σῶμα benötigen; vgl. opm. 1,10 (25,6/21).

98 Vgl. PhysCom. 578,31/579,6: »Sodann ist auch zu sagen, daß alle Kategorien nicht ohne
Verflechtung miteinander bestehen; denn es ist nicht möglich zu entdecken, daß eine
Kategorie ohne Verflechtung mit der anderen da ist, auch nicht die Substanz, von der
gesagt wird, sie könne für sich selbst Bestand haben. Auch die Materie und das zweite
Zugrundeliegende, ich meine die dreidimensionale Ausdehnung, soweit sie für sich
selbst Bestand haben können, sind trotzdem niemals ohne Qualitäten da. Auch die
örtliche Erstreckung ...«.

99 Vgl. opm. 6,23 (278,3/13): »Im gewöhnlichen Sinn definierte Aristoteles nämlich, daß
jede Seele Vollendung [ἐντελέχεια] eines natürlichen, organischen Körpers ist, der
potentiell Leben besitzt, das heißt Gestalt, Vollkommenheit und Zusammenhalt des
Körpers. Er sagt aber, daß bei der Entelechie sie einerseits untrennbar (mit dem Körper verbunden) sei, wie die musikalische Aktualität der Flöte und der Leier – so verhält
sich auch die Seele der Lebewesen ohne Vernunft, die zugleich mit der Verbindung
zum Körper aufgelöst wird; andererseits ist sie [sc. die Entelechie] trennbar, wie der
Steuermann vom Schiff und der Lenker vom Wagen, denn der eine stattet das Schiff
mit Form aus, der andere den Wagen, wie auch die Seele des Menschen des Lebewesen
mit Vernunft«; opm. 6,24 (279,14/8): »... gewiß nämlich gab er [sc. Gott] nicht auch
der Vernunftseele aus Erde ihr Dasein, denn auch sie hätte vernommen: ›Erde bist du,
und zur Erde wirst du zurückkehren‹: nun aber ist sie unvergänglich, unkörperlich,
geistig und von Körpern trennbar«.

also überweltlich Geistiges *in* dieser Welt in Erscheinung getreten ist. Zur Erklärung behilft er sich mit einer einfachen Festlegung:

>»Denn Engel brauchen nicht, wenn sie sich oft in Menschengestalt offenbaren, deswegen auch schon tatsächlich als Werkzeug dienende Körper, denn sie erschienen auch mit leuchtendem Gewand umgeben; lege ihnen also, wenn du willst, auch ein leuchtendes Gewand um. Aber auch Gott erschien in menschlicher Gestalt Abraham, Jakob, Daniel und anderen. Dir zufolge wäre deswegen auch Gott anthropomorph und nicht allein die Engel, er wäre mit einem Körper umgeben, mit Gestalt und Ausdehnung[100]. Sogar in den Gestalten anderer Lebewesen wurden den Propheten die Gottesgesichte zuteil. Wir wissen, wie sie [sc. die Schriften] die Cherubim und die Seraphim zeichnen. Aber niemand, der Vernunft hat, würde in diesem Fall etwas derartiges Körperliches von Gott oder ihnen vermuten. Folglich sind sie auch nicht mit einem Körper verbunden, der als Werkzeug dient«[101].

J.Ph. gibt keine Erklärung, wie er definitorisch den Unterschied zwischen akzidentellem ὀργανικὸν σῶμα und bloßer μορφή fassen würde, zumal er beidemale περικεῖσθαι für das Verhältnis zur Substanz benutzt. Sicher ist nur, daß der Begriff μορφή die beiden Extreme abwehrt, eine Erscheinung würde in einem Elementenkörper stattfinden oder die Erscheinung würde in der eigentlichen Existenzweise der Engel geschehen[102]. Ohne weitere Erläuterungen zur philosophischen Denkbarkeit der Engelerscheinungen übergeht J.Ph. auffallend rasch den ganzen Komplex und wendet sich weiteren Überlegungen gegen die Existenz der Engel innerhalb des Kosmos zu[103]. Lediglich in opm. 1,17 kommt er nochmals auf das Problem zu sprechen. Dort gesteht er anscheinend anders als vorher dann doch bedingt zu, daß man zumindest die sichtbare Seite der Erscheinungen als örtliche Auftritte verstehen kann:

>»Wenn aber jemand ihre für irgendwelche sichtbaren Auftritte, in welcher Gestalt auch immer sie erscheinen, jenes Erscheinen und Weissagen selbst,

---

100 Daß hier der Begriff μέγεθος benutzt wird, kann man für die Richtigkeit der vorhin angestellten Überlegung anführen, daß Substanz (Geistigkeit) und Akzidens (Körperlichkeit/Quantität) im Verständnis des J.Ph. nicht ohne weiteres trennbar sind.

101 Opm. 1,9 (23,1/15).

102 Vgl. J. MICHL, Engel IV (christlich): RAC 5 (1962) 109/200, hier 124f. Zur Position des Origenes, der zwischen einer geistigen Substanz der Engel und ihrem ätherischen Körper unterscheidet (vgl. G. BAREILLE: DThC 1 [1923] 1196), besteht der Unterschied, daß der Körper nicht zu den Engeln gehört.

103 Auch für die antike Philosophie stellte die Tatsache von Göttererscheinungen eine denkerische Aporie dar, die mittels der Lehre vom αὐγοειδὲς σῶμα bzw. ὄχημα zu lösen versucht wurde: vgl. MORAUX, quinta essentia 1256.

was auch immer es sei, ein Begrenztwerden an einem Ort nennen möchte,
so gilt dies nur aufgrund des Erscheinens und Weissagens vor niemand anderem, aber nicht für ihre unkörperliche Substanz, die weder sichtbar noch
örtlich begrenzt ist« [104].

Nur darauf hingewiesen sei, daß dieser Fragenkomplex enge Berührungen mit
dem theologischen Problem des Verständnisses des Auferstehungskörpers und
damit der Schrift resurr. haben könnte, gegen die der Vorwurf des Origenismus
im Raume steht. Das Thema ist vor allem dewegen interessant, weil sich J.Ph. in
aetm. gegen die Existenz eines αὐγοειδὲς σῶμα ausgesprochen hat [105].
    Mit der Ablehnung jedweder Art von Körperlichkeit und Materialität und
der Bestreitung jeglichen örtlichen Aufenthalts der Engel im Kosmos stellt sich
J.Ph. nicht nur gegen Theodor, sondern gegen eine überwiegende Mehrheit der
christlichen Tradition [106], die den Engeln entweder einen himmlisch-geistig-äthe-
rischen Körper zuschrieb oder die den Engeln zwar Unkörperlichkeit zugestand,
aber Immaterialität wenigstens der Sache nach absprach [107]. Auch wenn es noch
genauerer Untersuchungen bedürfte, um die Schattierungen zu fixieren, welche
Art von Körperlichkeit und Materialität für die Engel im einzelnen angenommen und wie diese beiden Kriterien miteinander vermittelt worden sind, so haben
die Untersuchungen von TURMEL, BAREILLE, MORAUX und MICHL bereits gezeigt,
daß die Väter die Engel zwar in Relation zum menschlichen Körper »geistig und
unkörperlich« gedacht haben, ihnen aber verglichen mit Gott eine Art Körperlichkeit und örtliche Begrenzung zugesprochen [108] und keinerlei Schwierigkei-

104 Opm. 1,17 (43,9/15). Für PsDionysios cael.hier. 4,3f (22,1/24,4 HEIL/RITTER) sind die
     Erscheinungen der Engel Gesichte der Menschen in mystischer Schau.
105 Aetm. 7,14/21 (272,27/293,22). Vgl. ferner die Themenangabe des Photius bibl. 232
     (5,69 HENRY) über das Werk des Stephanus Gobarus unter den Stichworten αὐγοειδὲς
     σῶμα – χιτών. Zur Auferstehungslehre des J.Ph. vgl. R.L.WICKHAM, John Philoponus
     and Gregory of Nyssa's teaching on resurrection: Studien zu Gregor von Nyssa, hg. von
     H. DROBNER = VigChr Supplements 12 (Leiden 1990) 205/10.
106 Opm. 1,16 (38,21/39,23). In opm. 1,16 (38,21) kann οἱ χρηστοί noch die Antiochener
     meinen, aber auch auf eine breitere christliche Öffentlichkeit zielen: Dafür spricht, daß
     die Annahme, daß die Engel unkörperlich, aber trotzdem irgendwie stofflich sind, weit
     verbreit ist, ferner nimmt J.Ph. in opm. 1,16 (39,24; 40,15) den Faden Theodor/Theo-
     doret explizit wieder auf.
107 Daran ändert auch die Versicherung, sie seien ἄϋλοι, nichts: vgl. G. BAREILLE: DThC
     I (1923) 1198f, typisch in diesem Sinne ist etwa die Aussage von PsKaisareios erot. 44. 47
     (GCS PsKais. 43f. 46 RIEDINGER), der sie gleichwohl für Wesen hält, die vor der Erschaf-
     fung des Kosmos existieren: erot. 61 (GCS PsKais. 53 R.). Meistens handelt es sich um
     eine Materialität feuriger oder luftartiger Natur; biblischer Beleg ist Ps. 103,3f; solche
     Überlegungen kennt auch J.Ph. opm. 1,9 (19,19/20,1) unter Zitierung der besagten Bibel-
     stelle und wehrt sie ab.
108 Typisch etwa schon Klem.Alex. exc.Theod. 14f (SC 23,86/8 SAGNARD).

ten gesehen haben, gerade angesichts ihrer Auftritte vor den Menschen die Engel im Kosmos anzusiedeln, auch wenn das Verhältnis der Engel zur Körperlichkeit ihrer Erscheinungen nicht wirklich denkerisch gelöst worden ist[109]. Aber diese Art von relativer Fixierung der Unkörperlichkeit im Verhältnis zu gröberen Formen von Materialität hält für J.Ph. ebenfalls dem Maßstab des Körperbegriffs nicht stand, weil der Bereich körperlicher Ausdehnung bei dieser Vorgehensweise in keinem Fall verlassen wird; als Fazit stellt er daher fest:

> »Jede Substanz nämlich, die drei Dimensionen hat, ist Körper, mag er auch noch so feinteilig sein. Daher ist die unkörperliche Substanz jeder Dimension entnommen. Wenn also die Substanz der Engel sich in drei Richtungen ausdehnt, ist sie ganz gewiß Körper, so sehr sie auch aus feinsten Teilen besteht und sich dem Begreifen durch die Wahrnehmung entzieht. Wenn sie aber unkörperlich sind, wie wir gezeigt haben, besitzen sie keine Größe [μέγεθος: Ausdehnung]«[110].

Die einzige wirkliche Ausnahme in der Zeit vor J.Ph. stellt PsDionysios dar[111]. Er lehrt, wenn auch nicht explizit, so doch als Grundvoraussetzung seiner Angelologie, eine absolute, von aller Materie und körperlicher Ausdehnung befreite Geistigkeit der Engel[112]. Es gibt deutliche Hinweise darauf, daß J.Ph. PsDionysios und damit auch diese Anschauung gekannt hat: Ganz allgemein gilt »Dionysios, der in Verbindung mit vollkommener Philosophie durch Frömmigkeit den Sitz der Kirche Athens schmückte«, für J.Ph. als kirchliche Autorität, und er verweist zweimal auf dessen 7. Brief[113]. Noch größere Gewißheit für

---

109 Vgl. J. TURMEL, Histoire de l'angélologie des temps apostoliques à la fin du Ve siècle: RHLR 3 (1898) 289/308. 407/34. 533/52, DERS., L'angélologie depuis le faux Denys l'Aréopagite: RHLR 4 (1899) 217/37. 289/309. 414/34. 537/62, G. BAREILLE, Angélologie d'après les Pères: DThC 1 (1923) 1192/1222, hier 1195/1200, MORAUX, quinta essentia 1257/9, J. MICHL, Engel IV (christlich): RAC 5 (1962) 109/200, hier 120/2.130f, PÉPIN, Théologie cosmique 314/9. Biblische Problemstelle der Verbindung der Engel zur Welt ist Gen. 6,4.

110 Opm. 1,16 (39,11/8).

111 Augustinus kennt zwar die Annahme, die Engel seien rein geistig, lehnt sie aber wegen ihrer gelegentlichen Sichtbarkeit ab: vgl. K.PELZ, Die Engellehre des heiligen Augustinus (Münster 1912) 10/21.

112 Vgl. PsDionysios cael.hier. 2,2f (10,13/13,23 HEIL/RITTER), daraus z.B. 2,3 (13,6f H./R.): »... τῶν ὑλικῶν ἁπάντων ὑπερκοσμίως ἐκβεβηκυίας«; 4,2f (21,1/22,22), daraus z.B. 4,2 (21,9 H./R.): »νοεράν ἔχουσαι τὴν πᾶσαν ζωήν«; eccl.hier. 1,2 (65,8/10 H./R.): »αἱ μὲν ὑπὲρ ἡμᾶς οὐσίαι καὶ τάξεις ... ἀσώματοί τέ εἰσι καὶ νοητὴ καὶ ὑπερκόσμιος ἐστιν ἡ κατ᾽ αὐτὰς ἱεραρχία ...«; div.nom. 7,2 (195,3/11 SUCHLA), TURMEL (o. Anm. 109): RHLR 4 (1899) 218/20.

113 Opm. 3,13 (148,27/149,4); opm. 2,21 (101,1f) und 3,9 (129,19/23) beziehen sich auf PsDionysios Areopagita ep. 7 (PG 3,1081A), vgl. o. S. 77 Anm. 273.

die direkte Abhängigkeit des J.Ph. von PsDionysios vermittelt die Erkenntnis, daß J.Ph. dessen Engelhierarchie von drei mal drei Engelordnungen nennt, als er die Geistigkeit der Engel mit der Geistigkeit der menschlichen Seele vergleicht:

> »Wenn aber gezeigt wurde, daß unsere Seele als das letzte Vernünftige besser ist als die Körper und die Natur der Seelen ohne Vernunft und sie nicht gleichzeitig mit den Körpern zum Sein kam, um wieviel besser sind die Ordnungen der heiligen Engel und Erzengel, die Fürsten, Gewalten, Herrschaften, Mächte, Throne, Cherubim, Seraphim und wenn es noch etwas anderes, von uns nicht benennbares, als diese göttlicheren Ordnungen gibt: die mächtigen Starken, die, die das Wort Gottes ausführen, und die, welche beständig das Antlitz Gottes sehen, übertreffen sie nicht bei weitem jede körperliche und vergängliche Natur?« [114].

Daß notwendig PsDionysios die Vorlage ist, zeigt die Reihenfolge ἄγγελοι, ἀρχάγγελοι, ἀρχαί, ἐξουσίαι, κυριότητες, δυνάμεις, θρόνοι, χερουβίμ und σεραφίμ. Sie entspricht exakt der umgekehrten Reihe der neun Chöre der Engel bei PsDionysios, die dieser zugleich in drei im Rang gestaffelte Abteilungen gruppiert und die in dieser Form bei ihm zum ersten Mal begegnen [115]. Wenn sich die Aussage »… und wenn es noch etwas anderes, von uns nicht benennbares, als diese *göttlicheren* Ordnungen gibt …« auf die letzte Gruppe Throne, Cherubim und Seraphim beziehen sollte, die nach PsDionysios an der Spitze der Hierarchie steht, kann man daraus schließen, daß auch J.Ph. die Aufzählung als hierarchische Steigerung empfindet. Die Neigung zur Triade ist ohnehin erkennbar, wenn J.Ph. fortfährt: »die mächtigen Starken«, »die, welche das Wort Gottes ausführen« und »die, die beständig das Antlitz Gottes sehen«. Es ist zudem wahrscheinlicher, daß J.Ph. damit nur die neun vorher genannten Gruppen der Engel in biblischer Sprache zusammenfaßt, als daß er noch eine vierte, höhergestufte Abteilung den anderen voranstellen will. Textlich ist es ohne weiteres möglich, wenn man mit »die mächtigen Starken …« einen neuen Fragesatz beginnen läßt. Außerdem bieten die Bezeichnungen der letzten Gruppe keine sachliche Steigerung mehr; der Höhepunkt ist bereits vorher mit dem Hinweis auf die mögliche Existenz weiterer Engel erreicht, die der Mensch nicht

---

114   Opm. 1,10 (25,6/16).
115   PsDionysios cael.hier. 6,2 (26,11/27,3 HEIL/RITTER); vgl. die Fortsetzung 7/9; eccl.hier.
      1,2 (64,15/9 HEIL/RITTER); J. STIGLMAYR, Die Engellehre des sogen. Dionysius Areopagita:
      Compte rendu IV. congrès scient. intern. des catholiques I. section. sciences religieuses
      (Fribourg 1898) 403/14, hier 409/12, MICHL (o.Anm. 109) 173, SHELDON-WILLIAMS 466.
      PsDionysios hat diese Ordnung nicht immer streng eingehalten. Wohl bilden immer
      Engel und Erzengel die unterste sowie Cherubim und Seraphim die oberste Stufe der
      Hierarchie.

mehr bezeichnen kann [116]: Das »Antlitz-Gottes-Sehen« stellt zwar bei J.Ph. die
größte Form von Erkenntnis dar [117], ist aber Eigenschaft aller Engel [118]; biblische Grundlage der Bezeichnungen der letzten Dreiergruppe sind im übrigen
Ps. 102,20 und Mt. 18,10 [119].

Bei der Zuweisung der Engel zum Bereich reiner Geistigkeit wird eine
andere Abgrenzung der Engel zum Göttlichen notwendig, als sie die christliche Tradition vor J.Ph. gibt, für welche die Unterscheidung der Engel vom
Göttlichen immer mit ein Grund war, eine gewisse Körperlichkeit oder Materialität der Engel anzunehmen. J.Ph. bestimmt sie zweifach: Die Engel sind
ewig von Gott geschaffen, und sie sind in ihrer Macht (δύναμις) begrenzt [120].
Vom Menschen unterscheiden sie sich wie gesehen, weil sie kein ὀργανικὸν
σῶμα benötigen.

Noch in einer weiteren Hinsicht hat die Lehre des J.Ph. von Ort und Körper
als dreidimensionaler Erstreckung theologische Konsequenzen. Auf der Suche
nach einer Differenz zwischen Gott und Engeln hat Theodoret, wenn als solches
nicht die Körperlichkeit der Engel, wie er zugesteht, in Frage kommt, als Unter-
scheidungsmerkmal die Begrenzung ihres Seins oder ihrer Hypostase bestimmt,
während die Natur Gottes unbegrenzt ist:

> »Wir wurden belehrt, daß nur die göttliche Natur unbegrenzt [ἀπερίγραφον]
> ist, da sie ungeschaffen, anfangslos und ewig ist; [[was zu sein angefangen
> hat, hat natürlich ein begrenztes Sein. Auch wenn wir also sagen, daß die
> Natur der Engel unkörperlich ist, behaupten wir doch, daß ihr Dasein
> [ὑπόστασις] eingegrenzt ist. Denn wie soll man sich die ›tausendmal Tau-
> sende und zehntausendmal Zehntausende‹ beim allergöttlichsten Daniel
> denken [121], wenn man sich nicht jeden in einer eigenen Grenze vorstellt]] [122].
> Aber niemand wird, glaube ich, dem widersprechen, daß die Engel eine
> begrenzte Substanz [οὐσία] haben« [123].

Im Anschluß daran folgen biblische Zeugnisse für die individuelle Aufsicht der
Engel über die Völker und einzelne Personen, aus denen Theodoret folgert:

---

116 Daß es Engel gibt, deren Namen unbekannt sind, ist ein verbreiteter Gedanke: vgl.
     MICHL 174f.
117 Opm. 1,9 (20,24/21,3).
118 Opm. 1,10 (26,1f).
119 Vgl. opm. 1,9 (20,26/21,3), ebd. (21,11f).
120 Opm. 1,10 (27,5f), 1,17 (43,3/9).
121 Dan. 7,10.
122 Diesen eingeklammerten Abschnitt zitiert J.Ph. in opm. 1,16 (36,21/37,3) bzw. etwas
     verkürzt in ebd. (40,16/8).
123 Theodoret Gen.quaest. 3 (6,20/7,5 FERNÁNDEZ MARCOS/SÁENZ-BADILLOS).

Wenn jedoch der eine [sc. Engel] für diese, der andere für jene zur Herr-
schaft eingesetzt wurde, jeder Mensch aber unter der Aufsicht eines einzelnen steht, ist klar, daß sie eine begrenzte Substanz haben. Wenn das aber
richtig ist, wie es nun richtig ist, bedürfen sie also eines Ortes [τόπος]. Denn
nur das Göttliche ist, weil unbegrenzt, nicht am Ort. Wenn aber das Begrenzte am Ort ist, wie können die Engel vor Himmel und Erde da sein?
Denn wenn es das, was (den Platz) zuweist, nicht gibt, wie kann es dann das
geben, was (einem Platz) zugewiesen wird?« [124].

Die Festsetzung von Begrenztheit in der Hypostase, im Sein oder in der Substanz als Unterschied der Engel zu Gott, der unbegrenzt ist, hat also für Theodoret
die örtliche Existenz der Engel zur Konsequenz.
J.Ph. hebt diese Beweisführung unter zwei Gesichtspunkten aus den Angeln.
Als Voraussetzung dafür stimmt er der Aussage zu, daß Dasein in Grenzen örtliches Dasein bedeutet. Zuerst kehrt er den Schluß des Theodoret um: wenn
dieser sagt, daß seinsmäßige Begrenzung geistiger Wesen zum individuellen hypo-
statischen Dasein führt, so muß nach J.Ph. für Theodoret auch gelten, daß hypo-
statisches Dasein geistiger Wesen individuell begrenzt und damit örtlich ist,
örtliche Begrenzung also Wesensmerkmal geistiger Hypostasen ist. Diese Annahme aber ist in Bezug auf die drei Hypostasen Gottes falsch: die Hypostase
trägt zwar Unterscheidung in Gott ein, aber keine Begrenzung. Die Hypostasen
in Gott werden jedoch benötigt, um den Sabellianismus auszuschalten. Folglich
ist Begrenzung im geistigen Bereich keine Wesenseigenschaft der Hypostase:

> »Er müßte aber bedenken, daß eine jede Hypostase der heiligen Trinität
> eine andere als die übrigen ist und der Zahl nach drei sind, die voneinander
> durch ihre Eigenschaften getrennt sind. Entweder sind sie nun örtlich und
> deswegen auch Körper, oder Sabellius wird auf uns einstürzen, oder es gibt
> etwas Drittes, Wahreres: das, was sich in einer eigenen Hypostase befindet
> und sich dadurch von Gleichgeartetem unterscheidet, ist sicher nicht Kör-
> per oder wird örtlich eingegrenzt« [125].

Diese Argumentation ist jedoch noch nicht hinreichend, da Gottes Sein ja für
Theodoret im Unterschied zum Sein der Engel als grenzenlos und damit örtlicher Existenz enthoben beschrieben wird. Doch ist für J.Ph. auch diese Annahme falsch. Denn eine solche Behauptung der Grenzenlosigkeit und Unendlichkeit Gottes (ἀπερίγραφον καὶ ἄπειρον) verläßt nach seiner Meinung nicht die
Voraussetzung, die er und Theodoret teilen: Grenze ist Zeichen von örtlicher
und damit körperlicher Existenz. Unter dieser Bedingung besagt die Aussage

---

124 Ebd. (7,16/21 Fernández Marcos/Sáenz-Badillos).
125 Opm. 1,16 (40,18/26).

der Grenzenlosigkeit und Unendlichkeit Gottes daher nur eine Ausweitung der Grenze des Göttlichen ins örtlich Unendliche, nicht jedoch die für Gott intendierte Aufhebung der örtlichen und körperlichen Existenz an sich:

> »An anderer Stelle habe ich mich mit der vorliegenden Anschauung auseinandergesetzt und gezeigt, daß bei ihnen auch das Unbegrenzte einen der Größe nach unendlichen Körper bedeutet, der deshalb auch nicht durch einen Ort umfaßt wird [126]. Denn was gäbe es außerhalb eines unendlichen Körpers, das diesen umfängt? Unter diesen Umständen wäre er nämlich nicht mehr unendlich. Eine andere Bedeutung von Begrenzung und Unbegrenztheit erkennen sie nicht an. Auf solche Weise stellen sie sich also auch Gott unbegrenzt vor, lassen ihn mit allen Körpern und der ganzen Welt ausgedehnt sein und glauben, daß er sie örtlich übertrifft, auch wenn sie sagen, Gott habe eine unkörperliche und geistige Substanz« [127].

Daraus ergibt sich für J.Ph., daß die Anwendung der Begriffe »unendlich und unbegrenzt« auf Gott nur in analogem Sinne möglich ist:

> »Daher wird unbegrenzt und unendlich auf Gott bezogen anders gesagt und gedacht« [128].

Gewiß ist die christliche Tradition früh der Meinung gewesen, daß Gott sich nicht örtlich begreifen und festlegen läßt [129]. Aber die Anwendung eines negativen Gottesprädikats wie ἄπειρον warf ein anderes Problem auf. Hatte Gregor von Nyssa gegen Platon, Aristoteles und Origenes als erster christlicher Theologe überhaupt das Wort ἄπειρον in die Gotteslehre übernommen, um die Vorläufigkeit aller begrifflichen Erfassung Gottes bezeichnen zu können [130], so hat sich zwar seitdem offenbar diese Sprachregelung offiziell durchgesetzt, aber

---

126 Bezieht sich auf ein anderes, verlorenes Werk des J.Ph. gegen Theodor und seine Anhänger. Vgl. o. S. 73/5.

127 Opm. 1,17 (42,2/13).

128 Opm. 1,17 (42,20/2).

129 Belege christlicher Theologen der Frühzeit bei Pépin, Théologie cosmique 108/10.

130 Dies ist das Ergebnis der Arbeit von E. Mühlenberg, Die Unendlichkeit Gottes bei Gregor von Nyssa = FKDG 16 (Göttingen 1966) bes. 196/9, vgl. schon W. Elert, Der Ausgang der altkirchlichen Christologie (Berlin 1957) 37/46. Für Platon ist die Welt der Erscheinung unbegrenzt in ihrer Vielfalt, für Aristoteles ist das, was nicht zu Ende gedacht werden kann bzw. außerhalb dessen noch immer etwas ist, das Unbegrenzte. Daher ist Gott nicht unendlich, weil er sich, wenn er es wäre, nicht selbst denken kann und nicht alles umfaßt; in diesem Sinne Origenes princ. 2,9,1 (GCS Orig. 5,164,10/165,4 Koetschau); griech. bei Justinian ed.c.Orig. [ClavisPG 6880] (ACO 3,190,8/12 Schwartz): »Bei diesem gedachten Beginn rief Gott durch seinen Willen eine solche

J.Ph. muß das Mißverständnis ausräumen, der Satz »Gott ist unendlich« sei
analytische Aussage im Sinne aristotelischer Logik und spreche wie die Aussage
»Gott ist ungezeugt« positiv einem Zugrundeliegenden eine Eigenschaft zu, die
naturphilosophisch-begrifflich vorfixiert ist und welche univok auf den Vorstel-
lungsbereich des Menschen bezogen bleibt. Da im übrigen die Engel wie Gott
als Geistwesen bestimmt sind, ist auch in ihrem Fall die Anwendung der sprachlichen Negation sinnlos:

> »Wenn aber die Substanzen der Engel als unkörperlich und außerhalb jeder
> Dimension gezeigt wurden, sind sie folglich der Größe [Ausdehnung] nach
> weder begrenzt noch unbegrenzt, das heißt sie haben weder eine endliche
> noch eine unendliche Größe [Ausdehnung] und sind örtlich weder außer-
> halb noch innerhalb der Welt«[131].

Mit der Erkenntnis, daß die Begriffe »unbegrenzt und unendlich« in bezug auf
Gott und die Geistwesen nur im übertragenen Sinn angewandt werden dürfen,
gibt J.Ph. der Sache nach eine Stellungnahme zu einer im Rahmen der Origenis-
musdiskussion akuten Problematik ab. Wie aus Justinians »edictum contra
Origenem« ClavisPG 1880 ersichtlich ist, hat Origenes die Macht Gottes, anscheinend auf dem Hintergrund aristotelischer Axiome, für begrenzt gehalten,
während die offizielle kirchliche Position das Gegenteil festgehalten hat[132]. Ohne
daß an irgendeiner Stelle in opm. direkt zu erkennen wäre, daß J.Ph. sich diesen
Streitigkeiten stellen will, findet er von seinem naturphilosophischen Körperbe-
griff aus gegen die quantitative Mißdeutung des Begriffs »unbegrenzt« durch die
Antiochener, aber auch gegen die Aussage einer Begrenzung der Macht Gottes
durch die Origenisten zu einer dritten Position, welche die Macht Gottes grundsätzlich durchaus für unbegrenzt ansieht[133], aber den Sprachgebrauch selbst nur
unter Einschränkung für möglich hält, weil der Begriff »Grenze« vom Ursprung

---

Zahl von Vernunftwesen ins Dasein, wie er durchwalten konnte; denn man muß auch
Gottes Macht [δύναμις] für begrenzt erklären und nicht unter dem Vorwand frommer
Scheu ihr die Umgrenzung [περιγραφή] nehmen. Denn wenn Gottes Macht unbe-
grenzt ist, so folgt, daß sie sich nicht einmal selbst denken kann; denn das Unbegrenzte
ist seinem Wesen nach nicht umfaßbar [τῇ γὰρ φύσει τὸ ἄπειρον ἀπερίληπτον]«.
Anathematisiert wird diese Lehre durch Justinian ed. c.Orig. Anath. 8 (ACO 3,214,1/3
S.). Für Plotin ist ἄπειρον als grenzlose Unbestimmtheit ebenfalls kein Wesenszug
des Einen.

131 Opm. 1,17 (42,22/6).
132 Justinian ed. c.Orig. (ACO 3,190,8/12 Schwartz). In Konstantinopel 553 wurde diese
     Lehre nicht mehr attackiert, vgl. Grillmeier 2,2,427.
133 Dies geht deutlich aus opm. 1,17 (43,4/7) hervor: »In anderer Hinsicht könnte man
     durchaus sagen, daß auch die Engel begrenzt sind, was ihre Kraft betrifft, denn sie
     vermögen nicht all das, was Gott kann«. Ausführlich begründet aetm. 1,3 (5,17/13,11) die
     Unbegrenztheit der Macht Gottes.

her eine räumliche Bedeutung hat, die nicht auf Gott übertragen werden darf. Damit geht er in der Fixierung der Möglichkeiten des Sprechens von Gott zumindest an dieser Stelle noch einen Schritt weiter als PsDionysios. PsDionysios nämlich teilt zwar die Auffassung, daß positive Aussagen über das göttliche Prinzip unangemessen sind, doch sieht er in der Benutzung negativer Prädikate eine Möglichkeit, mit allem Vorbehalt angemessen etwas Wahres über das Göttliche auszusagen und also auch den Begriff ἄπειρον auf Gott zu übertragen:

> »Manchmal aber wird die Seligkeit des Gottesprinzips von denselben Worten mit negativen Charakteristika in Abkehr von unserer Erfahrungswelt gefeiert und als unsichtbar, unbegrenzt, unfaßbar [ἀόρατον αὐτὴν καὶ ἄπειρον καὶ ἀχώρητον] bezeichnet und mit anderem, das –, nicht was sie ist, sondern was sie nicht ist, bezeichnet. Dieses trifft nämlich meiner Meinung nach auch besser auf sie zu, weil ... wir zu Recht sagen, daß sie nicht nach der Art eines seienden Dings sei, und wir ihre alles Sein und Denken und Aussprechen überschreitende Unbestimmbarkeit [ἀοριστία] in unserem Denken nicht fassen können. Wenn es nun zutrifft, daß die Negationen bei den göttlichen Dingen wahr, die positiven Aussagen hingegen der Verborgenheit der unaussprechlichen Geheimnisse unangemessen sind, dann folgt, daß bei den unsichtbaren Gegenständen die Darstellung durch Ausdrucksformen ohne jede Analogie eher die passendere ist« [134].

An anderer Stelle sagt PsDionysios:

> »Als ›der Große‹ nun wird Gott bezeichnet ... aufgrund seiner in besonderer Weise vorhandenen Größe [τὸ ἰδίως αὐτοῦ μέγα], die allem Großen von sich mitteilt, sich von außen über jede Größe [μέγεθος] ergießt und erstreckt, jeden Ort umgibt [τόπον περιέχον], jede Zahl übertrifft und jede Unendlichkeit überschreitet ... Diese Größe ist unbegrenzt, ohne Quantität und ohne Zahl [τὸ μέγεθος τοῦτο καὶ ἄπειρόν ἐστι καὶ ἄποσον καὶ ἀνάριθμον], und darin besteht das Übermaß entsprechend der absoluten und ausgedehnten Ausschüttung seiner unfaßbaren Größe« [135].

Zwar läßt PsDionysios erkennen, daß er im Grunde ἄπειρον ebenfalls im uneigentlichen Sinne meint, aber er schützt gleichwohl den Ausdruck nicht eigens vor Mißverständnissen. J.Ph. hingegen mißtraut dem Gottesprädikat ἄπειρον, weil es seine Herkunft aus dem Bereich naturphilosophisch festgelegter Bedeu-

---

134 PsDionysios cael.hier. 2,3 (12,14/13,3 HEIL/RITTER), Übersetzung: Pseudo-Dionysius Areopagita über die himmlische Hierarchie, über die kirchliche Hierarchie, übers.v. G. HEIL = BGrL 22 (Stuttgart 1986) 32.

135 PsDionysios div.nom. 9,2 (208,8/17 SUCHLA), Übersetzung: Pseudo-Dionysius Areopagita, Die Namen Gottes, eingel., übers.v. B.R. SUCHLA = BGrL 26 (Stuttgart 1988) 87.

tungsgehalte für ihn offensichtlich nicht gänzlich abstreifen kann, und weist eigens auf die Unangemessenheit auch dieses Begriffs hin.

Neben der philosophischen Begründung der Geistigkeit der Engel bei J.Ph. nehmen sich die antiochenischen Ansichten über die Tätigkeiten und den Aufenthalt von Geistwesen im Kosmos in der Tat hilflos aus. Es verwundert nicht, daß J.Ph. mit der Verantwortlichkeit der Engel für die Planetenbewegung – in diesem Zusammenhang macht J.Ph. seine bekannte Bemerkung zur Impetustheorie – und dem Aufenthalt Christi nach seiner Himmelfahrt zwischen erstem und zweitem Himmel nichts anfangen kann [136].

Es ist müßig darüber zu streiten, ob nun J.Ph. tatsächlich seine These einer vollkommenen Geistigkeit der Engel erst bei einer früheren kirchlichen Autorität finden mußte und sie philosophisch begründet hat oder ob er philosophisch die Zusammenhänge erkannt hat, die ihn zu einer Lehre von der Geistigkeit der Engel haben kommen lassen, die er auch bei der kirchlichen Autorität PsDionysios bestätigt findet. J.Ph. kommt in jedem Fall das Verdienst zu, die philosophische Begründung dieser Vorstellung der vollkommenen Geistigkeit der Engel mittels der Lehre vom Ort und vom Körper als dreidimensionaler Ausdehnung als erster entwickelt zu haben. Seine philosophischen Kenntnisse haben ihn davor bewahrt, die weiter verbreiteten, eher naiven Vorstellungen über den jenseits der Welt seienden Gott kritiklos zu akzeptieren, und ihn in die Lage versetzt, eine angemessene Klärung dieser Aussage herbeizuführen [137].

So bahnbrechend die Überlegungen des J.Ph. auch sein mögen, den Durchbruch in dieser Frage haben sie offenbar nicht gebracht. Die Geistigkeit der Engel ist unter den Theologen und auch lehramtlich bis ins Mittelalter hinein umstritten geblieben [138].

Noch weitere Konsequenzen der Lehre vom Ort, wie sie im Corollarium de loco des PhysCom. vorgetragen wird, lassen sich in opm. nachweisen. J.Ph. ist sich und damit in diesem Falle auch Aristoteles in zweierlei Hinsicht treu geblieben. Zum einen hält er daran fest, daß es einen leeren Raum in der Welt de facto nicht geben kann. Eine diesbezügliche Bemerkung macht er, als er der Frage nachgeht, wie die Zone zwischen erstem und zweitem Himmel beschaffen ist [139]. Daß sie mit irgendeiner Form von Körper gefüllt sein muß, ist notwendig,

---

136   Opm. 1,12 (28,20/29,19).

137   Bezeichnenderweise müssen MARCUS III/3 und KREMER, Metaphysikbegriff 128, bilanzieren, daß im Gegensatz zu den Philosophen, in diesem Falle Simplicius, die Kirchenväter im allgemeinen unkritisch über die Existenz eines überkosmischen Zustands denken.

138   Vgl. TURMEL (o.Anm. 109): RHLR 4 (1899) 230/8, A. VACANT, Angélologie III/IV: DThC 1 (1923) 1222/48, hier 1227. 1230/2, MORAUX, quinta essentia 1257f, MICHL (o.Anm. 109) 122.

139   Dazu vgl. u. S. 262/4.

»denn wenn es zwei Himmel gibt, die örtlich voneinander geschieden sind
– wenn nämlich Moses sagt, daß zwischen ihnen ebenfalls Wasser ist – und
sich nicht berühren, ganz wie sie [sc. die Griechen] sagen, daß die Sphären
des zweiten als Teile eines einzigen einander berühren, dann kann notwendigerweise zwischen beiden Himmeln kein leerer Raum sein, denn es gibt
nirgendwo etwas Seiendes, das leer ist. Also ist es gewiß Körper, was Moses
Wasser nennt ...« [140].

Zum anderen teilt J.Ph. weiterhin die Meinung der Aristoteliker, daß es außerhalb des Kosmos keinen Ort bzw. keine Leere gibt [141], auch wenn er diese Ansicht nicht eigens begründet. Der Kosmos als ganzer stellt das einzige örtlich
vorkommende Gebilde dar, außerhalb dessen weder Leere noch ein zweiter am
Ort befindlicher Körper existiert. Dies zeigt eine Bemerkung im Rahmen der
Beweise für die Kugelgestalt des Firmaments:

>»Wenn, der Unwissenheit einiger zufolge, die äußersten Enden des Him-
mels auf der Erde aufliegen und es außerhalb des Alls in Wahrheit keinen
Ort gibt, ist also klar, daß die abends gesehene Halbkugel unter der Erde
verschwunden ist, während die andere, die jener gleich, aber mit anderen
Sternen gefüllt ist, selbst den Platz oberhalb der Erde eingenommen hat« [142].

Die Schwierigkeit, die aristotelische Konzeption vom Ort als Grenze des Umgebenden auf den Kosmos insgesamt anzuwenden, hat J.Ph. im Corollarium de
loco wiederholt herausgestellt [143] und dargelegt, daß gerade mit der Bestimmung

---

140 Opm. 3,15 (154,2/9).
141 Die Meinungen zu diesem Thema waren geteilt und selbst innerhalb der Philosophen-
     schulen umstritten: vgl. die Doxographie bei Achilles Tatios isag. 8 (38,10/20 MAASS).
     Platon und Aristoteles waren beide der Meinung, daß es weder außerhalb noch innerhalb
     des Kosmos Leere gibt. Der Pythagoreer Archytas hatte in einem Geschichte machenden
     Gedankenexperiment gefragt, ob man am Rand der Welt einen Stock ausstrecken kann
     oder nicht. Daraufhin nehmen die Stoiker und Pythagoreer die Existenz eines Leeren
     außerhalb der materiellen Welt an, wobei diskutiert wird, ob es unbegrenzt oder begrenzt
     ist: eine ausführliche Stellungnahme für die Existenz eines begrenzten Leeren gegen Ari-
     stoteles bietet Kleomedes cael. 1,1 (1,1/7,175 TODD), der die stoischen Gesichtspunkte, u.a.
     des Poseidonius, referiert. Wichtig ist, daß Kleomedes aufgrund von cael. 1,8 (39,46/40,
     56 T.), wie NEUGEBAUER 2,960 erkannt hat, wohl nicht an den Anfang der Kaiserzeit zu
     datieren ist, sondern in die zweite Hälfte des 4.Jhs. gehört. Das Argument, daß die Welt
     als ganze sich doch im Raume bewegen kann, greift Kosmas (s.u.) auf. Die aristotelische
     Position vertreten Alexander und Simplicius: Sie argumentieren, daß keine Hand am
     Rande des Kosmos ausgestreckt werden kann, nicht weil es ein physisches Hindernis gibt,
     sondern weil »außerhalb« eben nichts gibt: vgl. SORABJI, MSM 125/41, bes. 125/33.
142 Opm. 3,9 (128,3/8).
143 Vgl. nochmals PhysCom. 571,27/572,6; 582,19/583,12, ferner Corollarium de inani
     PhysCom. 690,6/8.

des Ortes als dreidimensionaler Erstreckung sich dieses Problem lösen läßt. Anders als Aristoteles meint, hat der Kosmos als ganzer sehr wohl einen Ort. Die Grenze des Kosmos als Körper deckt sich mit der Grenze des dreidimensionalen Raumes, der ihn aufnimmt. Mit der Einsicht, daß der Kosmos als Körper sich am Ort aufhält, ist auch der Einwand des Kontrahenten Kosmas widerlegt, der meint, bei der Annahme eines sphärischen Kosmos sei dessen Bewegung nicht zu denken, da die Vertreter des sphärischen Weltbildes lehrten, außerhalb des Kosmos gebe es keinen Ort, der ja für eine Ortsbewegung notwendig ist; daher hat Kosmas gefragt:

> »Da außerhalb der Himmelssphäre keine Form von Ort, kein Körper, kein Element und kein Teil des Kosmos existiert, wie soll sie sich nach eurer Behauptung bewegen? ... Denn ohne Ort, besser ohne leeren Raum, kann sie sich nicht bewegen« [144].

Kosmas versteht zwar richtig, daß es nach Auffassung des J.Ph. außerhalb des Kosmos keinen Ort gibt, aber er übersieht, daß für diesen Ort und Körper etwas Verschiedenes sind, auch wenn sie größenmäßig identisch sind: der Kosmos existiert sehr wohl örtlich, denn als Körper befindet er sich an einem Ort, dessen Grenze sich aber mit der seinen deckt [145]. Die äußere Grenze des Kosmos aber ist der Himmel (bzw. die neunte Sphäre):

> »Fast alle haben richtig gezeigt, daß durch die äußersten Enden Himmel und Erde auch die mittleren Elemente Wasser, Luft und Feuer umfaßt werden. Wie meine ich ›äußerste Enden‹? Weil die Erde den Mittelpunkt des Alls einschließt, ist auch die Erde von unten der Anfang von allem; dessen Grenze aber ist der Himmel, der alles umfängt. Umgekehrt ist von oben der Himmel der Anfang, Grenze von allem aber die Erde« [146].

Ob die Kritik des Kosmas dazu beigetragen hat, daß J.Ph. zu seiner Konzeption vom Ort als dreidimensionaler Erstrekung im Corolloraium de loco gefunden

---

144   Kosmas top. 4,19 (SC 141,563 WOLSKA-CONUS): »Ἔξωθεν ταύτης μὴ τόπου οἱουδήποτε, μὴ σώματος, μὴ στοιχείου, μή τινος τῶν τοῦ κόσμου μερῶν ὑπάρχοντος, πῶς αὐτήν φατε κινεῖσθαι; ... Χωρὶς γὰρ τόπου, ἤτοι εὐρυχωρίας, ἀδύνατον κινεῖσθαι αὐτήν«. Vgl. top. 1,15 (SC 141,287 W.): »Πῶς δὲ τῇ φύσει τῶν πραγμάτων ἀκόλουθα δοκεῖτε λέγειν ὅλως κινεῖσθαι καὶ κυκλεύειν τὸν οὐρανὸν ὑποτιθέμενοι, ἔξωθεν αὐτοῦ ἢ τόπον ἢ σῶμα, κἂν πεπλασμένως, μὴ ὑποτιθέμενοι;«.

145   Kosmas fragt an den vorhin genannten Stellen des weiteren nach den Befestigungen für die Achse bzw. die Pole des Weltalls. Er erkennt nicht, daß im Konzept des J.Ph. vom Ort als dreidimensionaler Erstreckung diese äußeren Fixpunkte überflüssig sind.

146   Opm. 1,5 (12,6/12). Vgl. 1,6 (15,9/12): »Vernünftig ist es auch, daß der die ganze Welt umfassende Himmel als erstes bestand, da er ja durch die Bewegung Mitverursacher der

hat, läßt sich nicht endgültig angeben, ist aber wohl eher unwahrscheinlich. Denn es gibt keine direkten Reflexe solcher Kritik in den Korollarien des PhysCom., und die Auseinandersetzung über die aristotelische Lehre vom Ort besonders angesichts des Problems, eine Erklärung für die Bewegung des Kosmos zu finden, besitzt eine reiche interne naturphilosophische Tradition [147]. In den entsprechenden Passagen über das Verhältnis von Körper und Ort in opm. 1,16f geht J.Ph. auf das Verhältnis des Kosmos zum Ort seiner Bewegung auch nicht mehr eigens ein.

ZWEITES KAPITEL

GEN. 1,2 – DIE ELEMENTE

Gen. 1,2: »Die Erde war unsichtbar und unbearbeitet, und Finsternis über dem Abgrund, und Wind Gottes wurde auf das Wasser gelegt«.

A. DIE VORSTELLUNGEN VON OPM.

Die Einschätzung des mosaischen Berichts als korrekte Schilderung naturwissenschaftlicher Sachverhalte und die im Kern auf Aristoteles basierende Lehre von der qualitativen Beschaffenheit und der Plazierung der vier Elemente im Kosmos bilden die Voraussetzung der Deutung von Gen. 1,2. Faßt man die Meinung des J.Ph. vorab zusammen, so folgen nach seinem Erkenntnisstand auf das unterste Element Erde bis zum Firmament die Elementenganzheiten Wasser, Luft und Feuer in dieser Reihenfolge. Dieses Wissen findet er bereits bei Moses dem Wortlaut nach naturwissenschaftlich richtig ausgesprochen und nicht etwa nur symbolisch verschlüsselt angedeutet: das Wort »Abgrund« steht für das Wasser, die »Finsternis« stellt die Luft dar, nachdem die Erde bereits durch Gen. 1,1 eingeführt ist. Eine Schwierigkeit stellt das Wiederfinden des Feuers in Gen. 1,2 dar. J.Ph. meint, entweder sei die Feuersphäre stillschweigend mit der Luft durch Moses mitgedacht, da sie nichts anderes als der trockene, obere Teil

---

Veränderung dessen ist, was durch die Natur entsteht«; 2,3 (64,21f). Die biblische Redeweise vom »Ende des Himmels« (Ps. 18,7: ἄκρον τοῦ οὐρανοῦ) bezieht sich für J.Ph. auf den Horizont: vgl. opm. 3,10 (141,2/7).

147 Vgl. SORABJI, MSM 125/41.

der Luft ist, oder aber sie wird – und J.Ph. neigt dieser Deutung zu – mit »Pneuma Gottes« bezeichnet. Ein fünftes Element für den Himmel lehnt J.Ph. unter Verweis auf seine früheren Ausführungen (aetm., c.Arist.) ab. Die Unsichtbarkeit der Erde ist auf ihre vollständige Bedeckung durch das Wasser zurückzuführen, während ihre fehlende Gestaltung die Zuweisung von Potenzen an sie bedeutet, die sich erst zu einem späteren Zeitpunkt aktuell entfalten. – Soweit in Kürze die wesentlichen Aussagen des J.Ph. zu Gen. 1,2 in bibeltheologischer Hinsicht.

B. HEXAEMERONAUSLEGUNG VOR J.PH.

Um zu zeigen, daß diese Auslegung in wichtigen Punkten einen Neuansatz gegenüber der Exegesetradition bedeutet, an welchen Stellen dies der Fall ist und welche naturphilosophische Konzeption hinter der Erklärung von Gen. 1,2 steht, ist ein Überblick über die früheren Interpretationen diese Verses hilfreich. – In Nebenaspekten ist sich J.Ph. mit vielen seiner Vorgänger durchaus einig. So glauben fast alle, daß die Unsichtbarkeit der Erde aus ihrer Bedeckung mit Wasser resultiert[148] und eben daraus ihre Ungestaltetheit rührt, weil die Wassermassen die Entfaltung der in der Erde schlummernden Kräfte verhindern, Flora und Fauna hervorzubringen[149]. Lediglich Severian und besonders Gregor von Nyssa bevorzugen eine etwas andere Deutung: ersterer hält die Interpretation des »unsichtbar« durch den Verweis auf die Überflutung für unangemessen und versteht ἀόρατος und ἀκατασκεύαστος als Hendiadyoin für ἀκόσμητος, deutet also die Begriffe gemeinsam auf den Rohzustand der Erde[150], während Gregor philosophisch argumentiert und mittels logischen Schlußverfahrens im ἀόρατος das Merkmal der Qualitätslosigkeit der Erde und im ἀκατασκεύαστος ihren nicht in körperlichen Eigenschaften verdichteten Zustand bei ihrer zeitlosen

---

148 Akakios quaest.var.: Collect.Coisl. 19 (CCG 15,18,1/19,18 PETIT), Didymos GenCom. 2B/3A (SC 233,36/8 NAUTIN), Basilius hex. 2,3.4 (SC 26²,152.156 GIET), Theodoret Gen.quaest. 5 (10,2 FERNÁNDEZ MARCOS/SÁENZ-BADILLOS), Joh. Chrysostomos Gen.hom. 4,2 (PG 53,41), ders.: Collect.Coisl. 43 (CCG 15,42,6/11 P.), PsKaisareios erot. 62 (GCS PsKais. 55 RIEDINGER), Prokop GenCom. (PG 87,41BC). Als komplementäre Gründe werden häufig der Lichtmangel oder das Fehlen des Menschen angegeben.

149 Akakios quaest.var.: Collect.Coisl. 19 (CCG 15,19,18/31 PETIT), Basilius hex. 2,3 (SC 26²,152 GIET), anscheinend auch Didymos GenCom. 3B (SC 233,38 NAUTIN), Theodoret Gen.quaest. 5 (10,2f FERNÁNDEZ MARCOS/SÁENZ-BADILLOS), Joh. Chrysostomos Gen. hom. 2,4 (PG 53,31) gibt die Begründung, die Erde sei unbearbeitet, weil sie als unsere Mutter nicht mehr als nötig bearbeitet werden sollte.

150 Severian creat.or. 2,3 (PG 56,441); Prokop GenCom. (PG 87,41B) greift dies unter Einbeziehung der Version Aquilas auf; vgl. ZELLINGER 74.

Hervorbringung erblickt; positiv drückt er dies in Anlehnung an Theodotion so aus, daß die Erde damals »quasi war und zugleich nicht war« [151]. Die Identifikation des Abgrundes mit dem Wasser ist in der Auslegung ebenfalls weitgehend einheitlich [152]. Ebenso durchgängig ist bei der Deutung des Begriffs Finsternis das Bemühen zu erkennen, ihre Identifizierung mit dem Diabolos, dem ungewordenen Bösen oder einer präexistenten Materie wegen der Gefahr manichäischer Substantiierung abzuwehren [153]. Wenn die Entstehung der Finsternis auf den Schattenwurf des oberen Himmels [154] oder auf die Undurchdringlichkeit der Wolken zurückgeführt wird [155], treibt allein Basilius diesen Gedanken naturkundlich so weit voran, daß die Finsternis mit dem Element Luft in Verbindung gebracht wird, weil Finsternis ein Zustand der Luft ist [156], während die anderen Exegeten sich nicht um eine präzisere naturwissenschaftliche Beschrei-

---

151 Gregor Nyss. hex. (PG 44,77D/80A), er beruft sich auf Aquila, Theodotion und Symmachus, vgl. ALEXANDRE, exégèse 169/74; J.C.M. VAN WINDEN: ebd. 191f bemerkt dazu, PG 44,80A bezöge sich auf die συνδρομή der Qualitäten um die Materie, die symbolisch durch »Erde« angezeigt sei; jedoch ist αὐτήν jeweils ganz realistisch verstanden und auf die Erde bezogen.

152 Vgl. Katene nr. 25 (TEG 1,20 PETIT) (Apolinaris zugeschrieben), Basilius hex. 2,4 (SC 26²,156 GIET), Didymos GenCom. 4A (SC 233,40 NAUTIN), Gregor Nyss. hex. (PG 44,84A), Joh. Chrysostomos Gen.hom. 3,1 (PG 53,33) hat die Nuance, daß der Abgrund durch die Wasser mit Finsternis bedeckt ist, Theodoret Gen.quaest. 6.8 (10,4/7; 12,19f FERNÁNDEZ MARCOS/SÁENZ-BADILLOS), Prokop GenCom. (PG 87,45A), HARL, Bible d'Alexandrie 87.

153 Akakios quaest.var.: Collect.Coisl. 25 (CCG 15,25,1/26,27 PETIT), Diodor Gen. frgm.: Collect.Coisl. 28 (CCG 15,28,1/29,16 P.), Basilius hex. 2,4f (SC 26²,152/66 GIET) (vgl. GRONAU 62/9), Gregor Naz. carm.dogm. 4,24/43 (PG 37,417A/419A), Gregor Nyss. hex. (PG 44,81D/84A), Nemesios nat. 5 (53,7/19 MORANI) berichtet über Apolinaris (vgl. JAEGER, Nemesios 85f) und bietet die Nuance, die Materie mit dem Abyssos zu identifizieren, Didymos GenCom. 2B/3A (SC 233,36/8 NAUTIN), Theodoret Gen.quaest. 7 (11,15/12,6 FERNÁNDEZ MARCOS/SÁENZ-BADILLOS), Gennadius Gen.frgm. (PG 85, 1628A) = Collect.Coisl. 27 (CCG 15,28 P.), Prokop GenCom. (PG 87,41C. 44BC. 45B) argumentiert mittels der Bedeutung von ἦν. Schwieriger zu fassen ist die Position Theodors, da nur die Aussage des J.Ph. vorliegt: folgt man ihm nach opm. 2,15f (84,1/88,27), hat Theodor die Finsternis als Substanz oder Element angenommen. Dies wird bestätigt durch den anonymen Autor des Kommentars zu Gen.-Ex. 9,32 (CSCO 484 S 206,11,19/12,10 VAN ROMPAY), der sich anscheinend an Theodor anlehnt, wenn er sagt, die Finsternis sei kein Schatten, sondern ein Element. Möglicherweise stehen ältere syrische Traditionen (Bardesanes) hinter einer solchen Position.

154 So Basilius hex. 2,5 (SC 26,164 GIET), Diodor Gen.frgm.: Collect.Coisl. 28 (CCG 15,28,4/29,13 PETIT), PsEustathius hex. (PG 18,709CD), Theodoret Gen.quaest. 7 (11,15/23 FERNÁNDEZ MARCOS/SÁENZ-BADILLOS), PsKaisareios erot. 60 (GCS PsKais. 53 RIEDINGER).

155 Severian creat.or. 1,5 (PG 56,435), Vorgänger ist Ephraem GenCom. 1,4 (CSCO 153 S 72,6 TONNEAU), vgl. ZELLINGER 73f.

156 Basilius hex. 2,5 (SC 26²,162 GIET): »... πάθος εἶναι περὶ τὸν ἀέρα«.

bung bemühen [157]. Die Ansichten gehen deutlich erst dann auseinander, wenn die Bedeutung des πνεῦμα zu klären ist, das sich über dem Wasser befindet. Basilius und Gregor von Nyssa bevorzugen die Auslegung als Heiliger Geist: Basilius hält zwar auch ein Verständnis als Luft nicht für unmöglich, aber die Wendung »Geist Gottes« weist für ihn angesichts derselben Benennung des Heiligen Geistes an anderen Stellen der Schrift klar auf die dritte Person der Trinität [158]. Gregor setzt wiederum philosophisch an und vermeidet jede Verwicklung des göttlichen Geistes in die materielle Ebene. Er plaziert den Geist über jenem Wasser, das jenseits des Firmaments ist, weil der Geist als göttliches Wesen Anteil am Licht Gottes hat und deshalb vom irdischen Wasser, über dem sich die Finsternis befindet, geschieden ist [159]. Auch Cyrill lehrt in Alexandrien offensichtlich die Interpretation des πνεῦμα als Heiliger Geist [160]. Demgegenüber wird jedoch mehrheitlich die Deutung des πνεῦμα als Luft oder Wind bevorzugt, offenbar nicht zuletzt deswegen, weil eine Lokalisierung des Heiligen Geistes im Kosmos schlecht vorstellbar ist. Didymos und Diodor stellen schon verschiedene Deutungsmöglichkeiten als gleichberechtigt nebeneinander: Didymos bietet eine wörtliche Auslegung des Pneuma wohl auf Wind oder Luft [161] und eine schon als übertragen eingeordnete auf den Heiligen Geist an [162], während Diodor Wind, Heiliger Geist und ἐνέργεια, wohl als inspirative Kraft gedacht, zur Auswahl stellt; für ihn wird die Auslegung als Wind durch den Zusatz »θεοῦ« nicht unwahrscheinlich, da damit der Wind als Werk Gottes bezeichnet wird [163]. Johannes Chrysostomos verwirft die Deutung als Heiliger Geist und sieht im πνεῦμα eine ζωτιστικὴ ἐνέργεια, die dem Wasser Bewegung und die δύναμις verleiht, Leben hervorzubringen [164]. Auch Severian besteht darauf, daß πνεῦμα nicht der Heilige Geist, sondern die Luft, und das

---

157   Nur Prokop GenCom. (PG 87,45A) folgt in diesem Punkt Basilius, lehnt aber den Schattenwurf durch den Himmel ab, da nach seiner Meinung Gott ein νοητὸν φῶς ist und es deshalb nicht durch Körper behindert werden kann.

158   Basilius hex. 2,6 (SC 26²,166/8 GIET), einen genauen Beleg nennt er nicht.

159   Gregor Nyss. hex. (PG 44,81BC).

160   Cyrill Alex. c.Iulianum 1. 3 (PG 76,536. 649f), vgl. K. SMORONSKI, Et spiritus dei ferebatur super aquas: Bib. 6 (1925) 140/56. 275/93. 361/95, hier 290f.

161   Didymos GenCom. 4A (SC 233,40 NAUTIN), der genaue Wortlaut hat sich nicht erhalten.

162   Ebd. 4B (SC 233,40 NAUTIN).

163   Diodor Gen.frgm.: Collect.Coisl. 32 (CCG 15,32,11/22 PETIT). In diesem Sinne offenbar auch Theodor, wenn man nach dem anonymen Kommentar zu Gen.-Ex. 9,32 (CSCO 484 S 206,13,5/8 VAN ROMPAY) urteilt.

164   Joh. Chrysostomos Gen.hom. 3,1 (PG 53,33), vgl. einen anonymen Katenentext nr. 27 (TEG 1,21 PETIT) und Cyrill Alex. c.Iulianum 2 (PG 76,585A). Eine ähnliche Aussage zu ἐνέργεια oder δύναμις hat anscheinend Theodor gemacht, vgl. Moses bar Kepha hex. 2,4 (213 SCHLIMME).

heißt für ihn, der Wind ist [165]. Ähnlich argumentiert Theodoret; er versteht unter πνεῦμα die Luft und unter ἐπιφέρεσθαι die Luftbewegung, also den Wind [166]. Er lehnt damit wie später noch Gennadios, PsKaisareios und Jakob von Saruq die Auslegung als Heiliger Geist ebenfalls ausdrücklich ab [167]. Historisch gesehen besteht also zunehmend die Tendenz, von der Deutung als Heiliger Geist abzurücken. Wenn Prokop sie noch einmal erwähnt, ist das durch seine Darstellungsweise bedingt, die soweit als möglich alle früheren Positionen umfassend berücksichtigt und nebeneinanderstellt [168].

Als Ergebnis folgt aus diesem gedrängten Überblick, daß vor J.Ph. nicht ernsthaft versucht wird, aus Gen. 1,2 in Verbindung mit Gen. 1,1 die Elementenerschaffung Punkt für Punkt herauszulesen. Zwar fordert die Lehre von der Schöpfung alles Seienden aus Nichts einige Kirchenväter heraus, die Erschaffung der Materie und damit der Elemente als deren Bestandteile bei ihrer Deutung des Hexaemeron zu bedenken, doch sind sie geneigt, an dieser Stelle den Schöpfungsbericht nicht in allen Einzelheiten für vollständig zu halten und alle vier Elemente wörtlich beschrieben zu finden. So lesen Basilius, Gregor von Nyssa, Joh. Chrysostomos, Theodor, Jakob von Saruq und Kosmas nur ganz allgemein aus der Erschaffung von Himmel und Erde auch die Schöpfung dessen heraus, was von ihnen umschlossen, aber nicht eigens genannt wird, und bringen auf diese Weise die Elemente summarisch unter [169]. Gewiß finden auch sie in Gen. 1,2 Wasser und Luft bzw. Wind wieder, aber

---

165   Severian creat.or. 1,4 (PG 56,434), 1,5 (PG 56,436), vgl. Kosmas top. 10,22 (SC 197,261 WOLSKA-CONUS). Vorgänger ist wieder Ephraem GenCom. 1,7 (CSCO 153 S 72,7f TONNEAU), vgl. ZELLINGER 71.

166   Theodoret Gen.quaest. 8 (12,15/13,4 FERNÁNDEZ MARCOS/SÁENZ-BADILLOS). Auch dies begegnet bei Ephraem: vgl. T. KRONHOLM, Motifs from Genesis 1-11 in the genuine hymns of Ephrem the Syrian = CB.OT 11 (Uppsala 1978) 43f. Zum ἐπιφέρεσθαι vgl. SMORONSKI (o.Anm. 160), H. LEHMANN, El espiritu de dios sobre las aguas: Augustinus 26 (1981) 127/39.

167   Theodoret ebd.; Gennadios Gen.frgm. (PG 85,1628A/C) = Collect.Coisl. 34 (CCG 15,33f PETIT), PsKaisareios erot. 53f (GCS PsKais. 53f RIEDINGER), Jakob von Saruq hex. bei JANSMA 15. Vgl. Isho'dad Merv. GenCom. (CSCO 156 S 75,19f VAN DEN EYNDE), der drei griechische Versionen und das »Hebräische« benutzt, Narsai hom. 2 (184,16f MINGANA).

168   Prokop GenCom. (PG 87,45C/48B). Prokop referiert als Argument der Befürworter einer Deutung auf das Element Luft, daß der Zusatz »θεοῦ« deshalb gemacht ist, weil πνεῦμα als feinteiligstes und bewegliches Element am nächsten dem unkörperlichen Bereich ist und von der Schrift vielfach auch »göttlich« genannt wird und daher seine Geschöpflichkeit herausgestrichen werden muß. Wichtig ist freilich, daß der kompendienartig alle Deutungsmöglichkeiten zusammenstellende Prokop die Ansicht nicht kennt, daß πνεῦμα in Gen. 1,2 das Feuer sei. Dies unterstreicht die Neuerung der Hypothese des J.Ph.

169   Basilius hex. 2,3 (SC 26²,150 GIET), Gregor Nyss. hex. (PG 44,77CD), Theodor syr. Gen.frgm. fol 21b (4 SACHAU), Joh. Chrysostomos Gen.hom. 3,1 (PG 53,33), Jakob von

es bleibt bei einer Identifizierung, die durch die Textvorgabe erzwungen ist
und nicht dem Wunsch entspringt, Bibelexegese im Hinblick auf naturwissenschaftliche Sachverhalte korrekt und vollständig zu betreiben, wie das völlige Fehlen eines Hinweises auf das Feuer an dieser Stelle deutlich zeigt. Viele
Ausleger wie z.B. Theodoret begnügen sich sogar mit diesen ad-hoc-Deutun-
gen und bemühen sich nicht eigens um die Frage, ob der mosaische Bericht
in diesem Punkt vollständig ist.

Eine erste Ausnahme macht Severian. Über die auch von ihm gegebene
Versicherung hinaus, daß die Angabe »Himmel und Erde« die Dinge des
Zwischenraumes mitbeinhaltet, bemüht er sich, die Elemente exakt zuzuordnen. Wasser und Luft kann er wie viele andere unschwer in Gen. 1,2 wiederfinden; für das Feuer hingegen muß er auf Gen. 1,3 verweisen und annehmen, daß es mit dem dort genannten Licht gemeint ist [170]. Daß und weshalb
diese Deutung nicht in Frage kommt, wenn man genauer nach den physikalischen Voraussetzungen von Feuer und Licht fragt, und sie dementsprechend
von J.Ph. zurückgewiesen wird, ist unten bei Gen. 1,3 zu besprechen. Das
Unternehmen des Severian und die Deutungen seiner Vorgänger legen freilich dreierlei nahe: 1. Bis zu J.Ph. gibt es nur einen, in seinen Augen jedoch
falschen Interpretationsversuch im Hinblick auf die Vollständigkeit der dort
beschriebenen Elementenerschaffung. Er wird von antiochenischer Seite gemacht und von einem Mann vorgebracht, den Kosmas als Parteigänger des
Theodor für sich reklamiert. 2. Viele Aussagen anderer Autoren sind oberflächlich und basieren auf unzureichender Reflexion der naturwissenschaftlichen Voraussetzungen. 3. Ein kritischer Punkt besteht darin, das Element
Feuer befriedigend unterzubringen.

Es wird also darauf zu achten sein, wie es J.Ph. gelingt, die Hypothese zu
verdeutlichen, der Genesisbericht verweise mit πνεῦμα auf das Feuer. J.Ph. muß
dafür gute Gründe haben, da er in diesem Punkt mit seinem Wissen nicht nur
Kosmas und die Antiochener überflügelt, sondern sich sowohl von seinem Vorbild Basilius löst als auch mit einer in Alexandrien bekannten und gepflegten
Auslegung bricht.

Saruq bei Jansma 14, Kosmas top. 2,6/11 (SC 141,311/7 Wolska-Conus), 3,54 (SC 141,
489/91 W.), 3,13 (SC 141,449/51 W.): Himmel und Erde umschließen bei der Erschaffung
alles: Erde, Wasser, Luft, Feuer in der Erde, Dunkelheit und Engel. Das Problem stellt
die Erschaffung und die Beschaffenheit des oberen (Elements) Feuers und sein Verhältnis zum Feuer in der Erde dar: vgl. u. S. 236/9, Jakob von Edessa bei Moses bar
Kepha hex. 2,1 (198f Schlimme). Eusebius eccl.theol. 3,2 (GCS Euseb. 4²,143,26/144,7
Klostermann/Hansen) spricht zwar von vier Elementen, nimmt aber als viertes den
Himmel hinzu.

170 Severian creat.or. 1,4 (PG 56,434), vgl. Jakob von Edessa bei Moses bar Kepha hex. 2,1
(200 Schlimme).

C. DIE LEHRE DES J.PH. VON DEN ELEMENTEN

I. Beschaffenheit

Die Untersuchung hat bei einer Beschreibung der Ontologie der Elemente und ihrer Lage im Kosmos anzusetzen. Nach opm. sind die Elemente die unbeseelten, körperlichen Prinzipien aller zusammengesetzten Körper[171]. Ganz wie bei Aristoteles in GenCor. II werden sie für J.Ph. durch die äußersten Gegensätze der Qualitäten warm – kalt und trocken – feucht beschrieben, wenn diese sich zu nicht konträren Paaren verbinden[172]. Feuer ist die Kombination des Trockenen mit dem Warmen, Luft die des Feuchten mit dem Warmen, Wasser die des Feuchten mit dem Kalten und Erde die des Trockenen mit dem Kalten[173]. Da J.Ph., wie oben gesehen, spätestens seit aetm. ein Modell von Materie entwickelt hat, mit dem er das von ihm so bei Aristoteles erkannte Konzept einer prima materia[174] aufgegeben und an dessen Stelle die dreidimensionale körperliche Erstreckung als erstes Zugrundeliegendes gesetzt hat und er diese Lehre auch in den folgenden Schriften c.Arist., aetm. [2], diait., tmem., totalit. und opm. beibehalten hat[175], sind diese Qualitäten daher auch in opm. nicht mehr als erste akzidentelle Bestimmungen einer vorgegebenen »Materie an sich in dreidimensionaler Erstreckung« zu bestimmen, sondern sie sind, obwohl J.Ph. es nicht mehr explizit sagt, selbst substanzbildende Größen, deren Zusammenkommen für den durch Dreidimensionalität definierten Körper an sich die konkrete Existenz oder Hypostase bedeutet. Unter Anknüpfung an Aristoteles GenCor.[176] sieht J.Ph. jedes Element durch

---

171 Opm. 1,6 (15,5/12), 5,1 (206,5/21); körperlich: opm. 1,16 (38,14/6), ebd. (38,21/40,6). Wie sich die Elemente zusammensetzen, beschreibt GenCorCom. 271,25/272,33.

172 Zu den philosophischen Vorgaben des Aristoteles und zu den Gründen für die Entwicklung der Elemente aus Berührungsqualitäten vgl. G.E.R. Lloyd, The hot and the cold, the dry and the wet in Greek philosophy: JHS 84 (1964) 92/106, Solmsen 336/52, J. Mau, Zur Methode der aristotelischen Ableitung der Elementarkörper: Naturphilosophie 144/6, J. Althoff, Warm, kalt, flüssig und fest bei Aristoteles = Hermes Einzelschriften 57 (Stuttgart 1992) 13/7.271f. Vor J.Ph. besprechen christlicherseits bes. Basilius hex. 4,5 (SC 26²,266/70 Giet) und Nemesios nat. 5 (47,3/ 50,24 Morani) das aristotelische System. Beide gehen nach Jaeger, Nemesios 87/94, auf Poseidonios' verlorenen Timaioskommentar zurück. Ein schlüssiger Beweis ist dafür jedoch nicht zu erbringen, auch stimmt es nicht, daß Basilius den ursprünglichen Gedanken nicht verstanden habe.

173 Opm. 4,10 (180,18/181,14), vgl. aetm. 13,10 (504,8/21), MetCom. 10,2/7 u.a.. Diese Grundanschauung bietet keine Besonderheit, vgl. ausführlich etwa Priskian solut. 7 (574/6) (81,5/82,31 Bywater).

174 Das aristotelische Konzept, so wie es J.Ph. versteht, bietet z.B. aetm. 11,1 (408,27/409,26) oder PhysCom. 579,3/5: Danach baut sich die Materie in folgenden Schritten auf: 1. prima materia (πρῶτον ὑποκείμενον); 2. der qualitätslose Körper (quantitave dreidimensionale Erstreckung (δεύτερον ὑποκείμενον); 3. akzidentelle Qualitäten.

175 Vgl. o. S. 165.

176 Aristoteles GenCor. II 2 329b23/32 (39f Joachim) in Verbindung mit II 3 330b30/331a6 (42 J.).

den in ihm überwiegenden Teil charakterisiert, das Feuer also durch das Warme, die Luft durch das Feuchte, das Wasser durch das Kalte und die Erde durch das Trockene [177]. Insgesamt herrscht wie bei Aristoteles ein klares symmetrisches Zusammenspiel aller Bestandteile zu einer Gesamteinheit (συμφωνία καὶ συμπνοία), die keines Elementes und seiner Qualitäten entbehren kann: Jeweils zwei Elemente sind in bezug auf die anderen vermittelnde Bindeglieder, die es ermöglichen, daß die beiden anderen Elemente in ihrer Gegensätzlichkeit eingebunden werden und sich zu einem Ganzen fügen [178]. J.Ph. formuliert diesen

---

177 Opm. 4,10 (180,19/181,14), vgl. Priskian solut. 7 [574] (82,10/4 BYWATER). Zugrundeliegt
     die Vorstellung, daß eine Mischung durch das in ihr Dominierende insgesamt bestimmt
     ist. Sie geht auf Anaxagoras zurück und wird im Neuplatonismus weitgehend rezipiert:
     vgl. PH. HOFFMANN, Sur quelques aspects de la polémique de Simplicius contre Jean
     Philopon: Simplicius 183/221, hier 215 mit Anm. 138. Die eigenartige Vorstellung, die
     Luft besitze mehr Feuchtigkeit als das Wasser, wird mittels der Bestimmung des Feuch-
     ten bei Aristoteles GenCor. II 2 329b23/32 (39fJOACHIM) so begründet, daß das Feuchte
     an sich selbst nur schwer abzugrenzen ist und dies wiederum bei der Luft mehr als beim
     Wasser der Fall ist: vgl. GILBERT, Theorien 184. Allerdings fällt Aristoteles GenCor. II 3
     330b30/331a6 (42 J.) bei Aristoteles aus dem Rahmen: vgl. SEECK, Elemente 63/7. In
     Met. IV 4 382a3f (2,43 LOUIS) und GenCor. II 8 334b34/335a3 (52 J.) ist die Erde durch
     das Trockene und das Wasser durch das Feuchte charakterisiert: vgl. JOACHIM 218f, in
     diesem Sinne offenbar auch J.Ph. c.Arist. frgm. 1 bei Simplicius CaelCom. 26,31/27,4
     und frgm. 4 bei Simpl. CaelCom. 28,1/11. Auch die zoologischen Schriften des Aristote-
     les folgen dieser anderen Einordnung: vgl. ALTHOFF (o.Anm. 172) 272. Folgt man der
     mit anderer Begründung von H. STROHM, Untersuchungen zur Entwicklungsgeschichte
     der aristotelischen Meteorologie = Ph.S 28,1 (Leipzig 1935) 6f.10/2, DERS., Meterologie
     217f, gegebenen Chronologie der Schriften Met. IV, GenCor., Cael. IIIf, Met. I/III in
     dieser Reihenfolge, wäre eine jüngere (?) Vorstellung in ein älteres Ideengefüge interpo-
     liert worden; daß diese Chronologie allerdings nicht notwendig ist, zeigt bereits die
     Vermutung von SEECK, Elemente 74/9, Cael. III sei selbst wiederum später eingescho-
     ben. Die von JOACHIM 219 angestellte Überlegung: »his immediate purpose [sc. in GenCor.
     331a3/6] is to insist that, within the couple of qualities characterizing each ›element‹, one
     quality is more distinctive of the ›element‹ than the other. Thus, though Water is ψυχρόν
     – ὑγρόν, it is par excellence characterized by cold rather than by moist: and though Air
     is ὑγρόν – θερμόν, it is par excellence characterized by moist rather than by hot«, hat viel
     für sich und läßt die Interpolationshypothese nicht als die einzige Lösung erscheinen.
     J.Ph. versteht offenbar die Prägung eines Elements nicht als quantitatives Übergewicht
     einer Qualität. Dies läßt sich aus »πλεοναζούσῃ« (opm. 4,10 [181,2]) jedenfalls nicht
     herauslesen. Die Erklärung für die stärkere Befeuchtung durch Wasser ist hier wie in
     GenCorCom. 231,3/8 dieselbe: Die größere Dichte des Wassers verhindert den leichten
     Durchgang durch die Poren.

178 Aetm. 13,13 (514,26/516,3), vgl. MetCom. 10,2/7, GenCorCom. 245,11/246,28: kein Ele-
     ment hat vor dem anderen Vorrang. In diait. 41 (78fSANDA) nähert sich J.Ph. der φύσις
     eines Elements nicht über die Qualitäten (ποιότητες), sondern über die Proprietäten
     (ἴδιον); dies sind z.B. bei der Luft Farbe, diffusio, Feuchte und Durchsichtigkeit, Leicht-
     heit und Wärme; als Zugrundeliegendes gilt weiterhin die Dreidimensionalität. Alles
     zusammen macht die essentia (οὐσία) oder natura (φύσις) des Elements aus.

Sachverhalt in aetm. 13,13 mit Begriffen, die Aristoteles in diesem Zusammenhang noch nicht verwendet hat; σύνδεσμος und συνάφεια sind Begriffe, die erst später für die gemeinte Sache Einzug gehalten haben [179].

Auch wenn die Elemente theoretisch in ihrer Relation zueinander gleichrangig sind, so nehmen sie im Kosmos als Elementenganzheiten (ὁλότητες) einen klar gestuften Aufbau ein, der sich vom untersten Element Erde über Wasser und Luft bis zum äußersten, dem Feuer, erstreckt [180]. Doch da die Elemententeile als Homoiomerien verstanden werden [181], bleiben auch die Elementenganzheiten nicht unverändert, da die Teile den Ganzheiten qualitativ gleich sind [182].

---

179 Sie finden sich nicht z.B. bei Basilius hex. 4,5 (SC 26², 268 GIET), dafür aber bei Nemesios nat. 5 (47,15/50,24 MORANI); ἐπίκλασις benutzt J.Ph. nicht. Mit dem Einwirken der von Platon Tim. 31B/32C – eine Stelle, die J.Ph. vorher in aetm. 13,13 zitiert – benutzten Worte δεσμός und συνδέω ist zu rechnen. Vgl. auch Macrobius somn. 1,6,24/34 (22,21/24,24 WILLIS), dazu K. MRAS, Macrobius' Kommentar zu Ciceros Somnium: SPAW.PH (Berlin 1923) 232/86, hier 241/3, mit Verweis auf eine ähnliche Wortwahl bei Proklos TimCom.

180 Aetm. 7,20 (288,25/289,9), MetCom. 2,28/38 u.a., vgl. Aristoteles cael. IV 4 311b15/312a21 (147/9 MORAUX).

181 Aetm. 13,11 (506,10/508,4), vgl. 11,8 (431,12/6). Der Terminus dürfte hier die Bedeutung wie bei Aristoteles GenCor. I 1 314a18/31 (1f JOACHIM) haben und Stoffe meinen, deren Teile und Ganzes dieselbe Bezeichnung tragen bzw. bei deren mechanischer Teilung sich immer wieder aus derselben Substanz bestehende Teile ergeben: vgl. A. LUMPE, Homoiomerien: HWP 3 (1974) 1179f, M. SCHRAMM, Die Bedeutung der Bewegungslehre des Aristoteles für seine beiden Lösungen der zenonischen Paradoxie = Philosophische Abhandlungen 19 (Frankfurt, Main 1962) 133, ALTHOFF (o.Anm. 172) 17. Für J.Ph. sind nämlich Homoiomerien nur quantitativ, aber nicht der Form nach verschieden. Die in aetm. 11,8 (431,12/6) gegebenen Beispiele σάρξ, αἷμα, φλέψ finden sich mit vielen anderen auch bei Nemesius nat. 4 (45,19/24 MORANI) und lassen sich bis auf Galen zurückführen: vgl. E. SKARD, Nemesiosstudien III: SO 18 (1938) 35f.

182 Aetm. 10,3 (392,11/395,5): »Wenn also der Philosoph [sc. Proklos] sagt, was an seinen natürlichen Orten bleibt, existiere ohne Veränderung, und behauptet, es sei örtlich unveränderlich, als ob es sich niemals aus seinem angestammten Ort zu einem anderen entfernt, so werden wir diesen Gedanken widerlegen. Wenn er aber behaupten würde, hinsichtlich irgendeiner anderen Form von Veränderung wäre unveränderlich, was an seinem Ort bleibt, wäre auch damit die Unwahrheit offenkundig und die Annahme falsch. Denn das Wasser verändert sich, wenn es in seiner eigenen Elementenganzheit bleibt, indem es sich erwärmt oder abkühlt oder andere Arten von Qualitäten annimmt, aber es vergeht auch, wenn es verdunstet und sich in Luft verändert, und es erzeugt unzählige Arten von Lebewesen, wenn es in der eigenen Elementenganzheit in Fäulnis übergeht. Ebenso verändert sich die Luft nicht nur an ihrem natürlichen Ort durch Erwärmung oder Abkühlung, sondern sie verwandelt sich auch bei ihrem Verschwinden durch Verdichtung zu Wasser, durch Verdünnung zu Feuer, und durch Verfaulung bringt sie viele Arten von Luftlebewesen hervor. Was könnte man über die Erde sagen, die, wenn sie an ihrem angestammten Platz bleibt, jede Form von Veränderung annimmt, und sich in unzählige Arten von Pflanzen und Metallen verwandelt? Aber auch die rauchartigen Verdunstungen, die aus ihr entstehen, sind Beweis für die Veränderung

Die Ganzheiten stehen somit durch ihre Teile in wechselseitigem Austausch
und füllen sich immer wieder sofort gegenseitig auf[183]. Der Grund für die Stu-

der Form nach. Und die sogenannten Blitzsteine [Meteore], die sich von oben nach unten
bewegen, sind Beweis für die Veränderung des Feuers an seinem natürlichen Ort. Und die
aus den vier Elementen zusammengesetzten, sich in den Wassern oder auf der Erde aufhaltenden Körper (ich meine Lebewesen und Pflanzen) und alle sich unter der Erde befindlichen
Metalle und alles, was in den Wassern erzeugt wird, verändert sich offenkundig, wenn es in
der angestammten Elementenganzheit bleibt (ich meine in Wasser oder Erde, denn diese
Elemente haben an ihnen Überfluß), ganz und gar, indem sie wachsen und dahinschwinden,
entstehen und vergehen. Es ist also ganz und gar falsch, daß die an ihrem natürlichen Ort
verbleibenden Elemente unveränderlich sind. Im Gegenteil zeigt sich nämlich auch bei dem,
was am eigenen Ort verbleibt, daß es jede Form von Veränderung durchmacht. ›Es ist zwar
möglich‹, sagt er [sc. Proklos], ›daß auch die Elemententeile, die an ihrem natürlichen Ort
bleiben, sich verändern, die Elementenganzheiten selbst aber können, solange sie an ihrem
natürlichen Ort bleiben, sich unmöglich verändern. Denn alle Elemente im ganzen zeigen,
wenn sie (am Ort) verharren, keine Veränderung‹. Aber der dies sagt, macht eine petitio
principii und fordert, daß das, was zu suchen ist, aus sich selbst gelöst würde. Denn jetzt
untersuchen wir, ob das All unveränderlich und ewig ist. Unveränderlich aber wäre <es,
wenn> keines der Elemente, aus denen es besteht, das Ganze verändert [Satz unklar]. Denn
zugleich mit der Veränderung der Elemente, aus denen etwas besteht, verändert sich notwendig auch das, was aus ihm zusammengesetzt ist. Für den, der zeigen will, daß der Kosmos
ewig ist, ist es nötig zu beweisen, daß jedes Element selbst ganz allgemein sich niemals aus der
natürlichen Form entfernt. Wer nun ohne Argument und Beweis fordert, daß sich kein Element im ganzen selbst aus dem natürlichen in einen widernatürlichen Zustand verändert,
macht eine petitio principii. Denn wenn es allgemein richtig wäre, daß überhaupt kein
Seiendes, also kein Ganzes oder ein Teil, wenn sie sich in natürlichem Zustand, sei es dem Ort
oder der Form nach, befinden, sich daraus irgendwann entfernen würden und sich in einen
widernatürlichen (Zustand) verändern, wäre es vielleicht angemessen, dasselbe über die
Ganzheit der Elemente zu denken. Wenn aber alle Elemententeile, auch wenn sie an ihrem
natürlichen Ort bleiben, jede Form von Veränderung durchmachen, woher nimmt man den
Beweis, daß auch die Elementenganzheiten durch ihre eigenen Teile nicht dasselbe erfahren?
Nach meiner Meinung ist nämlich das Gegenteil weitaus vernünftiger und muß notwendig
geschlossen werden. Denn wenn kein Elemententeil unverändert ist, sondern, gleich welchen
seiner Teile man auch nimmt, dieser entstehen und vergehen kann und zu jeder Form von
Veränderung bereit ist, muß man da nicht offenkundig dasselbe auch über jedes Element
insgesamt denken, da wir sehen, daß auch bei allen anderen Teilen das Ganze die gleichen
Zustände annimmt? Denn wie sich der Teil eines Lebewesens verändert, indem es wächst oder
vergeht oder sich umwandelt oder sich örtlich bewegt, entsteht und vergeht, so erfährt auch das
gesamte Lebewesen dasselbe. Wir haben aber in den (Büchern) vorher gezeigt, daß auch nicht
der Zahl nach die Elementenganzheiten selbst ununterbrochen dableiben. Warum also ist es
nicht vernünftig und notwendig, daß das Ganze dasselbe erfährt durch die eigenen Teile?«.
Vgl. aetm. 13,10 (504,4/505,10), 13,11 (506,1/508,4).

183   Vgl. Aristoteles GenCor. II 10   337a10/5 (57f JOACHIM), dazu GenCorCom. 298,15/
      299,10. Vgl. aetm. 17,2 (595,19/596,1), 13,9 (497,5/498,8). MetCom. 24,16/25, 2: »Wenn
      er [sc. Aristoteles] sagt, daß es nicht möglich ist, daß eines der Elemente das Gleichmaß
      der übrigen verläßt, selbstverständlich weil das Ganze gewahrt werden und es bleiben
      muß, wie es von Natur aus ist, so zeigt er dies bei den Elementen selbst durch die

fung der Elementenganzheiten besteht in einer Bewegungstendenz (ῥοπή) der Elemententeile, die ihnen von Natur aus zukommt und sie in zwei Gruppen scheidet: die Elemente Erde und Wasser bewegen sich geradlinig nach unten zum Weltzentrum und sind daher schwer, wobei Erde relativ zum Wasser schwerer ist, die leichten Elemente Luft und Feuer, von denen das erste relativ zum zweiten leichter ist, bewegen sich nach oben.

II. Bewegung

a. Die Elemententeile

Um die Bedeutung dieser zunächst einfach anmutenden Vorstellung bei J.Ph. angemessen einschätzen zu können, ist ein kurzer Blick auf die Lehre von der

---

Verwandlung ihrer Teile ineinander. Denn vernünftig, sagt er, ich glaube aber auch notwendig, ist, daß in welchem Verhältnis hinsichtlich des Volumens die aus Wasser entstandene Luft zu ihm steht, in demselben Verhältnis auch die gesamte Luft zum Wasser insgesamt steht, z.B. wenn ein Becher voll Wasser sich etwa in das zehnfache Volumen Luft verwandelt, ist auch die gesamte Luft das zehnfache des gesamten Wassers. Dasselbe gilt auch für Luft und Feuer. Wenn sich nämlich ein Krug [ξεστιαῖος, sextarius] Luft in Feuer verwandelt und wohl das zwanzigfache Volumen hervorbringt, gibt es auch insgesamt zwanzigmal mehr Feuer als Luft [vgl. GenCorCom. 258,25/259,24]. Und ebenso bei jeder ihrer Veränderungen ineinander. Denn das Dichtere, das bei ihrer Ausscheidung und Verdünnung zum Feineren die Verwandlung hervorruft, ruft zwar ein größeres Volumen hervor, hat aber ein gewisses Verhältnis und Gleichmaß zu dem, aus dem es sich verwandelt hat, wie die Verwandlung ineinander selbst gezeigt hat. Wenn nämlich der Becher Wasser die zehnfache (Menge) Luft macht, ist es klar, daß, wenn das gesamte Wasser sich in Luft verwandeln könnte, es sich gewiß in das zehnfache Volumen verwandelt hätte. Also hatten die Elemente auch bei ihrer erstmaligen Entstehung ein solche Volumenverhältnis zueinander. Nun steht aber das Volumen der Erde zusammen mit des Wassers fast in keinem Verhältnis zum umgebenden Raum. Die gesamte Entfernung nach der Erde kann also nicht von einem oder zwei Elementen allein erfüllt sein. Daraus sei nun zu schließen, daß sie bis zum Mond voll von Luft und Feuer sei, danach aber von einem dritten [dies gibt die Meinung des Aristoteles wieder]. Über all das aber haben wir an anderer Stelle unsere Meinung gesagt, und denen, die es wissen wollen, liegt es vor, so daß wir jetzt keine großen Exkurse zu machen haben«. Mit WILDBERG, criticism 174f, ist dies als Verweis auf c.Arist. zu interpretieren. Die Erklärung für das ungleiche Volumenverhältnis der Elemente wird in der Natur des Elements selbst gesehen; vgl. für die Luft GenCorCom. 93,7/12: »Wir sagen nun, daß die Luft selbst von Natur aus zusammenschrumpfen und sich verdichten und aus einem größeren Volumen in ein kleineres übergehen und umgekehrt sich auch wieder von einem kleineren in ein größeres ausdehnen kann. Es gehört eben zu ihrer Natur, daß sie sich nicht allein bei Abkühlung, sondern auch bei Zusammendrücken und Anstoß verdichtet und in sich zusammenschrumpft«.

Dynamik nötig, in der J.Ph. den Begriff der ἔμφυτος ῥοπή, – δύναμις oder ὁρμή entwickelt und angewendet hat. Ausgangspunkt ist die Frage, auf welche Weise eine Kraft auf einen Körper übertragen wird und ihn in Bewegung hält, auch wenn die verursachende Kraft nicht mehr durch direkten Kontakt auf den Körper einwirken kann, wie also z.B. der Flug eines Steins oder Pfeils andauert, nachdem er die Hand verlassen hat. Die Erklärung des Aristoteles für das Zustandekommen dieser sog. »erzwungenen Bewegung«, daß das Medium Luft durch die Hand des Werfers dazu gebracht wird, sukzessiv und portionsweise die Kraft weiterzuvermitteln, hält J.Ph. für unbefriedigend und ersetzt sie im Corollarium de inani des PhysCom. durch ein anderes, für seine Zeit völlig neues Modell [184]. Es basiert auf der Erkenntnis, daß nicht die Luftteile in den Zustand versetzt werden, die Kraft zu übertragen und den Flug des Gegenstandes zu gewährleisten, sondern daß stattdessen der Werfer direkt die Kraft, den sog. Impetus, dem Gegenstand vermittelt – man spricht von »vis impressa« – und das Medium, im Beispiel die Luft, nur die Rolle des Widerstandes innehat [185]. Diese zunächst auf verursachte, künstliche oder erzwungene Bewegung bezogene sogenannte »Impetustheorie« steht zunächst in keiner unmittelbaren Beziehung zur Erklärung der natürlichen Bewegung der Elemente, z.B. der eines fallenden Steines oder aufsteigenden heißen Dampfes [186].

Aristoteles hatte nun nach SORABJI drei Komponenten für die Entstehung einer natürlichen Bewegung angegeben: Auf die Frage, weshalb ein Stein fällt oder Dampf aufsteigt, hat er auf die innere Natur des Gegenstandes verwie-

---

184 Zur Neuheit vgl. o. S. 7.

185 PhysCom. 641,13/642,20, übers. bei BÖHM 138f. Dazu grundlegend SORABJI, MSM 227/48, DERS.: rejection 7/13, vgl. E. GRANT, Aristotle, Philoponus, Avempace, and Galileo's Pisan dynamics: DERS., Studies; zu den mathematischen Proportionalitäten FURLEY: FURLEY/WILDBERG 57$_9$. J.Ph. im Corollarium de inani PhysCom. 694,27/695,9 spricht sich bereits dafür aus, daß nur bei existierendem Widerstand des Mediums die Gestalt des Körpers für seine schnellere oder langsamere Bewegung verantwortlich ist, während im Leeren die Gestalt keine Rolle spielt und die Schnelligkeit der Bewegung allein vom mitgeteilten Impuls abhängt. Dieser bestimmt sich jedoch nach der elementaren Zusammensetzung: vgl. ebd. 678,23/9: eine Feder und eine Bleikugel können daher für J.Ph. auch im leeren Raum nicht gleich schnell sein: vgl. WOLFF, Fallgesetz 101/3. Darin liegt der Unterschied zu Galilei. Kosmas top. 2,14f (SC 141,319/21 WOLSKA-CONUS) kennt ebenfalls Aristoteles Phys. IV 8 215a20/b10. Er argumentiert auf der Grundlage dieses Textes, daß das Anwachsen der Geschwindigkeit auf einen unendlich großen Wert bei Reduzierung des Widerstandes des Mediums auf Null ein Beweis dafür sei, daß die Erde φυσικῶς auf nichts gegründet ist: so wie ein Stein ἀχρόνως im Leeren nach unten fällt und dort haltmacht, so hat Gott die Erde befestigt, vgl. ANASTOS 40/2. Ob diese Vorstellung des Kosmas, die offenbar die reale Existenz eines Leeren voraussetzt, zu den Aussagen des J.Ph. im Corollarium de inani beigetragen hat, läßt sich wiederum nicht beweisen; Diskussionen mag es gegeben haben, wenngleich Kosmas die Aussagen des J.Ph. nicht zu kennen scheint.

186 Vgl. SORABJI, MSM 231f.

sen, die sich passiv einer Ortsveränderung unterziehen kann [187], und die Frage, wodurch die Bewegung letztlich ausgelöst wird, hatte er damit beantwortet, daß potentielle Leichtigkeit oder Schwere aktuell gemacht wird (z.B. erzeugt die Hitze, die kaltes Wasser erwärmt, aktuell leichte Luft) und daß Hindernisse beseitigt werden, die sich der inneren Natur eines Gegenstandes von außen entgegenstellen und es ihm unmöglich machen, seinen eigentlichen Platz einzunehmen (wenn z.B. der Deckel vom Topf mit siedendem Wasser hochgehoben, steigt der Dampf auf, oder wenn die Hand vom Stein weggenommen wird, fällt er aufgrund seiner Schwere) [188]. Als drittes Moment kommt für Aristoteles schließlich hinzu, daß der Ort, zu dem ein Ding mit seiner Bewegung strebt, eine gewisse Kraft besitzt, welche die natürliche Bewegung eines Gegenstandes mit in Gang setzt [189].

Die Erklärung des J.Ph. für die natürliche Bewegung ist nicht weit von der des Aristoteles entfernt. Sie ist in PhysCom. vorhanden und wird in opm., sieht man von einer gleich zu erwähnenden Differenz ab, aufrechterhalten. Der Hauptgrund für die Bewegung der Elemente nach oben oder unten besteht auch für J.Ph. in einer ἔμφυτος ῥοπή:

»Wie nun unterscheiden sich natürliche Dinge von Dingen, die nicht natürlich sind? Dadurch, daß die natürlichen in sich selbst offenbar den Ursprung ihrer Bewegung und Ruhe haben. Denn wenn sie sich bewegen, haben beide, Lebewesen und leblose Gegenstände, ihre Bewegungsursache in sich selbst und sind nicht von etwas außerhalb ihrer selbst bewegt. Wenn z.B. Steine fallengelassen werden, werden sie nicht von demjenigen, der sie fal-

187 Dabei liegt der Gedanke voraus, daß alles Bewegte durch etwas anderes bewegt sein und in Kontakt mit dem Bewegenden stehen muß.
188 Dies die Deutung von Aristoteles Phys. VIII 4 256a1f »ὑπὸ τοῦ γεννήσαντος« durch SORABJI, MSM 220/3. Allerdings ist zu überlegen, ob diese Aussage sich nicht lediglich auf den in Phys. 255b8/11 genannten Aktualisierungsprozeß von Leichtigkeit rückbezieht, also auf die naturgegebene Tendenz Phys. 255b15 (»αἴτιον δ᾽ ὅτι πέφυκέν ποι«) verwiesen wird, so daß es sich nur um zwei und nicht drei Ursachen von natürlicher Bewegung handelt, von denen die eine bloß akzidentell ist. Daß Elementenkörper (Phys. 255b29) sich nicht selbst bewegen, unterscheidet sie von beseelten Wesen, die sich durch ihre Seele bewegen und kein äußeres Prinzip brauchen, das die Hindernisse für ihre Bewegung entfernt. Auch Alexander ref. Galen fol. 67a17/20 (übers. bei SORABJI, MSM 224) bezieht sich eher auf das, was die Hindernisse beseitigt als auf das, was die Bewegung erzeugt. Denn Leichtigkeit als solche kann nicht erzeugt werden, sondern ist immer schon potentiell da. In Phys. 255b32/256a4 wird nichts eingeführt, das nicht schon vorher genannt wäre, dies ist aber lediglich das, was die Hindernisse entfernt. In cael. IV 3 310a32/311a12 (143/5 MORAUX) kommt man jedenfalls bei der Interpretation ohne das Prinzip des Erzeugers aus.
189 Aristoteles Phys. IV 1 208b11/27. Ort ist für Aristoteles nicht ein Vakuum, das weder oben noch unten kennt. SORABJI, MSM 186f.222, deutet den Ort als causa finalis der Bewegung; Aristoteles benutzt den Ausdruck in diesem Zusammenhang nicht.

lenläßt, abwärts bewegt, da er sie eben bloß fallenläßt. Es ist vielmehr die
natürliche Bewegungstendenz in ihnen, die sie nach unten trägt. In derselben Weise wird auch Feuer, das von unten ausgeht, nach oben durch die
Natur in ihm gebracht. Wenn sie dann, durch die eigene innere Natur bewegt, sich mit dem Elementenkörper, zu dem sie gehören, verbunden und
ihren eigenen Platz eingenommen haben, verharren sie in Ruhe« [190].

In MetCom. heißt es:

> »Wenn nun die Bewegungstendenz der Gewichte zum Zentrum natürlich
> ist, alles aber, was sich geradlinig bewegt und die eigene Grenze eingenom-
> men hat, hernach dort haltmacht und unverändert bleibt, wie das Feuer
> oben, die Gewichte unten …, wird begreiflicherweise daher auch das, was
> sich örtlich bewegt und das Ziel, zu dem es sich von Natur aus hin bemüht
> hat, eingenommen hat, naturgemäß an ihm haltmachen« [191].

Sicher minimalisiert J.Ph. im Text aus PhysCom. die Bedeutung der Entfernung des Hindernisses für das Zustandekommen der natürlichen Bewegung und
unterscheidet sich so stärker von Alexander von Aphrodisias als von Aristoteles
selbst [192], wenn er sie als Grund der Bewegung ausschließt, die eigentliche Differenz zu Aristoteles besteht jedoch darin, daß er dessen Konzeption des natürlichen Ortes durch die teleologische Erklärung in der gedanklichen Tradition von
Theophrast ersetzt, daß es nicht die Kraft des Ortes ist, die einen Körper in seine
Lage zwingt, sondern dieser nichts anderes tut, als die von Gott ihm zugewiesene
Position aufzusuchen. Dies unterstreicht der oben schon erwähnte Text aus dem
Corollarium de loco des PhysCom.:

> »Es ist gar lächerlich zu sagen, daß der Ort eine gewisse Kraft aus sich selbst
> heraus besitzt. Denn ein jedes bewegt sich an seinen eigenen Ort nicht in
> Suche einer Oberfläche, sondern in Suche der Ordnung, die es vom Schöp-
> fer erhalten hat. Weil die Erde die äußere Anordnung erhalten hat, so daß
> sie unterhalb von allem ist, das Wasser an der zweiten Stelle, Luft und Feuer
> an dritter und vierter, wird etwas, wenn es aus dieser Ordnung entfernt wird,
> das heißt wenn das, was von Natur aus über einer anderen Sache ist, durch
> Gewalt sich nicht darüber, sondern unterhalb befindet, sich im Streben nach
> der Ordnung, die ihm vom Schöpfer zugewiesen wurde, so lange bewegen,

---

190 PhysCom. 195,24/32. Den Unterschied der natürlichen Bewegung zu der der Lebewesen
     sprechen ferner an PhysCom. 197,30/198,8; 691,8/17; AnCom. 110,8/111,16 und aetm.
     13,2 (485,10/3; 488,3/6); vgl. McGuire 246.
191 MetCom. 34,36/35,4.
192 Vgl. Sorabji, MSM 224.

bis es wieder diese Ordnung einnimmt. So bewegen sich leichte Dinge nach oben, nicht weil sie einfach danach streben, in Kontakt mit der Oberfläche des sie Umgebenden zu gelangen, sondern im Streben nach der Ordnung, die der Schöpfer ihnen bestimmt hat. Denn dann haben sie am meisten das Sein, und dann haben sie ihre Vollendung. So hat der Ort keine Kraft, Körper zu einer Bewegung zu ihren eigenen Orten zu veranlassen. Vielmehr suchen die Körper ihre Anordnung zu bewahren« [193].

Im Unterschied zu Aristoteles begreift J.Ph. die Leichtigkeit und Schwere der Elemententeile, also den Ausdruck ihrer Bewegungstendenz, für alle Elemente nur in eingeschränktem Sinne [194]. Wenn ein Stein nach dem Fall seinen angestammten Platz erreicht hat, verliert er nach J.Ph. sein Gewicht. Leichtigkeit bzw. Schwere und damit die geradlinige Bewegung gehören also nicht zu den Elementenganzheiten als solchen, sondern nur zu den Körpern, die von ihnen getrennt sind. Gleichzeitig braucht es Kraft, Elemententeile aus ihrer natürlichen Lage zu entfernen. So ist die Aussage in opm. zu verstehen, daß die Existenz der Blitze und Kometen nicht natürlich, sondern erzwungen ist, weil es Gewalt bedarf, Elemente von ihrem angestammten Platz wegzubewegen bzw. nur Elemententeilen, die sich nicht am angestammten Platz befinden, ῥοπή eigen ist [195]. Ebenso ist die Erde zwar das unterste Element, aber es befindet sich dort, weil die Erdteile an das Weltzentrum als ihren angestammten Platz streben, aus dem sie zu entfernen es wiederum des Zwangs bedürfte [196]. J.Ph. steht in dieser Hinsicht in der Tradition von

---

193 PhysCom. 581,18/31, vgl. o. S. 162f. Damit wird auch die Erklärung des Aristoteles für die größere Geschwindigkeit eines Elemententeils in der Nähe seiner -ganzheit, wie Simplicius CaelCom. 264,20/267,6 (übers. bei COHEN/DRABKIN 209/11) sie referiert, hinfällig, der sagt, daß der Teil in der Nähe seiner Ganzheit von dort eine größere Kraft empfängt.

194 AnCom. 65,32/66,14; PhysCom. 198,12/9; 198,32/199,12, aetm. 7,20 (288,26/289,9), 13,5 (490,24/491,11), MetCom. 37,18/22; 97,4/9; c.Arist. frgm. 40/6 bei Simplicius CaelCom. 66,33/74,26: dort geht es um das Problem, ob der Himmel ein Gewicht besitzt; vgl. WILDBERG, criticism 127. 149/56.

195 Opm. 3,7 (123,6/10). Priskian solut. 7 [574] (78,12/23 BYWATER) entwickelt als Antwort auf die Frage, warum das Feuer sich trotz seiner Leichtigkeit nach unten bewegen kann, wie die Blitze zeigen, die gesamte, weitgehend im Anschluß an Aristoteles gestaltete Elementenlehre; die Bewegung der Blitze gilt ihm wie J.Ph. ganz traditionell als naturwidrig: ebd. (86,12/5 B.).

196 Opm. 3,7 (123,22/124,5), 1,5 (12,8/11), 3,10 (132,12/23), 4,2 (162,26/163,10), 2,4 (67,10/5), vgl. Aristoteles cael. IV 3 310b3/5 (143 MORAUX). Das Zentrum selbst ist unbeweglich, deshalb kann die Welt als ganze sich nicht an einen anderen Ort begeben: 3,10 (140,12/27). Kosmas top. 1,6 (SC 141,287/9 WOLSKA-CONUS) hingegen will nicht verstehen, weshalb eine sphärische Erde nicht von einem Ort zum anderen wechseln kann bzw., wenn sie am Ort bleibt, weshalb sie keine Unterstützung oder Aufhängung benötigt.

Platon, Xenarch, Ptolemäus, Plotin und Themistios, während sein Zeitgenosse Simplicius wie Alexander von Aphrodisias weiterhin die Ansicht des Aristoteles verteidigt, daß auch die Elementenganzheiten eine Bewegungstendenz besitzen; die Feuersphäre etwa würde sich, wenn der Himmel entfernt würde, weiter nach außen bewegen [197].

J.Ph. schreitet nun in der Bewegungslehre in opm. gegenüber seinen früheren Schriften insofern fort, als er erzwungene und natürliche Bewegung, die Sonderfälle der Bewegung der Feuersphäre und der Himmelssphären und auch den Fall der Bewegung beseelter Lebewesen auf der Grundlage der Impetustheorie in der Form vereinheitlicht, daß Gott es ist, der alle diese verschiedenen Bewegungen in die Elemente, Gestirne und Lebewesen eingepflanzt hat: So wie ein Werfer dem Speer einen Impetus mitteilt, so legt Gott z.B. in die Himmelskörper die Kreisbewegung hinein. Dies bringt die bekannte Stelle aus opm. 1,12 zum Ausdruck:

> »Die Anhänger der Lehre Theodors sollen uns doch sagen, aus welcher Stelle der göttlich inspirierten Schriften sie herauslesen wollen, daß Engel es sind, die den Mond, die Sonne und jeden Stern bewegen, entweder indem sie sie wie Zugtiere vorwärtsziehen oder von hinten stoßen, wie man Lasten wälzt, oder auch beides zugleich, oder ob sie sie auf den Schultern tragen. Was gäbe es Lächerlicheres als das? Gott hat sehr wohl dem Mond, der Sonne und den übrigen Sternen, als er sie schuf, auch eine Bewegungskraft eingeben können, wie den schweren und leichten Körpern ihre Bewegungstendenzen [ῥοπαί] und allen Lebewesen die Bewegungen von der ihnen innewohnenden Seele, damit die Engel sie nicht mit Gewalt [βίᾳ] zu bewegen brauchen. Denn alles, was nicht von Natur aus bewegt wird, hat eine erzwungene und naturwidrige Bewegung und eine Ursache des Vergehens.

---

197 Der Gedankengang des Simplicius CaelCom. 710,14/711,12 (übers. v. COHEN/DRABKIN 247f) ist etwas kompliziert: Sein experimentelles Nachmessen, durch einen aufgeblasenen und einen nichtgefüllten Ledersack das Gewicht der eingeschlossenen Luft im Vergleich mit der umgebenden Luft herauszufinden (vgl. Aristoteles cael. IV 4 311b10/4 [147 MORAUX]), zeigt bei ihm zwar ein Resultat – nämlich keinen Unterschied zwischen beiden Säcken –, das die dem Aristoteles widerstreitende These des Ptolemäus von der Gewichtslosigkeit des Elements am natürlichen Ort belegen würde (vgl. »wenn Gewicht an seinen natürlichen Ort strebt, so zeigen Dinge, die an ihrem natürlichen Ort sind, kein Streben oder eine Tendenz in diese Richtung, da sie schon dort sind«), aber er ist eher geneigt, dem Experimentalergebnis des Ptolemäus (der gefüllte Ledersack ist leichter; Aristoteles: der gefüllte ist schwerer, vgl. DÜRING 374[193]) zu trauen und an dem Gewicht und damit der Tendenz der Elemente auch an ihrem natürlichen Ort festzuhalten. Ptolemäus müßte also, zumindest was die Luft betrifft, nach Simplicius seine These der Gewichtslosigkeit der Elemente an ihrem natürlichen Ort, aufgrund des Ergebnisses seines Experiments eigentlich aufgegeben haben.

Wie werden so viele mächtige Körper bestehen bleiben, wenn sie über so lange Zeit gewaltsam geschleppt werden?«[198].

Für die Elemente bedeutet dies, daß sie ihre Bewegungstendenz von Gott nur insofern mitgeteilt bekommen haben, als sie sich nicht an dem für sie vorgesehenen Ort der Elementenganzheit befinden. Ferner zeigt diese Stelle deutlich, daß J.Ph. weder die Unterscheidung zwischen natürlicher und erzwungener Bewegung aufheben noch die innere, passive Kraft zu einer aus sich heraus aktiven machen will; die dafür noch genannten Stellen aus anderen Schriften des J.Ph. lassen diese Deutung nicht zu [199].

Zwar findet sich dieses Konzept einer vis *impressa* in dem engen Sinn einer *von außen* eingegebenen Kraft [200] bei J.Ph. ausdrücklich erst an dieser Stelle in opm. und wird zurecht auf den Schöpferglauben im christlichen Sinn zurückgeführt, während vorher in PhysCom. die Bewegungstendenz der Elemente oder die Kreisbewegung der Sphären nur als innere Kraft beschrieben wird, die dem Gegenstand von Natur aus einwohnt; auch nimmt J.Ph. erst in opm. die Möglichkeit wahr, mittels des Schöpferglaubens erzwungene und natürliche Bewegung explizit auf ein einheitliches Modell zurückzuführen, doch ist nicht ganz sicher, ob J.Ph. dies nicht auch schon in PhysCom. im Sinn gehabt hat. Daß J.Ph. im Corollarium de inani des PhysCom. explizit den Schöpfer als Urheber der individuellen Bewegung der Sphären bzw. allgemein der auf den unterschiedlichen Impetus zurückzuführenden ἔμφυτος ῥοπή der Dinge nicht nennt [201], kann man damit erklären, daß er hier gar nicht im Auge hat, die metaphysischen Grundlagen seiner Bewegungslehre zu beschreiben, sondern nur das Ziel verfolgt, die Möglichkeit einer zeitlich faßbaren und nicht unendlich schnellen Bewegung durch einen leeren Raum zu demonstrieren. Andererseits bringt er im Corollarium de loco den Schöpfer sehr wohl ins Spiel und führt ihn dort zumindest als causa finalis der Bewegung der Elemente ein, wo er die vorgegebene aristotelische Lehre von der Kraft des natürlichen Ortes korrigiert [202], und an anderer Stelle desselben Korollariums argumentiert er sehr selbstverständlich mit dem Schöpfer als causa efficiens der dreidimensional bestimmten

198 Opm. 1,12 (28,20/29,9), vgl. 6,2 (233,10/7); SORABJI, MSM 232/8, DERS.: rejection 7/13, WILDBERG, criticism 241/6, WOLFF, Fallgesetz 48/52.

199 Gegen McGUIRE 241/67, WOLFF, Fallgesetz, und DERS.: rejection 96/8 SORABJI, MSM 239f. 241/4.

200 SORABJI, MSM 234f, DERS.: rejection 10f macht auf die Unterscheidung zwischen einer engeren und weiteren Auffassung von »impressa« aufmerksam; die weitergefaßte Bedeutung versteht »impressa« einfach im Sinne von »intern«.

201 Corollarium de inani PhysCom. 690,3/27.

202 Es ist richtig, daß PhysCom. 581,18/31 nicht so formuliert, daß der Schöpfer Urheber des individuellen Impetus ist, und selbstverständlich bedeutet »Schöpfer« keine christliche differentia specifica gegenüber dem Neuplatonismus.

Substanz der Körper [203]. Umgekehrt spricht J.Ph. in opm. trotz der theoretisch
unbezweifelten Grundvoraussetzung der Urheberschaft des Schöpfers für alle
naturgegebenen Bewegungen aus opm. 1,12 wie in PhysCom. ohne Schwierigkeiten weiterhin von natürlichen Ursachen für die Bewegungstendenz und gibt
etwa als Grund der schnelleren Bewegung der Erde und des Feuers im Vergleich
zu Wasser und Luft die Qualität »trocken« an, wo man strenggenommen die
Aussage erwarten sollte, daß Gott die schnellere Bewegung in Erde und Feuer
eingepflanzt hat [204]. J.Ph. will sich also offenbar auch durch die vereinheitlichte
Impetustheorie nicht einer Erklärungsweise entziehen, die weiterhin mit der
»Natur« als Ursache von Bewegung operiert, nur ist Natur, im christlichen
Sinne verstanden, Schöpfung. Der Überstieg vom neuplatonischen zum christlichen Denken fällt an dieser Stelle leicht, weil schon philosophisch »Natur«
keine den Dingen immamente Gegebenheit mehr bezeichnet [205]. J.Ph. hat in
opm. 1,12 offensichtlich ähnlich wie in anderen Kontexten in den Korollarien des
PhysCom. nur ad hoc argumentiert und sich gegen die Lehre des Theodor von
der Lokalisierung der Engel innerhalb des Kosmos und ihre Kraftausübung auf
die Gestirne gewendet. Eine genauere naturwissenschaftliche Beschreibung und
eine ausführliche theoretische Begründung sucht man in opm. vergebens. Da es
weitere, unten noch zu nennende Anzeichen [206] dafür gibt, daß J.Ph. seine mit
dem Schöpfer als causa efficiens begründete vereinheitlichte Impetustheorie schon
vor opm. im Sinn hat, kann man daher, aufs Ganze gesehen, nicht ausschließen,
daß sie auch hinter den Aussagen der Korollarien des PhysCom. steht. Als positive Beweise reichen freilich wiederum die genannten Hinweise aus PhysCom.
nicht aus.

b. Das σπούδασμα περὶ ῥοπῶν

Die gerade genannte Stelle aus opm., an der J.Ph. die Qualität »trocken« als
Grund der schnelleren Bewegung des Feuers und der Erde im Vergleich zu Wasser
und Luft nennt, macht noch auf weitere Zusammenhänge aufmerksam. J.Ph.
weist hier nämlich zugleich darauf hin, daß er die Anordnung und die natürliche
Bewegung der Elemente in einem σπούδασμα περὶ ῥοπῶν diskutiert hat. Sehr

---

203 PhysCom. 573,24/574,1. FURLEY: FURLEY/WILDBERG 35$_{33}$ spricht zu Recht vom christlichen Schöpfergott. Daß J.Ph. an dieser Stelle den Schöpfer nicht als Ursache aller Bewegungen anspricht, erklärt wiederum der Argumentationszusammenhang, in dem es
nur um die Verhältnisbestimmung von Ort und Körper geht. PhysCom. 583,13/584,4
kann man hingegen nicht wie LUCCHETTA, Aristotelismo 587, als Beleg für eine creatio
ex nihilo oder den christlichen Schöpfergott anführen.
204 Opm. 2,1 (60,5/19).
205 Vgl. u. S. 349f.
206 Vgl. u. S. 368f.

wahrscheinlich handelt es sich um eine bisher als solche nicht erkannte, verlorengegangene Schrift des J.Ph. Denn die Wendung »περὶ ῥοπῶν« läßt sich am einfachsten als Titel begreifen und wäre als Werküberschrift in der Antike nicht ungewöhnlich: So ist eine Abhandlung des Ptolemäus mit demselben Titel bezeugt, die noch zur Zeit des J.Ph. im Umlauf war [207]. Gewiß ist ein letzter Beweis auf diesem Wege zwar nicht zu erbringen, da J.Ph. einerseits dann, wenn er sich in opm. auf früher von ihm verfaßte Schriften bezieht, bis auf eine Ausnahme keine Werktitel angibt, sondern sich mit Angaben wie ἐν ἑτέροις, ἐν ἰδίᾳ πραγματείᾳ u.a. begnügt und andererseits dort, wo er einmal mit λόγος περὶ φωτός scheinbar ein eigenes Werk einführt, durch die weiteren Ausführungen bald deutlich wird, daß nur ein bestimmter Abschnitt aus opm. gemeint sein und λόγος auch nicht notwendig »Abhandlung«, sondern ebensogut »Argument« bedeuten kann [208]. Dafür weist aber die Einordnung des mit περὶ ῥοπῶν gekennzeichneten Gegenstandes als σπούδασμα ebenfalls auf eine selbständige wissenschaftliche Abhandlung hin [209]. Die Vermutung, es handele sich dabei nur um eines seiner Kommentarwerke (etwa PhysCom.) oder eine der Schriften aetm. oder c.Arist, wird dann aber durch den Zusatz περὶ ῥοπῶν, gleichgültig ob ein Titel oder nur allgemein die Thematik des Textes angezeigt sein soll, entkräftet, da sich keine dieser Schriften als ganze ausführlich oder gar ausschließlich mit diesem Thema beschäftigt. Also könnte es sich höchstens um einen Teil dieser Texte mit περὶ ῥοπῶν als allgemeiner Themenangabe handeln. Dem steht jedoch entgegen, daß die in opm. gemachte bedeutsame Feststellung, daß das Trockene der Elemente Ursache der schnelleren Bewegung sei, so in den Schriften bis zu MetCom. explizit nicht anzutreffen ist. Erst in MetCom. findet sich dieser Gedanke. Er wird dort aus der Lehre von den beiden Ausdünstungen (ἀναθυμιάσεις), die, wie zu zeigen sein wird, für die Deutung des πνεῦμα aus Gen. 1,2 eine wichtige Rolle spielen wird, entwickelt:

> »Es gibt nämlich, sagt er [sc. Aristoteles], zwei Elemente in der Mitte des Alls, Wasser und Erde, und wenn sie von der Sonne auf die beschriebene Weise erwärmt werden, entstehen notwendigerweise auch zwei Verdunstungen, und die aus dem Wasser ist feucht, wie z.B. auch der Dampf aus den Kesseln (ist), wenn das Wasser in ihnen erhitzt wird, die aus der Erde

---

207 Simplicius CaelCom. 710,14f: »Πτολεμαῖος δὲ ὁ μαθηματικὸς ἐν τῷ Περὶ ῥοπῶν τὴν ἐναντίαν ἔχων ...«.

208 Zu den Verweisen in opm. auf eigene Schriften vgl. o. S. 72/6.

209 LIDDELL/SCOTT 1630b, zu verifizieren ist allerdings nur der Beleg Sextus emp. pyrrh. 3,31 [279] (1,208,4/7 MUTSCHMANN/MAU); vgl. ferner Euseb. h.e. 2,18,2 (GCS Eus. 2,1,154,7/10 SCHWARTZ), 3,10,6 (224,16/20 S.), 5,8,9 (446,13/6 SCHWARTZ), 5,20,1 (480,22 S.), 5,28,1 (500,3/6 S.), 6,6 (GCS Eus. 2,2,534,3/7 S.), 6,31,3 (586,3 S.). Es handelt sich außer Werken Philons und 4Makk. um Werke der frühchristlichen Literatur.

aber ist trocken, wie das ist, was aus brennenden Hölzern und Duftstoffen offenbar nach oben strebt. Beide aber sind warm. Da nämlich durch die Sonne diese beiden Elemente, Erde und Wasser, wenn sie erhitzt werden, diese Verwandlung erleiden, ist es klar, daß sie sich nur hinsichtlich des in beiden enthaltenen Kalten verändern. Da sich also weder die Erde hinsichtlich des Trockenen in ihr verändert noch das Wasser hinsichtlich des Feuchten in ihm, sondern nur hinsichtlich des in ihnen enthaltenen Kalten, das durch das Warme besiegt wird, ist also jede der beiden Verdunstungen natürlicherweise warm, wobei im einen das Trockene bleibt, im anderen aber das Feuchte. Folglich ist die (Ausdünstung) aus dem Wasser feucht und warm, die aus der Erde trocken und warm. Die eine nennt er [sc. Aristoteles] Dampf, die andere aber rauch- und windartig. Denn auch der Wind [πνεῦμα] ist trocken und warm. Diese sind für alles, was sich in der Zwischenzone einstellt, materielle Ursache, Wirkursache aber ist der Umschwung des Himmelskörpers. Da nun beide Verdunstungen warm sind, bewegen sie sich natürlich nach oben; aber die raucheartige ist leichter, weil sie das Trockene als Miturssache der Schnelligkeit hat, das Feuchte aber behindert beim anderen die Schnelligkeit, wie wir an anderer Stelle [ἐν ἑτέροις] genau gezeigt haben« [210].

Wie J.Ph. sich das im einzelnen vorstellt, ob er seine Aussage etwa quantitativ gemeint hat, also das gleiche Volumen Erde sich tatsächlicher *schneller* bewegt als die gleiche Menge Wasser, läßt sich nicht sagen. Die Bemerkung am Schluß des Zitats »wie wir an anderer Stelle genau gezeigt haben« weist jedoch darauf hin, daß MetCom. gleichfalls nicht der Ort ist, an dem die Idee der aus der Trockenheit eines Elements resultierenden schnelleren Bewegungstendenz von J.Ph. erstmals entwickelt ist, sondern einem anderen Werk vorbehalten war. Gibt es Indizien für seine Zuordnung zu den anderen Schriften des J.Ph.?

Im Corollarium de inani des PhysCom. erkennt J.Ph. an einer Stelle, die sich mit der ῥοπή beschäftigt, am Beispiel eines bestimmten, im Wasser schwimmenden Holzes, daß die unterschiedlichen Bewegungstendenzen der Körper auf die in ihnen enthaltenen Elemente bzw. ihr Mengenverhältnis zueinander zurückgehen, insofern im Beispiel die sich im Holz befindliche Luft das Versinken des Holzes verhindert, während andere Holzarten untergehen; auch spricht er aus,

---

210 MetCom. 55,12/32. J.Ph. hält also die ἀτμίς für warm: die andere Ansicht des Aristoteles Met. II 4 360a23/8 (2,71 LOUIS) (ἀτμίς ist kalt) – das Buch II der Met. hat J.Ph. nicht kommentiert –, die scheinbar im Widerspruch zu GenCor. II steht (so P. STEINMETZ, Ansatzpunkte der Elementenlehre Theophrasts im Werk des Aristoteles: Naturphilosophie 224/49, hier 236), kann man so deuten, daß es in Met. 360a23 direkt noch um den *Wasserdampf* geht, während Met. 360a28 die *Luft* als feucht und warm angesehen wird.

daß das, was die größere Bewegungstendenz hat, also schwerer ist, stärker nach unten strebt [211], aber daß im Falle der Elemente die trockene Komponente in Feuer und Erde für deren größere Geschwindigkeit verantwortlich ist, wird dort und auch an anderen Stellen nicht gesagt [212]. Das gilt auch für GenCorCom.; dort hat J.Ph. dargelegt:

>»Daß das Leichte vom Warmen kommt, wird man aus folgendem einsehen. Da nämlich das warm-trockene Feuer leicht ist, muß sich also das Leichte im Trockenen oder Warmen befinden; wenn das Feuer aber, insofern es trocken ist, leicht wäre, müßte auch die Erde, die (ja auch) trocken ist, leicht sein. Dies ist nicht der Fall. Also besitzt es [sc. das Feuer] die Leichtigkeit nicht, insofern es trocken ist. Es bleibt also hinsichtlich der Wärme übrig« [213].

---

211 PhysCom. 679,23/680,23, vgl. ganz ähnlich Simplicius CaelCom. 709,27/710,13, freilich mit einem anderen Ergebnis, was die Frage der Existenz einer Kraft des natürlichen Ortes angeht. Vgl. Hero Alex. mech. 2,34d (2,176,19/27 NIX/SCHMIDT): »Warum fallen schwerere Körper in kürzerer Zeit nach unten als leichte Körper? Der Grund besteht darin, daß so wie schwere Körper sich leichter bewegen je größer die äußere Kraft ist, durch die sie in Bewegung gesetzt werden, so sie sich schneller bewegen je größer die innere Kraft in ihnen selbst ist. Und bei natürlicher Bewegung ist diese innere Kraft und Tendenz nach unten größer im Falle schwererer Körper als im Falle leichterer«. Für Aristoteles stellt es ein ungelöstes Problem dar, wie der mit Luft gefüllte Behälter, der für ihn schwerer als ein leerer ist (vgl. cael. IV 4 311b10/4 [147 MORAUX], o. S. 200 Anm. 197), im Wasser schwimmen kann: vgl. probl.phys. 25,13 939a33/8 (229 RUELLE): »[Weshalb schwimmt ein aufgeblasener Ledersack?] Geschieht es deswegen, weil die Luft in ihm sich nach oben bewegt? Denn wenn der Sack leer ist, sinkt er, aber wenn er aufgeblasen ist, bleibt er an der Oberfläche, weil die Luft ihn trägt. Aber wenn die Luft ihn leichter macht und ihn am Sinken hindert, warum wird ein Ledersack schwerer, wenn er aufgeblasen wird? Und wie kann es sein, daß, wenn er schwerer ist, er schwimmt, und wenn er leichter ist, sinkt?«. – Mit der Verlegung der schnelleren Bewegung ins Trockene wird auch die unterschiedliche Beurteilung, ob die innere Bewegungstendenz aktiv oder passiv bei J.Ph. aufgefaßt wird, nicht entschieden: Aktiv ist die natürliche Bewegungstendenz dadurch, daß es sich um eine *innere* Kraft handelt, die das Medium durchstößt; als passiv hingegen kann die Bewegung insofern eingeordnet werden, als die Beseitigung des Hindernisses und das, was die Bewegung erzeugt, als Bewegungs*ursache* nicht ausgeschlossen werden und mit opm. die innere Kraft eine von Gott mitgeteilte ist.

212 Man muß dies auch nicht erwarten, da J.Ph. hier nur klarmachen will, daß ausschließlich die Bewegungstendenz in einem Gegenstand für die Bewegung nach oben oder unten verantwortlich ist. Keine Hinweise auch in PhysCom. 678,24/679,11, 690,20/7 oder außerhalb des Korollariums 195,24/32, 664,8/665,15.

213 GenCorCom. 224,19/23. Leicht und Schwer als Folge der natürlichen Bewegung sind hier nur zweiteilig differenziert im Blick. Dies zeigt auch ebd. 229,7/14, wo lediglich von zwei Orten, oben und unten, als Aufenthaltsort der Elemente gesprochen wird. Es hat also deutlich den Anschein, daß J.Ph. eher als daß er eigene Meinung vorträgt, Aristoteles darstellt; denn dieser kennt nur diese grundsätzliche Zweiteilung.

In aetm. wird zwar deutlich zwischen vier verschiedenen Orten – unten, Mitte, oben und äußere Begrenzung – unterschieden, jedoch die größere Schwere/Leichtigkeit bzw. schnellere Bewegung nicht eigens zu begründen versucht [214]. Um so größere Beachtung verdienen die Ausführungen von c.Arist. frgmm. 1/6. Hier werden die aristotelischen Argumente für die Existenz des fünften Elementes kritisiert, die aus der natürlichen Bewegung einfacher Körper gewonnen werden. Zum besseren Verständnis ist kurz die Lehre des Aristoteles von der örtlichen Bewegung nach cael. I 2 in Erinnerung zu rufen [215]: 1. Die Natur der Körper ist das Prinzip ihrer Bewegung (und ihrer Ruhe). 2. Es gibt in der Natur einfache und zusammengesetzte Bewegungen. 3. Es gibt drei verschiedene einfache Bewegungen: aufwärts, abwärts und kreisförmig. 4. Einfache Körper, das heißt die Elemente, bewegen sich mit einfacher Bewegung.

Das Dilemma besteht für Aristoteles darin, daß, wenn die Natur der Körper das Prinzip ihrer Bewegung ist, die Existenz von fünf Elementen auch fünf verschiedene einfache Bewegungen erforderlich zu machen scheint [216]. Aristoteles geht jedoch den Weg nicht, die Auf- und Abwärtsbewegung in jeweils zwei Spezifika zu differenzieren, sondern entwickelt, wie oben gesehen, das Konzept von der Kraft des natürlichen Ortes zur Identifikation von Elementen, die durch die Bewegung als solche nicht zu unterscheiden sind [217]. Die Kommentatoren Alexander und Simplicius glauben zwar bei Aristoteles, bes. cael. I 2 268b26/269a2, auch eine Unterteilung der beiden Bewegungsgattungen in zwei Spezifika zu finden, jedoch hat Alexander, und dies ist im Hinblick auf J.Ph. wichtig, keine eigene Theorie entwickelt, worauf die spezifische Differenz beruht, und Simplicius greift zur Erklärung im wesentlichen doch wieder auf die Theorie von der Kraft des natürlichen Ortes zurück, wenn er feststellt, daß die Bewegung von Wasser bzw. Luft jeweils an der Grenze zu Erde bzw. Feuer stoppt [218]. J.Ph. hält demgegenüber in c.Arist. daran fest, daß es nur drei einfache Bewegungen gibt, da geradlinige Bewegung lediglich in zwei Richtungen erfolgt und unterschiedliche Geschwindigkeiten nicht eine differentia specifica der Bewegung selbst sind [219].

---

214 Aetm. 10,3 (391,3/21), vgl. 7,21 (291,19/24), 13,9 (497,3/10).

215 Aristoteles cael. I 2 268b14/269a2 (3f MORAUX).

216 Vgl. WILDBERG, criticism 107.

217 Vgl. Aristoteles cael. IV 2 308b24/8 (138 MORAUX), 309b5/8 (140 M.); I 2 269a17f (4 M.), Met. I 2 339a11/5 (1,3 LOUIS): es gibt nur *zwei* Bewegungen. Cael. IV 3 310b3/5 (143 M.), IV 4 311b6/9 (147 M.), IV 5 312b2/19 (150f M.): es gibt *vier* natürliche Orte; alle Elemente außer Feuer sind schwer, SEECK 106/21, WILDBERG, criticism 54/6, SORABJI, MSM 186f.

218 Alexander bei Simplicius CaelCom. 16,21/6, Simplicius ebd. 27,11/23, auch Farabi c.Ioh.gramm. 10/3 (259f MAHDI) in der Kritik von c.Arist. schließt sich dem an.

219 C.Arist. frgm. 3 bei Farabi c. Ioh. gramm. 9/15, frgm. 11 bei Simplicius CaelCom. 34,33/ 35,8 und frgm. 12 bei ebd. 35,12/20.

Wenn gleiche Bewegungen durch die gleiche Natur verursacht sind, müßten demzufolge Erde und Wasser die gleiche Natur besitzen [220]. Diese Absurdität wird gegen die Existenz des fünften Elements ausgewertet, dies braucht hier aber ebenso wie die sich aus der Bewegungslehre ergebenden anderen Argumente nicht dargestellt zu werden, weil WILDBERG dies bereits getan hat [221]. Auffälligerweise ist aber zumindest in den von Simplicius referierten Passagen aus c.Arist. Buch 1, die mit der Differenz der Bewegung gleicher Naturen (z.B. bei Erde und Wasser) argumentieren, keine Rede davon, obwohl der Hinweis nahegelegen hätte, daß die schnellere Bewegung von Erde und Feuer auf die Qualität »trokken« zurückzuführen ist und damit die Qualitäten der Elemente, die als Prinzipien der chemischen Veränderung gewirkt haben, nun auch als Prinzipien der differierenden Ortsbewegungen angesehen werden. Sollte sich J.Ph. tatsächlich auch in c.Arist. nicht in dem gerade genannten Sinn geäußert haben, verstärkt sich die Vermutung, daß er in einer eigenen Schrift περὶ ῥοπῶν das Thema behandelt hat. Daß dieser Titel ein Buch oder Kapitel von c.Arist. im Visier hat, ist eher unwahrscheinlich, weil J.Ph. an keiner Stelle einen Teil von aetm. und opm. – Schriften, die sich vom Aufbau her mit c.Arist. vergleichen lassen – in dieser Weise als σπούδασμα sowie thematisch bezeichnet. Da zur Position des J.Ph. wahrscheinlich zumindest die Voraussetzung gehört, daß die Elementenqualitäten substantieller Art sind und die prima materia des Aristoteles schon zugunsten der Dreidimensionalität als erstem Zugrundeliegendem aufgegeben ist, läge die Abfassung des Werkes sicher nach PhysCom., eher aber noch nach aetm. und wahrscheinlich auch nach c.Arist. Denn Simplicius, der c.Arist. in CaelCom. widerlegt, weiß anscheinend nichts von einem derartigen Konzept des J.Ph. [222]. Ist man aber angesichts der eingangs formulierten formalen Prinzipien zur Erfassung der Ansichten des J.Ph. der Meinung, daß in c.Arist. und den anderen Schriften ein Hinweis auf die Qualitäten der Elemente als Prinzipien örtlicher Bewegung auch nicht unbedingt notwendig gewesen sein muß, da das jeweilige Argumentationsziel, im Falle von c.Arist. die Bestreitung der Existenz des fünften Elements, die Entwicklung und Darstellung der eigenen Lehre in dieser Frage gar nicht erfordere, wird man eine genaue zeitliche Fixierung dieser Schrift nicht für möglich halten. Über das Verhältnis zu den anderen kosmologischen Schriften aetm. [2] und cont. lassen sich gleichfalls keine Angaben machen. Einzig sicherer Hinweis ist der aus MetCom. als terminus ante quem. Wenn WILDBERG mit plausiblen Gründen MetCom. nach c.Arist. ansetzt [223], würde eine Einordnung von περὶ ῥοπῶν zwischen beide damit ohne weiteres harmonieren. An der Eigenart der in περὶ ῥοπῶν entwickelten Kon-

---

220 C.Arist. frgm 1 bei Simplicius CaelCom. 26,31/27,4.
221 WILDBERG, criticism 106/25.
222 Priskian solut. 7 [574/6] (81,11/82,1 BYWATER) kennt diese Vorstellung ebenfalls nicht.
223 WILDBERG: rejection 197/209.

zeption, die Qualitäten der Elemente zu Bewegungsprinzipien zu machen und
damit die Theorie des natürlichen Ortes theoretisch überflüssig zu machen, dürfte
jedoch kein Zweifel bestehen. Daß J.Ph. in dieser Schrift die Zahl der einfachen
Bewegungen von drei auf fünf erhöht oder Bewegungsspezifika im Sinne von
Alexander und Simplicius eingeführt hat, ist jedoch ebenso unwahrscheinlich
wie die Annahme, daß die Schrift auf das Verhältnis von Leichtigkeit und Schwere
aufgrund natürlicher Bewegung und göttlichem Impetus als vis impressa eingegangen ist. Eher wurden vielleicht Aussagen des Aristoteles, daß es zwei aktive
(warm – kalt) und zwei passive Qualitäten gibt [224], diskutiert bzw. abgelehnt.
Aber das bleibt natürlich alles unsicher.

c. Die Elementenganzheiten

Die Bewegung der sich nicht am natürlichen Ort aufhaltenden Elemententeile
ist von der Bewegung der Elementenganzheiten an ihrem angestammten Ort zu
unterscheiden. Insbesondere für die Feuersphäre stellt sich die Frage nach der
Klassifizierung ihrer Kreisbewegung als erzwungen oder natürlich angesichts
der widersprüchlichen Aussagen des Aristoteles in cael. I 2, daß kein einfacher
Elementenkörper sich erzwungen oder natürlich im Kreis bewegen könne, und
Met. I 4, daß die Himmelssphäre für den Umschwung der äußeren sublunaren
Zone verantwortlich ist [225]. Die Einordnung der Bewegung der Elementenganzheiten, speziell der Feuersphäre, als natürlich, erzwungen oder übernatürlich hängt mit der Ablehnung oder Akzeptanz eines fünften Elements für den
Himmel zusammen und wird von platonischer und aristotelischer Perspektive
aus unterschiedlich gesehen. Wie WILDBERG herausgearbeitet hat, halten Platon
und in seinem Gefolge Xenarch, Ptolemäus und Plotin die Kreisbewegung der
Feuersphäre und des oberen Teils der Luft sowie die Ruheposition (Nullbewegung)
der Ganzheiten Erde, Wasser und unterer Luft für natürlich, während die oben
besprochene Bewegung der Teile als naturwidrig angesehen wird, weil sie sich
während ihrer Bewegung noch nicht an ihrem natürlichen Ort befinden und
somit der vollen Aktualität entbehren. Dieses Konzept gibt J.Ph. als Meinung
der von Aristoteles an. I 2 403b20/4 genannten Vorgänger (τὰς τῶν προτέρων
δόξας) in AnCom. folgendermaßen wieder:

> »Die natürlichen Körper bewegen sich nämlich, aber nicht von Natur aus
> oder dadurch, daß sie das Prinzip ihrer Bewegung in sich selbst hätten, son-
> dern durch etwas anderes außerhalb werden sie bewegt. Denn der Erdklumpen

---

224 Aristoteles Met. IV 1 378b10/20 (2,31 LOUIS).
225 Aristoteles cael. I 2 269a9/18 (4 MORAUX); hypothetisch wird durchdacht, ob die Feuer-
    sphäre sich naturwidrig bewegt; Met. I 4 341b22/35 (1,11f LOUIS), vgl. Met. I 3 340b32/
    341a3 (1,9 L.); I 7 344a11/3 (1,19 L.).

hat die Bewegung nach unten nicht von Natur aus, sondern er besitzt eine solche Bewegung als die, die zum natürlichen Ort führt, da er sich am naturwidrigen Ort befindet. Ein jedes nämlich steht in seiner eigenen Ganzheit still. Denn die Ganzheiten wollen stillstehen oder sich im Kreis bewegen, deshalb ist auch die Kreisbewegung ein Haltmachen. Denn die Feuersphäre und die Luft in ihrer Nähe, die mit dem Ganzen zusammenbewegt werden, haben diese Bewegung zwar erzwungen, aber sie geraten nicht aus ihrer natürlichen Lage heraus; denn was sich im Kreis bewegt, wahrt seinen eigenen Ort. Denn bekanntlich geschieht dies nicht am naturwidrigen Ort, ich meine in Erdnähe, vielmehr hat auch das im Kreis Bewegte seinen eigenen Platz. Das Elemententeil Feuer und das Teil Luft <hingegen> und das Wasser befindet sich, nachdem es durch irgendeine äußere Gewalt aus seiner natürlichen Lage gebracht wurde, in seiner Bewegung wieder auf dem Weg zu seinem natürlichen Platz. Während es sich aber bewegt, ist es im naturwidrigen Zustand, da es sich an fremdem Ort und außerhalb seiner eigenen Ganzheit befindet; also ist die Bewegung zum natürlichen Ort nicht natürlich, und die Ganzheiten vollziehen derartige Bewegungen nicht. Die Natur aber muß mehr in der Ganzheit sichtbar werden. Diese Bewegungen sind für die Teile also nicht natürlich, sondern Weg zum natürlichen Zustand. Für die Himmelskörper ist die Kreisbewegung natürlich, und das Ganze übernimmt dasselbe wie die Teile, und beim Ganzen wird mehr als bei den Teilen die Kreisbewegung sichtbar, denn der Umschwung des Ganzen erfolgt am schnellsten. So sind nun derartige Bewegungen nicht natürlich, sondern Wege zum natürlichen Zustand« [226].

Die Aristoteliker hingegen, die die Existenz des fünften Elements verteidigen, nehmen angesichts der Widersprüche bei Aristoteles wahrscheinlich seit Damaskios zu der Vorstellung ihre Zuflucht, die Kreisbewegung der Feuerzone sei weder natürlich noch erzwungen, sondern übernatürlich, und dies entweder von Natur aus oder auf Veranlassung einer höheren Kraft [227]. J.Ph. referiert in PhysCom. diese Auffassung:

»Denn obwohl die Feuersphäre und die mit ihr zusammenhängende Luft sich zusammen mit dem Ganzen bewegen, ist es nicht naturgemäß, sondern übernatürlich, ebenso wie die Körper von Lebewesen, die von Natur aus schwer sind, die Bewegung zur Seite nicht von Natur aus, sondern durch die

226 J.Ph. AnCom. 65,32/66,14. Hinzufügen kann man Proklos nach aetm. 13,3 (489,8/ 24).

227 Vgl. WILDBERG, criticism 127/9; als Vertreter dieser Anschauung nennt er außer Damaskios noch Olympiodor und Simplicius. Alexander hatte sich damit geholfen, daß die Bewegung der Feuersphäre als eine Art elektrischer Erscheinung aufzufassen sei.

Seele ausführen. Daher ist es unmöglich, daß ein und dasselbe Ding, das
sich geradlinig von Natur aus bewegt, sich auch kreisförmig bewegt«[228].

Ebenso heißt es in aetm.:

> »Wenn sich etwas übernatürlich bei einem (Gegenstand) befindet, verän-
> dert dieser selbst nämlich nicht seine eigene Natur und macht sich in der
> Natur jenem gleich, von dem es diese Kraft hat. Denn auch die über den
> Berggipfeln ausgebreitete Luft (αἰθήρ), die sich mit dem himmlischen Kör-
> per im Kreis bewegt und bezogen auf die eigene Natur übernatürlich diese
> Bewegung ausführt, wie Aristoteles glaubt, gehört trotzdem zu den geradli-
> nig sich bewegenden Körpern und wird diese (Kreis)Bewegung nicht als
> Merkmal der eigenen Substanz haben, so daß sie deswegen dem himmli-
> schen Körper gleichartig genannt würde«[229].

Doch präsentiert J.Ph. in aetm. auch schon die Auffassung von c.Arist. und
MetCom.; schon die Formulierung »wie Aristoteles glaubt« weist auf den
hypothetischen Anstrich hin, den J.Ph. der vorhin zitierten Passage mitgibt. Denn
bei Proklos findet J.Ph. bereits die platonische Alternative formuliert, daß Elementenganzheiten sich entweder in Ruhe befinden oder im Kreis bewegen. J.Ph.
stellt auch selbst die natürliche Bewegung der Feuerzone in hypothetischer Form
der Annahme der übernatürliche Bewegung der Feuerzone gegenüber[230]; wenn
J.Ph. die Bewegung der aus feinstem Feuer bestehenden Himmelszone bespricht,
kehrt dieselbe Alternative zwischen übernatürlicher und natürlicher Bewegung
auf höherer Ebene wieder[231].

---

228 PhysCom. 378,25/9; vgl. ebd. 198,12/9: »Aber auch die Elementenganzheiten sind unbe-
     weglich. Denn das Feuer bewegt sich nicht am eigenen Ort, sondern macht bloß Halt.
     Denn seine kreisförmige Bewegung und ferner die der angrenzenden Luft ist nicht
     natürlich, sondern übernatürlich, vermittels der Herumführung durch den Umschwung
     des Himmlischen. Daß aber die Elementenganzheiten an ihrem Ort unbeweglich sind,
     machen aber auch die beiden anderen Elemente klar, ich meine Wasser und Erde, die
     als Ganzheiten unbeweglich sind. Wenn die Ganzheiten unbeweglich sind, wie können
     wir daher die Natur das Prinzip der Bewegung und der Ruhe nennen«? Diese von der
     aristotelischen Definition von Natur her vorgegebene Frage versucht J.Ph. dann im
     folgenden Teil von PhysCom. zu beantworten.
229 Aetm. 6,29 (240,28/241,10), ebd. 7,16 (278,21/279,4): »Was einige übernatürlich besit-
     zen, kommt dem, was stärker als es ist, natürlich zu, wie die Kreisbewegung, die
     übernatürlich im Ätherischen [sc. der Feuerzone] ist, natürlich im Stärkeren, ich
     meine dem Himmlischen, ist. Deswegen wird nämlich solches übernatürlich sich in
     einigen befindend genannt, weil es die Substanzen, die ihnen überlegen sind, natür-
     lich besitzen«; 13,18 (536,2/10): Auch die Luft bewegt sich nach oben und zur Seite.
230 Aetm. 13,5 (490,26/8), 13,6 (492,20/493,1).
231 Vgl. u. S. 361f.

In c.Arist. und MetCom. wird die Bewegung der Feuersphäre als Bewegung eines einfachen Körpers nur noch als natürlich verstanden, während die Hypothese einer übernatürlichen Bewegung nicht auftaucht. Erzwungen kann das Verhalten der Feuersphäre nach J.Ph. in diesen Schriften nicht sein, da naturwidrige Bewegungen, wie Aristoteles ausgeführt hat, auf Dauer keinen Bestand haben und die Bewegung des Himmels und damit auch die der Feuersphäre dem Augenschein nach von sehr langer Dauer sind[232]. Auch hält er das Argument für die Naturwidrigkeit der Kreisbewegung bei Aristoteles cael. I 2[233], daß diese das Gegenteil der natürlichen Aufwärtsbewegung des Feuers sei, für nicht stichhaltig, da deren Gegenteil nicht die Kreisbewegung, sondern die Abwärtsbewegung sei. Ein einfaches Ding aber kann nur *ein* Gegenteil haben, und da diese Gegensätze beim Feuer mit Auf- und Abwärtsbewegung bereits gegeben sind, kann die Kreisbewegung nicht das gegenteilige Widernatürliche sein[234]. Daß nicht alle Teile einer Elementenganzheit der allgemeinen natürlichen Bewegung folgen, ändert nichts daran, daß die Teile insgesamt einer einfachen Bewegung folgen und daher die der Feuersphäre im Gegensatz zu der des Himmels zwar wohl zusammengesetzt, aber trotzdem natürlich ist[235]. Mit welchen Argumenten J.Ph. die Übernatürlichkeit der Kreisbewegung der Feuersphäre widerlegt hat, läßt sich zwar nicht mehr erkennen, doch müssen sie wie die anderen genannten Aussagen dem Ziel zugeordnet gewesen sein, die Existenz des fünften Elements abzuweisen. Am deutlichsten drückt er sich in dieser Hinsicht in frgm. 12 aus; Simplicius referiert:

»Auch dies verfälscht er [sc. J.Ph.], wenn er sagt: Feuer hat zwei natürliche Bewegungen, die eine nach oben, die zu den Teilen gehört, die sich von der Ganzheit entfernt haben, die andere im Kreis gehört zur Ganzheit, so daß nichts daran hindert, daß der sich im Kreis bewegende Himmel selbst aus Feuer besteht, und seine Bewegung wird nicht naturwidrig sein«[236].

Wie J.Ph. seine anderen Einwände gegen die Naturwidrigkeit der Kreisbewegung in diesem Sinn auswertet und wie Simplicius versucht, sie nochmals zu widerlegen, hat WILDBERG dargestellt und braucht hier nicht mehr weiter verfolgt zu werden[237]. Es kommt in diesem Zusammenhang vielmehr darauf an,

---

232 C.Arist. frgm. 9 bei Simplicius CaelCom. 34,5/11, frgm. 17 bei ebd. 37,11/29. Zur Differenzierung von naturwidrig und erzwungen vgl. WIELAND, Physik 249₁₅.

233 Aristoteles cael. I 2 269a9/18 (4 MORAUX).

234 C.Arist. frgm. 12 bei Simplicius CaelCom. 35,12/20. J.Ph. wirft damit Aristoteles vor, einen geometrischen anstelle des erforderlichen physikalischen Gegensatzes zu konstruieren. Vgl. MAHDI 243/5.

235 C.Arist. frgm. 14f bei Simplicius CaelCom. 36,9/18 und 36,21/5.

236 C.Arist. frgm. 12 bei Simplicius CaelCom. 35,14/8.

237 WILDBERG, criticism 130/4.

sich anhand der bisher vorgestellten Gedanken die Synthese zu vergegenwärtigen, die J.Ph. zwischen platonischer und aristotelischer Einordnung der Bewegung der Feuersphäre herstellt. Dazu sei eine weitere Stelle, diesmal aus MetCom. angeführt, an der J.Ph. kurz die Ausgangslage selbst zusammenfaßt:

> »So also kreist die Luft jenseits dieser Begrenzung [sc. der Berge] durch äußeren Zwang, indem sie durch den Umschwung des Himmels gemeinsam mit der Feuersphäre mitgezogen wird; nach Aristoteles besitzt sie diese Bewegung nicht von Natur aus, sondern aus dem äußeren Zwang des sich im Kreis bewegenden Körpers. Man muß aber wissen, daß die Platoniker annehmen, daß die Feuersphäre und die angrenzende Luft nicht durch den Himmel mitgezogen werden, sondern diese Bewegung von Natur aus besitzen. Denn die einen Elementenganzheiten sind unbeweglich, sagen sie, wie Erde und Wasser, die anderen aber werden im Kreis bewegt, wie Luft und Feuersphäre. In gerader Linie bewegt sich keine Elementenganzheit. Darüber zu reden aber ist nicht der richtige Zeitpunkt; darüber haben wir deutlich an anderer Stelle gehandelt« [238].

Wie die Platoniker nimmt J.Ph. an, daß es im sublunaren Bereich zwei natürliche Bewegungen gibt: Erde und Wasser weisen eine Nullbewegung, Feuer und Luft die Kreisbewegung auf. Anders als jene übernimmt er aber die aristotelische Auffassung, daß die geradlinige Bewegung der Elemententeile ebenfalls natürlich ist. J.Ph. hat, wie indirekt schon mehrfach angeklungen ist, in opm. an der Natürlichkeit der geradlinigen Bewegung der Elemententeile festgehalten. Wie steht es um die Bewegung der Elementenganzheiten in opm.? Aus der bereits besprochenen Vereinheitlichung der Bewegungslehre mittels der Impetustheorie in opm. folgt zwar noch nicht notwendig die Natürlichkeit der Bewegung der Elementenganzheiten, aber J.Ph. hat sich in opm. wie in c.Arist. und MetCom. ganz in diesem Sinn geäußert:

> »Auch die Feuersphäre und die ihr benachbarte Luft bewegen sich nämlich im Kreis, und daß sie sich nicht durch Gewalteinwirkung bewegen, haben wir anderswo gezeigt« [239].

Zwar spricht J.Ph. in opm. ohne Differenzierung von der Gesamtheit der Luft als ἀήρ, doch folgt daraus nicht, daß er auch die Kreisbewegung der Luft als ganzer

---

238 MetCom. 37,14/24, vgl. 97,4/9, wo J.Ph. im Anschluß überlegt, ob nicht auch Aristoteles eine ähnliche Meinung wie die Platoniker hatte. Ferner äußert sich J.Ph. noch in MetCom. 91,18/20 und 97,12/22 zum Thema; alle drei Stellen werden von WILDBERG: rejection 202/9 für die Datierung von MetCom. nach c.Arist. ausgewertet.

239 Opm. 6,2 (232,8/10). Der Verweis zielt sehr wahrscheinlich auf c.Arist.

annimmt. Er unterscheidet ganz wie in seinen früheren Schriften zwischen dichter und dünner Luft über den Wolken [240] oder Luft in der Umgebung der Erde und Luft in der Nähe der Feuersphäre [241]. Der Bereich zwischen Erde und Himmel ist also folgendermaßen aufgebaut: Auf die Erde folgt das Wasser, sodann die warm-feuchte dichte Luft, danach die warm-trockene dünne Luft, darauf die Feuersphäre, die aber im Grunde mit dem oberen Teil der Luft identisch ist, und schließlich die Himmelssphären. Die Kreisbewegung vollzieht also nur die Feuersphäre mit dem oberen Teil der Luft, den von der Feuersphäre wenigstens theoretisch zu unterscheiden einfach deswegen wichtig ist, um die Symmetrie zweier Elemente mit Kreisbewegung und zweier Elemente mit Ruhe durchzuhalten [242], auch wenn de facto, wie sich zeigt, die Elementenganzheit Feuer als lebenspendende Wärme vom oberen Teil der Luft nicht zu unterscheiden ist [243].

Bisher ist stillschweigend vorausgesetzt worden, daß J.Ph. sich gegen ein fünftes, von Aristoteles für den Himmel eingeführtes Element ausgesprochen hat. Seine Stellungnahmen zu diesem Thema bedürften eigentlich einer eigenen Behandlung. Da aber hierzu WILDBERG schon alles Notwendige erschöpfend zusammengetragen hat, kann an dieser Stelle darauf verzichtet werden [244]. Für jetzt genügt es festzuhalten, daß J.Ph. in allen Schriften seit aetm. und besonders in c.Arist. die Existenz eines solchen Elements ablehnt und opm. sich in diesem Punkt bruchlos an die vorangehenden Schriften anschließt.

D. DIE ELEMENTENLEHRE DES KOSMAS

Die Übernahme der aristotelischen Elementenlehre stellt einen Differenzpunkt zu Kosmas dar. Dieser folgt nämlich der Auffassung der Stoiker vom Aufbau der vier Elemente. Sie ordnen sich im Kosmos wohl wie bei Aristoteles an, sind aber jeweils nur durch eine einzige Qualität bestimmt: die Erde ist trokken, das Wasser feucht, die Luft kalt und das Feuer warm [245]. Erde und Wasser sowie Luft und Feuer sind somit bezogen auf ihre Qualität konträr. Wasser und Luft vermischen sich leicht aufgrund ihrer feuchten bzw. porösen Eigen-

---

240 Opm. 5,6 (217,24/218,3).
241 Opm. 6,2 (232,10/9).
242 Vgl. MetCom. 36,27/37,23.
243 Vgl. opm. 1,6 (13,25/15,4), 2,2 (62,17/22).
244 WILDBERG, criticism.
245 Kosmas top. 2,104 (SC 141,425 WOLSKA-CONUS), vgl. WOLSKA, Topographie 228f. Die Verknüpfung der Kälte mit der Dunkelheit der Luft durch Theophrast de igne 26; de ventibus 22f, PsAristoteles de mundo 2 392a31/b13 (vgl. MORAUX, Aristotelismus 2,14f) und die Stoiker (SVF 2,429f) bietet den Anküpfungspunkt für die Erklärung von Gen. 1,2. Kosmas ordnet ferner top. 5,35 (SC 159,63 W.) die vier Elemente vier Farben zu; Vorgänger sind ihm dabei Philon, Klemens Alex. und Origenes (vgl. W. im Apparat).

schaft sowohl miteinander als auch mit den anderen Elementen. Sie befinden
sich in der Mitte, um den Brand zu verhindern, der entstehen kann, wenn
Erde und Feuer direkt miteinander in Kontakt kommen [246]. Leichte und schwere Elemente haben zwar nicht das gleiche Volumen, aber die gleiche Quantität und befinden sich deshalb im Kosmos im Gleichgewicht [247], da zwar alle
Elemente nach unten streben, Luft und Feuer jedoch gleichzeitig auch nach
außen drängen [248]. Die Bedenken des Kosmas gegen die aristotelische Elementenlehre richten sich speziell gegen die Bestimmung der Luft als überwiegend feucht bzw. folglich auch gegen die des Wassers als vorherrschend kalt
und gegen die Annahme, daß die Luft wärmer als das Wasser sei. Für ihn ist es
unverständlich, daß die Sonne selbst nicht warm sein soll und durch die Reibung infolge ihres Umlaufs die notwendige Wärme erzeugen soll, welche die
Feuchtigkeit nach oben befördert; wenn Kosmas auf diese Weise Aristoteles
kritisiert, verschweigt er im übrigen, daß J.Ph. in aetm., c.Arist. MetCom.
und auch opm. sich in diesem Fall von Aristoteles distanziert [249]. Aber für
Kosmas stellt sich die Schwierigkeit noch in anderer Hinsicht dar. Für ihn
entfällt nämlich mit der seiner Meinung nach falschen Annahme einer Luft,
die warm-feucht ist, die Notwendigkeit, einen Mechanismus zu ihrer Entstehung wie bei der aristotelischen Windtheorie anzunehmen, weil das Feuchte sich nach ihr ja schon oben befindet:

> »Wenn sie sagen, daß die Luft warm und feucht ist, welcher Bedarf besteht
> noch für die Weisen, sich kluge Gedanken zu machen und zu behaupten,
> daß das Feuchte von anderswoher in die Höhe gezogen wird, wenn sie das
> Warme und das Feuchte ebendort oben (schon) haben« [250].

Für Kosmas ist mit der Annahme einer überwiegend feuchten Luft bzw. eines
überwiegend kalten Wassers nicht zu erklären, woher im Winter die Kälte kommen soll, die das Wasser gefrieren läßt, wenn nicht aus der Luft. Das Argument, der größere Abstand der Sonne zur Erde in dieser Jahreszeit sei für die
Überführung des Wassers in seinen eigentlichen natürlichen Zustand, die Kälte, verantwortlich [251], überzeugt ihn nicht, weil dann nicht einzusehen sei, daß
das Gleiche nicht mit der Luft geschieht, die im Gegenteil noch kälter als das

---

246 Kosmas top. 2,104 (SC 141,425 WOLSKA-CONUS).
247 Ebd. 2,16 (SC 141,321 W.). Hintergrund ist die stoische τόνος-Lehre: SVF 1,99; 2,555.
     572. 580. 671.
248 Vgl. SORABJI, MSM 88f. 151f; zur Identifizierung des πνεῦμα mit Luft und/oder Feuer
     ebd. 85/8.
249 Vgl. u. S. 255/62.
250 Kosmas top. 1,27 (SC 141,299 WOLSKA-CONUS).
251 Ebd. 1,29 (SC 141,301 WOLSKA-CONUS): »εἰς τὸ κατὰ φύσιν αὐτὸ ἀποδείκνυσι«. WOLSKA-
     CONUS übersetzt nicht ganz richtig: »qui la transforme naturellement«.

Wasser wird. Daß das angeblich kalte Wasser nicht die Luft gefrieren läßt, sondern augenscheinlich das Umgekehrte eintritt, ist eben mit der Theorie des Aristoteles für ihn nicht zu erklären [252].

Bereits in GenCorCom. hat sich J.Ph. mit der letzten Behauptung auseinandergesetzt. Er hält sie für vorschnell und unüberlegt, weil sie nicht näher
das Wesen der Feuchtigkeit bestimmt hat:

> »Einige stehen vor der Schwierigkeit, weshalb er [sc. Aristoteles] die Feuch
> tigkeit der Luft zugeteilt hat und nicht dem Wasser, wo Wasser viel geeig
> neter zum Befeuchten ist, wie man es an der Wirkung beider sehen kann: wir
> sehen, daß das Wasser weitaus mehr als die Luft befeuchtet. Diesen Leuten
> ist zu erwidern, daß es wider die richtige Methode ist, mit dem feuchten
> Gegenstand etwas zu beweisen, ohne vorher zu bestimmen, was das Feuchte
> ist. Laßt uns also sehen, was das Feuchte nach Aristoteles ist. Es ist, sagt er,
> das, was schwierig durch seine eigene Grenze zu begrenzen ist [253]. Und
> welche Sache besitzt mehr diese Eigenschaft? Ist es nicht klar, daß es die Luft
> mehr als das Wasser ist? In der Tat verströmt und verbreitet sich die Luft
> mehr als das Wasser, und es ist schwieriger, sie zu begrenzen« [254].

Auf diesen Gedanken greift J.Ph., wie bereits gesehen, in opm. wieder zurück[255].
Ob er in GenCorCom. Kosmas im Blick hat, ist nicht auszumachen, da zum
vermuteten Zeitpunkt der Abfassung von GenCorCom. das Werk des Kosmas
schriftlich noch nicht vorgelegen und J.Ph. seine Kritik an der stoischen Lehre
selbst festgemacht haben kann. Gleichwohl können Diskussionen zwischen beiden
im Hintergrund stehen.

E. DIE AUSLEGUNG VON GEN. 1,2

Bevor zu erklären ist, wie J.Ph. in opm. die Erschaffung der Elementenganzheiten
im einzelnen in Gen. 1,2 wiederfindet, speziell den Wind Gottes als Hinweis auf

---

252 Kosmas top. 1,28 (SC 141,299/301 WOLSKA-CONUS). Der Gedankengang ist stoischer
     Herkunft: Plutarch de primo frigido 11f [949B/F] (SVF 2,430), vgl. ebd. 9 [948D/F]:
     Empedokles und Straton finden Gründe für die Zuweisung der Kälte an das Wasser,
     Plutarch selbst spricht sie der Erde zu.

253 Vgl. Met. II 4 360a22/5 (1,71 LOUIS).

254 GenCorCom. 230,22/30, vgl. MetCom. 35,31/5; 42,5/8, WOLSKA, Topographie 217. Für
     die größere Befeuchtung durch Wasser ist die größere Dichte verantwortlich: GenCor
     Com. 231,3/13.

255 Opm. 4,10 (180,19/181,14).

die Feuersphäre deutet, ist festzuhalten, daß J.Ph. eben aufgrund seines aristotelischen Ansatzes eine sukzessive Entstehung der Elemente aus einem von ihnen
wie in der Stoa aus dem Feuer ablehnen muß. Die Elemente werden gemeinsam
gleichzeitig mit Himmel und Erde erschaffen [256].

I. πνεῦμα – Feuer

a. Eigenschaften der Feuersphäre

Beginnt man mit der Darstellung, wie J.Ph. das Feuer im Hexaemeron identifiziert, ist zu berücksichtigen, daß er im Stile des Kommentars zwei Möglichkeiten anbietet. Eine erste Überlegung basiert auf der schon genannten Identifizierung von Luft und Feuersphäre. J.Ph. stellt nämlich wie schon die Tradition vor
ihm fest, daß im Text des Hexaemeron die Feuersphäre scheinbar ausgelassen
wird, zumindest dem Wort nach nicht vorkommt. Da aber naturkundlich gesehen die Feuersphäre de facto von der Luft in der Wahrnehmung nicht ohne
weiteres unterschieden werden kann und mit deren trockenem Teil identisch ist,
gibt es die Möglichkeit, daß die Bibel diesen Sachverhalt berücksichtigt und
stillschweigend mit der Luft, die im Begriff Finsternis erkannt wird, die Feuersphäre mitgemeint hat:

> »Erde, Wasser und Luft sind nun zwar deutlich voneinander unterschieden.
> Die Feuersphäre aber, welche die Naturforscher die Elementenganzheit des
> Feuers nennen, ist, da sie mit der Luft zusammenhängt, nicht leicht von ihr
> zu unterscheiden. Deshalb hat Moses wohl über sie geschwiegen, da unsere
> Wahrnehmung sie nicht von der Luft trennt. Daß ich nämlich so spreche,
> muß die Feuersphäre trockene Luft sein« [257].

J.Ph. hat auf diese Weise eine natürliche Begründung für das in der Auslegungstradition schon bemerkte, aber nicht eigens durchdachte Schweigen des
Moses zum Feuer gefunden. In dieser Interpretation ist dann unter πνεῦμα wie
gewöhnlich der Wind und damit die Luft zu verstehen; so sagt es J.Ph., wenn er
an anderer Stelle in opm. nochmals den Elementenaufbau beschreibt:

> »Auf dem Wasser aber liegt als drittes naturgemäß die Luft auf, deshalb fügt
> er hinzu: ›Und Wind Gottes schwebte über dem Wasser‹« [258].

---

256 Opm. 1,5f (12,6/14,11).
257 Opm. 2,2 (62,16/22).
258 Opm. 4,2 (163,8/10).

Allerdings gibt J.Ph. sich nicht mit dieser gängigen Deutung zufrieden und
entwickelt eine eigene, neue Hypothese; daß sie als solche verstanden werden
will, zeigt die Einführung des betreffenden Abschnitts mit μήποτε [259]. Um zu
verstehen, wie J.Ph. zu seiner Interpretation des πνεῦμα als Feuer gelangt, ist als
erstes ein Blick auf einige spezielle Eigenschaften der Feuersphäre zu werfen und
sodann zu klären, was Wind für J.Ph. auf dem Hintergrund der aristotelischen
Windlehre bedeutet und wie diese mit den Eigenschaften der Feuersphäre in
Verbindung steht. Eine Auskunft zur ersten Frage gewinnt man, wenn man sich
nochmals vergegenwärtigt, was die Feuersphäre für J.Ph. darstellt. J.Ph. sagt
deutlich, daß man sich nicht durch diesen Begriff in die Irre führen lassen und
das Feuer der Feuersphäre im herkömmlichen Sinn begreifen darf:

> »Die Flamme [φλόξ] nennen wir nicht Feuer [πῦρ], denn sie ist nicht das
> elementare Feuer [τὸ στοιχειῶδες πῦρ], sondern Übermaß [ὑπερβολή]
> und intensives Brennen des Feuers ... Das elementare Feuer und das Wasser,
> aus dem die zusammengesetzten Körper bestehen, ist lebenspendend und
> heilsam« [260].

Das Elementarfeuer ist eben kein Feuer wie die Flamme, sondern lebenschaffende
Wärme. J.Ph. übernimmt damit seine früheren Ausführungen aus AnCom.,
aetm. und MetCom. Dort schreibt er über die Beschaffenheit der Feuersphäre:

> »In der Reihe als zweites nach ihm [sc. dem Himmelskörper] folgt der war-
> me und trockene Körper, wie auch, wie wir sagten, die Ausdünstung aus der
> Erde beschaffen ist. Denn wegen seiner Leichtigkeit muß er notwendig die
> drei anderen (Elemente) überspringen. Diesen aber, sagt er [sc. Aristoteles],
> nennen wir Feuer. Freilich ist es kein Feuer, wie er schon vorher sagte. Denn
> hauptsächlich ist Feuer, wenn (etwas) sich übermäßig entflammt und eine
> Flamme entsteht. Aber weil das Warme und Trockene bei all dem gemein-
> sam ist, solcher Art aber auch die Flamme, das πνεῦμα und die rauchartige
> Verdunstung und deren mannigfaltige Abstufungen sind, die sich durch
> Quantität und Anordnung der Teile unterscheiden, für diese alle aber kein

---

259 Opm. 2,2 (62,28), vgl. o. S. 45.
260 Opm. 1,6 (13,25/14,11), zugrundeliegt einerseits die Differenzierung von πῦρ in φῶς,
   ἄνθραξ und φλόξ bei Platon Tim. 58C (vgl. 40A), andererseits die Aussage Aristoteles
   Met. I 4 341b21f (1,11 LOUIS): »ἔστι γὰρ ἡ φλὸξ πνεύματος ξηροῦ ζέσις«; vgl. aetm.
   13,14 (518,5/519,17). Das irdische Feuer wird bei J.Ph. auch als διακονικὸν πῦρ bezeichnet: vgl. opm. 4,12 (185, 10), aetm. 13,18 (535,5), MetCom. 23,16. Einer Fehldeutung
   dieses Ausdrucks unterliegt MACCOULL, Philoponus and the London sundial 19: Er
   bezeichnet nicht »lights used in churches«, sondern das vom Menschen zu seinen Zwek-
   ken gebändigte Feuer.

gemeinsamer Name vorhanden ist, pflegt man deswegen die Gattung zu
nennen, indem man von dem, was uns am verwandtesten ist, dem ganzen
Gebilde den Namen gibt, oder weil die Feuersphäre potentiell Feuer ist,
denn es bedarf nur des geringsten Anlasses, und sofort entzündet sie sich[261].
Aristoteles aber dachte sich eine mehr eigentliche Bezeichnung für dieses
Gemeinsame aus, was Wärme und Trockenes haben, wenn sie noch nicht
entzündet sind; er nannte es ›Zunder‹ [ὑπέκκαυμα; Feuersphäre], weil es
geeignet ist, sich aus geringstem Anlaß zu entzünden, und nahm diese Benennung aus dem, was bei uns vorkommt. Denn »Zunder« [ὑπεκκαύματα]
nennen wir, was dünn und unterholzartig ist und was zur leichten Entzündung
geeignet ist. Da nun auch die rauchartige und windartige Verdunstung und
der ganze Bereich bis zum Mond so beschaffen ist, hat er es mit Recht
ὑπέκκαυμα genannt«[262].

»Feuer« ist also nur eine gewohnheitsmäßige bzw. generische Bezeichnung der
Zone unterhalb des Himmels, die eher verdeckt, um was es sich handelt. Besser
wird das Wort ὑπέκκαυμα verwendet, weil es sich nur um den trocken-warmen
Teil der Luft handelt, der die Potenz zum Hervorbringen von Feuererscheinungen
besitzt. Damit wird die Gemeinschaft von Feuersphäre und oberem Teil der
Luft, die schon aufgrund der natürlichen kreisförmigen Bewegung dieser beiden
Elemente konstatiert wurde[263], zur Identität:

»Da er [sc. Aristoteles] aber sagt, daß der Körper nach der Luft nicht Feuer
sei, fügt er zur Erklärung, was dies also der Natur nach sei, hinzu: ›Man muß
sich aber von der sogenannten, das heißt von uns so bezeichneten Luft das,
was um die Erde herum ist, feucht und warm denken, weil die Erde Dampf
und Verdunstung ausscheidet, das aber, was darüber ist, schon als warm und
trocken‹[264]. Da nun einmal die meisten den Körper zwischen Erde und
Mond Luft nennen, wobei die Wahrnehmung allein ohne Verstand dessen
Teile nicht unterscheiden kann, deshalb hat er gesagt ›die von uns so genannte Luft‹. Denn von ihr, sagt er, ist das, was sich um die Erde herum
befindet, feucht und warm; dies ist die eigentliche Luft. Dies ist also feucht,
da es Dampf ist. Denn es bewegen sich sichtbar Dämpfe aus ihm heraus, der
Dampf aber stammt von feuchten Körpern her, wie das in Kesseln zum

---

261 Vgl. opm. 1,6 (14,15/8): »Die Naturforscher nennen es Feuersphäre [ὑπέκκαυμα], da es
     zur Entzündung geschaffen ist. Aus geringem Anlaß entzünden sich dort Lichtblitze,
     Sternschnuppen, Kometen, Meteore und das, was dem verwandt ist«.
262 MetCom. 56,20/39, vgl. 23,14/7; 34,5/8; AnCom. 83,18/21; 87,10/2; aetm. 13,14 (518,5/13;
     519,10/7); c.Arist. frgm. 54 bei Simplicius CaelCom. 83,16/29; GRONAU 78 sammelt ei-
     nige Belege aus stoischer Tradition für das Feuer als lebenspendende Kraft.
263 Vgl. o. S. 212f.
264 Aristoteles Met. I 3 340b23/7 (1,8f LOUIS).

Sieden gebrachte Wasser zeigt. Warm, sagt er, ist es dazu, weil es auch eine
gewisse Verdunstung besitzt, denn beides ist in ihm vermischt; was aber
Verdunstung und Dampf voneinander scheidet, wird er (noch) aufzählen.
Der Teil der sogenannten Luft darüber aber ist warm und trocken. Denn je
mehr sie über den kalten und feuchten Körper hinausragt, desto mehr erhöht sich das Warme (denn auch die Luft war warm nach dem Kalten angeordnet), das Feuchte aber wird ganz abgelegt und nunmehr trocken. Denn
bei Gegensätzen ist der Mangel des einen die Entstehung des anderen. Da
nämlich die sich in der Luft befindliche Verdunstung durch den Vorwärts-
drang nach oben vom Dampf, der feucht ist, getrennt ist, muß das, was
übrigbleibt, trocken und warm sein, was man aus Gewohnheit uneigentlich
Feuer nennt; Aristoteles aber hat es passend ὑπέκκαυμα genannt, weil es
sich bereitwillig entzündet und entflammt, wenn Trocken und Warm sich
steigern«[265].

Weil Feuer und Luft nicht voneinander getrennt wahrnehmbar sind, hat ja J.Ph.
die Auslegungsmöglichkeit gelten lassen, daß Moses eben deswegen nichts vom
Feuer gesagt hat. Aber J.Ph. gibt sich damit nicht zufrieden, sondern durch-
denkt die faktische Identität von Feuersphäre und oberem Teil der Luft noch
von einem anderen Ansatz aus[266].

b. Die Theorie der Windentstehung

Den Schlüssel zum Verständnis des πνεῦμα aus Gen. 1,2 als Feuer liefert ihm die
aristotelische Lehre von der Entstehung der Winde. Für Aristoteles gibt es zwei

---

265 MetCom. 35,22/36,7; vgl. opm. 1,6 (13,25/15,4), 2,2 (62, 17/22), 3,5 (118,10/2), 5,1 (205,17/
25); aetm. 13,6 (492,5/493,25), 13,18 (536,2/10); MetCom. 37,14/23; 38,3/7; 108,31/109,1;
GenCorCom. 240,2f. Aristoteles lehrt vornehmlich Met. I 4 341b6/24 (1,11 LOUIS) das
Feuer als trockene Verdunstung der Erde, während GenCor. und cael. IIIf an ein wirkliches Feuer denken: vgl. SOLMSEN 397f, STROHM, Untersuchungen (o.Anm. 177) 6f.
Ebd. 12f bezeichnet er den Schritt von der letzteren zur ersteren Konzeption als Übergang von der spekulativen Elementenlehre zur erklärenden Naturwissenschaft; als ent-
scheidendes Bindeglied wird dabei Met. I 3 angesehen. Auch STEINMETZ (o.Anm. 210):
Naturphilosophie 237/9 legt den Finger auf verschiedene Widersprüche bei Aristoteles
und erklärt sie mit redaktionellen Überarbeitungen; bes. Met. I 3 340b23/7 (1,8f LOUIS)
hält er für ein späteres redaktionelles Mißverständnis bes. im Vergleich zu Met. II 4
360a21/7 (1,71 L.). FLASHAR 265.267.268 rechnet ebenfalls mit redaktionellen Überarbeitungen in cael. und Met., schlägt aber als Reihenfolge der Abfassung cael., GenCor.,
Met. I/III vor; Met. IV sei »vielleicht« älter als Met. I/III. Die stoische Auffassung von
Luft-Feuer-Pneuma ist der aristotelischen ähnlich: vgl. SVF 2,427, SORABJI, MSM 85/9.

266 Die Ansicht von SMORONSKI (o.Anm. 160) 292, J.Ph. interpretiere πνεῦμα als Luft, ist
zwar nicht falsch, geht aber an der Hauptaussage des J.Ph. vorbei.

aus der Erde stammende Arten von Verdunstung (ἀναθυμίασις), Dampf (ἀτμίς) und Rauch (καπνός). Die erste entsteht aus feuchten Körpern und führt zur Bildung des warmen und feuchten, das heißt unteren, dichten Teils der Luft, die selbst ἀτμίς heißt und κυρίως ἀήρ ist [267], letztere stammt aus der trockenen Erde [268], ist selbst trocken-warm und führt zur Entstehung des gleichgearteten Teils der Luft [269]. Dieser von der Erde aufsteigende Rauch ist für Aristoteles ἀρχή und φύσις aller Winde und stellt sich nicht in der ἀτμίς ein, in der sich nach der voraristotelischen Windlehre die Wolken in Regen oder Wind wandeln, sondern wird als trockene und warme Ausdünstung nach oben geführt und erfährt dort durch die Sphären den Anstoß, sich in verschiedenen Richtungen auszubreiten und den Wind zu verursachen. Die ἀναθυμίασις καπνώδης ist also eine ὕλη, welche die Luft in Bewegung versetzt, obwohl sie sich in nichts anderes als Luft verwandelt hat und selbst Luft ist [270]. Aufgrund ihrer Qualitäten warm und trocken bildet die rauchartige Verdunstung nichts anderes als den Stoff der Feuerzone, den sie laufend ergänzt [271].

Für ἀναθυμίασις καπνώδης aber wird ohne Sinnverlust auch das Wort πνεῦμα benutzt:

»Wenn also aus der rauchartigen Verdunstung die Feuerzone besteht, wie wird es sich dann nicht notwendigerweise entzünden wegen einer beliebigen Bewegungsursache, die schneller als gewohnt ist? [Die Flamme ist nämlich ein Sieden des trockenen πνεῦμα.] Denn wenn das πνεῦμα trocken und warm ist, so beschaffen aber auch die Flamme ist, die diese Qualitäten gesteigert besitzt, wird natürlicherweise die Flamme entstehen, aus welchem Grund auch immer es einmal eintritt, daß das πνεῦμα siedet. Zunder des Feuers ist daher das Pneuma, dasselbe aber ist zu sagen: die rauchartige Verdunstung [ὥστε ὑπέκκαυμα τοῦ πυρός ἐστι τὸ πνεῦμα, ταὐτὸν δ' εἰπεῖν ἡ καπνώδης ἀναθυμίασις]« [272].

Diese Vorstellung vom Wind erlaubt nun J.Ph., das Pneuma aus Gen. 1,2 als Feuer zu deuten:

267 Vgl. opm. 2,1 (61,5/8), 3,10 (136,20f), 3,14 (150,24/151,2), 5,5 (216,1/7).

268 Vgl. aetm. 10,3 (393,3/5).

269 MetCom. 1,24/2,10; 2,22/7; 28,36/29,5; 36,11/22; 55,12/58,2 u.a.

270 Zur Windtheorie des Aristoteles, ihren Feinheiten und Inkonsequenzen vgl. GILBERT, Theorien 522/34, STROHM, Untersuchungen (o.Anm. 177) 42/55.65/7, SOLMSEN 407/12.

271 Daß naturphilosophisch zwischen Elementen- und Windlehre ein enger Zusammenhang besteht, ist für die Aristoteleskommentatoren selbstverständlich: Priskian solut. 7 [574/6] (82,32/88,7 BYWATER) z.B. stellt unmittelbar die zweite im Anschluß an die erste dar; vgl. ebd. 10 (98,25/104,6 B.), Olympiodor MetCom. 168,31/171,23.

272 MetCom. 57,32/58,1; vgl. 55,26f: Das Pneuma ist trocken und warm; 56,20/39.

»Vielleicht kann man sagen, daß das ›Wind Gottes schwebte über dem Wasser‹
die Natur der Feuersphäre anzeigt. Denn aus ihr läßt Aristoteles die Winde
entstehen [273]. Denn er wollte nicht, daß die Winde, wie es Hippokrates
meint [274], ein Fließen und Strömen von Luft sind, sondern aus der rauchartigen Verdunstung [καπνώδης ἀναθυμίασις] entstehen. Und dies zeigt
er vielfach. Daher könnte er durch den Satz »Und Finsternis über dem
Abgrund« die lichtlose Luft anzeigen – denn in ihr kamen damals Finsternis
und das ihr entgegengesetzte Licht zusammen –, durch »Und Wind Gottes
schwebte über dem Wasser« die Feuersphäre, aus der die Natur der Winde
(entsteht)« [275].

Die Schwierigkeiten dieser Deutung verschweigt J.Ph. nicht. Sie rühren für ihn
nicht von den in der Aristoteleskommentierung diskutierten naturwissenschaft-
lichen Voraussetzungen der Windtheorie her, sondern Unbehagen bereitet der
Wortlaut des Genesisverses. Denn dieser besagt, daß der Wind Gottes über dem
Wasser schwebt und nicht über der Luft bzw. der Finsternis. Als Lösung sieht
J.Ph. zwei Möglichkeiten:

»<1> Entweder nennt er [sc. Moses] nun auch die Luft wegen ihrer feuchten
Natur Wasser, da sie mit dem Wasser zusammenhängt, und weil der Übergang der beiden Elemente Wasser und Luft ineinander leicht und fortwährend vonstatten geht, <2> oder aber weil beide Arten von Verdunstungen,
Dampf und Rauch, von unten aufsteigen. Dampf [ἀτμίς] ist Ursache und
Weg zur Entstehung von Luft, Rauch [καπνός] aber kommt aus der Erde
und ist, da trocken und warm, (Ursache und Weg zur Entstehung) der Feuersphäre. Und auf diese Weise wird die Ordnung aller Elemente vollendet, da
der Wind sich hinter der Luft (her) bewegt« [276].

So verständlich die erste Deutung <1> ist, die auf die in der Schrift für J.Ph.
vielfach bezeugte Äquivozität des Wortes Wasser abstellt [277], so unklar bleibt

---

273 Arist. Met. II 4 361a30, 359b27f.
274 Hippokr. περὶ φυσῶν 3 (2,230 JONES), vgl. E. NACHMANSON, Hippocratea. Aus Aufzeichnungen und Vorarbeiten: Symbolae philologicae. FS O.A. DANIELSON (Upsala 1932)
   185/202, hier 190/2, O. TEMKIN, Hippocrates in a world of Pagans and Christians (Baltimo-
   re/London 1991) 244f.
275 Opm. 2,2 (62,28/63,10). Alexander MetCom. 54,1 und Olympiodor MetCom. 100,27;
   168,31/171,23 führen die von Aristoteles kritisierte Windtheorie ebenfalls auf Hippokrates zurück. Olympiodor setzt sich ausführlich mit Hippokrates auseinander und demonstriert, daß Wind eine Form der rauchartigen Verdunstung ist. Insofern ist der
   Verweis auf Hippokrates bei J.Ph. wiederum ein Zeugnis für die Vertrautheit mit dem
   philosophischen Unterrichtsstoff seiner Zeit.
276 Opm. 2,2 (63,13/22).
277 Opm. 3,5 (120,9/12), 3,14 (150,21f; 152,18/21; 153,5/7), 3,15 (154,8/20), 5,4 (214,6/9).

zunächst der zweite Vorschlag <2>. Sicher ist nur, daß als Begründung wieder
die aristotelische Erklärung der Entstehung von Dampf und Rauch angegeben
wird, aber *was* begründet werden soll, ist nicht eindeutig. Wenn sich der Kausalsatz »weil von unten beide Arten von Verdunstung, Dampf und Rauch, aufsteigen« auf die Vermutung beziehen sollte, daß Moses die Luft mit »Wasser«
bezeichnet und J.Ph. damit noch einen weiteren Grund zu den vorher genannten hinzufügen wollte, gäbe er als Begründung – Moses nennt auch die Luft
»Wasser«, weil von unten Dampf und Rauch aufsteigen – keinen wirklichen
Sinn, höchstens ganz entfernt so, daß – aber eben unter Vernachlässigung des
trockenen Teils der Luft – an die ἀτμίς als κυρίως ἀήρ gedacht wäre. Näher liegt
eine andere Deutung. Nimmt man an, daß J.Ph. zwei Gründe alternativ anbie-
ten will und nicht kumulativ eine Reihe gleichgeordneter Argumente für eine
korrekte Interpretation der Aussage »Und Wind Gottes schwebte über dem Wasser« bereithält, dann würde sich der Kausalsatz nicht auf die Bezeichnung der
Luft durch »Wasser«, sondern direkt auf Gen. 1,2 beziehen; sinngemäß würde
J.Ph. also etwa sagen: Die Formulierung »Wind Gottes oberhalb des Wassers«
erfolgt deshalb, weil von unten beide Arten von Verdunstung aufsteigen; betont
wäre dabei nicht die räumliche Folge Wasser – Luft – Feuer, sondern nur die
Tatsache des räumlichen Aufbaus an sich, in dem die Wasserzone »unten« liegt,
über der sich alles weitere innerhalb des Luftraums anordnet, indem es von dort
unten aufsteigt.
   Zwei Einwände, die im übrigen auch die erste Lösung betreffen, könnten
gemacht werden: Wie kann zu diesem Zeitpunkt der Welterschaffung überhaupt von einem *Aufsteigen* von Dampf und Rauch die Rede sein, wenn Moses
eigentlich Elementenganzheiten bezeichnen will, denen ja keine geradlinige
Bewegung zu eigen ist, und wenn ferner damals strenggenommen Rauch aus
der Erde noch gar nicht aufsteigen kann, weil diese vollständig mit Wasser
bedeckt ist und die Sonne als Wärmespender und damit Motor der Verdunstung noch nicht existiert? Die Lösung für beide Probleme kann nur darin liegen, daß es reine Elementenganzheiten auch zum Zeitpunkt ihrer Entstehung
nicht gibt, sondern durch ihre Vermischung ein ständiger wechselseitiger Austausch stattfindet. Diese Vorstellung entspricht wenigstens dem, was in aetm.
gesagt ist[278]. Daß J.Ph. an dieser Stelle nicht die von ihm anderenorts erwogene
Gleichsetzung der Luft mit dem Wasser favorisiert, vielmehr letztlich davon
überzeugt ist, daß die Aussage »Wind Gottes über dem Wasser« wörtlich gemeint ist, ergibt sich aus der Fortsetzung in opm. 2,2. Dort geht er nämlich
davon aus, daß sich Finsternis und Wind gemeinsam über dem Wasser befinden, das die Erde noch unter sich verborgen hält. Die Erklärung für den unmittelbaren Kontakt von Wind bzw. Feuersphäre und Wasser liefert erneut die

---

278   Vgl. opm. 4,10 (182,5/15): in der Erde sind Luft und Feuer; aetm. 10,3 (392,11/ 395,5), 17,2
      (595,19/596,3), 13,9 (497,5/498,8).

Theorie der Windentstehung nach Aristoteles. Denn Wind, so übernimmt es
J.Ph., entsteht zwar oben in der Feuerzone, breitet sich aber, wie die Erfahrung
zeigt, nach seiner Bildung aus der rauchartigen Verdunstung bis zur Erde, das
heißt damals aber: bis zum Wasser, aus. Ohne Schwierigkeit hat J.Ph. damit im
gleichen Moment wie in einem nicht geringen Teil der christlichen Tradition
die Bedeutung des ἐπιφέρεσθαι geklärt. Es bezeichnet nichts anderes als das
unbeständige Wehen des Windes. Damit kommt J.Ph. zu dem Ergebnis:

> »... aus dem uns naheliegenden Teil [d.h. der ἀτμίς] wird durch die Winde
> die gesamte Natur der Feuersphäre gelehrt« [279].

Zuletzt fügt J.Ph. noch eine philologische Überlegung hinzu, die, gerade
weil sie nur Vermutung ist, die Richtigkeit der Gleichsetzung von Wind und
Feuer auf einfache Weise demonstrieren könnte und so durch die Konvergenz
mit dem entscheidenden naturkundlichen Gedankengang diesem die letzte Stütze
gibt. J.Ph. fällt eine Formulierungsnuance von Gen. 1,2 auf. Heißt es »σκότος
ἐπάνω ...« mit einfachem »ἐπάνω«, so drückt »πνεῦμα ἐπεφέρετο ἐπάνω ...«
anscheinend doppelt die Plazierung des πνεῦμα oben aus. Daher vermutet J.Ph.:

> »Vielleicht möchte er durch die Aussage, daß Finsternis über dem Abgrund,
> das heißt den Wassern, war, der Wind aber oberhalb über dem Wasser
> schwebte, vermittels der zweimaligen Präposition ›über‹ [ἐπί] zeigen, daß
> der Wind über dem schwebt, was oberhalb des Wassers ist, nämlich der
> Luft. Und auf diese Weise kommt erneut durch alles die Genauigkeit der
> Naturlehre des Moses zustande« [280].

Anschließend macht sich J.Ph. an die Besprechung einer ihm bekannten Kommentierung von Gen. 1,2. J.Ph. nennt ihren Urheber nicht, und auch über ihren
Inhalt läßt sie sich aus heutiger Sicht keinem Autor näher zuordnen [281]. Sie knüpft
daran an, daß Gen. 1,1 nichts über die Elemente zwischen Himmel und Erde hat
verlauten lassen, und nimmt an, daß dies mit Gen. 1,2 nachgeholt wird, wobei
die Ergänzung »θεοῦ« die Urheberschaft durch Gott verdeutlicht [282]. Mit letzterem kann sich J.Ph. einverstanden erklären, da ihm ebenfalls an einer streng
theologischen Deutung dieses Zusatzes nicht gelegen sein kann. Indirekt wird
sie mit der Zitierung einer Reihe weiterer Bibelstellen abgewiesen, die meteorologische oder andere Erscheinungen der Zone oberhalb der Erde durch eine
ähnliche Formulierung wie in Gen. 1,2 unmittelbar mit Gott verbinden und

---

279 Opm. 2,2 (64,4/8).
280 Opm. 2,2 (64,8/14).
281 Vgl. o. S. 84. 90.
282 Opm. 2,3 (64,19/25).

damit eine naturkundliche Deutung auch dieses Verses nahelegen. Nicht ganz
auszuschließen ist zwar, daß J.Ph. alle diese Stellen bei dem anonymen Vorgänger gefunden oder sie sogar als Zitat seiner Vorlage übernommen hat; trotzdem
ist es vom Textduktus her wahrscheinlicher, daß er wenigstens den Verweis auf
Ps. 147,5/7 und Dan. 3,57 selbst eingetragen hat. Ps. 147,5/7 wird in Verbindung
mit Gen. 1,2 vorher nur bei Theodoret, Gennadius und Prokop zur Bestätigung
angeführt, während 2Reg. 21,10, Hiob 1,16, Gen. 19,24 und Jes. 14,2 in dieser
Kombination bei ihnen nicht begegnen. Dies spricht unter Umständen ebenfalls für die Urheberschaft des J.Ph. an allen Verweisen auf die Schrift [283]. Wenn
J.Ph. also, wie auch immer man den Eigenanteil in dieser Passage abgrenzt, mit
der ganz auf den naturkundlichen Aspekt zielenden Kommentierung seines
Vorgängers von Gen. 1,2 durchaus einverstanden ist, so reicht ihm dennoch
dessen Versicherung, daß Moses auch an die durch Himmel und Erde umschlos-
senen anderen Elemente gedacht hat, deswegen nicht aus, weil dieser sich offenbar damit zufriedengegeben hat, den Zusatz »θεοῦ« auf die Urheberschaft Gottes am Wind bzw. an der Luft zu beziehen, während er die Frage nach einer
vollständigen Aufzählung der Elemente anscheinend ausgeklammert hat oder
sie sich ihm nicht unmittelbar aufgedrängt hat. Deshalb bemerkt J.Ph.:

> »Ich glaube nun, daß unsere Worte zeigen, daß die Naturlehre des Moses
> über die Elemente vollkommener ist (als man meint). Denn auch der
> gelehrteste Naturforscher Aristoteles will nicht, wie ich schon sagte, daß die
> Winde eine Bewegung von Luft sind, sondern von rauchartiger Verdun-
> stung« [284].

Trotz ihrer Originalität hat die Deutung des πνεῦμα als Feuersphäre in der
Folgezeit keine Spuren hinterlassen. Jedenfalls geht man im syrischen Bereich
wieder vermehrt zur Interpretation auf den Heiligen Geist über[285]; dies geschieht

---

283 Theodoret Gen.quaest. 8 (12,23/13,4 FERÁNDEZ MARCOS/SÁENZ-BADILLOS), Gennadius
    hex. (PG 85,1628A/C), Prokop GenCom. (PG 87,48A). Es ist wohl davon auszugehen,
    daß J.Ph. irgendwo ab 64,25 zu Wort kommt; am einfachsten scheint es, wenn das Zitat
    Ps. 147,16/8 ab 65,7 »ὅμοιον οὖν ...« von ihm selbst, vielleicht in Anschauung der
    antiochenischen Tradition, angehängt ist; denn man muß damit rechnen, daß er sich
    in 65,23 wieder zu Wort meldet. Ganz eindeutig ist die Sachlage freilich nicht; es ist auch
    denkbar, daß der ganze Absatz bis zu 65,25 auf das Konto des anonymen Vorgängers
    geht, wenngleich der letzte Satz sich sehr nach J.Ph. anhört. Gen. 19,24 begegnet im
    gleichen Kontext bereits in opm. 1,6 (14,12/15,4).
284 Opm. 2,3 (65,26/66,3).
285 Schatzhöhle (2 BEZOLD), davon wohl abhängig PsEpiph. hex. (230 TRUMPP), Jakob von
    Edessa bei Moses bar Kepha hex. 2,4 (213 SCHLIMME), während nach Jakob von Edessa
    hex. 2 (CSCO 97 S 48,56,1/13 VASCHALDE) nicht ganz klar ist, ob »Geist Gottes« der
    Heilige Geist oder nur eine belebende Kraft ist; anders Isho'dad (o.Anm. 167) und der
    anonyme Kommentar zu Gen.-Ex.9,32 (CSCO 484 S 206,12,16/13,10 VAN ROMPAY).

im übrigen, ohne sich ausdrücklich von einer solchen Auslegung, wie J.Ph. sie anbietet, abzusetzen. Lediglich eine Bemerkung bei Photius verdient eine kurze Erwägung, ob sie auf eine Resonanz der Exegese des J.Ph. hinweist. Photius berichtet, daß Stephanus Gobarus in seinem Werk »θεόγνωστα« u.a. zu Gen. 1,2 kontroverse Stellungnahmen zu der Frage gesammelt habe, ob Pneuma der heilige Geist oder »das eine der vier Elemente [τὸ ἓν τῶν τεσσάρων στοιχείων]« sei [286]. Allerdings wird damit nichts weiter als die herkömmliche Alternative zwischen Heiligem Geist und Luft gemeint sein, zu der Stephanus wie zu anderen Themen auch florilegienartig kontroverse Auslegungen der Väter gesammelt hat, selbst wenn die Formulierung etwas eigenartig anmutet. Vermutlich stellt sie aber nur eine im späten Griechisch gängige Umschreibung für »eines der vier Elemente« dar. Da Stephanus ungefähr zeitgleich mit J.Ph., vielleicht auch etwas später als er in Alexandrien lebte, ist es zwar nicht abwegig, daß ihm die Interpretation des J.Ph. nicht verborgen geblieben ist und in seinen nicht mehr erhaltenen Ausführungen Berücksichtigung gefunden hat. Aber das Werk des Stephanus enthält in seinen Exzerpten bei Photius, obwohl es zahlreiche Themen der Schöpfungslehre aufgegriffen hat, auch an anderen Stellen keine sicheren Spuren einer Kenntnis oder Benutzung von opm. Daher lassen sich aus dieser Formulierung keine Schlüsse ziehen.

II. Finsternis – Luft

Einfacher als das Feuer lassen sich die übrigen Elemente in Gen. 1,2 identifizieren. Bei der Finsternis ist es für J.Ph. von seinem physikalischen Wissen her unmittelbar einsichtig, daß sie nichts anderes als die Luft im Zustand der Unerleuchtetheit sein kann, weil die Luft in ihrer Durchsichtigkeit für das Licht die Funktion des Zugrundeliegenden übernimmt, dessen Qualität, Form oder Aktualität das Licht ist, während die Finsternis nichts anderes als den Mangel und die Abwesenheit von Licht im Durchsichtigen darstellt [287]. Das Verständnis der Finsternis aus Gen. 1,2 als Luft, das auf der von ihren natürlichen Gegebenheiten her entwickelten Vorstellung des Dunklen als Abwesenheit der Aktualität des Durchsichtigen basiert, bildet das Hauptmerkmal der Darlegung des J.Ph. und unterscheidet sie in ihrer konsequenten Durchführung von ande-

---

286 Photius bibl. 232 (5,73 HENRY), zur Methodik des Exzerpierens bei Photius vgl. T.HÄGG, Photios als Vermittler antiker Literatur = AUU 8 (Uppsala/Stockholm 1975) bes. 197/9.
287 Opm. 1,5 (12,15/13,8), 2,2 (62,8/15; 63,5/8); 2,6 (69,6/71,19) unterscheidet J.Ph. genau zwischen bloßer Luft, Dunkelheit und Erleuchtung; ebenso Prokop GenCom. (PG 87,45A): »Die Luft ist für das Licht aufnahmefähig. Nicht per se ist die Luft Finsternis, sondern sie besitzt sie, indem sie noch hinzukommt«. Bei der Auslegung von Gen. 1,3 werden diese Zusammenhänge näher zu besprechen sein: vgl. u. S. 241f. 261/70.

ren Kommentatoren, welche die gleiche Deutung vorgeschlagen haben. J.Ph.
wird es sicher gerne vermerkt haben, daß sie sich bei Basilius findet; danach
begegnet sie nur noch bei Prokop [288]. Dort wird jedoch der Gedanke, daß mit
Finsternis die Luft gemeint ist, nicht zum beherrschenden Interpretationsansatz, da auf eine genaue naturphilosophische Begründung kein Wert gelegt wird.
J.Ph. führt nämlich nicht einfach die Auslegungstradition fort, die sich meistens die Abwehr der Gefahr manichäischer Substantiierung der Finsternis mit
Argumenten aus der Gotteslehre zur Aufgabe gemacht hat, sondern bemüht
sich, die Beschaffenheit der Finsternis mit Hilfe aristotelischer Verstehenskategorien wie Substanz, Akzidens/Qualität, ἕξις (habitus), στέρησις (privatio)
u.a. zu klären [289].
    Daß dieser naturphilosophische Verstehensansatz zu anders akzentuierten
Folgerungen führt, erkennt man bei einem Vergleich der Position des J.Ph. mit
der von Akakios, Basilius, Theodoret und Prokop zur Frage nach der Herkunft
der Finsternis. Dabei geht es speziell um die Frage, inwieweit Jes. 45,7 »Ich bin
es, der das Licht bildete und die Finsternis schafft« auf die Interpretation von
Gen. 1,2 Anwendung finden kann [290]. Wenn Akakios Jes. 45,7 mit Gen. 1,2 verbindet, hält er damit nur fest, daß auch die Finsternis auf Gott zurückgeht und
etwas Gutes ist:

> »Wenn aber jemand unsicher ist, weil hier [in Gen. 1,2] nicht gesagt ist, daß
> die Finsternis durch Gott entstand, so kann man es mit Jesaja zeigen. Aber
> auch mit einfachen Überlegungen läßt sich zeigen, daß die Finsternis und
> die Nacht gut sind« [291].

Gegenüber einer solch vergleichsweise einfachen Erklärung zur Urheberschaft
der Finsternis bemüht sich Basilius um eine genauere Angabe zu ihrer Herkunft.
Für ihn ist sie die Folge der Erschaffung des Himmels, insofern er die Ausbrei-

---

288 Basilius hex. 2,4 (SC 26²,154 GIET), 2,5 (SC 26²,162 G.), Prokop GenCom. (PG 87,45A):
     Es ist nicht unwahrscheinlich, daß Prokop hier auf Basilius zurückgeht.

289 Opm. 2,6f (69,6/72,9). Dies ist gleichfalls bei der Besprechung der Auslegung von Gen.
     1,3 näher zu untersuchen.

290 Seit Jes. 45,7 wegen gnostischer Deutungen (vgl. Origenes c.Celsum 2,55f [GCS Orig.
     1,178,8/181,4 KOETSCHAU], princ. 4,2,1 [GCS Orig. 5,307,4/308,8 KEOTSCHAU]) im kosmologischen Kontext in Mißkredit gekommen war, hat der Vers vor allem in moralischer Auslegung eine Rolle gespielt: vgl. Eusebius JesCom. 2,27 (GCS Eus. 9,289,30/
     290,2 ZIEGLER): das Böse ist nichts Seiendes, sondern dient der Pädagogie Gottes; Cyrill
     Hier. cat. 6,27 (1,192 REISCHL/RUPP) vergleicht Jes. 45,7 mit Lk. 12,49, cat. 9,7 (1,246 R./
     R.) deutet es auf die Wohltat der Nacht. In den Genesisschriften von Basilius, Gregor
     Nyss., Didymos, Joh. Chrysostomos und Severian kommt Jes. 45,7 bezogen auf Gen.
     1,2 nicht vor.

291 Akakios quaest.var.: Collect.Coisl. 25 (CCG 15,25,8/12 PETIT). Es schließt sich eine
     Darstellung der Wohltat der Nacht für die Lebewesen an.

tung des Lichts aus dem Bereich der himmlischen Wesen unterbindet [292]. Jes.
45,7 benötigt er für seine Auslegung nicht. Theodoret, der ebenfalls den Nutzen
der Nacht behandelt, verknüpft aber nun beides, die mit Jes. 45,7 unterstrichene
Verantwortlichkeit Gottes für die Finsternis und den Schattenwurf durch den
Himmel: Gott bewirkt dadurch die Finsternis, daß er Himmel und Erde schafft,
und zwar gerade deshalb nicht so, daß er die Finsternis als Substanz begründet,
sondern so, daß die Finsternis als bloße Folge dieses Schöpfungsaktes eintritt.
Dies zeigt für Theodoret sowohl die Tatsache, daß diese Finsternis wieder
verschwindet, als auch die Wortwahl in Jes. 45,7, welche die Erschaffung des
Lichts mit ποιεῖν und die der Finsternis mit κατασκευάζειν ausdrückt[293]. Prokop
steht der Theorie vom Schattenwurf des Himmels als Folge der Existenz des
göttlichen Lichtes und der Anwendbarkeit von Jes. 45,7 auf Gen. 1,2 skeptisch
gegenüber:

> »Wir wollen sehen, ob es einen annehmbaren Grund für die Aussage gibt,
> die Finsternis sei durch die Versperrung des geistigen Lichts entstanden.
> Welcher Körper nämlich, sage mir, wird geistiges Licht versperren können?
> Gott nämlich ist dies [sc. das Licht], das heißt sowohl das von dort dem
> Geistigen gelieferte Leben als auch die Erleuchtung« [294].

Prokop stößt sich an der materiellen Auffassung des Lichts, die für die Theorie
vom Schattenwurf des Himmels benötigt wird, aber der Geistigkeit Gottes wider-
streitet. Jes. 45,7 hat er gleichfalls ausgeklammert und bringt diesen Vers erst bei
der Darstellung der Entstehung von Tag und Nacht, hat aber anders als Akakios
und Theodoret nicht mehr die Gutheit der Finsternis für die Lebewesen im
Auge, sondern die Eigenart der nächtlichen Finsternis in naturphilosophischer
Hinsicht als Mangel des Tageslichts[295]. Daß er schlecht mit Jes. 45,7 die Erschaffung des Bösen, und das heißt jetzt, wie er von Vorgängern übernimmt, die des
Diabolos in Gen. 1,2 ausgedrückt sehen kann, erklärt sich, abgesehen von der
Unmöglichkeit, daß der Diabolos zeitlich vor dem Sohn Gottes, der mit »γενηθήτω φῶς« ins Dasein gerufen wird, entstanden sein kann, damit, daß der Diabolos als Werk Gottes gut sein muß, aber sein ihn zum Diabolos machendes Wesensmerkmal nicht von Gott, sondern aus sich selbst haben muß [296]. Wieder
also verbietet es der Gottesbegriff, in Gen. 1,2 Gott für den Urheber des Bösen
zu halten.

---

292 Basilius hex. 2,5 (SC 26²,162/4 GIET).
293 Theodoret Gen.quaest. 7 (11,2/12,14 FERNÁNDEZ MARCOS/SÁENZ-BADILLOS).
294 Prokop GenCom. (PG 87,45A).
295 Ebd. (PG 87,57A/59B).
296 Ebd. (PG 87,45A): »Einige wagen zu sagen, daß ›Finsternis‹ der Diabolos ist, ›Abgrund‹
die Dämonen. Als Gott aber sprach ›Es werde Licht‹, entstand der Sohn Gottes. Und

J.Ph. hat alle diese Schwierigkeiten nicht, da er konsequent Finsternis wörtlich versteht, mit aristotelischer Begrifflichkeit prüft und sich nicht auf Spekulationen in übertragener Bedeutung einläßt. Daher kann er auch die Bedeutung
von Jes. 45,7 für Gen. 1,2 unbefangen prüfen und zeigen, daß nicht von Jes. 45,7
aus Licht auf Gen. 1,2 fällt, sondern umgekehrt Gen. 1,2 etwas zur Deutung von
Jes. 45,7 beiträgt. Damit wird letztlich die exegesegeschichtlich vorgegebene
Kopplung von Jes. 45,7 an Gen. 1,2 als Begründung und Illustration dieses Verses wie bei Prokop, wenn auch mit anderer Argumentation, wieder aufgegeben.
Denn daß die Anwendung von Jes. 45,7 auf Gen. 1,2 inkorrekt ist, ergibt sich aus
dem Umstand, daß es bei der Schöpfung nicht heißt »Gott sprach: ›Es werde
Finsternis‹« oder »Gott machte die Finsternis«; dies würde nach Jes. 45,7 eben
bedeuten, ihn zum Urheber des Bösen zu machen. Die Lösung dieses Problems
aber ist gerade nicht die Aufgabe der Interpretation von Jes. 45,7 im Hinblick auf
Gen. 1,2, sondern sie gehört für J.Ph. zu einer eigenen Untersuchung von Jes.
45,7. Diese aber gewinnt erst von Gen. 1,2 her ihre Perspektive und nicht, wie
bisher immer angenommen, umgekehrt[297]. Der Teilsatz »der die Finsternis machte« kann nichts anderes bedeuten als das, was J.Ph. im Hinblick auf Gen. 1,2
ausgeführt hat, nämlich die akzidentelle Erzeugung von Finsternis infolge der
Erschaffung des Durchsichtigen, das noch ohne Licht ist:

> »Wie man von dem, der das Zelt gemacht oder eine jede lichtgebende Öff-
> nung, durch die das Licht in ein Haus gelangt, verstopft hat, sagen könnte,
> er lasse eine Finsternis im Inneren entstehen – er schafft sie nicht per se,
> sondern dadurch, daß er dem Licht den Eintritt verwehrt, und man sagt,
> daß er dessen Ermanglung, die Finsternis, per accidens schafft –, so könnte
> man folglich auch von dem, der die durchsichtigen Körper vor dem Licht
> erschuf, in denen auch das Licht selbst und dessen Ermanglung, die Finster-
> nis, hinzukommt, sagen, daß er die Finsternis selbst erschaffen hat, weil das,
> was durchsichtig ist, noch nicht erleuchtet worden ist«[298].

Die philologische Unterscheidung Theodorets zwischen ποιεῖν und κατασκευάζειν macht J.Ph. nicht, da sein Bibelexemplar an dieser Stelle den Standard-
text bietet, der die Worte zu Licht und Finsternis gegenteilig zuordnet, während

---

sie schämen sich nicht, wenn sie den Diabolos älter als den Sohn nennen, und auch
Himmel und Erde (für älter als den Sohn halten), durch den auch sie geworden sind
(vgl. Kol. 1,16). Außerdem wurde der Diabolos gut hervorgebracht und aus sich selbst
heraus Diabolos«.

297 Opm. 2,8 (72,12/23), vgl. ÉVRARD, Ténèbre originelle 181f. Manichäismus zeigt bei J.Ph. ein
geistiges Konzept an, das eo ipso falsch ist und das in Anwendung auf Ideen Theodors diese
unter das gleiche Verdikt stellt. Dies ist eine traditionelle Form der Auseinandersetzung,
die nichts mit akuter Unterwanderungsgefahr durch den Manichäismus zu tun hat.

298 Opm. 2,8 (72,24/73,8).

die Version Theodorets eine nur bei ihm bezeugte Sonderform darstellt[299]. Die
Bilder von Zelt und Haus dürfen allerdings nicht zu der Annahme verleiten,
J.Ph. greife hier die Idee vom Schattenwurf des Himmels auf. Dafür gibt es bei
ihm keinen Hinweis[300]. Im Gegenteil stellt das angegebene Zitat sicher, daß
Finsternis und Licht rein innerweltliche Größen sind, die sich auf das ihnen
vorangehende Durchsichtige beziehen. Finsternis heißt nur, daß es kein Licht
gibt. Daher ist diese Finsternis aus Gen. 1,2 auch anderer Art als die nächtliche
Dunkelheit, die infolge der Abwesenheit des bereits existierenden Lichts nur in
einem Teil der Welt durch den Schattenwurf der Erde entsteht[301]. Auch in der
Dauer unterscheidet sie sich von einer Nacht, da eine zeitliche Differenz zwischen dem noch dunklen Zustand und der Erschaffung des Lichts für J.Ph. nicht
existiert. Die göttliche Anordnung erfolgt vielmehr »sofort«, »so daß die Finsternis beinahe nur im unmittelbaren Jetzt dem Licht vorausging«[302]. Eine so einfache Verbindung der Finsternis des Weltbeginns mit der einer gewöhnlichen
Nacht, wie sie Akakios und Theodoret assoziieren, wäre für J.Ph. naturwissenschaftlich unmöglich.

Zum Schluß sei das Ergebnis der Exegeseentwicklung tabellarisch zusammengefaßt: nach einer ersten Synthese Theodorets stellt die Interpretation des
J.Ph. den nächsten zusammenfassenden Schritt dar:

	Gen. 1,2: Schatten-wurf des Himmels	Jes. 45,7 als Beweis für Gen.	Jes. 45,7 als Nacht
Akakios	–	+	(+)[1]
Basilius	+	–	–
Theodoret	+	+	–
Prokop	–	–	+
J.Ph.	–	–[2]	–

[1] Nur unreflektierte Verbindung von Urfinsternis und Nacht.
[2] Umkehrung: Gen. 1,2 erklärt Jes. 45,7.

---

299 Jes. 45,7 LXX (291 ZIEGLER) im Apparat; wie J.Ph. liest den Text auch Prokop GenCom.
     (PG 87,57C).
300 In opm. 2,15 (85,17/86,15) begegnet der Gedanke, aber als Zitat aus Theodoret Gen.quaest.
     7.
301 Opm. 2,18 (90,10/92,21).
302 Ebd. (91,13/21). Dies richtet sich gegen Theodor: vgl. Jakob von Saruq bei JANSMA 15.

III. Abgrund – Wasser

Die Identifizierung des Abgrunds mit dem Wasser bietet keine Besonderheit. Sie erfolgt in Übereinstimmung mit der gesamten Auslegungstradition und wird durch andere Bibelstellen abgesichert [303].

Ebenfalls wird die Unsichtbarkeit der Erde wie gewohnt mit der vollständigen Überschwemmung der Erde zu diesem Zeitpunkt begründet. Für J.Ph. ist sie sogar deren einzige Ursache, denn eine Unsichtbarkeit der Erde wegen Lichtmangels kommt nicht in Frage, weil der Schöpfungsbericht die Scheidung der Erde vom Wasser erst nach der Erschaffung des Lichts berichtet. J.Ph. entgeht dabei nicht, daß die Durchsichtigkeit des Wassers bei vorhandenem Licht eigentlich den Blick auf die Erde freigeben müßte. Doch verhindert dies die Dichte und die große Tiefe des Wassers [304].

Neu gegenüber der christlichen Tradition ist hingegen die naturwissenschaftliche Folgerung, die J.Ph. aus der gänzlichen Überschwemmung der Erde zieht. Verbindet man sie nämlich mit der Lehre von der natürlichen Bewegungstendenz der Elemente und mit der Stellung der Erde im Weltzentrum, so leitet sich daraus notwendig die Kugelgestalt der Erde ab. Diesen Zusammenhang hat J.Ph. ausführlich in MetCom. dargestellt; dort heißt es:

»Daß nun die Gewichte die Bewegungstendenz in Richtung der Mitte des Alls, ich meine das Zentrum, besitzen, zeigt sich darin, daß die auf allen Seiten der Welt von der äußeren Umgebung her auf die Erde sich herabbewegenden Gewichte und das Wasser der Regengüsse auf allen Seiten gleiche [d.h. rechte] Winkel bilden. Dies geschähe nicht, wenn sie nicht die Bewegungstendenz genau zum Zentrum des Alls hätten und dies für sie Ziel der Bewegung wäre. Man wird das Gesagte aber aus folgendem einsehen: wenn nämlich der Himmelskörper kugelförmig ist, die Erde sich innen befindet und sie für kugelförmig gehalten wird, werden, wenn man zwei Kreise zeichnet, der eine außen und umfassend, der andere innen und durch den ersten eingeschlossen, und wenn man dann von dem größeren äußeren auf den inneren von allen Seiten gerade Linien ausgehen läßt, davon alle, wenn sie sich auf das Zentrum richten, auf allen Seiten gleiche Winkel bilden, alle aber, soweit sie das Zentrum verfehlen, ungleiche (Winkel), einerseits spitz, andererseits gegenteilig stumpf. Einzig also die, die sich auf das Zentrum richten, werden allseits zu gleichen Winkeln gezogen, und die, welche zu gleichen (Winkeln) geführt sind, weisen auf es [sc. das Zentrum]. Denn wenn welche außerhalb des Zentrums vorbeigeführt würden und herabfielen, würden sie die Bewegung von leichten (Dingen) nach außen vollführen

---

303 Opm. 1,5 (12,15f), 2,1 (60,24f), vgl. HARL, Bible d'Alexandrie 87.
304 Opm. 2,2 (61,12/62,10), vgl. 4,1 (161,22/162,6).

und nicht die ihnen eigene von schweren (Dingen), die alle notwendig die Bewegung zum Zentrum ausführen, die lotrecht ist. Nachdem dies so in den mathematischen Wissenschaften gezeigt wurde, sei der äußere Kreis als die Luft angenommen, die die Erde umgibt, der innere aber als die Erde. Wenn also die sich allseits auf die Erde zubewegenden Gewichte alle in gleichen Winkeln auf sie zukommen, ... [305] (und) nur sie die Bewegungstendenz genau zum Zentrum haben, ist klar, daß auch die Erde die Mitte des Alls, das heißt das Zentrum, umschließt. Denn wenn die Erde ihre Stellung außerhalb des Zentrums hätte, würden die von außen auf sie fallenden Gewichte keine gleichen Winkel auf allen Seiten bilden, sondern gewiß wären die einen stumpf, die anderen spitz, was offenbar nirgends geschieht. Wenn nun die Bewegungstendenz der Gewichte zum Zentrum natürlich ist, alles aber, was sich geradlinig bewegt und die eigene Grenze eingenommen hat, hernach dort haltmacht und unveränderlich bleibt, wie das Feuer oben, die Gewichte unten, wie es auch bei der qualitativen und quantitativen Bewegung eintritt (denn was sich auf das Weiße oder die Wärme zubewegt, und alles, was sich vergrößert und das Ziel seiner Bewegung erreicht hat, macht nunmehr dort halt, wie etwas, das entstanden ist, etwa das Weiße in der Weißheit und das Warme in der Wärme, oder das, was seine endgültige Größe erreicht hat, nicht mehr größer wird), wird mit Recht also, was sich örtlich bewegt und das Ziel, zu dem es sich von Natur aus hinbemüht, eingenommen hat, naturgemäß an ihm haltmachen. Also braucht die Erde, die um das Zentrum des Alls errichtet ist, keine Gewalt, um in der Schwebe in ihm zu bleiben; vielmehr bedarf es im Gegenteil Gewalt, um sie und irgendeinen Teil von ihr von dort zu entfernen. Und die auf der Erde aufliegenden Gewichte würden, wenn sie Platz fänden und das, was sie hochhält, weggenommen würde, sich sofort zum Zentrum bewegen und dort angekommen verharren« [306].

Diesen Gedanken braucht J.Ph. in opm. nur zu wiederholen, indem er das, was er über die herabfallenden Gewichte bzw. mathematisch über die vom äußeren konzentrischen Kreis durch das Zentrum gelegten Geraden gesagt hat, auf das Wasser anwendet:

»Weil aber gezeigt wurde, daß die Erde von allen Seiten mit Wasser verhüllt war und nicht ein Stück von ihr unbedeckt blieb, ist deshalb klar, daß sie auch kugelförmig ist. Denn da sie in der Mitte ist und das Zentrum des Alls umschließt, wäre es unmöglich, daß sie von allen Seiten durch Wasser be-

---

305 Lücke im Text.
306 MetCom. 34,12/35,9, vgl. 91,20/3, c.Arist. frgm. 92 bei Simplicius CaelCom. 176,13/ 177,22.

deckt ist, wenn sie nicht Kugelgestalt besäße. Denn alle ihre Teile, die keine
Hinwendung zum Zentrum besessen hätten, wären gewiß unbedeckt geblieben. Denn allein bei dieser Gestalt orientieren sich die überall auf ihr
liegenden Gewichte genau in Richtung des Zentrums, bei einer anderen
Gestalt hingegen nicht. Wenn jemand annähme, sie besäße eine andere
Gestalt, wäre es unmöglich, wie auch immer er sie formte, daß das Wasser
sich allseits auf ihr ausgebreitet hätte. Wenn es sich aber überall ausbreitete
und sie ganz bedeckte, ist deswegen nicht die Erde notwendig kugelförmig?
Deshalb hat auch das sie vollständig einschließende Wasser außen die gleiche Gestalt wie sie, so daß das Wasser, das in jedem Teil von ihr getragen
wird, nicht von der Erde wegfließt, da es sich zum Zentrum hin orientiert.
Denn was von ihr abfließt, wird sich gewiß wie die Natur des Feuers bewegen, die sich außen ringsum befindet; das ist unmöglich. Wenn es sie aber
nicht als ganze allseits vollständig bedeckte, ist es falsch, wenn er sagt, daß
die Erde unsichtbar war; vielmehr war sie, bevor das Wasser sich sammelte,
sichtbar, wenn auch nicht insgesamt; denn nicht einmal jetzt ist sie ganz zu
sehen, denn viele ihrer Teile bedecken die Wasser« [307].

Die Kombination der beiden Argumente für die Kugelgestalt der Erde, daß die
Gewichte sich senkrecht soweit wie möglich zum Zentrum bewegen und daher
eine Kugel bilden und daß die Meeresoberfläche glatt ist und die Unebenheiten
der Erde verdeckt, muß J.Ph. von seinen naturphilosophischen Kenntnissen her
wohlvertraut sein, denn sie begegnet so schon bei Aristoteles cael. II 4 und nach
ihm bei Theon von Smyrna [308].
    Dem Text wird man allerdings nicht entnehmen müssen, daß J.Ph. die
Vorstellung, daß die Elemente an ihrem natürlichen Ort ihr Gewicht verlieren,
aufgibt, wenn er sagt, das Wasser werde von der Erde getragen und orientiere
sich zum Zentrum. Er will wahrscheinlich nur ausdrücken, daß der natürliche
Ort des Wassers der Gestalt nach der Erde gleich ist, die wegen der Bewegung
der Teile zum Zentrum kugelförmig ist. Der natürliche Ort des Wassers aber ist
dort, wo die Erde ihre Grenze hat, die die auf das Zentrum hin sich bewegenden
Elemententeile des Wassers einzunehmen suchen.
    Wie üblich werden weitere Schriftbelege (Jes. 40,22; Hiob 26,7) zur
Bestätigung angeschlossen; die Aussage von Hiob: »Der die Erde an nichts

---

307 Opm. 2,4 (66,8/67,4), vgl. 3,7 (123,22/124,5), 3,10 (132,12/20), 4,2 (163,5/8).
308 Aristoteles cael. II 4 287a30/b14 (65f Moraux), Theon exp. (122,17/123,6 Hiller). In
     MetCom. 37,8/14 sieht J.Ph. die Kugelgestalt vollständig gewahrt nur unter Zuhilfenah-
     me auch der Luft: Die Wasser füllen die Vertiefungen, während der untere Teil der
     Luft die Unebenheiten der Oberfläche ausgleicht, die durch die Gebirge entstehen: vgl.
     Pasquali, Basiliusscholien 204f, F. Hultsch, Pappi Alexandrini collectiones quae
     supersunt 3 (Berlin 1878) XXf, J. Mogenet, Introduction 39f.

aufhängt«, wird bereits an dieser Stelle für die Kugelgestalt der Erde in Anspruch genommen. Bei der Kommentierung von Gen. 1,6/8 wird J.Ph., wenn er sich mit den Antiochenern auseinandersetzt, den Vers nochmals aufgreifen [309].

J.Ph. stimmt nach seiner eigenen Feststellung mit fast der gesamten Auslegungstradition überein, wenn er den Gestaltungsmangel der Erde vom Fehlen der Pflanzen und Lebewesen ausgesagt sein läßt. Es resultiert aus der Überschwemmung, welche die Erde an der Oberfläche zu einer lehmigen Masse macht und damit ihrer natürlichen Vollendung zu diesem Zeitpunkt im Wege steht.

An dieser Stelle werden auch die übrigen Übersetzungen miteinbezogen, die J.Ph. anders als Gregor von Nyssa ihren Urhebern korrekt zuordnet. Obwohl sie jeweils ihre eigenen Akzente setzen, bringen sie nach Meinung des J.Ph. letztlich alle den gleichen Gedanken wie die LXX zum Ausdruck. Vorzuziehen ist die Version des Symmachus, die durch »ἀργός« und »ἀδιάκριτος« am anschaulichsten die nur potentiell vorhandene Ordnung und die Vermischung der Erde mit Wasser ausdrückt. Theodotions Übersetzung hingegen bringt in einer Art philosophischer Kurzformel besonders den ersten Aspekt auf den Punkt:

> »Daher war sie [sc. die Erde] ›etwas‹ in bezug auf das, worin sie zuerst potentiell existierte, was sie später aktuell hatte, das heißt sie war einfach; in bezug auf das, worin sie noch nicht zur Aktualität gelangt war, war sie ›nichts‹« [310].

J.Ph. erläutert, daß θέν und οὐθέν nur andere Schreibweisen für δέν und οὐδέν sind [311]. Allerdings sind die Interpretation des »θὲν καὶ οὐθέν« mittels der Begriffe δύναμις und ἐνέργεια sowie die Unterdrückung eines Bezugs von Gen. 1,2a auf die Materie kein Hinweis darauf, wie ALEXANDRE meint, daß J.Ph. hier eine Passage des GenCom. des Origenes adaptiert, wie dies vor ihm Gregor von Nyssa und Calcidius getan haben sollen [312]. Denn ihm als Kenner der Philosophie steht diese Terminologie mit dem zugrundeliegenden Verstehensmodell unmittelbar zur Anwendung bereit, und um an dieser Stelle einen Rückgriff auf eine Vorlage glaubhaft zu machen, bedarf es genauerer Anzeichen als der Benutzung philosophischer Begrifflichkeit. Das Ausbleiben der Auslegung der Erde als Materie, die eine deutliche Differenz zu Origenes darstellt, erklärt sich zwanglos mit dem Grundanliegen, die Elemente jeweils einzeln im Bibeltext zu verifizieren; davon bleibt unberührt, daß J.Ph. wahrscheinlich tatsächlich Origenes' GenCom. noch gekannt hat [313]. Aquilas Wendung »leerer Raum und

---

309 Vgl. u. S. 384f.
310 Opm. 2,5 (68,15/7).
311 Vgl. LIDDELL/SCOTT 375b δείς; daraus leitet sich die Bedeutung von θέν ab.
312 So ALEXANDRE, exégèse 180.
313 Vgl. o. S. 93/7.

nichts« ist für ihn entweder parallel gemeint, oder das zweite gibt die Begründung für das erste [314].

F. ZUSAMMENFASSUNG

Zum Schluß sollen noch einmal die wichtigsten Besonderheiten der Interpretation von Gen. 1,2 durch J.Ph. und der Lehre über die Elemente zusammengefaßt
werden:

1. Auf theologisch-exegetischem Gebiet steht die Hypothese, daß πνεῦμα
das Element Feuer ist, im Vergleich zur Auslegungstradition einzigartig dar. Sie
beruht auf der Anathymiasenlehre des Aristoteles. Dessen naturphilosophische
Auffassung von Finsternis macht eine Neufassung des Verhältnisses der in der
Exegesetradition aufeinander bezogenen Verse Gen. 1,2 und Jes. 45,7 möglich.
Ebenfalls neu ist die Ableitung der Kugelgestalt der Erde aus ihrer in Gen. 1,2
beschriebenen vollständigen Bedeckung mit Wasser, die auf dem aristotelischen
Beweisverfahren beruht, daß alle Teile in gleicher Weise zum Zentrum streben
und sich in gleicher Entfernung zu ihm anordnen.

2. Im Hintergrund von opm. steht eine Vereinheitlichung der Bewegungslehre mittels des christlichen Schöpfungsglaubens. Die Bewegungstendenz der
Elemente, die Kreisbewegung der Sphären und im Grunde auch die Bewegung
der Lebewesen gehen auf eine ihnen von außen durch Gott eingepflanzte individuelle vis impressa zurück.

3. J.Ph. führt die unterschiedlichen Geschwindigkeiten einfacher Körper auf
Trocken und Feucht als zwei der gemeinhin für die chemische Veränderung
zuständigen Prinzipien zurück. Diese Lehre wird nicht in opm. dargestellt, sondern ist in einem σπούδασμα περὶ ῥοπῶν entwickelt worden. Vorausgesetzt ist
sein in den Korollarien des PhysCom. und spätestens in aetm. entwickeltes
Materieverständnis, das die prima materia des Aristoteles zugunsten der Dreidimensionalität als erstem Zugrundeliegendem aufgegeben hat und die Elemente auf substantielle Qualitäten begründet.

4. In der Frage der Bewegung der Elementenganzheiten schafft J.Ph. eine
Synthese zwischen platonischer und aristotelischer Auffassung. Erde und Wasser weist er den Ruhezustand, Luft und Feuer die Kreisbewegung als natürlich
zu. Zugleich behält er die Bestimmung der Bewegung der Elemententeile nach
oben oder unten als natürlich bei. Daher besitzen die vier Elemente jeweils zwei
natürliche Bewegungen. Die Existenz eines fünften Elements lehnt J.Ph. seit
aetm. konsequent ab.

---

314 Opm. 2,5 (68,20/2).

DRITTES KAPITEL

GEN. 1,3/5a – DAS LICHT

Gen. 1,3/5a: »Und Gott sprach: ›Es werde Licht‹, und es wurde Licht. Und Gott trennte in der Mitte zwischen Licht und in der Mitte zwischen Finsternis. Und Gott nannte das Licht Tag und die Finsternis Nacht«.

A. VORBEMERKUNG

J.Ph. legt der Kommentartechnik entsprechend Gen. 1,3, 1,4, 1,5a und 1,5b getrennt und nacheinander aus, aber da er gleichwohl die Thematik von Gen. 1,4f bei 1,3 (und schon bei 1,2) zur Sprache bringt, ist die systematische Behandlung der Auslegung dieser Verse sinnvoll. Gewiß will er bei der Interpretation von Gen. 1,3 zunächst die Beschaffenheit und die Wirkweise des Lichtes als solche beschreiben[315], doch ist beides sinnvoll nur innerhalb der weitergefaßten Problematik, wie die im Hexaemeron geschilderte zeitlich auseinanderfallende Erschaffung des Lichtes und der Himmelskörper Sonne, Mond und Sterne naturphilosophisch überzeugend einzuordnen ist. Da dies wiederum die Bestimmung gewisser Eigenschaften dieser Gestirne voraussetzt, greift J.Ph. auch schon auf seine Ausführungen zu Gen. 1,14 vor bzw. auf seine früheren Gedanken zurück, wenn er Gen. 1,14 bespricht. Daher ist die Einbeziehung der späteren Aussagen zur Lichtthematik an dieser Stelle gerechtfertigt.

Offenbar wegen der Geringfügigkeit der Unterschiede der vier griechischen Übersetzungen von Gen. 1,3.5a und ihrer Bedeutungslosigkeit für die inhaltliche Deutung verzichtet J.Ph. auf ihre philologische Besprechung und Auswertung. Zu Gen. 1,4 wird wegen des zweimaligen »in der Mitte« der Übersetzungen dem Mißverständnis vorgebeugt, die Trennung vollziehe sich sowohl im Licht als auch in der Finsternis und sei nicht die Scheidung beider Bereiche.

B. POSITIONEN CHRISTLICHER VORGÄNGER BEI J.PH.

Zunächst lehnt J.Ph. zu Gen. 1,3 die Identifizierung des Lichts mit dem bereits bei der Entstehung von Himmel und Erde geschaffenen Element Feuer ab. Ihm

---

315 Metaphorische Identifizierungen des Lichtes mit dem Logos, wie sie z.B. noch durch Didymos GenCom. 5f (SC 233,42/4 NAUTIN) unbefangen vorgenommen werden, liegen J.Ph. von seinem Ansatz her fern; auch Prokop GenCom. (PG 87,45B) wendet sich aus Gründen der Theodizee gegen die Deutung des Lichts als Logos.

begegnet diese Auslegung einmal in der Weise, daß die Anordnung Gottes der Entmischung des Feuers von den anderen Elementen und seiner gleichzeitigen Plazierung am vorgesehenen Ort unterhalb des Himmels gelte. Diese Vorstellung unterscheidet sich von seiner eigenen dadurch, daß er gleichzeitig zur Erschaffung auch die Plazierung der Elementenganzheiten annimmt. Ebenso hält er die andere Hypothese für falsch, daß die durch die Bewegung des Ätherkörpers[316] in der Luft hervorgerufenen Feuerphänomene wie die Meteore jetzt in Erscheinung träten und dann später von Gott zu den Himmelskörpern umgestaltet würden[317].

Zu überprüfen ist, ob sich beide Anschauungen bestimmten Vorgängern zuordnen lassen. Die sich als erstes nahelegende Durchmusterung der Schrift des Kosmas ergibt allerdings auf den ersten Blick keinen Aufschluß, denn dessen Aussagen zu Gen. 1,3 (bzw. 1,14) sind nicht weit von denen des J.Ph. entfernt, obwohl über die Unterschiede noch zu sprechen sein wird. Auch für Kosmas wird mit Gen. 1,3 das Licht und nicht das Element Feuer geschaffen[318], bleiben die ersten drei Tage ohne Himmelskörper[319] und hat die Erschaffung der Himmelskörper am vierten Tag mit der Entstehung des Lichts am ersten Tag zu tun[320]. Kosmas lehrt dabei keine punktuellen, durch Bewegung der Feuersphäre hervorgerufenen Lichterscheinungen, die in die Gestirne des vierten Tages überführt werden, sondern die Entstehung einer Lichtganzheit, wobei hinzukommt, daß er wie J.Ph. ein fünftes Element ohnehin ablehnt[321].

Dennoch führt die Spur Kosmas insofern weiter, als er in Buch 10, einer Art Zitatensammlung christlicher Autoren, die nach seiner Meinung die eigenen kosmologischen Theorien bestätigen, aus der ersten Genesishomilie des Severian von Gabala drei Zitate zum Licht von Gen. 1,3 bringt, deren

---

316 D.h. der Feuersphäre, vgl. aetm. 13,6 (492,7f). Αἰθήρ wird hier im platonischen Sinn benutzt als Bezeichnung der obersten Schicht der Luft, vgl. A. LUMPE, Elementum: RAC 4 (1959) 1078. Zur schwankenden Verwendung von αἰθήρ bei Aristoteles vgl. DÜRING 355$_{64}$.

317 Opm. 2,9 (74,17/75,19).

318 Top. 3,10 (SC 141,447 WOLSKA-CONUS), vgl. 3,13 (SC 141,449/51 W.): Das Feuer befindet sich zwar in Mischung mit der Erde, aber das Licht wird zur Erleuchtung eigens geschaffen; ähnlich 2,101 (SC 141,421 W.).

319 Top. 3,10 (SC 141,447 WOLSKA-CONUS), vgl. 3,41 (SC 141,479 W.).

320 Top. 3,26 (SC 141,463 WOLSKA-CONUS), 3,32 (SC 141,469 W.).

321 Top. 1,5 (SC 141,277/9 WOLSKA-CONUS), 2,104 (SC 141,425 W.) lehrt Kosmas offenbar ebenfalls die Plazierung der Elementenganzheiten gleichzeitig zur Erschaffung von Himmel und Erde (... τὴν γῆν πρῶτον ... ἐδράσας ὁ θεός ist kaum im Sinne eines zeitlichen Vorrangs der Erde gemeint, vgl. 2,101 [SC 141,421 W.]: συνδημιουργήσας [sc. Gott mit Himmel und Erde] Finsternis, Wasser, Luft und das mit der Erde vermischte Feuer, 3,13 [SC 141,450 W.]: ἀθρόως), läßt sich aber nicht über das Verhältnis des Elements Feuer zum mit der Erde vermischten Feuer, geschweige zum Licht aus.

erstes tatsächlich lapidar feststellt: »Gott sprach, es werde Licht, und es entstand die Natur des Feuers«[322]. Ob Kosmas sich bewußt war, daß er sich
durch die Zitierung Severians an dieser Stelle keinen Gefallen getan hat,
mag offen bleiben – immmerhin erwähnt er in seiner abschließenden Bewertung der Severianzitate gerade diese Lehre nicht mehr[323] –, jedenfalls setzt
sich Kosmas dem Wortlaut nach in Widerspruch zu seiner eigenen Lehre,
wenn er Severian zitiert. Aus diesem Grunde ist es aber richtig zu überprüfen, ob Severian oder ein von ihm abhängiger anderer Autor als der anvisierte Vertreter der von J.Ph. abgelehnten Meinung in Frage kommt.

　　Für Severian wird mit Gen. 1,3 das Element Feuer geschaffen, das für ihn
allerdings in zwei Formen auftritt: einmal als unteres Feuer, das nur in Verbindung mit der Materie wie z.B. Werg (στυππεῖον) oder Weinrebe (Holz;
κληματίς) existieren kann, zum anderen als immaterielles, oberes Feuer, an
dem »die oberen Kräfte« (αἱ ἄνω δυνάμεις) teilhaben[324] und das prinzipiell
nicht erlöschen kann; als Beispiel führt er das göttliche, nicht an eine Materie gebundene Licht bei der Erscheinung Gottes auf dem Sinai an[325]. Allerdings wirft diese Konzeption für den nach der zugrunde liegenden Systematik fragenden Interpreten mehr Probleme auf, als sie löst. Diese ergeben sich
letztlich alle aus der nicht geklärten Beschaffenheit des oberen Feuers, das
für Severian als quasi fünftes Element fungiert, obwohl auch er im eigentlichen Sinn ein solches nicht annimmt, und der fehlenden Bestimmung seines
Verhältnisses zum unteren Feuer. So entstehen zwar auch nach Severian die
Gestirne am vierten Tag aus dem Licht des ersten Tages, dies wird aber so
formuliert, daß sie jetzt doch aus einer Materie des Lichts (= Feuer) gebildet
werden[326]. Dabei wird die dort erfolgende Umgestaltung dieser Materie mit
Verben beschrieben, die eher nur auf einen einfachen Gestaltwandel als auf
eine Wesensverwandlung schließen lassen[327]. Schließlich betont Severian

---

322　Top. 10,22 (SC 197,261 WOLSKA-CONUS).
323　Top. 10,39/41 (SC 197,279/81 WOLSKA-CONUS).
324　Creat.or. 1,4 (PG 56,434). Dazu zählen auch Sonne und Sterne.
325　Ebd.
326　Creat.or. 3,2 (PG 56,449).
327　μεταβάλλω: vgl. LIDDELL/SCOTT 1109b/1110a, diese Bedeutung auch Nemesius nat. 3
　　(40,23/41,1 MORANI), μετασκευάζω: vgl. LIDDELL/SCOTT 1116b. Auch der Katenen-
　　text nr. 85 (TEG 1,53f PETIT) – Joh. Chrysostomus oder Didymos zugewiesen, aber
　　bisher nicht identifiziert – beschreibt die Erschaffung der Gestirne als Sammlung des
　　Lichtes (in Analogie zur Sammlung der Wasser), aus dem (ἐξ αὐτοῦ) Gott die Ge-
　　stirne macht. Die Katene nr. 86 (TEG 1,54 P.) – Autor unbekannt – nennt als
　　Vertreter der Vorstellung der Erschaffung der Gestirne aus dem Licht Basilius und
　　Severian. Etwas anders ist wohl Katene nr. 83 (TEG 1,52 P.) – Apolinaris zugewie-
　　sen, aber nicht bestätigt – gemeint: Das erstentstandene Licht in seinen reinsten

mehrmals die Verwandtschaft und nicht völlige Andersartigkeit beider Arten
des Feuers [328], gleichzeitig bleiben es aber zwei Arten von Feuer, wie aus der
Aufzählung der Werke des ersten Tages, die auch Kosmas zitiert, hervor-
geht: »Alles entstand, Feuer, Abgrund, Winde, die vier Elemente Erde, Feuer, Luft, Wasser« [329]. Er scheint jedoch ansatzweise erkannt zu haben, daß er
sich in Schwierigkeiten begeben hat, da er sich zu der Annahme entschließt,
daß Gott bei der Erschaffung der Gestirne die Bewegungsrichtung des Feuers umgekehrt hat, die von Natur aus nach oben gerichtet ist [330]. Daß in
Severians Annahmen weitere Unausgewogenheiten stecken – wie z.B. bestimmt er das Verhältnis zwischen leuchtend erschaffenem Himmel [331] und
dem Licht, oder welchen Materiebegriff legt er zugrunde? –, sei wenigstens
noch erwähnt [332]; wichtiger ist, daß aus dem bisher Gesagten allerdings hervor-
geht, daß entgegen dem ersten Anschein auch die Lehre des Severian nicht
der von J.Ph. wiedergegebenen entspricht, denn mit Gen. 1,3 verbindet Severian
ja gerade nicht das Hervorkommen und die Plazierung des bereits in der
Mischung existierenden Feuers, das sich im übrigen nicht in zweierlei Weise
herausbildet, sondern erst dessen Erschaffung. Der zeitlich J.Ph. näherste-
hende PsKaisareios schreibt Severian an dieser Stelle zum Teil nur wörtlich
ab und scheidet damit ebenfalls als Kontrahent des J.Ph. aus [333]. Auch ein
Blick auf die von J.Ph. als Gegner häufig namentlich genannten Theodor
und Theodoret führt nicht weiter. Theodoret geht zwar auf die Erschaffung
des Lichts nicht ausführlich ein, erwähnt aber kurz, daß das Licht des ersten
Tags in die Gestirne eingeteilt wird [334] und läßt so keinen Zweifel daran, daß

Bestandteilen wird in die Gestirne gelegt (ἐνέθηκε). Danach wird also bereits zwischen zugrundeliegendem Körper und hinzukommendem Licht geschieden.

328 Severian creat.or. 1,4 (PG 56,434f). Wie wenig durchdacht seine Konzeption ist, zeigt
sich daran, daß er einmal die Blitze auf der Seite von Sonne und Gestirnen unserem
Feuer gegenüberstellt, dann aber die Verwandtschaft von Blitzen und Feuer versichert.
Vgl. ZELLINGER 72.

329 Creat.or. 1,5 (PG 56,435), vgl. ebd. (PG 56,436): Das Licht ist das erste Werk Gottes
innerhalb des Kosmos nach der Erschaffung der »Materien«; Kosmas top. 10,24 (SC
197,263 W.). Auch Jakob von Saruq kennt zwei Feuer, vgl. JANSMA 14.

330 Creat.or. 3,3 (PG 56,450).

331 Creat.or. 1,5 (PG 56,435).

332 In welcher Form die Lehre von zweierlei Feuer auf die Stoa zurückgeht und wie sie sich
mit der aristotelischen Lehre vom fünften Element durchdringt, bedürfte der Überprüfung; vgl. nur SVF 1,120 und SVF 1,101: die Gestirne bestehen aus πῦρ τεχνικόν
(also irdischem Feuer), aber es gibt zwei Bewegungsarten des Lichtes: im irdischen Bereich gerade, im himmlischen kreisförmig.

333 Erot. 57/9 (GCS PsKais. 52f RIEDINGER), 92f (GCS PsKais. 71f R.), vgl. R. RIEDINGER,
Pseudo-Kaisarios = ByzArch 12 (München 1969) 288.

334 Theodoret Gen.quaest. 14 (16,16/17,2 FERNANDEZ MARCOS/SAÉNZ-BADILLOS).

es sich um das Licht und nicht das Element Feuer handelt, das in Gen. 1,3 geschaffen wird, weil es das durch den Schattenwurf des ersten Himmels hervorgerufene Dunkel erleuchtet [335], auch wenn er das Verhältnis von göttlichem Licht und Licht in der Welt bzw. von Licht und Feuer nicht reflektiert. Von Theodor hat sich zum Problem direkt nichts erhalten, wenngleich verschiedene Anspielungen in den syr. Gen.frgmm. nahelegen, daß Licht und Feuer nicht identifiziert werden [336].

Eine Zuordnung der von J.Ph. abgelehnten Anschauungen zu den Personen, die gewöhnlich seine Gegner sind, läßt sich also nicht vornehmen. Dafür findet sich die Vorstellung vom durch die übrigen Elemente verborgenen Feuer, das durch die Stimme Gottes in Gen. 1,3 hervorgerufen wird, in der Hexaemeronapologie des Gregor von Nyssa. »Alle Elemente waren ineinander«, schreibt er, »das überall verstreute Feuer ruhte in der Dunkelheit, durch den Überfluß der Materie bedeckt«. Die Stimme Gottes läßt dann das Feuer, das von Natur aus schnell und beweglich ist, hervorspringen und Licht verbreiten [337]. Daß J.Ph. den Namen Gregors verschweigt, mag mit den gemeinsamen Sympathien für Basilius zusammenhängen. Er muß diese als auch die andere, nicht mehr genau zuzuordnende Lehre von seinem Standpunkt aus für falsch halten, weil dem Wortlaut nach die Anordnung Gottes etwas noch nicht Existierendes entstehen läßt und die Lichterscheinungen der zweiten Hypothese als ὑπερβολὴ πυρός [338] in der Luft stattfinden und nur von begrenzter Dauer sind und sich daher als spätere Lichtgeber nicht eignen [339].

---

335 QuaestGen. 7 (10,19/12,14 F.M./S.-B.). Daß der Himmel das Licht, in dem Gott mit seinen Engeln wohnt, zurückhält, begegnet schon bei Basilius hex. 2,5 (SC 26^2,162/6 Giet) – vgl. ders.: Collect.Coisl. 26 (CCG 15,26f Petit); dazu F. Petit 27: »Également en PG 80, c. 85C-88A (amputé du début), intercalé sans attribution entre les Q. VI et VII de Théodoret sur la Genèse« – und Diodor: Collect.Coisl. 28 (CCG 15,28f P.) und wird als (abgelehnte) Interpretationsmöglichkeit auch von Severian creat.or. 1,5 (PG 56,435) und PsKaisareios erot. 60 (GCS PsKais. 53 Riedinger) angegeben.

336 Fol. 21b (4 Sachau):»Idcirco creationem aeris aquae collium montium ignis qui in terra est non memoravit«; Fol. 20b (2 Sachau) spricht nach dem Erwähnung der Erschaffung der vier Elemente noch von der Erschaffung des Lichts; Fol. 21a (3f Sachau): »Duas creaturas reliquit alteram visibilem, alteram invisibilem, quas non simul cum rebus primis fecit, sed in fine ex nihilo in existentiam duxit. Haec autem natura visibilis est lux, invisibilis autem natura animae nostrae«.

337 PG 44,73A; vgl. PG 44,76C/D, Zöckler 198f. 204.

338 Dahinter verbirgt sich die Unterscheidung der lebenspendenden Elementenganzheit πῦρ vom tatsächlichen Feuer.

339 Opm. 2,9 (75,19/27). Daß das Licht noch nicht existiert und erst neu geschaffen werden muß, findet sich auch bei Gennadius in Gen. (PG 85,1628C/D) – vgl. Collect.Coisl. nr. 52 (CCG 15,48,6/9 Petit).

C. ZUSAMMENFASSUNG DER AUSSAGEN DES J.PH. IN OPM.

Die eigenen Ansichten des J.Ph. über das Licht in opm. lassen sich folgendermaßen zusammenfassen: Licht ist eine unkörperliche Qualität und kann daher als
solche nicht ohne Körper auftreten [340]. Als die jetzt dazu dienenden Gestirne
noch nicht existierten, übernahm das Durchsichtige, das heißt primär die Luft,
die Funktion des der Qualität Licht Zugrundeliegenden [341]. Diese Aufgabe geht
am vierten Tag auf die Himmelskörper über, die aus der bereits vorher geschaffenen Materie gestaltet werden [342]. Nur dem Schöpfer ist diese Trennung von
Licht und Körper möglich gewesen; als Beispiele dafür, daß sie stattgefunden
hat, werden die Trennung der Leucht- von der Brennkraft des Feuers beim brennenden Dornbusch und bei den Jünglingen im Feuerofen sowie bei Glühwürmchen, Fischschuppen und Seeigeln genannt [343]:

> »Er [sc. Gott] will also, daß Licht und Lichtgeber etwas anderes sind, das
> eine eine einfache Qualität, das andere das aus dem zugrundeliegenden Körper
> und der Qualität Zusammengesetzte, was Lichtgeber genannt wird« [344].

Das Licht wird bei der Verbindung mit der Materie als Form der Lichtgeber
verstanden [345]; dabei ist die unterschiedliche Zusammensetzung der Materie der
Grund für die Verschiedenheit des Lichts bei den Lichtgebern und in der Zone
unterhalb des Mondes [346]. Die Fähigkeit des Durchsichtigen, Zugrundeliegendes
zu sein, geht selbstverständlich nach dem vierten Tag nicht verloren [347]. Farbe des
Lichts, das sich zeitlos ausbreitet, ist die Weiße oder Helligkeit [348]. Das Licht nach
Gen. 1,3 nimmt nicht die ganze Himmelskugel, sondern nur eine Hälfte ein und
ist von der Finsternis, welche die andere Halbkugel einnimmt, der Substanz, dem
Ort und der Zeit nach geschieden [349]; diese Konzeption löst die Schwierigkeit des
Basilius, der die Entstehung der Nacht vor der Existenz der Sonne mittels Entsen-

---

340 Opm. 2,9 (74,8/16), vgl. 4,11 (184,4/11).
341 Opm. 2,11 (77,3/10), 4,13 (186,23/187,6); vgl. 2,2 (61,20/62,7), ebd. (62,12/4). Christli-
     cherseits findet sich das aristotelische Verständnis von Licht als Form des Durchsichtigen
     bzw. der Erleuchtung durch die Ursache Sonne als Formverleihung bei Nemesius nat.
     3 (40,23/41,1 MORANI).
342 Opm. 2,10 (76,16/25), 4,13 (187,6f).
343 Opm. 2,10 (76,3/15), 4,13 (186,3/16).
344 Opm. 4,11 (184,4/7).
345 Opm. 2,10 (76,21), 4,12 (184,16/9).
346 Opm. 4,12 (184,19/185,13).
347 Opm. 4,13 (186,28/187,3).
348 Opm. 4,11 (184,9f), 5,9 (222,3f), 3,17 (158,17/159,3).
349 Opm. 2,12 (77,13/78,14), zur Substanzwerdung des Lichts vgl. 2,8 (72,12/8).

dung und Rückzug des Urlichtes zu erklären versucht hatte [350]. Licht und Finsternis stehen im Verhältnis von ἕξις und στέρησις zueinander [351]. J.Ph. zieht
schließlich noch in Erwägung, ob nicht jenes Licht sogar eine körperliche Substanz gewesen sein könnte [352].

Diese Aussagen verraten bei einem Vergleich mit seinen Vorgängern im
wesentlichen keine eigenen Akzente oder gar Neuheiten. Daß Sonne und Licht
am vierten Tag zusammengefügt worden sind, führt er selbst mit dem dazuge-
hörenden Vergleich aus Basilius an [353]; er hätte es auch Apolinaris oder Gregor
von Nazianz entnehmen [354] und in der Begrifflichkeit von ὑποκείμενον, δοχεῖον
und ποιότης ebenso deutlich bei Prokop finden können [355]. Nicht einmal von
seinen sonstigen Gegnern aus der antiochenischen Schule unterscheidet er sich,
wie gesehen, in der Kernaussage. Muß man damit J.Ph. als wenig originell einschätzen?

D. DIE NATURPHILOSOPHISCHEN VORAUSSETZUNGEN DER LEHRE VOM LICHT IN OPM.

Profil gewinnen seine Ansichten jedoch, wenn man sie auf dem Hintergrund
seiner eigenen Schriften liest und die Entwicklungen und Konstanten seiner Lichtlehre in naturphilosophischer Hinsicht erkennt. Erst diese naturphilosophische
Fundierung und Rückbindung läßt ermessen, daß seine Aussagen ganz anders zu
gewichten sind als die seiner Vorgänger. Diesen theoretischen Hintergrund gilt
es im folgenden aufzuhellen und seine Präsenz in opm. zu zeigen.

Bereits in AnCom. aus der ersten Phase finden sich Untersuchungen zum
Licht mit Ergebnissen, die direkt oder indirekt in opm. vorausgesetzt bzw. wie-
deraufgenommen werden. Ausführlich wird dargelegt, weshalb Licht kein Körper sein kann. J.Ph. geht von dem aristotelischen Verständnis aus, daß Licht
nicht die gesehenen Gegenstände übermittelt, sondern nur die Möglichkeit für

350 Basilius hex. 2,8 (SC 26²,176 GIET), vgl. PsEustathius Antioch. hex. (PG 18,709D),
   Gregor Nyss. hex. (PG 44,64C/D), Jakob von Saruq bei JANSMA 16; J.C.M. VAN WIN-
   DEN, Hexaemeron: RAC 14 (1988) 1262.
351 Opm. 2,12 (77,24/78,1), 2,6 (69,6/71,19). Die christliche Tradition verstand in anti-
   manichäischer Ausrichtung die Finsternis immer als Abwesenheit von Licht.
352 Opm. 2,12 (78,15/27).
353 Basilius hex. 6,2f (SC 26²,334/8 GIET).
354 Apolinaris?: GenKat. nr. 83 (TEG 1,52 PETIT): Das feinste Licht wird auf die Sonne
   verteilt, das andere auf den Mond und die Sterne; die Gestirnkörper fungieren als ὄχημα;
   Gregor Naz. or. 44,4 (PG 36,609D/612A).
355 Prokop Gaz. GenCom. (PG 87,85B/D).

das Wirken der Farben auf den Betrachter darstellt [356]. So teilt er die Bestimmung, daß das Licht das τελειωτικόν oder die ἐνέργεια des potentiell Durchsichtigen, etwa der Luft, ist [357] und damit beim Durchsichtigen quasi die Aufgabe erfüllt, die bei Gegenständen der Farbe zukommt [358], da Farbe τελειωτικόν
und κινητικόν des aktuell Durchsichtigen ist [359]. Allerdings muß J.Ph. gegen
Aristoteles einschränken, daß auch die aktuell erleuchtete Luft, wenn sie das
Licht wie eine fremde Farbe empfängt, als solche nicht sichtbar wird. So zeigt
das Beispiel eines in einem Krug befindlichen Lichtes, das nach oben strahlt, daß
die Luft erst dann als erleuchtet gesehen wird, wenn sich dem Licht ein fester
Körper in den Weg stellt; das Licht selbst aber befindet sich unsichtbar in der
Luft zwischen Lichtquelle und Hindernis [360]. So besitzt das Durchsichtige das
Vermögen, Farbe zu übermitteln, ohne selbst gefärbt zu werden [361]. Dennoch
gesteht er zu, daß Tag und Nacht als solche durch Hell und Dunkel erkennbar
sind und daß deshalb gilt:

»Wenn das Licht nichts anderes als ἐνέργεια und τελειότης des potentiell
Durchsichtigen ist, das Licht aber durch nichts anderes als den Gesichtssinn
erkannt wird, ist es klar, daß auch die erleuchtete Luft sichtbar ist, insofern
sie erleuchtet ist, auch wenn sie sonst nichts aufweist« [362].

Dieses Dilemma wird nicht endgültig gelöst, führt J.Ph. jedoch zu der Erkenntnis, daß Licht als Quasi-Farbe der Luft zwar durchaus als Qualität zu bestimmen
ist, nicht jedoch als eine ihr eigene oder substantielle, sondern eine fremde [363].
Dies gilt auch deswegen, weil die Eigenschaft der Durchsichtigkeit, deren Aktualität ja das Licht ist, nicht bloß in Luft oder Wasser, sondern auch in festen
Körpern wie Glas potentiell vorhanden ist und daher nicht mit diesen Elementen identisch [364], sondern selbst unkörperlich ist [365].

---

356 J.Ph. folgt also nicht der psaristotelischen Schrift de coloribus 1 791b6/17, nach der
    Licht die Farbe des Feuers ist, wenngleich die Schrift selbst diese Aussage differenziert
    und zugesteht, daß von einer vollkommenen Identität zwischen Feuerfarbe und Licht
    nicht gesprochen werden kann.
357 AnCom. 319,11/7; 322,2/8; 537,27/31 (J.Ph.?) ist sachlich identisch mit dem lat. AnCom.
    (56,41/57,69 VERBEKE).
358 AnCom. 322,14/36.
359 AnCom. 322,6/8.18/20.
360 AnCom. 323,1/10.
361 AnCom. 329,5/37; vgl. opm. 3,17 (158,17/159,3).
362 AnCom. 323,31/3.
363 AnCom. 323,34/6.
364 AnCom. 324,1/22.
365 AnCom. 343,8/11.

Licht ist jedoch nicht nur als Qualität beschreibbar, sondern Licht als ἐνέργεια des Durchsichtigen verleiht diesem, wie J.Ph. sagt, erst die Form und macht es vollkommen [366]. Diese Bestimmung wird dann weiter einsichtig, wenn J.Ph. bei dem Bemühen, Argumente für die Unkörperlichkeit des Lichts zu sammeln, das Verhältnis von Licht und Dunkelheit zu bestimmen versucht. Ohne Zweifel gehören beide zu den Gegensätzen (ἀντικείμενα), aber es ist nicht eindeutig, ob sie in die zweite Gruppe der vier aristotelischen ἀντικείμενα [367], die ἐναντία, oder die dritte gehören, die Sachen umfaßt, die im Verhältnis von ἕξις/εἶδος und στέρησις zueinander stehen. J.Ph. bevorzugt zwar in AnCom. und auch sonst die letztere Zuordnung [368], diskutiert aber auch deren Schwierigkeiten bzw. die Argumente für erstere. Er geht von der schon genannten Erkenntnis aus, daß durch die Anwesenheit des Lichts das potentiell Durchsichtige aktuell durchsichtig wird. Umgekehrt bedeutet dies, daß die Abwesenheit und Ermanglung des Lichts Dunkelheit ist. Wenn aber die Dunkelheit als ἀντικείμενον des Lichts στέρησις ist, muß dieses nach den von Aristoteles in der Physik gegebenen Kriterien εἶδος oder ἕξις sein; beide Begriffe werden hier parallel und unterschiedslos gebraucht. Diese Bestimmung macht allerdings dann Schwierigkeiten, wenn man davon ausgeht, daß στέρησις nicht in ἕξις übergehen kann, eine Annahme, die sich bei Aristoteles zwar nur auf angeborene Fähigkeiten wie z.B. die Sehkraft bezieht [369], jedoch schon vor J.Ph. auf andere Sachverhalte übertragen und mit Gegenbeispielen in Zweifel gezogen worden ist [370]. Da aber Dunkelheit in Licht übergehen kann, ist zu fragen, ob sie dann nicht als στέρησις und ἕξις, sondern als ἐναντία begriffen werden müssen, die sich ja wechselseitig ineinander verwandeln. J.Ph. beschreibt das Problem so:

»Daher ist die Finsternis in gewisser Hinsicht ein ἐναντίον [konträrer Gegensatz], in gewisser Hinsicht aber nicht, ebenso ist sie in gewisser Hinsicht στέρησις [Formmangel], in gewisser jedoch nicht. Denn wenn jemand meint, es gebe Formmangel, der nicht zur Form zurückkehrt, ist die Finsternis nicht Formmangel, sondern konträrer Gegensatz. Wenn er aber, wie in der Physik [sc. des Aristoteles] gesagt, Formmangel allein die Abwesenheit der Form nennen würde, die auch wieder zur Form zurückkehrt, wäre die Finsternis Formmangel. Wiederum: wenn jemand das, was eine Form erhalten hat

---

366 AnCom. 324,28/33; 343,10f; 344,16f.21f.26/9.
367 Arist. categ. 10f 11b16/14a25 (33/41 MINIO-PALUELLO).
368 AnCom. 344,13/21; vgl. CatCom. 179,18/21.
369 Arist. categ. 10 13a18/36 (38f MINIO-PALUELLO).
370 Vgl. MORAUX, Aristotelismus 2,555f. Die Zweifel an der Gültigkeit der Behauptung des Aristoteles, beim privativen Gegensatz sei ein Übergang nur aus der ἕξις in die στέρησις, nicht aber umgekehrt möglich, werden heute für berechtigt gehalten: F. MORALES, Antikeimena. Untersuchungen zur aristotelischen Auffassung der Gegensätze = EHS 20,337 (Frankfurt/Main 1991) 71f.

und eigene Potenz und Akt besitzt, Gegensätze nennen würde, wäre die Finsternis kein konträrer Gegensatz zum Licht, denn sie besitzt weder Form noch eigene Potenz noch Akt; wenn jemand aber Gegensätze einfach alles nennen würde, das ineinander übergeht, ist die Finsternis ein Gegensatz des Lichts« [371].

Die Beschreibung des Lichts als Form geschieht, wie schon gesagt, im Rahmen der Beweisführung der Unkörperlichkeit des Lichts. Ist Licht als ἐνέργεια des Durchsichtigen Form und Dunkelheit Abwesenheit der ἐνέργεια, ist diese Aussage unmittelbar einsichtig [372]. Aber auch aus der Einordnung des Lichts in die ἐναντία würde seine Unkörperlichkeit folgen, da es keinen konträren Gegensatz zu einem Körper gibt, weil Kontrarietät nur unkörperliche Qualitäten eines Körpers betreffen kann, nicht jedoch einen Körper, insofern er Körper ist. Auch sind Körper zusammengesetzte Substanzen, das Licht hingegen nicht [373]. Viele andere Gründe sprechen gegen die Körperlichkeit des Lichts, wie sie von den Anhängern der Sehteilchen- oder der Seh- bzw. Lichtstrahltheorie vertreten werden, zu denen auch Kosmas gehört [374]; der Nachweis der Unkörperlichkeit des Lichts stellt zugleich sicher, daß das Licht nicht einfach mit Feuer identisch sein kann [375]. Nach AnCom. kann sich kein Körper zeitlos bewegen bzw. schneller sein als die schnellste bekannte Bewegung eines Körpers, nämlich die der Fixstern-sphäre [376]. Körper können nicht wie das Licht andere Körper durchdringen, da zwei Körper sich nicht am selben Ort aufhalten können und leerer Raum in der Wirklichkeit nicht möglich ist [377], bzw. müßten, wenn die Sehteilchen (μορία τῶν ὁρατῶν) die Luft zerschnitten, die Gegenstände nur stückweise wahrgenommen werden [378]. In diesem Fall wäre auch das Licht nicht in jedem Teil der Luft, und es bestünde die Gefahr, nur Licht und nicht Luft einzuatmen [379]. Eine

---

371 AnCom. 341,37/342,7.

372 AnCom. 344,21/9.

373 AnCom. 341,32/7.

374 Kosmas top. 1,6 (SC 141,279 WOLSKA-CONUS): »... ὡς ἀπὸ κέντρου τῆς γῆς ἀφιεμένης τῆς ὀπτικῆς ἐνεργείας ...«; ebd. 1,7 (SC 141,279 W.): »...ἣ προσβάλλει τὸ πνεῦμα τῆς ὄψεως«.

375 AnCom. 343,12/20. Die Stoiker glauben, daß Licht und Feuer körperlich sind: SVF 2,432; auch gibt es analog zur Annahme zweier Arten des Feuers zweierlei Lichtbewe-gung: das irdische bewegt sich gerade, das αἰθέριον φῶς kreisförmig: SVF 1,101.

376 AnCom. 325,6/18; 326,39/327,6, vgl. u. S. 305 Anm. 132.

377 AnCom. 328,3/13; 343,31/344,10. Daß es Lichtteilchen gibt, die noch feiner als Luft sind, wird gegen die Stoa zuerst erwartungsgemäß von den Aristotelikern bestritten (Alexan-der Aphrod. de anima libri mantissa [SVF 2,432]). Nach aetm. 7,17 (281,27/283,3) ist die Fähigkeit des Lichtes, Körper zu durchdringen, begrenzt und offenbar auf das Durch-sichtige beschränkt.

378 AnCom. 325,19/26.

379 AnCom. 327,25/34.

Verdichtung der Luft durch einen Lichtkörper findet nicht statt [380]. Dem Wind gelingt es nicht, das Licht wegzublasen und dadurch Teile des Raumes finster zu machen [381]. Das Licht vollführt keine kreisförmige oder geradlinige Bewegung nach oben oder unten, wie ein einfacher Körper (= Element) sie beschreibt [382]. Sehteilchen müßten die Hornhaut durchbohren, oder aber, sollte diese Poren besitzen, Flächen würden nicht zusammenhängend wahrgenommen [383]. Sehstrahlen können Objekte nur in Punkten abbilden und daher deren Größe nicht erfassen [384]. Es ist zudem schwer vorstellbar, daß aus der Pupille eine derart große Anzahl von Sehteilchen ausgesandt werden, daß sie einen Gesichtskreis von den Maßen eines Viertels des Weltalls abdecken könnte [385]. Sollte das Licht gar ein immaterieller Körper sein, würde er auch Undurchsichtiges durchdringen können und daher z.B. die Erde keine Dunkelheit kennen dürfen [386]. Damit wird die anderslautende Position des Proklos abgelehnt, der das Licht als immateriellen Stoff begriffen hatte, der unfähig ist, Wirkungen auszuteilen oder zu erleiden,

---

380 AnCom. 328,20/7.

381 AnCom. 327,34/8; 400,20f.

382 AnCom. 327,6/15; 328,27/329,2; wie schwierig es ist, auf einigermaßen gesicherten wissenschaftsgeschichtlichen Boden zu gelangen, zeigt sich bei der Nachfrage, wann der Grund für das Prinzip der geradlinigen Ausbreitung des Lichts zuerst formuliert wurde: nach WILDE, Geschichte der Optik 49f.60/3 (vgl. P. BRUNET/A. MIELI, Histoire des sciences [Paris 1935] 822), hat Damianos opt. 3 (4,17/6,8 SCHÖNE) als erster den Grund angeführt, daß die geradlinige Ausbreitung und Reflexion des Sehstrahlkegels darauf zurückzuführen sind, daß das Licht, um sich schnellstmöglich fortzupflanzen, versucht, den kürzesten Weg einzuschlagen. Dieser Damianos wird verschiedentlich mit Domninos von Larissa, dem Studienkollegen des Proklos, identifiziert, z.B. von S. GÜNTHER/W. WINDELBAND, Geschichte der antiken Naturwissenschaft und Philosophie (Nördlingen 1888) 57, mit Berufung auf P. TANNERY, während andere Autoren hierzu weder positiv noch negativ Stellung nehmen und die Datierung überhaupt offenlassen, z.B. HEIBERG, Geschichte der Mathematik 76f, HUNGER, Profane Literatur 2,226f (dies unbeschadet der Tatsache, daß der Text Damians ab Kapitel 15 eine Fälschung des 16. Jh. sein dürfte). »Instinktmäßig« (so GÜNTHER 57) hat bereits Heron diesen Satz Damians »herausgefühlt«; vgl. Heron Katoptrik 2 (2,320,15/7 SCHMIDT): »Alles, was sich mit unveränderter Geschwindigkeit bewegt, bewegt sich geradlinig«; die Sehstrahlen aber bewegen sich mit unendlicher Geschwindigkeit (ebd.). COHEN/DRABKIN 261f$_3$ hingegen halten mit Berufung auf C.B. BOYER: Isis 36 (1946) 94f sogar dafür, daß die Formulierung des katoptrischen Prinzips der geradlinigen Ausbreitung voraristotelisch sei. – Simplicius referiert AnCom. 134,6/20 die Problematik, die die Annahme der Körperlichkeit des Lichtes mit sich bringt, wie sie die Sehstrahltheorie lehrt; vor allem angesichts der zeitlosen Lichtausbreitung nach oben, unten oder zur Seite erscheint die Körperlichkeit des Lichtes nicht denkbar.

383 AnCom. 326,15/26; diese Aussage richtet sich sachlich gegen einen Satz Damianos' opt. 6 (8,25/10,3 SCHÖNE).

384 AnCom. 326,11/5.

385 AnCom. 325,27/32; auch dies geht der Sache nach gegen Damianos opt. 5 (8,6/24 SCHÖNE).

386 AnCom. 328,13/21.

daher nicht geteilt werden und den Kosmos total durchdringen kann [387]. Eine
Sehkraft unkörperlicher Art müßte nach Meinung des J.Ph. die Umgebung be-
seelen und ihr die Sehfähigkeit mitteilen [388].

Mit den genannten, häufig schon vor J.Ph. benutzten Argumenten [389] gegen
die Körperlichkeit des Lichts, wie sie Seh- oder Lichtstrahltheorie vertreten, deren Anschauungen er nach eigener Aussage selbst benutzt hat [390], weist er jedoch
deren grundlegende Erkenntnisse nicht zurück, sondern versucht mit ihnen, wie
unten zu zeigen ist, nicht endgültig gelöste Schwierigkeiten der aristotelischen
Lichttheorie zu beseitigen. Obwohl sich J.Ph. wie gesehen der Verschiedenheit
von Farbe und Licht nach Aristoteles deutlich bewußt ist, ebnet er die Unterscheidung ein, wenn er seine eigene Konzeption entwickelt. Wie die Farbe als ἐνέργεια
von den Gegenständen unsichtbar und unkörperlich auf alle Richtungen verteilt
in das Durchsichtige gelangt, ohne dessen Zustand zu verändern, ebenso gelangt
das Licht vom Leuchtkörper als Wirkendem der ἐνέργεια ins Durchsichtige [391],
wobei Gott die erste Quelle des Lichts in die Sonne gelegt hat [392]. J.Ph. hebt damit
nicht, wie SAMBURSKY, BÖHM, WOLFF und WILDBERG meinen, die aristotelisch-
statische Sicht des Lichts auf und ersetzt sie durch eine Bewegungstheorie, in der
das Wort ἐνέργεια die Bedeutung von Prozeß erhält [393]. Trotz einer an die
Bewegungslehre angelehnten Formulierung vermitteln die Aussagen des J.Ph.
nicht den Eindruck, daß ἐνέργεια zur κίνησις umgedeutet wird, da auf der
Grundlage der neuplatonisch gedachten Lehre von den zwei Potentialitäten und

---

387 Proklos bei Simplicius PhysCom. 613,15/20; vgl. SAMBURSKY, Weltbild 389. Nach Simplicius AnCom. 134,6/8 hat Proklos auch mit der Porentheorie argumentiert. Unter
Anknüpfung an Platon Tim. 58C/60B unterscheidet Plotin enn. II 1 (40) 7 (1,155,19/
156,49 HENRY/SCHWYZER) drei Arten von Feuer: das körperliche weiße Licht (= die
Sonne), das von ihr abstrahlende unkörperliche Licht und schließlich die Flamme.

388 AnCom. 326,30/7.

389 Vgl. SAMBURSKY, Weltbild 516f.

390 AnCom. 339,35f. Daß sich J.Ph. damit als ehemaliger Anhänger der Sehstrahltheorie zu
erkennen gibt (so BÖHM 202), läßt sich der Formulierung nicht entnehmen; er will nur
sagen, daß auch er sich zur Erklärung bestimmter optischer Erscheinungen wohl aus
Gründen der Anschaulichkeit gelegentlich der Ausdrucksweise der Sehstrahltheorie
bedient hat. Jedenfalls erklärt er den Umstand, daß Aristoteles sich in der Meteorologie
(372a32) ebenfalls der Sehstrahltheorie bedient, mit deren leichterer Verständlichkeit
und dem Hinweis, daß bei der dort anstehenden Problematik (der Reflexion) sich bei
beiden Hypothesen nach seiner Meinung kein Unterschied ergibt (AnCom. 333,19/35).
Daher überrascht es nicht, auch J.Ph. in aetm. 7,10 (266,13/5) und MetCom. 95,16/9;
98,19/34 auf die Sehstrahltheorie zurückgreifen zu sehen.

391 AnCom. 329,11/37; 330,19/24; vgl. PhysCom. 642,14/20.

392 AnCom. 330,23f.

393 S. SAMBURSKY, Philoponus' interpretation of Aristotle's theory of light: Osiris 13 (1958)
114/26, DERS., Weltbild 517/20; BÖHM 176f; WOLFF: rejection 115f; WILDBERG, criticism
176; dagegen SORABJI: rejection 26/30.

zwei Aktualitäten die Lichtausbreitung als Übergang von der ersten zur zweiten Aktualität verstanden wird. Letztere aber ist ein zeitloser Vorgang[394]. J.Ph. hält also an dem aristotelischen Verständnis fest, daß Licht ohne Zeit, »gleichzeitig«, »sofort«, »auf einmal« (ἀθρόως), »unmittelbar« (ἐξαιφνής) den ganzen Raum erfüllt und nicht zeitlich nacheinander die Teile vom Ausgang aus der Quelle bis zum Ziel zurücklegt[395]. Er gebraucht dafür folgendes Bild:

> »So wie jemand, der am Ende eines langen angespannten Strickes zieht, bewirkt, daß sich der ganze Strick wegen des Zusammenhangs seiner Teile zeitlos mitbewegt, wobei der erstere Teil den anschließenden bewegt, so muß man es sich auch vorstellen, daß es bei der ἐνέργεια des Lichts geschieht, weil sich alle kosmischen Körper in der Reihenfolge gegenseitig berühren«[396].

---

394 CHRISTENSEN DE GROOT bes. 185/90. In aetm. 3 legt J.Ph. ausführlich die verschiedenen Bedeutungen von potentiell und aktuell auseinander, um sie dann in aetm. 4 auf das Verhältnis von Schöpfer und Kosmos anzuwenden. Als Beispiel für den Übergang des Schöpfers vom Nichtschaffen zum Schaffen, den er als Wechsel von der ersten in die zweite Aktualität versteht, taucht dann auch in aetm. die zeitlose Hervorbringung des Lichts auf; vgl. 4,4 (65,1/26): »Denn die Aktualität allgemein ist mehr als Bewegung, wie Aristoteles glaubt. Zweierlei Aktualität, sagt er, gibt es, die eine vollkommen, die andere unvollkommen. Nun sagt er, die unvollkommene Aktualität sei Bewegung; denn nach ihm ist die Bewegung von der ersten Potenz in den Habitus Veränderung, denn so definiert er im dritten Buch der Physikvorlesung, daß die Bewegung Verwirklichung [ἐντελέχεια] des Potentiellen ist, insofern es ein solches (Potentielles) ist. Verwirklichung aber nennt er die Aktualität und Vollendung der Potenz. Auf diese Weise ist die Bewegung unvollkommene Aktualität. Vollkommene Aktualität aber nennt er den sofortigen Austritt [προβολή] aus dem Habitus [= 1. Aktualität], wobei der Habitus sich nicht verändert. Unmittelbarer Austritt aber ist der, der nicht mit der Bewegung von Zeit einhergeht, sondern im Jetzt geschieht; derartig ist der Ausgang des Lichts aus dem Erleuchtenden. Denn zugleich mit dem Sichtbarwerden erleuchtet der Lichtgeber wie Feuer oder Sonne unmittelbar jedes (zur Aufnahme) Geeignete [sc. das Durchsichtige]. Solcherart ist auch die Aktualität des Sehens. Denn gleichzeitig mit dem Hinsehen empfangen wir zeitlos die Sehobjekte. Daher sagt Aristoteles, daß sich auch die Sinneswahrnehmungen beim Empfang der Sinnesobjekte nicht bewegen. Aber auch die Aktualität des Nous ist nicht Bewegung. Denn unmittelbar und ohne Erstreckung berührt [θιγγάνει, s. Plotin] er die Denkobjekte. Wenn nun die Aktualität dieser Dinge zeitlos und deswegen vollkommen und nicht Bewegung ist, wie wagt er die Aktualität Gottes Bewegung zu nennen?« J.Ph. nimmt hier teilweise wörtlich Aussagen aus AnCom. 297f auf; so läßt sich zB. textlich absichern, daß in aetm. 4,4 (65,1) statt »ἐπιπλέον γὰρ ἡ ἐνέργεια τῆς κινήσεως, ὡς Ἀριστοτέλει δοκεῖ« zu lesen ist »ἐπὶ πλέον γὰρ ...«.

395 Vgl. SORABJI: rejection 28f. Auch für Damianus opt. 3 (6,2/4 SCHÖNE), 4 (6,12/5 S.), 13 (16,9/16 S.) als Anhänger der Sehstrahltheorie geschieht die Ausbreitung augenblicklich; vgl. WILDE, Geschichte der Optik 60/3; zu Proklos CHRISTENSEN DE GROOT 193.

396 AnCom. 330,15/9, vgl. CHRISTENSEN DE GROOT 190/4.

Von der Sehstrahltheorie übernimmt J.Ph. dabei die Vorstellung von der
Reflexion und geradlinigen Ausbreitung der Farben und überträgt sie auf das
Licht [397]. Dies beseitigt den Widerspruch der aristotelischen Lichttheorie, nach
der einerseits die Existenz von Schatten unerklärlich, andererseits die Annahme
von Reflexion eigentlich überflüssig ist, weil das Licht überall gegenwärtig sein
müßte [398]. Die Reflexion des Lichts auf blanken Körpern, die scheinbar die
Unkörperlichkeit der ἐνέργεια in Frage stellt, da Winkelbildungen in den Bereich
der Quantität gehören und damit Körper betreffen, wird so gedacht, daß die
Körper, die reflektieren, in den Zustand versetzt werden, ihrerseits die ἐνέργεια
zu aktivieren [399]. Dem Einwand gegen seine Theorie vom Licht als ἐνέργεια des
durchsichtigen Mediums, die vom Wirkenden nach allen Richtungen ausgeht,
daß die Entfernungen zwischen Beobachter und Gegenständen nicht mehr erkennbar wären bzw. ohne Unterschied immer als gleich erkannt würden, begegnet er
mit der Annahme, daß, ähnlich wie die Sehstrahlanhänger behaupten, die ἐνέργεια
sich mit wachsendem Abstand vom Gegenstand abschwächt [400]. Die Frage,
weshalb es nicht möglich ist, jeden Gegenstand unabhängig von der Blickrich-
tung, und das heißt auch seine Rückseite zu sehen, wo doch die Luft in allen
Richtungen die Farb-ἐνέργεια enthält [401], wird damit beantwortet, daß das durchsichtige Medium, wie schon erwähnt, ohne seinen Zustand zu verändern, die
ἐνέργεια der Farbe durchläßt; dies zeigt das Experiment mit dem gefärbten Glas,
das Farbe und Form auf einen Schirm projiziert, ohne die dazwischenliegende
Luft zu färben [402]. Allerdings muß J.Ph. zugeben, eine endgültige Lösung auf der
Grundlage der ἐνέργεια des Wirkenden nicht gefunden zu haben, da normale
Sehobjekte auch sichtbar sind, wenn kein direkter Strahl auf sie fällt und sie sich
selbst nicht auf anderen Gegenständen abbilden [403]. Die Frage nach dem Geschehen im Medium ist damit noch nicht endgültig gelöst [404].

J.Ph. muß noch eine Reihe weiterer Vorbehalte diskutieren und entwickelt
dabei u.a. im Anschluß an Aristoteles' de sensu eine ausführliche Theorie über
das Auge als Sehorgan; hier soll lediglich noch ein weiterer Einwand besprochen
werden, dessen Widerlegung als Ansatz für die Wandlung seiner Anschauung

---

397 AnCom. 327,15/25; 331,1/33.
398 Vgl. SORABJI: rejection 28.
399 AnCom. 334,16/29.
400 AnCom. 334,30/335,7.
401 AnCom. 330,32/331,1.
402 AnCom. 335,7/30; vgl. PhysCom. 642,14/20, SORABJI: rejection 29. Über Damian opt.
     13 (18,8/20,2 SCHÖNE) hinaus wird eine Färbung des weiterleitenden Mediums für falsch
     gehalten.
403 AnCom. 335,30/336,3.
404 J.Ph. fließt in AnCom. 330,1/14 das Wort πάσχειν für den Vorgang der Lichtausbrei-
     tung in den Sphären in die Feder, auch benutzt er wie Aristoteles das Wort κίνησις für
     die Aktivität der Farbe im Medium: AnCom. 322,6/11.

wichtig ist. J.Ph. muß noch einmal der Kritik an der Unkörperlichkeit der ἐνέργεια des Durchsichtigen begegnen, die sich diesmal in die Frage kleidet, woher die Wärme in der Luft kommt, wenn Unkörperliches keine Reibung erzeugen kann [405]. Bei seiner Antwort setzt J.Ph. ganz aristotelisch voraus, daß die Sonne selbst nicht warm ist, sondern die Wärme aus der Reibung mit der angrenzenden Luft resultiert. Er nimmt damit offensichtlich an, daß die Sonne aus dem fünften Element besteht [406]. Zur Erklärung der Wärmeentstehung durch unkörperliche ἐνέργεια schlägt er einen Mechanismus vor, als dessen Vorbild er die Erzeugung der Körperwärme durch die selbst nicht warme Seele ansieht. Wie die verschiedenen Seelenteile körperliche Wärmewirkungen hervorrufen können, so entfacht die lebenspendende ἐνέργεια der Sonne die in der Luft enthaltene Wärme [407]. Daß es zur größeren Hitze am Mittag oder der Entzündung von Feuern mittels Brennspiegeln kommt, wird mit einer Intensivierung der Konzentration erklärt [408].

In aetm. sind es vor allem zwei Vergleiche des Proklos für die gleichewige Koexistenz von Schöpfer und Geschöpf, die J.Ph. veranlassen, auf die Beziehung

---

405 AnCom. 331,33/332,6.

406 Ebd.

407 AnCom. 332,7/22; vgl. WILDBERG, criticism 175/81.

408 AnCom. 332,18/333,18. Als Vorläufer der Theorie der Wärmeentstehung durch die selbst nicht warme Sonne kann man nicht, wie SAMBURSKY, theory of light (o.Anm. 393) 124, Kleanthes (SVF I,502) und die Stoiker nach Cicero nat. deorum 2,268 (2,51,6/29 VAN DEN BRUWAENE) anführen. Auch spricht J.Ph. nicht von Brenngläsern (so SAMBURSKY, Weltbild 520f), sondern von Reflexionen an Brennspiegeln: HEIBERG, Geschichte der Mathematik 77f (beachte die Wortwahl ἀνάκλασις und πυρεῖον). Bemerkenswert ist, daß etwa zeitgleich zu J.Ph. Anthemius von Tralles περὶ παραδόξων μηχανημάτων und wahrscheinlich derselbe Autor im sog. Fragmentum Mathematicum Bobiense (beides ed. G.L. HUXLEY, Anthemius of Tralles [Cambridge 1959]) den Brennpunkt eines Parabolspiegels mit einer eigenen Methode anders als Apollonios von Perge konstruiert und sich mit der Frage der Fernzündung mittels Brennspiegeln beschäftigt und dazu ein Instrument vorschlägt, das aus 24 planen Sechseckspiegeln, die miteinander klappbar zu verbinden sind, besteht. Gerade bei Anthemius taucht die Legende vom Brand der Flotte vor Syrakus durch die von Archimedes konstruierten Spiegel wieder auf. Proklos soll, wie bei Joh. Zonaras epit.hist. 14,3,27/30 (3,137,13/138,11 PINDER) überliefert wird, auf die gleiche Weise Konstantinopel gegen Vitalianus unter Kaiser Anastasius (491/518) verteidigt haben, vgl. E. WILDE, Über die Optik der Griechen. Programmschrift (Berlin 1832) 27, G. RASKIN, De brandspiegels van Archimedes: Philologische Studien 10 (1938) 109/18. Auch PsEuklid Katoptrik 29f (7,338,7/342,10 HEIBERG) (nach A. LEJEUNE, Recherches sur la catoptrique grecque d'après les sources antiques et médiévales = MAB.L 52,2 [Brüssel 1957] 112/51 handelt es sich um eine späte Kompilation [wohl 4.Jh.n.Chr.] zum Teil vortolemäischen Materials, HEIBERG, Geschichte der Mathematik 77f, schreibt den Text Theon von Alexandrien zu; zum ersten Mal ist die Katoptrik Euklids bei Proklos EuclidCom. prol. 2 [69,2 FRIEDLEIN] genannt) handelt von zusammensetzbaren Brennspiegeln. Vorher beschäftigen sich Euklid, Archimedes, der erste Teil von Dio-

von Sonne, Licht und Erleuchtbarem einzugehen, und die so indirekt seine
Ansichten in dieser Frage offenlegen. Proklos hatte offenbar zur Illustration der
gerade genannten These der ewigen Koexistenz von schöpferischer Ursache und
Wirkung einmal auf das Verhältnis von Licht und Schattenwurf, zum anderen
auf das Verhältnis von Sonne und Licht verwiesen [409]. Das Argumentationsziel
des J.Ph. liegt daher zwar in der Bestreitung der Angemessenheit der beiden
Bilder des Proklos und damit im Beweis der Falschheit der Hauptthese der
Ewigkeit der Welt und nicht in der Entwicklung einer Lichttheorie im eigentlichen Sinn, seine Beweisführung muß jedoch auf bestimmte Vorstellungen
zurückgreifen, die auf die vorausgesetzten Grundansätze schließen lassen.

Zwei Argumente führt J.Ph. gegen den ersten Vergleich an: Erstens ist der
Schatten eines Körpers im Verhältnis zum Licht kein angemessenes Bild für den
Kosmos, weil der Schatten lediglich ein Mangel an Licht ist, per se nicht existiert
und deshalb keine Form oder Existenz besitzt oder eine formgeschaffene Hypostase ist [410]. Zweitens hält J.Ph. es für falsch, daß dem Körper im Licht immer
sofort notwendig ein Schatten folgen muß, als Gegenbeispiel nennt er den fehlenden Schattenwurf eines fest auf der Erde ruhenden Körpers, wenn die Sonne im
Zenit steht [411]. Dieses Argument basiert auf der Lehre vom Licht als ἐνέργεια
des Durchsichtigen [412].

Das Bild von Sonne und Licht wird auf folgende Weise zurückgewiesen:
Nach Entstehungsort und Beschaffenheit gibt es zweierlei Arten von Licht: in
der Sonne das substantielle, unvergängliche Licht, und in der Luft das vergängliche Licht [413]. Das erste ist für den Vergleich unangemessen, weil das Licht die
Substanz der Sonne ausmacht und ihre Natur darstellt (»erfüllt«), bei allem aber
das τό τι ἦν εἶναι und die οὐσία als Form auftritt. Wenn aber das Licht die
Form der Sonne ist, kann sie nicht Schöpfer ihres Lichtes sein, da nichts schöpferische Ursache seiner selbst ist. Der Sachhälfte nach wäre also der Kosmos
Form des Schöpfers, was absurd ist [414], oder aber das Bild und der durch es zu

---

kles' περὶ πυρείων (dazu J. SESIANO, Les miroirs ardents de Dioclès: MH 45 [1988] 193/
202), das vierte Buch der Optik des Ptolemäus und die cc. 6/18 der Katoptrik des
Ptolemäus, die von Heron stammen soll, mit Reflektoren. LEJEUNE 48f geht auf Anthemius, Damian, Olympiodor und die späte Katoptrik nicht eigens ein: vgl. z.B.
Olympiodor MetCom. 211, 23/217,19 (handelt u.a. von Planspiegeln und Lichtbrechung
wie bei Damian).

409 Aetm. 1,4 (14,24/8). Im Argument des Proklos kommen die Bilder nicht vor.

410 Aetm. 1,5 (15,1/16,2).

411 Ebd. (16,2/23).

412 Vgl. ebd.

413 Die Argumentation mit verschiedenen Arten von Licht findet sich auch bei Damaskios
     dub. sol. (= ParmenidCom.) 366 (2,219,18/220,4 RUELLE), übers. bei SAMBURSKY, concept
     of place 95.

414 Aetm. 1,6 (16,24/17,14), vgl. 1,8 (20,27/21,2).

illustrierende Sachverhalt sind falsch, was ja zu beweisen war. Die Entstehung des Lichts in der Luft durch die Sonne hingegen kann zwar als Beweis dafür gelten, daß es eine unmittelbare, zeitlose Entstehung gibt[415], und kann deshalb die unmittelbare Hypostasierung des Seienden durch den göttlichen Gedanken erläutern[416], aber als Bild für das ontologische Verhältnis des Kosmos zum Schöpfer taugt sie ebenfalls nicht, da jener, wie Platon sagt, ein einziger eingeborener ist, das Licht in der Luft hingegen wegen seiner Vergänglichkeit der Zahl nach nicht ein und dasselbe ist[417]; daß das Licht in der Luft zerstörbar ist, hat auch Proklos nicht bestritten. Sollte dennoch jemand behaupten, das Licht in der Luft wäre unvergänglich und würde mit der Sonne herumwandern, wäre das Licht nicht mehr von der oben definierten zweiten Art, sondern wäre Form oder ἐνέργεια des Erleuchtenden, und dann entweder wieder ein wesentlicher Bestandteil der Sonne (συμπληρωτικόν) – dann fiele dieser Aspekt als Bild, wie schon gezeigt, fort –, oder aber, wenn das Licht als Form oder Wirksamkeit des Erleuchtenden keinen wesentlichen Bestandteil der Sonne bilden sollte, könnte es nur gedanklich, nicht aber realiter nicht vorhanden sein, da für den Fall, daß Durchsichtiges und Sonne vorhanden sind, es notwendig zur Erleuchtung kommt; das Licht in der Luft müßte also doch ein wesentlicher Bestandteil der Sonne sein, was wieder zum Anfang zurückführt. J.Ph. kommt es aber darauf an, das Licht in der Luft als veränderlich und der Zahl nach verschieden zu zeigen. Dazu lehnt er das Verständnis des Lichts in der Luft als ἐνέργεια des Erleuchtenden zwar nicht vollkommen ab, hält aber die Erforschung seiner Existenz (ὕπαρξις) für schwierig[418] und zieht es vor, das Licht als ἀλλοίωσις oder πάθος des Durchsichtigen zu begreifen[419], hervorgerufen durch die bloße Existenz der Sonne (ἀπροαιρέτως)[420]. Einmal spricht er sogar vom Licht als

---

415 Aetm. 1,7 (18,3/16); vgl. 1,8 (22,21f); 4,4 (65,10/9): »Auf diese Weise ist die Bewegung unvollkommene Aktualität. Vollkommene Aktualität aber nennt er den sofortigen Hervorgang [προβολή] aus dem Habitus, wobei der Habitus sich nicht verändert. Unmittelbarer Hervorgang aber ist der, der nicht mit der Bewegung von Zeit einhergeht, sondern im Jetzt geschieht; derartig ist der Ausgang des Lichts aus dem Erleuchtenden. Denn zugleich mit dem Sichtbarwerden erleuchtet der Lichtgeber wie Feuer oder Sonne unmittelbar jedes (zur Aufnahme) Geeignete [sc. das Durchsichtige]. Solcherart ist auch die Aktualität des Sehens«; 4,9 (78,12f), 4,10 (81,19/23), 12,3 (472,17f).

416 Aetm. 1,7 (18,10/3).

417 Ebd. (17,15/20,12), Platon Tim. 31B. Offen ist, aus welcher Schrift des Proklos J.Ph. in dieser Passage zitiert: ist die »Abhandlung über das Licht« ein selbständiges Werk des Proklos? Als solches ist es nicht bekannt: vgl. R. BEUTLER, Proklos: PW 23,1 (1957) 186/247, hier 191/208. Zum Sonnenlicht, das durch eine Wolke an der Ausbreitung gehindert wird, vgl. Damian opt. 13 (16,12/4 SCHÖNE), J.Ph. opm. 2,6 (70,19/21).

418 Aetm. 1,7 (18,4/6).

419 Beide Worte haben nach AnCom. 301,3/11 denselben Sinn.

420 Aetm. 1,8 (21,24/22,22); in 7,12 wird diese Art des absichtslosen, gleichsam automatischen Wirkens von Dingen auf andere genauer erklärt.

einem ἀλλοιωτικὸν πάθος der Körper, die durchsichtig sind [421]. Als Beweis
führt er aber wiederum Aristoteles de anima 2,7 (Das Licht ist ἐνέργεια des
Durchsichtigen) an [422]. Bahnt sich damit ein anderes Verständnis des Vorgangs
im Medium an, wenn es vom Licht erfüllt wird? Denn in AnCom. wurde ja
erklärt, daß die Farbe und das Licht als Quasi-Farbe des Mediums nicht dessen
πάθος ist [423]. Weckt nicht die Benutzung solcher Worte Zweifel an der Unkörperlichkeit des Lichts? Dennoch haben sich die zugrundeliegenden Anschauungen nicht geändert. Der Schlüssel zur Einordnung der Aussagen in aetm. liegt
in der Unterscheidung zwischen Farbe und Licht und in der Benutzung der
Worte ἐνέργεια und ἀλλοίωσις. Daß J.Ph. es in AnCom. ablehnt, die Mitteilung der ἐνέργεια des Durchsichtigen als ἀλλοίωσις zu bezeichnen, liegt darin
begründet, daß er dieses Geschehen als Übergang von der zweiten Potentialität
(oder ersten Aktualität) zur zweiten Aktualität begreift und dies offenbar auch
auf das Sichtbarwerden der Farbe der Gegenstände bezogen wird. Für diesen
Vorgang wird üblicherweise nämlich nicht ἀλλοίωσις benutzt [424], sondern
τελείωσις oder φανέρωσις τῆς ἕξεως; ἀλλοίωσις hingegen ist dem Übergang
von der ersten zur zweiten Potenz (ersten Aktualität) gegensätzlicher Qualitäten bei unveränderlichem Zugrundeliegenden vorbehalten, wenn etwa Warmes
kalt oder Weißes schwarz wird [425]. Auch für den Übergang von στέρησις zu
εἶδος will er in AnCom. ἀλλοίωσις eigentlich nicht gebrauchen, sondern hält
γένεσις für angemessener, wenn etwa ein Mensch entsteht [426], gesteht aber
anscheinend zu, daß es möglich wäre, von zwei verschiedenen Arten von ἀλλοίωσις zu sprechen [427]. Man kann aber anders als beim Licht nicht sagen, daß
Farben das Medium affizieren [428]. – Wie verhält es sich jedoch beim Licht und
dem Durchsichtigen? Wäre es nicht sinnvoll, wie es offenbar Proklos getan hat,
einfach von der Entstehung (γένεσις) des Lichts in der Luft zu sprechen, wenn
man wie J.Ph. Licht und Dunkelheit als ἕξις und στέρησις deutet? Die Schwierigkeit besteht aber darin, daß es sich beim Licht um eine Erscheinung handelt,
die nichts im Durchsichtigen neu entstehen läßt und darin mit der Entstehung
eines Menschen verglichen werden kann, sondern daß das Licht in der Luft eben

---

421 Aetm. 1,8 (22,10f).

422 Aetm. 1,8 (20,13/23,16).

423 AnCom. 329,26/30; 335,26/9, doch vgl. schon 330,12/4, o. S. 248 Anm. 404.

424 AnCom. 301,10f.23/6; 303,17/21. Auch MetCom. 50,20/8; 51,3/5 ist ἀλλοίωσις eine
     μεταβολὴ κατὰ ποιότητα und wird mit πάθος gleichgesetzt; hier spricht die ἀλλοίω-
     σις des Himmelskörpers gegen ein fünftes Element.

425 AnCom. 301,26/32. Zum Verständnis von erster und zweiter Potenz, erster und zweiter
     Aktualität bei J.Ph. vgl. aetm. 3; Bezugspunkt ist Aristoteles Phys. VIII 7 260a20/b7.

426 AnCom. 301,32/4.

427 AnCom. 301,34/302,1.

428 Zur Unterscheidung von Licht und Farbe vgl. SORABJI: rejection 26/8.

nichts anderes als die ἐνέργεια ihrer Durchsichtigkeit bedeutet. Es entsteht keine neue Substanz, oder es verändert sich nicht das Zugrundeliegende [429], sondern das Licht verhält sich nur so, wie sich (körperliche) Qualitäten gegenüber ihrem Zugrundeliegenden verändern. Für diesen Vorgang aber ist, wie gesehen, der Begriff ἀλλοίωσις angemessen [430]. Auf derselben Linie liegt es, wenn J.Ph. an anderer Stelle in aetm., wie Aristoteles, auch den Begriff κίνησις für den durch das Licht im Medium in Gang gekommenen Vorgang gebraucht [431]. Dieses Wort wird nämlich eigentlich ebenfalls für den Übergang von der ersten zur zweiten Potentialität benutzt [432], bedeutet aber beim Licht keinen zeitlichen

---

429 In diait. 37 (71/3 SANDA) findet sich dies wieder, wenn J.Ph. die Verbindung von Luft und Licht als Bild für die Vereinigung von Gottheit und Menschheit in Christus benutzt: »Aber auch die vom Licht durch und durch erfüllte Luft ist eine Wirklichkeit aus zweien und erleidet keinerlei Trennung, solange sie erleuchtet ist ... Daß aber trotzdem Licht und Luft auch nach ihrer Vereinigung als solche erhalten bleiben und keine Vermischung stattfindet, wird daraus offenbar, daß jedes genau seine natürliche Eigentümlichkeit behält und keines durch die Union Schaden erleidet ...«; vollständige Übersetzung bei BÖHM 419/21.

430 Wenn aber der Vorgang in der Luft als ἀλλοίωσις zu bestimmen ist, ist das Bild des Proklos untauglich, darauf kommt es J.Ph. hier an.

431 Aetm. 7,12 (269,20/270,17): »Denn auch das Licht ist zugleich mit seiner Anwesenheit Beweger des potentiell Durchsichtigen, und durchaus nicht beleuchtet das Licht zugleich mit der Existenz das ganze potentiell Durchsichtige, sondern offenbar das, was sich in ihm befindet, und dieses nicht ganz, sondern das, was einen zum Erleuchten geeigneten Zustand aufweist. Denn wenn die Sonne über der Erde steht, sind die ganze Luft und das Wasser unter der Erde durch die Erde verdeckt und haben keinen Zustand, der zur Aufnahme der Erleuchtung geeignet wäre hinsichtlich einer Bewegung durch die Kraft des Lichts, und ihr potentiell Durchsichtiges wird nicht aktuell gemacht. Aber auch die Farben sind ohne Absicht durch die Existenz Beweger des Blickes und die Klänge des Gehörs und jedes Wahrgenommene ist durch das Sein selbst Beweger irgendeines Sinnes, aber es ist nicht notwendig, daß zugleich mit dem Sein eine Farbe sofort auch irgendeinen Blick durch sie bewegt und ein Klang zugleich mit dem Sein ein Gehör durch den Klang bewegt und bei den übrigen ebenso. Denn die in der Tiefe oder unter der Erde verborgenen Farben, ebenso aber auch die in Finsternis gehüllten sind der Natur nach Beweger der Blicke, sowohl durch das Sein selbst als auch unabsichtlich bewegen sie die Blicke, aber dennoch wird kein Blick von ihnen bewegt. Denn nicht haben die Farben im Bewegersein für den Blick ihre Existenz, sondern sie bestehen und haben das Sein darin, worin sie Farben sind (daher, auch wenn niemals sichtbar, sind sie trotzdem Farben) ...«.

432 AnCom. 296,21/297,10: »Denn wenn die Bewegung eine gewisse Aktualität ist, gehört allgemeiner die Aktualität zur Bewegung, die Bewegung aber zum Affiziertsein. Denn was eine Veränderung erfährt, wird auch bewegt, das Bewegte aber ist ganz aktuell; freilich bewegt sich nicht auch das Aktuelle. Denn Aktualität ist, wie er [sc. Aristoteles] in der Physik [vgl. III 2 201b31/202a12] definiert hat, das unmittelbare Hinausgehen [προβολή] aus dem Habitus, Bewegung aber ist unvollkommene Aktualität; denn der Weg von der ersten zum Habitus ist Bewegung. Insoweit nun die Bewegung

Vorgang. Deswegen ist der Begriff κίνησις für den Vorgang der Erleuchtung eben streng genommen ungeeignet, da die Erleuchtung des Durchsichtigen dessen

---

eine unvollkommene Aktualität ist, scheinen Aktualität und Bewegung dasselbe zu sein. Insoweit aber die Aktualität kein Hervorgang [πρόοδος] vom Unvollkommenen zum Vollkommenen ist, sind Bewegung und Aktualität nicht dasselbe. Und wie nämlich die Bezeichnung in allgemeinerer Weise auch beim Habitus verwendet, spezieller aber auch zur Unterscheidung vom Habitus gesagt wird, so wird auch die Aktualität bald allgemein von jeder Bewegung ausgesagt, bald aber auch zur Unterscheidung von der Bewegung, weil Bewegung ein gewisser Übergang von der ersten zur zweiten Potenz einer Sache ist, die außerhalb der Substanz liegt, während die Substanz selbst gewahrt bleibt, Aktualität aber ist das vollkommene Hinausgehen aus dem Habitus, wobei sich am Habitus nichts verändert. Und in der Tat ist vollkommene Aktualität das unmittelbare Hinausgehen aus dem Habitus, das nicht durch Bewegung der Zeit einhergeht, sondern sich in jedem Teil von ihr gleich verhält. Derart ist der Hervorgang des Lichtes. Denn zugleich mit dem Erscheinen erleuchtet das Erleuchtende unmittelbar jedes (dafür) Geeignete, wobei die Aktualität des Lichts nicht mit Bewegung der Zeit einhergeht, sondern sich in jedem Teil (der Zeit) gleich verhält. Solcher Art ist auch die Aktualität der Wahrnehmung. Denn gleichzeitig mit dem Hinschauen nehmen wir ohne Zeit die Sinnendinge wahr. Daher sagt er [sc. Aristoteles] nicht, daß sich die Wahrnehmung bewege, sondern aktuell ist. Dies also ist Aktualität im eigentlichen Sinn«. Im weiteren Textverlauf wird die uneigentliche Bedeutung skizziert; ferner werden κίνησις und πάθος auf die Kategorien Qualität, Quantität und Ort bezogen und beide Begriffe als homonym erwiesen. Das Beispiel der Gedanken wird in einer Übergangszone zwischen eigentlicher und uneigentlicher Bedeutung angesiedelt, in aetm. 4,4 ist es allerdings ein Beispiel für Aktualität im vollkommenen Sinn. Wesentliche Passagen in aetm. 4,4 sind wörtlich aus der gerade zitierten Stelle aus AnCom. übernommen, vgl.: AnCom. 296,33/297,9.27f: »διότι κίνησις μέν ἐστιν ἡ ἐκ τοῦ πρώτου δυνάμει ἐπὶ τὸ δεύτερον πρόοδός τινος τῶν περὶ τὴν οὐσίαν σωζομένης αὐτῆς τῆς οὐσίας, ἐνέργεια δέ ἐστιν ἡ τελεία προβολὴ τῆς ἕξεως μηδὲν τῆς ἕξεως ἀλλοιοτέρας γινομένης. καὶ ἔστι τῷ ὄντι τελεία ἐνέργεια ἡ ἀθρόα προβολὴ τῆς ἕξεως ἡ μὴ συμπροϊοῦσα τῇ κινήσει τοῦ χρόνου, ἀλλὰ κατὰ πᾶν μέρος αὐτοῦ ὁμοίως ἔχουσα, οἵα ἐστὶν ἡ τοῦ φωτὸς προβολή· ἅμα γὰρ τῷ φανῆναι τὸ φωτιστικὸν ἀθρόον πᾶν τὸ ἐπιτήδειον καταλάμπεται, οὐ συμπροϊούσης τῆς τοῦ φωτὸς ἐνεργείας τῇ τοῦ χρόνου κινήσει, ἀλλ᾽ ἐν παντὶ μέρει αὐτοῦ ὁμοίως ἐχούσης. τοιαύτη ἐστὶ καὶ ἡ τῆς αἰσθήσεως ἐνέργεια· ἅμα γὰρ τῷ ἀναβλέψαι ἀχρόνως τῶν αἰσθητῶν ἀντιλαμβανόμεθα· ὅθεν οὐδέ φησι κινεῖσθαι τὰς αἰσθήσεις, ἀλλ᾽ ἐνεργεῖν ... ὥσπερ οὖν ἐπὶ πλέον ἡ ἐνέργεια τῆς κινήσεως, οὕτω καὶ ἡ κίνησις τοῦ πάθους«. Aetm. 4,4 (65,1/22): »<u>ἐπιπλέον γὰρ ἡ ἐνέργεια τῆς κινήσεως</u>, ὡς Ἀριστοτέλει δοκεῖ ... ἔστιν γὰρ κατ᾽ αὐτὸν <u>ἡ κίνησις ἡ ἀπὸ τοῦ πρώτου δυνάμει ἐπὶ τὴν ἕξιν μεταβολή</u> ... <u>τελείαν δὲ ἐνέργειάν</u> φησι εἶναι <u>τὴν ἀθρόαν ἀπὸ τῆς ἕξεως προβολὴν μηδὲν ἀλλοιοτέρας γινομένης τῆς ἕξεως. ἀθρόα δέ ἐστι προβολὴ ἡ μὴ συμπροϊοῦσα τῇ κινήσει τοῦ χρόνου, ἀλλ᾽</u> ἐν τῷ νῦν γιγνομένη, <u>οἷα ἐστὶν ἡ τοῦ φωτὸς</u> ἐκ τοῦ φωτίζοντος πρόσοδος. <u>ἅμα γὰρ τῷ φανῆναι τὸ φωτιστικὸν</u> οἷον τὸ πῦρ ἢ τὸν ἥλιον ἀθρόον πᾶν τὸ ἐπιτήδειον καταλάμπεται. τοιαύτη ἐστὶ καὶ ἡ τῆς ὄψεως <u>ἐνέργεια. ἅμα γὰρ τῷ ἀναβλέψαι ἀχρόνως τῶν αἰσθητῶν ἀντιλαμβανόμεθα. ὅθεν οὐδέ τὰς αἰσθήσεις</u> ὁ Ἀριστοτέλης <u>κινεῖσθαί φησι</u> ἐν τῇ τῶν αἰσθητῶν ἀντιλήψει«.

vollkommene Aktualität bedeutet, ἐνέργεια τελεία aber ist nicht κίνησις [433].
Das Dilemma besteht also, so könnte man zusammenfassen, darin, daß die Erleuchtung Übergang von der ersten zur zweiten Potenz und insofern ἀλλοίω-
σις/πάθος/κίνησις ist, andererseits, da sie ohne Zeit vonstatten geht und ἐνέργεια
τελεία ist, zugleich die Bedingungen des Übergangs von der ersten zur zweiten
Aktualität erfüllt. Auch wenn also die Begrifflichkeit in aetm. teilweise anders
gewählt ist, indem κίνησις vom Licht im Medium ausgesagt wird, hat sich die
Vorstellung über das Licht nicht geändert.

Dafür hat sich an anderer Stelle die Einschätzung einer Eigenschaft des
Lichts und seinen Zusammenhang mit der Sonne gewandelt. Für J.Ph. hat
einen wichtigen Bestandteil der Argumentation gebildet, daß das Licht in
der Luft vergeht und jedesmal neu entsteht, oder, wie er es formuliert, der
Zahl nach ein anderes ist; darin trifft er sich sogar mit Proklos. Aber gegen
diesen zeigt J.Ph., daß auch das Licht in den Sphären sich prinzipiell nicht
anders als das in der Luft verhält und ebenfalls vergänglich ist. Es ist davon
auszugehen, daß bei Proklos im Hintergrund seine Theorie des Raumes steht,
die den Raum als unbeweglichen, unteilbaren, immateriellen Körper begreift
und ihn eben aufgrund der Eigenschaft der Immaterialität mit dem Licht
identifiziert [434]. Ob J.Ph. mit seiner Kritik Proklos zureichend und angemessen würdigt, kann offen bleiben, wichtig ist, daß nach seinem Dafürhalten
die astronomische Beobachtung, also die Wirklichkeit selbst, lehrt, daß das
Licht auch in den Sphären vergehen kann. Denn der Schattenwurf der Erde
bei Mondfinsternissen und der Phasenwechsel des Mondes zeigen, daß in der
ersten und zweiten Sphäre das Licht vergeht; wenn aber der ganze Himmel
aus derselben Substanz besteht, ist prinzipiell das Licht überall im Himmel
vergänglich, auch wenn in den oberen Sphären das Licht immer ein und
dasselbe bleibt, weil keine Verfinsterung eintritt [435]. Mit dieser einheitlichen

---

433 Ebd.

434 Vgl. SAMBURSKY, Weltbild 388.

435 Aetm. 1,7 (19,12/20,12), vgl. 17,2 (595,4/13): »Und das eine Licht ist substantiell wie das
in der Sonne, das andere (entsteht) aus Aneignung, auch wenn es bei gewissen Dingen
immer anwesend ist, wie das Licht aus der Sonne den Sphären oberhalb der Sonne
immer zu eigen ist, aber als zusätzlich entstanden zu eigen ist. Wenn wir deshalb gedanklich
aus ihnen die Sonne wegbringen, wird auch sofort das Licht in ihnen zum Verschwinden gebracht, da es nicht aufgrund einer Eigenschaft [λόγῳ] ihrer Natur in ihnen
existiert, auch wenn es immer da ist; trotz ständiger Erleuchtung, weil das Erleuchtende
immer anwesend ist, sind viele dennoch, was eine eigene Eigenschaft der Natur
angeht, ohne Licht«. Ebd. (596,18/22): »So also besitzen die Luft und die Mondsphäre
das Licht als erworben und sind empfänglich für die Finsternis und haben zu irgendeinem Zeitpunkt an ihr teil. Wir haben aber am Ende des ersten Buches gezeigt, daß,
wenn auch bei den oberen Sphären das Licht immer anwesend ist, es der Natur nach
jedoch vergänglich ist«.

Erklärung der irdischen und himmlischen Erscheinungen des Lichts bahnt
sich eine neue Auffassung über die Natur des Himmels und der Gestirne an,
die vom fünften Element des Aristoteles Abstand nimmt. Sie läßt sich zwar
nicht sicher an der Begrifflichkeit χύμα τῶν οὐρανίων σφαῖρων [436] oder an
Aussagen ablesen, die die Sonne als leuchtenden und eine Lichtform besit-
zenden Körper mit Volumen und dreidimensionaler Ausdehnung bezeichnen [437] oder die erklären, daß die Sonne ihre Substanz nicht im Erleuchten
besitzt, sondern durch ihre bloße Existenz ohne eigenen Entschluß das Licht
entstehen läßt [438]. Die Gegenüberstellung der erleuchtenden und der erwärmenden Fähigkeit der Sonne [439] weist dann aber schon in die Richtung der
Ablehnung des fünften Elements, ist aber solange noch nicht endgültig beweiskräftig, wie nicht der Modus der erwärmenden Kraft der Sonne beschrieben
wird. Daß die Sphären durchsichtig sind, die Sterne als Körper jedoch nicht [440],
da sie sich gegenseitig das Licht versperren, ist jedoch insofern ein weiterer
wichtiger Hinweis, als dieser Gedanke in MetCom. und opm. wiederauf-
taucht und dort klar auf die Beschaffenheit aus Feuer zurückgeführt wird [441].
Obwohl eine solch eindeutige Aussage in aetm. fehlt und nicht gesagt wird,
welcher Art denn die Substanz der Himmelskörper ist, wird auf dem Hintergrund, daß im Verlauf der Schrift massive Zweifel gegen das fünfte Element
vorgetragen werden [442], der Eindruck übermittelt, daß eine dezidierte Festlegung gar nicht notwendig ist, weil in Anknüpfung an Platon eine Gleich-
stellung von Himmlischem und Irdischem J.Ph. in aetm. bereits selbstverständlich ist.

Die gewandelten Ansichten des J.Ph. geben deutlich die Schriften MetCom.
und c.Arist. zu erkennen, die eine Reihe von Argumenten gegen die Theorie
des Aristoteles finden, daß die Sonne nicht warm ist und nur durch ihre
Bewegung bzw. die ihrer Sphäre [443] die angrenzenden Partien erhitzt [444]. Es
ist nämlich bei der Theorie einer Wärmeentstehung durch Bewegung nicht
verständlich zu machen – so J.Ph. –, weshalb nur die Sonne und nicht auch
der Mond Wärme erzeugt, da doch die nur wenig größere tägliche Geschwin-

---

436 LIDDELL/SCOTT 2013a übersetzen einen Beleg aus MetCom. 26,8f mit »materialis, con-
    stituens«. In opm. 4,15 (189,21f) bezieht sich der Begriff auf die Beschaffenheit des
    Himmels aus kristalliertem Wasser bzw. kristallierter Luft.
437 Aetm. 4,11 (83,3f), 7,17 (283,5/8), 11,6 (424,23/425,1).
438 Aetm. 1,4 (14,24/8). Dies gibt zudem eine gegnerische Meinung wieder.
439 Aetm. 7,12 (269,9/15), 4,10 (81,16/9).
440 Aetm. 7,17 (281,22/283,1).
441 MetCom. 43,33/40, opm. 4,15 (189,21/190,4).
442 Aetm. 13,5 (491,12/492,4), 13,6 (492,20/493,24), 13,14 (517,7/519,20).
443 Vorausgesetzt wird also, daß die Sphären feste Körper sind: vgl. u. S. 308/14.
444 Vgl. WILDBERG, criticism 178/81.

digkeit der Sonne gegenüber der des Mondes durch dessen zwanzigmal größere Nähe mehr als ausgeglichen sein müßte, zumal der Mond unmittelbar
mit der Luftsphäre in Berührung ist [445]. Wenn der Mond mittels seiner Bewegung erwärmen würde, müßte er es auch als Neumond, aber nur vom
Vollmond kann man sagen, daß er Wärme abstrahlt [446]. Auch müßte die
Sonnensphäre bzw. sogar die Bewegung des ganzen festen Himmelskörpers
des Nachts Wärme erzeugen, was aber nicht der Fall ist [447]. Das gleiche gilt
für die Winterzeit und die Bereiche, die im Schatten liegen [448].

Die von den Himmelskörpern ausgehenden Wärmeerscheinungen treten
also erwiesenermaßen nur in Zusammenhang mit dem Licht, nicht aber deren Bewegung auf [449]. »Die Wärme ist mit dem Licht gewissermaßen ins
selbe Joch gespannt« [450]. Dabei verhält sie sich, wie das Licht nach AnCom.,
nach den Gesetzen der Reflexion und nimmt mit der Entfernung ab [451]. Auf
die Frage, wie Licht und Wärme zusammenhängen bzw. wie die Wärme
durch das Licht der Umgebung mitgeteilt wird, geht J.Ph. nicht ein [452].
Diese Problematik, die er in AnCom. noch mit dem Modell der Aktivierung
der »inneren Wärme« ohne Einfluß von Reibung gelöst hatte, taucht in
MetCom. an zwei Stellen nur implizit auf und wird dort zwar gewiß jetzt
doch mit einem Hinweis auf die Wirkung von Bewegung und Reibung angegangen, wenn er erklären will, warum die Bewegung von Sternschnuppen selten

---

445 MetCom. 40,12/44,36, die eigene Stellungnahme beginnt 41,24; J.Ph. beschäftigt sich
zuerst (πρῶτον) mit dem Begriff des στερεόν (41,25/42,1), sodann (δεύτερον) bespricht
er die Kugelgestalt der Himmelskörper, deren große Geschwindigkeit eine feste Konsi-
stenz verlangt (42,1/32): Das Argument mündet darin, daß aufgrund dieser Annahme
ein Wärmetransport durch die Sphären stattfinden muß und diese damit παθητοί
sind, was ein Widerspruch zur Position des Aristoteles ist. Anschließend führt J.Ph.
weitere Beobachtungen ins Feld und beschließt die Argumentation mit einer Stellungnahme zu astrometeorologischen Theorien im Stile von Damaskios. 41,18/44,21 ist übersetzt u. S. 304/7, vgl. auch 52,23/33. Andere Lösungen der Neuplatoniker sehen folgendermaßen aus: Olympiodor MetCom. 32,8/11 und Simplikios CaelCom. 441,2/442,3
gehen davon aus, daß die Sonnenstrahlen die Luft verdichten und Wärme erzeugen;
Alexander περὶ οὐρανοῦ bei Simplikios CaelCom. 440,23/35 betrachtet die Mondsphäre
als eine Art elektrischen Leiter.
446 MetCom. 43,7/15.
447 MetCom. 49,25f; 45,17/20.
448 MetCom. 52,6/15; 52,37/53,2.
449 MetCom. 43,15/25; 52,27/37.
450 MetCom. 52,35; vgl. 43,22f.
451 MetCom. 43,20/33; 52,15/8.
452 Bereits die Frage, wie sich J.Ph. die Übertragung der unkörperlichen (?) Qualität Wärme auf Körper vorstellt, ist schwierig zu beantworten. Nach aetm. 9,11 (353,3/19) ist die
Wärme des Feuers der Form nach Wirkursache der Wärme in der Luft, die zahlenmäßig
von der des Feuers verschieden ist.

nach oben erfolgt [453], und wenn er an einer anderen Stelle die aristotelische
Wärmewirkung der Sonnenstrahlen in der Luft darstellen muß [454]. Da J.Ph.
jedoch im zweiten Fall nicht seine eigene Theorie entwickelt, sondern eben
nur die aristotelische beschreiben will [455] und auch im Falle der Sternschnuppen zu berücksichtigen ist, daß er die Entstehung der verschiedenen Arten
der Sternschnuppen ausgehend vom Aristotelestext nachzeichnet, sollte man
an diese Ausführungen nicht die Frage richten, wie sich eine an diesen Stellen
eher zur Veranschaulichung als zum Zweck einer naturphilosophischen Lehr-
aussage angedeutete Reibungswirkung des Lichtes mit seiner Unkörperlichkeit verträgt und ob er letztere etwa aufgegeben hat [456].

Jedenfalls kann der Hauptverursacher des Lichts, die Sonne, nur aus Feuer
bestehen, das eben die unkörperlichen Qualitäten Licht und Wärme besitzt [457];
warum die Feuersphäre nicht für größere Wärme verantwortlich ist, hat J.Ph.
in aetm. und c.Arist. dargelegt [458]. Das Argument des Aristoteles, die Farbe der
Sonne sei weiß und deshalb könne sie nicht feurig sein [459], wird damit entkräftet, daß auch Kometen, Sternschnuppen und Blitze Feuererscheinungen darstellen, aber trotzdem weiß sind [460]. J.Ph. hält im übrigen die Frage der Farbe
der Sonne nicht für endgültig gelöst, er neigt dazu, sie eher als gelb einzuschätzen, eine Vorstellung, die anscheinend auf der Lehre dreier Grundfarben schwarz,

---

453 MetCom. 62,31/9.

454 MetCom. 121,33/122,10.

455 Ab MetCom. 122,10 folgt sein eigener Schluß, daß der Wärmetransport auch in der
aristotelischen Theorie eigentlich nur der Beweis dafür ist, daß die Gestirne selbst warm
sind.

456 Anders WILDBERG, criticism 180. Zu beobachten ist ferner, daß J.Ph. an diesen Stellen
auch die Lichtstrahltheorie benutzt, ohne daß man ihm nachsagen kann, er sei in
MetCom. ihr Anhänger geworden.

457 MetCom. 43,20/2; 45,18/20; 48,25f; 52,25/33; 53,22/6; gleiches gilt für Sterne: 116,32/5.
J.Ph. steht mit dieser Anschauung nicht allein: auch Priskian solut. 7 [574] (84,1/4
BYWATER) hält die Sonne für warm; als Quelle kommt daher für BYWATER an dieser Stelle
nicht Aristoteles, sondern Theophrast in Frage. Simplicius hingegen bleibt Aristoteles
treu.

458 Aetm. 13,14 (517,22/519,17), c.Arist. frgm. 54. bei Simplicius CaelCom. 82,8/83,29; J.Ph.
selbst verweist in diesem Zusammenhang in MetCom. jedoch nicht auf aetm. oder
c.Arist.

459 Aristoteles Met. I 3 341a35f (1,10 LOUIS); nach H. STROHM, Aristoteles Werke in
deutscher Übersetzung 12³ (Darmstadt 1984) 140 gehört diese Aussage zu einer »an
den Kapitelschluß angehängten Fußnote«. Einigkeit über mögliche Schichten innerhalb der Metereologie des Aristoteles ist bisher jedoch nicht erzielt: vgl. FLASHAR
268.

460 MetCom. 47,18/25; vgl. c.Arist. frgm. 58 bei Simplicius CaelCom. 88,8/14: Die Sterne
besitzen die Feuerfarbe.

weiß, gelb in der psaristotelischen Schrift de coloribus [461] basiert [462]. Kurz klingt dabei auch der Gedanke an, daß die Beschaffenheit des Grundstoffes zu der verschiedenen Färbung des Feuers beiträgt [463]. Die stärkere Erwärmung zur Mittagszeit wird mit der geradlinigen Ausbreitung und der variierenden Dichte des Mediums bei verschiedenen Sonnenständen erklärt; offenbar wird dabei von einer zeitlosen und unkörperlichen Ausbreitung der Wärme ausgegangen [464]. Der aufgrund der Erdrundung wechselnde Abstand der Erdoberfläche zur Sonne liefert die Erklärung für die Zonen unterschiedlicher Temperatur [465]. Wenn Simplicius die ähnlichen Ausführungen in c.Arist. widerlegen will [466], interpretiert er den in c.Arist. ganz wie bei Aristoteles [467] kurz in dem Satz »Die Sonne erwärmt die Gegenstände am meisten, an die sie näher herankommt« wiedergegebenen Sachverhalt so, daß J.Ph. meine, Sommer und Winter sowie die unterschiedliche Erwärmung zur Morgen- und Mittagszeit gingen auf eine sich verändernde Entfernung der Sonne zurück, wobei J.Ph. übersehe, daß in Wirklichkeit der jeweilige Einfallswinkel der Strahlen für die unterschiedliche Hitze verantwortlich ist. Gerade dies bestreitet J.Ph. für die Erwärmung im Laufe des Tages nicht; daß er damit auch im Fall der Jahreszeiten argumentieren würde, ist nicht unwahrscheinlich, weil aus stoischer wie aristotelischer Tradition (Alexander) dieser Sachverhalt bekannt war [468]. Simplicius hat insofern recht, als

461 Nach H.B. GOTTSCHALK, The «De coloribus» and its author: Hermes 92 (1964) 59/85 ist der Verfasser Theophrast oder ein Peripatetiker aus seinem Umkreis.

462 PsAristoteles de coloribus 1 791a1/792a2; vgl. E. WILDE, Über die Optik der Griechen (Berlin 1832) 7. Die Aristotelesschrift de sensu 3 439a13/439b25 geht von den Grundfarben schwarz und weiß aus, vgl. K. GAISER, Platons Farbenlehre: Synusia. Festgabe W. SCHADEWALDT, hg.v. H. FLASHAR/K. GAISER (Tübingen 1965) 173/222. GAISER zeigt, daß die Farbenlehre des Aristoteles sich als Weiterentwicklung der Farbenlehre des platonischen Timaios verstehen läßt, der von den vier Grundfarben schwarz, weiß, rot und glänzend her seine Farbenlehre entwickelt.

463 MetCom. 47,19f.

464 MetCom. 53,2/8. Vgl. die Bemerkung bei Proklos EuclidCom. prop. 20,13 (322,18/21 FRIEDLEIN): »Das Feuer z.B. erwärmt: Das ist der Sinneswahrnehmung klar, aber auf welche Weise es erwärmt, das zu erfassen ist Sache der Wissenschaft, ob durch eine immaterielle Kraft oder durch körperliche Teile, sei es nun durch kugel- oder pyramidenförmige Teilchen« (Übersetzung nach M. STECK, Proklus Diadochus Euklid-Kommentar [Halle 1945] 389).

465 MetCom. 53,17/21, vgl. GenCorCom. 292,13/293,8.

466 Simplicius CaelCom. 82,27/83,18 zu c.Arist. frgm. 54.

467 Met. I 3 341a23/7 (1,10 LOUIS), vgl. I 9 346b20/3 (1,27f L.).

468 Vgl. SAMBURSKY, Weltbild 248. Eine Aussage wie MetCom. 45,31/5, daß der sich verändernde Sonnenabstand Ursache für Sommer, Winter und auch die Kälte der Polarzonen ist, müßte dann so verstanden werden, daß Abstand und Nähe der Sonne sich nicht auf die Entfernung der Sonne von der Erde beziehen, sondern auf die Zenitdistanz der Sonne bzw. ihre Höhe über dem Horizont des Betrachters.

der differierende Abstand der Erdoberfläche zur Sonne wegen der großen
Entfernung für die Entstehung der Temperaturzonen in der Tat bedeutungs-
los ist [469].

C.Arist. stimmt mit diesen Lehren aus MetCom. überein. Nicht nur ist die
Sonne ein gewaltiges Feuer und gilt dies in geringerem Maße auch für die Sterne [470], sondern die Himmelskörper bestehen aus den feinsten Teilen aller Elemente [471]. Durchsichtigkeit, die Farben, das Licht und alle seine Eigenschaften
sind bei irdischen und himmlischen Körpern nicht nur ähnlich (ὁμοίως), sondern identisch (τὰ αὐτά) [472]. Ein qualitativer Unterschied zwischen der Leuchter-
scheinung der Glühwürmchen oder phosphoreszierenden Fischschuppen und
der der Sterne besteht nicht [473]. Unter Bezugnahme auf seine früheren Äußerungen wird klargestellt, daß Dunkelheit kein ἐναντίον des Lichts ist, sondern
στέρησις [474]; begründet wird es diesmal damit, daß der aristotelische Satz falsch
ist, daß Dinge, seien sie nun Substanz oder Akzidens, nur aus ihrem Gegenteil
entstehen; denn, so sagt J.Ph., wenn Licht wirklich ἐναντίον der Dunkelheit
wäre, entstände z.B. das Licht, das die Feuererscheinungen in der Luft beglei-

---

469 Simplicius CaelCom. 82,27/83,10.

470 C.Arist. frgm. 58 bei Simplicius CaelCom. 88,4/14. Die unterschiedlichen Eigenschaften
der Planeten, wie sie Simplicius z.B. für Saturn, den er für kalt und daher mehr wässrig
hält, anführt, werden in MetCom. 44,21/36 abgelehnt. Dort wird diese Lehre mit
Damaskios in Verbindung gebracht. In Wirklichkeit reicht diese Vorstellung viel weiter zurück. Fast scheint es, als sei die einführende Wendung in MetCom. 44,21/4 »εἰ
οὖν θερμαίνει [sc. ὁ ἥλιος] φανερῶς, μόνῃ ἄρα θερμαίνει ποιότητι, εἰ μή τινες μυθικῶς
εἰς ἄλλας αἰτίας ἀφανεῖς καὶ ἀγνώστους ἡμᾶς ἀναπέμποιεν καινότητας, οἵας καὶ ὁ
Δαμάσκιος εἰς Ἀλέξανδρον ἀναφέρει« eine Replik des J.Ph. gegen die Kritik des
Simplicius in CaelCom. an seinen Ausführungen in c.Arist.; eine solche Einschätzung
würde zumindest gut in das Bild passen, daß MetCom. später als c.Arist. anzusetzen
ist.

471 C.Arist. frgm. 56 bei Simplicius CaelCom. 84,15/22. Platonisch ist die Vorstellung, daß
die Gestirne überwiegend aus Feuer bestehen (vgl. Tim. 31B), neuplatonisch das Urteil,
daß es die feinsten Teile dieser Elemente sein müssen: vgl. z.B. Plotin enn. II 1 (40) 7
(1,154,1/156,49 HENRY/SCHWYZER).

472 C.Arist. frgm. 59 bei Simplicius CaelCom. 88,32/89,7.

473 Ebd.

474 Simplicius CaelCom. 124,11/3 gibt an: »Dunkelheit ist die Abwesenheit von Licht und
nicht das Gegenteil, wie er behauptet, anderswo gezeigt zu haben«. WILDBERG, against
Aristotle 82$_{86}$, denkt dabei an AnCom. 341,10/342,16, ÉVRARD, Ténèbre originelle 186,
an die verlorenen »Symmikta theoremata« des J.Ph., weil bei J.Ph. CatCom. 179,18/21
ein ganz ähnlicher Verweis auf ein früheres Werk (»ἐν ἑτέροις«) erscheint, in dem er das
Verhältnis von Licht und Finsternis als ἕξις und στέρησις untersucht hat. Daß für
ÉVRARD CatCom. nicht auf AnCom. verweist, ist offenbar darin begründet, daß er
CatCom. für älter als AnCom. hält. Doch ist sowohl dies als auch der Verweis von
CatCom. auf die »Symmikta theoremata« nicht beweisbar.

tet, nicht des Nachts aus der Dunkelheit, sondern aus der Luft als solcher [475].
Daß die Sterne nicht erwärmen, erklärt er mit ihrer großen Entfernung [476]
und dem Grundsatz, daß qualitativ Gleiches (wie die Feuersphäre) nicht durch
Gleiches (die Hitze der Fixsternsphäre) affiziert wird [477], zumal ja für J.Ph. die
Feuersphäre lediglich eine lebenspendende Wärme besitzt [478].
   Hält man die bisher gefundenen Aussagen neben opm., ergeben sich folgende Erkenntnisse. Wie unschwer zu sehen, sind alle wichtigen Aspekte der Lichtlehre der früheren Schriften vorhanden und erhalten geblieben: das Licht ist eine
unkörperliche Qualität und als solche die Form des Durchsichtigen sowie der
Himmelskörper; sogar deutlicher als bisher formuliert J.Ph. in opm., daß die
individuellen Abweichungen in Größe, Farbe und Leuchtkraft voneinander auf
die jeweils zugrundeliegende Stoffmischung des betreffenden Körpers zurückgehen:

> »Deswegen geht der große Unterschied, den sie in ihrem Licht zueinander
> aufweisen, auf den Unterschied des Zugrundeliegenden zurück, wie die
> Wahrnehmung der Sonne und des Mondes selbst uns zeigt, sei es nun, daß
> man diesem ein eigenes Licht zuerkennen will, welches bei seinen Verfin-
> sterungen seine Oberfläche wie glühende Kohlen erscheinen läßt, sei es
> daß es unechtes Licht ist, das er von der Sonne empfängt. ›Aber auch ein
> Stern unterscheidet sich vom Stern an Glanz‹, sagt Paulus [1Kor. 15,41].
> Groß nämlich ist ihre Verschiedenheit in der Größe, Farbe und Leucht-
> kraft. Die Ursache davon liegt aber nach meiner Überzeugung in nichts
> anderem als in der Mischung der zugrundeliegenden Körper. Denn wenn
> sie einfach wären, woher kämen dann ihre Unterschiede, wenn nicht von
> einer Andersartigkeit der Naturen? Dies bewirkt ja auch den großen Unter-
> schied, den die Feuererscheinungen unterhalb des Mondes zeigen, die
> Gewitterblitze, die Kometen, Meteore, Sternschnuppen, Blitze. Jedes der
> genannten Feuer zeigt aber selbst wieder Unterschiede, je nachdem es in
> einer dichteren oder dünneren Materie entsteht. Aber auch das Feuer, des-
> sen wir uns bedienen [479], ist ein anderes in einem Öllämpchen, ein anderes
> bei Pech, Schilf und Papyrus und verschiedenen Hölzern, (noch dazu wenn)
> sie feuchter oder trockener sind« [480].

---

475 C.Arist. frgm. 67 bei Simplicius CaelCom. 124,8/19.
476 C.Arist. frgm. 54 bei Simplicius CaelCom. 82,14/27.
477 Ebd.
478 Ebd.; vgl. aetm. 13,14 (517,22/519,17); MetCom. 23,14/7; 34,5/8.
479 Zum Mißverständnis dieses Begriffs durch MacCoull, Philoponus and the London
     sundial 19, vgl. o. S. 217 Anm. 260.
480 Opm. 4,12 (184,19/185,13).

Unmißverständlich weist diese Aussage das aristotelische sog. fünfte Element
ab und folgt darin den Schriften aetm., c.Arist. und MetCom. Nachzufragen
bleibt jedoch, ob J.Ph. damit auch die neuplatonische Vorstellung aufrechterhält, die überwiegend aus Feuer bestehenden Himmelskörper seien aus den
feinsten Teilen der Elemente zusammengesetzt, wie er sie in aetm. und c.Arist.
vertreten hat [481]. Sicher distanziert er sich in allen diesen Schriften vom Haupt-
motiv der Neuplatoniker, die Elemente, wie ursprünglich in der Stoa gelehrt,
in normale irdische und feinteilige himmlische Teile zu differenzieren, da
dies wie bei Aristoteles im letzten darin zu sehen ist, die in der ewigen Dauer
bestehende Besonderheit des Himmels gegenüber dem Irdischen zu wahren [482], doch es fehlt in opm. eine eindeutige Stellungnahme für oder gegen
eine besonders qualifizierte Stofflichkeit der Gestirnzone. Man kann den gerade zitierten Passus aus opm. durchaus so lesen, daß J.Ph. sorgfältig zwischen himmlischen, unmittelbar sublunaren sowie irdischen Feuererscheinungen unterscheidet, aber umgekehrt kann die Aneinanderreihung der Bereiche
auch das Gegenteil beabsichtigen [483]. Schlüsse daraus zu ziehen, was Texte
nicht sagen, ist immer mit gewissen Unsicherheiten verbunden, aber es ist
schon auffällig, daß nicht nur hier, sondern auch an anderen Stellen in opm.,
an denen man eine Bemerkung über die materiellen Eigenschaften der Himmelskörper erwarten könnte, ein Hinweis unterbleibt; es wird unter Bezug auf
Platon Tim. 31B lediglich gesagt, daß die Gestirne überwiegend am Feuer
Anteil haben, aber keine zusätzliche Bemerkung gemacht, daß zugleich an
die feinsten Teile der Elemente gedacht wird [484].

Ein Stück weiter kommt man, wenn man auf die Natur des Firmaments
nach J.Ph. schaut, in das ja die Himmelskörper versetzt werden. Wenn J.Ph.
sie als Kombination von Wasser und Luft in kristallierter Form beschreibt,
deutet wiederum kein Wort auf irgendeine besondere Feinteiligkeit dieser

---

481 Aetm. 13,1 (482,21/483,6), 13,6 (493,5/16), 13,14 (518,18/20), 13,15 (524,9/13), 13,16 (527,11/
    8), 13,17 (529,13/531,1), c.Arist. frgm. 56 bei Simplicius CaelCom. 84,15/22.
482 Z.B. Plotin enn. II 1 (40) 7 (1,154,1/156,49 HENRY/SCHWYZER); er macht klar, daß es für
    die Neuplatoniker beim himmlischen Feuer nicht bloß um ein Problem der Quantität
    (Verdünnung) geht, sondern im Himmel ein anderes εἶδος von Feuer existiert, das mit
    dem irdischen keine Gemeinschaft haben kann. Plotin geht davon aus, daß Platons
    Annahme, im Himmel gäbe es neben dem Feuer auch die anderen Elemente, in bezug
    auf das Element Erde nur die Zubilligung von Festigkeit für den Himmel bedeuten
    kann, während er selbst Erde nur »im niederen Sinn« verstehen kann. Deshalb ist sie für
    ihn nicht in der Himmelsregion zu finden. Die Festigkeit des Himmels stammt seiner
    Meinung nach von der Widerständigkeit des Himmels als natürlicher Körper (enn. II
    1 [40] 6 [1,153,49 f HENRY/SCHWYZER]) und der Seele (enn. II 1 [40] 8 [1,156,5 f H./S.]) her.
    Daher besteht er für Plotin allein aus »Feuer«.
483 Opm. 4,12 (185,7/10) bezieht sich auf die Erscheinungen der Feuersphäre.
484 Opm. 2,9 (75,22/7), 2,10 (76,3/25), 3,5 (118,1f.13/6), 4,13 (186,3f).

Materie hin [485]. Dies gilt auch für die an ihm befestigten Gestirne, die zwar nicht aus Wasser und Luft, sondern hauptsächlich aus Erde und vor allem aus Feuer bestehen, wie ihre Undurchsichtigkeit zeigt; dafür wird wieder Platon angeführt, aber nicht gesagt, es seien die feinsten Teile dieser Elemente, die für die Gestirne reserviert seien. Für die Normalität der Feuerteile der Gestirne kann man außerdem anführen, daß die unterhalb des Firmaments angesiedelte Feuersphäre aus den feinsten und reinsten Teilen des Elements besteht, aber gerade deswegen nicht brennt, sondern lebenspendend ist, während die Gestirne die Wirkung normalen Feuers zeigen.

Der entscheidende Hinweis darauf, daß J.Ph. für die Gestirne in der Tat keine besonders reine und feine elementare Zusammensetzung mehr aufrechterhält, kommt aus MetCom. Hier stellt J.Ph. nämlich die Frage:

> »In welcher Weise sind überhaupt die äußeren Himmelskörper und die in unserer Nähe weniger rein und fein als das, was (noch) weiter oben ist, wenn die Materie des Himmlischen eine und einfach ist, also der fünfte Körper unvermischt von jeder Entgegensetzung [sc. der normalen Elementarqualitäten warm-kalt, trocken-feucht] ist, wenn das weiter oberhalb Befindliche keinen Anteil hat an den reinsten und feinsten Teilen der Elemente, das aber, was unten und in Nachbarschaft zum Kosmos um die Erde herum ist, am weniger reinen und weniger feinen? Denn auch bei dem, was unterhalb des Mondes ist, hat das eine einen reineren Teil der einfachen (Körper) [sc. der Elemente], das andere einen Teil ihres Bodensatzes, gleichsam der Hefe« [486].

J.Ph. formuliert diese Überlegung anscheinend angesichts der Erkenntnis, daß es schon im sublunaren Bereich verschiedene Grade von Reinheit in der elementaren Zusammensetzung gibt, so daß nichts im Wege steht, daß dies auch im Himmel der Fall ist. Einer solchen Unterscheidung zwischen verschiedenen Stufen der Reinheit im Himmel aber steht ein aristotelisches fünftes Element entgegen, das ein einheitliches stoffliches Substrat im Himmel darstellt und das aus diesem Grunde wiederum abzulehnen ist. Die Differenzierung der Zonen im Himmel stellt sich J.Ph. wohl so vor, daß er die Gestirnszone (»äußere Himmelskörper und die in unserer Nähe«) mit normaler Elementenbeschaffenheit von dem noch über ihr liegenden Bereich (»τὰ ἀνωτέρω«) absetzt.

Genau diese Unterscheidung zweier Himmelszonen unterschiedlicher Reinheit der Elemente läßt sich nun auch in opm. ausmachen. Feinteiligkeit wird nämlich explizit dem Stoff zugebilligt, der sich zwischen Firmament und

---

485 Opm. 3,5 (117,1/120,13), vgl. u. S. 314/6.
486 MetCom. 50,34/51,2.

äußerem Himmel befindet und der von Moses nach J.Ph. äquivok mit Wasser bezeichnet wird, auch wenn die Art der Substanz – wasser-, luft- oder
feuerartig – nicht genau feststeht [487]. Die Formulierung, mit der diese Substanz beschrieben wird, kann zwar vielleicht Zweifel daran wecken, ob sich
die Feinteiligkeit nur auf den Bereich zwischen erstem und zweitem Himmel
bezieht, denn wenn gesagt wird, daß dieser Zwischenraum »in Übereinstimmung
mit den Orten (τοῖς τόποις συμφώνως) der Substanz nach aus feinsten
Teilen besteht«, führt die Frage, welche Orte gemeint sind und was die
Übereinstimmung des Zwischenraums mit ihnen bedeutet, erneut zu der
Problematik, ob dem Firmament und seinen Himmelskörpern nun die Feinteiligkeit zuzusprechen ist oder nicht; am wahrscheinlichsten sind ja mit den
»Orten« eben der erste Himmel und das Firmament gemeint. Aber daraus
braucht nicht zu folgen, daß sich die Feinteiligkeit nun auf diese Orte bzw.
speziell das Firmament bezieht, es ist einfach gemeint, daß für eine solch
hervorgehobene Stellung zwischen den beiden äußeren Umfassungen der Welt
nur eine besondere Substanz in Frage kommt [488].
    J.Ph. hat also die neuplatonische Lehre einer besonderen Reinheit und Fein-
heit der Elemententeile der Himmelskörper nicht unerheblich modifiziert.
Feinteiligkeit ist nach ihm nur noch der Zone jenseits des Firmaments vorbehalten, wobei die Substanz selbst nicht näher bestimmt werden kann, während das
Firmament mit den Himmelskörpern anders als bei den Neuplatonikern und
auch im Unterschied zu seiner eigenen Position in aetm. und c.Arist. in opm.
gegenüber der sublunaren Zone keine Besonderheit mehr aufweist. Da J.Ph.
diese Position nicht nur in opm., sondern offensichtlich auch schon in MetCom.
vertritt, ist damit ein weiteres wichtiges Indiz für die Richtigkeit der Einschätzung gegeben, MetCom. sei erst nach c.Arist. verfaßt [489].
    Durch die Art der Erklärung der Zusammenfügung von Licht und Him-
melskörpern in opm. 4,12 steht J.Ph. nicht einfach nur in der Tradition des
Basilius, sondern bezieht deutlich gegen die Antiochener Stellung. Auch wenn
von ihnen keine sorgfältig durchdachten Aussagen gemacht worden sind, so
besteht die begründete Vermutung, daß J.Ph. mit der Unkörperlichkeit des
Lichts und der gewöhnlichen elementaren Beschaffenheit der Himmelskörper trotz – wie anfangs gezeigt – scheinbar gleicher Deutung des Schöpfungs-
geschehens um Licht und Lichtkörper ein anderes Modell für die Entstehung
der Himmelskörper am vierten Tag gefunden hat. Severian, Theodoret und
Kosmas begnügen sich wie viele Vorgänger mit der Aussage, daß die Sonne
aus dem Licht des ersten Schöpfungstages geschaffen wird, und transportie-

---

487 Opm. 3,15 (154,15/20). Daß mit »... εἴθ᾽ ὅπως οὖν ἄλλως ἔχοι φύσεως« ein fünftes Ele-
     ment angezeigt sein soll, ist unwahrscheinlich. Zum ganzen vgl. u. S. 314/6.
488 Welcher Art die Substanz des Himmels ist, wird nicht gesagt.
489 Vertreten von WILDBERG: rejection.

ren damit die Ambivalenz des Lichts als körperhaftes Feuer weiter [490], während bei J.Ph. durch die Kombination des unkörperlichen Lichtes mit den Elementen auf naturphilosophisch durchdachterer Grundlage die Himmelskörper entstehen [491].

Allerdings scheint eine Passage aus opm. der skizzierten Konzeption zu widersprechen. Nachdem J.Ph. illustriert hat, wie das Licht aus Gen. 1,3 nur einen Teil des durchsichtigen Himmels, wohl in der Größe einer Halbkugel, eingenommen hat und so die Funktion der erst später geschaffenen Sonne in den ersten drei Tagen übernimmt – damit löst er mit dem Verweis auf Gen. 1,4 »Und Gott trennte zwischen Licht und Finsternis« die bei Basilius offengebliebene Frage, wohin sich das Licht nach dem ersten Tag zurückzieht – [492], fährt er fort:

> »Vielleicht war jenes Licht sogar eine körperliche Substanz [ἐνσώματος οὐσία], nicht so gestaltet, wie jetzt die Sterne und die beiden Lichtgeber existieren, das Gott aber später in den jetzigen Zustand [τάξις] versetzte, als er jenes Licht in Sonne, Mond und die übrigen Sterne einteilte. Auch so scheint sich nichts Unmögliches zu ereignen. Vielleicht hat es Platon erneut von hier genommen, er sagt: ›Da nämlich Gott wollte, daß alles gut und möglichst nichts schlecht sei, brachte er, weil er alles Sichtbare nicht in Ruhe, sondern in falscher und ordnungsloser Bewegung vorfand, es aus der Unordnung zur Ordnung, da ihm diese durchaus besser erschien als jene‹ [Tim. 30A]. Nichts aber ist ohne Licht sichtbar« [493].

Fast scheint es, als würde J.Ph. mit dieser Aussage seine bisher dargelegte Position aufgeben und nun doch wie die Antiochener von einer später zu Gestirnen geformten Lichtmaterie ausgehen und dadurch zugleich die Unkörperlichkeit

---

490 Vgl. Severian creat.or. 3,2 (PG 56,449); Theodoret Gen.quaest. 14 (17,1f FERNÁNDEZ MARCOS/SÁENZ-BADILLOS): »... so teilte er jenes Licht ein, wie er wollte, er verfertigte die großen und kleinen Lichtgeber«. Kosmas top. 3,32 (SC 141,469 WOLSKA-CONUS): »Aus dem Licht, das er zuerst erschuf, machte er die Lichtgeber und die Sterne«; 3,26 (SC 141,463 W.): »Am vierten Tag arbeitete er aus dem Licht Teile und machte die reinsten zur Sonne, die übrigen zu Mond und Sternen ...«; Jakob v. Saruq bei JANSMA 23, der auf weitere Stellen bei Ephraem und Narsai verweist; PsDionysios div.nom. 4,4 (147,2/ 149,8 SUCHLA): das Licht des ersten Tages ist ungeformt. Um die Unterschiede der Leuchterscheinungen der Gestirne zu erklären, behilft sich Gregor von Nyssa hex. (PG 44,116A/C) damit, in der Lichtmaterie selbst Differenzierungen anzunehmen, bleibt aber für das ersterschaffene Licht im Bereich des Körperlichen, wenn er es als »kreisendes Feuer« bezeichnet.

491 Interessant ist die Bemerkung des Augustinus Gen.lib.imp. 5 [21] (CSEL 28,1,472, 13/23 ZYCHA), daß er eine Kontroverse um die Körperlichkeit des Lichtes kennt.

492 Opm. 2,12 (77,13/78,14).

493 Opm. 2,12 (78,15/27).

des Lichtes verwerfen [494]. Aber dagegen ist als erstes die Art und Weise zu bedenken, mit der er den Abschnitt einleitet: das Eingangswort »μήποτε« signali-
siert nämlich deutlich, daß J.Ph. das Folgende nur als eine Hypothese verstanden wissen will, wie sie eine wissenschaftliche Kommentierung immer wieder
alternativ anbietet. Wenn J.Ph. also eine solche Aussage über das Licht von Gen.
1,3 so beginnt, bedeutet dies zunächst nicht mehr, als daß er eine weitere, von
anderen vor ihm oder auch von ihm selbst gefundene Lösungsmöglichkeit vorstellt, die es seiner Ansicht nach wert ist, genannt zu werden, ohne sich damit
selbst schon auf diese Erklärung festzulegen. Zum zweiten ist es inhaltlich keineswegs sicher, sondern eher unwahrscheinlich, daß bei dieser Hypothese das Aufgeben der Unkörperlichkeit des Lichtes das eigentliche Anliegen des J.Ph. ist.
Denn zwar bedeutet »ἐνσώματος« lexikalisch an erster Stelle durchaus »körperlich«[495], kann aber auch im weiteren Sinne von »zum Körper gehörig« gebraucht
sein[496]. Statt der Übersetzung »vielleicht war jenes Licht eine körperliche Substanz« ist die andere »vielleicht war jenes Licht eine an einen Körper gebundene
Substanz« ebenso möglich, ja sie wird sogar viel wahrscheinlicher, wenn man das
anschließende Timaioszitat auf seine Bedeutung hin befragt. Es veranschaulicht
nämlich nicht die Unkörperlichkeit des Lichts, sondern zeigt, daß im Zentrum
des Gedankens die Ablösung der Unordnung eines zugrundeliegenden Körpers
durch Ordnung steht. J.Ph. meint also in seiner Hypothese nicht wie die Antiochener eine Lichtmaterie oder, was gar keinen Anhalt mehr im Text hat, inter-
pretatorisch gepreßt eine Art immateriellen Körper, wie ihn Proklos für die
Himmelszone reserviert hat[497], sondern er räumt lediglich die Möglichkeit ein,
daß auch schon am ersten Tag das Licht nicht die Hälfte des Durchsichtigen als
Zugrundeliegendes innehatte, sondern bereits an einen unregelmäßig geformten Körper gebunden war, der dann in Sonne, Mond und Sternen seine vollendete geordnete Gestalt fand. Daß J.Ph. nicht daran denkt, die Unkörperlichkeit
des Lichtes aufzuheben, wird auch daran deutlich, daß er weiterhin in opm. von
der zeitlosen Ausbreitung des Lichtes ausgeht[498].

Angesichts der klaren wiederholten Stellungnahmen zur Feuernatur der
Gestirne in opm. kann ebenfalls keine Rede davon sein, daß J.Ph. in dieser Schrift
noch einmal seine Position aus c.Arist. und MetCom. revidiert und schließlich

---

494 So schreibt ZÖCKLER 208: »Was nemlich das Urlicht betrifft, so sei dasselbe als eine
     nebelstreif- oder cometenartig unbestimmte, noch nicht festgeballte und -geschlossene
     Gestalt erschaffen worden«.

495 LIDDELL/SCOTT 574b im Gegensatz zu ἀσώματος.

496 LAMPE 482a.

497 Proklos bei Simplicius PhysCom. 611,10/614,7, vgl. TimCom. 278F/279A (3,128,28/129,12
     DIEHL).

498 Opm. 5,9 (222,1/9); es werden dieselben Beispiele wie in aetm. 4,4 (64,22/65,26) be-
     nutzt, die wiederum auf AnCom. zurückgehen. Auch Simplicius kennt Vertreter der
     Körperlichkeit des Lichts: PhysCom. 966,9/14.

doch diese Eigenschaft der Gestirne ablehnt, wenn er mit folgenden Worten auf Distanz sowohl zu Aristoteles als auch zu Platon geht:

»Wenn jemand den Annahmen des Aristoteles folgt, der will, daß Sonne und Sterne nicht brennen, möge er sagen, wie die Lichtgeber am Himmel die Leuchtkraft des Feuers unabhängig von der Brennkraft besitzen. Wenn aber jemand eher von Platon überzeugt ist, nach dessen Aussage sie hauptsächlich am Feuer Anteil haben, wie das, was in der Nähe der Sonne liegt, zeigt, das eine unerträgliche Hitze hat, so möge er das, was bei uns vorkommt, prüfen, wie die Glühwürmchen sichtbar die Leuchtkraft besitzen, aber die Brennkraft nicht teilen, denn daß nicht die Kleinheit [sc. der Tiere] der Grund ist, beweisen die feinsten Feuerfunken. Aber auch Schuppen von Fischen und Knochen von Seeigeln und einiges andere senden des Nachts Licht aus, und anderes, das keine Leuchtkraft hat, ist potentiell brennbar. Während die Natur dies macht, können wir es nicht tun. Daher erschien Moses das Feuer im Dornbusch zur Klasse des Wunders zu gehören, der vor Augen liegenden Natur nach selbst nicht brennend [, auch nicht das im babylonischen Ofen] [499], sondern nur Licht aussendend« [500].

J.Ph. will wiederum im Stile des Kommentars nur die jeweiligen Schwierigkeiten zu bedenken geben, mit denen jede der beiden grundlegenden naturphilosophischen Deutungen der Beschaffenheit der Gestirne zu kämpfen hat [501]. Gegenüber Aristoteles wird die bekannte Kritik erhoben, daß die von den Gestirnen ausgehenden Licht und Hitze sich nicht von den Eigenschaften des gewöhnlichen Feuers unterscheiden, ihr Stoff also kein fünftes Element darstellen kann; wenn die Gestirne aber aus Feuer bestehen, ist es kaum möglich zu behaupten, sie besäßen nur die Lichtwirkung, aber nicht die Brennkraft des Feuers, ihre Hitzewirkung ginge also auf ihre Bewegung zurück. Andererseits will J.Ph. gegenüber Platon zusätzlich zur Aussage aus MetCom. »Es ist dem Licht von Natur aus zu eigen zu erwärmen« [502] darauf aufmerksam machen, daß, wenn alle Lichterscheinungen ihren Ursprung im Bereich der Elemente, das heißt primär des Feuers, haben, eine Erklärung dafür gefunden werden muß,

---

499 Von REICHARDT wohl als Glosse zur Tilgung vorgesehen.

500 Opm. 4,13 (185,25/186,16), vgl. 3,5 (117,28/118,4), ÉVRARD 338f, der jedoch irrt, wenn er meint, daß die Beispiele aus der Erfahrung zum Beweis der Feuernatur der Gestirne dienen sollen.

501 Ähnlich ist die Argumentationsfigur in opm. 1,9 (19,12/21,12) gegliedert: die Schwierigkeiten sowohl der auf aristotelischer als auch der auf platonischer Elementenlehre aufbauenden Sicht der Körperlichkeit der Engel werden diskutiert; hier werden jedoch im Unterschied zu opm. 4,13 beide Annahmen verworfen.

502 MetCom. 43,22f.

daß es Lichtphänomene ohne Wärme gibt, wie umgekehrt viele Dinge potentiell brennbar sind, ohne Leuchtkraft zu besitzen. J.Ph. diskutiert diese Fragen,
weil er nochmals das Problem aufgreift, weshalb nach dem biblischen Bericht
die Erschaffung von Licht und Himmelskörpern zeitlich auseinanderfällt und
den Gestirnen noch einmal das Licht eigens zugeteilt wird, wo doch deren Feuernatur aus sich heraus ihre Lichtwirkung garantieren müßte [503]. Dabei steht offenbar im Hintergrund, daß die heidnische philosophische Tradition die im
Hexaemeron berichtete Trennung von Licht und Lichtkörper nicht ohne weiteres
nachvollziehen kann, weil sie auf den ersten Blick in der Naturordnung nicht
vorkommt [504]. J.Ph. erkennt diesen Einwand an, zumal er seinerseits ebenfalls
davon ausgeht, daß Licht in jedem Falle – am Ursprungsort oder dem weiter-
leitenden Medium – die Bindung an einen Körper benötigt, denn auch in seiner auf der mosaischen Schilderung aufbauenden Konzeption nimmt er ein
Zugrundeliegendes für das Licht des ersten Tages an, weiß aber zugleich um die
Problematik, da er im Anschluß an seine erste Darstellung in opm. ausdrücklich nochmals die auch von den Heiden akzeptierte Zuverlässigkeit der mosaischen Berichte und Prophezeiungen versichert [505]. Nicht ohne Grund hat er ja
die Möglichkeit erwogen, schon am ersten Tag sei das Zugrundeliegende ein
irregulär geformter Körper gewesen [506]. Einen Hinweis darauf, daß sich das
Schöpfungsgeschehen tatsächlich in der von Moses geschilderten Weise abge-
spielt hat, erblickt er in den Glühwürmchen und phosphoreszierenden Knochen – also denselben Lichterscheinungen aus c.Arist. –, die nicht dem Feuer
zum Opfer fallen und verbrennen [507]. Mit diesen Beispielen kann J.Ph. jetzt
die Möglichkeit und Richtigkeit des biblischen Berichts von der Trennung von
Licht und Lichtkörper demonstrieren bzw. umgekehrt mit der biblischen Erschaffung des Lichts die Erklärung der Phänome liefern, bei denen Licht ohne
Wärmewirkung auftritt: Was Moses im brennenden Dornbusch (und den drei
Jünglingen im Feuerofen) als göttliches Wunder widerfuhr, ist gleichsam in
einem »Naturwunder« für jedermann zugänglich: Es gibt Lichterscheinungen,
die nicht zusammen mit der Brennwirkung des Feuers zu beobachten sind, vielmehr treten in der Natur φωτιστική und καυστική δύναμις des Feuers, deren

---

503 Opm. 4,13 (185,18/22).
504 Daß die philosophisch-neuplatonische Tradition in opm. 4,13 der Gesprächspartner ist,
     zeigt ebd. (186,16/25).
505 Opm. 2,13 (79,5/82,12).
506 Vgl. o. S. 265f.
507 Als Feuerphänomene werden sie schon in AnCom. 319,8/11.22/9 eingeschätzt, allerdings
     von einer eigenen Art, die nur im Dunkel zu sehen ist. Deswegen ist das Phosphores-
     zierende nicht als Farbe zu bezeichnen. Von Sosigenes ist überliefert, daß er das
     Phosphoreszierende aus Feuer sowie dem fünftem Element bestehen läßt: vgl. MORAUX,
     Aristotelismus 2,358f. J.Ph. AnCom. 348,10/9 bezieht sich allerdings auf das schwache
     Licht der Sterne und nicht auf das Phosphoreszierende.

Wirkung der Mensch nicht voneinander ablösen kann, durch göttlichen Ursprung durchaus voneinander getrennt auf [508]. Daher ist auch die sukzessive Erschaffung des Lichts und des für die Wärmewirkung verantwortlichen Feuerkörpers sehr wohl möglich. Mit dieser Differenzierung der Wirkung des Feuers hat J.Ph. die Lichtlehre endgültig an die Elementenlehre angebunden und das Licht stärker als noch in MetCom. zu einer Folgeerscheinung des Feuers gemacht, wenn eben bedacht wird, daß Licht und Wärme nicht notwendig gleichzeitig auftretende Wirkungen des Feuers sind [509]. Diese auf naturkundlicher Einsicht beruhende Erkenntnis steht deutlich in Spannung zu der festen Kopplung der Wärme an das Feuer, wie sie in neuplatonischer Tradition selbstverständlich ist [510].

Aus aetm. ist das Hauptargument bekannt, mit dem J.Ph. die Auslegung des Theodor zu Gen. 1,5a widerlegt, die auf der Grundlage, daß Tag und Nacht Zeiten sind, über die Licht und Finsternis herrschen, diese als an allen Tagen identisch bezeichnet. J.Ph. hält dem entgegen, daß er in aetm. gezeigt hat, daß zwar das Licht in der Sonne ein und dasselbe ist, das Licht in der Luft und die Finsternis hingegen jedesmal neu entstehen, da im Falle des Lichts eine vorbeiziehende Wolke oder eine Sonnenfinsternis dessen Vergänglichkeit beweist und im Falle der Finsternis andernfalls die Gefahr manichäischer Substantiierung besteht [511]. Basilius und Theodoret haben dies anhand von Beispielen bereits zur Genüge gezeigt [512].

Wie bereits in AnCom. und c.Arist. ausgesprochen, stehen Finsternis und Licht sich nicht als Gegensätze, sondern als ἕξις und στέρησις gegenüber [513]. Dabei fällt das Nichterleuchtetsein in die Gruppe des Formmangels, die Dinge umfaßt, die zeitlich sowohl früher als auch später als die korrespondierende ἕξις

---

508 Vgl. opm. 2,10 (76,3/15), Basilius hex. 6,3 (SC 26²,336/8 Giet), PsKaisareios erot. 70 (GCS PsKais. 59f Riedinger). Das Beispiel von den Mondphasen bei Basilius übernimmt J.Ph. nicht, denn es demonstriert nicht die Trennbarkeit der zweifachen Wirkung des Feuers. Im christologischen Streit des 5. Jhs. spielt der (nicht) brennende Dornbusch eine Rolle, z.B. Nestorius lib.Heraclidis [234f] (141Nau): »Wie das Feuer im Dornbusch (war) und der Dornbusch Feuer und das Feuer Dornbusch war und jedes von ihnen Dornbusch und Feuer war und nicht zwei Dornbüsche und nicht zwei Feuer; denn beide waren in dem Feuer und beide in dem Dornbusch und nicht in Trennung, sondern in Einheit ...«, ebenso im aphthartodoketischen Streit des 6. Jhs.: vgl. Bardenhewer 5,2.

509 Eine eigenartige und undurchsichtige Licht-/Feuerlehre vertritt PsEpiphanius hex. (216f.236/8 Trumpp).

510 Vgl. Damaskios PhaedCom. 446 (235,4f Westerink), ebd. 448 (235,5/7 W.), Proklos TimCom. 89B (1,290,29/291,1 Diehl).

511 Opm. 2,16 (86,27/88,27).

512 Opm. 2,15 (84,25/86,17).

513 Opm. 2,6 (69,6/71,19).

sein können [514]. J.Ph. wendet dabei die philosophische Terminologie gegenüber
Aristoteles in neuer Weise an, denn für letzteren ist unter dem Begriff μεταβολή
der Übergang von στέρησις zu ἕξις nicht vorstellbar. Im Falle des Lichtes rührt
für J.Ph. die Benutzbarkeit geradezu von der Schwierigkeit her, es einer bestimmten aristotelischen Kategorie (Qualität oder Substanz) zuzuweisen [515].

Die Ungleichzeitigkeit des Eintritts von Tag und Nacht und der Sonnenfinsternisse für verschiedene Bewohner der Erde widerlegt die Annahme, daß
Gott die Zeiten, an denen Licht und Finsternis herrschen, Tag und Nacht genannt hat; vielmehr sind Licht und Finsternis selbst nichts anderes als Tag und
Nacht [516].

Die Gründe für den Standortwechsel des J.Ph. in der Frage der Beschaffenheit der Sonne können erst von der Entwicklung her verstanden werden, die er
in seinem Urteil über die Existenz eines fünften Elements durchlaufen hat. Daß
J.Ph. den Wechsel von der Annahme, die Gestirne seien aus einem fünften Element, zu der Meinung, sie seien überwiegend aus Feuer, als Übergang von Aristoteles zu Platon einordnet [517], bedeutet nicht notwendig, daß ausschließlich
philosophische Voraussetzungen die Meinungsänderung hervorgerufen haben.
Daß die christliche Tradition die Sonne, wenn auch unreflektiert, als warm
ansieht [518] und sein Gegner Kosmas wie die gesamte antiochenische Tradition
sich gegen die Theorie der Wärmeentstehung aus Bewegung wendet [519], ist zur
Beurteilung der Aussagen des J.Ph. wenigstens mit zu berücksichtigen.

---

514 Opm. 2,7 (71,21/72,9). Damit ist zu dem Problem aus AnCom. (vgl. o. S. 243f)
     eindeutig Stellung bezogen. Vgl. ÉVRARD, Ténèbre originelle 181f.187f. In aetm.
     8,4 (310,7/313,4) wird das Problem des Übergangs von στέρησις zu ἕξις und um-
     gekehrt für Entstehen und Vergehen des Kosmos diskutiert.

515 Die Finsternis als Formmangel zu definieren, hat offenbar nicht überzeugt, denn der
     anonyme Autor des Kommentars zu Gen.-Ex. 9,32 (CSCO 484 S 206,11,19/12,10 VAN
     ROMPAY) kennt offenbar diese Position, lehnt sie aber wohl in Anlehnung an Theodor
     ab; vgl.: die Finsternis ist kein Schatten, sondern ein Element.

516 Opm. 2,17 (89,6/90,3), zur Diskussion mit Theodor und Theodoret vgl. ÉVRARD, Ténèbre
     originelle 182/4. Auch für Proklos schafft die Sonne die Zeit: TimCom. 263F (3,81,18/25
     DIEHL). Die Argumentation mit den Aufgangszeiten der Sonne entnimmt J.Ph. der
     Astronomie: vgl. u. S. 391/4.

517 MetCom. 31,6/8.

518 Vgl. z.B. Joh. Chrysostomos Gen.hom. 6,3 (PG 53,57f), PsJoh. Chrys. in Gen.serm. 3,2
     (PG 56,529), PsDionysios divin.nom. 4,4 (147,2/149,8 SUCHLA): Wärme tritt zusammen
     mit dem Licht auf; über den Entstehungsmodus wird aber nichts gesagt.

519 Kosmas top. 1,27 (SC 141,299 WOLSKA-CONUS).

VIERTES KAPITEL

GEN. 1,6/8 – DAS FIRMAMENT

Gen. 1,6/8: »Und Gott sprach: ›Es entstehe ein Firmament in der
Mitte des Wassers, und es scheide zwischen Wasser und Wasser‹. Und
so geschah es. Und Gott schuf das Firmament, und Gott schied
zwischen dem Wasser, das unterhalb des Firmaments war, und zwi-
schen dem Wasser oberhalb des Firmaments, und Gott nannte das
Firmament Himmel«.

A. HEXAEMERONAUSLEGUNG VOR J.PH.

J.Ph. sieht sich durch die in Gen. 1,6/8 berichtete Erschaffung des Firmaments
(στερέωμα) veranlaßt, einen größeren zusammenhängenden Komplex naturphilosophischer Themen zu behandeln. Das ganze dritte Buch von opm. widmet
er einmal der Anzahl der Himmel, der Vielheit und Reihenfolge der Sphären
sowie ihrem Verhältnis zu den Himmeln, sodann der stofflichen Beschaffenheit
der Himmelszone, insbesondere des Firmaments, ferner der Bewegung und Form
des Himmels und – damit eng verbunden – der Position der Erde im Kosmos und
ihrer Gestalt. Zunächst soll kurz ein Überblick über die wichtigsten Ergebnisse
vorausgeschickt werden.

Für J.Ph. redet die Bibel in Übereinstimmung mit dem naturwissenschaftlichen Sachverhalt von zwei Himmeln, nämlich dem Firmament von Gen. 1,6/
8, und der äußersten Umfassung der Welt, dem ersten, nach Gen. 1,1 am Anfang
erschaffenen Himmel, der sternenlos ist und auch neunte Sphäre heißt. Für
falsch hält er daher die Ansicht, daß die Darstellung der Erschaffung des Firmaments nur den Bericht über die Schöpfung des Himmels aus Gen. 1,1 wiederholt. Stellen der Bibel, die von mehr als zwei Himmeln reden, lassen sich zwanglos so interpretieren, daß das natürliche Faktum zweier Himmel unangetastet
bleibt. Das Firmament ist zwar die Grenze der sichtbaren Welt, aber nicht ihr
Ende. Es besteht überwiegend aus gleichen Teilen Wasser und Luft in kristallierter Form. Als zweiter Himmel baut es sich aus mehreren, insgesamt acht
Sphären, auf. Ein besonderer, nicht näher angebbarer Aggregatzustand von Wasser
befindet sich zwischen Firmament und erstem Himmel. Auf keinen Fall ist hier
der Aufenthaltsort des erhöhten Christus in seinem Reich, in das er am Ende der
Zeit die Erlösten aufnehmen wird. Das Firmament bewegt sich entsprechend
dem ptolemäischen Modell und ist kugelförmig, beides kann widerspruchsfrei
nur in Verbindung mit einer Erde als Kugel gedacht werden, die sich im Welt-

zentrum befindet. Die Gestirne bewegen sich nicht frei im Raum, sondern werden durch die Sphären geführt, auf denen sie befestigt sind. Ihre Bewegung ist daher auf mechanische und nicht seelische Kräfte zurückzuführen. Die Kometen sind dabei traditionell als meteorologische Erscheinung zu deuten, während die Milchstraße anders als bei Aristoteles ein Phänomen des Firmaments ist. Leerer Raum ist zwar denkbar, aber weder außerhalb noch innerhalb des Kosmos tatsächlich anzutreffen.

Wiederum erweist erst der exegesegeschichtliche und naturphilosophische Vergleich mit den Vorgängern der Hexaemeronkommentierung die Originalität dieser Konzeption. Im folgenden sollen daher wieder anhand ausgewählter charakteristischer Texte Modelle vorgestellt werden, die typisch für die christliche Tradition und deswegen wichtig sind, weil J.Ph. sie gekannt hat, aber in Auseinandersetzung mit ihnen auf der Grundlage der Voraussetzungen, die er mitbringt, zu abweichenden Ergebnissen gelangt. Es wird sich zeigen, daß wiederholt eine Reihe von Schriftstellen auftaucht, deren richtige Deutung im Zentrum der Auseinandersetzung steht bzw. deren unterschiedliche Interpretation wieder auf die naturphilosophischen Ansätze zurückwirkt.

Bereits Basilius greift auf solche loci classici zurück. Um Form und Stoff des ersten Himmels aus Gen. 1,1 zu beschreiben, genügt ihm, mit Jes. 40,22b (»Der den Himmel wie ein Gewölbe aufstellte«) seine Gestalt anzugeben. Ein weiterer Jesajavers (Jes. 51,6: »Der den Himmel wie Rauch bildete«) macht ihm ausreichend deutlich, daß es sich um einen irgendwie dünnen, jedenfalls nicht festen Stoff handelt [1]. Für die Erde tendiert Basilius offensichtlich dazu, die Kugelgestalt anzunehmen, weil ihm die vorsokratischen, offenbar mit einer Erdscheibe operierenden Theorien des Anaximenes und Thales zu logischen Schwierigkeiten führen und deshalb ähnlich wie bei Aristoteles in de caelo abzulehnen sind [2]. Die Unbeweglichkeit der Erde im Weltzentrum aufgrund der Eigenschaften der Elemente hält er für die wahrscheinlichste Lösung, doch unterbleibt eine genaue naturkundliche Reflexion und Begründung. Er erinnert den Zuhörer dafür an die Weisheit Gottes, die eine Ordnung gefunden hat, deren Sinn auf ihren Urheber verweist, gleich ob ihre Strukturen begriffen sind oder nicht [3]. Mit dem Firmament wird nach dem Himmel von Gen. 1,1 ein zweiter Himmel geschaf-

---

1 Basilius hex. 1,8 (SC 26²,120/2 GIET), vgl. 1,11 (SC 26²,130/6 G.): hier diskutiert er das Problem der Substanz des Himmels, ohne zu einem Ergebnis zu kommen. PsEustath. hex. (PG 18,709B), Joh. Chrysostom. de incompr. Dei nat. 2,3.7 (SC 28²,160.180 DANIÉLOU/MALINGREY), verwertet in der Katene nr. 5 (TEG 1,5 PETIT): die Substanz des Himmels ist unklar. Schon Theoph. Ant. Autol. 2,13 (46/8 GRANT) hat Jes. 40,22b anscheinend für das flache Weltbild benutzt.

2 Basilius hex. 1,8f (SC 26²,122/6 GIET), Aristoteles cael. II 13 293a15/296a23 (84/95 MORAUX), vgl. SAMBURSKY, Weltbild 26f, GRONAU 50/6. Für ihn ist Poseidonios der Vermittler zwischen Aristoteles und Basilius.

3 Basilius hex. 1,10 (SC 26²,126/30 GIET).

fen, der deshalb Himmel heißt, weil er dem ersten ähnlich ist[4]. Nicht ganz klar ist, wie Basilius sich seine räumliche Lage denkt. Wahrscheinlich hat man bei ihm eine Konzeption vor sich, nach der das Firmament sich zwischen feuriger Zone, von Basilius Äther genannt, und der dichteren Luft, die Wolken und Niederschläge produziert, befindet. Hier wirkt es als eine Art räumliche – in ihrer Ausdehnung aber nicht näher bestimmte – osmotische Membran, welche die Wasser scheidet, indem sie nur die feinsten Teile, die durch die Wärme aufsteigen, durchläßt, die dichteren hingegen am Durchgang hindert und so zur Kondensation und Regenbildung beiträgt[5].

In Spannung zu einem oberhalb des Firmaments verdunsteten Wasser steht allerdings die Vorstellung von einem oben auf dem Firmament fließenden Wasser, die Basilius jedenfalls unkommentiert so stehen läßt, wenn er sich schon vorher mit dem Einwand beschäftigt, wie sich Wasser auf der Wölbung des Firmaments halten könne und nicht nach außen abfließe[6]. Wenn er am Beispiel von Steingewölben belegt, daß unten rund erscheinende Formen oben durchaus eben sein können und so der Schluß nicht hinreichend begründet ist, von der Innenseite auf die Gestalt der Außenseite des Firmaments zu schließen, das heißt Wasser sehr wohl auf der Oberseite denkbar ist, so tut sich noch eine zusätzliche Spannung zur Kugelgestalt des Himmels und dem Gesetz der Bewegungstendenz der Elemente auf. Die Schwierigkeiten dürften sich aber ohne weiteres auflösen, wenn man in Rechnung stellt, daß Basilius lediglich über eine andere Hypothese

---

4 Basilius hex. 3,3 (SC 26²,196/202 GIET), vgl. PsEustath. hex. (PG 18,712A). Basilius setzt sich sowohl von heidnischen Philosophen ab, die einen einzigen Himmel wie Platon oder unzählige wie Demokrit u.a. annehmen, als auch von der Meinung von Christen, es handele sich bei der Schilderung von Gen. 1,6/8 nur um eine genauere Erklärung des ersten Himmels; wer diese Christen sind, wird nicht gesagt. Basilius nötigen der von der Bibel eigens vergebene Name »Firmament« und die besondere Zweckbestimmung, einen Unterschied zum ersten Himmel zu akzeptieren, vgl. hex. 3,8 (SC 26²,230 G.): Wegen der Ähnlichkeit zum ersten Himmel heißt auch der zweite so; daß οὐρανός etymologisch mit ὁράω zu tun habe, ist eine vielfach verbreitete Ansicht, die noch bei J.Ph. begegnet.

5 Basilius hex. 3,7 (SC 26²,222/8 GIET). Die von Basilius gebrachten Beispiele von der verzehrenden Kraft des Dochtes und der Sonne lassen nicht erkennen, ob die δύναμις ἀναλωτική des Äthers das Wasser verwandelt oder vernichtet. GIET: SC 26², 223₃ glaubt, daß Basilius mit der Theorie, daß nur die feinen Wasserteile vom Feuer »verzehrt« werden, die dichteren aber kondensieren, einen Kompromiß zwischen peripatetischer Anschauung (sie besagt, daß alle Feuchtigkeit kondensiert) und stoischer (das Feuer zerstört allmählich alles Wasser) eingeht. Nach hex. 3,5 (SC 26²,214/6 G.) jedoch braucht das Feuer im Laufe der Zeit alles Wasser auf; der Schöpfer hat aber eine solche Menge Wasser geschaffen, die bis zum Ende der Welt ausreicht: vgl. Y. COURTONNE, Saint Basile et l'Hellénisme (Paris 1934) 76, H. SAVON, Physique des philosophes et cosmologie de la Genèse chez Basile de Césarée et Ambroise de Milan: Philosophies non chrétiennes et christianisme, hg.v. L. COULOUBARITSIS (Brüssel 1984) 57/72, hier 61f.

6 Basilius hex. 3,4 (SC 26²,204 GIET).

spricht und nur ad hoc einen Einwand gegen sie entkräften will, ohne sich wirklich auf dessen Voraussetzungen einzulassen. Legt er seine eigenen Ansicht dar, geht er eben nicht von Wasser in flüssiger, sondern verdunsteter Form jenseits des Firmamentes aus, wo sich auch die Feuerzone befindet[7]. Daran wird deutlich, daß Basilius zwar durchaus bestimmte Vorstellungen von seinem Gegenstand hat, aber sie nicht zu einer systematischen und kohärenten Naturlehre entwickelt, sondern stattdessen verschiedene andere Vorstellungen mit ins Spiel bringt. Er verzichtet jedoch darauf, die naturwissenschaftliche Richtigkeit seiner eigenen sowie der anderen Auffassungen miteinander abzustimmen bzw. eigens bis ins letzte zu durchdenken.

Wenn er die Bedeutung des Wortes στερέωμα bespricht und auf die Beschaffenheit des Firmamentes eingeht, kann er zwar die biblische Wortbedeutung von der physikalischen Definition eines festen Körpers absetzen[8], geht aber nicht so weit, die, wie er sagt, meistvertretene Ansicht für richtig zu halten, das Firmament sei gefrorenes Wasser oder eine Art kristallierter Stein, sondern läßt ausdrücklich die Beschaffenheit und Elementenzusammensetzung des Firmaments offen[9], so wie er auch schon die Natur des ersten Himmels für nicht angebbar erklärt hat[10]. Es erscheint ihm nur möglich zu sagen, daß die Festigkeit des Firmaments nicht an den Eigenschaften der Erde gemessen werden darf, sondern relativ zu den räumlich oben liegenden feinsten Teilen, z.B. des Äthers, zu verstehen ist[11]. An der Meinung, daß damit für Basilius das Firmament im Grunde nichts anderes als die Luft ist, wie verschiedentlich behauptet wird[12], ist richtig, daß das Firmament wie gesehen die Grenze zwischen Äther und dichter Luft bildet, die durch den von ihr ausgeübten Druck zur Festigkeit des στερέωμα beiträgt[13],

---

7   Anscheinend ist für Basilius der Äther, also die Feuerzone, identisch mit der Gestirnzone; bezeichnenderweise macht er keine Erläuterungen, wenn er den Satz Gen. 1,14 »Es sollen Lichter werden im Stereoma des Himmels« auslegt, wo genau die Gestirne plaziert werden.

8   Der mathematische Begriff zielt auf die Dreidimensionalität des Körpers, der physikalisch gesehen fest sein muß, was durch Begriffe wie πληρής, ναστός und ἀντιτυπία verdeutlicht werden kann, vgl. u. S. 297/9. Der biblische Gebrauch von στερεός zielt nach Basilius auf eine Festigkeit, die durch Kraft und Druck entsteht, und ist umschreibbar mit Begriffen wie κραταιός und ἀνένδοτος (stark und unnachgiebig): Basilius hex. 3,4 (SC 26²,206 GIET), während der physikalische Körper eben nur eine ἀντίτυπος καὶ στερέμνια οὐσία ist, die βάρος und ἀντέρεισις besitzt: hex. 3,7 (SC 26²,222 G.). Die ἀντιτυπία des Pneuma nach Amos 4,13 ist eben keine Härte im Sinne der physikalischen Definition: gegen GRONAU 73. Weitere antike Belege zur Definition eines festen Körpers ebd. 74₁.

9   Basilius hex. 3,4 (SC 26²,208/10 GIET).

10   Basilius hex. 1,11 (SC 26²,130/4 GIET), vgl. o. S. 272.

11   Basilius hex. 3,7 (SC 26²,222 GIET).

12   ALEXANDRE, commencement 105f, GIET: SC 26²,209₃.

13   Basilius hex: 8,7 (SC 26²,462 GIET).

Hexaemeronauslegung vor J.Ph.

aber Basilius sieht sich im Gegensatz dazu nicht in der Lage anzugeben, »ob das Firmament aus einem einfachen Element oder aus einer Mischung mehrerer solcher bestehe«; nur eine kristallierte Substanz glaubt er ablehnen zu müssen[14].

Wenn es um die Anzahl der Himmel geht, begnügt sich Basilius in gleicher Weise damit, Hinweise aus der Schrift zu sammeln, ohne eine naturkundlich abgesicherte endgültige Lösung anzustreben. Besonders die Rede des Paulus vom Aufstieg bis zum dritten Himmel (2Kor. 12,2/4)[15], die Bezeichnung auch der Luft mit »Himmel« und die Rede des Psalms vom »Himmel der Himmel« (Ps. 148,4) lassen ihn zu dem Schluß kommen, es müsse mit mindesten drei Himmeln gerechnet werden[16], aber auch eine größere Zahl sei durchaus nicht auszuschließen[17]. Eine naturwissenschaftliche Lösung unterbleibt also erneut. Die beiden Bibelstellen jedoch verschwinden seitdem nicht mehr aus der Diskussion. – Auch eine Verhältnisbestimmung von Planetensphären und Himmeln erfolgt nicht, anscheinend wird von einer Zuordnung von Planeten und Sphären ausgegangen[18].

Insgesamt läßt sich also unter naturphilosophischem Gesichtspunkt bei Basilius nicht von einer systematisch entwickelten und zu Ende gedachten Konzeption sprechen. Zumeist vermeidet er eine endgültige Festlegung in naturkundlichen Details.

Daß gerade die Frage der genauen Zahl der Himmel und ihr Verhältnis zu den Sphären nicht ausreichend beantwortet und nicht zur Zufriedenheit schon der Zeitgenossen des Basilius gelöst worden ist, zeigt die Hexaemeronschrift des Gregor von Nyssa. Dieses sich als Apologie des Basilius verstehende Werk nennt als zweiten Einwand fiktiver oder tatsächlicher Kritiker, welcher der Anfrage nach der Möglichkeit von Tag und Nacht bei bereits existierendem Licht, aber unerschaffenener Sonne während der ersten drei Tage folgt, daß der dritte Himmel bei Paulus nur schwer mit der Erschaffung zweier Himmel, wie sie Moses berichtet, zu vereinbaren ist:

> »Ebenso nehmen sie nicht einfach die Erschaffung der zwei Himmel hin; sie sagen, wenn der Apostel sogar einen dritten Himmel erwähnt, bestehen an dieser Stelle hinsichtlich der Reihenfolge Schwierigkeiten fort[19]. Denn, wenn

---

14 Basilius hex. 3,4 (SC 26²,208/10 Giet).
15 Basilius hex. 3,2 (SC 26²,198/200 Giet).
16 Ebd., vgl. hex. 3,8 (SC 26²,230 Giet), 8,7 (SC 26²,462 G.). Weitere Stimmen von östlichen Theologen zur Anzahl der Himmel und ihre Rezeption im Westen (Marius Victorinus, Augustinus) bei J. Pépin, Recherches sur le sens et les origines de l'expression »caelum caeli« dans le livre XII des confessions de S. Augustin: ALMA 23 (1953) 185/274, hier 231f mit Anm. 3.
17 Basilius hex. 3,3 (SC 26²,198/200 Giet).
18 Ebd. Man erfährt nicht mehr, als daß es Sphären gibt.
19 Wörtlich: bleibt nichtsdestoweniger in diesem Teil die Schwierigkeit.

am Anfang *ein* Himmel entstand, danach das Firmament (als) ein anderer Himmel, das heißt von einer zweiten Schöpfung, die durch Moses nicht aufgeschrieben ist, ist es unerweislich, daß man auch einen dritten Himmel zu diesen beiden denken muß, insofern weder nach dem Firmament ein anderer (Himmel) entstand noch das Wort ›Anfang‹ es gestattet, etwas Älteres vorher zu denken. Denn wenn der Himmel im Anfang entstand, begann von da an offensichtlich die Schöpfung. Denn sie wäre durch die Aussage nicht ›Anfang‹ genannt worden, wenn es einen anderen Anfang gäbe, der ihr vorgeordnet wäre. Denn das in der Reihe Zweite ist weder der Anfang noch wird es so genannt[20]. Nun hat aber Paulus auch einen dritten Himmel erwähnt, den die Schöpfung [sc. der Schöpfungsbericht] nicht hat. Also gehört hier auch die Erwähnung des zweiten (Himmels) zu den Untersuchungsgegenständen«[21].

Gregor von Nyssa entschuldigt im folgenden die Versäumnisse des Basilius mit dessen andersgelagerten Anliegen und der nicht wissenschaftlich gebildeten Zuhörerschaft, scheut sich aber keineswegs, mit seiner Erklärung der Zusammenhänge von Basilius abzuweichen. Der auffälligste Unterschied besteht darin, das Firmament im Gegensatz zu Basilius mit dem ersten Himmel zu identifizieren und als Grenze zwischen κόσμος νοητός und κόσμος αἰσθητός zu interpretieren:

»Die äußerste Grenze der sinnlich wahrnehmbaren Substanz, außerhalb der nichts Derartiges ist, was unter den Gegenständen der sinnlichen Wahrnehmung [τὰ φαινόμενα] erkannt wird, dies, sagen wir, wird durch die Bezeichnung Firmament angezeigt; diese Vermutung bestätigt uns die Schrift, die sagt: ›Und Gott trennte zwischen dem Wasser, das unterhalb des Firmaments war, und dem Wasser oberhalb des Firmaments‹. Denn dadurch ist angezeigt, daß auch am Anfang dieses Wasser nicht mit jenem vermischt war, sondern daß trotz der Gemeinsamkeit der Bezeichnungen die Natur unvermischt war, denn es heißt nicht ›Es entstand unterhalb‹ oder ›es war oberhalb des Firmaments‹, vielmehr [καὶ] ›eines war unterhalb des Firmaments, das andere oberhalb‹.... Nachdem die Wasser voneinander geschieden waren, die sichtbaren und die geistigen, und zur Grenze in der Mitte der zweifachen Natur der Wasser der Himmel erklärt wurde, der nach den Worten am Anfang mit der Erde und allem, was für die Ausstattung des Kosmos bereitgestellt wurde, entstand, jetzt aber vollendet und mit der Bekanntgabe des Firmaments benannt wurde, das durch den Um-

---

20 Bis hierhin reicht offenbar der von Gregor referierte Passus.
21 Gregor Nyss. hex. (PG 44,64D/65A).

lauf des Feuers begrenzt wurde, verdunkelte und erleuchtete auch der zweite Umlauf des Lichtes wieder das unter ihm Liegende im Wechsel« [22].

Wenn der erste Himmel mit dem στερέωμα gleichgesetzt wird und mit ihm erst die Sinnenwelt beginnt, verlangt dies noch eindringlicher ein Eingehen auf die Hinweise für mehrere Himmel in der Schrift. Gregor findet dafür folgende Lösung:

»Wenn jemand von uns Rechenschaft auch über den dritten Himmel verlangt, von dem Moses nicht geschrieben hat, den aber Paulus kannte und in ihm wie im Geheimbereich der Weisheit Unaussprechlichem zugehört hat, sagen wir, daß jener dritte Himmel durchaus ein Untersuchungsgegenstand ist. Denn der große Apostel, der sich selbst nach allem, was vor ihm liegt, ausstreckt [Phil. 3,13] und die Grenzen der ganzen sinnenhaften Natur überschritt, scheint mir in den geistigen Zustand [κατάστασις] einzutreten, wobei ihm die Körperlichkeit der Schau des Geistigen unklar war. Denn er bedeutet dies selbst mit eigenen Worten: ›ob im Körper, weiß ich nicht, ob außerhalb des Körpers, ich weiß es nicht, Gott weiß es‹, der ihn bis in den dritten Himmel entrückte. Den äußersten Rand nun der sinnlich wahrnehmbaren Welt hat Paulus nach meiner Meinung als dritten Himmel kundgetan, wobei er das ganze Sichtbare in drei Teile teilte und nach der Gewohnheit der Schrift jeden dieser Teile ›Himmel‹ nannte. Denn die Sprechweise der Schrift nennt in analoger Anwendung der Worte ›Himmel‹ die Grenze der dichteren Luft, bis zu welcher Wolken, Winde und die Natur der hochfliegenden Vögel getragen werden. Denn sie spricht auch von ›Wolken des Himmels‹ und ›Vögeln des Himmels‹. Und diesen nennt sie nicht einfach nur Himmel, sondern auch mit dem Firmament [23]. Denn sie sagt: ›Es mögen die Wasser hervorbringen Kriechtiere lebender Wesen und Vögel, die über die Erde fliegen entlang dem Firmament des Himmels‹. Sodann nennt sie auch den anderen (Raum) ›Himmel‹ und ›Firmament‹, der nach der Fixsternsphäre [d.h. innerhalb der F.] um das Innere herum zu sehen ist, in dem die Planeten unter den Sternen herumwandern. Denn sie sagt: ›Gott schuf die großen Lichter und setzte sie in das Firmament des Himmels, so daß sie auf der Erde leuchten‹. Jedem aber, der wie auch immer die Ordnung des Alls untersucht, ist, soweit er dies bezüglich der oberen Bewegung versucht, klar, <daß> [24] sie [sc. die Schrift] aber auch das Äußerste der sinnlich wahrnehmbaren Welt, das die Grenze zur geistigen Welt bildet, Firmament und Himmel nennt« [25].

---

22 Ebd. (PG 44, 84D/85B).

23 Gemeint ist: die Schrift sagt, daß dieser Himmel innerhalb des Firmaments liegt.

24 Die Satzkonstruktion ist unklar, am einfachsten ist, statt ὀνομάζει zu lesen ὀνομάζειν.

25 Gregor Nyss. hex. (PG 44,120D/121C). Vgl. auch die Fortsetzung ebd. (PG 44,121C): »... τρίτον οὐρανὸν ὀνομάσας τὴν τῶν τριῶν τούτων τῶν ἐν τῷ παντὶ θεωρου-

Wie Basilius möchte Gregor die Frage nach der Beschaffenheit des Firmaments offenlassen und die Bezeichnung στερέωμα nur im Vergleich zum κόσμος νοητός verstanden wissen. Als äußerster und leichtester Teil des Hylischen ist es durch Mischung mit dem ewigen, unkörperlichen und unberührbaren Bereich gekennzeichnet, folglich ist ihm στερεότης im Sinne körperlicher ἀντιτυπία abzusprechen[26]. Wie Gregor sich die Bewegung und das Verhältnis der Sphären zum Himmel vorstellt, ist nicht ersichtlich, auch auf eine genauere Festlegung der von Basilius eher allgemein skizzierten Form des Himmels und der Erde verzichtet er in der Hexaemeronapologie, spricht sich aber dafür in de hominis opificio im Sinne der Kugelgestalt beider aus[27].

Wenn bei Basilius wie bei Gregor hinter den kosmologischen Anschauungen naturphilosophische Konzepe sichtbar werden, so bedeutet dies keine Fundierung der Vorstellungen in einer Theorie der Natur, die kosmologisch für relevant gehaltene Aussagen der Schrift so erklären würde, daß sie von dort her das Kriterium für eine richtige Interpretation gewönnen, vielmehr bleibt die Autorität der Schrift, die in einem nicht hinterfragten Konnex zu den eigenen philosophischen Kenntnissen steht, bei Unklarheiten der Maßstab, der über die Gültigkeit einer naturkundlichen Hypothese entscheidet. Dies führt zugleich zu dem Verzicht, die Frage der Richtigkeit des in der Schrift anscheinend anvisierten Weltaufbaus zu stellen bzw. zum Ausfall von externen Verifikationsmöglichkeiten für die Interpretation der nicht eindeutigen Schriftformulierungen.

In gleichem Maße gilt dies auch für die Autoren, die im Gegensatz zum Kugelmodell eine wie auch immer geformte flache Erdscheibe, über der sich zwei Himmel wölben, verfechten. Die Mehrzahl der östlichen Schriftsteller ist Anhänger dieses Kosmostyps. Er begegnet im hier untersuchten Zeitraum schon bei Akakios von Cäsarea/Palästina[28]. Er schreibt über die Zusammenhänge:

μένων τμημάτων διέξοδον«, ders. c.Eunom. 2,272f (GNO 1,306,12/25 JAEGER). Didymos GenCom. 13/8 [I,13/II,2] (SC 233,54/9 NAUTIN) hat sich anscheinend noch differenzierter unter Hinziehung von 2Kor. 12,2 und Ps. 148 (nicht 12,2: so NAUTIN) mit der Anzahl der Himmel und ihrem Verhältnis zueinander beschäftigt; nach den erhaltenen Fragmenten lehnt er möglicherweise sieben Himmel bzw. Sphären ab und hält drei für richtiger.

26 Gregor Nyss. hex. (PG 44,80D/81A).

27 Gregor Nyss. opif. hom. 1 (PG 44,128C); zugrundeliegt wieder das aristotelische Konzept von Leichtheit und Schwere der Elemente.

28 Damit wird nicht bestritten, daß der im folgenden vorgestellte Typ bereits bei früheren Autoren wie Theophilus von Antiochien zu finden ist; von Ephraem hat sich nichts dazu erhalten. Auch das Kugelmodell des Himmels (und damit wahrscheinlich auch der Erde) ist vor Basilius präsent, wird aber nicht in Schriften zur Genesis expliziert, sondern blitzt nur sporadisch als Hintergrundwissen auf: Belege bei WOLSKA-CONUS, Geographie 173/7.

»Vielleicht wurde dieser Himmel ›Firmament‹ genannt im Unterschied zum
früheren Himmel und zum Wasser. Denn es ist wahrscheinlich [oder: na-
türlich], daß der frühere einen feineren und reineren Körper darstellt und
daß das Wasser, das in gleicher Weise mit dem Firmament verbunden ist,
dünn und weich ist. Aber nicht allein der Himmel wird Firmament genannt,
sondern auch die Erde: ›Der die Erde auf den Wassern befestigt‹ heißt es
[Ps. 135,6]; bei Jesaja: ›... der Herr, der den Himmel machte und ihn erstarren ließ, der die Erde festigte‹ [Jes. 42,5]. Diese Art der Bezeichnung aber
wird φερώνυμος [d.h. den dem Wesen entsprechenden Namen tragend] oder
ἐπίθετον [Beiwort] genannt. Es scheint aber die Schrift eine solche Vorstellung vom Anfang des Kosmos aufscheinen zu lassen wie bei einem Wasser-
behälter. Die sich an die Oberfläche des Wassers anschließende Luft bewirkt,
solange sie ruhig bleibt, daß die durchsichtige Fläche des Wasserbehälters
mit wahrgenommen wird. (Wie) wenn jemand etwa ein Tuch ausbreitet,
das sorgfältig von oben her einschließt, hindert das Firmament das Sichtbarwerden, bis, nachdem das Wasser unterhalb des Tuches abgetrennt worden
ist, die Fläche des Wasserbehälters als durchsichtig sichtbar wird. Außerdem
muß man sich über die Gestalt des Himmels und der Erde Gedanken machen, dazu ist die Meinung der Naturlehrer zu vergleichen, sodann (ist dies)
auch anhand der göttlichen Schriften (zu überprüfen). Zunächst zum Himmel: er stellt sich nicht kugelförmig dar, sondern gleicht eher einer Halbkugel, wie bei Jesaja mit den Worten klargemacht wird ›Der wie ein Gewölbe
den Himmel aufstellt, ihn wie ein Zelt ausspannt‹ [Jes. 40,22]. Und ebenso
sagt er in den Gesichten über Babel ›Der Herr Sabaoth befiehlt dem Kriegs-
volk zu kommen aus fernem Land vom höchsten Fundament des Himmels‹
[Jes. 13,4f]. Und in den Psalmen: ›Von der Höhe des Himmels ist ihr Ausgang, und ihr Ziel bis zur Höhe des Himmels‹ [Ps. 18,7]. Und der Erlöser
sagt: ›Von den Höhen der Himmel bis zu ihren Höhen‹ [Mt. 24,31]. Und es
scheint dies bei einer Kugel nicht zu passen, Höhen und Mittleres. Und wie
nach Platon die Kreislinie grenzenlos ist, so auch die Kugeloberfläche.
Origenes aber stattet den Himmel mit der Kugelform aus in der Homilie
der 31. Rede, und der 44., der 118., der 106., zu ›die Stimme deines Donners
im Rad‹ [Ps. 76,19]. Denn nach seinem Willen ist das Rad der Umschwung
des Alls, das heißt die Kugel. Was die Erde betrifft, so wird es in den letzten
(Büchern) der Präparatio verhandelt [Eusebius praep.ev. 15,55/8]«[29].

Der Text läßt zwar einige Fragen offen, aber das Grundschema ist unschwer zu
erkennen: Zwischen Himmel und Firmament und im Bereich darunter befindet
sich Wasser. Letzteres gibt bei der Schöpfung die Durchsicht auf das Firmament
erst frei, wenn die Luft den Zwischenraum zwischen unterem Wasser und Fir-

---

29 Akakios quaest.var.: Collect.Coisl. 39 (CCG 15,36/8 PETIT).

mament einnimmt. Ersteres ist zwar feinteiliger als das andere, aber trotzdem
Wasser. Die halbkugelförmige Gestalt des Himmels wird mit demselben Bibel-
vers Jes. 40,22b begründet, mit dem Basilius die Kugel angedeutet findet. Zur
Absicherung gesellen sich jetzt noch weitere Bibelstellen hinzu. Akakios könnte
einer der von Basilius kritisierten Männer sein, die mit Ps. 135,6 bzw. Jes. 42,5 die
Gründung der Erde auf Wasser belegt haben. Zur Frage der Anzahl der Himmel
oder der genauen stofflichen Beschaffenheit des Firmaments hat sich von Akakios
nichts erhalten.

Ausführlich geht Severian von Gabala auf diese Dinge ein und legt mit
seiner Beschreibung die Grundkonzeption des Weltaufbaus in aller Ausführlichkeit vor, die bei den in seiner Tradition stehenden Nachfolgern nur in
Einzelheiten noch variiert oder vervollständigt wird. Wie ZELLINGER bereits
richtig beschrieben hat, stellt sich Severian auf einer flachen, wahrscheinlich
rechteckigen Erdoberfläche als Basis einen zweistöckigen, nach Art von Haus-
etagen errichteten Weltbau vor: Der Himmel des ersten Tages (Oberhimmel;
ὑπερῷον) ist Dach des Ganzen bzw. des ersten Stockwerkes, während das
Firmament den Fußboden des ersten Stocks bzw. dadurch die Decke des Erd-
geschosses bildet:

>»Gott schuf den oberen Himmel, über den auch David sagt: ›Der Himmel
des Himmels gehört dem Herrn‹ [Ps. 113,24]. Dies aber ist das Obergemach.
Und wie in einem zweistöckigen Haus eine Zwischendecke eingezogen ist,
so setzte der Herr, der den Kosmos als ein einziges Haus erschuf, als Zwischendecke diesen Himmel ein und darüber die Wasser«[30].

Ausdrücklich wendet er sich gegen die Kugelgestalt der Erde, die keiner »von
uns«, das heißt kein rechtgläubiger Anhänger der Kirche, vertreten könne, ohne
sich den Vorwurf der Pietätlosigkeit einzuhandeln, und bezeichnet die Anhänger dieses Weltmodells als philosophische Schwätzer, die die Schrift, bes. Jes.
40,22b, nicht beachten:

>»Er hat den Himmel nicht als Kugel gemacht, wie die, die Unnützes schwät-
zen [ματαιολόγοι], philosophieren. Denn er machte nicht eine sich dre-
hende Kugel, sondern wie läuft nach Aussage des Propheten die Sonne?
›Der den Himmel wie ein Gewölbe aufstellte, ihn wie ein Zelt aufspannte‹
[Jes. 40,22]. Niemand von uns ist so gottlos, daß er den Worten der Schwätzer folgte«[31].

---

30 Severian creat.or. 1,4 (PG 56,433).
31 Severian creat.or. 3,4 (PG 56,452). Die Rechteckigkeit der Erde bei Severian muß aus
    dem Umstand erschlossen werden, daß später Kosmas von dieser Form ausgeht (dage-
    gen implizit auch J.Ph. opm. 3,10). Zur nicht sphärischen Gestalt der Himmel vgl. Joh.
    Chrysostomus Hebr.hom. 14,1 (PG 63,111) (in Verbindung mit Jes. 40,22), de incompr.

Das Firmament entsteht getreu dem Wortlaut von Gen. 1,6 »inmitten des Wassers« und scheidet es in die zwei Hälften des oberhimmlischen und irdischen Wassers:

> »Er machte nun diesen Himmel, nicht den oben, sondern den sichtbaren ließ er aus den Wassern wie Kristall erstarren. Ich will dir diesen Sachverhalt veranschaulichen, denn vieles gibt sich uns eher durch die Anschauung als durch den Verstand preis. Dieses Wasser stand, sagen wir, 30 Ellen über der Erde. Dann sprach Gott: ›Es werde ein Firmament inmitten des Wassers‹. Und nunmehr verfestigte sich in der Mitte der Wasser eine kristallierte [d.h. feste] Masse und hob die Hälfte des Wassers nach oben, die andere ließ sie unten zurück, wie geschrieben steht: ›Es werde ein Firmament in der Mitte des Wassers, und es scheide zwischen Wasser und Wasser‹« [32].

Direkt im Anschluß äußert er sich zur Beschaffenheit des Firmaments, indem er den Vers Jes. 51,6, der von Basilius negativ auf die nicht näher definierbare Beschaffenheit des ersten Himmels bezogen wurde, positiv auf die wasserartige Substanz des Firmaments hinweisen läßt:

> »Warum aber nannte er es Firmament? Weil er es aus dünnen und sich auflösenden [oder: durchlässigen?] Wassern verfestigte [33]. Deshalb sagt auch David: ›Lobt ihn im Firmamente seiner Kraft‹ [Ps. 150,1]. Und um ein anderes Beispiel zu gebrauchen: Wie Rauch, wenn er von Hölzern und von Feuer nach oben steigt, sich verdünnt hat und schwächer geworden ist, wenn er aber hoch steigt, seine Form zur Dichte von Wolken verändert hat, so ließ Gott die Natur der verdünnten Wasser nach oben steigen und dort erstarren. Und daß dieses Beispiel richtig ist, bezeugt Jesaja mit der Aussage, daß der Himmel wie Rauch festgemacht ist [Jes. 51,6]. Nachdem also der Himmel in der Mitte der Wasser fest wurde, hob er die Hälfte der Wasser nach oben« [34].

Dei nat. 2,3.7 (SC 28², 160.180 DANIÉLOU/MALINGREY), verwertet in der Katene nr. 5 (TEG 1,5 PETIT). Daß das sphärische Weltbild als heidnisch gilt, zeigt sich auch bei PsEustath. hex. (PG 18,709).

32 Severian creat.or. 2,3 (PG 56,442).

33 ἀραιός und διαλελυμένος dürften sich nach Ausweis von LIDDELL/SCOTT wahrscheinlich auf die Feinheit und Porösität beziehen.

34 Severian creat.or. 2,3 (PG 56,442). Hippolyt lehrte eine Drittelung der Wasserteile: vgl. J.Ph. opm. 3,16 (154,25/155,17), Gen.frgm. II (GCS Hipp. 1,2,51f ACHELIS).

Und an anderer Stelle sagt Severian:

> »Groß ist der an Rat und mächtig in seinen Werken, der den Himmel aus
> Wasser verfestigte, denn von Wunderbarem halte ich mich nicht fern. Aus
> Wassern wurde er fest und trägt Wasser; von Wassern verfestigt er sich und
> trägt Wasser nach oben. In Kürze aber ist ein Beispiel angebracht, dies Un-
> gewöhnliche nenne ich ein Wunder: Kennst du Eisschollen, die vom Was-
> ser nach oben getragen werden und oben Schnee tragen? Der Winter be-
> werkstelligte es, Gott soll es nicht vollbringen?« [35].

Bestehen über die Natur des Firmaments aus verfestigtem Wasser keine
Zweifel, so gibt es zu seiner Form widersprüchliche Hinweise: Durch die Anwendung von Jes. 40,22 auf das Firmament hat es den Anschein, als ob es eine
gewölbte Form hat, jedoch legt das Zeugnis des Kosmas, der Severian ja ausschreibt, nahe, eine flache Form anzunehmen [36]. Denkbar ist im Hinblick auf
den möglichen Abfluß der Wasser jenseits des Firmaments – ein Problem, mit
dem sich schon Basilius konfrontiert sah – auch eine Kombination beider Formen: die Unterseite ist konkav, die Oberseite flach. So stellt es sich offenbar
Prokop vor [37]. Die Wasser oberhalb des Firmaments sind den irdischen in der
Beschaffenheit gleich und haben drei Funktionen: die Abkühlung der durch die
Gestirne verbreiteten Hitze, die Reflexion ihres Lichtes und die Produktion des
Taus [38]. Im Gefolge des nichtsphärischen Weltbildes nimmt Severian auch eine
andere Art der Sonnenbewegung an: Weder läuft sie auf einer Kreisbahn noch
dreht sie sich mit ihrer Sphäre, sondern sie verläßt nach ihrem Untergang den
Himmel und läuft nachts im Norden, verborgen durch die Wasser des Ozeans,
zu ihrem Aufgangspunkt zurück.

> »Wir wollen aber erforschen, wo die Sonne untergeht und wo sie des Nachts
> läuft. Den Außenstehenden [sc. heidnischen Philosophen] nach unterhalb
> der Erde; nach uns [sc. den Christen] aber, die wir ihn [sc. den Himmel] ein

---

35 Severian creat.or. 3,4 (PG 56,452). Zur Etymologie von στερέωμα vgl. ebd. 3,1 (PG
    56,447), 3,6 (PG 56,455), 2,3 (PG 56,442). Vgl. die Katene nr. 58 (TEG 1,37 Petit)
    (unter Cyrill laufend, aber nicht identifiziert): »Der Himmel besteht aus der Natur der
    Wasser, daher wurde er Firmament genannt«; Katene nr. 61 (TEG 1,39 P.) (unter Basilius
    laufend, aber nicht identifiziert): Der zweite Himmel verfestigte sich aus Wasser zu
    einer ähnlichen Substanz wie der erste.
36 Severian creat.or. 3,4 (PG 56,452) »ἄκρον des Himmels« bezieht sich auf den äußeren
    Himmel bzw. die Kugel, die kein ἄκρον hat, und nicht auf das Firmament.
37 Prokop. GenCom. (PG 87,68C/D).
38 Severian creat.or. 2,3f (PG 56,442). Theophilus Ant. Autol. 2,13 (46/8 Grant) hält die
    oberhimmlischen Wasser für die Niederschläge verantwortlich, Severian hingegen kennt
    den Vorgang der Bildung von Wolken, die er mit Schläuchen vergleicht: creat.or. 3,6
    (PG 56,454).

Zelt nennen, auf welche Weise? Achte, ich bitte, darauf, ob die Aussage
nichts Falsches sagt. Wenn du eine Karte [σφραγίς] hast – durch die Wahrheit bezeugt –, stimmt aber mit der Ausdrucksweise auch der Ort [sc. auf der
Karte] überein. Nimm an, es gibt ein darüberliegendes Gewölbe. Dem Schema [oder: Modell] nach ist hier Osten, Norden dort, Süden hier, Westen
hier. Die Sonne geht auf, und wenn sie im Begriff ist unterzugehen, geht sie
nicht unter die Erde, sondern nachdem sie die Grenzen des Himmels verlassen hat, läuft sie zu den nördlichen Gebieten, gleichsam durch eine Mauer
verborgen, da die Wasser die Sichtbarkeit ihres Laufs hindern, und läuft
durch die nördlichen Gebiete und besetzt den Osten. Und woher wird dies
ersichtlich? Es sagt der selige Salomo im Ekklesiastes, einer bezeugten [d.h.
kanonischen], nicht verworfenen [d.h. unkanonischen] Schrift: ›Die Sonne
geht auf‹, sagt er, ›und die Sonne geht unter. Sie geht auf und wandert zum
Untergang und geht im Kreis nach Norden, kreisend geht sie im Kreis und
geht zu ihrem Ort auf‹ [Ekkl. 1,5f]« [39].

Die Wortwahl ἐξελθεῖν und nicht ἀνελθεῖν bestätigt die nichtsphärische Gestalt
des Himmels [40]. Wie sich Severian den Sonnenlauf genau vorstellt, wenn er von
ἐξελθεῖν τὰ πέρατα τοῦ οὐρανοῦ spricht, ist nicht ganz klar; ob er daran denkt,
die Sonne verließe den Himmel und wanderte hinter seiner Rückseite weiter,
wie es J.Ph. versteht [41], oder ob nur einfach das Untergehen gemeint ist, was
ebenfalls nicht leicht vorzustellen ist, wenn die Himmelsenden die Erde berühren – Severian sagt hierzu allerdings nichts –, jedenfalls folgt daraus, daß die
Gestirne ihre Bewegung, zu der sie durch die Engel angetrieben werden, ohne
Zuordnung zu einer Sphäre vollführen und daß damit das Firmament unbeweglich ist. Diodor, Theodor, Eusebius von Emesa und Johannes Chrysostomus,
die alle dem severianischen Weltbild folgen, belegen es explizit [42].

   Die nachfolgenden Autoren entwickeln keine grundlegend neuen Weltmodelle mehr, sondern bewegen sich mit ihren Vorstellungen über den Weltaufbau im Rahmen des Schemas von Severian. Sie verfeinern es nur noch in
Einzelheiten und steigern im Laufe der Zeit lediglich den Realismus und die
Detailgenauigkeit der naturkundlichen Beschreibungen. Diese Präzisierung ist
zugleich Ausdruck dafür, daß keine Notwendigkeit mehr gesehen wird und es an
der Bereitschaft mangelt, die naturphilosophischen Grundlagen selbst zu reflektieren und in Frage zu stellen.

39   Severian creat.or. 3,5 (PG 56,452f). Die Schrift lehrt auch das Zustandekommen der
     verschiedenen Tageslängen.
40   Severian creat.or. 3,4 (PG 56,452). Severian bezieht sich auf Gen. 19,23.
41   Opm. 3,10 (139,8/12).
42   Diodor Gen.: Collect.Coisl. nr. 52bis (CCG 15,51 PETIT). Theodor syr.Gen.frgm. fol.
     22b/23a (6/8 SACHAU), vgl. DEVREESSE, Essai sur Théodore 7; Eusebius Emes.: GenKat.
     nr. 105 (TEG 1,84f PETIT), Joh. Chrysostomus Gen.hom. 6,5 (PG 53,59).

Von Theodor von Mopsuestia hat sich aus seinem Werk zur Genesis zu den Versen Gen. 1,6/8 nichts erhalten [43]. Den syrischen Resten dieser Schrift kann man nur entnehmen, daß der Himmel sich nicht bewegt, er wie die Erde nicht rund ist und mit ihr gemeinsam alles umschließt [44]. Aus Katenentexten zu Exodus geht hervor, daß Theodor den Aufbau des Bundeszeltes als verkleinerte Kopie des von Moses beschriebenen Kosmos betrachtet hat [45]. Was bei Theodor noch eher ein Vergleich ist, wird Kosmas detailliert und realistisch weiterführen. Daß die Engel für die Bewegung der Gestirne verantwortlich sind, weist J.Ph., der dies berichtet, jedoch allgemeiner lediglich den Anhängern des Theodor zu [46]; dies gilt ebenso für die Lokalisierung Christi und seines Reiches jenseits des Firmaments unterhalb des ersten Himmels [47], so daß letztlich offenbleibt, ob und in welchem Maße diese Vorstellungen auf Theodor selbst zurückgehen. Die letztere Theorie begegnet innerhalb der Genesisinterpretation zumindest schon vor Kosmas bei Gennadius [48].

Bei ihm wie bei dem gleich zu nennenden Jakob von Saruq tritt ferner die genannte Tendenz zu Detailschilderung und grobem Realismus deutlich hervor. Eine so präzise Angabe der Beschaffenheit des Firmamentstoffes wie Gennadius hat z.B. Johannes Chrysostomus noch nicht gemacht. Johannes ist sich ähnlich wie Basilius unsicher, ob es sich um Wasser, Luft oder etwas anderes handelt[49], selbst Severian, der an feinere Wasserteile denkt, schützt die Substanzangabe »κρύσταλλος« immerhin mit »ὡς« [50]. Gennadius hingegen geht im folgenden Text, der auch den bekannten Hinweis auf den Zweck des Wassers jenseits des Firmaments, die Hitze des Feuers abzumildern, enthält[51], ohne Angabe von Gründen von tatsächlich kristalliertem Wasser aus [52]:

> »Er [sc. Gott] ... ordnete die Entstehung des Firmaments aus [ἐκ] den bereits bestehenden Wassern ähnlich dem vorher entstandenen Himmels an und lehrte sie [sc. die Engel] dadurch, daß er selbst Schöpfer des Himmels und der Wasser ist ... Es war aber nicht möglich, die Erde zu sehen, da sie von

43   Vgl. Devreesse, Essai sur Théodore 11.

44   Theodor syr.Gen.frgm. fol. 22b/23a (6/8 Sachau).

45   Vgl. Devreesse, Essai sur Théodore 26, Wolska, Topographie 41f, mit weiteren Stellen aus Theodors Psalmenkommentar und Homilien.

46   J.Ph. opm. 1,12 (28,20/29,9).

47   J.Ph. opm. 1,12 (29,10/9).

48   Gennadius Gen.frgm. (PG 85,1628C/1629C).

49   Joh. Chrysostomus Gen.hom. 4,3f (PG 53,42), vgl. Katene nr. 63 (TEG 1,40 Petit).

50   Severian creat.or. 2,3 (PG 56,442); ebd. κρυσταλλώδης kann laut Liddell/Scott 1000b außer »icy, glacial« auch »clear« bedeuten.

51   Vgl. PsEustath. hex. (PG 18,712A/C), Theodoret Gen.quaest. 11 (14,16/8 Fernandez Marcos/Sáenz-Badillos).

52   PsEustath. hex. (PG 18,712A/C)) spricht von einer Substanz »härterer Natur«.

einer solchen Menge Wasser überschwemmt war. Jetzt aber, nachdem mitten in ihm das Firmament erstarrt war und die eine Hälfte sich über es nach oben hob, die andere Hälfte sich in den Aufnahmebehältern sammelte, war sie eingerichtet zur entsprechenden Benutzung durch ihre Bewohner, und sie empfing den ganzen Schmuck, der ihr jetzt zukommt. Aber auch in der folgenden Hinsicht war die Entstehung des Firmaments und die Verdrängung [53] der Wasser auf ihm notwendig. Das Firmament (war notwendig), weil auf es die Sonne mit allen Sternen geheftet werden sollte, ebenso war die Verdrängung des Wassers auf dem Firmament notwendig. Deswegen hat sich das Firmament in den Wassern gebildet. Da es nun aus [ἐκ] ihnen entstand, ist es natürlich kristallartig. Da aber die Feuersubstanz in seiner Nähe ist, lief es begreiflicherweise Gefahr, durch sie erhitzt und aufgelöst zu werden. Damit es dies nicht erleide und einmal seine Stabilität verlöre, sondern gleich unermüdlich und allzeit unveränderlich verharre, ersann der kunstreiche Gott weise die Verdrängung der Wasser auf ihm; so wurde die ihm von ihnen zugeführte Kühlung der Wärme aus den Sternen entgegengestellt, und durch den sich die Waage haltenden Kampf beider wurde für jenes [sc. das Firmament] die feste Lage gewahrt. Noch zusätzlich erwies sich die um alles sich sorgende Voraussicht Gottes durch die angemessene Einteilung der Wassernatur und dadurch, von Anfang an unsere Errettung in Christus vorher festzusetzen, indem Gott von oben her sofort die Schöpfung in zwei Bereiche [καταστάσεις] einteilte und jedem den entsprechenden und passenden Ort einrichtete. Denn dem, was noch wandelbar und der Veränderung unterworfen, deshalb auch ›unter dem Gesetz‹ ist, gab er diesen irdischen Aufenthaltsort [οἴκεσις]. Dem aber, was durch Christus zur Vollendung und zum vollständig sündlosen Zustand übergegangen ist, wird er die Himmel öffnen, wo als Vorläufer Jesus für uns hineingegangen ist, wahrlich ein Firmament, wie er ihn [sc. den Himmel] seit der Schöpfung nannte, weil er aus [ἐκ] der feuchten und flüssigen und leicht auflösbaren Wassernatur die feste und vollkommene Erstarrung erhielt« [54].

Jakob von Saruq sieht die Zone über dem Firmament als Wohnort der Engel an, wo auch das unveränderliche Licht ist, das Ezechiel, Paulus und Stephanus sehen durften [55]. Diese Lokalisierung der Engel ist insofern ungewöhnlich, als sie mit Ausnahme Diodors [56] in der antiochenischen Tradition, ganz wie es J.Ph. in

53 Wörtl.: Wegnahme (ἀφαίρεσις).

54 Gennadius Gen.frgm. (PG 85,1628C/1629C), hier übersetzt nach Collect.Coisl. nr. 52 (CCG 15,48/50 PETIT). Zu beachten ist, daß ἐκ sowohl örtlich als auch materiell verstanden werden kann.

55 Jakob von Saruq hex. nach JANSMA 18f (zweimal beschrieben); es ist wahrscheinlich, daß u.a. 2Kor. 12,2/4 im Hintergrund steht.

56 Diodor Gen.: Collect.Coisl. nr. 43bis (CCG 15,43 PETIT).

opm. 1,12 von den Anhängern Theodors berichtet, innerhalb des sichtbaren
Kosmos plaziert werden. Ähnlich wie Gennadius kümmert sich Jakob um eine
möglichst genaue Beschreibung des Weltaufbaus. Der Bereich der Engel ist
zugleich die Zone der Wasser über dem Firmament, die wie ein See zwischen
hohen Bergen eingeschlossen sind und sich nicht bewegen. Fische leben nicht in
ihm, Wolken, Donner und Blitz gibt es nicht, nur jenes heller als die Sonne
strahlende Licht [57]. Wahrscheinlich in Anlehnung an Jes. 40,22 begegnet bei
Jakob wieder die Beschreibung des Firmaments als Zelt oder Dach [58], das die
Sicht auf den ersten Himmel versperrt und die Erde in Dunkelheit hüllt [59]. Aus
der naturkundlichen Not des Basilius, wie sich die flache Erde im Raume halten
kann, macht Jakob eine exegetische Tugend und definiert, wohl im Anschluß an
Hiob 26,7, daß sie über dem Nichts wie ein Vogel schwebt und allein von Gott
im Gleichgewicht gehalten wird [60]. Einig sind sich alle Autoren – explizit wie
Diodor, Johannes Chrysostomus und PsEustathius[61] oder implizit wie Theodor
und Jakob[62] – daß es nur zwei und nicht noch weitere Himmel gibt. Theodoret
widmet sich in der »Εῖς οὐρανὸς ἢ δύο εἰσίν;« überschriebenen Quaestio 11 seines Oktateuchwerkes diesem Thema und entkräftet Wendungen der Schrift, die
auf mehr als zwei Himmel hinzuweisen scheinen, durch Beobachtungen zum
Umgang der Schrift mit der Sprache. Allerdings geht er – bewußt? – auf 2Kor.
12,2/4 nicht ein:

> »Obwohl die Schrift lehrt, daß ›im Anfang Gott Himmel und Erde schuf‹,
> und sodann sagt, daß nach der Erschaffung des Lichts am zweiten Tag das
> Firmament entstand, macht die Fragerei der Wißbegierigen den großen
> Unverstand offenkundig. Denn man muß sowohl aus dem Zeitpunkt als doch
> auch aus der Art des Schöpfungsvorgangs den Unterschied erkennen: der eine
> (Himmel entsteht) nämlich vor dem Licht, der andere nach dem Licht; und
> der eine ist aus nichts, der andere aus Wassern. ›Es werde‹, sagt er [sc. Moses]

---

57   Jakob von Saruq hex. nach JANSMA 17; JANSMA schließt daraus, daß sich das Licht jenseits
     des ersten Himmels befindet; vielleicht ist auch an eine Stufung zwischen Wasser und
     Licht innerhalb der Zone zwischen Firmament und erstem Himmel gedacht (vgl. »wei-
     ter oben«). Das Problem besteht darin, daß diese Region geistiger Natur ist (vgl. JANSMA
     18), das Wasser hingegen materiell gedacht ist.

58   Jakob von Saruq hex. nach JANSMA 17.19, vgl. Diodor Gen.: Collect.Coisl. nr. 43bis
     (CCG 15,43 PETIT), WOLSKA-CONUS, Geographie 174.

59   Jakob von Saruq hex. nach JANSMA 18f.

60   Jakob von Saruq hex. nach JANSMA 19. Daß die Hiobstelle im Hintergrund steht, kann
     man aus ihrer Verwendung bei Kosmas top. 7,87 (SC 197,149/53 WOLSKA-CONUS) in
     diesem Kontext schließen.

61   Diodor Gen.: Collect.Coisl. nr. 43bis (CCG 15,43 PETIT), ebd. nr. 16 (CCG 15,17 P.),
     Joh. Chrysostomus Gen.hom. 4,3f (PG 53,42), vgl. Hebr.hom. 14,1 (PG 63,108/11), 27,4
     (PG 63,189), PsEustath. hex. (PG 18,712A/C).

62   Theodor syr. Gen.frgm. fol. 20b.23a (2.7f SACHAU).

nämlich, ›ein Firmament in der Mitte des Wassers, und es sei trennend mitten zwischen Wasser und Wasser‹. Sodann sagt er, daß das Wort Wirklichkeit wurde, das zeigt nämlich das ›Und so geschah es‹ an. Er lehrt auch, wie es entstand: ›Es machte‹, sagt er nämlich, ›Gott das Firmament, und Gott trennte mitten zwischen dem Wasser, das unter dem Firmament war, und dem Wasser oberhalb des Firmaments. Und Gott nannte das Firmament Himmel‹. Der vorherige Himmel aber wurde nicht Firmament genannt, sondern Himmel aus dem Anfang bezeichnet. Denn jener [sc. der zweite Himmel] nahm die Bezeichnung aus dem Vorgang selbst her, da er aus der flüssigen Wassersubstanz entstand und die fließende Natur ganz dicht wurde und als hartes Firmament bezeichnet wurde. Sodann wurde er zusätzlich, da er sich oben befindet und für uns den Zweck des früheren Himmels erfüllt, Himmel genannt. Zweifach aber teilte die Wassernatur der Gott von allem ein. Das eine setzte er über das Firmament, das andere ließ er unten, damit das sich oben befindende durch Feuchtigkeit und Kälte dem Feuer der Lichter wehre, das Firmament zu beschädigen, damit aber das unten verbliebene (Wasser) durch Verdunstungen die Luft speise, die durchnäßt ist [63] und die durch das sich oben befindende Feuer austrocknet [64]. Wer demnach dem zweiten Himmel mißtraut, geht außerhalb des geraden Weges. Und wer noch mehr zu zählen versucht, folgt Mythen und verachtet die Lehre des göttlichen Geistes. Im Plural aber nennt die göttliche Schrift die Himmel, wenn sie sagt ›die Himmel der Himmel‹ [Ps. 148,4], da die Sprache der Hebräer weder den Himmel noch das Wasser im Singular zu bezeichnen weiß. Zahlreiches dieser Art könnte man auch in der griechischen Sprache finden. Keiner bezeichnet nämlich Athen im Singular, sondern Ἀθήνας‹ im Plural, und ebenso die Stadt der Delphen nennt keiner ›Δελφόν‹, sondern ›Δελφούς‹ im Plural. Also sagt die göttliche Schrift nicht ›Himmel der Himmel‹, als ob es sehr viele Himmel gibt, sondern weil sie die Eigenart der hebräischen Sprache beachtet. Denn in einem anderen Psalm lehrt sie uns dies deutlicher und läßt die Eigenart jener Sprache unberücksichtigt und sagt ›Der Himmel des Himmels ist dem Herrn‹ [Ps. 113,4], so daß klar ist, daß, wie dieser Himmel für uns Dach ist, die Erde aber Boden, so der sichtbare Himmel als Dach den darüberliegenden Himmel hat« [65].

Nur PsKaisareios bietet ausnahmsweise eine etwas anders angelegte Theorie zur Anzahl der Himmel. Das Grundmodell zweier Himmel über einer flachen

---

63   Das griechische Wort ist im Text verderbt, für die Übersetzung ist διυγραινόμενον angenommen. Inhaltlich geht es ohne Zweifel um die ἀτμίς.

64   Gemeint ist die Feuersphäre unterhalb des Firmaments.

65   Theodoret Gen.quaest. 11 (13,14/15,10 FERNÁNDEZ MARCOS/SÁENZ-BADILLOS). Ähnliche Überlegungen zu den Eigenheiten der hebräischen Sprache gibt es auch bei Joh. Chrysostomus Gen.hom. 4,3f (PG 53,42).

Erde teilt er zwar mit den anderen Autoren der antiochenischen Richtung, wie
insbesondere die Exzerpte aus Severian zeigen, welche die mit Jes. 40,22b belegte
Halbkugelform des Himmels, den freien Lauf der Sonne des Nachts im Norden,
die Entstehung der Jahreszeiten [66], die Existenz der oberhimmlischen Wasser
zur Abkühlung und Lichtreflexion [67] und das Verhältnis der beiden Himmel
betreffen [68]. Sie sind durch eigene und vielleicht auch durch Ausführungen noch
nicht identifizierter Autoren ergänzt, etwa noch einmal zur Beschaffenheit der
beiden Himmel [69], zur Gefährdung des Firmaments durch das Feuer [70] oder
zum Thema der Behinderung des Gestirnlaufes durch Wind[71]: Jes. 51,6 (Rauch)
wird auf den oberen Himmel bezogen, Jes. 40,22b auf das Firmament, das im
übrigen als Kristall aufgefaßt wird[72]; ferner wird die Frage nach der Möglichkeit
eines Abflusses der oberhimmlischen Wasser beantwortet [73]. Aber PsKaisareios
läßt darüberhinaus die Frage vortragen, ob es über dem Firmament noch eine
Vielzahl von Himmeln gibt, die er folgendermaßen beantwortet:

> »Die Zahl der Himmel hat keiner der inspirierten Männer jemals angespro-
> chen außer dem erhabenen Paulus, der erklärte, bis zum dritten Himmel
> gelangt zu sein, ohne jedoch damit ihre Zahl festzusetzen. Denn mit der
> Aussage ›entrückt bis zum dritten Himmel‹ deutet er durch die Konjunktion
> ἕως [bis] an, daß (noch) andere als die drei sich darüber befinden. Und
> David, der Sänger des Göttlichen, sagt: ›Lobt den Herrn von den Himmeln
> her‹ [Ps. 148,1]. Und die Heiligen um Ananias sagen[74]: ›Lobt den Herrn, ihr
> Himmel des Herrn‹ [Dan. 3,59], wobei beide durch (Eingebung des) Geistes
> die Zahl verschweigen. Denn was nützt es, daß wir den obersten und der
> Zahl nach höheren Himmel erkennen wollen, wenn wir nicht einmal mit
> Denken zum ersten (Himmel), d.h. dem über unserem Kopf, hinaufsteigen,
> weil wir durch die Materie beschwert sind und das Denkvermögen durch
> die Affekte geschwächt haben[75] und nach dem trachten, was unten ist und
> am Boden liegt«[76].

---

66   PsKaisareios erot. 97/9 (GCS PsKais. 74/6 RIEDINGER), vgl. 69,20/30 (59 R.): hier wird
     die Kugelform abgelehnt.
67   PsKaisareios erot. 72 (GCS PsKais. 61 RIEDINGER).
68   Ebd. 64 (55 RIEDINGER).
69   Ebd. 90 (69f RIEDINGER).
70   Ebd. 104 (79f RIEDINGER).
71   Ebd. 105 (80 RIEDINGER).
72   Ebd. 65f (56 RIEDINGER).
73   Ebd. 91 (70f RIEDINGER).
74   Im Text steht φησίν statt φασίν.
75   Die Satzkonstruktion ist undurchsichtig.
76   PsKaisareios erot. 89 (GCS PsKais. 69 RIEDINGER).

Ob PsKaisareios dadurch, daß er die Möglichkeit einer unbestimmten Vielzahl
von Himmeln zuläßt, auf das Problem der Lokalisierung der Planetensphären
verweisen will, läßt sich zwar nicht klar erkennen, aber es ist eher unwahrscheinlich, da die von ihm für denkbar gehaltenen weiteren Himmel offenbar über
dem Firmament lokalisiert werden und damit jenseits der Planetenzone liegen
dürften. PsKaisareios geht der Problematik der Plazierung des dritten Himmels
(des Paulus) anscheinend bewußt aus dem Weg, da er in einem aus Epiphanius'
ancoratus paraphrasierten Text, der sich mit der Frage beschäftigt, ob das Para-
dies im Himmel oder auf der Erde zu suchen ist, genau die Passage übergeht, die
erklärt, daß der dritte Himmel nicht ein Teil der Luft sein darf, sondern ein
eigener Himmel wie die beiden anderen sein muß; dazu fügt er aus eigener In-
itiative weitere Schriftstellen für seine Erklärung von 2Kor. 12,2/4 an [77]. Außerdem meldet sich das Bedenken, das Göttliche räumlich auf einen bestimmten
Ort innerhalb der Welt festzulegen, wie es ja durch die Ansiedlung des Reiches
Christi über dem Firmament geschieht [78].

Da der übergeordnete Zweck nicht klar ist, den PsKaisareios bei der Kompilation seines Werkes und der Anordnung der einzelnen Stücke verfolgt –
handelt es sich um ein Lehrbuch, eine Art »Katechismus« oder doch um
einen kommentarartigen Vortrag? –, muß offenbleiben, ob die nicht unmittelbar dem üblichen Schema des flachen Erdaufbaus entsprechenden Inhalte
auf die Disponiertheit des exzerpierten Materials zurückzuführen sind oder
im Ausstrahlungsbereich antiochenischer Kosmologie diskutiert worden sind.
Daß PsKaisareios selbst die Überlegungen vorangetrieben hat, also eigenständige Überlegungen beigesteuert hat, kann man bis zum Erweis des Gegenteils daraus schließen, daß für die betreffenden Stücke keine Vorlage identifiziert werden konnte.

Als weiterer wichtiger Bibelausleger und Vertreter der antiochenischen Richtung ist Prokop von Gaza zu nennen. Zwar gibt es einige Stellen in Prokops
GenCom., die das sphärische Weltbild anklingen lassen, doch beruht dies nur
auf seiner Kommentartechnik, die auf der Grundlage seiner vorher gemachten
Sammlung aller ihm zur Verfügung stehenden früheren Auslegungen erfolgt,
ohne abweichende Meinungen zu verschweigen. Er selbst steht jedoch deutlich
in der antiochenischen Tradition. Da seine umfangreichen Ausführungen zu
Gen. 1,6/8 alles frühere inhaltlich berühren und aus der antiochenischen Sicht
zusammenfassen, sollen sie im folgenden ganz zitiert werden. So schreibt er:

---

77 Ebd. 160f (GCS PsKais. 140f R.), ansonsten teilt er die Position des Epiphanius anc. 54.
    Die Position der Gegner des Epiphanius, welche die Luft in drei Teile gliedern, gleicht
    der des Gregor von Nyssa, der das ganze Sichtbare gedrittelt hat (vgl. o. S. 277).
    PsKaisareios erot. 183 (158 R.) berührt die Problematik des dritten Himmels nicht.

78 Ebd. 162 (141f R.). Die Verknüpfung der Paradies-Himmel-Problematik mit der der
    (Un-)Lokalisierbarkeit des Göttlichen erfolgt über Lk. 23,43.46.

[Zu Gen. 1,6] »Einige sagen, dies sei nicht die Entstehung eines zweiten Himmels, sondern die genaue Erklärung dessen, was zu dem vorherigen (Himmel) in Kürze gesagt wurde. Jedoch gab die Schrift sowohl einen anderen Namen als auch einen eigenen Nutzen für den zweiten an. Und auf andere Weise: Wiederholungen der Schrift bedeuten keinen Widerspruch, sondern nur eine Erklärung und Ergänzung des Übergangenen. Aber ist es nicht ein Widerspruch, wenn der eine am Anfang mit der Erde und dem, was mit beiden gemeinsam existiert, entstand, so daß nichts vor ihm wurde, der andere aber am zweiten Tag entsteht und in der Mitte der Wasser seinen Platz hat? – so daß klar ist, daß er in der Mitte dessen, was vorher entstand, errichtet wurde. Niemand aber soll sagen, daß seine Entstehung überflüssig war. Einerseits, weil er einen nicht kleinen Teil Wasser auf seine Rückseite nahm und passend für das, was hochgehoben wurde, eine Sammlung an einem Ort bewirkte, so daß die Erde davon befreit wurde und zum Wohnen zu benutzen ist, andererseits aber – da der erste (Himmel) einen unmäßigen Abstand zu den Dingen auf der Erde einhält, so daß die Sicht auf ihn nicht möglich war – weil er mit Recht in der Mitte hinzukam und diesem (Abstand) das rechte Maß gab. An ihn sollten auch die Lichtträger gesetzt werden und in maßvollem Abstand in rechter Weise für die Dinge auf der Erde wirken. Denn wenn jetzt die Sonne weiter entfernt ist und eine schwächere Ausstrahlung hat, so daß sie unsere Gegend in schwächerem Licht und in Kälte zurückläßt, was muß man (erst) sagen, wenn sie im ersten Himmel plaziert wäre? Die Erde wäre unbewohnbar, so wie jetzt ihre kalten Zonen es sind.

Jemand könnte sagen, auch im Hinblick auf die Zukunft passe die Verfertigung des Entstandenen. Gott wollte nämlich einen zweifachen Zustand [κατάστασις] der Schöpfung schaffen, den einen wandelbar und vergänglich, wie jetzt der gegenwärtige ist, mit Wandelbarem für die Meinungen und Verstandesmäßigem und Geistigem, das nicht auf natürliche Weise vergeht; der andere frei von den gegenwärtigen Übeln, wobei Christus diesen gemäß dem Heilsratschluß [οἰκονομία] beginnt. An ihm [sc. Zustand] möchten wir alle Anteil haben nach seiner glorreichen zweiten Ankunft. Für den gegenwärtigen Zustand nun ist als Aufenthalt der Platz, an dem wir jetzt sind, geeignet, der Raum zwischen Erde und Firmament; für den zukünftigen und göttlicheren das Leben im Himmel in Unwandelbarkeit dort, wo auch Christus gemäß dem Heilsratschluß eingesetzt ist, wie der selige Paulus sagt ›damit wir eine starke Zuversicht hätten, um als Rettungssuchende nach der vor uns liegenden Hoffnung zu greifen. Wir halten sie fest als zuverlässigen und festen Anker der Seele, der «hineinreicht bis ins Innere des Vorhangs» [Lev. 16,2.12]. Dort hinein ist als Vorläufer für uns Jesus gegangen, der Hoherpriester geworden ist «nach der Ordnung Melchisedeks» [Ps. 109,4]‹ [Hebr. 6,18/20]. Dabei nennt er ›inneren Vorhang‹ den Ort über dem Himmel. ›Hoherpriester‹ aber nennt er Christus als ersten dieses Zu-

standes. Wir werden nämlich mit ihm mit den unsichtbaren Kräften sein,
wenn wahr ist: ›denn sie sind engelgleich und Söhne Gottes, da sie Söhne
der Auferstehung sind‹ [Lk. 20,36[79]]. Und Paulus sagt: ›Wir werden in Wolken
entrückt werden in die Luft zur Begegnung mit dem Herrn, und so werden
wir immer mit dem Herrn sein‹ [1Thess. 4,17]. Deshalb gibt es für zwei
Zustände verschiedene Orte. Und der Himmel, der jetzt den Platz des Da-
ches einnimmt, wird anstelle des Bodens treten. Denn der erste ist wie ein
Himmel des Himmels. Auch David sagt ja: ›Der Himmel des Himmels ist
dem Herrn, die Erde aber gab er den Menschen‹ [Ps. 113,24]. So beschaffen
ist nun der zukünftige Zustand der Heiligen. Daher nennt die Schrift diesen
Zustand auch Himmelreich.

Die Bezeichnung ›Himmel‹ paßt zwar vornehmlich auf den ersten, von
der Ähnlichkeit her aber eigentlich eher zum sogenannten Firmament. Ein
einziger Himmel ist es, sagt er; daß Wasser über ihm ist, spricht David aus,
wenn er sagt: ›Der den Himmel wie eine Haut ausspannt, der in den Wassern seine Obergemächer befestigte‹ [Ps. 103,2f]. Wenn es also heißt ›Die
Himmel verkünden die Ehre Gottes‹ [Ps. 18,2] und ›Gott schuf die Himmel‹ [Ps. 95,5] und ›Vater unser in den Himmeln‹ [Mt. 6,9], darf man nicht
glauben, daß diese sogenannten Himmel über dem Firmament sind, sondern daß sie sich unter ihm befinden, da der ganze Raum zwischen Erde
und Firmament Himmel genannt wird und wegen der Höhe in mehrere
Himmel eingeteilt wird. Daher heißt es auch ›Vögel des Himmels‹, das heißt
der Luft. ›Und der Vogel Storch‹, sagt Jeremia, ›ist im Himmel‹ [Jer. 8,7].
Derart ist auch ›Sie steigen auf bis zu den Himmeln‹ [Ps. 106,26]. Und Moses
segnete den Stamm Joseph richtigerweise von den Perioden des Himmels
und des Taus her und von den Sonnenwenden und Mondumläufen und
den Gipfeln der Berge und der ewigen Hügel her, da der Raum um die
Erde durch die rechte Ordnung darin gelenkt wird [Dtn. 33,13]. Aber auch
in den Flüchen gegen Israel sagt er: ›Der Himmel über deinem Haupte werde
Erz‹ [Dtn. 28,23] und zeigte so die völlige Austrocknung und das Versiegen
der Wasser aus der Luft an. Wenn er also sagt, daß aus dem Himmel der
Tau kommt, müssen wir an die Wasser denken, die auf die Anordnung hin
den oberen Platz innehaben, der Himmel genannt wird. Paulus aber sagt,
er sei in den dritten Himmel entrückt worden [2Kor. 12,2/4], als er ins Pa-
radies entrückt war [80], das, wie Moses dargetan hat, unterhalb des Firmaments angesiedelt ist. Daß es sich aber in die Höhe erstreckt, bezeugt
Ezechiel, der es ›Berg Gottes‹ nannte [Ez. 28,14.16]. Ein einziger Himmel
also ist das Firmament.

---

79   Nicht Mk. 12,25, wie MIGNE 65[41] angibt.
80   Was hier als ein einziger Vorgang verstanden wird, sind bei PsKaisareios zwei.

Und die einen sagen, seine Substanz sei unklar, auch wenn es aus Wassern zu sein scheine nach der üblichen Deutung. Die anderen aber nehmen an, daß es tatsächlich aus Wasser sei, wobei Gott (es) erstarren ließ. Die einen sagen, es sei einfach irgendein Teil [sc. des ursprünglichen Wassers], die anderen, gerade ein Drittel Wasser; von den übrigen zwei Teilen sei der eine in der Erde, der andere über dem Firmament, woher auch der hebräische Name *šmjm* komme, was erstarrtes Wasser anzeigt. [[Da der uns zugewandte Teil kugelförmig ist, nehmen einige an, auch seine äußere Oberfläche sei derart, wobei (das Wasser dort oben) nicht wie sichtbares Wasser sein könne, denn dieses fließt abwärts und bewegt sich zu Vertiefungen hin. Dem widersprechen andere (und sagen), daß nichts hindert, daß die Oberfläche dessen, was innen rund, außen flach ist. Als Beispiel dafür führen sie Gewölbe und die Decke von Höhlen an]] [81]. Wenn er aber nicht als Kugel gemacht ist, bewegt er sich nicht, auch nicht im Kreis, sondern ist wie die Erde in der Mitte der Wasser befestigt, wobei er das Wasser über sich in unbeweglichem Zustand hochhält. Wenn aber jemand das ›unterhalb des Himmels‹ in ein Verständnis preßte ›unterhalb der Halbkugel‹, muß das ›Es möge sich das Wasser unterhalb des Himmel sammeln‹ von beiden sogenannten Halbkugeln verstanden werden, damit wir bedenken, daß nicht nur unter dem uns sichtbaren, sondern auch unter dem anderen (Himmel) Meere sich sammeln [82]. Daß aber die ganze Erde auf Wasser ruht und kein Teil unter der Erde ohne Wasser ist, wie es über der Erde zu beobachten ist, ist klar.‹ … dem nämlich‹, sagt er, ›der die Erde auf dem Wasser festmachte‹ [Ps. 135,6]. ›Und er gründete sie auf Meere, und auf Flüssen machte er sie zurecht‹ [Ps. 23,2]. Nur das uns zugewandte Gesicht der Erde also darf man heraushören in dem Satz ›Es sammle sich das Wasser unterhalb des Himmels an einem Ort‹ [Gen. 1,9]. Und allein den über uns sichtbaren (Himmel) darf man als Himmel

---

81 Der hier eingeklammerte Teil ist, wie Petit: TEG 1,37 erkennt, ein Resumée von Basilius hex. 3,4 (SC 26²,202/4 Giet).

82 Dies ist die einzige Passage, die man dafür anführen könnte, daß Prokop zumindest partiell ein Anhänger der Meinung sei, das Universum sei kugelförmig: so Wolska-Conus, Geographie 179. Doch dies ist falsch. Es geht nur um die Frage, ob die Oberfläche des Firmaments wie seine Unterseite halbkugelförmig ist oder nicht. Prokop entscheidet sich offenbar für die zweite Lösung. Mit den beiden Halbkugeln sind nichts weiter als die Schale des ersten und die des zweiten Himmels gemeint, die beide jeweils Wasser unter sich haben. Im Gegenteil ist Prokop überzeugter Anhänger des flachen Weltbildes, wenn er zuvor sagt: »Wenn er [sc. der zweite Himmel] aber nicht als Kugel gemacht ist [da er oben eben ist], bewegt er sich auch nicht im Kreis« (vgl. auch die Fortsetzung). Fragen kann man, ob die Form der Halbkugel einen Kompromiß zwischen sphärischem Verständnis und dem zylindroiden Gebilde der Antiochener darstellen soll, aber diese Form ist gleichfalls traditionell, wie Akakios zeigt (vgl. o. S. 278f). Auch die von Wolska-Conus angeführte Stelle aus Prokop JesCom. (PG 87,2365AB) ist schwerlich für Prokops Sympathie für das sphärische Modell anzuführen.

ansehen, dem es zukommt, daß die bewohnte Erde [οἰκουμένη] darunterliegt;
wir glauben aber, daß es unter der Erde keine andere bewohnte Erde
[ἀντοικουμένη] gibt. Denn hätte Christus sich dort aufgehalten, wäre dort
auch das übrige oder ähnliches wie bei uns geschehen, Adam, die Schlange,
oder etwa die Sintflut. Beim Wasser unter der Erde aber ist unklar, ob es
durch die Kraft Gottes aufgehängt oder vom Wind getragen wird.

›Firmament‹ aber, sagen sie, werde der Himmel genannt, entweder weil
er aus der weichen Wassernatur erstarrte, oder im Unterschied zur Natur
dessen, was sich darüber befindet, das fein und dünn und für keine Wahrnehmung faßbar ist. Das ›in der Mitte des Wassers‹ aber zeigt die gleiche
Einteilung der Wasser auf beiden Seiten an. Denn er sagt: ›Es trenne mitten
zwischen Wasser und Wasser‹. Man muß aber darauf achten, sagen sie, daß
die Anordnung des Seienden zum Zweck der Belehrung der unsichtbaren
Naturen erfolgte. Diese sollten durch das Entstandene den Schöpfer kennen-
lernen, und diese [sc. Engel] sollten auch uns, die wir danach entstanden,
lehren. Denn nach dem seligen Paulus dienen die göttlichen Ratschlüsse zu
unserer Rettung. Damals nämlich machte er nach der Erschaffung der ersten
(Dinge) aus dem Nichts das Licht, damit sie [sc. die Engel] erkennen sollten,
daß auch sie selbst hervorgebracht wurden und die ersten mit ihnen entstandenen Schöpfungswerke. Und ebenso ordnete er an, daß am zweiten Tag
ein Himmel nach dem Vorbild des vorherigen entstehe, daß[83] sie erkennen,
daß der erste und das mit ihm (Entstandene) in derselben Weise entstand.
Denn er machte den zweiten der Natur nach dem ersten ähnlich. Daher wurde
er auch Himmel genannt, auch wenn der eine aus Seiendem, der andere aus
Nichtseiendem entstand. Dies nämlich bewirkte keinen Unterschied in der
Natur. Denn die Ähnlichkeit lieferte den Beweis, daß dieselbe Kraft das Sei-
ende in Substanz verändert und eine andere (Substanz) aus Nichtseiendem
macht[84]. Denn auch jene [sc. Substanz des zweiten Himmels] entstand aus
einem nicht derartig Seiendem. Das ›Und Gott machte‹ wurde zur Betonung
dessen gesagt, daß der eine, der anordnet, kein anderer ist als der, der ausführt. Die meisten aber, wie gesagt, sagen, daß das ›Gott sprach‹ nicht zur
Belehrung der vernünftigen Kräfte geschieht, sondern zur Offenbarung des
Eingeborenen. Darum also wurde nicht gesagt ›Es entstand das Firmament‹,
sondern ›Und Gott machte das Firmament‹. Und ebenso: ›Gott trennte‹. Das
›Es werde das Firmament‹ ist die Stimme der unmittelbaren Ursache; das ›Er
machte das Firmament‹ Zeugnis der wirkenden und schaffenden Kraft.

Das Firmament also trennte mitten zwischen Wasser und Wasser. Denn
die Ausschüttung der Wasser war grenzenlos, so daß sie das Verhältnis zu

---

83 Die Beziehung des Satzes ist nicht klar; wahrscheinlich ist der Textanschluß »ὃς καὶ ...«
    in dieser Form verderbt.
84 Die Satzkonstruktion des Textes ist unklar.

den anderen Elementen überschritten. Daher wurde auch ›Abyssos‹ gesagt. Denn da für das All die Feuersubstanz, die dem Wasser entgegengesetzt ist mit der Folge gegenseitiger Vernichtung, notwendig war, stellte Gott im Vorherwissen, daß nicht das wirkmächtigere Feuer die Wassernatur zerstöre und Anlaß für die Auflösung des Alls gibt, eine derartige Natur des Feuchten auf, daß sie bis zu den festgesetzten Grenzen des Gebildes des Kosmos in allmählicher Auflösung der Kraft des Feuers widersteht. Es wird auch geschehen, wenn [85] alles durch das Feuer ausgedörrt wird, wie Jesaja sagt: ›Der zum Abyssos sagt «Du wirst Wüste werden, und alle deine Flüsse trockne ich aus»‹ [Jes. 44,27]. Deswegen also gibt es die Menge der Wasser. Weshalb aber wurde auch über das Firmament die Hälfte des Wassers hinaufgebracht? Deshalb, weil er anordnete, daß die Lichtsubstanz, ich meine die der Sonne, des Mondes und der Sterne, die feurig und viel ist, ihre Bewegung am Firmament vollziehe. Es entspricht der Natur des Feuers, die kristallartige und aus Wasser verfestigte Substanz, welche die des Firmaments ist, zu schmelzen und aufzulösen [86]. Damit dies nicht mit dem Himmel geschehe, hat er ihm notwendigerweise eine so große Wassernatur darübergelegt, daß sie bestimmt war, ihn zeitlos [ἀκαίριος [87]] zu erhalten. Auf diese Weise gefiel es Gott, ihn zu bewahren, auch wenn er allein durch den Willen dies hätte tun können, wie auch den ersten Himmel. Denn auch unser Fleisch könnte er ohne Nahrung erhalten und bewirken, daß es im selben Zustand bleibt, was er auch im zukünftigen Äon bewirken wird. Die oben befindlichen Wasser bewahren nicht nur den Himmel, sondern schicken auch die Flamme der Sonne und des Mondes nach unten, denn wenn der Himmel durchsichtig wäre, liefe der Glanz vollständig nach oben, denn das Feuer bewegt sich nach oben. Also wurde er durch die oberen Wasser verdichtet, so daß er den Glanz umlenkt, um ihn nach unten zu senden« [88].

Neben der Alternative, den Wind als Fundament der Erde für möglich zu halten, fällt gegenüber den Vorgängern, die das antiochenische Weltbild teilen, auf, daß Prokop eine Erklärung für die Zuordnung der verschiedenen Himmel, besonders den dritten des Paulus, übernimmt, die schon Gregor von Nyssa in etwas anderem Kontext vorgeschlagen hatte und die vermutlich in irgendeiner Form auch die bei Epiphanius kritisierten Personen geteilt hatten, die PsKaisareios, der dies referiert, aber übergangen hat: Nicht nur die Himmel, welche die Erde begrenzen, sondern auch die Luft, so wird erkannt, wird in der Bibel so bezeich-

---

85   Oder ὅτε = ὅτι.

86   Die Satzkonstruktion des Textes ist nicht ganz deutlich.

87   Wahrscheinlich ist doch gemeint: ewig.

88   Prokop GenCom. (PG 87, 64C/72D). Es folgt noch eine Kritik allegorischer Deutungen der Wasser.

net. Die Herkunft des Taus wird im übrigen nicht mehr wie bei Severian im oberhimmlischen Wasser, sondern in der Luft gesucht. Sieht man von diesen Weiterentwicklungen ab, bietet der Prokoptext zu Gen. 1,6/8 die ausführlichste Darstellung des antiochenischen Weltbildes im Rahmen einer Hexaemeron- resp. Genesisauslegung vor J.Ph.

Übertroffen wird Prokop nur noch von Kosmas Indikopleustes. Bei ihm präsentiert sich das flache Weltbild der Antiochener in geschlossenster Form. Er greift zwar die Themen der kosmologischen Partien der Hexaemeron-auslegung seiner Schulvorgänger auf, löst sich aber von der reinen Kommen-tierung des Schöpfungsberichts. Kosmas legt mit seiner »Christlichen Topogra-phie« einen Gesamtentwurf vor, der alle Bereiche und Gegenstände theologischer Betrachtung integriert: Heilsökonomie, Anthropologie, Christologie und Escha-tologie sind auf der Grundlage einer die gesamte Bibel einbeziehenden Exegese mit Kosmologie, Astronomie und Geographie eine organische Verbindung einge-gangen. Der von Kosmas für seine Schrift gewählte Titel »Christliche Topogra-phie« ist Programm und Zielrichtung: Sein Entwurf richtet sich gegen die Ver-treter eines sphärischen Weltbildes. Da Anhänger der Kugelgestalt der Welt für Kosmas die heidnischen Philosophen sind, kann demzufolge auch der Christ, der sie vertritt, nur zu den Heiden gerechnet werden, selbst wenn er seine Christlichkeit beteuert. Gegen solche Pseudochristen gilt es eine wahrhaft »christ-liche Topographie« zu entwickeln, die zeigt, daß die in der Schrift niedergeleg-ten mosaischen Lehren inkompatibel zur heidnischen Naturphilosophie sind [89]. Daher ist auch die Beschäftigung solcher Personen mit Astronomie eo ipso unchristlich [90]. Wie WOLSKA und SCHLEISSHEIMER bereits gezeigt haben [91], ist J.Ph. der Kontrahent des Kosmas, gegen den er polemisiert. Da diese Kon-stellation bereits erkannt und von ihnen in genügendem Maße, wenn auch noch nicht in allen Details, aufgearbeitet ist, braucht dieses Thema daher an dieser Stelle zunächst nicht weiter ausgeführt zu werden. Im weiteren Verlauf dieser Arbeit wird sich noch die Gelegenheit bieten, an Einzelheiten diese Einschät-zung zu bestätigen und weiter zu vertiefen. Hier genügt es, die kosmologischen Grundvorstellungen unter Hervorhebung der Punkte ins Gedächtnis zu rufen, an denen die Ausführungen des J.Ph. einhaken werden.

Zentral ist bei Kosmas die Einteilung der Welt in zwei καταστάσεις sowohl in räumlicher als auch in zeitlicher Hinsicht: Räumlich sind es die Zonen unter- und oberhalb des Firmaments, zeitlich die Abschnitte Alter und Neuer Bund. Letzterer bricht mit Auferstehung und Himmelfahrt Christi an, der als erster Mensch mit seinem Leib den diesseitigen Zustand verläßt und in den Bereich

---

89 Kosmas top. 3,57 (SC 141,493/5 WOLSKA-CONUS), 7,89/92 (SC 197,157/61 W.) u.a.
90 Ebd. 9,4 (SC 197,207/9 WOLSKA-CONUS).
91 WOLSKA, Topographie, SCHLEISSHEIMER, Kosmas Indikopleustes, DERS., Glauben und Wissenschaft.

zwischen erstem Himmel und Firmament überwechselt. Da sich hier fortan sein Aufenthalt auf Dauer befindet, folgt daraus die Unzerstörbarkeit und Ewigkeit dieser Region zwischen den beiden Himmeln[92]. Menschen und Engel können erst am Ende der Zeit am Zustand dieser Zone teilhaben; beide befinden sich vorher unterhalb des Firmaments. Die Engel sind im obersten Drittel für die Bewegung der Gestirne zuständig[93]. Diesen Bereich der Engel hat Paulus nach 2Kor. 12,2/4 gesehen. Der Bericht von seiner Entrückung wird so erklärt, daß Paulus mittels der Rede vom dritten Himmel sagen wollte, er hätte zwei Drittel der Entfernung bis zum Firmament durchschritten und sei der Schau des letzten Drittels gewürdigt worden[94]. Damit wird also die Position der von Epiphanius bei PsKaisareios kritisierten Personen wiederholt. Weitere Himmel außer erstem und zweitem gibt es nicht[95], auch Sphären lehnt Kosmas ab, weil er solche Körper, die für ihn einen dichten Stoff besitzen, nirgendwo unterbringen kann[96], da die Bewegungen der Planeten, wie der Augenschein lehrt, nicht nach den Gesetzen der Umdrehung einer Kugel erfolgen und weil in der Bibel Phänomene wie der Stillstand der Sonne (Jos. 10,12/5) beschrieben werden, die mit diesem Modell für ihn unerklärbar sind[97]. Nur mit Hilfe der durch Engel gesteuerten freien Beweglichkeit der Gestirne im Raum können sie für Kosmas verstanden werden[98]. Die Form des Himmels und des Firmaments, das allein von beiden für die Menschen sichtbar ist, findet Kosmas wie gewöhnlich mit Jes. 40,22b ausgedrückt: καμάρα bezieht sich auf den ersten, σκηνή auf den zweiten Himmel[99]. Beide besitzen untereinander ὁμοιότητα τῷ εἴδει, sind jedoch σχήματι voneinander unterschieden[100]. Die Erde bedarf keiner Unterstützung, sondern ist durch die Kraft Gottes unbeweglich im Nichts aufgehängt. Diese Vorstellung basiert auf der Beobachtung von der Erde als dem schwersten der vier Elemente und macht den früheren Spekulationen ganz wie bei Jakob von Saruq in

---

92 Kosmas top. 7,60/2 (SC 197,117/21 WOLSKA-CONUS)

93 Ebd. 5,247 (SC 159,359 WOLSKA-CONUS), 7,48/59 (SC 197,107/17 W.)

94 Ebd. 3,61 (SC 141,499 WOLSKA-CONUS), 5,220 (SC 159,331 W.), 7,9 (SC 197,65 W.), 9,15.17f (SC 197,223/7 W.); die von Kosmas aus Joh. Chrysostomus' Kommentar zum Hebräerbrief entlehnte Stelle in top. 10,51 (SC 197,291 W.) widerspricht allerdings seiner eigenen Konzeption.

95 Kosmas top. 2,21 (SC 141,325 WOLSKA-CONUS), die Schriftwendung »Himmel der Himmel« wird wie bei den antiochenischen Vorgängern erklärt.

96 Ebd. 7,87/92 (SC 197,153/61 WOLSKA-CONUS).

97 Ebd. 9 (SC 197,205/37 WOLSKA-CONUS), vgl. 3,59 (SC 141,495/7 W.).

98 Ebd. 8,15/25 (SC 197,185/95 WOLSKA-CONUS).

99 Ebd. 2,21 (SC 141,325 WOLSKA-CONUS). Ansonsten wird auch θόλος als Bezeichnung für den Himmel benutzt.

100 Ebd. 2,20 (SC 141,323 WOLSKA-CONUS). Wahrscheinlich stellt sich Kosmas daher das Firmament unten rund und oben flach vor. Die Zeichnungen von top. 4 geben keinen Aufschluß und sind möglicherweise später auch verändert worden.

der antiochenischen Schule über das Fundament der Erde ein Ende; als Beleg
dient naturgemäß Hiob 26,7, ferner Hiob 38,4/6 und Ps. 103,5. Dazu spielt Hiob
38,37f für die Form der Erde eine Rolle[101]. Genaue Angaben zur Größe der
Welt insgesamt macht Kosmas nicht, nur weiß er, daß die οἰκουμένη in Ost-
West-Richtung doppelt so breit ist wie in Nord-Süd-Richtung. Dieses Maßverhältnis wird mit der Länge und Breite des Bundeszeltes begründet. Die Beschreibung dieses Bauwerks in Exodus bildet bei Kosmas ein zentrales Dokument, auf
das hin und von dem her er sein Weltbild der zwei καταστάσεις entwirft[102].
Was bei Theodor in der Bundeszeltexegese noch mehr allegorisch aufeinander-
bezogen ist und vergleichshalber nebeneinander stehenbleibt, wird bei Kosmas
zur Grundlage der gesamten Kosmologie und aller ihrer Details. Zwar finden
sich zwischen Theodor und Kosmas viele Einzelheiten wie z.B. bei Gennadius
die Lokalisierung des Reiches Christi bzw. bestehen allgemeine Vorgaben und
Affinitäten theologischer, z.B. anthropologischer Ideen zur Schule von Nisibis,
wie WOLSKA festgestellt hat, aber niemand hat wie Kosmas sie in einen biblisch
begründeten Gesamtentwurf diesen Ausmaßes integriert.

B. DAS FIRMAMENT BEI J.PH.

I. Der Begriff στερεός

Das Wort στερέωμα läßt J.Ph. nicht daran zweifeln, daß das Firmament eine
στερεά oder στερέμνια οὐσία bzw. ein στερεὸν σῶμα ist[103]. Was aber bedeutet es für ihn naturphilosophisch, einem Körper στερεότης zuzusprechen, und
welche Konsequenzen sind daraus für die Eigenschaften des Firmaments zu
ziehen? J.Ph. weiß, daß der Begriff στερεός in der philosophischen Tradition
auf doppelte Weise verwendet wird: er bezeichnet entweder die räumliche Ausdehnung bzw. die Dreidimensionalität eines Körpers (τριχῇ διάστημα), oder er
weist auf die Festigkeit eines Körpers hin, aufgrund welcher er anfaßbar (ἁπτός)
ist und Widerständigkeit (ἀντιτυπία) besitzt[104]. Die erste Bedeutung bezieht
sich auf die mathematische, die zweite auf die physikalische Eigenschaft eines

---

101 Ebd. 2,12/8 (SC 141,317/23 WOLSKA-CONUS).

102 Zu den Disharmonien zwischen Bild und Welt und der Kontamination Bundeszelt -
     Bundeslade vgl. WOLSKA, Topographie 118/20.

103 Opm. 3,5 (118,19f.25f; 119,1/5).

104 Euklid elem. 11,1 (4,2,2fHEIBERG) definiert: »Solide ist das, was Länge, Breite und Tiefe
     hat«; Heron Alex. def. 11 (4,22,15/21HEIBERG): »Ein solider Körper ist, was Länge, Breite
     und Tiefe hat, oder was drei Dimensionen besitzt. Ein mathematischer Körper ist also,
     wie gesagt, was nach drei Dimensionen Ausdehnung hat, Körper im allgemeinen aber,

Körpers [105]. Beide Begriffe haben eine lange Tradition, ohne daß sie mit einer bestimmten philosophischen Schule fest verknüpfbar sind. Zwar hat die mathematische Bedeutung ihre Heimat besonders im pythagoreischen Raum [106], von wo aus sie an Platon, die Akademie und Aristoteles vermittelt worden ist [107]; vor allem die Bezeichnung der ausgezeichneten kubischen Figuren Würfel, Pyramide und Dodekaeder als στερεὰ σχήματα hat Platon von Pythagoras übernommen und unter Verwendung auch der beiden anderen Formen Oktaeder und Ikosaeder auf seine Elementenlehre übertragen [108]. Bei demselben Platon

---

was nach drei Dimensionen Ausdehnung hat und Widerstand leistet. Begrenzt aber ist jeder solide Körper von Flächen und entsteht, indem eine Fläche sich von vorn nach hinten bewegt«. Vgl. J.Ph. MetCom. 41,25/8: »Als erstes ist zu untersuchen, was er jetzt στερεόν nennt, ob die Dreidimensionalität, die im Gegensatz zu Flächen στερεόν genannt wird, oder das Harte und auf Berührung nicht Nachgebende, wie auch Platon«.

105 Sextus Empiricus pyrrh. 3,7 [38/55] (1,143/9 MUTSCHMANN/MAU) kritisiert die physikalische Definition, benutzt aber nicht das Wort στερεός.

106 Vgl. Pythagoras: VS 58B24 (1,457,6 DIELS/KRANZ), 58B10 (1,449,1/8 D./K.); Speusipp nach Philolaos: VS 44A13 (1,401,16/9; 402,9/14 D./K.); ihrer bedienen sich Theon Smyrn. exp. (38,17/39,5; 111,19/22; 112,26/113,8 HILLER); Heron Alex. in seiner Vermessungslehre, z.B. metr. 2 prooem. (3,94,1/31 SCHÖNE) u.a., Pappos coll. 5,19 [33/8] (1,350,19/ 360,22 HULTSCH) u.a.

107 Vgl. Platon Philebos 51C, Theaith. 148B, pol. 528A/B, Tim. 32A, Aristoteles caelo II 4 286b23/33 (63f MORAUX).

108 Vgl. Pythagoras VS 44A15 (403,8/12 DIELS/KRANZ) und die Pythagoreer VS 58B1 (449,1/ 7 D./K.) mit Platon Tim. 55C; GILBERT, Theorien 159/76, EKSCHMITT, Weltmodelle 103/ 9, KRAFFT, Geschichte 336/8, HEIBERG, Geschichte der Mathematik 9. E.SACHS, Die fünf platonischen Körper = Philol. Untersuchungen 24 (Berlin 1917) bes. 1/7, will beweisen, daß in der Elementenlehre der Pythagoreismus von Platon abhängig ist; eine pythagoreische *Elementen*lehre mit Hilfe der στερεὰ σχήματα habe es nicht gegeben, vielmehr sei sie im Lichte von Platons Timaios interpretierter Philolaos; in Wirklichkeit habe Platons Freund Theaithet die regulären Körper als erster mathematisch konstruiert bzw. zwei als erster gefunden; die fünf ausgezeichneten mathematischen Körper Würfel, Pyramide, Oktaeder, Ikosaeder und Dodekaeder habe dann Platon auf die Elemente übertragen, vgl. P.MORAUX, quinta essentia: PW 24 (1963) 1171/1263, hier 1177f. (Theon Smyrn. exp. [97,13/6 HILLER] sagt hingegen, daß es nur vier einfache Körper gibt.) SACHS muß jedoch zugeben, daß bei den Pythagoreern vor Platon drei *Körper* (Würfel, Pyramide, Dodekaeder) bekannt waren. Damit ist unabhängig von der Kernthese zur Elementenlehre die vorplatonische Herkunft des mathematischen Begriffs στερεός für ausgezeichnete Körper sichergestellt.– J.Ph. aetm. 13,18 (531,22/537,22) referiert aus (namentlich nicht genannten) Kommentatoren, die eine Interpretation der fünf ausgezeichneten Figuren auf die Elemente anhand ihres Bewegungsverhaltens vertreten und den Dodekaeder mit einem fünften Element verbinden. Vor allem diese Beziehung des Dodekaeders zum Kosmos hat zur Deutung Anlaß gegeben. J.Ph. kennt eine Tradition, nach der Dodekaeder und Kosmos in Beziehung stehen, weil die Zwölfzahl der Fünfecke der Zwölfzahl der Zonen des Kosmos entspricht (vier Elemente, sieben Planetensphären, Fixsternsphäre). J.Ph. schließt sich ihr offenbar nicht an, weil er die neunte Sphäre akzeptiert.

findet sich aber auch die in der Folge häufig zitierte Stelle für die Bedeutung von στερεός als fest im Sinne körperlicher ἀντιτυπία [109]. Auch andere Autoren verwenden beide Bedeutungen nebeneinander [110]. Daher verwundert es nicht, daß J.Ph. ebenfalls mit beiden Begriffen arbeitet, ohne daß sich bei ihm im Laufe der Zeit ein Vermeiden des einen und ein Übergang zum anderen feststellen läßt.

In GenCorCom. ist στερεός in der physikalischen Bedeutung fest anzutreffen [111]. Dies gilt gleichfalls für AnCom.[112], wo jedoch στερεός auch im mathematischen Sinn benutzt wird [113]. Beide Begriffe kommen genau so in PhysCom. vor. Als J.Ph. die aristotelische Definition des Ortes (Ort ist die Grenze des Umgebenden) widerlegt und ihm seine Definition der räumlichen Erstreckung entgegenstellt und zeigen will, daß sie losgelöst vom Körper zu denken ist, bedient er sich der Worte Dreidimensionalität und στερεός wechselweise:

»Es kann aus sich selbst gezeigt werden, daß eine solche Ausdehnung [διάστημα] existiert, die gänzlich verschieden ist von den Körpern, die in ihnen sein können, zuerst durch das, was gerade gesagt wurde, ich

---

109 Tim. 31B: »Das Gewordene muß aber ein Körperliches, ein Sichtbares und Betastbares sein. Nun dürfte wohl nichts je ohne Feuer sichtbar noch ohne ein στερεόν betastbar werden, στερεόν aber nicht ohne Erde«. Vgl. Plotin enn. II 1 (40) 7 (1,154/ 6 HENRY/ SCHWYZER), Nemesius nat. 4 (45,6.14 MORANI), 5 (52,24/53,6 M.). J.Ph. MetCom. 41,25/8, GenCorCom. 58,12f: Die Erde ist betastbar und widerständig, das heißt στερεόν.

110 Vgl. Aristoteles pol. V 12 1316a8 (158,4/8 DREIZEHNTER) mit part.anim. III 1 664b2 (72 LOUIS); Nemesius (s. Anm. vorher) mit 5 (50,25/51,13; 52,12/4 MORANI); Simplicius CaelCom. 574,1/576,19 mit 285,5/7; beide Bedeutungen unmittelbar nebeneinander bieten Alkinoos did. 13 [168,21/6] (30 WHITTAKER) und mit Diskussion von »solidus« Macrobius somn. 1,14,22 (59,35/60,3 WILLIS). Den Übergang von der ersten zur zweiten Bedeutung haben anscheinend bereits Leukipp und Demokrit grundgelegt, die in die Definition eines Körpers zur Unterscheidung der mathematischen στερεότης vom κενόν die ἀντιτυπία mit aufgenommen wissen wollen: VS 67A7 (2,73,15/20 DIELS/KRANZ), VS 68A45 (2,95,23 D./K.).

111 GenCorCom. 58,12f; 67,20/2; 160,3/6.

112 AnCom. 427,31/430,38: diskutiert wird die Frage, ob στερεὰ σώματα einander berühren können, ohne daß Luft oder Wasser den unmittelbaren Kontakt verhindern.

113 AnCom. 56,3/57,2: es geht um die Frage, weshalb der Himmel kugelförmig ist. Genannt werden die Anschauungen Platons, Aristoteles' und Plotins: Aus Platon wird entnommen, daß die Kugel im Vergleich zu den ausgezeichneten kubischen Vieleckformen (στερεὰ σχήματα) innen das größte Volumen hat; Aristoteles steuert bei, daß der Himmel kugelförmig ist, weil dies zur ewigen Kreisbewegung paßt; Plotin sagt, daß die Kugelform den Nous nachahmt (vgl. Plotin enn. II 2 [14] 1 [1,158 HENRY/SCHWYZER], J.Ph. aetm. 13,2 [486,16/20]); στερεός als Begriff der räumlichen Ausdehnung auch in AnCom. 77,27/78,7 und 78,28/79,9.

meine nämlich die Ortsveränderung der Körper. Denn wie, sagen wir,
machen die Körper einander Platz? Wenn der sich bewegende Körper
keinen anderen Körper durchdringt, wenn er ferner keine Oberfläche
hat, sondern dreidimensional ist, stehen sich natürlich, wenn der sich
bewegende Körper die Luft an dem betreffenden Ort durchschneidet,
Luft und der sich bewegende Körper in gleichem Maßverhältnis zueinander. Da also das Maß gleich dem Messenden ist, muß, wenn die Luft
zehn Kubikellen ausmacht [δέκα πήχεις στερεούς], auch der Raum, den
sie einnimmt, ebenso groß sein. Dieser Raum wird also ebenfalls zehn
Kubikellen haben, den die Luft dem sich bewegenden Körper derselben
Größe übergibt. Dies aber war der Ort. Denn (Körper) machen einander Platz. Der Ort ist also etwas Kubisches [στερεόν τι ἄρα ὁ τόπος],
mit kubisch aber meine ich die dreidimensionale Ausdehnung [στερεὸν
δὲ λέγω τὸ τριχῇ διαστατόν]«[114].

Dennoch gebraucht J.Ph. στερεός in PhysCom. ebenso selbstverständlich
im Sinne von ἀντίτυπος[115], und mathematische wie physikalische Verwendung lassen sich auch in aetm. nachweisen[116].

Was bedeutet es aber, wenn στερεός vom Himmel ausgesagt wird? Beide
Bedeutungen haben hier gleichfalls einen Sinn: mathematisch nimmt der Be-
griff den Raum zwischen Erde und äußerer Begrenzung des Kosmos in den
Blick. So heißt es bei Achilles Tatios:

> »Die Kugel ist eine kubische Gestalt [σφαῖρά ἐστιν σχῆμα στερεόν], be-
> grenzt durch eine einzige Oberfläche, zu der von einem einzigen Punkt in-
> nerhalb der Kugel eine jede Gerade der anderen gleich ist. Dieser Punkt aber
> wird Zentrum genannt; dies ist die Erde«[117].

In diesem Sinn kann auch J.Ph. schreiben: »Der Dodekaeder[118] aber hat zum All
eine Zuordnung erstens, weil auch er beinahe eine Kugel nachbildet und das All

---

114 PhysCom. 568,1/14; im folgenden wird noch expliziert, daß der Ort auch Maßeinheit
     des Volumens (στερεόν) in ihm befindlicher Körper ist; vgl. 222,13/5.

115 PhysCom. 624,21; 664,15/7.

116 Aetm. 6,9 (151,8/10): feste Körper verhindern die Durchsicht, 13,18 (531,26/53,22) han-
     delt von den fünf στερεὰ σχήματα Platons; vgl. opm. 3,10 (140,5/10), c.Arist. frgm. 59
     bei Simplicius CaelCom. 88,28/89,26.

117 Achill. Tatios isagoge bis excerpta 5 (330 MAASS), der Abschnitt stellt eine Doppelung
     zu ebd. 1 (315 MAASS) dar; die Datierung ist unsicher, vielleicht 2./3. Jh.n.Chr. Ptolemäus
     synt. 5,16 (1,427,6f HEIBERG) spricht vom στερεὸν μέγεθος des Mondes, Heron Alex.
     stereom. 2,37 (5,116,22 HEIBERG) bezeichnet im mathematischen Sinn mit στερέωμα
     die Ausdehnung eines Gewölbes (die Übersetzung mit Mauermasse ist ungenau).

118 Einer der fünf στερεὰ σώματα Platons.

eine einzige στερεὰ σφαῖρα ist« [119]. Es liegt auf der Hand, daß die Suche nach Erklärungen für die Kugelförmigkeit des Himmels in AnCom., in deren Verlauf das Volumen der Kugelform als das größte relativ zu anderen Vieleckformen beschrieben wird, zur Bezeichnung des Himmels als στερεὸν σῶμα im Sinne seiner räumlichen Ausdehnung führt [120].

Ob dieser Gedanke an der Stelle in AnCom. weiterreichende Implikate beinhaltet, wie sie aus Simplicius bekannt sind, läßt sich nicht erkennen. Simplicius ist nämlich der Meinung, daß sowohl die äußerste kugelförmige Umgrenzung des Kosmos als auch die sich innerhalb befindenden Sphären nicht bloße übereinandergelagerte Schalen sind, sondern vollständige Kugeln, die sich gegenseitig durchdringen können, weil sie immateriell sind; er sagt:

> »Mich aber beleidigt es, wenn die Sphären nicht vollkommen wären, blo-
> ße Gewölbe [ἀψῖδας] und keine Kugeln [σφαίρας] wären und nicht bis
> zum Zentrum reichten. Aber es wird keine Verwandtschaft zwischen Zen-
> trum und Umgrenzung jeder Sphäre bestehen, wenn es nicht durch etwas
> ähnlich Geartetes mit ihr verbunden wäre. Ferner werden die Welten auch
> keine ausgedehnten Körper [στερεώματα] sein, sondern Gewölbe [καμα-
> ρώματα] [121]. Weshalb also hat er [sc. Porphyrius] die Worte gesagt: ›Der
> Vater hat sieben στερεώματα der Welten aufgerichtet‹?« [122]

An anderer Stelle schreibt Simplicius:

> »Es ist nichts Verwunderliches, daß der Ort ein mehr immaterieller Körper
> ist als ein mehr materieller Körper und der Natur nach höher als der niedere,
> wie es der Philosoph Proklos zur Sprache gebracht hat. Denn die berühmten
> Philosophen stimmen überein, daß die Himmel vollkommene Kugeln sind
> und bis zum Zentrum gefüllt sind. Es ist offensichtlich, daß die inneren in
> den äußeren sind, zum Beispiel die Mondsphäre in der des Merkur, diese in
> der der Venus usw. Aber auch die sublunaren Elemente, Lebewesen und
> Pflanzen befinden sich in allen, wenngleich sie mehr mit der Mondsphäre

---

119 Aetm. 13,18 (536,27/537,2). C.Arist. frgm. 59 bei Simpl. CaelCom. 88,28/89,26 spricht vom στερεὸν σχῆμα der Himmel. MetCom. 15,17f bezieht sich στερεός auf das Erdvolumen, vgl. dazu ähnlich die vielleicht im Umkreis des Theon von Alexandrien entstandenen »Prolegomena zur Syntaxis des Ptolemäus«: F. HULTSCH, Pappi Alexandrini collectionis quae supersunt 3 (Berlin 1878) XXI,13f: »τὸ στερεὸν τῆς γῆς«.

120 AnCom. 56,3/57,2.

121 Es ist nicht im letzten klar, wie στερεός gemeint ist; es könnte auch eine physikalische Eigenschaft gemeint sein, was nicht notwendig Materialität bedeuten muß: vgl. Simpl. PhysCom. 623,32/8: »ἄϋλα στερεώματα«.

122 Simpl. PhysCom. 616,29/35; im folgenden wird die Möglichkeit, daß immaterielle Körper – als solche sieht Simplicius die Himmel an – einander durchdringen, weiter expliziert.

verbunden sind, da sie ihr näher sind. Jede der umfassenden (Sphären) wird
also zum Ort für die umfaßte (Sphäre), eben weil sie sie umfaßt und in sich
aufnimmt und ihr ihre Lage zuweist. Deshalb sind sie folglich nicht im
Ganzen, sondern am Ort« [123].

Da sich J.Ph. in AnCom. nirgendwo in diesem Sinn äußert, muß offenbleiben, ob auch er zumindest in dieser Schrift die Sphären als ἄυλα σώματα versteht und wie er ihr Verhältnis zum fünften Element der an ihnen befestigten
Gestirne denkt. Später in opm. wird er die Ansicht des Simplicius nicht mehr
teilen können.

Selbst im Bereich der Hexaemeronexegese läßt sich die Verwendung von
στερεός als dreidimensional in bezug auf den Himmel beobachten: Nach Meinung Philos wird gegenüber der Schöpfung des Noëtischen der Kosmos aisthetos
mit στερέωμα als ausgedehnter Raum beschrieben [124]. Auch Origenes und
Eusebius verstehen στερεὸν σῶμα zunächst von der Grundbedeutung »dreidimensional« her, bringen es dann aber in bezug auf das Firmament schon mit
dem Begriff »fest« zusammen [125]. Hier besteht wie in der übrigen christlichen
Tradition weitgehend Übereinstimmung darin, die στερεότης des Firmaments
im physikalischen Sinn zu begreifen [126], sieht man von Basilius und Gregor ab,
die ausgerechnet Anhänger des Kugelmodells sind [127].

Entgegen den aus AnCom. und aetm. gewonnenen Eindrücken teilt J.Ph.
jedoch in opm. die antiochenische Auffassung, daß der Begriff στερέωμα physikalisch zu verstehen ist und die Härte des Firmaments anzeigt. Damit kommt
er zu einem anderen Urteil als Basilius, der zwar in der Frage der Kugelförmigkeit
des Himmels mit J.Ph. konform geht, aber die στερεότης nur relativ zur Feinteiligkeit der höher liegenden Körper begriffen und eine absolute Form von Härte
abgelehnt hat. Jedoch führen J.Ph. naturphilosophische Überlegungen zu dieser
Erkenntnis, und es gibt nicht wie bei den Antiochenern der Augenschein, der
durch Bibelzitate untermauert wird, den Ausschlag.

Die Ausführungen in c.Arist. und in MetCom. machen es deutlich. Beide
Male geht er davon aus, daß die Kugelgestalt der Gestirne wie die der Sphären
für die Dauer der Existenz des Kosmos angesichts der großen Rotationsgeschwin-
digkeit nur gewahrt werden kann, wenn es sich um ein στερεὸν καὶ ἀντίτυπον

123 Simpl. PhysCom. 643,18/26. Vgl. zur vollständigen Durchdringung noch 623,23/624,2.
124 Philo op. mundi 1,10 (1,11,5/14 COHN/WENDLAND).
125 Origenes GenHom. 1,2 (SC 27²,28 DOUTRELEAU): »Omne enim corpus firmum est et
     sine dubio et solidum«; Eusebius praep. ev. 11,6,19 (GCS 8,1²,16,13/6 MRAS/DES PLACES).
126 Vgl. o. S. 284f. Auch Severian creat.or. 3,6 (PG 56,455) ist sich offenbar über die ver-
     schiedenen Bedeutungen von στερεός im klaren, wenn er in bezug auf die Verfestigung
     der Wasser zum Firmament στερεός von στερεωθέν unterscheidet.
127 Vgl. o. S. 272/8.

σῶμα handelt, da weiche Körper wie Flüssigkeiten ihre Gestalt unter Außeneinwirkungen leicht verlieren, wiewohl sie ihre Kontinuität ohne Schwierigkeiten beibehalten können; umgekehrt heißt dies, wenn ein Teil eines festen Körpers aus ihm herausgebrochen wird, daß er als ganzer zerstört ist. Auf die Himmel übertragen bedeutet dies ihre Unveränderlichkeit bis zum Ende der Zeit[128], aber keineswegs ein fünftes Element, da auch Wasser in kristallierter und damit fester und dauerhafter Form auftreten kann[129]. Neben gefrorenem Wasser sind Glas und gewisse Steine Beweise für das gleichzeitige Auftreten von Durchsichtigkeit und Festigkeit[130], Beispiele, die in opm. zur Erklärung der Eigenschaften des Firmaments gleichfalls hinzugezogen werden. Damit hat J.Ph. wenigstens die beste natürliche Eignung für die Unveränderlichkeit und Dauerhaftigkeit des Himmels gefunden, wenn er schon aufgrund dieser natürlichen Beschaffenheit nicht ewige Dauer besitzen kann, sondern nur aufgrund des Willens des Schöpfers; deshalb ist der Kosmos aus sich heraus nicht ewig[131].

Ausführlich schildert J.Ph. die Zusammenhänge zwischen Härte der Sphären und ihrer Kugelgestalt in MetCom., wenn er die Meinung des Aristoteles

---

128 Nicht: ihre Ewigkeit.

129 C.Arist. frgm. 47f bei Simplicius CaelCom.75,16/76,29 bzw. 77,23/7, vgl. WILDBERG, criticism 157/9. Simplicius leitet ein: »Als nächstes nimmt er [sc. J.Ph.] an, daß die Himmel ein στερεὸν καὶ ἀντίτυπον σῶμα sind, das nicht wie Wasser und Luft Platz machen kann, und daß, wenn ein Teil davon herausgelöst wird, sie nicht ihre Kontinuität wahren, dadurch daß sie sich wechselseitig Platz machen, wie sie es tun, und er sagt, daß die Kugelgestalt der Grund der στερεότης ist«. Vgl. auch frgm. 54 bei Simpl. CaelCom. 83,28f, frgm. 90 bei Simpl. CaelCom. 173,27f: Die Kugel ist ναστή.

130 C.Arist. frgm. 59 bei Simplicius CaelCom. 88,28/89,26. Ziel des Textes ist der Beweis, daß im Himmel die gleichen Qualitäten wie bei den Elementen im sublunaren Bereich vorkommen: Durchsichtigkeit, Farbe, Kugelgestalt (bei den vier irdischen Elementen bezieht sich dies auf ihr Befinden am natürlichen Ort), Kreisbewegung (gilt vom Feuer und dem oberen Teil der Luft), Dreidimensionalität (bei den vier Elementen ist an das erste Zugrundeliegende zu denken) und Berührbarkeit (der Begriff ἁπτός ist bei Platon mit ἀντίτυπος verbunden, vgl. c.Arist. frgm. 57 bei Simpl. CaelCom. 87,29/88,2); dazu WILDBERG, criticism 182/5.

131 C.Arist. frgm. 80 bei Simplicius CaelCom. 142,7/15; vgl. J.Ph. aetm.[2] bei Simplicius PhysCom. 1331,7/9: »Das dritte eigene Argument des Philoponus: Zuletzt ist der Kosmos, was seine Natur betrifft, vergänglich, selbst wenn Gott die natürliche Tendenz zugrundezugehen aufheben kann. Erster Beweis: Die Dinge im Himmel sind zusammengesetzte Substanzen und deshalb definitionsgemäß der Zerstörung unterworfen«; ebd. 1333,25/32: »Obwohl man zustimmen kann, daß die Himmel nicht zugrundegehen, weil sie durch den Willen Gottes zusammengehalten werden, ist es nicht dasselbe, als wenn sie kraft ihrer eigenen Natur nicht den formalen Charakter der Zerstörung annehmen ... Denn die Tatsache, daß sie bleiben und in der Gegenwart nicht zerstört werden, ist kein Beweis dafür, daß sie von Natur aus unzerstörbar sind, wie wir im vierten (Buch) ›Gegen Aristoteles‹ gezeigt haben«. Vollständige Übersetzung bei WILDBERG: corollaries 116.121f. Hintergrund ist Platon Tim. 41AB.

abweisen will, daß die Bewegung der Sonne Ursache der Wärme ist. Er stellt heraus, daß schon bei Aristoteles in diesem Zusammenhang nur die Bedeutung »fest« für στερεός gemeint sein kann:

> »Und dies [gemeint ist, warum die Sonne nicht auch nachts erwärmt und warum nur die Sonne, nicht aber auch die anderen Sphären erwärmen] löst Aristoteles mit den Worten: ›Die Bewegung des Festen [στερεόν] verdünnt sie nämlich besonders‹, gemeint ist die Luft, wobei er fest den Körper der Sonne und der anderen Sterne nennt. Denn auch ein Stein, der sich bewegt, erwärmt die Luft mehr als zum Beispiel ein Blatt oder Wolle oder etwas derartiges. Begreiflicherweise erwärmt uns also auch die Sonne, die fest ist, durch ihre Bewegung mehr als das übrige. Soweit Aristoteles und seine Anhänger.
>
> Aber auch wir müssen das, was jenem entgegensteht, sagen und für die Wahrheit argumentieren. Als erstes ist zu untersuchen, was er jetzt στερεόν nennt, ob die Dreidimensionalität, die im Gegensatz zu Flächen kubisch [στερεόν] genannt wird, oder das Harte [ἀντίτυπος] und auf Berührung nicht Nachgebende, wie auch Platon [Tim. 31B]. Denn στερεά sind die Himmelskörper, sagt er, weil sie Anteil an der Erde haben. Denn als einziges Element sei die Erde ein στερεὸν σῶμα. Das erstere nun ist unmöglich, denn alle Himmelskörper sind dreidimensional. Es bleibt also übrig, daß das Harte und auf Berührung nicht Nachgebende jetzt στερεόν genannt wird, wie wir sagen, daß auch die Erde στερεά ist, nicht mehr aber Luft und Wasser oder Feuer, da sie auf Berührung nachgeben und fließend sind. Wenn er nun das Feste und Harte στερεός nennt, alle diese Gegensätze in der Schrift über Entstehen und Vergehen [GenCor. II 2] unter das Warme und Kalte, Trockene und Feuchte geordnet hat, müssen als erstes auch die Himmelskörper an diesen beiden Gegensätzen Anteil haben, an denen auch der gesamte sublunare Bereich teilhat, dem Warmen und Kalten, dem Trockenen und Feuchten. Unversehens hat Aristoteles selbst jene [sc. Himmelskörper] dem, was aus den vier [sc. Elementen] zusammengesetzt ist, angeglichen, die Sterne aber (bestehen) am meisten aus Feuer. Zum zweiten, wenn jede Sphäre und jeder Stern durch die Kugelform beschreibbar ist, ist klar, daß jeder Himmelskörper στερεός und hart sein muß. Denn alle sind kugelförmig; wenn es sich nämlich nicht derart verhielte, würde er bei so großer Geschwindigkeit seine eigene Gestalt nicht bewahren. Denn was nicht hart ist, sondern von Natur aus weich und feucht und auf Berührung leicht nachgibt, besitzt keine eigene Gestalt, da es der Natur nach schwierig durch eine eigene Grenze abzugrenzen ist, begrenzt aber durch eine fremde (Gestalt) wird, das heißt die des Umgebenden, zum Beispiel die Luft und das Wasser. Wenn also jede Himmelssphäre und jeder Stern durch eine eigene Gestalt umschrieben ist und diese gegen jeden Widerstand, auch einen solchen Umschwung, beibe-

hält [132], sind gewiß sowohl die Sphären selbst als auch die Sterne fest,
gleichsam hart. Wenn dies aber so ist, wenn er das στερεόν der Sonnen-
substanz für die Ursache der Erwärmung der Luft durch die eigene Bewegung hält, um wieviel mehr müssen dies auch die Sphären tun, die um so
große, das heißt beinahe unbegrenzte Ausdehnung die Sonne übertreffen,
und ebenso der Mond, der mehr als die anderen den Körpern unter ihm
nahe ist und sie berührt. Denn die Sonne hat die mittlere Zone inne und
berührt überhaupt nicht die Körper unterhalb des Mondes, da sie drei
Planetensphären nach sich hat, die des Merkur, die des Glänzenden [d.h.
der Venus] und die des Mondes. Denn nichts von dem, was etwas natürlich ausführt, wirkt ohne Berührung auf ein anderes (ein). Es wirkt nämlich zwar das Feuer in den Bädern [sc. den Thermen] nicht unmittelbar
auf uns, sondern erwärmt zunächst die Ziegel in seiner Nähe; diese aber
geben die Wärme an die benachbarte Luft weiter, und diese wieder an uns.
Wenn daher allein durch die Bewegung und nicht durch die Qualität die
Sonne den (Raum) unterhalb des Mondes durch den Zwischenraum der
folgenden Sphären erwärmt, erwärmt sie also zuerst die Sphären nach ihr,
so daß sie, so erwärmt, auch selbst die Luft erwärmen. Also sind sie der
Veränderung unterworfen. Wenn sie aber nach ihm [sc. Aristoteles] keine
Veränderung erleiden, erwärmt sie [sc. die Sonne] nicht die Zwischenräume,
um durch sie die Luft zu erwärmen, selbst wenn Aristoteles je glaubt, daß
die natürlichen Körper nicht ohne Berührung aufeinander wirken. Also
kann die Sonnenbewegung nicht die Ursache der sich hier einstellenden
Wärme sein, sondern entweder die Bewegungen der gesamten Sphären,
oder, wenn dies offenbar falsch ist (denn die Sonne erwärmt offenbar das
Naheliegende), muß sie auf jeden Fall von Natur aus warm sein und durch
eine Qualität auf das Zugrundeliegende einwirken, wie auch das Feuer.
      Zusätzlich zum Gesagten ist es richtig, auch folgendes zu überprüfen:
Wenn alle Sterne also feste Körper sind, zur Erzeugung von Wärme aber die
schnelle Bewegung eines festen Körpers erforderlich ist und die Sonne sich
schneller als der Mond nach unserer Überlegung bewegt, sagt er [sc. Aristo-
teles] auch deswegen, daß nur die Bewegung der Sonne und nicht die des
Mondes der Grund sein kann für die Wärme, die uns von den Himmels-
gegenden herunterstrahlt. Nun aber muß das Bewegte dem Bewegenden
nahe sein, und außerdem muß die Bewegung schnell sein und an einem
festen Körper auftreten. Die Sonne hat nun zwar von uns einen sehr großen
Abstand, der Mond aber ist dafür mit der Luftschicht unter ihm unmittelbar
verbunden. Der Abstand der Sonne ist zwanzigmal so groß wie der des

---

132 Daß der Umschwung des Himmels die größte vorkommende Geschwindigkeit besitzt,
      sagt PhysCom. 690,18/20, AnCom. 325,6/18; 326,39/327,6; Grundlage ist Aristoteles
      caelo II 4 287a23/31 (65 MORAUX).

Mondes, wie wir oben sagten. Das Stück aber, das der Mond auf seinem
täglichen Umlauf mit dem Fixsternhimmel nach einer Umkreisung gegenüber der Sonne zurückbleibt, ist nur ein kleiner Abschnitt des Tierkreises,
daß dieses kleine Manko der Geschwindigkeit des Mondes gegenüber der
der Sonne doch nicht verhindern könnte, daß die irdischen Bereiche unmittelbar unterhalb der Mondsphäre von der Mondbewegung erwärmt würden, wo doch sein geringer Abstand die größere Geschwindigkeit der Sonne
bei weitem wettmacht. Dazu kommt aber noch, wie ich vorher sagte, daß
das natürlich Wirkende das Erleidende in jedem Fall zu berühren scheint,
was bei den Gestirnen nur beim Mond der Fall ist. Wenn also der Vollmond
in der Nacht uns nicht so stark erwärmt wie die Sonne, dann kann es nicht
die Bewegung sein, die die Ursache für die Erwärmung im irdischen Bereich
darstellt. Wenn der Mond je überhaupt erwärmt, dann sicher nicht wegen
seiner Bewegung, denn dann müßte ja auch der Neumond erwärmen. Vielmehr erwärmt er wegen des Lichts, denn nur als Vollmond oder beinahe
Vollmond erwärmt er. Infolgedessen erwärmt nur sein Licht und nicht seine
Bewegung. Das Licht aber übernimmt er von der Sonne. Folglich kann auch
die Wärme der Sonne, die uns erreicht, nur in ihrem Licht ihren Grund
haben. Weil nun auch der Mond das Sonnenlicht nicht rein und unge-
schwächt übernimmt, sondern das Licht, das er aufnimmt, nicht mehr ist als
ein matter Widerschein, der wie bei einem Spiegel durch die Reflexion einiger Lichtstrahlen entsteht, so ist natürlich auch die Wärme, die das Mond-
licht in unseren irdischen Bereichen erzeugt, nur matt und schwach. Wenn
also schon das Licht, das am Mond reflektiert wird, die Luft erwärmt, dann
ist viel mehr noch das ungeschwächte Licht der Sonne Ursache der irdischen Wärme und nicht ihr Umlauf mit dem Fixsternhimmel. Es ist doch
dem Licht von Natur aus eigen zu erwärmen, denn auch dem Feuer kommt
dieses Vermögen zu. Dadurch aber ist bewiesen, daß die Sonne aufgrund
einer Qualität und nicht durch die Schnelligkeit ihrer Bewegung unsere
Umgebung erwärmt. Wenn aber auch die reflektierten Sonnenstrahlen noch
eine kräftige Wärme für uns erzeugen, so sagt dies nichts dagegen, daß auch
hier die Erwärmung nur aufgrund einer Qualität geschieht, da doch auch
die Strahlen des Feuers, die auf Steine oder Körper treffen, zum Beispiel auf
Spiegel, lauteres Silber und Wasser, von diesen zu uns her reflektiert in gleicher Weise uns verbrennen, aber wir werden deswegen dem Feuer die Fähigkeit, auch ohne Reflexion zu erwärmen, nicht absprechen. Was Wunder
also, daß auch bei der Sonne eben dasselbe der Fall ist und die Wärme, die
aus ihr auf Grund ihrer Beschaffenheit entsteht, sich ebenfalls durch eine
Reflexion ihrer Strahlen steigern kann« [133].

---

133 MetCom. 41,18/43,33.

Im Anschluß daran äußert er sich zum Verhältnis von Durchsichtigkeit und Festigkeit und zeigt, daß nicht die Undurchsichtigkeit notwendige Voraussetzung für Festigkeit sein muß:

»Da aber einige unvernünftigerweise sagen, Aristoteles sage, die Sonne sei, weil sie nicht durchsichtig ist, fest [στερεός] (denn die Sphären sind durchsichtig, aber kein Stern; der untere verdeckt jedenfalls den oberen, wenn sie sich in einer geraden Linie treffen, so daß auch die Sonne sich verfinstert, wenn der Mond unter ihr vorbeizieht), werden auch wir sagen, daß sie zunächst einmal die Bezeichnungen anders gebrauchen und sie auf eine andere Bedeutung festlegen, wenn sie statt des Festen das Undurchsichtige hören und sagen, daß das Durchsichtige nicht fest sei. Sodann sind viele der festesten Steine sehr durchsichtig, (etwa) auch der Bernstein [oder: Glas]; allerdings erwärmt das, was sich durch die Luft bewegt, diese nicht, weil es, indem es durchsichtig ist [d.h. wegen seiner Durchsichtigkeit], so fest ist. Das ist wider den Augenschein. Denn es wird gesehen, daß das, was von ihnen [sc. den Steinen], besonders Bernstein, gerieben wird, durch die Wärme fast angesengt wird. Fest [στερεός] hat also auch Aristoteles das Spröde und Harte und das, was Widerstand nicht nachgibt, bezeichnet: Denn derartiges erwärmt durch Bewegung, indem es die eingeschlossene Luft zusammendrückt. Nun zünden Steine, die zufällig gerieben werden, freilich kein Feuer an; denn alle, die gerieben werden, erwärmen zwar, aber nur die dichtesten und festesten zünden Feuer an. Bei Eisen wiederum ist es ebenso: Denn wenn es nicht sehr dichtes und hartes Eisen ist, entzündet es auf Reibung kein Feuer. Dies ist aber so, weil durch die Poren die in den geriebenen Steinen eingeschlossene und aus ihnen sich bewegende Luft nicht entweicht, sondern ein und dieselbe bleibt und durch die kontinuierliche Bewegung sich entzündet. In den weniger dichten (Steinen) geschieht es aber, da ein Teil Luft durch die Poren entweicht, ein anderer aber erneut eingeschlossen wird, daß nicht ein und dieselbe [sc. Luft] im Zusammenhang gerieben wird, sondern jedesmal ein anderer (Teil), indem, wie ich sagte, der frühere (Teil) durch die Poren jeweils die Bewegung vermeidet und entweicht, bevor er durch die Stetigkeit der Bewegung entzündet wird. Deshalb will Aristoteles, daß auch die Sonne so beschaffen ist, damit sie in ständiger Bewegung durch die Bewegung die Luft selbst erwärmt. Aber wenn Reibung durch die Berührung des Reibenden eintritt, es aber unmöglich ist, daß die Sonne die Luft berührt, da sie von ihr durch so große Körper dazwischen getrennt ist, ist also nicht die Sonnenbewegung die Ursache der Erwärmung im irdischen Bereich« [134].

---

134 MetCom. 43,33/44,21; den Abschnitt beschließt die Auseinandersetzung mit den astrometeorologischen Theorien eines Damaskios 44,21/36. Vgl. auch ebd. 45,8/20: »Aber wie,

Festzuhalten ist die Einschätzung, daß der Anteil der Luft, der in festen Körpern eingeschlossen ist, dazu beiträgt, ob durch Reibung die Wärme in Feuer übergeht oder nicht [135].

II. Die Substanz des Firmaments

Sofort stellt sich die Frage, welche Beschaffenheit das Firmament als ein fester Körper haben muß, um gleichzeitig durchsichtig zu sein. Auszuschließen ist ein besonderer Stoff wie ein fünftes Element; J.Ph. sagt in opm., er habe schon frü-

---

sagt er, in den dort [sc. unter der Erde] gewaltsam sich bewegenden, zum Beispiel erstarrten Steinen oder Hölzern, und den geriebenen Steinen, aus denen sich Feuer entzündet, die ihnen nahe Luft am meisten erwärmt wird, so geschieht es sicherlich auch bei der Sonne. Denn da sie fest ist, erwärmt sie die Umgebung durch ihre eigene Bewegung am meisten. Nachts erwärmt sie die Luft unterhalb der Erde, am Tag aber die bei uns. Wenn er aber will, daß ›aus dem, was bei uns geschieht‹, das Gleiche wie bei der Sonne passiert, was gibt es Deutlicheres als das Feuer, das zugleich mit dem Erscheinen die Umgebung erwärmt? Aber er meidet das Offenkundige und nimmt seine Zuflucht zu unsichtbaren Zeugen. Denn es erwärmt die Bewegung der festen [στερεός] Dinge. Wenn unsere (Zone) von dort erwärmt würde, würde die Bewegung des gesamten Himmelskörpers, da er äußerste Festigkeit besitzt, unseren (Bereich) auch jederzeit erwärmen, was nicht geschieht. Der Zustand der Sonne besteht also allein in einer Qualität«.

135 Trotz dieser klaren Aussagen zur Festigkeit der Sphären benutzt J.Ph. auch in MetCom. den mathematischen Begriff von στερεός, um die räumliche Ausdehung der Zone zwischen Erde und Mond und Mond und Sonne zu kennzeichnen: MetCom. 19,32/20,20: »Die Sonne nun ist nach dem Nachweis der Mathematiker 170mal größer als sie [sc. die Erde]. Und der Hundsstern, sagen sie, ist größer als sie, wegen des Übermaßes des Abstandes erscheint er so klein, wie auch der Sonnendurchmesser etwa fußgroß zu sein scheint, und dies, da die Sonnensphäre sich weiter unten als die Fixsternsphäre befindet. Denn, sagen sie, mittels der Mathematik vom Erdzentrum bis zur gewölbten Oberfläche der Mondsphäre wird bewiesen, daß die Erstreckung von ihr bis zur Sonne geringer als das zwanzigfache, aber mehr als das neunzehnfache ist. Daher hat das ganzeστερεόν vom Mond bis zur Sonne dieses Verhältnis zu dem στερεόν vom Mond bis zur Erde; es beträgt 8000 zu 1. Denn jedes στερεόν wird gemessen, indem die Länge mit der Breite multipliziert wird und die erhaltene Zahl wiederum mit der Tiefe multipliziert wird. So ist es zum Beispiel beim Würfel der Fall, wenn seine Seitenlänge zwei Ellen beträgt, so ergibt zwei multipliziert mit zwei vier, und vier wiederum mit der Tiefe von ebenfalls zwei Ellen, und so ist der Würfel acht Ellen im Raum [στερεόν]. Da nun von der Erde bis zum Mond (der Maßstab) eins gilt, ist auch der ganze Raum [στερεόν] 1. Denn eins mal eins gibt eins, und dies, da die Tiefe eins ist, gibt wieder eins in der Tiefe. Da der (Abstand) vom Mond bis zur Sonne zwanzigmal so groß ist, wird aus 20 mal 20 400, und dies in der Tiefe mit 20 multipliziert ergibt 8000. In welchem Verhältnis also 8000 zu 1 steht, in diesem steht der Mond-Sonne-Raum zum Erdzentrum-Mond-Raum. Wenn dies so ist, muß die Entfernung von der Sonne bis zur Fixsternsphäre sich beinahe ins Unendliche ausdehnen, die wegen ihres Übermaßes auch nicht durch astronomische Methoden gemessen wurde«.

her ausführlich widerlegt, daß diese Lösung richtig sein kann[136]. Welche der vier Elemente aber kommen in Frage? Es besteht kein Zweifel, daß für J.Ph. in seinen Schriften aetm. und c.Arist. in der Himmelszone zwar alle Elemente vorkommen, sie aber überwiegend aus Feuer besteht, und zwar aus dessen feinsten Teilen[137]. Dabei bedeutet die Feurigkeit des πῦρ φυσικόν im Unterschied zu der des πῦρ καυστικόν lediglich eine lebenspendende Wärme und keine Hitze, die unmittelbar zur Entzündung führt[138]. Außerdem mindert die Elementenmischung diese Gefahr[139].

Auch in MetCom. findet sich das Verständnis der normalen Elementenbeschaffenheit der Himmelszone, doch werden einige zusätzliche Unterscheidungen und Akzentuierungen getroffen.

Noch keine Rückschlüsse über neue Ideen lassen sich allerdings den Ausführungen über das Problem der quantitativen Symmetrie der Elemente zueinander entnehmen[140]: Für Aristoteles war die evidente Asymmetrie im Verhältnis von Wasser und Erde zu Luft und Feuer mit ein Grund, ein fünftes Element für den Himmel einzuführen. J.Ph. leugnet diese Asymmetrie nicht, denn selbst wenn beispielsweise eine kleine Menge Wassers in ein weitaus größeres Volumen Luft übergeht, bleibt angesichts der gegen Null tendierenden Ausdehnung der Erde-Wasser-Zone im Verhältnis zu Luft und Feuer ein quantitatives Ungleichgewicht zwischen beiden Bereichen bestehen[141]. Daher ist er auch skeptisch gegenüber der verdeutlichenden Kommentierung des Alexander, daß man die von Aristoteles in Met. 339b30/5 kritisierten Gegner, die sagen, daß Feuer die Himmelskörper und ihre Umgebung ausmache und sich zwischen Erde und Sternen Luft befände, so verstehen könne, daß lediglich die Fixsternsphäre feurig, alle anderen Sphären aber aus Luft seien; J.Ph. führt gegen diese Annahme allein schon die Größe der Sonne an und verweist dann auf die mögliche Feurigkeit

---

136 Opm. 3,5 (118,3f); J.Ph. verweist damit wohl auf c.Arist., doch vgl. auch die ähnlichen Aussagen oben aus MetCom. In der Annahme der normalen Elementenbeschaffenheit trifft er sich mit Kosmas top. 1,5/8 (SC 141,277/81 WOLSKA-CONUS). Allerdings folgert Kosmas aus dem Vorkommen gleich welcher Zusammensetzung der vier Elemente im Himmel, daß er sich wegen der ῥοπή der Elemente nicht im Kreis bewegen könne: entweder müsse er sich nach oben oder unten bewegen oder stillstehen: top. 1,8 (SC 141,281 W.). Zum Bewegungsverhalten der Elemente vgl. o. S. 195/213.

137 Aetm. 13,14 (517,24/519,6), 13,3 (489,19/24) u.a., c.Arist. frgm. 52 bei Simplicius PhysCom. 81,2/9, frgm. 54 (ebd. 82,14/28; 83,11/28); vgl. frgmm. 56/8 (ebd. 84,15/22; 87,29/88,2; 88,8/14), oben S. 262. Doxographisch begegnet die Kombination von Festigkeit und Feurigkeit bei Achilles Tatios isag. 1,5 (34,25/9 MAASS): »Τὸν δὲ οὐρανὸν οἱ μὲν πυρώδη εἶναι καὶ στερέμνιον ...« (parallel zu PsPlutarch plac.phil.).

138 Vgl. o. S. 217f.

139 Aetm. 13,14 (518,17f).

140 MetCom. 18,17/25,2.

141 Fazit der vorausgehenden Beweise: MetCom. 21,35/8.

aller Gestirne, die das Symmetrieproblem nach wie vor offenhält[142]. J.Ph. selbst löst es in MetCom. nicht, sondern verweist auf eigene Ausführungen an anderer Stelle[143]. Obwohl J.Ph. wie die von Aristoteles kritisierten Gegner von der normalen elementaren Beschaffenheit der Himmelszone überzeugt ist, besagt diese Referierung und Diskussion anderer Meinungen noch nicht, er selbst denke, diese Zone bestände nur aus Feuer und Luft und in ihr sei nur eine Fortsetzung der sublunaren Feuerzone zu sehen.

In anderem Zusammenhang in MetCom. sagt er vielmehr, daß für die Festigkeit des überwiegend aus Feuer bestehenden Himmels das Element Erde verantwortlich ist, wie Platon es in Tim. 31B beschrieben hat: Zur Behauptung des Aristoteles, daß der Entstehungsort der Sternschnuppen *unterhalb* des Himmels einen Beweis für die im Himmel nicht vorhandene Wärme darstellt – wenn es sie dort gäbe, sollten gerade dort bei der schnellen Bewegung Sternschnuppen auftreten –, schreibt J.Ph.:

> »Dagegen kann eingewendet werden, daß alle jene [sc. himmlischen] Körper fest sind, da sie nach Platon an der Erde, dem festesten Element, Anteil haben. Deshalb sind alle auch durch eine eigene Gestalt umgrenzt, wie zuvor gezeigt wurde. Denn wenn auch das Feuer in ihnen überwiegt, wie Platon meint, so ist doch das Ganze wegen seiner Zusammensetzung verdichtet, wie auch das bei uns, was aus den Elementen zusammengesetzt ist. Denn davon hat nichts eine fließende Beschaffenheit, so heiß es auch ist, wie Kastoria [Biberflüssigkeit], Euphorbia [Wolfsmilch], Pfeffer, Senf und anderes dieser Art. Deshalb sendet nichts davon Funken aus, so sehr es jemand auch bewegt. Das Hypekkauma aber und die anschließende Luft und das Wasser sind nicht verdichtet, sondern verteilen sich leicht, wenn sie aus irgendeinem Grund zerstreut werden. Daher hat nichts davon eine eigene Grenze oder Gestalt, sondern es wird durch die Umgebung in seiner Gestalt gehalten, auch wechseln ihre Teile im Ganzen den Ort, wenn eine zufällige Bewegung an ihnen geschieht. Daher nimmt das Genannte aus dem erstbesten Grunde den Zustand [πάθος] von Kälte, Erhitzung und Erstarrung an. Es verliert eigene Teile und nimmt Teile aus der Umgebung auf. Also ist der vorliegende Einwand dagegen, daß die Dinge im Himmel nicht feurig sind, nicht notwendig. Denn sie sind zusammengesetzt und nicht einfach«[144].

J.Ph. geht also davon aus, daß gerade die Zusammensetzung des Himmel aus mehreren Elementen eine Verdichtung bewirkt, die eine Verflüchtigung des

---

142 MetCom. 23,36/24,10.

143 MetCom. 24,38/25,2. Von WILDBERG: rejection 202/7 als Verweis auf c.Arist. gedeutet. Die Stelle, an der das Symmetrieproblem diskutiert ist, hat sich nicht mehr erhalten.

144 MetCom. 46,11/27.

Feuers verhindert und damit der Instabilität des Himmels entgegenwirkt. Dabei kommt der Erde als dem festesten Element die Aufgabe zu, dem Ganzen Festigkeit und dadurch Gestalt zu verleihen. Die Stabilität und Härte des Himmels ist also nicht nur das Resultat der sphärischen Gestalt, sondern Folge des Vorhandenseins von Erde im Himmel[145]. Des weiteren legt die Passage nahe, obwohl es nicht explizit gesagt wird, daß die Zusammensetzung auch der Grund dafür ist, daß sich im Himmel nichts ohne weiteres entzünden kann.

Deutlich wird in MetCom. ferner, daß die Zweiteilung des Kosmos in die sublunare Zone mit normaler Elementenbeschaffenheit und die himmlische mit den feinsten und reinsten Elemententeilen in Frage gestellt wird[146].

Eine endgültige Lösung für die elementare Zusammensetzung des Himmels hat J.Ph. damit noch nicht gefunden. Der Bibeltext in Gen. 1,6/8 führt ihn in opm. zu noch anders nuancierten Erkenntnissen. Zwar hält er daran fest, daß der Begriff στερεός einen festen Körper anzeigt, aber er nimmt von der platonischen Begründung Abstand, ausschließlich der Anteil der Erde sei für die Festigkeit verantwortlich:

> »Platon aber hat, als er von der Weltentstehung des Moses hörte, gesagt, daß der Himmel ein fester Körper ist, weil er an der Erde teilhätte. ›Denn‹, sagt er, ›von den Elementen ist allein die Erde ein fester Körper und hart‹ [Tim. 31B)«[147]. »Wie nun Platon wegen der Leuchtfähigkeit der Sonne, des Mondes und der übrigen Sterne gesagt hat, daß sie überwiegend am Feuer Anteil hätten – denn keiner der einfachen Körper [d.h. der Elemente] außer dem Feuer besitzt die Leuchtkraft –, so hat Moses, wie ich glaube, wegen der Durchsichtigkeit des Firmaments mit Recht gesagt, daß es überwiegend an Wasser und Luft Anteil hat, die allein Durchsichtigkeit und Feuchte besitzen«[148].

Denn wenn im Falle der Gestirne die Leuchtfähigkeit auf ihren großen Feueranteil zurückgeht, Feuer aber im entflammten Zustand ebenso wie das Element Erde die Durchsicht verhindert, verlangt gerade die Durchsichtigkeit als weitere hervorstechende Eigenschaft des Firmaments[149] eine andere Beschreibung seiner elementaren Zusammensetzung. Benötigt wird jedoch keine völlige Neubestimmung seiner Substanz, sondern nur eine andere Verteilung seiner vier Elemente in quantitativer Hinsicht. Dazu hat Moses mit seiner Angabe, daß das Firmament »in der Mitte von Wassern entstand«, den entscheidenden Hinweis gegeben:

---

145 Gegen Wildberg, criticism 158f.
146 MetCom. 50,28/51,2, vgl. o. S. 263.
147 Opm. 3,5 (119,1/5).
148 Ebd. (118,12/9).
149 Vgl. aetm. 4,11 (83,6f): Die himmlischen Körper sind durchsichtig.

»Da nach Aussage des Moses der Himmel inmitten der Wasser entstand,
gibt er uns Anlaß zu der Vermutung, daß er seine Substanz hauptsächlich
aus Wasser bestehen lassen will. Denn der himmlische Körper ist wirklich
ganz durchsichtig, Durchsichtigkeit besitzen von den Elementen aber allein
Wasser und Luft, zum Beispiel ist die Feuersphäre ja eine gewisse trockene
Luft; die Flamme nämlich versperrt (die Durchsicht) wie auch die Erde«[150].
»Viel naturgemäßer und mit den Phänomenen übereinstimmend gab Moses uns zu erkennen, daß er [sc. der Himmel] wegen der Durchsichtigkeit
am meisten Anteil an Luft und Wasser hat – denn Erde versperrt (dem Licht)
den Weg, und Feuer entbehrt der Durchsichtigkeit –, wegen des Festwerdens
der Feuchtigkeit aber hat er ihn Firmament genannt«[151].

Das Firmament besteht also überwiegend nicht mehr aus Feuer oder Luft, sondern aus Wasser und Luft, die beide durchsichtig sind. Der Plural »Wasser«
weist darauf hin, daß Wasser und Luft gemeinsam von Moses gemeint sind,
wobei die äquivoke Redeweise, die nur vom dichteren der durchsichtigen Elemente spricht, mit der Unsichtbarkeit der Luft und dem Umstand, daß auch an
früherer Stelle Moses die Luft nicht wörtlich genannt hat, erklärt wird:

> »Wie also Moses sagt, daß bei der Entstehung des Menschen aus der Erde,
> dem härteren und überwiegenderen in uns, unser Körper von der Erde ge-
> bildet wurde und wieder zur Erde zurückkehrt, wenn Gott zu Adam sagt:
> ›Erde bist du, und zu Erde wirst du zurückkehren‹, so sagt das Wort auch
> beim Firmament, in dem ja die Durchsichtigkeit überwiegt, daß es inmitten
> des Wassers entstanden ist, und bezeichnet es durch das dichtere der durch-
> sichtigen (Elemente), das allen bekannt ist. Denn wegen der Unsichtbarkeit
> glaubten viele nicht unbedeutende Männer früher, die Luft sei ein leerer
> Körper, und der Bezeichnung der Luft wurde auch bei der Weltschöpfung
> keine Erwähnung zuteil«[152].

Möglicherweise impliziert der Satz »inmitten der Wasser« sogar eine paritätische
Verteilung beider Elemente[153]. Beide werden bei der Erschaffung des Firmaments zu einer festen Substanz verändert, für die wie in MetCom. Glas und
durchsichtige Steine als Vergleich herangezogen werden, ohne daß sich J.Ph.
darauf festlegt, daß das Firmament tatsächlich Glas ist. Den Übergang von Wasser
und Luft zu einem festen Körper versucht er als einen natürlichen Vorgang zu
verstehen, wenn er den Verdauungsprozeß, bei dem Trockenes in Blut und dies
wiederum in Umkehrung dieses Vorgangs zu Nerven und Knochen wird, als

---

150 Opm. 3,5 (118,5/12).
151 Ebd. (119,6/11).
152 Ebd. (119,22/120,7). Zur Verwandtschaft von Wasser und Luft vgl. opm. 5,2 (211,6/27).
153 Opm. 3,5 (120,9/12).

Analogie anführt [154]. Die einheitliche Zuweisung der Elemente an himmlischen und irdischen Bereich bedeutet also nicht eine Ausdehnung der Feuersphäre über die sublunare Zone hinaus, obwohl die Kreisbewegung in beiden Fällen gleich ist und sich daher die Frage nahelegt, ob nicht doch wieder das Feuer stillschweigend als im Himmel überwiegend vorausgesetzt wird. Die Theorie eines individuellen Impetus, über die weiter unten zu sprechen ist, macht eine solche Überlegung jedoch überflüssig.

Mit der Bestimmung des Firmaments als glasartigen Körper knüpft J.Ph., ohne daß es ihm selbst bekannt wäre bzw. er es erwähnte, an Empedokles an [155] und ist nicht weit von der Erklärung der Antiochener entfernt. Daß die Feurigkeit der Gestirne, die ja nicht von der Art der Feuersphäre ist, sondern dem irdischen Feuer verwandt ist, weil die Gestirne ja im Gegensatz zur Feuersphäre nicht durchsichtig sind [156], den Himmel auflösen könne, scheint J.Ph. aber anders als ihnen keine Sorge zu bereiten. Er äußert sich jedenfalls zu dieser Schwierigkeit nicht, wiewohl er durch seine Bestimmung der elementaren Zusammensetzung des Himmels über den aristotelischen Satz, den er in c.Arist. in diesem Kontext verwendet, um zu zeigen, daß die Sphären nicht aufeinander einwirken, daß »Gleiches durch Gleiches nicht affiziert wird«, neu nachdenken müßte, da der Wärmetransport von den Gestirnen durch die Sphären und die Feuerzone hindurch angesichts des nicht mehr überwiegend aus Feuer, sondern Kristall bestehenden Firmaments anders verlaufen müßte. Denn er geht ganz offensichtlich von der Gleichheit der Feuerarten im sublunaren und himmlischen Bereich aus, wie es der platonischen Tradition entspricht, und behilft sich nicht wie die Stoiker mit der Aufteilung in zwei verschiedene Feuerarten [157]. Es könnte jedoch sein, daß er glaubt, die Wassernatur des Firmaments stelle den notwendigen Ausgleich dar, zumal sie in kristallierter Form auftritt, denn κρύσταλλος ist, wie er bereits in

---

154 Ebd. (119,11/21).

155 VS 31A51: PsPlutarch plac.phil. 2,11,2 (5,2,1,85 MAU): »Ἐμπεδοκλῆς στερέμνιον εἶναι τὸν οὐρανὸν ἐξ ἀέρος συμπαγέντος ὑπὸ πυρὸς κρυσταλλοειδῶς, τὸ πυρῶδες καὶ τὸ ἀερῶδες ἐν ἑκατέρῳ τῶν ἡμισφαιρίων περιέχοντα«; Achilles Tatios isag. 1,5 (34,29 MAASS): »Ἐμπεδοκλῆς δὲ κρυσταλλώδη τοῦτον εἶναί φησιν ἐκ τοῦ παγετώδους συλλεγέντα«. Schol. Basilii 22 (200.219 PASQUALI): »Ἐ. δὲ ὑδροπαγῆ [sc. τὸν οὐρανόν] καὶ οἱονεὶ κρυσταλλῶδες πίλημα«. Laktanz op.dei 17,6 (CSEL 27,1,56,12/5 BRANDT/ LAUBMANN): »an si quispiam dixerit aeneum esse caelum aut vitreum aut, ut Empedocles ait, aerem glaciatum, statimne assentiar?«.

156 Vgl. opm. 4,15 (189,21/190,4): »Denn die Sterne entstanden nicht aus dem Ausfluß des Himmelskörpers, wie ja auch die Phänomene zeigen: das Firmament ist ja durchsichtig und daher mit der Luft und dem Wasser verwandt. Die Sterne aber sind von mehr feuriger Substanz, wie es alle die Eigenschaften, die ihnen anhaften, zeigen, Farbe und Licht, ihre Wärme und ihre gegenseitige Versperrung des Lichts, was von allen einfachen Elementen nur der Erde und dem Feuer, *nämlich der Flamme*, zukommt. Auch Platon sagt, daß sie hauptsächlich aus Feuer bestehen«.

157 Vgl. MORAUX, quinta essentia 1231.1234.

MetCom. wiedergegeben hat, die ὑπερβολή des Kalten [158]. Es mag, wenn man
an die Überlegung aus MetCom. zur Reibungshitze denkt, auch sein, daß die im
Firmament vorhandene Luft eine Entzündung verhindert. Vielleicht hält er es
auch für selbstverständlich, daß das Feuer der Gestirne an sich wie das der Feuerzone nur lebenspendend ist, oder er meint, angesichts der geringen Leuchtkraft
der Gestirne [159] sei die von ihnen ausgehende Hitze einfach zu schwach. Auf jeden Fall glaubt er anders als die Antiochener nicht, daß ein über dem Firmament
sich befindendes Wasser die Kühlung herbeiführt.

Nur muß auch er die Frage beantworten, was sich bei seinem Weltaufbau zwischen erstem und zweitem Himmel befindet bzw. was die Wendung der Septuaginta »Es werde ein Firmament *inmitten* der Wasser« besagen soll. J.Ph. folgert aus dieser Angabe der Bibel, daß zwischen zweitem und erstem Himmel ein
von einer Substanz erfüllter Raum und damit ein Körper anzutreffen ist [160] gemäß der Einschätzung, daß nur gedanklich, nicht aber realiter ein leerer Raum
existieren kann [161], während die Sphären als Teile des zweiten Himmel einander
berühren [162]. Wie die richtige Interpretation des »inmitten der Wasser« auszuse-
hen hat, zeigen die Hinzufügung der Septuaginta »Es scheide zwischen Wasser
und Wasser« sowie die Übersetzungen des Symmachus und des Aquila »(Es werde ein Firmament) in der Mitte der Wasser«. Am deutlichsten macht es die
Wiederholung der Septuaginta »Gott schied zwischen dem Wasser, das unterhalb des Firmaments war, und zwischen dem Wasser oberhalb des Firmaments«.
Aus allen Wendungen geht hervor, daß ein Wasser unterhalb und eines oberhalb
der Trennlinie des Firmamentes anzutreffen ist. Falsch ist hingegen die Auslegung
des Hebräers Josepus [163], »inmitten der Wasser« bedeute »inmitten des unteren
Wassers«, weil dann das sich aufwölbende Firmament auch die schon vorhandene Luft mit nach oben hätte nehmen und ein Teil des unten verbliebenen
Wassers sich in neue Luft hätte verwandeln müssen. Dafür aber stand weder eine

---

158 MetCom. 23,25.

159 Vgl. u. S. 328f.

160 Opm. 3,15 (153,24/154,20).

161 PhysCom. 675,12/695,8, übers. FURLEY/WILDBERG 15/73, vgl. SORABJI: rejection 14/6. Schon
     in c.Arist. frgm. 39 bei Simplicius CaelCom. 70,34/71,6 geht J.Ph. anscheinend von ei-
     nem Raum über der Fixsternsphäre aus, denn er sagt, sie sei die einzige, die nicht als ihren
     Ort eine andere Sphäre habe, vorher in aetm. aber lehrt er bereits die neunte Sphäre, also
     den äußersten Himmel: vgl. MetCom. 110,14, wo der οὐρανός die neunte Sphäre ist.
     Allerdings kann man c.Arist. frgm. 39 auch so interpretieren, daß J.Ph. aristotelische
     Annahmen bzw. Probleme referiert, da vom Ort als Grenze des Umgebenden gesprochen
     wird; das Problem für Aristoteles ist es ja, für die äußerste Sphäre einen Ort anzugeben.

162 Die Angabe von REICHARDT 154 im Apparat, daß in opm. 3,15 Cosmas 184A (= 4,2 [SC
     141,534/6 WOLSKA-CONUS]) wiedergegeben sei, ist nicht richtig, denn dessen Vorstel-
     lung ist ganz anderer Art; das »φασίν« bedeutet ein unpersönliches »man« und bezieht
     sich auf die Annahme der Neuplatoniker/Naturphilosophen.

163 Heute meist mit Hippolyt identifiziert.

genügende Menge Wasser zur Verfügung noch existierte damals die Sonne, die
diesen Verdunstungsprozeß verursacht [164]. Um zu erklären, weshalb der Bibeltext nicht sagt »Es entstand ein Firmament zwischen Luft und Wasser«, behilft
sich J.Ph. wieder mit der Überlegung, daß Moses mit Wasser synekdochisch (pars
pro toto) den Bereich der Luft miteinbezieht, da Wasser anders als Luft sichtbar
ist [165]. Schwierig zu erklären bleibt aber, weshalb auch die Substanz oberhalb des
Firmaments Wasser heißt. J.Ph. kann dazu nur angeben, Moses habe in Analogie zur Bezeichnung des Raumes zwischen Firmament und Erde mit Wasser auch
den Raum zwischen erstem und zweitem Himmel mit Wasser benannt [166]. Da es
sich um eine äquivoke Bezeichnung handelt, ist offen, ob die in ihm sich befindende Substanz wasser- oder luftartig ist; sogar eine lebenspendende Beschaffenheit, wie sie die Feuersphäre besitzt, käme in Frage. Mit dem, was teilweise unter
dem Namen »empyreischer Himmel« gefaßt wird, hat dies jedoch nichts zu tun [167].
Erst später ist gelegentlich eine feurige Beschaffenheit des Himmels an dieser Stelle
angenommen worden [168]. Eine genaue Festlegung hält J.Ph. mangels eindeutiger Hinweise nicht für möglich. Sicher scheint nur, daß es sich, dem Ort angemessen, um die feinsten Teile der betreffenden Substanz handeln muß. J. Ph. baut

---

164 Opm. 3,16 (154,25/156,24).

165 Ebd. (156,18/24). Vgl. zur Verwandtschaft von Luft und Wasser opm. 3,14 (149, 25/153,23).

166 Ebd. 3,15 (154,15/7). Stephanus bar Sudaili lib. Hieroth. 2,14 (38 MARSH) geht davon aus,
daß über dem Firmament sich Licht befindet, das »Wasser« genannt wird, weil die
Natur diese Lichtes sehr dünn und flüssig ist, so wie Wasser sehr flüssig ist im Vergleich
zu festen Körpern; wirkliches Wasser jedoch ist im Himmel nicht anzutreffen.

167 G. MAURACH, Coelum empyreum (Wiesbaden 1968) geht dieser Vorstellung nach. Zugrundelegt er die Definition des G.B. RICCIOLI, Almagestum Novum, astronomiam
veterem novamque complectens (Bologna 1651): »Unter dem Namen des empyreischen
Himmels versteht man den obersten aller Himmel, uns in diesem Leben unsichtbar,
aller Bewegung ledig; innerhalb seiner, bzw. oberhalb seiner Oberfläche sind und werden sein die Heiligen, die glückseligen Engel und Menschen; man hat ihn nach dem
allerreinsten Lichte, mit dem er begabt ist, wie wir glauben, ›Empyreum‹ genannt«.
Doch krankt MAURACHs Untersuchung an einer genauen Scheidung der Vorstellungen
und ihrer Erhebung und an dem Fehlen wichtiger antiker Texte: es ist nämlich zu
trennen zwischen lokalen Aussagen, die sich auf den Kosmos beziehen (den 1. oder 2.
Himmel [oder: die neunte Sphäre oder die Fixsternsphäre/das Firmament] bzw. den
Zwischenraum zwischen beiden) und Licht/Feuer/5. Element/Äther-Begrifflichkeit, die
entweder metaphorisch oder in Kombination mit den lokalen Aussagen eben auch räumlich gemeint sein kann; zudem fehlt die gesamte antiochenische Tradition, insb. Kosmas;
deren Ideen wie die des sphärischen Weltbildes haben, auch wenn die Wege der Rezeption noch im einzelnen unklar sind, bis in die Neuzeit, häufig bereits miteinander kombiniert, hineingewirkt: vgl. z.B. den von MAURACH 2f skizzierten Weltaufbau der
»Cosmographia« des P. APIANUS (BIENEWITZ geb. 1501/gest. 1552): acht Sternsphären
sind umgeben von einem neunten Kristallhimmel, über ihr wölbt sich eine Region mit
Namen »Coelum empyireum habitaculum Dei et omnium electorum«.

168 W.H. DONAHUE, The dissolution of the celestial spheres 1595-1650 (New York 1981) 223.

damit die neuplatonische Vorstellung, daß die Himmel bzw. die Gestirne aus den feinsten Teilen der Elemente bestehen, in seine Kosmologie ein. Anders als die Neuplatoniker, z.b. Simplicius [169], besteht er jedoch darauf, daß sich die Himmelszone, das heißt der Bereich der Gestirne, aus den gewöhnlichen Elemententeilen zusammensetzt; stattdessen überträgt er deren Anschauung von der Feinteiligkeit der Elemente dieser Zone auf den Bereich, von dessen Existenz er recht eigentlich erst durch die Äußerung der Schrift vom oberhimmlischen Wasser überzeugt ist, da die Annahme einer neunten Sphäre, wie sie von Ptolemäus her bekannt ist, allein noch nicht den Zwischenraum zwischen ihr und dem Firmament impliziert. J. Ph. hat damit auf originelle Weise philosophische Tradition, astronomische Erkenntnis, biblische Angaben und – in Kombination mit der Kristallnatur des Firmaments – deren antiochenische Interpretation in eine eigene Synthese gebracht.

III. Reihenfolge und Abstände der Sphären und Größe der Gestirne

In CaelCom. 70,34/71,6 zitiert Simplicius ein Stück aus c. Arist. (= frgm. 39), in dem J.Ph. von der Reihenfolge der Sphären spricht: »Die Himmelssphären mit Ausnahme der Fixsternsphäre sind am Ort durch die Grenze der umgebenden Sphäre, die Mondsphäre‹, wie er sagt, ›durch die der Venus, diese aber durch die des Merkur usw.‹ ...« [170]. Simplicius fällt diese Anordnung von Venus und Merkur auf, und deshalb erhebt er den Vorwurf, »daß der, der bis jetzt nicht weiß, daß sich über dem Mond die Sphäre des Merkur anschließt und über ihr die der Venus, dem Aristoteles zu widersprechen wagt« [171]. Simplicius selbst vertritt also offensichtlich die spätestens seit Ptolemäus gängige Reihenfolge der Planeten Mond, Merkur, Venus, Sonne, Mars, Jupiter, Saturn [172] und erkennt

---

169 Vgl. Simplicius CaelCom. 12,27/13,2; 85,9/15; 360,33/361,2; 379,5f; 435,32/436,1. Für
       Simplicius dominiert in der Mischung der feinen Elemententeile des Himmels das Feuer; daher ist er Licht, weil das Licht die ἀκρότης des Feuers ist: vgl. PH. HOFFMANN,
       Aspects de la polémique du Simplicius contre Philopon: Simplicius 183/221, hier 213/5.
170 Im Kontext geht es darum, daß der Himmel, anders als Aristoteles glaubt, leicht sein
       müßte. Vgl. zum geschachtelten Aufbau der Sphären Simplicius PhysCom. 643,20/7.
171 Der Widerspruch bezieht sich auf das Hauptargument Simpl. CaelCom. 71,17/9.
172 Vgl. vorher Geminus isag. 1,24/30 (12,8/27 MANITIUS), Theon Smyrn. exp. (138,9/19
       HILLER), Kleomedes cael. 1,2 (12,20/42 TODD), ausführlich Macrobius somn. 1,19 (73,12/
       78,22 WILLIS). Proklos hypot. 1,23/5 (12,9/14,2 MANITIUS) zählt die Diskussion der
       Reihenfolge von Merkur und Venus zu den Grundproblemen der Astronomen, in 7,19/
       23 (220,16/224,16 M.) gibt er die ptolemäischen Zahlenangaben für die Abstände in der
       Reihenfolge des Ptolemäus wieder; doch ist zu beachten, daß Proklos anscheinend wie
       Platon die Sonne nach dem Mond plaziert (s. u. Anm. 175), alle seine Angaben in hypot.
       also weniger eigene Lehre als Referat sind. Für die Astrologen vgl. stellvertretend Paulus
       Alex. isagog. (XXIII,11/9 NEUGEBAUER).

oder zumindest unterstellt bei J.Ph. eine andere Meinung. Hat letzterer also in
dieser Frage eine eigene Ansicht?

Es ist in der Tat auffällig zu beobachten, daß J.Ph. in MetCom., also der eng
mit c.Arist. zusammenhängenden und wahrscheinlich nach ihr entstandenen
Schrift, an mehreren Stellen die Planeten zwischen Sonne und Mond in einer
Weise aufzählt, die nahelegt, daß er so wie in c.Arist. hinter dem Mond als ersten
die Venus und dann den Merkur plaziert [173], während er sie in seinen früheren
Schriften wie Simplicius anzuordnen scheint [174]. Sicher ist zunächst jedenfalls,
daß er das Modell aus Platons Timaios mit der Sonne an zweiter Stelle, also die
Reihenfolge Mond, Sonne, Venus, Merkur, für falsch hält und daß er wie Ptolemäus die Sonne in die vierte Sphäre plaziert [175]. So wie J.Ph. in c.Arist. frgm. 39
scheinbar abweichend von der traditionellen Sicht die Planeten aufzählt, vertritt
er das Modell des Nikomachos von Gerasa, dessen Arithmetik J.Ph. ja kommentiert hat, bzw. das der »Mathematiker«, wie sie in anderen Quellen heißen [176];
gleichzeitig schließt die Formulierung in c.Arist. und an den genannten Stellen
aus MetCom. aber aus, daß an ein sogenanntes »heliodynamisches« Modell mit
der Sonne als Umlaufszentrum für Merkur und Venus gedacht ist [177].

Trotzdem ist zweifelhaft, ob J.Ph. tatsächlich die Planetenfolge Mond, Venus, Merkur, Sonne vertritt, da ein Umstand dem deutlich widerspricht. J.Ph.
geht nämlich in MetCom. von der seit Ptolemäus akzeptierten Tatsache aus,
daß der durch die Sonne hervorgerufene Schattenkegel der Erde die Mondbahn
nicht nur überstreicht, sondern mit seiner Spitze über sie hinausreicht und noch
die Merkursphäre trifft, während alle anderen Sphären dauernd im Licht der

---

173 Vgl. MetCom. 42,17f: »Die Sonne hat drei Sphären nach sich, die des Merkur, die der
      Venus und die des Mondes«, 30,12/4; 75,24/6; 76,9/77,2 ist in diesem Sinne jedoch
      nicht vergleichbar.

174 Vgl. PhysCom. 643,21; 686,10; aetm. 16,4 (578,10/579,6) ist nicht eindeutig; MetCom.
      44,29f ist ein wichtiges Gegenbeispiel zu den anderen Formulierungen in dieser Schrift.

175 Aetm. 9,2 (318,13/9). Außer Platon lehren diese Anordnung Eudoxos, Kallippos und
      Aristoteles, vgl. Proklos TimCom. 257F (3,62,3/6 DIEHL). Auch Proklos selbst denkt
      TimCom. 257D/258C (3,60,31/63,30 DIEHL) anscheinend wie Platon.

176 So A. BOUCHÉ-LECLERCQ, L'Astrologie grecque (Paris 1899 = Aalen 1979) 110₁, VAN DER
      WAERDEN, Astronomie der Griechen 51f: gemeint sind nach ihnen entweder die Pytha-
      goreer oder, wie FESTUGIÈRE, Proclus TimCom. 4,85₂, vermutet, die Astrologen; doch
      bedeutet der Begriff »Mathematiker« nur allgemein »Astronomen«; so ist für Proklos
      TimCom. 258C (3,63,19/21 DIEHL) auch Ptolemäus »Mathematiker«. Allerdings sagen
      weder Ptolemäus synt. 9,1 (2,206,21/207,6 HEIBERG) noch Proklos TimCom. 257F/258A
      (3,62,6/24 D.) tatsächlich etwas über die genaue Reihenfolge von Venus und Merkur.
      Aus Ptolemäus synt. 9,1 kann man höchstens entnehmen, daß die Reihenfolge Mond,
      Sonne usw. wohl bereits vor Platon gelehrt wurde; wie Proklos TimCom. 258C (3,63,27/
      30 D.) meint, von Anaxagoras nach Eudemos (VS 59A75).

177 Vorgeschlagen wahrscheinlich von Herakleides Pontikos: vgl. EKSCHMITT 145/7, COHEN/
      DRABKIN 107 mit Verweis auf Vitruv, Martianus Capella und Calcidius.

Sonne liegen [178]. Die Berechtigung zu dieser Annahme gründet auf den Berechnungen des Ptolemäus, dessen Angaben aber eben auf der Reihenfolge Mond,
Merkur, Venus, Sonne basieren [179]. Zwar ist damit noch nicht endgültig bewiesen, daß auch J.Ph. diese Reihenfolge übernimmt, denn er könnte ja auch bei der
Anordnung Mond, Venus, Merkur, Sonne weiterhin den Schatten bis zum
Merkur unter Einschluß der Venussphäre reichen lassen [180], doch dem wider-
sprechen die von J.Ph. im selben Zusammenhang angegebenen Maße des Ver-
hältnisses der Sphärenabstände und der Länge des Erdschattenkegels [181]. Die
Entfernung der Erdoberfläche zur Mondsphäre beträgt das 60fache des Erdradius,
der Abstand Erde – Sonne das 1210fache des Erdradius und daher der Mond-
Sonne-Abstand das 1150fache. Der Erdschattenkegel ist 268mal so groß wie der
Erdradius, folglich der Abstand vom Ende des Schattenkegels bis zur Sonne
882mal so groß [182].
Alle Zahlen sind nämlich ebenfalls mit den von Ptolemäus angegebenen
Maßen identisch [183], sieht man einmal von der Zahl für den Erdoberfläche-
Mond-Abstand ab, die wohl ein Näherungswert sein soll; Ptolemäus berechnete
ihn für die Mondsyzygien genau auf 64π10' [184]. J.Ph. gibt daneben noch relative
Zahlen an; drückt man die Distanzen mit ihnen aus, ist der Mond-Sonne-
Abstand nach J.Ph. kleiner als das zwanzigfache, aber größer als das 19fache des
Erde-Mond-Abstandes [185]. Sowohl das System der relativen Fixierung der Ent-
fernungen selbst als auch die genannten Zahlen rühren im wesentlichen von
Aristarch von Samos her. Nur hatte dieser den Erde-Sonne-Abstand (und nicht

---

178 Vgl. MetCom. 21,28/33: »Denn der Schattenkegel hat natürlich seine Basis bei der Erde
     selbst, überschreitet aber die Mondsphäre und trifft mit seiner Spitze die Merkursphäre.
     Denn wenn er nicht die Mondsphäre überschritte, sollte der Mond nicht ganz in ihn
     hineingeraten und sich eine zeitlang unbeleuchtet (dort) aufhalten, da wegen der Breite
     des Schattens der schmalste Teil des Kegels noch mehr als ihm [sc. dem Mond] Platz
     bietet«; 104,27/30: »Sie sagen, daß dieser (Schatten)Kegel nur bis zur Merkursphäre
     reicht und er sie nicht überschreitet, so daß oberhalb von ihr keine Verfinsterung ein-
     tritt, sondern alles immer an den Sonnenstrahlen teilhat«; ähnlich schon AnCom. 342,35/
     343,5, aetm. 1,7 (19,16/20,2). Vgl. Olympiodor MetCom. 68,14/6: der Erdschatten er-
     reicht nur mit Mühe die Sphäre des Merkur.
179 Vgl. Proklos hypot. 4,105/11 (132,25/134,27 MANITIUS).
180 Daß Verfinsterungen der Venus nicht beobachtet werden, ist kein Gegenargument,
     sondern hat andere Gründe: vgl. STÜCKELBERGER, Naturwissenschaften 198$_{44}$.
181 Die folgenden Zahlen sind genauer als die von Alexander MetCom. 38,7/18 und
     Olympiodor MetCom. 68,20/30 im selben Zusammenhang gemachten relativen Anga-
     ben.
182 MetCom. 104,30/105,10.
183 Ptolemäus synt. 5,15 (1,425,17/21 HEIBERG).
184 Ebd. (1,422,5/7 HEIBERG).
185 MetCom. 104,35/105,1; vgl. 19,37/20,20; 40,37/41,2: Der Abstand Sonne-Mond ist an-
     nähernd das 20fache des Erde-Mond-Abstandes.

den Mond-Sonne-Abstand) in Relation zum Erde-Mond-Abstand gesetzt und gefunden, daß die Erde-Sonne-Entfernung größer als das 18fache, aber kleiner als das 20fache der Mond-Erde-Entfernung ist [186]. Der Wert 60 für den Erde-Mond-Abstand ist so gesehen also im System des J.Ph. notwendig [187]. Bestätigt wird die Herkunft des Verfahrens sowie der Werte von Aristarch dadurch, daß Proklos in seiner »astronomischen Hypotyposis« ebenfalls beide Berechnungsweisen, die des Ptolemäus wie die des Aristarch, gemeinsam namentlich aufführt; dabei stellt er die absoluten Zahlen des ersteren als Präzisierung der relativen Angaben des letzteren hin [188]. Bei J.Ph. findet sich also mit der Referierung von Ptolemäus und Angaben, die von Aristarch herrühren, nebeneinander das gewöhnliche Verfahren der philosophischen Schul- und Lehrtradition, wiewohl offen bleiben muß, seit wann in dieser Tradition Aristarch so, wie ihn J.Ph. bietet, umgeformt worden ist; daß J.Ph. hier aus eigenem schöpft, ist eher unwahrscheinlich.

Geht es um die Reihenfolge der Planeten, steht trotz dem ersten Anschein und den Vorwürfen des Simplicius J.Ph. daher wohl in der Tradition des Ptolemäus. Gegenteiliges läßt sich opm. jedenfalls nicht entnehmen. Hier werden weder zu Maßangaben noch der Reihenfolge direkte Aussagen gemacht. Es wird nur beiläufig mitgeteilt, daß Merkur und Venus – in dieser Reihenfolge – mit der Sonne sich gemeinsam am Himmel bewegen; der dafür gebrauchte Terminus ἰσοδρομεῖν wird traditionell bloß für den Umstand verwendet, daß Merkur und Venus sich nie über einen bestimmten Betrag hinaus von der Sonne entfernen können [189]. Ein Reflex der Größe des Schattenwurfs der Erde und damit eine Wiederholung des Gedankens aus MetCom., der indirekt zeigt, daß sich J.Ph. die Reihenfolge der Planeten wie Ptolemäus vorstellt, ist in der Nebenbemerkung zu erkennen, daß der Schattenkegel bei Mondfinsternissen über die Mond-

---

186 Vgl. VAN DER WAERDEN, Astronomie 133/6, COHEN/DRABKIN 110.

187 Vgl.: J.Ph.:   Erde-Sonne = 1210
                        Erde-Mond = 60
                        Mond-Sonne = 1150,
       daraus folgt: 1150 < 20x60 (= 1200)
                        1150 > 19x60 (= 1140);
       dagegen Aristarch/Ptolemäus:
                        Erde-Sonne = 1210
                        1210 < 64r10'x20 (= 1280r200')
                        1210 > 64r10'x18 (= 1152r180').

188 Proklos hypot. 4,105/8 (133,25/134,14 MANITIUS). Proklos gibt Aristarch noch im ursprünglichen Sinn wieder; so auch Pappos coll. 6,37 [70/2] (2,554,20/558,20 HULTSCH), vgl. COHEN/DRABKIN 113.

189 Opm. 3,4 (117,7/9), vgl. MetCom. 79,28f; aetm. 6,24 (199,10/5), 16,4 (578,15/8; 579,3f), Proklos hypot. 5,19 (146,2/4 MANITIUS).

sphäre hinausreicht [190]. Trotz einer gewissen Unsicherheit, die besonders aus
dem Simpliciusreferat resultiert, bleibt nur der Schluß, daß es sich in c. Arist.
und MetCom. um eine ungenaue, nicht streng geordnete Aufzählung der Reihenfolge der Planeten handelt, die Simplicius lediglich polemisch auswertet;
dafür könnte sprechen, daß auch die oberen Planeten Saturn, Jupiter und Mars
nicht immer exakt so aufgezählt sind [191].
    Aus der Lehrtradition weiß J. Ph., daß die Entfernung der äußeren Planeten
durch astronomische Methoden nicht genau bestimmt werden kann und sie
folglich wohl sehr groß, wenn nicht unendlich sein muß [192]. Gemessen an dem
für sich gesehen schon großen Bereich zwischen Mond und Sonne muß sich der
Raum zwischen Sonne und Fixsternsphäre entsprechend nahezu unendlich weit
ausdehnen, daher ist die Fixsternsphäre für J. Ph. ebenfalls traditionell beinahe
unendlich weit entfernt, dieser Distanz gegenüber schrumpft die Erde auf einen
ausdehnungslosen Punkt zusammen [193]. Dafür führt er in MetCom. zwei
astronomische Beobachtungen an: als erstes nennt er die unterschiedliche Sichtbarkeit bestimmter Sterne in Byzanz und Alexandrien, er schreibt:

»Daß der (Raum) zwischen Erde und Fixsternsphäre nicht aus Feuer allein
besteht, hat er [sc. Aristoteles] mittels der Nachweise aus der Astronomie
bewiesen. Denn wenn jemand, sagt er, das Übermaß der die Erde umgebenden Körper bedenkt, könnte er leicht schließen, daß ihre Umgebung
nicht ganz aus Feuer bestehen kann, da das Übermaß an Ausdehnung
[μέγεθος] ihrer Umgebung im Verhältnis zu ihr unsymmetrisch ist. Denn
daß sie ganz winzig und beinahe nichts ist im Vergleich zum äußersten
Himmel, wird klar durch die astronomischen Methoden bewiesen, ganz

---

190 Opm. 3,9 (130,12/4).
191 MetCom. 44,26/8, allerdings handelt es sich hier aus Symmetriegründen um ein ande-
     res Aufzählungsprinzip.
192 MetCom. 105,6/9: die astronomischen Methoden konnten die Entfernung von Mars,
     Jupiter und Saturn nicht feststellen; vgl. aetm. 13,14 (517,11/22), COHEN/DRABKIN 107f.
193 MetCom. 15,5f; 20,17/20: »... die Entfernung von der Sonne bis zur Fixsternsphäre muß
     sich beinahe ins Unendliche ausdehnen, die wegen ihres Übermaßes auch nicht durch
     astronomische Methoden gemessen wurde«; vgl. Aristarch von Samos bei COHEN/DRABKIN
     109, Theon Smyrn. exp. (120,1/11 HILLER), Ptolemäus synt. 1,6 (1,20,3/21,6 HEIBERG);
     Theon Alex. com. in Ptol. synt. 1,6 (417/21 ROME). Daß J. Ph. einer wohl zuerst bei
     Geminus isag. 1,23 (12,1/7 MANITIUS) greifbaren Idee folgt (vgl. EKSCHMITT 164/6), daß
     die Fixsterne unterschiedliche Individualentfernungen besitzen, läßt sich nicht nachweisen
     und ist im Gefolge des Ptolemäus auch eher unwahrscheinlich. Für Kosmas top. 1,7 (SC
     141,279 WOLSKA-CONUS) befinden sich die Sterne alle im gleichen Abstand zur Erde,
     allerdings eben nicht in einer eigenen Sphäre versammelt: »Weshalb erscheinen die nach
     euch sich in der Fixsternsphäre befindlichen Sterne, die sich in einer nicht ungleichen
     Entfernung zu unserem Blick befinden, da vom Zentrum der Erde aus die Sehaktualität
     [ὀπτικὴ ἐνέργεια] entsandt wird, in unterschiedlichen Farben und Größen?«.

besonders aber daraus, daß kleinere Abstände (auf) der Erde für uns große Unterschiede bezüglich der Phänomene bewirken. Die in Byzanz unsichtbaren Sterne etwa sind in Alexandrien sichtbar, wie der sogenannte Kanopus unter den Füßen des Orion, der gerade am südlichen Horizont steht. Er ist aber der hellste, größer und leuchtender als der Hundsstern, und dies, obwohl er in der Gegend des Horizonts steht und durch dunstige Luft scheint; aber dennoch ist er durch das Übermaß des Glanzes dem Hundsstern gleichwertig [?; = streitet er mit]. Daraus folgt, daß der sich in Hellas befindende Dichter ihn nicht gekannt hat, wenn er vom Hundsstern sagt ›dem sie den Namen Hund(sstern) des Orion geben, er ist der hellste‹ [Ilias 10,29f]. Der Bär erscheint in Byzanz deutlich über dem Horizont, wie es scheint, beinahe im Zenit, in Alexandrien streift er den Horizont, in Diospolis aber gehen viele seiner Sterne unter. Dies geschähe aber nicht, wenn die Ausdehnung der Erde nicht klein wäre« [194].

194 MetCom. 18,23/19,6; der Gedankengang basiert auf Aristoteles caelo II 14 297b23/ 298a20 (101f MORAUX); vgl. Theon Smyrn. exp. (121,18/21 HILLER) und andere Autoren, z.B. Manilius astron. 1,215/35 (7f GOOLD), die mit dieser Beobachtung nicht die Kleinheit der Erde, sondern ihre Kugelgestalt demonstrieren. Merkwürdig ist die der Realität widersprechende Aussage – die sich so nur in MetCom. des J.Ph., nicht aber in den MetComm. des Alexander oder Olympiodors findet –, daß der Hundsstern (Sirius) schwächer als Kanopus sei. (Ptolemäus synt. 8,1 [2,142f.152f HEIBERG] ordnet beide gemeinsam in seine 1. Klasse ein, heutige Werte: Sirius: m -1.43; Kanopus: m -0.73). Zunächst könnte man vermuten, daß es sich um ein Mißverständnis aus Geminus isag. 17,33f (192,27f MANITIUS) handelt, daß der Hundsstern von anderen an Größe (μέγεθος) übertroffen wird, was bei Geminus deutlich im Sinne räumlicher Ausdehnung gemeint ist. Dagegen scheint zwar zunächst die Aussage vom Dunst in Horizontnähe zu sprechen. Doch führt diese Bemerkung in Wirklichkeit in dieselbe Richtung. Ptolemäus synt. 1,3 (1,13,3/9 HEIBERG) schreibt nämlich zu diesem Thema: »Daß nämlich am Horizont die Größen bedeutender erscheinen, bewirkt nicht der Umstand, daß die Entfernung geringer wäre, sondern die Verdunstung der die Erde umgebenden Feuchtigkeit, welche sich zwischen unserem Auge und den (am Horizont befindlichen) Sternen entwickelt, geradeso wie in das Wasser geworfene Gegenstände größer erscheinen, und zwar um so größer, je tiefer sie untersinken«. Ptolemäus versucht also, das heute als optische Täuschung eingeordnete Phänomen zu erklären, daß die Gestirne, z.B. die Mondscheibe, in Horizontnähe größer erscheinen als im Zenit. Unter diesem Gesichtspunkt sind folglich eigene Beobachtungen des J.Ph. auszuschließen. Die wirkliche Quelle des Mißverständnisses scheint aber nicht Geminus, sondern Poseidonios, übermittelt durch Kleomedes cael. 1,7 (34,28f TODD) zu sein. Denn für ihn gilt: Kanopus »λαμπρότατός ἐστι πρὸς μεσημβρίαν ὡς ἐπὶ τῷ πηδαλίῳ τῆς Ἀργοῦς« (etwa: »er ist der hellste nach Süden hin in Richtung des Steuers des Schiffes Argo«) – bei Geminus isag. 3,1 (42,19/ 24 MANITIUS) heißt er nur λαμπρὸς ἀστήρ. Sollte dies zutreffen, ist noch eindeutiger, daß man keine eigenen Beobachtungen des J.Ph. voraussetzen darf. Dafür spricht ferner, daß die Diskussion der Sichtbarkeit des Kanopus in Alexandrien, Rhodos oder anderen Orten in diesem Zusammenhang traditionell ist: vgl. C. MANITIUS (ed.), Gemini elementa astronomiae (Leipzig 1898) 257 mit Verweisen auf Hipparch, Plinius maior, Theon Smyrn.

Als zweites führt er die Sichtbarkeit eines vollen Halbkreises der Himmelskugel bzw. von sechs Tierkreissternbildern gleichzeitig an, er fährt im Anschluß an das gerade zitierte Stück fort:

»Und was sage ich Ausdehnung, da gezeigt werden kann, daß sie zum Übermaß der Ausdehnung der äußersten Sphäre im Verhältnis eines Punktes und des Zentrums steht. Es sei nämlich der Kreis ABΓ, sein Mittelpunkt Δ und der Durchmesser AE. Dieser schneidet den Kreis vollkommen in zwei gleiche Halbkreise. Und es sei ein anderer Kreis um denselben Mittelpunkt geschlagen, kleiner als der äußere. Der äußere soll die Fixsternsphäre sein, der innere die Erde ... [Text verderbt], was sich auf der Oberfläche der Erde befindet. Wenn man von ihr zum östlichen und westlichen Horizont die gerade Linie ZH zieht, teilt sie die Fixsternsphäre in zwei ungleiche Abschnitte, den kleineren Halbkreis über der Erde mit etwa fünf Tierkreiszeichen, den größeren unter der Erde mit etwa sieben, oder allgemein: über der Erde ist ZBH, unter der Erde ZΓH. Die Linie durch das Zentrum nun schneidet, da das, was man nicht teilen kann, ausdehnungslos ist, den äußeren Kreis in zwei gleiche Hälften, die durch die Oberfläche des inneren Kreises geführte Linie [d.h. die Tangente] (ihn) aber in zwei ungleiche (Teile). Wenn folglich die Ausdehnung der Erde in irgendeinem Verhältnis zur Fixsternsphäre stände, müßte das für uns sichtbare Stück Himmel über der Erde kleiner als ein Halbkreis sein. Wenn wir aber zu jedem Zeitpunkt sechs Tierkreiszeichen vollständig über der Erde sehen, ist klar, daß wie das Zentrum kein Verhältnis zur Fixsternsphäre hat, so auch nicht die Erde zu ihr, obwohl sie sehr groß ist und wegen der Größe das Festland gleichsam grenzenlos genannt wird, zum Beispiel (gibt es den Satz) ›Wir sind ins Festland hineingefahren, ins Grenzenlose‹ [Eurip. frgm. 110]. Daher verbirgt sie nichts von der Fixsternsphäre, wie auch nicht der unteilbare Punkt. Denn wenn ihre Ausdehnung irgendein Verhältnis zur Fixsternsphäre hätte, sollten wir den Halbkreis über der Erde kleiner sehen, wobei das andere Stück, das den oberen Halbkreis vollmacht, durch die Ausdehnung der Erde verborgen würde, wie es der Fall ist bei den beschriebenen Kreisen am östlichen Horizont für die Strecke von A bis Z, am westlichen für die von E bis H. Wenn also die Erde zum äußeren Himmel nichts ist, ist es nicht vernünftig zu suchen, ob sie kleiner ist als bestimmte Sterne, sondern ob sie überhaupt größer als einige ist«[195].

---

195 MetCom. 19,6/32; ausführlich bewiesen liegt der Gedanke bei Euklid phain. 1 (8,10,11/ 12,12 MENGE/HEIBERG) und Kleomedes cael. 1,8 (38/43 TODD) vor, in Kurzform beschrieben bei Ptolemäus synt. 1,6 (1,20,3/21,6 HEIBERG), vgl. Pappos coll. 6,37 [70/2] (2,554/ 20/558,20 HULTSCH), Theon Alex. com. in Ptol. synt. 1,6 (417/21 ROME) – Theon Alex. nennt außer der Erkenntnis, daß der Horizont den Himmel halbkreisförmig schneidet, die Parallelität der Begrenzung des Schattenwurfs des Sonnenlichts –, Proklos hypot. 2,15 (26,24/28,7 MANITIUS), vgl. 3,32 (54, 25/56,2 M.), 4,61f (116,6/20 M.).

Dieser Gedankengang wird in opm. in der Weise wiederaufgegriffen, daß zwölf (resp. elf) Tierkreiszeichen in 24 Stunden sichtbar sind, und daher die Gestalt des Himmels kugelförmig sein muß [196].

Schließlich gehört zum Weltaufbau eine neunte Sphäre, die Platon, wie J.Ph. sagt, noch nicht gekannt hat und die nach J.Ph. aus astronomischer Sicht von Ptolemäus wegen der Präzession der Fixsternsphäre postuliert worden ist [197]. Der Hinweis des Ptolemäus auf eine Bewegung der Fixsterne um die Pole der Ekliptik und die von ihm genannten Zahlen waren in philosophischen Kreisen bekannt, hatten aber, was die kosmologische Folgerung angeht, zu ihrer Erklärung eine neunte Sphäre einzuführen, eine unterschiedliche Resonanz. Plotin spricht vom Bereich der Fixsterne nur als der ersten und damit umgekehrt äußersten Sphäre [198]. Proklos gibt die Präzessionsbewegung der Fixsterne zwar detailliert wieder [199], hält sie aber für einen bloßen Behelf der Astronomen, die in der Realität nach Aussage aller Philosophen gar nicht stattfindet und die er mit der langfristig nicht zu beobachtenden Änderung der Sichtbarkeit der Zirkumpo-

---

Proklos führt in 4,50f. 54f (110,14/21; 112,5/19 M.) mit Verweis auf die Parallaxenbeobachtungen an, daß die scheinbare Ausdehnungslosigkeit der Erde in bezug auf die Entfernung von Mond und Sonne falsch, richtig hingegen, abgesehen von der Fixsternsphäre, auch für die oberen Planeten ist. Damit ist Proklos genauer als Kleomedes oder auch Macrobius somn. 1,16,10/3 (66,1/26 WILLIS), die diese Aussage schon im Verhältnis zur Sonne für richtig halten. Aristarch περὶ μεγέθων καὶ ἀποστημάτων ἡλίου καὶ σελένης hypoth. 2 (352 HEATH) hatte den Satz nur in bezug auf den Mond aufgestellt. Dazu bemerken allerdings COHEN/DRABKIN 109: »This hypothesis is probably introduced not as a fact or even as an approximation but for the purpose of simplification, to obviate the necessity of considering lunar parallax (which is by no means negligible). A forteriori the assumption is that the earth is in the relation of a point with reference to the spheres of the sun and of the fixed stars«.

196 Opm. 3,9 (128,13/129,8), vgl. u. S. 390f.
197 Aetm. 13,18 (537,6/10), opm. 3,3 (115,8): »ταῖς ἐννέα [sc. σφαίραις]«; vgl. Ptolemäus synt. 7,2f (2,12,4/34,8 HEIBERG): hier beschreibt Ptolemäus nur die Präzession als Bewegung der ganzen Fixsternsphäre, sagt aber noch nichts über die Existenz einer neunten Sphäre zu ihrer Erklärung. In hyp. 2,11 (2,123,8/125,23 H.) spricht Ptolemäus zweifellos deutlich von der äußersten sternenlosen (noch nicht neunten) Sphäre und ihrer Bewegung, doch handelt es sich wohl zunächst um Konstruktionsangaben für einen Himmelsglobus. Wichtige Belege für die kosmologische Annahme einer Sphäre zur Erklärung der Präzession sind wenig später Origenes princ. 2,3,6 (GCS Orig. 5,122, 22/123,18 KOETSCHAU) und nach ihm Macrobius somn. 1,17,7/13 (67,26/69,11 WILLIS). Vgl. ferner DUHEM 2,190/9. Daß die Zahlen des Ptolemäus sowohl bei der Berechnung der Präzession als auch bei den Positionsbestimmungen des Fixsternkatalogs nicht auf eigenen Beobachtungen, sondern denen Hipparchs beruhen bzw. der eigenen Theorie angeglichen werden und damit gefälscht sind, wird heute von einer Mehrzahl von Forschern angenommen, vgl. EKSCHMITT 173/6, ältere gegenteilige Ansichten bei COHEN/DRABKIN 130/4.
198 Enn. V 1 (10) 9 (2, 283,20f HENRY/SCHWYZER).
199 Proklos hypot. 5,1/10 (136,1/140,24 MANITIUS).

larsternbilder Großer und Kleiner Bär widerlegen zu können glaubt [200]. Deshalb wird die neunte, die ἄναστρος σφαῖρα bei ihm auch nicht weiter erwähnt,
weil sie keinen Platz im Weltaufbau besitzt [201]. Simplicius dagegen übernimmt
die Theorie der Astronomen und berichtet sogar von einer in seinem Beisein
durch Ammonius in Alexandrien mit dem Astrolab vorgenommenen Messung
der Position des Arkturus, die den Wert der von Ptolemäus genannten Größe
der Präzessionsbewegung bestätigt hat [202]. Dieser Text aus CaelCom. stellt zu-

---

200 Ebd. 7,45/7 (234,7/23).

201 Vgl. DUHEM 2,197/9 mit weiteren Belegen; Proklos hypot. 7,47 (234,22f) erweckt den
      Anschein, als würden die Philosophen stattdessen eine entsprechende Bewegung der
      Planeten akzeptieren.

202 Simplicius CaelCom. 462,12/31: »Man könnte dies wohl auch noch durch andere über-
      zeugendere Beweise zeigen, dem Gesagten aber soll (wenigstens) dies hinzugefügt wer-
      den, daß die sogenannte herumirrende Sphäre [ἀπλανής], wenn sie wirklich nicht
      umherirrt und man für sie nicht die Beobachtung des Hipparch und Ptolemäus an-
      nimmt, daß auch sie sich bewegt, und zwar in hundert Jahren um ein Grad rückwärts,
      eine einzige einfache Bewegung ausführt, die Sterne aber an ihr zwei, die um sich selbst
      und die des Alls, die Planeten aber drei, ihre eigene, die der sie umgebenden Sphären
      und die des Alls. Da aber auch unser Schulleiter Ammonius in meinem Beisein in Alex-
      andrien den Arkturus mit dem sphärischen Astrolab [διὰ στερεοῦ ἀστρολάβου;
      Armillarsphäre] beobachtet und herausgefunden hat, daß seine Position, die er nach
      Ptolemäus hat, sich soweit verändert hat, daß er sich in hundert Jahren um ein Grad
      rückläufig bewegen muß, ist es wohl richtiger zu sagen, daß die alles umfassende ster-
      nenlose Sphäre, die man, wie es scheint, zur Zeit des Aristoteles noch nicht kannte, sich
      mit einer einzigen einfachen Bewegung von Ost (nach West) bewegt und dadurch alle
      anderen mit herumführt, daß aber die von uns Fixsternsphäre genannte Sphäre zwei
      Bewegungen vollzieht, die Bewegung des Alls von Ost nach West und die eigene von
      West (nach Ost), daß aber die Sterne in ihr diese beiden Bewegungen und ihre Eigenro-
      tation ausführen, daß aber ebenso auch die folgenden Sphären die selben zwei und die
      Sterne in ihnen die selben drei Bewegungen vollführen«. Vgl. NEUGEBAUER 2,1037; er
      hält die Beobachtungskünste des Ammonius für nicht überwältigend. Vgl. Simpl.
      PhysCom. 643,27/644,1: »Da nun die assyrische Theologie überliefert hat, daß über
      diesem Kosmos ein mehr göttlicher Körper, der Äther, sich befindet, und Orpheus ihn
      ebenfalls gekannt hat, wenn er sagt: ›Nimm für alles den ungeheuren Äther, für das in
      der Mitte aber den Himmel‹, und auch die Astronomen die sternenlose und wahrhaft
      nicht abirrende Sphäre kannten und sie gezwungenermaßen über die sogenannte Fix-
      sternsphäre setzten, weil sie annehmen mußten, daß diese Sphäre, die die vielen Sterne
      enthält, sich von West nach Ost in hundert Jahren um ein Grad bewegt, indem sie den
      sichtbaren Umschwung von Ost (nach West) mitausführt, da nun, wie wir anfangs
      sagten, Proklos viele Hinweise eines mehr göttlichen Körpers hatte, der zu dem gehört,
      was dem Kosmos vorausliegt, nahm er mit Recht diesen Körper als Ort dieses gesamten
      Kosmos an«. Simplicius unterstellt hier, astronomische Erkenntnisse hätten mit dazu
      beigetragen, daß Proklos einen Ätherkörper annahm, der das gesamte Universum in
      sich birgt. Proklos selbst will von einer neunten *Sphäre* nichts wissen. Vgl. ebd. 633,27/
      35: »Dieser unbewegliche Körper jedoch scheint von Vorteil für unser Urteil, damit,
      wenn wir mit ihm die Ortsveränderungen vergleichen, wir diese unterscheiden und

gleich sicher, auch wenn PhysCom. weniger eindeutig ist, daß Simplicius die neunte Sphäre nicht nur für eine reine Gedankenkonstruktion gehalten hat, sondern mit ihrer realen Existenz gerechnet hat [203]. Christlicherseits findet die neunte Sphäre bei Origenes Erwähnung [204], jedoch nicht bei Autoren wie Basilius und Gregor von Nyssa, die wie J.Ph. ein kugelförmiges Weltbild vertreten. Auch Kosmas scheint zu wissen, daß nicht alle eine neunte Sphäre angenommen haben [205].

Anders als seine Vorgänger, die ein sphärisches Kosmosmodell annehmen, geht J.Ph. in opm. von der ἄναστρος σφαῖρα aus [206], die er wie in der Aristoteleskommentierung anscheinend allgemein bekannt, über Ptolemäus hinaus auf Hipparch zurückführt [207], und nennt in opm. auch den ptolemäi-

---

beurteilen können, ebenso wie die Astronomen die sternenlose Sphäre annehmen und sich in ihr den Tierkreis vorstellen und die gedachten Positionen der anderen Sterne, nicht weil der Himmel durch sie sich im Kreis bewegt, sondern weil sie die Maßangaben dieser Bewegung berechnen können, indem sie sie mit den festgesetzten Grenzen vergleichen«. Dieser Text widerspricht dem aus CaelCom. insofern, als die neunte Sphäre hier als bewegungsloser Hintergrund gilt, der mit dem von Proklos angenommenen umfassenden Äther zu vergleichen ist.

203 Vgl. dagegen DUHEM 2,200/4.

204 Origenes princ. 2,3,6 (GCS Orig. 5,122,22/123,18 KOETSCHAU). Er nennt sie allerdings nicht »neunte Sphäre«.

205 Kosmas top. 4,20 (SC 141,565 WOLSKA-CONUS): »... λέξατε οἱ τούτοις ἑπόμενοι καὶ χριστιανίζειν ἐθέλοντες εἰς ποῖον χῶρον τῶν ὀκτὼ σφαιρῶν ἢ τῆς ἐνάτης, τῆς λεγομένης παρά τισιν ἀνάστρου, εἰσελήλυθεν ὁ Χριστός ...«.

206 ἄναστρος bezieht sich bei Theophrast in der Theorie der homozentrischen Sphären auf die gestirnlosen Sphären oberhalb des einzelnen Planeten, der auf der innersten Sphäre eines Sphärenkomplexes befestigt ist; die leeren Sphären über ihm werden benötigt, um die Vermittlung der Bewegung eines Sphärenkomplexes an den nächsten zu neutralisieren. So verstanden deckt sich die Bedeutung von ἄναστρος mit dem weiteren Sinn des Wortes ἀνελίττουσα; dieser Begriff bezeichnet die Gesamtheit der homozentrischen Systeme im Unterschied zu Epizykelsystemen und wird in diesem Sinn von Sosigenes, Simplicius und J.Ph. in opm. benutzt. Aristoteles hatte ἀνελίττω in seinem Modell homozentrischer Sphären ursprünglich für die Sphären benutzt, die zwischen den Sphärenkomplexen notwendig sind, um die Vermittlung der Bewegung des jeweils oberen Systems an das jeweils untere zu verhindern: vgl. MORAUX, Aristotelismus 2,344/7, W. SHARPLES, Theophrastus on the heavens: Aristoteles. Werk und Wirkung 577/93, hier 590/2. Die den Planeten führende Sphäre heißt φέρουσα.

207 Opm. 3,3 (113,15/114,3). Vgl. Simplicius CaelCom. 462,12/9, Proklos TimCom. 277D/E (3,124,18/125,4 DIEHL); unsicher und nur mit Konjektur zu lesen ist hingegen Themistius CaelCom. 115,23. Die Erwähnung Hipparchs als Vorgänger des Ptolemäus war bei Ptolemäus selbst in der Syntaxis nachzulesen und zeigt, daß dieses Werk in späterer Zeit benutzt wurde. Welche Erklärung Hipparch für die Präzession gegeben hat, ist unbekannt; im 6.Jh. kann man die Entdeckung der Präzession offenbar nur als Entdeckung der neunten Sphäre interpretieren. Daß Hipparch bereits den Babylonier Kidinnu

schen Wert der Präzession [208]. Hipparch und Ptolemäus haben seiner Meinung
nach freilich den entscheidenden Anstoß zu ihrer Theorie von Moses bekommen, da der erste Himmel aus Gen. 1,1 eben die neunte Sphäre schon vorweggenommen hat [209]. Zwar könnte es den Anschein haben, daß J.Ph. die neunte
Sphäre nur in das Firmament als dessen äußerste Begrenzung plaziert, wenn
man unvoreingenommen den Text von opm. 3,3 liest; daß er aber tatsächlich
ersten Himmel und neunte Sphäre gleichsetzt, macht opm. 1,7 deutlich:

> »Wenn jemand dem Propheten keinen Glauben schenken sollte, der außen
> vor der sogenannten Fixsternsphäre einen anderen Himmel annimmt, da es
> ja für dessen Existenz keinen Beweis gäbe, möge er sich daran erinnern, daß
> auch kein Mathematiker vor Ptolemäus und Hipparch die neunte äußerste
> und sternenlose Sphäre kannte. Auch Platon vermutete gemeinsam mit den
> anderen auch nur die Existenz von acht, aber Hipparch und Ptolemäus führten
> die neunte und sternenlose infolge einiger Beobachtungen ein, über die wir
> jetzt nicht zu sprechen brauchen. Was einigen gänzlich unbekannt ist, kann
> also durchaus existieren. Ich will jetzt auch nur gezeigt haben, daß Ptolemäus
> und vor ihm Hipparch mit Moses übereinstimmten, wenn sie die äußerste
> aller Sphären als sternlos annahmen, eher noch, aus ihm haben sie den Anfang
> ihrer Entdeckung gewonnen. Denn Moses sagt, daß Gott in die (Sphäre),
> die nach jener kommt und die er selbst »Firmament« nennt – den Grund
> dafür werden wir noch erklären –, Sonne, Mond und die Fülle aller Sterne
> gesetzt hat« [210].

Offenbar denkt sich J.Ph. eben wegen dieser Identifikation des äußersten mosaischen Himmels mit der neunten Sphäre des Ptolemäus diesen nicht etwa als

---

(Kidenas) als Vorgänger in der Beschreibung des Phänomens der Präzession hatte, nimmt
H. BALSS, Antike Astronomie (München 1949) 235 an, vgl. zu dieser Frage H. MARTIN,
Mémoires sur cette question: La précession des équinoxes a-t-elle été connue des Égy-
tiens ou de quelque autre peuple avant Hipparque? = Mémoires de l'Académie des
Inscriptions et Belles-Lettres 8 (1869), anders F.X. KUGLER, Sternkunde und Sterndienst
in Babel 2 (Münster 1910) 32.

208 Opm. 3,4 (117,12/5), Simplicius kannte ihn ebenfalls, vgl. o. S. 324 Anm. 202. Vgl.
     Ptolemäus synt. 7,2f (2,12,4/34,8 HEIBERG).
209 Opm. 3,3 (113,23/114,6), vgl. 3,4 (116,15/7). Unter Umständen kann sich J.Ph. für die
     Gleichsetzung von neunter Sphäre und Himmel tatsächlich auf Ptolemäus berufen,
     denn dieser scheint in hyp. 2,11 (2,125,17/20 HEIBERG) die äußerste Sphäre Himmel zu
     nennen; allerdings könnte, da der arab. Tex nicht ganz eindeutig ist, auch die Fixstern-
     sphäre gemeint sein.
210 Opm. 1,7 (15,17/16,11). Vgl. die Überschrift von opm. 3,3 (113,15/22): »Hipparch und
     Ptolemäus kennen den ersten Himmel sternlos; den zweiten, den Moses Firmament
     nennt, kennen auch die Griechen als einen einzigen ...«.

festen Hintergrund, vor dem sich alle anderen Bewegungen abspielen, sondern er führt für ihn, wie es auch Simplicius in CaelCom. beschreibt, selbst die Präzessionsbewegung von Ost nach West aus:

> »Deshalb ist, wie man sagen muß, auch der Himmel in ständiger Bewegung und steht gleichzeitig fest [ἀεικίνητος ἔστηκεν], das eine wegen der Rotation, das andere, weil er insgesamt den Ort nicht wechselt und sein Zentrum unbeweglich bleibt« [211].

Die örtliche Bewegung des äußersten Himmels stellt für ihn unter der Voraussetzung seines Verständnisses vom Ort als dreidimensionaler Erstreckung keine Schwierigkeit dar [212]. Unklar bleibt jedoch, wie er sich angesichts des mit »Wasser« gefüllten Zwischenraums zwischen Fixsternsphäre und äußerstem Himmel die Übertragung der Präzession auf die Fixsternsphäre vorgestellt hat [213].

Die Größe der Sonne bestimmt J.Ph. im Anschluß an die »Mathematiker« (d.h. Ptolemäus) auf das 170fache der Erdgröße [214]. Auch viele Planeten, der Sirius und Kanopus (aber nicht alle Sterne) sind nach deren Nachweis größer als die Erde [215]. Kosmas hingegen glaubt aus den Beobachtungen des antiochenischen Presbyters Stephan in Antiochien und seinen eigenen in Axum/Äthiopien und Alexandrien über die unterschiedliche Länge des mittäglichen Schattens zur selben Jahreszeit an diesen Orten ableiten zu können, daß die Größe der Sonne unge-

---

211 Opm. 3,10 (140,18/21). Diese Aussage könnte sich zwar, da in der Auseinandersetzung mit Kosmas um die Bewegung der Gestirne formuliert, nur auf das Firmament beziehen, doch ist dies unwahrscheinlich, da es im engeren Kontext um den Himmel als die Umfassung der gesamten Welt geht. Deutlich ist opm. 1,6 (15,9/12): »Vernünftig ist es auch, daß der die ganze Welt umfassende Himmel als erstes bestand, da er ja durch die Bewegung Mitverursacher der Veränderung dessen ist, was durch die Natur entsteht«. Der Begriff ἀεικίνητος bedeutet ganz offensichtlich nur eine zeitlich unbefristete, aber keine ewige Bewegung, da Gott nach opm. 5,9 (221,6/222,17) die Existenz der Welt in einem zeitlosen Augenblick aufheben wird; in diesem Sinne wohl auch ANASTOS 49.

212 Corollarium de loco PhysCom. 571,27/572,6; 582,19/583,12; Corollarium de inani PhysCom. 690,3/27, vgl. o. S. 153.

213 DUHEM 2,193 nimmt an, daß nach Ptolemäus die Fixsternsphäre sowohl die tägliche Bewegung als auch die Präzession von der neunten Sphäre empfängt, und das heißt doch wohl, daß sie sich ebenfalls bewegt; Simplicius CaelCom. (vgl. o. S. 324 Anm. 202) weist ihr zumindest die Präzessionsbewegung zu.

214 MetCom. 19,32f; 24,9f; vgl. Ptolemäus synt. 5,16 (1,427,8f HEIBERG), Pappos coll. 6,37 [73] (2,558,21/560,10 HULTSCH), Theon Alex. com. in Ptol. synt. 1,6 (417/21 ROME), dazu COHEN/DRABKIN 114.

215 Aetm. 13,14 (517,17/21), MetCom. 15,17/21. Die Gestirne besitzen Kugelform, vgl. Aristoteles cael. II 11 291b10/24 (79f MORAUX), J.Ph. opm. 4,18 (196,11/6), Simplicius CaelCom. 32,32/33,16; Achilles Tatios isagog. 12 (40,18/23 MAASS) führt diese Lehre auf die Stoa zurück.

fähr zwei »Klimata« (Erdzonen) oder ca. 40 Tagereisen beträgt und deshalb alle Behauptungen, die Sonne sei größer als die Erde, unsinnig sind [216]. In einer gewissen Spannung zu den bisherigen Aussagen des J.Ph. über die nahezu unendliche Entfernung der Fixsternsphäre und die Erkenntnis, daß gewisse Sterne größer als die Erde sind, stehen seine Ausführungen in opm. 4,16, die in vielem zunächst wie eine Zurücknahme seiner früheren Ansichten wirken oder auch daran zweifeln lassen, daß J.Ph. genügend astronomische Kenntnisse besessen hat bzw. sich deren Konsequenzen hinreichend bewußt gemacht hat. Doch ist eine endgültige Beurteilung schwierig. – J.Ph. muß in opm. 4,16 erklären, weshalb die Schrift den Mond »großen Lichtgeber« genannt hat [217], und dies mit der Auskunft der Astronomen vereinbaren, daß einige Sterne den Mond an Größe (μέγεθος) übertreffen. J.Ph. ist bereit, diese Erkenntnis trotz gewisser Zweifel, die er jetzt im Gegensatz zu früher anscheinend hat [218], zu akzeptieren, bestreitet aber energisch, daß die Überlegenheit der Fixsterne auch auf ihre Leuchtkraft zutrifft. Augenscheinlich beweist ihm dies der Umstand, daß nur Sonne, Mond und Venus auf der Erde Schatten erzeugen können, jedoch kein einziger Fixstern, ja nicht einmal alle Sterne zusammen. Die Folgerung lautet für J.Ph.:

> »Daraus ist ersichtlich, daß auch die Höhe nicht die Ursache dafür ist, daß jeder einzelne die Erde nicht erleuchtet wie Sonne und Mond; obwohl sie gemeinsam den ganzen Himmel umfassen, sind sie nicht fähig, die Erde zu erleuchten; was freilich ein Leuchter nicht schafft, vermögen viele, wenn sie zusammenkommen. Denn sie sind nicht so weit von der Erde fort oder das Licht wäre so undeutlich, daß es nicht von uns gesehen wird; ›vereint ist die Tüchtigkeit der Männer, das heißt, besonders der feigen, nützlich‹, sagt die Dichtung [Ilias 13,237]. Um wieviel mehr müßte also nicht das Licht so vieler und so bedeutender Sterne schaffen, was jetzt der Mond allein, um nicht die Sonne zu nennen, bewirkt? Die Menge aller (Sterne) zusammmengenommen schüfe größenmäßig viele Sonnen, nochmal so viele Monde« [219].

---

216 Kosmas top. 6,1/2 (SC 197,13/5 WOLSKA-CONUS), 6,4/6 (SC 197,17/9 W.).

217 Gen. 1,16: »Καὶ ἐποίησεν ὁ θεὸς τοὺς δύο φωστῆρας τοὺς μεγάλους ...«.

218 Vgl. 4,16 (191,2f):« Nun glaube ich zwar, daß es überflüssig ist, sich im Augenblick länger damit zu beschäftigen, ob der Gedanke wahr oder falsch ist«; 4,16 (192,4f): »Wenn also jemand ihnen [sc. den Astronomen] zugesteht, daß der Hundsstern an Größe den Mond übertrifft ...«. Die Größe des Mondes wurde immer als geringer im Vergleich zur Erde angenommen. Wenn J.Ph. in 4,18 (194,25/195,2) auf Basilius verweist, der über die Größe (und den Einfluß) des Mondes geschrieben habe, so findet sich bei diesem in hex. 6,10 (SC 26²,378/80 GIET) zum Problem des J.Ph. nichts.

219 Opm. 4,16 (191,10/24). Die zusammengenommene Größe muß man sich wohl nicht so vorstellen, daß J.Ph. absolut die Volumina der Himmelskörper in Korrelation setzt, sondern die Fläche am Himmel meint, die die Sterne nebeneinandergesetzt bedecken.

Als sicher wird man diesem Text entnehmen können, daß J.Ph. die Leuchtkraft der Sterne einzeln und insgesamt trotz ihrer Größe für geringer hält als die
des Mondes. Doch aufgrund welcher Voraussetzungen? Gilt dies nur für die
evidente scheinbare Leuchtkraft oder, wie man heute sagen würde, auch für die
absolute, also für den Fall, daß man Mond und Sterne in eine gleiche Entfernung versetzen könnte? Die Schwierigkeiten entstehen dadurch, daß J.Ph. behauptet, die Höhe, also die weite Entfernung, sei nicht der Grund für das schwa-
che Licht der Sterne, wenn man ihre vereinte Leuchtkraft zusammensieht; sie
seien so weit ja nicht entfernt, daß man sie einzeln überhaupt nicht mehr sehen
könne. Vielmehr ist zu beobachten, daß ihr Licht in der jetzigen Entfernung
eben zusammengenommen nicht genügt, die Leuchtkraft des Mondes zu erreichen, was eigentlich, so glaubt J.Ph. wohl, eintreten müßte, wenn sich bei Gestirnen, die größer als der Mond sind, ihr Licht zusammenkommt. Dies ist jedoch
nicht der Fall. Daraus folgt dann aber, daß auch absolut gesehen kein Stern trotz
seiner Größe heller als der Mond sein kann; anders macht die folgende Aussage
wenig Sinn:

> »Wenn also jemand ihnen zugesteht, daß der Hund(sstern) der Größe nach
> größer als der Mond ist, ihn aber am meisten an Leuchtkraft überträfe, wird
> schnell ganz und gar (mit seiner Meinung) untergehen, was alle Planeten
> und Fixsterne gemeinsam durchmachen« [220].

Dann aber kommt angesichts der scheinbaren Leuchtkraft – ist sie als groß
oder klein zu beurteilen? – wieder das Problem der tatsächlichen Entfernung
ins Spiel. Obwohl es sich nahelegt, ist die Folgerung aber nicht unbedingt, daß
J.Ph. die Entfernung der Fixsterne nicht weiterhin traditionell für beinahe unendlich hält, denn das Problem, das J.Ph. beschäftigt, ist nicht die Frage der
Abnahme des Lichts mit der Entfernung, sondern nur die Frage, weshalb das
Licht der Sterne in ihrer jetzigen Entfernung sich in der Addition nicht in
größerem Maße verstärkt. Freilich muß für J.Ph. auch die Entfernung damit
zu tun haben, sonst wären seine früheren Aussagen über die Größe des Abstandes der Gestirne und die Abnahme des Lichts mit der Entfernung hinfällig [221].
Da J.Ph. aber eine Gesetzmäßigkeit dafür nicht kennt, läßt sich nicht endgültig
entscheiden, ob die Schriftaussage vom »großen Lichtgeber Mond« zu einer
anderen Einschätzung der Entfernung der Gestirne geführt hat; die Zweifel,
die J.Ph. an der Größe der Gestirne anklingen läßt, deuten allerdings darauf
hin, daß in opm. die Bereitschaft besteht, auch ihre Entfernung neu zu bewerten bzw. sich sein eigenes Urteil vorzubehalten.

---

220 Opm. 4,16 (192,4/8).
221 Vgl. o. S. 248. 320/2.

IV. Die Bewegung der Planeten

a. Das Bewegungsmodell

Die Bewegung der Planeten beschreibt J.Ph. mit der ptolemäischen Theorie, die von der platonischen Voraussetzung der strengen Kreisförmigkeit aller Abläufe ausgeht und sie duch die Kombination von Exzenter- und Epizykeltheorie zu wahren sucht[222]. J.Ph. führt beide Modelle insgesamt auf Ptolemäus zurück, während Simplicius Genaueres über die Herkunft beider Theorien weiß[223]. P. DUHEM, der bislang als einziger auf die entsprechende Passage aus opm. 3,3 aufmerksam gemacht hat, glaubt aus der Beobachtung, daß J.Ph. Exzenter- und Epizykeltheorie nacheinander und damit scheinbar alternativ vorstellt, schließen zu können, daß J.Ph. auf einen Wissensstand vor Ptolemäus zurückfalle, da der Fortschritt bei Ptolemäus gerade darin besteht, beide miteinander zu verbinden[224]. Jedoch ist diese Annahme nicht zwingend. Abgesehen davon, daß an der betreffenden Stelle, an der J.Ph. von der Exzenter- auf die Epizykeltheorie zu sprechen kommt, die Partikel ἤ nicht ausschließenden Charakter haben muß[225], entspricht die Art, beide Modelle nacheinander vorzustellen, sowohl dem Verfahren des Ptolemäus in seiner Syntaxis selbst, der die Theorien nacheinander beschreibt und erst in einem zweiten Schritt, der seinen eigenen Beitrag darstellt, beide gemeinsam weiterentwickelt[226], als auch der sukzessiven Behandlung in Darstellungen astronomischer oder philosophischer Art vor oder nach Ptolemäus[227]. Zudem ist von der Sache her nicht für alle Planeten die Kombination beider Theorien notwendig, da es bei den einzelnen Planeten eine unterschiedliche Zahl von Anomalien zu erklären gibt: die Sonnenbewegung läßt sich wahlweise mit der Ex-

---

222 In der Sicht des Simplicius CaelCom. 492,31/493,4 lautet das seit Platon für die Astronomen bestehende Problem: »Platon, der ohne zu zweifeln den himmlischen Körpern die gleichförmige und geordnete Kreisbewegung zuwies, hat den Mathematikern folgendes Problem aufgegeben: Mit welchen Hypothesen gleichförmiger und geordneter Kreisbewegungen können die Erscheinungen der Planeten gewahrt werden [σῴζειν τὰ φαινόμενα]«. Vgl. Proklos hypot. 1,7f (4,13/24 MANITIUS).

223 Simplicius CaelCom. 507,9/17.

224 DUHEM 2,112₁ nennt Theon von Smyrna als Vergleich. Zu den weiteren Neuerungen des Ptolemäus vgl. COHEN/DRABKIN 128/30.

225 Vgl. SOPHOCLES 560b; zur disjunktiven und »diaporetischen« Bedeutung von ἤ vgl. aetm. 6,22 (191,16/8). Das φησίν in opm. 3,3 weist nicht auf ein wörtliches Zitat hin; häufig wird es so auch in aetm., 4,7 u.a., benutzt.

226 Ptol. synt. 3,3 (1,216,1/232,3 HEIBERG); 12 (2,450,1/521,11 H.).

227 Theon Smyrn. exp. (154,2/172,14 HILLER), Proklos hypot. 2,23/39 (30,22/40,3 MANITIUS), Simplicius CaelCom. 507,9/509,12, ein Passus, der aus Sosigenes entnommen ist, vgl. MORAUX, Aristotelismus 2,350f.

zenter- oder der Epizykeltheorie beschreiben [228]. J. Ph. kann also ohne weiteres die ptolemäische Theorie im Kopf gehabt haben, als er sich an sein Referat in opm. gemacht hat.

Der Aufbau von opm. 3,3 ähnelt formal der Vorgehensweise der in philosophischen Kreisen gepflegten Darstellung und Diskussion astronomischer Probleme. J. Ph. begnügt sich nämlich nicht damit, die ihm als plausibelste Lösung erscheinende ptolemäische Beschreibung der Planetenbewegung zu skizzieren, sondern macht sich vorher noch die Mühe, das homozentrische Sphärenmodell vorzustellen, dem ein Großteil der Tradition vor Ptolemäus angehangen hat und das insbesondere Aristoteles in Auseinandersetzung mit seinen Vorgängern Eudoxos und Kallippos entwickelt hat. Obwohl es unter sachlichen Gesichtspunkten eigentlich überflüssig wäre, für falsch gehaltene Hypothesen eigens zu referieren, da seit Ptolemäus das homozentrische Modell kaum noch Anhänger fand, hat das Verfahren, zuerst das durch die Autorität des Aristoteles gesicherte homozentrische Modell und danach das Exzenter-/Epizykelsystem darzustellen, im Vergleich zur Aristoteleskommentierung der Vorgänger und Zeitgenossen nichts Ungewöhnliches an sich. Es findet sich etwa in einem bei Simplicius in CaelCom. in Auszügen erhaltenen Werk des Sosigenes mit dem Titel »περὶ τῶν ἀνελιττοῦσων« [229] oder bei Simplicius selbst im nämlichen Werk [230]. Auch das Buch XII der Metaphysik des Aristoteles bzw. die Zahl 55 (resp. 47) der homozentrischen Sphären ist in diesem Zusammenhang Gegenstand der Kommentierung [231], so daß die Nennung dieser Sachverhalte in opm. 3,3 verständlich wird, selbst wenn hier nicht von ausführlicher Kommentierung im eigentlichen Sinn

---

228 Vgl. Proklos ebd. 2,36f (38,10/24 MANITIUS), Simplicius CaelCom. 509,13f. Schon Theon Smyrn. exp. (154,2/172,14 HILLER) nahm die Sonne als Beispiel, um beide Modelle vorzustellen, Ptolemäus synt. 3,4 (2,232,4/240,15 HEIBERG) entscheidet sich wie Hipparch für die Exzentertheorie, um die Sonnenbewegung zu erklären, weil sie einfacher ist, vgl. COHEN/DRABKIN 128/30, EKSCHMITT 170/3. Vergröbernd kritisiert Kosmas top. 1,12 (SC 141,283 WOLSKA-CONUS): »Weshalb haben Mond und Sonne keine Epizykele erhalten? Weil sie wegen ihrer Unterordnung nicht würdig sind?« (N.B.: Es scheint, daß Kosmas von der Planetenreihenfolge Mond, Sonne, Merkur, Venus usw. ausgeht).

229 Simpl. CaelCom. 488,18/510,35. Daß die Aussage tatsächlich aus dem Werk des Sosigenes stammt, wiewohl im Detail die Abgrenzung zur Referierung des Simplicius schwierig ist, zeigt MORAUX, Aristotelismus 2,344/58. Sosigenes hat, obwohl er die Position des Aristoteles nicht mehr teilen kann, auch Einwände gegen die modernere Exzenter-/Epizykeltheorie.

230 Simpl. CaelCom. 32,12/29.

231 Bereits Theon Smyrn. exp. (178,3/179,14 HILLER) bezieht sich im Kontext der Epizykel/Exzentertheorie auf Aristoteles Metaph. XII 8 1073a22/1075a14. Simpl. CaelCom. 503,10/504,3; außer auf Sosigenes und Simplicius' eigene Erklärung für die Zahl 47 wird auf die »σχολαί« von Porphyrius und Alexander verwiesen. N.R. HANSON, On accounting Aristotle's spheres: Scientia 98 (1963) 223/32 demonstriert, daß die Zahl 55 nicht das leisten kann, was erforderlich ist.

die Rede sein kann. Die Vergleichsmöglichkeiten lehren, daß daher die Anführung des Aristoteles in opm. nicht primär aus antiquarischem Interesse erfolgt, sondern von der Tradition der Aristoteleskommentierung her begriffen werden muß, deren Bemühen dahin geht, trotz des Bewußtseins der Überlegenheit der ptolemäischen Theorie berechtigte Anliegen des Aristoteles zu wahren und an den von ihm vorgegebenen naturphilosophischen, nicht unbedingt fachastronomischen Grundsätzen die jüngeren Lehren zu messen bzw. ihre Schwierigkeiten aufzuzeigen [232], so sicher das Bemühen einfach damit zusammenhängt, daß Aristotelestexte kommentiert werden.

Die genannten Vergleichsmöglichkeiten werfen ferner ein Licht auf die bei J.Ph. gegenüber allen Astronomen und ihren Hypothesen zur Beschreibung der Planetenbewegung, ja sogar gegenüber Ptolemäus durchscheinenden Vorbehalte, auch wenn natürlich der letztere für ihn der »berühmteste Astronom« bleibt und er dessen Theorie für die mit der Wirklichkeit am genauesten in Übereinstimmung stehende Hypothese hält und er damit nicht hinter den Wissenschaftsstandard der Zeit zurückfällt:

> »Was geschieht oder die Mehrzahl der Phänomene glaubten andere durch andere Annahmen zu wahren, und einige von ihnen sind ungenauer als sie [sc. die Phänomene] oder zu präzise. Keiner von ihnen aber hat einen Beweis für die Annahmen herauszufinden, ja nicht einmal genau dies sich zu sagen bemüht, und er wird es auch niemals herausfinden, auch wenn er sich Unzähliges ausdenkt« [233].

Denn damit teilt J.Ph. nur die Skepsis, die viele Philosophen gegenüber den häufig einander widersprechenden mathematischen Modellen der Astronomen aus zum Teil durchaus ernsthaften naturphilosophischen Gründen hegen. – So geht Proklos in seiner »astronomischen Hypotyposis« zwar auch von dem platonischen Axiom aus, daß dem Verhalten der Himmelskörper als naturphilosophisches Prinzip eine geordnete kreisförmige Bewegung zugrundeliegt [234],

---

232 Simplicius überliefert drei aus mehreren Aporien des Sosigenes, für die er selbst eigene Lösungsvorschläge anbietet, doch auch bei Simplicius glaubt MORAUX, Aristotelismus 2,355/8, bes. 355[101], das gleiche Anliegen wie bei Sosigenes erkennen zu können.

233 Opm. 3,3 (115,22/7), eine typische Formulierung, vgl. Belege aus Simplicius' CaelCom. u. S. 334 Anm. 241; nicht ganz sicher ist, ob sich dieser Passus allein auf die Hypothesen der »anderen« bezieht oder den vorher referierten Ptolemäus miteinschließt; vgl. ebd. (116,15/7):«... Ptolemäus, der in diesen Dingen der genaueste ist ...«, ebd. (113,24/ 6): »... Hipparch und Ptolemäus, die berühmtesten aller jemals lebenden Astronomen ...«. In 3,4 (116,21/117,23) ist die Relativierung aller naturphilosophischen Erklärungen im letzten philosophisch-theologisch motiviert, da alle Astronomen keine αἰτία für die beschriebenen Phänomene finden konnten.

234 Proklos hypot. 1,7f (4,15/24 MANITIUS), vgl. 5,20 (146,4/10 M.).

gerät allerdings, konfrontiert mit der Epizykel-/Exzentertheorie, in die Schwierigkeit, daß er nicht zu entscheiden vermag, ob diese Kreise lediglich Gedankenkonstruktion sind (ἐπινοεῖται) oder realiter in den Sphären existieren [235]. Gegen die erste Annahme spricht für ihn, daß man unversehens von natürlichen Dingen zu mathematischen Begriffen übergewechselt ist und aus etwas, das nicht in der Natur existiert, die Ursache der natürlichen Bewegung ableitet [236]. Proklos genügt offenbar eine bloß »instrumentalistische« Erklärung für natürliche Tatsachen nicht [237]. Gegen die reelle Deutung führt Proklos an, daß Überschneidungen der Kreise eintreten müssen und dadurch der Zusammenhang der Sphären in Frage gestellt wird [238]. Dies greift im Grunde einen Einwand des Sosigenes auf, daß die reelle Existenz der Exzenter und Epizykele die Kontinuität des Alls

---

235 Ebd. 7,50/8 (236,10/238,27). Eine überzeugende Interpretation dieser Passage auf dem Hintergrund der Hypotyposen insgesamt gibt LLOYD, bes. 202/11. Er widerlegt DUHEM 2,103/7, der Proklos als reinen Instrumentalisten sieht (d.h. als einen Vertreter der Anschauung, daß die Hypothesen der Astronomen bloß instrumentelle Bedeutung haben, ihnen in der Realität jedoch nichts entspricht. LLOYD zeigt, daß Proklos Reserven gegen beide Deutungen, instrumentelle wie reele, hat. (Daß Proklos die Epizykeltheorie nicht befriedigt, zeigt auch TimCom. 278DE [3,128,2/14 DIEHL] und 258E [3,65,7/12 D.]; am Beispiel der Bewegungen von Merkur, Venus und Sonne kann Proklos TimCom. 257F/259D [3,63,30/67,19 D.] weder diese Theorie noch die Annahme einer in den drei Planeten wirkenden seelischen Kraft als Erklärung der irregulären Bewegungen überzeugen; deshalb schließt er sich wahrscheinlich der von Jamblich vertretenen Deutung an, die eine »physikalische« Erklärung aufgibt und symbolisch die Monadenlehre ins Spiel bringt, indem die Sonne der Wahrheit, die Venus der Schönheit und Merkur der Symmetrie zugeordnet werden, die als Dreiheit vollkommen sind.) Der von DUHEM in dieser Form angenommene Gegensatz zwischen Proklos und J.Ph. besteht also gar nicht, sondern beide stimmen bei Simplicius in dieser Frage überein. Proklos und J.Ph. divergieren nur insofern, als ersterer Epizykeltheorie und Präzession (vgl. TimCom. 277E/278A [3,125, 4/126,5 D.]) anders als J.Ph. entschieden zurückweist und eine rein philosophische Lösung bevorzugt. Darauf hinzuweisen, daß astronomische Hypothesen in der Antike (Aristoteles, Geminus [dazu vgl. den bei VAN DER WAERDEN, Astronomie 118f übersetzten Text aus Simplicius PhysCom. 292], Ptolemäus, Proklos [dazu vgl. TimCom. 146C (2,23,9/16 DIEHL)]) nicht unbedingt ohne Zusammenhang mit der Physik stehen müssen, wie DUHEM meint, sondern durchaus von den physikalischen ἀρχαί her entwickelt werden konnten, ist das Verdienst von LLOYD. Bezeichnend in diesem Sinne ist eine Aussage des J.Ph. in PhysCom. 220,1/11: Zwar kennt auch J.Ph. die Unterscheidung von mathematischer und physikalischer Wirklichkeit, meint aber, daß gerade die Astronomie im Unterschied zur Mathematik und Geometrie sich auch mit der οὐσία, also einer naturphilosophischen Frage, beschäftigt.

236 Proklos hypot. 7,52 (236,18/22 MANITIUS).

237 Vgl. LLOYD 211.

238 Proklos hypot. 7,54 (236,25/238,8 MANITIUS), vgl. SAMBURSKY, Weltbild 565f, A.PH. SEGONS, Proclus. Astronomie et Philosophie: Proclus 319/34, hier 332f.

aufhebt und damit gegen das Prinzip verstößt, daß es keinen leeren Raum geben darf [239]. Trotzdem kann er keine befriedigenderen Hypothesen als die bisher von den Astronomen vorgetragenen erkennen, ebenso wie J.Ph. später keine überzeugendere Auskunft als die des Ptolemäus zu finden vermag [240]. Ähnlich ist die Position des Simplicius. Er glaubt, daß es sich bei den Erklärungsversuchen der Astronomen für die vielen Irregularitäten der Planetenbewegungen um aus der Vorstellungskraft (φαντασία) stammende Hypothesen handelt, die die Phänomene beschreiben (σώζειν τὰ φαινόμενα), aber daß sie nicht beweisbar sind. Die Divergenz der Theorien zeigt, daß die Astronomen selbst letztlich nicht in der Lage sind, die Übereinstimmung der Hypothesen mit der Realität herzustellen; aber Simplicius teilt wie die Ptolemäuskommentierung seiner Zeit wiederum das Prinzip, daß alle Gestirnbewegungen sich auf einfache Kreisbewegungen zurückführen lassen müssen, deren Kombination die beobachtbaren Unregelmäßigkeiten verursacht [241].

Auch J.Ph. hält die Kreisbewegung für das natürliche Prinzip der Bewegung der Himmelskörper, deren beobachtbare Abweichung von diesem Prinzip die Astronomen durch Hypothesen über die Zusammensetzung mehrerer verschiedener Kreisbewegungen beschreiben müssen. So schreibt er in aetm.:

> »Es gibt nämlich keinen Körper, der durch die Natur spiralförmig [ἑλικοειδής] bewegt wird. Alles unterhalb des Mondes ist schwer oder leicht; das Schwere bewegt sich von oben nach unten, das Leichte von unten nach oben; alles Himmlische aber, als ganzes wie in Teilen (ich nenne als Teile Sonne, Mond usw.) wird auf einem genauen Kreis herumgeführt. Können sie [sc. die Neuplatoniker] also im Unterschied dazu einen Körper zeigen, der sich von Natur aus spiralförmig bewegt? Denn auch wenn man sagt, daß die Bewegung der Sonne oder irgendeines anderen Planeten eine Spiralbewegung beschreibt, so ist dennoch jedem, der derartiges untersucht, klar, daß unsere Vorstellung [ἐπίνοια] die verschiedenartigen Bewegungen der Himmelskörper zusammengesetzt hat und sich eine derartige Gestalt gebildet hat [242]. Denn die Planetenbewegung ist doppelter Art: alle werden durch

---

239 MORAUX, Aristotelismus 2,356. Zur Kritik des Proklos an den Epizykeln in TimCom. vgl. LLOYD 204/11.

240 Proklos hypot. 7,58 (238,22/7 MANITIUS).

241 Simpl. CaelCom. 422,13/23; 488,7/24, dazu Theon Smyrn. exp. (152,1/10 HILLER): Die Irregularitäten sind Auswuchs der φαντασία. Vgl. LLOYD 214 und die Bestimmung des Ziels der ptolemäischen Syntaxis in den Prolegomena, die MOGENET, Introduction Eutokios (erste Hälfte des 6.Jhs.) zuweisen will: Ptolemäus ersann eine »Hypothese, nach der das irregulär sich Bewegende gezeigt wird, wobei die Kugelgestalt sich gleichmäßig bewegt« (36 MOGENET).

242 Vgl. Theon Smyrn. exp. (203,15/204,21 HILLER): Die spiralförmige Bewegung ist κατὰ συμβεβηκός.

die sich entlang des Himmelsäquators bewegende Fixsternsphäre insgesamt
herumgeführt; was eine eigene Bewegung betrifft, so wird jeder mit dem
schiefen und Tierkreis genannten Kreis herumgeführt. Unser Denken hat
beide Bewegungen (ich meine bei der Sonne den täglichen Umlauf mit dem
All und ferner ihre allmähliche Abweichung von eben diesem Himmelsäquator nach Norden oder Süden) verbunden und in der Vorstellung
[φαντασία] die Spirale gebildet, obwohl natürlich jeder Himmelskörper für
sich einen ganz vollkommenen Kreis herumgewandert ist« [243].

Vergleicht man diese Aussage zur Planetenbewegung mit opm. 3,3, so expliziert
sie nur in grober Weise die ptolemäische Theorie der Planetenbewegung. Denn
es werden lediglich zwei Bewegungen eines Planeten angeführt, nämlich die, die
durch die tägliche Umdrehung der Fixsternsphäre verursacht wird, und die seiner
eigenen Sphäre. Von der Epizykelbewegung oder der Präzession ist nicht die Rede.
Dies gilt im übrigen auch für zwei weitere Stellen in aetm., die sich mit der Dauer
einer einzigen Umdrehung einer Planetensphäre um die Erde beschäftigen [244]. In
opm. dagegen nennt er alle vier Bewegungsarten: Exzenter/Epizykel, die Umdrehung der Sphäre des einzelnen Planeten, die tägliche der Fixsternsphäre und die
Präzession mit dem ptolemäischen Wert [245]. Fast scheint es also, daß J.Ph. sich
im Laufe der Zeit zunehmend Einblick in die ptolemäische Theorie verschafft
hat, wenn man noch hinzunimmt, daß in MetCom. scheinbar verstärkt Kenntnisse ptolemäischer Astronomie expliziert werden [246]. Doch ist diese Einschätzung kaum wahrscheinlich. Denn MetCom. handelt nun einmal von Themen,
die in den astronomischen Bereich hineinreichen, und in aetm. 7,21 mit dem
gesamten Mechanismus der Exzenter-/Epizykeltheorie zu argumentieren, ist gar
nicht erforderlich, da es primär überhaupt nicht um ein himmelmechanisches
Problem, sondern um die Bewegung des – von J.Ph. abgelehnten – lichtartigen
ewigen Seelenkörpers geht. J.Ph. hat an dieser Stelle nur das begrenzte Argumen-

---

243 Aetm. 7,21 (291,18/292,12). Wichtig ist, sich den Kontext dieser Passage klarzumachen.
     Es geht in aetm. 7,21 nicht etwa, wie DUHEM 2,108/10 unterstellt, um die Bewegung der
     Gestirne, sondern diese wird nur zur Illustration benutzt, daß die Bewegung des licht-
     artigen Seelenkörpers nicht spiralförmig sein kann (und daher dessen Existenz abzuweisen
     ist).

244 Aetm. 6,24 (199,3/22), 16,4 (578,10/24). Die dort genannten Zahlenangaben setzen keine
     größeren astronomischen Kenntnisse voraus und dürften allgemein bekannt sein, vgl.
     z.B. Kleomedes cael. 1,2 (12,20/42 TODD), sie werden im übrigen in opm. 3,4 wieder-
     holt. In philosophisch-kosmologischem Kontext tauchen diese Zahlen bei PsAristoteles
     de mundo 6 399a6/14 (85f LORIMER) auf.

245 Opm. 3,3f (113,23/117,23), vgl. Simplicius CaelCom. 462,12/31.

246 Ptolemäus wird zweimal in MetCom., 109,31/3 und 110,14, und einmal in aetm., 13,18
     (537,7/10), genannt: die beiden letzten Stellen handeln von der neunten Sphäre, wäh-
     rend die erste sagt, daß nach Ptolemäus Aristoteles sich Fixsterne und Planeten an den
     Sphären befestigt vorgestellt habe.

tationsziel zu zeigen, daß die Bewegung dieses Seelenkörpers unmöglich spiralartig sein kann, wie »einige« Neuplatoniker [247] meinen, und illustriert seine
Widerlegung mittels der Erkenntnis, daß auch die Himmelskörper sich entgegen
dem Augenschein nicht spiralartig bewegen. Außerdem käme J.Ph. von der Sache
her, wenn er ausführlich die Epizykeltheorie entwickeln würde, Proklos in gewisser Weise entgegen, weil dieser ja wie gesehen in seiner »Hypotyposis« die naturphilosophische Denkbarkeit jedes astronomischen Modells, auch des ptolemäischen, in Frage gestellt hat, auch wenn natürlich offen bleiben muß, ob J.Ph.
diese Schrift des Proklos gekannt hat. Ferner benutzt J.Ph. an der Stelle in aetm.
als Beispiel nur die Sonnenbewegung, für die eine Erklärung mittels kombinierter
Exzenter- und Epizykeltheorie ohnehin nicht notwendig ist, während er die anderen Planeten nur mehr streift. Zudem scheint, wie schon erwähnt, an anderer
Stelle in aetm. durch, daß er zumindest die Hypothese einer Existenz der neunten
Sphäre kennt [248]. Interessant ist zwar, daß er in PhysCom. [249], wo er die örtliche
Bewegung der Fixsternsphäre gegen Aristoteles untersucht, nichts von ihr zu wissen
scheint, doch macht hier wiederum die begrenzte Zielsetzung, Aristoteles zu widerlegen, erklärbar, daß sie nicht erwähnt wird. Es steht also nichts im Wege, daß
schon in aetm. die gesamte ptolemäische Erklärung der Komplexität der Planetenbewegung im Hintergrund steht. Hält man sich vor Augen, daß er in dieser
Schrift auch das fünfte Element ablehnt, bietet aetm. in dieser Frage dasselbe
Bild, wie es deutlich dann in c.Arist. greifbar wird.
    Dort zieht er ebenfalls nicht die Konsequenz, die Kreisbewegung als Prinzip
der einzelnen Gestirnumläufe abzulehnen, sondern folgert wie in aetm., daß
stattdessen die Annahme eines fünften Elements, die auf der Behauptung der
exakten Kreisbewegung um das Zentrum der Welt aufruht, aufzugeben ist, da
sie wegen der nur mittels Exzenter-/Epizykeltheorie als bis dahin genauester Hypothese erklärbaren Irregularität der Bewegungen nicht mehr aufrechtzuerhalten
ist [250]. Die astronomischen Erkenntnisse fordern also an dieser Stelle ein anderes
naturphilosophisches Konzept. Ferner würde für J.Ph. aus der unterschiedlichen
Dauer der einzelnen Planetenbewegungen für einen Umlauf um das Zentrum
die absurde Annahme individueller Materien folgen [251]. Wenn J.Ph. in opm. auf
die verschiedenen, vielfach widersprüchlichen Hypothesen der Astronomen zur

---

247 Aetm. 7,21 (290,23/291,2), dazu gehört vielleicht auch Proklos.
248 Aetm. 13,18 (537,7/10).
249 PhysCom. 565,1/567,7; 572,7/28.
250 C.Arist. frgm. 7 bei Simplicius CaelCom. 32,1/11. Simplicius muß zugeben, daß es im
     Himmel Kreisbewegung nicht allein um das Weltzentrum gibt, aber er hält am fünften
     Element fest: CaelCom. 509,28/510,8, vgl. MORAUX, Aristotelismus 2,357. Die Epizy-
     kelbewegung nennt auch c.Arist. frgm. 15 bei Simpl. CaelCom. 36,21/5.
251 C.Arist. frgm. 6 bei Simplicius CaelCom. 31,6/16. Das Problem stellt sich schon Aristo-
     teles bei Annahme von homozentrischen Sphären, zu seiner Lösung vgl. WILDBERG,
     criticism 94/8.

Erklärung der Phänomene hinweist [252] oder schreibt, daß niemand in der Lage ist, die Ursache für die Phänomene anzugeben [253], selbst wenn mit der ptolemäischen Theorie eine Erklärungsmöglichkeit zur Verfügung steht, deren Genauigkeit bisher nicht überboten wurde [254], entspricht seine Skepsis also der Zurückhaltung der Philosophen gegenüber den Astronomen, daß deren Hypothesen untereinander nicht zusammenpassen [255] und daß sie bisher unbefriedigend das naturphilosophische Grundprinzip der Kreisbewegung mit der Realität in Übereinstimmung haben bringen können. Hinzu kommt, daß es ihm als christlichem Philosophen nochmals leichterfällt, auf theoretische Distanz zu den Astronomen zu gehen, weil man, wenn man von den Christen eine Stellungnahme zu diesen Problemen verlangt, von dem für die christliche Kosmologie maßgeblichen Bibeltext gar nicht erwarten kann, daß dieser astronomische oder naturphilosophische Fragen beantworten will, sondern alle Fachprobleme von den dafür zuständigen Vertretern zu lösen sind, die aber selbst bisher keine endgültigen Antworten gefunden haben [256].

---

252 Opm. 3,3 (114,24/115,1.22/7): »Daß aber solche Hypothesen ganz und gar unbeweisbar sind und in Wahrheit nur Vermutungen ohne Bezug zur Wirklichkeit, macht ihre Uneinigkeit untereinander klar, wenn andere eine andere Anzahl (von Sphären) annehmen, auch der nach allen [sc. genannten Griechen] lebende Ptolemäus ... Was geschieht oder die Mehrzahl der Phänomene glaubten andere durch andere Annahmen zu wahren, und entweder sind einige von ihnen ungenauer als sie oder zu präzise. Keiner von ihnen aber hat einen Beweis für die Annahmen herauszufinden, ja nicht einmal genau dies sich zu sagen bemüht, und er wird es auch niemals herausfinden, auch wenn er sich Unzähliges ausdenkt«.

253 Opm. 3,4 (116,21/117,23). Ganz ähnlich argumentiert J.Ph. im Corollarium de inani PhysCom. 687,14/29: Auch wenn man nicht die αἰτία einer Erscheinung angeben könne, dürfe man die Existenz der Sache selbst deswegen nicht einfach leugnen (z.B. würde keiner die Existenz eines Gliedes eines Lebewesens negieren, auch wenn man nicht in der Lage ist anzugeben, weshalb es in dieser Weise da ist). Überlegen kann man, ob in opm. 3,4 auf eine bestimmte Anfrage eingegangen wird; wenn ja, richtete sich 3,4 am ehesten an die neuplatonischen Philosophen.

254 Opm. 3,3 (116,16f): »... Ptolemäus ... in diesen Dingen der genaueste ...«.

255 Vgl. Simplicius CaelCom. 488,25/31; 492,25/31. In 32,29/32 relativiert er, um Aristoteles in Schutz zu nehmen, den Vorwurf: LLOYD 214.

256 Interpretation von opm. 3,4 (116,22/117,23). Vgl. auch opm. 2,13 (79,5/16): »Wenn aber jemand von uns den Grund verlangte, aus dem Gott anfangs dies so in dieser Ordnung geschaffen hat, so wurde als etwas auf vielerlei Weise gezeigt, daß die Sache nicht unmöglich ist. Wenn er aber die Ursachen für die offensichtlichen Ungleichmäßigkeiten bei den Sternen hinsichtlich Größe, Lage, Ordnung, Farben, Stellung zueinander und für die verschiedenen Umlaufzeiten der Planeten nennen könnte, und für unzähliges andere, was in der Welt eingerichtet ist, aus welchen Gründen Gott es so geschaffen hat, wie es ist, dann möge er auch von uns Rechenschaft fordern für jedes, was Moses gemäß göttlicher Inspiration über die Weltentstehung am Anfang (gesagt hat)«. Vgl. die Formulierung des Grundaxioms jeder Wissenschaft im Anschluß an Aristoteles in PhysCom. 3,21/3: »πᾶσα ἐπιστήμη ἔχουσα ἀρχὰς ἢ αἴτια ἢ στοιχεῖα γινώσκεται γνωσθεισῶν

Wenn sich Kosmas in seiner »Topographie« vehement gegen die Epizykeltheorie ausspricht, weil er sie nicht mit einer natürlichen Bewegung der Planeten und deren Beseelung zusammenbringen kann [257], überspielt er also –
wahrscheinlich aufgrund mangelnder Kenntnisse – die deutlich erkennbaren
Reserven, die ihr gegenüber auch die pagane philosophische Tradition und mit
ihr J.Ph. hat, ohne selbst das Problem befriedigend lösen zu können.

b. Bewegung fester Sphären

Aber es ist nachzufragen, wie J.Ph., selbst wenn er als Philosoph sorgfältig zwischen Theorie und tatsächlicher Bewegung unterscheidet, sich die Umläufe in
der Realität vorstellt, wenn er weiß, daß die himmlischen Körper einander nicht
durchdringen können [258], die Planetensphären direkt aneinandergrenzen [259], die

---

τῶν ἀρχῶν καὶ αἰτίων καὶ στοιχείων«, dazu J. Fritsche, Form und Formmangel im
ersten Buch der ›Physikvorlesung‹ des Aristoteles (Diss. Berlin 1982) 33/41. In diesem
Sinne ist das Hexaemeron keine ἐπιστήμη.

257 Kosmas top. 1,9/12 (SC 141,281/3 Wolska-Conus).

258 Aetm. 7,17 (281,22/283,3).

259 C.Arist. frgm. 39 bei Simplicius CaelCom. 70,34/71,6. In GenCorCom. 133,16/27 versucht J.Ph. die aristotelische Definition physischer (im Unterschied zu mathematischer)
Berührung (»ἁπτόμενα δὲ φυσικῶς, ἅτινα, φησί, θέσιν τε ἔχει καὶ ἐν τόπῳ ἐστὶ καὶ
ποιεῖ καὶ πάσχει εἰς ἄλληλα«) in Anwendung auf die Verhältnisse des Himmels zu erläutern. Es ergibt sich jedoch eine Schwierigkeit. »Denn die Sphären innerhalb des
Fixsternhimmels haben eine Lage [oder: Position], sind am Ort und berühren einander,
und dennoch wirken und erleiden sie voneinander nichts, wie Aristoteles selbst glaubt.
Weshalb also sagt er, das sich Berührende müsse gewiß wirkend und erleidend sein? Entweder berühren die Sphären einander nicht, sondern sie hängen zusammen, oder sie haben
Zwischenraum zwischen sich, was unsinnig ist; oder wenn sie einander berühren, muß
das sich Berührende nicht notwendig wirken und voneinander erleiden«. 134,9/12: »Denn
die Sphären innerhalb des Fixsternhimmels berühren einander, erleiden aber trotzdem
nichts voneinander«. 135,27/9: »Wenn wir aber die Sphären immer sich einander berühren sehen, wie kann man dann noch ihr Wirken und voneinander Erleiden wahren, oder
allgemein den Besitz von Leichtheit oder Schwere?« Deshalb gibt es zweierlei Arten von
Berührung: 135,29/136,2: »Es gibt Berührung im allgemeinen Sinn, wie er [sc. Aristoteles]
in der Physik gesagt hat, als gemeinsamen Besitz der Grenzen (und auf diese Weise grenzt
das Himmlische an das Irdische und aneinander), (und es gibt Berührung) im speziellen
und mehr natürlichen Sinn als gleichzeitigen Besitz der Grenze mit dem Vermögen zu
gegenseitigem Wirken und Erleiden, wie er hier [in GenCor.] sagt«. Einwirkungen der
Planeten, wie sie Damaskios behauptet, auf irdische Körper, z.B. das Hervorrufen von
Kälte durch Saturn, hält J.Ph. für falsch und in den Bereich der abzulehnenden Astrologie gehörend: MetCom. 44,21/36, vgl. Simplicius CaelCom. 88,8/14 in c.Arist. frgm. 58.
J.Ph. verrät damit indirekt, daß er im Falle des Saturn bei Damaskios an Einwirkungen
seelischer Art denkt, so wie er selbst etwa in AnCom. 332,7/22 die Wärmewirkung der

Planeten Perigäum und Apogäum erreichen [260], auf Sphären befestigt sind [261] sowie Ausdehnung besitzen, und er in opm. zu der Ansicht gefunden hat, daß das στερέωμα und damit auch seine Teile nicht »ätherische«, sondern feste Körper sind. Selbst wenn zutrifft, daß es sich um ein vor allem mittelalterliches und neuzeitliches Mißverständnis handelt, daß Aristoteles und Ptolemäus und später arabische Autoren die ätherischen Sphären als physikalisch feste Körper verstanden haben [262], lassen die Aussagen des J.Ph. nur die Konsequenz zu, daß es sich für ihn, der die Hypothese des fünften Elements, die in dieser Hinsicht physikalische Schwierigkeiten einfacher lösen helfen kann [263], aufgegeben hat, bei der durch Kreise beschreibbaren Bewegung der Planeten um die Bewegung von

---

Sonne veranschaulicht hat (vgl. o. S. 249), denn qualitativen Einfluß wie z.B. bei der Sonne akzeptiert er ja gerade. Seine Position zur Einflußnahme der Gestirne in MetCom. und opm. gleicht der von Plotin enn. II 3 (52) 1f (1,164/6 HENRY/SCHWYZER) diskutierten: Die Gestirne zeigen an, aber bewirken nichts; sie sind unbeseelt und wirken nur körperlich auf die Welt ein.

260 C.Arist. frgm. 7 bei Simplicius CaelCom. 32,1/11, vgl. opm. 3,3 (115,10/3) die Bewegung κατὰ βάθος. Die Längenbewegung erfolgt κατὰ μῆκος, die Seitenbewegung κατὰ πλάτος. Ein Peri- oder Apogäumaufenthalt ist beim Mond aus der unterschiedlichen Größe ersichtlich; bei der Venus wird er aus der unterschiedlichen Helligkeit (wenn auch nicht zu Recht) gefolgert. Nicht ganz klar ist, ob J.Ph. ein Sonnenperigäum und -apogäum meint, wenn er von geringerer und größerer Entfernung der Sonne spricht und dies mit der geringeren und größeren Hitze in Winter und Sommer verbindet; dieser Gedanke kann sich einfach auf den Sonnenhöchststand beziehen: c.Arist. frgm. 54 bei Simpl. CaelCom. 82,8/83,29. Simplicius argumentiert an dieser Stelle in letzterem Sinne.

261 MetCom. 40,30f; 67,11; 109,32/110,6.

262 So ROSEN 13/31 gegen DUHEM, NEUGEBAUER und TOOMER. Möglicherweise handelt es sich bei Calcidius TimCom. 84 (135,12/4 WASZINK) »Aristoteles sagt, daß die realen und soliden [solidus] Körper der Sterne nicht durch Kreise geführt werden können«, eine Stelle, die selbst ROSEN 14f im Sinne von »fest« akzeptieren will, sogar ebenfalls nur um die mathematische Bedeutung von solidus: vgl. o. S. 299 Anm. 110.

263 Etwa bei Ptolemäus hyp. 2,1 (87,12/89,14 HEIBERG), vgl. ROSEN 17f. Zwar wird gesagt, daß Ptolemäus die aristotelische Lehre vom fünften Element wegen seiner astronomischen Hypothesen hat modifizieren müssen: »Die Himmelssubstanz, in der die Gestirne kreisen, hält er (mit den Stoikern) für ein Fluidum, das keine in ihm erfolgende Bewegung hindern kann und nicht (wie Aristoteles) für eine Substanz, die mit einer bestimmten einzigartigen Bewegung versehen wäre« (MORAUX, quinta essentia 1240). Dem widerspricht aber die Aussage in synt. 1,3 (1,14,13/6 HEIBERG): »Deshalb ist es eine logische Forderung, daß auch der sie [sc. die Gestirne] umgebende Äther, welcher von der gleichartigen natürlichen Beschaffenheit ist, erstens kugelförmig und zweitens, infolge dieser Beschaffenheit aus gleichartigen Teilen, mit gleichförmiger Geschwindigkeit in kreisförmiger Bewegung begriffen ist«. Als Schwierigkeit kommt hinzu, daß es so scheint, als ob Ptolemäus von einer elementaren Zusammensetzung der Gestirne wie im irdischen Bereich ausgeht: so mit Hinweis auf tetr. 1,4 F. BOLL, Sternglaube und Sterndeutung (Leipzig/ Berlin 1926) 128, W. GUNDEL, Sterne und Sternbilder (Bonn/Leipzig 1922) 131/9, bes.

Sphären aus einer festen, glasartigen Masse handelt, es sei denn man postuliert eine besondere Qualität der Elemente, wenn sie sich im Himmel befinden. Dafür gibt es aber bei J.Ph. keinen Hinweis. Er vertritt in opm. nach allem, was sich bisher gezeigt hat, anders als die Neuplatoniker eine feste Beschaffenheit der aus normalen Elemententeilen bestehenden Sphären.

Auch im Corollarium de loco in PhysCom. gibt es einen, wenn auch undeutlichen, Hinweis auf eine solche Beurteilung der Beschaffenheit der Sphären durch J.Ph.: Als er sich in Gedanken alle Körper aus dem Bereich zwischen Weltmittelpunkt und Himmel entfernt vorstellt, um zu zeigen, daß ein leerer Raum zurückbleibt, der von seinem Inhalt verschieden ist, stellt er fest, daß dann eigentlich der Himmel kollabieren müßte:

>»Wenn sich nämlich nichts zwischen den Grenzen der konkaven Oberfläche des Himmels befände, würden die Grenzen des Himmels zusammenfallen, wenn die Körper innerhalb in Gedanken entfernt würden«.

Er fährt jedoch fort:

>»Dies ist aber unmöglich, denn der Himmel verhält sich nicht wegen der Körper innerhalb so, wie er ist, sondern er würde sich genauso verhalten, auch wenn (dort) nichts wäre« [264].

---

134. Geschlossen wird dies aus der Lehre vom Einfluß der Gestirne auf die irdische Zone, besonders die atmosphärischen Vorgänge (vgl. zB. tetr. 1,3; 14/7; 2,7), der seine Ursache in den Eigenschaften warm/kalt, trocken/feucht der gewöhnlichen Elemente in den Gestirnen haben soll. Doch gibt bereits GUNDEL 132 zu bedenken: »Die einzelnen Bestandteile der Elemente hat man bald ganz übersinnlich als rein geistige, himmlische Kräfte, bald mehr sinnenfällig in besonderem Aggregatszustande gedacht oder sie aber völlig den irdischen Grundstoffen angeglichen«. Vgl. z.B. die nicht eindeutige Erklärung der Gezeiten durch Priskian (6.Jh.) solut. 6 [572] (73,4/74,14, hier 73,22fBYWATER): »[luna] calida enim est et umida, et hac *virtute* tollitur unda«. Tatsächlich wird auch bei Ptolemäus nirgends explizit gesagt, daß warm, kalt, trocken, feucht auf qualitative Einflüsse der vier Elemente zurückgehen und nicht vielmehr Wirkungen seelischer Natur sind. Außerdem spricht die oben zitierte Aussage aus synt. 1,3 klar von der gleichen Beschaffenheit von Äther und Gestirnen. Sicher im Sinne seelischer Kraftentfaltung, also quasi entmaterialisiert, begegnet diese Lehre von der Einflußnahme der Gestirne bei Damaskios nach J.Ph. MetCom. 44,21/36 (vgl. o. S. 338f Anm. 259). Hintergrund solcher Lehren, wie sie bei Damaskios, Simplicius CaelCom. 88,14/22 und J.Ph. in AnCom. begegnen, ist zwar vielleicht im konkreten Fall in der Tat Ammonius (so WILDBERG, criticism 177[86]), doch ist der größere Hintergrund die verbreitete Annahme der Einwirkung der Gestirne, speziell auf das atmosphärische Geschehen: dazu J. RÖHR, Beiträge zur antiken Astrometeorologie: Philologus 83 (1928) 259/305. Die ausführlichste Stellungnahme dazu stellt die Schrift Plotins enn. II 3 (52) »εἰ ποιεῖ τὰ ἄστρα« dar, die sich anscheinend zum Teil auf Geminus isagog. 17 (180,1/200,3 MANITIUS) stützt, der die Astrometeorologie ganz ablehnt.

264 PhysCom. 575,17/20.

Dazu stellt FURLEY richtig fest, daß das Argument sachlich eigentlich befremd-
lich ist, denn es ist nicht einzusehen, warum der Himmel nicht ebenso hypothetisch kollabieren sollte wie hypothetisch das Innere als fehlend vorgestellt
wird [265]. Wenn J.Ph. aber nicht in dieser Weise denkt, sondern dem Himmel
eine Beschaffenheit zuweist, die unabhängig von seinem Inhalt Bestand hat,
bedeutet dies wahrscheinlich nichts anderes, als daß er nach seinem Verständnis
von Natur aus fest ist bzw. durch den Demiurgen so gemacht worden ist. Da
aber nicht deutlich wird, ob J.Ph. an dieser Stelle nur vom äußeren Himmel
spricht oder auch die Sphären als äußere Begrenzung miteinbezieht und nicht
als Teil des Inneren versteht, läßt sich letztlich diese Stelle nicht dafür anführen,
daß J.Ph. in PhysCom. bzw. im Corollarium de loco eine feste Beschaffenheit
der Sphären lehrt.

Daß aber J.Ph. in opm. so denkt, läßt sich noch weiter präzisieren. Denn
anscheinend stellt sich J.Ph. jede einzelne Sphäre nicht als ausdehnungslose
Peripherie einer Kugel vor, sondern als einen durch zwei Kugeloberflächen
begrenzten Raum, in welchem der Planet auf seinem Epizykel kreist. Dies läßt
sich der Formulierung in opm. 3,3 entnehmen, daß jeder Epizykel »in irgendeinem Teil von ihnen [sc. den Sphären] den Raum von der konvexen durch die
ganze (Raum-)Tiefe bis zur konkaven Oberfläche umfaßt«[266]. Schon Ptolemäus
hat die Planetenbewegung mit der Verwendung massiver Epizykel zwischen zwei
Kugelschalen veranschaulicht[267]. VAN DER WAERDEN glaubt sogar, bereits bei
Theon von Smyrna die Annahme massiver Sphären belegen zu können, doch
hat ihn wahrscheinlich die Doppeldeutigkeit von στερεός in die Irre geführt[268].

265 FURLEY: FURLEY/WILDBERG 37$_{36}$.

266 Opm. 3,3 (115,10/3). Von konkaver und konvexer Sphärenoberfläche spricht auch
PhysCom. 565,22 und 575,17, ebenso MetCom. 12,3 von der konkaven Oberfläche der
Mondsphäre und 25,36/26,1 von der konvexen Oberfläche der Fixsternsphäre; freilich
folgt daraus noch nicht zwingend die räumliche Ausdehnung, obwohl es sich nahelegt.

267 Ptolem. hyp. 2,4 (arab.) (2,123,12/124,5 HEIBERG), vgl. VAN DER WAERDEN, Astronomie
298. ROSEN 16 hat recht, daß die Sphären nicht wie bei J.Ph. als fest gedacht sind, weil
es sich hier lediglich um vereinfachte Modelle für den Bau von Instrumenten handelt.

268 VAN DER WAERDEN, Astronomie 298, vgl. WILDBERG, criticism 123, Theon Smyrn. exp.
(181,11/189,18 HILLER) passim. Theon stimmt anscheinend mit Aristoteles und Ptolemäus
in der Annahme eines fünften Elementes überein (vgl. exp. [178,19/179,6 HILLER],
schon in diesem Kontext fällt der Begriff στερεός in Bezug auf die Sphären), daher
wird ihm wie allen, die am 5. Element festhalten, die Erklärung der Begrenzung der
Sphären und der räumlichen Bewegung der Planeten leichter gefallen sein.– Interessant ist die Bemerkung in 188,25/189,18: Platon soll sich, obwohl er von σφαῖρα und
nicht bloß von κύκλος redete, den Epizykel als bloßen Kreis gedacht haben (N.B.: hier
soll also schon Platon die [primitive] Epizykeltheorie gelehrt haben, moderne Autoren
wie VAN DER WAERDEN 55/62 folgen ihm darin); Aristoteles hingegen – und dies bezieht
sich wohl ebenfalls anachronistisch auf das Epizykelmodell – als Sphäre, die in diesem
Sinne στερεός ist. Wahrscheinlich ist gemeint, daß Platon das Problem in der

Trifft diese Deutung von opm. 3,3 zu, begegnet mit J.Ph. entgegen der Meinung von ROSEN bereits in der Antike ein Vertreter eines kugelförmigen Weltbildes, der lehrt, daß die Sphären fest und gleichzeitig ausgedehnt sind, wie man es sich noch in der Neuzeit vielfach vorgestellt hat [269]. Doch bezieht sich diese Ausdehnung nicht wie bei Simplicius auf vollkommene Kugeln, sondern auf den, wie es in der Antike heißt, tamburinartigen Raum zwischen zwei Kugelschalen, zwischen denen der Planet sich auf seinem Epizykel auf dem Deferenten bewegt, während lediglich das Weltall als ganzes noch eine vollkommene Kugel darstellt. Erneut ist durch J.Ph. ein wichtiger Schritt vom antik ptolemäischen Weltbild zu einem durch die christliche Genesisauslegung modifizierten mittelalterlichen Verständnis des Kosmos getan.

Wie J.Ph. die Schwierigkeiten, die Bewegung fester Sphären gegeneinander zu erklären, gelöst hat, ist aus opm. nicht zu entnehmen. Schon Proklos taten sich bei Annahme eines fünften Elements an diesem Punkt, wie gesehen, Aporien auf. Vorstellen kann man sich, daß J.Ph. einem Einwand wie dem des Sosigenes, daß von aristotelischer Warte aus die Umdrehung von Exzentern um das Weltzentrum bewirken würde, daß an gleicher Stelle bald Körper bald Leere sein würde, und es unvorstellbar ist, wie Sphären sich gegenseitig durchdringen sollen [270], mit seiner Auffassung des Verhältnisses von leerem Raum, Ort und Körper bzw. der Ortsbewegung der Körper, wie er sie in PhysCom. entwickelt hat, begegnen und dadurch das Problem eines potentiell leeren Ortes als gelöst vorstel-

---

Zweidimensionalität angegangen hat, während Aristoteles es räumlich zu lösen versuchte. Die Aussage des Calcidius, daß Aristoteles »feste« (solidus) Sphären gelehrt hat, kann so gesehen schon ein Mißverständnis des griechischen στερεός sein. Stephanus Alex. (Ende 6.Jh.) schreibt in den Kephalaia seiner »διασάφησις ἐξ οἰκείων ὑποδειγμάτων«, daß das Problem der Planeten in seiner Zeit häufig diskutiert wird und sagt zur Frage ausgedehnter Sphären: »σφαίρας ἐν τῷ βάθει τοῦ οὐρανοῦ ἔτι δὲ τὰς μὲν κοίλας, τὰς δὲ ἐν τῷ βάθει τούτων πάλιν στερεάς, ἐν αἷς ἀπλανῶν δίκην ἐνεστηριγμένα τὰ πλανητά« (H. USENER, De Stephano Alexandrino commentatio altera = Index Scholarum in Univ. frid. Guil. Rhen. [Bonn 1880] 189,14/9), auch er geht von einem fünften Element aus.

269 ROSEN 17/21; DONAHUE (o. S. 315 Anm. 168), allerdings vergröbernd. Daß die Sphären fest sind, ist auch insofern nicht ganz unsinnig, als sonst das Element Feuer nicht an der Mondsphäre haltmachen würde, sondern sich bis zur äußersten Grenze nach oben bewegen müßte; allerdings kann man dagegenhalten, daß J.Ph. mit seiner Lehre vom natürlichen Ort eines Elementes die Feuersphäre auf andere Weise an ihrem Ort verharren läßt. Freilich muß erklärt werden, weshalb sich Teile der Elemente nicht an ihrem Ort befinden und an ihn nicht zurückkehren. Daß J.Ph. feste Sphären angenommen hat, wird durch Kosmas top. 7,90/2 (SC 197,159/61 WOLSKA-CONUS) bezeugt. Für Kosmas scheitern nämlich Himmelfahrt und Auferstehung der Toten an der Undurchdringlichkeit der Planetenzone. Insofern hat eine spirituelle Auferstehungslehre bei J.Ph. eine ganz »praktische« Seite.

270 Sosigenes bei Simplicius CaelCom. 510,15/9, vgl. MORAUX, Aristotelismus 2,356.

len würde[271], denn für ihn ist anders als für Aristoteles, der den Ort durch die
Grenze der umgebenden Oberfläche definieren sein läßt[272], der Ort die räumliche Ausdehnung, die vom Körper eingenommen wird und die man vom Körper
unterscheiden muß. Ein leerer Raum läßt sich zwar gedanklich vorstellen, ist
aber in Wirklichkeit auch bei Ortsveränderungen der Körper nicht möglich, da
diese sich kontinuierlich vollziehen (ἡ κίνησις γὰρ τόπων ἐστὶ μεταβολὴ καὶ
ἄμειψις κατὰ τὸ συνεχές)[273]; deshalb handelt es sich auch nur um ein Gedan-
kenexperiment, wenn im Corollarium de loco in PhysCom. die Sphären sich
durch ein Vakuum bewegen, um die aristotelische Bestreitung der Existenz von
Vakuum überhaupt zu widerlegen[274]. Ob J.Ph. sich diese Theorie der Ortsveränderung von Körpern auch als Lösung für die komplizierten Bewegungen der
Planeten in ihren festen Sphären vorgestellt hat, läßt sich aus opm. nicht entnehmen. Man kann nur sagen, daß bei J.Ph. die Bibel das aus der philosophischen
Tradition bekannte Naturprinzip der Kreisbewegung um die physikalische Eigenschaft der Festigkeit der Sphären ergänzt hat, ohne daß die sich daraus ergebenden Schwierigkeiten in opm. genauer durchdacht werden.

c. Himmel und Sphären

Doch sind astronomisch-physikalische Problemlösungen in opm. ohnehin nur
von nebengeordneter Bedeutung. Da der mosaische Schöpfungsbericht nach J.Ph.
kein astronomischer Text ist, sondern Aussagen beabsichtigt, die mit philosophischer Weltdeutung vergleichbar sind, ist J.Ph. der Aufgabe enthoben, auf der
Ebene astronomischer Detailprobleme den Bibeltext allseits an astronomische
Erklärungen im einzelnen anzuschließen. Ihm muß, wenn er seinem Grundsatz
treu bleiben und zeigen will, daß die Bibel mit der Wirklichkeit übereinstimmt,
in diesem Zusammenhang lediglich daran gelegen sein, die eine Aussage der Bibel, die in den astronomischen Bereich hineinreicht, nämlich die postulierte Ein-

---

271 Simplicius CaelCom. 510,19/23 behilft sich damit, daß er die exzentrischen Sphären in
     homozentrische versetzt: »Vielleicht werden wir all das vermeiden, wenn wir die exzen-
     trischen Sphären in homozentrische einpassen und sagen, daß die homozentrische bei
     der Bewegung um ihr eigenes Zentrum die exzentrische herumführt, die sich um ihr
     eigenes Zentrum bewegt. Und alle Sphären werden wir vollkommen nennen, so daß wir
     nicht zu befürchten haben, daß bei ihnen Körper durch Körper dringt«.
272 Aristoteles Phys. IV 4 212a2/21.
273 J.Ph. PhysCom. 567,15f, vgl. den Kontext, in dem am Beispiel der Ortsveränderung das
     Konzept des Raumes dargestellt wird, dazu SORABJI: rejection 14/6, E. GRANT, The
     principle of the impenetrability of bodies in the history of concepts of seperate space
     from the Middle Ages to the seventeenth century: DERS., Studies 554f.557/60, WOLFF,
     Fallgesetz 141/6.
274 PhysCom. 689,29/691,8. In jedem Fall ist richtig, daß die Sphären sich nicht gegenseitig
     überschneiden.

heit des Firmaments und die Zweizahl der Himmel, als mit einer von den Astronomen verschiedener Zeiten unterschiedlich bestimmten Vielzahl der für die
Planetenbewegungen benötigten Sphären vereinbar zu zeigen und klarzumachen,
daß die Schrift dem astronomischen Wissenschaftsstandard seiner Zeit nicht
widerspricht, sondern ihn stützt bzw. schon vorweggenommen hat. Um zu beweisen, daß die Menge der Sphären nicht die Einheit des Himmels gefährdet, zieht
er die allgemeine Sprachkonvention und die allerdings vorptolemäische aristotelische Aussage aus Metaph. 1074a31 »Daß es *ein* Himmel ist, ist klar« hinzu [275].
Terminologisch hilft ihm dabei die Unterscheidung zwischen Sphäre und Himmel weiter. Die Anwendung dieser beiden Worte ist weder auf paganer noch
christlicher Seite festgelegt [276]. J.Ph. hingegen behält – wenigstens theoretisch –
das Wort Sphäre den Unterteilungen des zweiten Himmels vor und beschränkt
das Wort Himmel auf die neunte Sphäre und das Firmament. Von der Annahme
nur zweier Himmel will er sich auch nicht durch die hebräische Sprache abhalten
lassen, für die Himmel nach Auskunft der Experten ein Plurale tantum ist [277],

---

275 Opm. 3,3 (116,1/17).

276 Vgl. z.B. Simplicius CaelCom. 462,9/11: Es gibt einen Mondhimmel und einen Sonnen-
himmel, PhysCom. 531,3/9: Die Sphären heißen Himmel; Auflistung aller Bedeutungen
schon bei Achilles Tatios isag. 5 (36,13/37,6 Maass). J.Ph. greift in MetCom. 110,19/23
Aristoteles cael. I 9 278b9/22 (35 Moraux) auf und geht damit seiner Auffasung in
konform, daß οὐρανός der ganze Kosmos heißen könne, dann das ganze acht- oder
neunsphärige Gebilde und schließlich speziell die Fixsternsphäre; ähnliches hat schon
Platon Tim. 41B nach aetm. 13,12 (509,8/10) intendiert. Dieselbe dreifache Bedeutung
von οὐρανός wie J.Ph. kennt Simplicius CaelCom. 1,1/8 und verbindet sie ebenfalls mit
Aristoteles. Zum Christlichen vgl. z.B. Prokop GenCom. (PG 87,68AB).

277 Wahrscheinlich hat Reichardt XIf₄ recht, wenn er meint, daß opm. 3,3 (116,13) [»so
sagen die, die es wissen«] ein Hinweis ist, daß J.Ph. des Hebräischen nicht mächtig ist.
Zweifelsfrei läßt es sich textimmanent nicht entnehmen, ebenso ist die Bemerkung
Reichardts, die Tatsache, daß J.Ph. nicht die bei Aquila vorliegende Verwechslung von
᾽t (mit) und Akkusativpartikel richtigstelle, sei ein weiteres Anzeichen für seine fehlenden Hebräischkenntnisse, so nicht stichhaltig und von moderner Grammatik her gedacht, da die Wiedergabe von ᾽t durch συν mit Akkusativ im Horizont des antiken
Übersetzers und damit auch dessen, der ihn benutzt, korrekt ist. Auch opm. 2,23 (107,9/
12; 108,26/9) und 5,2 (211,13/6) geben für sich genommen keinen sicheren Aufschluß.
Alle Überlegungen werden allerdings dadurch relativiert, daß J.Ph. die Auskunft über
die Eigenheit der hebräischen Sprache einfach Theodoret Gen.quaest. 11 (14,23/15,10
Fernández Marcos/Sáenz-Badillos) oder Kosmas top. 7,6/8 (SC 197,63/5 Wolska-
Conus) entnommen haben kann; vgl. Joh. Chrysost. Gen.hom. 4,4 (PG 53,42f). Wenn
dies der Fall sein sollte, wird Reichardt indirekt bestätigt, da eigene Hebräischkennt-
nisse der antiochenischen Schule sich nicht nachweisen lassen und Verweise auf das
Hebräische schon hier wie auch noch bei anderen griechischen Vätern gelehrte Zutat
sind: vgl. E. Schweizer, Diodor von Tarsus als Exeget: ZNW 40 (1941) 33/75, hier 49f,
Kihn 87f, Devreesse, Essai sur Théodore 56₃, M. Harl: bible grecque 289/93. Sollte
J.Ph. wirklich Hebräisch gekonnt haben, so ist bei seinem Bemühen um eine breite
Textgrundlage zu vermuten, daß er den hebräischen Bibeltext ausführlich zitiert hätte.

denn da es sich nur um eine Eigenart dieser Sprache handelt, läßt sich für ihn daraus nichts ableiten, was weitergehende Gültigkeit beanspruchen könnte. Der gegenüber Aristoteles neuere ptolemäische Erkenntnisstand, daß eine neunte Sphäre existiert, ist in den Augen des J.Ph. eben so neu gar nicht, sondern durch die mosaische Lehre von einem äußersten Himmel in Gen. 1,1 vorweggenommen.

Mit der terminologischen Unterscheidung zwischen Himmel und Sphäre und der astronomisch begründeten und exegetisch abgesicherten Beschränkung und Festlegung auf eine Zweizahl von Himmeln[278] hat J.Ph. eine klare Antwort auf die Frage nach der Anzahl der Himmel gefunden und löst von hier aus auch das Problem, was sich hinter dem dritten Himmel des Paulus aus 2Kor. 12,2 verbirgt. Da ein dritter Himmel nicht realiter existieren kann – darin stimmt er Kosmas zu[279] –, das Erlebnis des Paulus für J.Ph. aber in eine geistige Wirklichkeit überleitete und sich daher nicht innerhalb des Kosmos abspielen konnte – dies unterscheidet ihn von Kosmas[280] –, macht sich J.Ph. die Erkenntnis der exegetischen Tradition zunutze, daß in der Schrift auch der Bereich zwischen Erde und Firmament, also die Luft oder Teile von ihr, äquivok mit »Himmel« bezeichnet werden kann[281]. Der Aufstieg des Paulus führte also durch Luft, Firmament und äußersten Himmel in den Bereich des reinen Denkens[282].

d. Das Bewegungsprinzip

1. Natur und Weltseele bei J.Ph.

Die Anschauungen des J.Ph. über den Ursprung der Bewegung der Himmelskörper, die im Unterschied zu allen sublunaren Ortsveränderungen im Kreis um das Weltzentrum erfolgt, bedürften einer eingehenderen Untersuchung auf dem Hintergrund der Positionen seiner Vorgänger und Zeitgenossen[283]. Für die

---

278 Vgl. opm. 3,2 (112,12/113,14): Die Beschreibung der Erschaffung des Firmaments ist keine Wiederholung der Darstellung der Erschaffung des ersten Himmels.

279 Kosmas top. 7,6/8 (SC 197,63/5 WOLSKA-CONUS).

280 Kosmas top. 7,9 (SC 197,65 WOLSKA-CONUS). Kosmas interpretiert 2Kor. 12,2 so, daß Paulus zwei Drittel der Distanz bis zum Himmel entrückt wurde und nur noch das letzte Drittel vor sich hatte.

281 Gregor Nyss. hex. (PG 44,120D/121C), Prokop GenCom. (PG 87,65C/68B), J.Ph. opm. 3,14 (149,25/153,23).

282 J.Ph. opm. 3,1 (111,8/112,6), 3,14 (152,24/153,2). Daß das Firmament ebenfalls Himmel heißt, wird 3,17 (158,1/159,3) mit seiner mit dem äußersten Himmel vergleichbaren Stellung gegenüber dem Innenraum und seiner Durchsichtigkeit begründet; letzteres beruht auf der traditionellen etymologischen Ableitung des Wortes οὐρανός von ὁράω.

283 Bahnbrechend dazu SORABJI, MSM 219/85, H.A. WOLFSON, The problem of the souls of the spheres from the Byzantine commentaries on Aristotle through the Arabs and St. Thomas to Kepler: DOP 16 (1962) 65/93.

Bewertung der Aussagen in opm. ist vor allem von Belang, wie er in seinen Schriften zuvor mittels der aus der naturphilosophischen Argumentation stammenden Begründungen das Zustandekommen der Himmelsbewegungen erklärt hat und wie sich seine Vorstellungen in opm. demgegenüber verschieben.

Die philosophische Tradition hat zwei Ursachen der Sphärenbewegung und ihr gegenseitiges Verhältnis diskutiert: Natur und Weltseele, oder allgemein auf Lebewesen bezogen: Natur und Seele. Man könnte auch sagen, daß auf die Frage nach der ersten Ursache für alle Bewegung in der Welt mit den Erklärungen mittels des Prinzip eines Selbstbewegers, eben der Weltseele, durch Platon und mittels des aristotelischen Prinzips des unbewegten Bewegers, der als causa finalis über das Phänomen des Strebevermögens (ἔφεσις) der Dinge wirkt, zwei Antworten zur Verfügung standen, deren Beziehung zueinander eine Lösung verlangte [284]. Vor diesem Hintergrund sind im wesentlichen drei Modelle für das Zusammenspiel von Natur und Seele im Himmel vorgeschlagen worden [285]: Alexander von Aphrodisias sagt, daß die himmlische Bewegung von Natur *und* Seele hervorgerufen wird, geht aber davon aus, daß im Fall des Himmels beide Prinzipien zusammenfallen, also die Seele das natürliche Bewegungsprinzip darstellt. Simplicius stellt dies in Abrede und ordnet die Seele als aktives und externes Prinzip der Natur als passivem und internem Prinzip zu; ähnlich sieht es anscheinend Damaskios [286]. Plotin, der ja ein fünftes Element ablehnt, lehrt in enn. II 2 »περὶ τῆς κυκλοφορίας« ähnlich die Ursächlichkeit der Weltseele und glaubt, daß sie für die Bewegung keine Energie aufwenden muß, da die Kreis-

---

284 Grundlegende Belege sind Platon Nomoi und Aristoteles Phys. VIII und Metaph. XII. Besprechung dieser und weiterer Texte bei GUTHRIE, History 6,246/76, S. WATERLOW, Nature, change, and agency in Aristotle's physics (Oxford 1982) 204/61. WATERLOW betont, daß für Aristoteles der Ausgangspunkt ist, daß Natur ein inneres Prinzip der Bewegung ist, Beweger und Bewegtes nie gleich sein können und daher die platonische Annahme eines Selbstbewegers, wie ihn die Seele darstellt, nicht möglich ist; bei Aristoteles ist Selbstbewegung nur eine Unterart natürlicher Bewegung, die die Lebewesen betrifft. Wann Aristoteles den unbewegten Beweger eingeführt hat, ist strittig (vgl. ebd. 262, H.J. EASTERLING, Homocentric spheres in de caelo: Phronesis 6 [1961] 138/53, beide nehmen an, daß der unbewegte Beweger in de caelo nicht ursprünglich ist); seine Einschätzung als νόησις νοήσεως (vgl. GUTHRIE, History 6,261f) hat in der Tradition alsbald zur Identifizierung mit dem Nous geführt. Die Annahme eines unbewegten Bewegers hat die Beseelung der Sphären bei Aristoteles nicht ausgeschlossen (vgl. ebd. 256).

285 Vgl. WOLFSON (o.Anm. 283), WILDBERG, criticism 164. Zur Geschichte der Lehre von der Weltseele J.MOREAU, L'âme du monde de Platon aux Stoïciens (Paris 1939 = Hildesheim 1981), G. VERBEKE, L'évolution de la doctrine du Pneuma du Stoïcisme à S. Augustin (Paris/Louvain 1945), T. GREGORY, Anima mundi. La filosofia di Guglielmo di Conches e la scuola di Chartres (Florenz 1955).

286 Damaskios princ. 23f (1,58,16f WESTERINK/COMBÈS): »Οὐ μόνον ἄρα φυσικήν, ἀλλὰ καὶ προαιρετικὴν ποιεῖται [sc. ὁ κόσμος] τὴν κύκλῳ κίνησιν«.

bewegung der Natur des Himmels entspricht [287]. Von astronomischer Seite aus wird mit beiden Prinzipien argumentiert, ohne ihre gegenseitige Beziehung näher zu untersuchen und theoretisch zu klären: Theon von Smyrna z.b. spricht ganz selbstverständlich von der Natur als Bewegungsprinzip [288], während Ptolemäus die komplizierten Planetenbewegungen mit solchen Vorgängen vergleicht, wie sie aus seelischen Regungen von Lebewesen, wie es Vögel sind, resultieren [289].

In aristotelischer Tradition läßt sich die Bewegung eines Dinges von Natur aus, vereinfacht gesagt, dadurch bestimmen, daß es zumindest einen, und zwar passiven Ursprung der Bewegung in sich selbst hat [290], während mit der Seele ein Ursprung anvisiert ist, der zumindest insofern »extern« ist, als er nicht auf der gleichen Ebene wie die Natur seine Wirkung entfaltet. Diese umständliche Formulierung ist notwendig, weil bei Lebewesen die Seele ebenfalls im Objekt »lokalisiert« ist. J.Ph. nun bestimmt in Kenntnis dieser aristotelischen Vorgabe Natur im PhysCom. von zwei Zugängen aus: In einem ersten Anlauf, der Natur im Zustand der Aktualität zu fassen sucht und damit von der aristotelischen Aussage: Natur ist »ἀρχὴ κινήσεως« ausgeht [291], fragt er, wie sich natürliche von künstlichen Dingen unterscheiden. Die Antwort lautet: Natürliche Dinge wie z.b. Steine besitzten das Prinzip der eigenen Bewegung und Ruhe in sich (ἔμφυτος ῥοπή), während künstliche durch eine externe Ursache ihre Bewegung empfangen: ein Haus oder Bett erhält seine Form durch den, der es herstellt [292]. Für J.Ph. ist Natur damit nichts anderes als die Form eines Dinges, dagegen nicht seine Materie [293], während Aristoteles im Unterschied dazu Natur anscheinend noch in Form und Materie gemeinsam verwirklicht sieht, wenngleich eine ein-

---

287 Diese Schrift ist ein Diskussionsbeitrag Plotins und keine endgültige Stellungnahme. Weitere Aussagen finden sich in enn. VI 4 (22) 17; IV 4 (28) 72f; II 1 (40) 21f; III 2 (47) 30.

288 Theon Smyrn. exp. (150,21/3; 153,16/8 HILLER).

289 Ptolemäus hyp. 1,2 (2,119,21/120,16 HEIBERG), vgl. ROSEN 16. Dieser Vergleich findet sich wieder bei Jamblich, vgl. Proklos TimCom. 257F/259D (3,63,30/67,19 DIEHL).

290 Vgl. WIELAND, Physik 231/54, SORABJI, MSM 242f, GUTHRIE, History 6,258: »... simply a power of response, a potentiality, not itself an efficient cause«; zur ῥοπή kommen hinzu: <1> das, was äußerlich die Hinderung beseitigt, daß sich etwas in Bewegung setzt, und <2> das, was von außen den Anstoß zur Bewegung gibt, vgl. ebd. 219/22. 241/6, o. S. 196/200.

291 Vgl. PhysCom. 197,30/3.

292 PhysCom. 195,24/196,18. Die Ruhe bezieht sich auf die Ruhe nach der Bewegung oder bei Kugeln auf das Zentrum und die Pole.

293 Ebd. 194,17/9: »Die Form jedes Dings ist die Natur jedes Dings (denn die Natur jedes Dings ist nichts anderes als die Form eines jeden Dings, und die Form ist nichts anderes als die Natur jedes Dings)«. Die Definition von Natur als Form steht auch hinter aetm. 6,7 (138,4/7) und 9,9f. TODD 164 erkennt sie auch hinter GenCorCom. 169,4/19, wo Form als externes Prinzip der verschiedenen Mischungen von Körpern beschrieben wird, identifiziert allerdings 163 ohne Grund in AnCom. Form und ἄλογος ψυχή.

heitliche Aristotelesinterpretation schwierig ist und bereits von Proklos als Meinung des Aristoteles referiert wird, er würde Natur als Form eines Dings bestimmen [294]. Ferner stellt J.Ph. über Aristoteles hinaus klar, daß Natur nicht nur causa formalis, sondern auch causa efficiens und causa finalis der Dinge ist [295]. Es gibt jedoch – und diese Einteilung ist wieder ganz aristotelisch – zwei Gruppen von natürlichen Dingen: unbeseelte und beseelte, letztere sind die Klasse der Lebewesen. Wie verhält sich bei ihnen die durch die Regung der Seele hervorgerufene Bewegung zu ihrer Natur? Kann man in diesem Fall nicht sagen, daß Natur und Seele zu identifizieren sind, da ja beide Prinzipien dem Lebewesen gleichermaßen gehören? J.Ph. nennt in diesem Kontext zwei Möglichkeiten: Einmal ist die Natur auch bei Lebewesen erste und unmittelbare Ursache der Bewegung (πρώτως, προσεχῶς), während die λογικὴ ψυχή mittels der ἄλογος ψυχή und diese wiederum nur instrumentell durch die Sinne ihre Wirkung entfaltet. Λογική und ἄλογος ψυχή sind im Unterschied zur Natur nicht unmittelbare Bewegungsursache und in dieser Hinsicht den Lebewesen »extern« [296]. Andererseits kann er jedoch auch davon sprechen, daß bei Lebewesen

---

294 Als Belege für die Meinung des Aristoteles werden von MACIEROWSKY/HASSING 74/6 Phys. II 1 193a28/31 und II 2 194a12f angegeben, doch vgl. zur Schwierigkeit einer konsistenten Aristotelesinterpretation O. HAMELIN, La nature et le mouvement d'après Aristote: Revue philosophique 87/88 (1919) 353/68, sowie die Aristotelesdoxographie des Proklos in TimCom. 4A (1,10,6/8 DIEHL); sie befindet sich innerhalb eines Exkurses am Ende des Vorworts zu TimCom. 3F/5B (1,9,25/14,3 D.), in dem Proklos selbst Natur als Mittleres zwischen Seele und körperlichen Eigenschaften von diesen abgrenzt.

295 PhysCom. 195,3/10: »Natur ist nicht nur die Formursache, sondern auch Wirk- und Zielursache, wie er selbst im Fortgang sagen wird, daß die drei – Form, Wirk- und Zielursache – oft zum selben zusammenkommen. Deswegen bezieht er sich auf die Unterteilung der Prinzipien und unterscheidet, wie viele Prinzipien es gibt, und gibt an, daß die Unterteilung der Prinzipien dreifach ist: <1> die einen sind unmittelbar, die anderen mittelbar, <2> die einen sind per se, die anderen per accidens, <3> die einen sind einfach, die anderen zusammengesetzt, alle aber sind potentiell oder aktuell«.

296 PhysCom. 196,26/197,12: »Das ›erste‹ aber hat er hinzugefügt, weil auch die λογικὴ ψυχή das Lebewesen bewegt, und dieses Prinzip der Bewegung ist nicht außerhalb, sondern im Bewegten selbst; aber die λογικὴ ψυχή bewegt nicht zuerst, sondern durch die ἄλογος ψυχή, und auch diese bewegt das Lebewesen nicht zuerst, sondern weil die Natur (es) bewegt. Diese also ist das erste Bewegende. Zwar hat die Sinneswahrnehmung, sei es Gesichts- oder Hörsinn oder irgendein anderer Sinn, zu irgendetwas bewegt (haben wir nämlich etwas gesehen, werden wir zum ihm hin bewegt), aber der Gesichtssinn hat das Lebewesen nicht zuerst (mit ›zuerst‹ meine ich unmittelbar) bewegt, sondern der Gesichtssinn bewegt das Strebevermögen, und dieses bewegt die natürlichen Fähigkeiten, und diese das Lebewesen. Wenn also die ἄλογος ψυχή das Lebewesen nicht zuerst bewegt, so umso mehr auch nicht die λογικὴ (ψυχή). Wenn daher die Seele, λογικὴ und ἄλογος, bewegt, ist auch diese Bewegungsursache im Bewegten, aber da sie nicht zuerst, das heißt unmittelbar bewegt, ist deswegen die Seele nicht Natur. Auch das Schiff hat das Bewegende in sich, den Steuermann, der es bewegt, aber der Steuermann ist nicht Natur; denn er

die Seele ein Stück Natur ist, und zwar so, daß die ἄλογος ψυχή jetzt doch unmittelbar die natürlichen Dinge bewegt:

> »Vielleicht kann man sagen, daß auch die Seele der Lebewesen, insofern sie Lebewesen sind, Natur ist. Denn wenn die Seele zuerst Ursache der Bewegung der Lebewesen ist, insofern sie Lebewesen sind, nicht akzidentell ist und in ihnen ist, und nicht nur das Unbeseelte Natur ist, sondern auch die Lebewesen und die beseelten Wesen schlechthin, scheint also auch sie Natur zu sein, außer wir wollen die beseelten Wesen, insofern sie beseelt sind, nicht Natur nennen; als Seele aber (meinen wir) nicht die vernünftige, sondern den ganzen Rest [sc. Seele], denn sie ist es, die unmittelbar die Natur bewegt. Und vielleicht ist es möglich, daß deswegen das »zuerst« gesagt wurde; denn auch der Gedanke bewegt und ist im Bewegten, aber nicht zuerst (im Bewegten), sondern in der vernünftigen Seele« [297].

Welche der beiden von ihm entsprechend dem Stil des Kommentars angebotenen Möglichkeiten [298] J.Ph. favorisiert, bleibt zwar unklar, doch ist damit zu rechnen, daß die zuletzt aufgeführte eine Alternative darstellt, die J.Ph. persönlich ernsthaft erwägt [299].– Der zweite Zugang sucht den Naturbegriff unabhängig von der Bewegung zu erfassen und Natur in ihrem Wesen (τί ἔστιν) zu definieren. Danach ist »Natur Leben oder Kraft, die durch die Körper hinabgestiegen ist, sie formend und verwaltend, ein Prinzip der Bewegung und Ruhe, darin, wo es erstrangig, per se und nicht per accidens ist« [300]. Diese Aussage kann man von der schon genannten Bestimmung der Natur als Form her interpretieren. Natur wird jedoch nicht einfach nur als ein immanentes Prinzip der Dinge verstanden, sondern, so gewiß es sich immanent entfaltet, als

---

bewegt nicht zuerst, sondern durch das Steuerruder, das Steuerruder aber bewegt von außen. Aber Prinzip und Ursache der Bewegung ist auch nicht im Steuerruder, sondern im Steuermann, und er bewegt das Schiff durch das Ruder als Werkzeug. Wenn aber auch die Natur durch Werkzeuge bewegt, ist sie in dem anwesend, was sie zuerst bewegt, der Steuermann aber ist nicht in den Steuerrudern, sondern bewegt sie von außen, und bewegt das Schiff von außen; wenn durch das Ruder, dann (auch) von außen«.

297 PhysCom. 197,13/21.

298 Vgl. PhysCom. 197,13.19: μήποτε.

299 Aus einem Abschnitt wie opm. 2,2 (62,28/64,14), der ganz ähnlich mit μήποτε begonnen wird und eine weitere Interpretation anbietet, kann abgeleitet werden, daß J.Ph. mit der zweiten Möglichkeit sympathisiert, da er in opm. die alternative Interpretation unterstützt. Dafür spricht, daß der zweite Zugang zu Natur in PhysCom. ebenfalls zur Identifizierung von Natur und Seele hinführt.

300 PhysCom. 197,30/198,1. Zum neuplatonischen Hintergrund (»herabgestiegen«) MACIEROWSKY/HASSING 83/5. Ein Unterschied zwischen ἀρχή und αἰτία ist nicht erkennbar.

ein außerhalb der Dinge – ob beseelt oder nicht, ist zunächst zweitrangig – sich
befindendes Moment gesehen, das von ihnen unterschieden ist, ihre Existenz
aber auf Dauer durch die jeweilige Form vor dem Zerstörtwerden bewahrt.
Form wird damit von einem internen Prinzip bei Aristoteles zu einem onto-
logisch externen Prinzip [301]. Deswegen kann bei dieser auf das Wesen von
Natur selbst zielenden Definition bei Lebewesen die Seele in einem höheren
Sinn wiederum als deren Natur verstanden werden, weil sie es ist, die ihnen
Leben und Kraft verleiht:

> »Nun ist es klar, daß Natur nicht nur beseelte Dinge durchwaltet, sondern
> auch Dinge ohne Seele (denn jedes besitzt eine natürliche Kraft, die sein
> Sein zusammenhält, denn es würde zerstört und sich in nichts auflösen,
> wenn es nichts zusammenhielte), aber es ist klar, wie die Form in beseelten
> Dingen klarer erkennbar ist, so ist es eben die Vorsehung der Natur. Von
> daher ist es klar, daß die Definition auch die Natur beseelter Dinge umfaßt,
> welche eben die Seele ist. Denn das Wesen beseelter Dinge ist nichts anderes
> als die Seele« [302].

Es liegt in der Konsequenz des Gedankens, daß auch die Seele, sofern sie Natur
der Lebewesen ist, ein der Natur unbeseelter Körper gleichrangiges Bewegungsprinzip wird, umgekehrt trägt die Natur unbeseelter Körper Züge der erhaltenden Kraft der Weltseele, wie sie etwa in AnCom. beschrieben werden [303]. Bei-
dem geht J.Ph. hier nicht nach, ebenso löst er nicht das sich erneut stellende
Problem, wie bei beseelten Körpern die Seele als Natur und die Natur des Körpers,
sofern sie sich in dessen von den Elementen herrührenden Bewegung äußert,
zueinander verhalten. Darf man daraus schließen, daß er mit einer Identifizierung von Natur und Seele bei Lebewesen, also auch beim Kosmos, letztlich
einverstanden ist?
  Stattdessen beschäftigt er sich noch mit dem Einwand, daß scheinbar die
Definition der Natur als Prinzip der Bewegung und Ruhe nicht auf alle bekannten Erscheinungen zutrifft, wenn man an die Himmelskörper denkt, die kein

---

301 Vgl. MACIEROWSKY/HASSING 85/7, sie erkennen biblischen Einfluß. Dies bleibt aber mehr
     als hypothetisch. Wenn Proklos (s.o. Anm. 294) und Damaskios princ. 2,2 (1,41,17/20
     WESTERINK/COMBÈS) gleichfalls Natur als ein dem Körper externes Prinzip verstehen,
     scheint eher eine im Neuplatonismus entwickelte Idee vorzuliegen. Die Vorstellung von
     Natur als von außen mitgeteilte Form liegt auch aetm. 7,16 (280,5/7) zugrunde. Vgl. Cyrill
     Alex. c.Iulianum 2,54f (PG 76,597BC): die Natur ist Gottes Wille, vgl. A. KERRIGAN, St.
     Cyrill of Alexandria interpreter of the Old Testament = AnBib (Rom 1952) 282/4.
302 PhysCom. 198,1/8. Die Seele ist auch Form, nicht bloß Leben (vgl. die Wendung »die
     Form ist im Beseelten klarer erkennbar«): gegen MACIEROWSKY/HASSING 98₆₈.
303 Vgl. u. S. 350/8.

Prinzip der Ruhe in sich haben, da sie in ständiger Bewegung sind [304]. J.Ph. antwortet, daß in der Tat die Natur auch für die Himmelskörper das Bewegungsprinzip ist. Man muß bei ihnen die Definition nur so verstehen, daß Bewegung und Ruhe nicht nacheinander, sondern gleichzeitig vorhanden sind. Dann sind nämlich nicht nur Zentrum und Pole der Himmelsbewegung als Orte der Stabilität anzusprechen, sondern auch die Kreisbewegung selbst kann man in bezug auf irgendeinen Punkt des Kreises als Wechsel von Zuendekommen und Beginn von Bewegung betrachten:

> »Wir sagen dazu, daß Natur in der Tat die Ursache ist, besonders im Fall der himmlischen Dinge nicht nur der Bewegung, sondern auch der Ruhe. Denn das Ganze, die Zentren und die Pole ruhen, aber die Natur der himmlischen Dinge ist die Ursache der Ruhe. Oder anders: da Natur Bewegung mit Blick auf ein Ende hervorruft mit dem Ziel, es zu erreichen, und beim Erreichen zur Ruhe kommt, sind die himmlischen Dinge immer an einem Ende und an einem Anfang (denn zu jedem Zeitpunkt gibt es beides, Anfang und Wiederkehr, denn die sich jetzt im Widder befindende Sonne kehrt im Kreis an dieselbe Stelle zurück und fängt einen anderen Kreis an, und so ist es bei jedem Zeichen, und es ist möglich, dies sowohl für die Teile als auch die gesamten Sphären zu sagen). Wenn sie also immer am Ende sind und sich nicht daraus entfernen, könnten sie an diesem Ende ruhen, insofern sie sich niemals aus diesem Am-Ende-Sein entfernen. Deshalb ist Natur in ihnen nicht nur die Ursache ihrer Bewegung, sondern einer Ruhe dieser Art: ständig an einem Ende sein, und ständig in ihm ruhen« [305].

Daß die Natur das Prinzip der Himmelsbewegung ist, ist in Verbindung damit zu sehen, daß J.Ph. in PhysCom., zumindest an dieser Stelle, offenbar von einem fünften Element im Himmel ausgeht. So läßt sich zumindest die Bemerkung am Schluß dieses Abschnittes verstehen:

> »Einige sagen jedoch, daß der Philosoph [sc. Aristoteles] die Natur der entstehenden und vergehenden Dinge definiert hat, nicht aber Natur einfachhin. Aber dies scheint mir nicht richtig gesagt. Denn das vorliegende Buch [d.h. Physik II] behandelt die Erscheinungen, die alle natürlichen Dinge allgemein betreffen. Was Natur ist, ist somit gesagt« [306].

---

304 Als zweites Gegenbeispiel gegen die Definition von Natur wird die Elementenganzheit besprochen. Sie befindet sich ständig in Ruhe.

305 PhysCom. 198,19/33. Nach aetm. 10,6 (397,25/399,20) beweist für J.Ph. der Umstand, daß man bei einer kontinuierlichen Kreisbewegung nicht den Anfangs- oder Endpunkt angeben kann, nicht, daß die Bewegung selbst ewig sein muß.

306 PhysCom. 199,19/23; vgl. 220,20/8.

In jedem Fall ist eindeutig festgehalten, daß der Himmel sich natürlich im Kreis bewegt[307]. Freilich ist auffällig, daß von einem seelischen Prinzip an dieser Stelle nicht die Rede ist. Ein solches ist insofern nötig, als aristotelisch gedacht reine Selbstbewegung in der Natur nicht denkbar ist[308] und bei der Annahme einer ewigen Welt sich ein Widerspruch ergäbe, wenn in einem begrenzten Körper (dem Himmel) eine für die unendliche Bewegung benötigte unbegrenzte Kraft wohnte[309]. Aus eben diesem Grunde hatte Herminos (2.Jh.n. Chr.) die Ewigkeit der Kreisbewegung auf die Seele des Himmels zurückgeführt[310]. Andererseits gibt es Stellen in PhysCom., die die Existenz einer Weltseele vorauszusetzen scheinen[311], umgekehrt auch etliche Passagen, die ein solches Prinzip anscheinend ausschließen[312]. Angesichts der Komplexität der Schrift PhysCom.[313] dürfte es verfrüht sein, bereits endgültig zu entscheiden, ob J.Ph. in dieser Schrift Natur und Weltseele als gleichberechtigte Bewegungsprinzipien lehrt oder nicht und wie das Ergebnis zu interpretieren ist, wiewohl einiges dafür spricht, daß er Natur und Seele bei den Lebewesen und somit auch beim Kosmos identifiziert.

Ähnliche Schwierigkeiten wie PhysCom. bietet schon die wahrscheinlich frühere Schrift AnCom.[314]. Auf der einen Seite haben beide Prinzipien nebeneinander mit der Bewegung des Himmels zu tun und werden auf folgende Weise philosophiegeschichtlich zugeordnet:

> »Platon will nicht, daß ihm [sc. dem Himmel] die Kreisbewegung von Natur
> aus zukommt, sondern durch eine Seele. Nach ihm ist also die Ursache der
> Kreisbewegung unklar [oder: nicht sichtbar]. Aristoteles nämlich weist dem

---

307 Gegen WILDBERG, criticism 163, der annimmt, der Himmel werde übernatürlich durch die Seele bewegt, so wie die Feuersphäre übernatürlich durch den Himmel bewegt wird.

308 Vgl. SORABJI, MSM 219/22.

309 Vgl. SORABJI, MSM 250; zum schwierig zu fassenden Verhältnis von Seele und unbewegtem Beweger und den widersprüchlichen Angaben zur Existenz einer Weltseele bei Aristoteles vgl. SORABJI ebd. 219/26, SOLMSEN 222/49, bes. 240/5.

310 Herminos nach Alexander Aphr. bei Simplicius CaelCom. 380,3/5, vgl. MORAUX, Aristotelismus 2,397f.

311 Z.B. 632,20/633,28 (übers. bei SAMBURSKY, concept of space 117/9), daraus 633,5f: »μέγα τι ζῷόν ἐστιν ὁ κόσμος«; 770,3/771,3: ein seelisches Prinzip wird für Zeit benötigt; 891,33/892,24 in der Deutung VERRYCKENs, development 246$_{67}$.

312 PhysCom. 690,3/691,8 in Verbindung mit 691,9f, vgl. WOLFF, Fallgesetz 48; wenn J.Ph. in 690,3/691,8 auf die προαιρετικαὶ κινήσεις von Lebewesen nicht eingeht, sondern nur von den variierenden ῥοπαί der Himmelskörper spricht, bedeutet es noch nicht, daß dadurch automatisch schon ein seelisches Prinzip ausgeschlossen ist.

313 Anlaß zu Vermutungen über verschiedene redaktionelle Bearbeitungen durch J.Ph. hat VERRYCKEN, development 244/54, doch vgl. dazu o. S. 123/43.

314 Zur Entwicklung der Aussagen des J.Ph. zur Weltseele in seinen Schriften vgl. im Überblick VERRYCKEN, development 267/71.

Himmelskörper die Bewegung auch als natürlich zu, sagt aber, daß mit der natürlichen die aus der Seele herrührende Bewegung übereinstimmt [συν-τρέχει], die auf diese Weise durch das Sein selbst bewegt«[315].

J.Ph. vertritt danach in AnCom. eben diese als aristotelisch verstandene Position, die zwar anders als die Platons in Verbindung mit einem fünften Element gedacht ist, aber trotzdem als in Harmonie mit Platon bewertet wird, insofern sie am platonischen Prinzip der Weltseele festhält[316]. Daß J.Ph. in AnCom. ein fünftes Element lehrt, wurde schon früher gezeigt. Zum Ursprung der Bewegung in der Natur äußert er sich in dieser Sichtweise wie folgt:

»Den himmlischen Dingen kommt die Kreisbewegung natürlich [φύσει] zu, und das Ganze vollzieht dasselbe wie die Teile, und im Ganzen wird die Kreisbewegung offenkundiger als in den Teilen. Denn der Umschwung des Ganzen ist der schnellste«[317].

Die Beteiligung der Weltseele an der Bewegung des Himmels läßt sich der Interpretation der Seelenentstehungslehre des Timaios entnehmen:

»Noch passender zeigen ihm [sc. Aristoteles] diese Kreise [sc. aus Platons Timaios] die Bewegung der Seele, von denen das Himmlische bewegt wird, der Kreis desselben (bewegt) die Fixsternsphäre, der des anderen die Planeten«[318].

---

315 AnCom. 138,19/23. Ausgangspunkt ist der Gedanke, daß die Seele selbst unbewegt ist (vgl. 95,7/35), also von αὐτοκίνησις nicht die Rede sein kann; zur Selbstbewegung vgl. Pépin, Théologie cosmique 198/216. Daß diese Platondeutung, der Himmel habe die Kreisbewegung nicht von Natur aus, nicht die einzig mögliche ist, zeigt Simplicius CaelCom. 79,24/80,10: er nimmt an, daß Platon in Tim. 33D zuerst über die natürliche und in 36DE über die seelische Bewegung des Himmels gesprochen hat, also beides annimmt. Freilich treffen sich Simplicius und J.Ph. insofern, als beide schließlich zu der Überzeugung gelangen, daß in dieser Frage zwischen Platon und Aristoteles Übereinstimmung besteht.

316 Genau besehen lehrt auch Aristoteles an einzelnen Stellen eine Weltseele, doch sind die Aussagen hierzu widersprüchlich: vgl. zu den entsprechenden Texten aus cael. Wildberg, criticism 160f; Guthrie, history 6,264f erklärt den Widerspruch in cael. als Aufeinanderprallen zwischen philosophischem Weltseeledenken und eigener physikalischer Weltsicht; vgl. u. S. 365 Anm. 351.

317 AnCom. 66,11/3. Der Kontext handelt von den natürlichen und widernatürlichen Bewegungen der Elemententeile und -ganzheiten. Im Himmel gibt es offenbar verschiedene Grade von Natürlichkeit.

318 AnCom. 119,24/6. Zu den verschiedenen Ebenen, auf der die Seelenentstehungslehre des Timaios bei J.Ph. interpretiert wird, K. Verrycken, La psychogonie platonicienne dans l'œuvre de Philopon: RSPhTh 75 (1991) 211/34, hier 217/25: auf astronomischer Ebene bedeutet sie die Beschreibung der verschiedenen Himmelsbewegungen.

Für J.Ph. interpretiert Aristoteles den platonischen Timaios so, daß Platon
sich weder über die Seele als causa efficiens noch als causa finalis geäußert
hat. J.Ph. entnimmt wiederum dieser Kritik, daß Aristoteles selbst an die
Seele als causa finalis für den Himmel als Naturgebilde gedacht hat, führt
Plotin enn. II 2 (14) 1 als Beweis an und kann aus Platon wenigstens noch den
Grund für die *Gestalt* des Himmels entnehmen, der für ihn anscheinend in
die gleiche Richtung wie für Aristoteles weist, nämlich die Seele als causa
finalis sicherzustellen [319]. Die Einwirkung der Seele auf den Körper denkt
J.Ph. sich als Willensakt [320], gibt aber zur Frage, ob die Seele auch causa
efficiens ist, keine direkte Auskunft [321]. Jedenfalls stehen Natur und Weltseele

---

319 AnCom. 138,10/139,9: »[Aristoteles an. 407b5:] ›Verborgen ist [sc. bei Platon] auch der
      Grund, warum sich der Himmel im Kreis dreht; denn nicht ist die Substanz der Seele
      Ursache der Kreisbewegung, sondern (die Seele) ist akzidentell (Ursache)‹. [J.Ph.:] Mit
      dem Beweis, daß die Seele sich nicht selbst bewegt, sagt er ohne Ausdehnung und unkör-
      perlich ist, sondern akzidentell, sagt er richtig, daß bei dem von ihm Gesagten die Wirk-
      ursache der Kreisbewegung des Himmels verborgen ist. Denn wenn die Seele durch ein
      Sichbewegen bewegt, aber bewiesen wurde, daß sie selbst unbewegt ist, was ist die Ur-
      sache der Kreisbewegung für den Himmel? Denn weder bewegt sich wie bewiesen die
      Seele selbst, noch ist freilich der Körper allein für sich selbst Ursache der Bewegung.
      Denn Platon will nicht, daß die Kreisbewegung ihm von Natur aus zukommt, sondern
      von der Seele. Verborgen ist also nach ihm die Ursache der Kreisbewegung. Denn Aristote-
      les gibt dem Himmelskörper auch eine natürliche Bewegung, sagt aber, daß mit der
      natürlichen auch die aus der Seele herrührende Bewegung übereinstimmt, die durch das
      Sein selbst auf diese Weise bewegt. [Aristoteles an. 407b9:] ›Aber es wird [sc. bei Platon]
      auch nicht gesagt, daß sie [sc. die Kreisbewegung] besser ist‹. [J.Ph.:] Nicht nur, sagt er,
      erkennen wir aus den Worten des Timaios die Wirkursache der Kreisbewegung des
      Himmels nicht, sondern auch nicht die Zielursache. Denn nirgends hat er [sc. Platon]
      dargestellt, daß für den Himmel Bewegung besser als Stillstand, Kreisbewegung besser
      als eine andere Bewegung ist. Jedoch blickt alles natürlich Entstehende auf das Ziel, das
      die beste Möglichkeit für es ist. Denn er gibt für die Bewegung und für die im Kreis auch
      die Zielursache an, daß die zum Ewigen passende Bewegung die im Kreise ist, die weder
      Anfang noch Ende hat, und daß für ihn Bewegung besser als Stillstand ist, denn Aktua-
      lität ist besser als Nichtaktualität. Auch Plotin teilt die causa finalis der Kreisbewegung
      mit den Worten mit: ›Weshalb‹, sagt er, ›bewegt er sich im Kreis? Weil er den Nous
      nachahmt‹. Denn auch die Aktualität des Nous gleicht dem Kreis, wie wir früher sagten.
      Da also das Tieferstehende sich nach dem Höheren richtet, so ahmt auch er durch das
      Sich-im-Kreis-Bewegen die Aktualität des Nous nach. Und auf andere Weise: Da das
      Göttliche gleichzeitig überall ist, ahmt er das, was überall ist, durch die überall entste-
      hende Kreisbewegung nach. Auch Platon gibt aber die Ursache der Kugelgestalt an: ›Als
      Gestalt gab er ihm‹, sagt er, ›die angemessene und verwandte‹. Denn dem, was alles auf-
      nehmen sollte, gab er die Gestalt größtmöglichen Inhalts, unter den Flächen gleichen
      Umfangs besitzt aber der Kreis den größten Inhalt, unter den kubischen [στερεός]
      Körpern aber die Kugel«.
320 AnCom. 138,6/10.
321 AnCom. 66,22/8 wird τὸ θεῖον als τὸ πρώτως κινοῦν gezeichnet, 188,36/8 besitzt die
      Seele die ποιητικὴ δύναμις der Harmonie des Ganzen.

gleichberechtigt nebeneinander, ein unbewegter Beweger als causa efficiens kommt in diesem Zusammenhang nicht vor.

Andererseits kann J.Ph. in bezug auf die Lebewesen wiederum sagen, daß ihre Natur die Seele ist, und im Falle des beseelten Himmels die Kreisbewegung als natürlich von der Seele verursacht ansehen, das heißt wie Alexander Natur und Seele identifizieren:

> »[Aristoteles 406a22:] ›Ferner: wenn sie [sc. die Seele] sich natürlich bewegt, müßte sie sich auch gewaltsam bewegen, wenn gewaltsam, auch natürlich; genauso verhält es sich mit der Ruhe‹. [J.Ph.:] Nachdem er gezeigt hat, daß, wenn die Seele sich per se natürlich bewegt, sie einen ihr eigenen Ort einnehmen wird, fügt er dem Gesagten als Konsequenz hinzu, daß, wenn sie sich natürlich bewegt, sie auch gewaltsam bewegt werden kann, und zeigt dadurch, daß sie auch einen nicht naturgemäßen Ort einnehmen kann. Und daß das gewaltsam Bewegte sich nicht naturgemäß bewegt, ist offensichtlich. Denn das gewaltsam Bewegte bewegt sich wider die Natur, widernatürlich aber ist das Gegenteil von natürlich, nichts aber ist immer (im Zustand des) Widernatürlichen. Warum sagt er aber, daß das natürlich sich Bewegende auch gewaltsam bewegt wird? Werden also auch die sich im Kreis bewegenden Körper, da sie sich natürlich bewegen, sich einmal widernatürlich bewegen? Jedoch hat Aristoteles selbst gezeigt, daß sie sich unmöglich widernatürlich bewegen. Denn sie sind, sagt er, jeder sterblichen Widrigkeit enthoben. Also sagen die vom Peripatos kommenden Ausleger, zu denen auch Alexander gehört, ganz angemessen, daß die himmlischen Körper nicht durch die Natur bewegt werden, sondern durch eine größere Kraft, ich meine die Seele in ihnen [in A Zusatz, der das Seelenprinzip in Frage zu stellen scheint], wenn, wie Aristoteles selbst sagt, sie diese Bewegung durch Strebevermögen nach dem Ersten besitzen. Denn weshalb, sagt er [bezieht sich nicht auf Aristoteles, ebenso wohl kaum auf Alexander, sondern wahrscheinlich auf Plotin], bewegen sie sich im Kreis? Dann hat er hinzugefügt, daß sie den Nous nachahmen. Denn wie das Göttliche überall ist, so ist auch der Himmel, sagt er, wenn er das Erste nachahmt, da er nicht zugleich überall ist, wenigstens in seinen Teilen [κατὰ μορία] überall. Und weil sich bewegende Lebewesen die Seitenbewegung durch die Seele ausführen, ist klar, daß diese Bewegung nicht durch die Natur erfolgt. Vielmehr ist bei den Lebewesen die psychische Bewegung eine andere als die, (die) durch die Natur (hervorgerufen wird). Denn welche Lebewesen einen zusammengesetzten Körper haben, deren natürliche Bewegung ist eine andere, als sie ihnen von der Seele her zukommt. Deshalb vollzieht der Körper die ihm innewohnende Bewegung gemäß der Herrschaft der einfachen (Körper) [sc. der Elemente], wenn er sich nicht als beseelter, sondern als Körper bewegt. Denn sobald die Lebewesen gehen, fliegen oder schwimmen, bewegen sie sich durch die Seele. Sobald sie sich aber von oben durch die schwere

Bewegungstendenz bewegen, bewegen sie sich natürlich, da der irdische und schwere Körper die Oberhand hat. Der einfache Körper [hier wohl nicht als Element gemeint] aber, der beseelt ist, hat wegen dieser Eigenart als Natur die Seele, und die seelische Bewegung besitzt er als natürliche Bewegung. Wenn er sich aber nicht natürlich bewegt, sondern durch die Seele, fällt das aber nicht mehr unter den [aristotelischen] Gedanken, der sagt, daß das natürlich sich Bewegende auch gewaltsam bewegt wird. Wenn man aber in ihn [sc. den einfachen Körper] eine natürliche Bewegung hineinlegen muß, sagen wir, daß er eine derartige natürliche Bewegung hat, wie er sie auch von seiten der Seele her besitzt, und wir werden sagen, daß der aristotelische Gedanke, daß jedes natürlich sich Bewegende auch gewaltsam bewegt werden kann, nicht bei allem gilt, sondern (nur) dort, wo die Bewegung geradlinig erfolgt, was sich auch als ganzes selbst bewegt. Durch den Philosophen [Aristoteles?] selbst ist gezeigt worden, daß es ein Gegenteil der geradlinigen Bewegung gibt, nur die Kreisbewegung besitzt kein Gegenteil. Denn der Bewegung nach oben steht die nach unten entgegen, der nach vorne die nach hinten, der nach rechts die nach links. Daher bewegt sich von dem, was sich natürlich bewegt, das gewaltsam, was die geradlinige Bewegung ausführt und sich ganz mit der geradlinigen Bewegung örtlich verändert, und das Gegenteil wird sichtbar, das Himmlische jedoch bewegt sich im Kreis, und das Ganze wechselt überhaupt nicht die Orte. Es ist aber klar, daß die, die sagen, die Seele bewege sich örtlich und der Körper bewege sich durch deren Bewegung, was die Verlagerung an einen anderen Ort betrifft, ihr geradlinige Bewegung zuschreiben. Richtig hat Alexander hinzugefügt, daß die Meinung bezüglich der Himmelsbewegung, daß nichts Örtliches jemals widernatürlich bewegt wird, kein anderer als Aristoteles geäußert hat, sondern er selbst hat sie als erster eingeführt. Daher haben wir gesagt, was richtig daraus folgt, was der Grund dafür war, daß sie es sagen. Sodann hat er das ›wenn es sich natürlich bewegt, kann es sich auch gewaltsam bewegen‹, als Möglichkeit angenommen: nämlich daß es möglich ist, daß ein natürlich sich Bewegendes sich auch gewaltsam bewegt. Von dem natürlich Bewegten bewegt sich aber gewaltsam, was gegenteilige Bewegung besitzt. Auch die Bewegungen der Seele hätten also Gegenteile; denn welche (Bewegungen) der Körper vollzieht, diese vollzieht wohl auch die Seele, wenn der Körper durch Bewegtwerden die Bewegung ausführt. Alle Körperbewegungen aber werden mit Blick auf ein Gegenteil gesehen, wie wir schon sagten« [322].

Gleichwohl nimmt J.Ph. diese Möglichkeit, beim Himmlischen Natur und Seele zu identifizieren, nur in den Blick, weil er bei der Kommentierung einer Aristotelesstelle einen vernünftigen Ausweg aus einer Schwierigkeit sucht, die der

---

322 AnCom. 101,25/103,10.

Text ihm aufgibt und die schon frühere Kommentatoren ähnlich zu lösen versuchten. Ob er tatsächlich, positiv befragt, dieselbe Antwort gegeben hätte oder nicht doch die zuerst vorgestellte Lösung vorgezogen hätte, muß offen bleiben. In keinem Fall sind in AnCom. die Himmelsbewegungen Bewegungen der Seele selbst:

»Dem offensichtlichen [sc. Sinn] nach scheint der Timaios zu sagen, daß genau so sich auch das Himmlische durch die Bewegung der Seele bewegt, wenn es durch sie herumgeführt wird, nicht aber, daß die Himmelsbewegungen Bewegungen der Seele sind, sondern jene ist, wie ich sagte, ihre Ursache« [323].

Ebenso kann die Bewegung der Seele nicht körperlich vonstatten gehen [324]. Dabei ist die Weltseele das vitalistische Prinzip des Alls, das nicht nur die Bewegung im Bereich des Himmels verursacht, sondern auch Wirkungen im Bereich der ἄψυχα σώματα auslöst [325]. Die Beziehung der Weltseele zum Körper, bei Platon ausgedrückt mit dem Wort διαπλοκή, ist als Mittelding zwischen μῖξις/κρᾶσις (mit Sympathie) und παράθεσις (ohne Sympathie) zu verstehen [326]. Wie J.Ph. die in der Tradition verschieden gelöste Frage beantwortet, als welche Art von Seele – ψυχὴ λογική, – ἄλογος, – φυτική – die Weltseele anzusprechen ist [327], ist nicht ganz klar, weil ein wichtiger Passus zu dieser Frage möglicher-

323 AnCom. 123,18/21.
324 AnCom. 95,34f.
325 AnCom. 120,19/33; 117,30/118,6, vgl. Nemesius nat. 2 (34,5/11 Morani): »καὶ ζῆν μὲν πάντα, μὴ πάντα δὲ εἶναι ζῷα. διακρίνουσι γὰρ ἀπὸ μὲν τῶν ἀψύχων τὰ φυτὰ τῷ αὔξεσθαι καὶ τρέφεσθαι, τουτέστι τῇ τρεπτικῇ καὶ φυτικῇ δυνάμει, τὰ δὲ ἄλογα ζῷα ἀπὸ τῶν φυτῶν τῇ αἰσθήσει, τὰ δὲ λογικὰ ἀπὸ τῶν ἀλόγων τῷ λογικῷ. καὶ οὕτω πάντα ζῆν λέγοντες διαστέλλουσι τὴν ἑκάστου φύσιν. ζῆν οὖν λέγουσι καὶ τὰ πάντῃ ἄψυχα ἑκτικὴν ζωήν, καθ᾽ ὃ συνέχεται ὑπὸ τῆς τοῦ παντὸς ψυχῆς εἰς τὸ εἶναι μόνον καὶ μὴ διαλύεσθαι«.
326 AnCom. 120,34/121,9, Verrycken, psychogonie 222, vgl. zur Beziehung zwischen Himmelskörper und Seele die Fortsetzung von 123,18/21: die Seelen (Pl.!) des Himmlischen hängen am Körper anders als unsere Seelen an unseren Körpern: die himmlischen Körper richten sich nach den Seelen aus; auch aetm. 6,29 (234,9/14): διαπλοκή.
327 Vgl. Wolfson (o.Anm. 283) 76/81 zu den Lösungen von PsPlutarch, Plutarch, Alexander von Aphrodisias und Simplicius. Ob Platon die Weltseele mit αἴσθησις begabt denkt, wird unterschiedlich beantwortet: vgl. F.H. Sandbach, Aristotle and the Stoics = Cambridge Philological Society Suppl. 10 (Cambridge 1985) 48f. Differenzierte Lösungen werden bei Olympiodor PhaedCom. 4,9f (85 Westerink) diskutiert. Er berichtet, daß nach Proklos τὰ οὐράνια zwar αἴσθησις besitzen, aber, wie auch Aristoteles sage (vgl. An. 434b22/35), nur ὄψις und ἀκοή. Damaskios hingegen lehre, daß sie entweder alle oder keine Sinneswahrnehmungen besäßen. (Die Stelle J.Ph. AnCom. 228,21/7 bezieht sich nicht speziell auf die Weltseele.) Olympiodor berichtet ferner von einigen, die sogar eine ψυχὴ φυτική annehmen: Westerink 85 verweist auf Damaskios princ. 23 (1,57,18/58,4 Westerink/Combès) und Stephanus (J.Ph.) AnCom. 597,31/7.

weise nicht von J.Ph., sondern von Stephanus Alex. stammt [328]. Nach diesem
Text wird die Frage wie bei Alexander so gelöst, daß bei der Weltseele keine
Sinneswahrnehmung zu finden ist und es sich daher nur um eine λογική bzw.
νοερά ψυχή handeln kann[329]. Doch legen auch andere Passagen nahe, daß J.Ph.
zu dieser Einschätzung gekommen ist[330]. Gerne erführe man Näheres, wie J.Ph.
sich das Verhältnis der Weltseele zur Beseelung einzelner Himmelskörper denkt;
andeutungsweise läßt sich einem oben schon erwähnten Text entnehmen, daß
er zumindest mit der Existenz solcher Einzelseelen gerechnet hat [331].

In aetm. kommt J.Ph. in einer Nebenbemerkung erneut auf das Verhältnis
der Ursächlichkeit von λογική ψυχή und ἄλογος ψυχή bei der Entstehung von
Bewegung eines Lebewesens zu sprechen. Seine Ausführungen in diesem Punkt
gleichen den entsprechenden in PhysCom. und stellen eine Präzisierung dar. Nach
aetm. 7,10 ist die λογική ψυχή nur Anfang jeder geordneten und am λόγος orien-
tierten Bewegung, während für die vitalen Fähigkeiten die ἄλογος ψυχή zuständig
ist, deren Bewegung ihrerseits von der λογική ψυχή kontrolliert wird:

> »Dies ist vernünftiges Leben: die geordnete verstandesmäßige Bewegung
> der affektiven Potenzen der Seele ohne Verstand« [332].

J.Ph. nimmt dafür das Bild aus dem platonischen Phaidros:

> »Und wie bei einem Zweigespann, das Platon als Bild unserer Seele nahm
> [Phaidros 246A], die Pferde einfach Ursache der Körperbewegung sind, der
> kunstvollen und geordneten Bewegung aber der (auf dem Wagen) stehende

---

328 AnCom. 596,36/597,2. Zur Frage der Zuweisung von AnCom. Buch 3 vgl. M. HAY-
      DUCK: CAG 15,Vf (eher unentschieden, aber mit Vorsicht für Stephanus), H. BLUMEN-
      THAL, John Ph. and Stephanus of Alexandria: Neoplatonism and Christian thought 54/
      63 (Stephanus). Für J.Ph. oder zumindest für einen seiner Schüler als Autor von AnCom.
      Buch 3 plädiert LAUTNER, da er zu Recht die Argumente von HAYDUCK und BLUMEN-
      THAL für nicht hinreichend hält. W. CHARLTON (transl.), Philoponus on Aristotle on the
      intellect (London 1991) 4/12 zieht aus dem Vergleich von AnCom. 3 und dem von ihm
      übersetzten lateinischen Kommentar zu An. Buch 3 angesichts der vielen Überein-
      stimmungen, aber auch deutlichen Unterschiede den Schluß, der Autor müsse aus der
      Ammoniusschule stammen, wenn er auch nicht mit J.Ph. identisch sei; diesen hält er
      aufgrund des Vergleichs zwischen AnCom. 1f und lat. AnCom. 3 für den Autor des
      letzteren Werks.
329 In AnCom. 597,2/598,7 gibt J.Ph./Stephanus fünf Pro- und Contraargumente von
      Aristotelikern und Platonikern zur Frage der Begabung des Himmlischen mit αἴσθησις
      wieder.
330 AnCom. 118,6/14; 124,30/125,31, zu den Gründen, die J.Ph. aus der platonischen Tradi-
      tion entnimmt, vgl. VERRYCKEN, psychogonie 221f.
331 AnCom. 123,23/5 spricht im Plural von Seelen des Himmlischen.
332 Aetm. 7,10 (265,20/2).

Zügelhalter, so ist auch bei uns die Seele ohne Verstand als Ursache dafür
eingesetzt, daß unsere Körper leben, Ursache der Ordnung und Harmonie
bezüglich der affektiven Potenzen ist jedoch der Verstand [λόγος]«[333].

Auf die Frage, wie sich bei Lebewesen die Natur zu ihrer Seele verhält bzw. ob
in diesem Falle von der Seele als Natur der Lebewesen gesprochen werden
kann, geht J.Ph. in aetm. 7,10 nicht ein. Natur ist für ihn an dieser Stelle wie
üblich das Prinzip, das bei allen Nichtlebewesen, also den normalen Gegenständen, für deren Bewegungstendenz verantwortlich ist, wie er mit wiederum
mit Aristoteles Physik II 1 192b21 (»Natur ist Anfang der Bewegung und der
Ruhe«) feststellt[334]. Er hat jedoch keinen Zweifel, daß das beschriebene Verhältnis von λογική und ἄλογος ψυχή auch für die Weltseele gelten sollte,
wenn man eine solche anzunehmen bereit ist:

> »Wenn also bei den individuellen Lebewesen die Verstandesseele nicht in
> unmittelbarer Verbindung mit dem Körper steht, sondern der alogischen
> Fähigkeit gleichsam als Band bedarf, durch die der Körper belebt und zur
> Aufnahme der Verstandesseele geeignet wird, ist es auf jeden Fall notwen-
> dig, wenn jemand dem himmlischen Körper eine Verstandesseele zubilligt,
> daß gerade sie noch viel mehr nicht unmittelbar mit dem himmlischen Körper
> in Verbindung steht, sondern sich der Mittlerschaft der alogischen Fähig-
> keit bedient, durch welche dem himmlischen Körper die Erleuchtung durch
> die Verstandesseele zukommt«[335].

Was seine Einschätzung der Himmelsbewegung betrifft, hat sich, wie im
folgenden zu zeigen ist, die Position des J.Ph. in aetm. gegenüber AnCom.
deutlich gewandelt. Zur Erklärung der Himmelsbewegung bietet er zwei Möglichkeiten an:

Beim ersten Entwurf hält er an der Weltseele als Ursache der Himmelsbewegung fest, findet aber zu einer anderen Verwendung des Naturbegriffs als
in AnCom. oder auch in aetm. 7,10, da er die aristotelische Annahme eines fünften Elementes von unbegrenzter Dauer aufgibt. In aetm. 13,2 widerlegt er die
Behauptung des Proklos[336], daß auch nach Platon der Himmel aus einem fünften Element bestehe, weil die Kreisbewegung dem Himmel nur von Natur aus
zukommen könne[337]. Natürlich heißt zwar neben den bekannten Bewegungsarten der vier Elemente nach oben und unten auch weiterhin die Kreisbewe-

---

333 Aetm. 7,10 (265,22/266,2).
334 Ebd. (266,21/7).
335 Ebd. (266,2/11).
336 Aetm., 13. Argument des Proklos (477,14/478,6).
337 Aetm. 13,2 (484,18/489,2).

gung des Himmels, doch ist sie dies nicht mehr, insofern sie der Natur eines
fünften Elementes entspricht, sondern sie ist deswegen natürlich, weil es eine
Bewegung ist, die dem Himmel als einem Lebewesen durch die Seele zukommt[338]. Wie in der Hypothese aus PhysCom. wird damit also auch die Seele
als ein Stück Natur verstanden. Die Kreisförmigkeit der Bewegung kommt zustande, weil die Seele den Nous nachahmt und weil der Himmelskörper bereits
im Hinblick auf die ihm durch die Seele zukommende Bewegung vom Demiurgen für die Seelenbewegung in passender Weise, das heißt kugelförmig, gestaltet
worden ist[339]. Die Rede von der Bewegung der Seele in der Seelenentstehungslehre des Timaios ist nur symbolisch zu verstehen, da eine realistische Interpretation den Widerspruch auftun würde, daß etwas Unkörperliches sich örtlich
bewegen würde. Offenbar ist J.Ph. bemüht zu erklären, wenn der Kosmos als ein
Lebewesen aufzufassen ist, das von der Seele her bewegt wird, wie die Bewegung
von der Ursache (Seele) her auf den Himmel übertragen werden kann, wenn
eine örtliche Bewegung der Seele nicht möglich ist, auch wenn »örtlich« anders
als bei irdischen Lebewesen nicht die Bewegung von Ort zu Ort, sondern am Ort
bedeutet. J.Ph. stellt sich die Beziehung nach Art von Urbild (παράδειγμα) und
Abbild vor. Die Rede von einer Seelenbewegung zeigt an, daß die Seele die Bewegung als Idee in sich trägt und sie als Paradigma dem Abbild vermittelt. Die Seele
selbst bewegt sich von sich aus nicht örtlich, das heißt die Bewegungen des Himmels sind nicht wirklich ihre eigenen Bewegungen, sondern sie bleibt »äußerlich«
Ursache der Himmelsbewegung und wird allenfalls vergleichsweise so bewegt,
wie Dinge sekundär durch andere mitbewegt werden[340]. In aetm. fällt also der

---

338 Aetm. 13,2 (485,5/10; 486,13/20). Daß für J.Ph. dieser Naturbegriff jetzt ebenfalls als
aristotelisch gilt, zeigt MetCom. 4,30/3; AnCom. 104,31/9.

339 Aetm. 13,2 (486,23/487,12), vgl. AnCom. 138,10/139,9. Ähnliche Aussagen finden sich
bei Plotin (Naturgemäße Bewegung des Himmels: enn. II 2 [14] 2 [1,162,26f HENRY/
SCHWYZER], ebd. 3 [162,15/7 H./S.]) und Simplicius (Geeignetheit des Stoffes), vgl. SORABJI,
MSM 258f. Die Seele befindet sich in der Welt, nicht außerhalb, und ist kein unbewegter Beweger. Diese Rolle fällt vielmehr in bezug auf die Seele dem Nous zu. J. Ph.
benutzt diesen Begriff allerdings nicht und klärt zumindest hier auch nicht das Verhältnis des Demiurgen zum Nous.

340 Aetm. 13,2 (487,20/489,2), vgl. AnCom. 97,7/15; 102,31/4; 123,27/32: Beim Irdischen sind
die Seelen bezüglich des Ortes sekundär bewegt; opm. 1,16 (38,17/20): »Auch die vernünftigen Seelen sind nicht per se, sondern per accidens an einem Ort, weil sie ihre Körper, denen
sie Form [εἶδος] verleihen, örtlich sind, wie sie auch per accidens örtlich bewegt werden,
von denen, die sie bewegen«. VERRYCKEN, psychogonie 230, polemisiert gegen J.Ph., wenn
er es als befremdliche Perversion der Idee des Symbols bezeichnet, daß »l'invisible (l'âme)
devient le symbole du visible (les mouvements célestes), le paradigme celui de l'image«.
Für J.Ph. ist nicht die Seele ein Symbol, sondern die Rede Platons von der Bewegung der
Seele ist symbolisch angelegt, um zu verdeutlichen, wie die Seele die Bewegung auf den
Körper überträgt. Dies geschieht nach dem Urbild-Abbild-Modell. Deshalb ist es auch
nicht richtig, wenn VERRYCKEN 229[119] meint, in aetm. (= J.Ph. II) bedeute anders als in
AnCom. 123,17/32 (= J.Ph. I) der Satz Aristoteles an. I 3 407a1/2 »Die Himmelsumläufe

Seele die Rolle zu, alleinige Ursache der Himmelsbewegung zu sein, während in der ersten Version aus AnCom. die Natur an erster Stelle steht und die Seele als Mitursache eingestuft wird. Wenn in aetm. 13 der Begriff Natur so eingesetzt wird, daß er die aus der seelischen Verfaßtheit resultierende Bewegung eines Lebewesens beschreibt, ergibt sich jedoch die Frage, wie die Bewegung des Himmels seiner Elementenbeschaffenheit nach begrifflich zu fassen ist, wenn er nicht mehr aus einem fünften Element, sondern den vier sublunaren Elementen besteht (resp. in aetm. überwiegend aus Feuer zusammengesetzt ist) und deren natürliche Bewegung aristotelisch gesehen auf- oder abwärts, aber nicht im Kreis erfolgt. J.Ph. kann daher in diesem Modell die Kreisbewegung dieser Zone nicht als natürlich, aber auch nicht als widernatürlich (παρὰ φύσιν) einstufen, da sie sich ja an ihrem natürlichen Ort befindet bzw. sie gar keine andere Bewegung als natürlich besitzt [341]. Das Dilemma wird dadurch beseitigt, daß J.Ph. für die Kreisbewegung des Himmels seiner elementaren Beschaffenheit nach den Begriff ὑπὲρ φύσιν verwendet [342]. Er ist in der philosophischen Tradition wahrscheinlich seit Damaskios eingesetzt worden, um den ähnlich gelagerten Fall der durch den Umschwung des aus dem fünften Element bestehenden Himmels hervorgerufenen Kreisbewegung der Feuersphäre und des oberen Teils der angrenzenden Luft zu beschreiben [343] und wird von J.Ph. in aetm. ebenfalls in diesem Sinne benutzt:

> »Was einige übernatürlich besitzen, kommt dem, was stärker als es ist, natürlich zu, wie die Kreisbewegung, die übernatürlich im Ätherischen [sc. der Feuerzone] ist, natürlich im Stärkeren, ich meine dem Himmlischen, ist.

---

sind Bewegungen der Seele« (Aristoteles interpretiert hier Platon), daß die platonische Psychogonie der unkörperlichen Seele eine lokale und also körperliche Bewegung beilege. Aber auch J.Ph. II will zeigen, daß sowohl die platonische als auch die aristotelische Aussage nur richtig interpretiert sind, wenn beide die Ursächlichkeit der Seelenbewegung nicht als Verstrickung der Seele in den Körper meinen und damit nicht ihre Ortsbewegung anzeigen. Daher besteht zwischen der Auffassung des Satzes Arist. an. I 3 407a1/2 in aetm. und AnCom. 123,222f kein Unterschied. – Proklos sucht in der Schrift »Zehn Aporien hinsichtlich der Vorsehung« eine Lösung des Problems des Einwirkens der Seele auf den Körper mit Hilfe des Dynamisbegriffs: vgl. SORABJI, MSM 236.

341 So das Argument aus c.Arist. frgm. 51 bei Simplicius CaelCom. 80,13/23.

342 Aetm. 13,6 (492,20/493,5). Gewöhnlich wird ὑπὲρ φύσιν mit »übernatürlich« übersetzt; man kann dies tun, muß sich jedoch bewußt sein, daß in diesem Zusammenhang damit keine metaphysische Wirklichkeit angezeigt wird, besser spräche man also von »außerhalb (oder: jenseits) der eigenen Natur«. Die Benutzung von ὑπὲρ φύσιν in diesem Zusammenhang ist also von der der Kategorien- und Analytikschriften des Ammonius und des J.Ph. verschieden, wo gerade das immaterielle Intelligible anvisiert wird, vgl. KREMER, 32/77.

343 Vgl. WILDBERG, criticism 126/30. Außer bei Damaskios läßt sich diese Vorstellung z.B. bei Olympiodor MetCom. 67,7/9 belegen.

Deswegen wird nämlich solches als übernatürlich sich in einigen befindend genannt, weil es die Substanzen, die ihnen überlegen sind, natürlich besitzen« [344].

Genauso verhält es sich mit dem Himmel:

> »Wie also die Ganzheit des Feuers nicht durch einen natürlichen Antrieb die Kreisbewegung vollzieht, sondern durch den umgebenden Himmel mitherumgeführt wird (ebenso wird übrigens auch das Wasser innerhalb von Maschinen im Kreis mit den Maschinen herumgewirbelt) und der Feuersphäre selbst diese Bewegung übernatürlich zu eigen ist, so wird auch der Himmel durch eine stärkere und unkörperliche Kraft im Kreis geführt und besitzt diese Bewegung seines Körpers übernatürlich; deswegen wird es keine Notwendigkeit geben, daß er von einer anderen Substanz ist; es besteht nur der Unterschied [wörtl.: außer daß], und das begreiflicherweise, daß der Himmel durch die unkörperliche Natur unmittelbar, mittelbar durch diesen [sc. Himmel] aber das innen sich im Kreis Bewegende den Nutzen dieser Bewegung hat« [345].

In der unmittelbar diesem Stück vorangehenden Passage deutet J.Ph. dann eine zweite Möglichkeit an, wie das Zustandekommen der Himmelsbewegung verstanden werden kann:

> »Wenn nämlich die Feuerganzheit, ich meine also den Ätherkörper, den Aristoteles Hypekkauma genannt hat, sich deutlich offenbar kreisförmig und nicht geradlinig bewegt, wie die in ihr eintretenden Zustände beweisen (ich nenne Kometen und Verwandtes; denn man sieht sie auf- und untergehen und im Kreis mit dem Himmel herumwandern), und niemand (sie) deswegen von der Natur der Elemente ausschließt (denn es ist die Ganzheit des elementaren Feuers), ist es daher nicht vernünftig, den Himmel wegen seiner kreisförmigen und nicht geradlinigen Bewegung von einer anderen Substanz und nicht der der Elemente zu denken, sei es daß man die derartige Bewegung zum Körper selbst gehören, sei es daß man sie von einer in ihm sich befindenden Seele entstehen lassen will« [346].

Die Formulierung »sei es daß man die derartige Bewegung zum Körper selbst gehören lassen will« zielt darauf ab, anstelle der Seelenursächlichkeit in der körperlichen Gegebenheit und damit in der natürlichen Beschaffenheit dieser Zone

---

344 Aetm. 7,16 (278,21/8).
345 Aetm. 13,6 (492,20/493,5).
346 Ebd. (492,7/20).

selbst die Ursache einer derartigen Bewegung zu suchen. Bereits in aetm. 13,3 wird diese Lösung angeboten:

»Aber auch wenn der Himmel sich nicht natürlich im Kreis bewegt, sagt er [sc. Proklos], sondern durch eine Seele, welches ist die natürliche Bewegung des Himmelskörpers? Wenn er nämlich zu den geradlinig sich bewegenden Körpern gehörte, wird er sich nach oben oder unten bewegen; beides davon ist ausgeschlossen. Proklos selbst hat für uns die Schwierigkeit gelöst. Denn im zehnten Buch sagt er, wie wir schon gesehen haben, daß jedes der Weltelemente an seinem eigenen Ort entweder verharrt oder sich im Kreis bewegt. ›Dann nämlich bewegt es sich geradlinig‹, sagt er, ›wenn es nicht am eigenen Ort ist, weil es sich beeilt, um zu ihm zu gelangen‹. Wenn nun ein jedes, das sich an seinem eigenen Ort befindet, entweder unbewegt bleibt wie die Erde oder sich im Kreis und nicht geradlinig bewegt wie die Feuersphäre und die Luft über den Berggipfeln, jeder zusammengesetzte Körper aber den Ort des Elements eingenommen hat, aus dem es überwiegend besteht, wie unsere Körper erdartig sind und sich eben am Ort der Erde aufhalten, der Himmel aber nach Platon überwiegend aus Feuer besteht und Feuer das leichteste und reinste (Element) ist, es aber von Natur aus den äußersten Platz hat, an diesem aber auch der Himmel ist, hat also auch der Himmel seinen eigenen Ort eingenommen und wird an diesem Ort im Kreis bewegt. Entweder also kommt ihm die Kreisbewegung durch eine Seele zu – selbst aber führt er keine durch seine eigene Natur ihm zukommende Bewegung aus, von Natur aus ruht er offenbar und bewegt sich nicht geradlinig, da er den ihm eigenen Platz eingenommen hat und die Kreisbewegung ihm als einem Lebewesen natürlich zukommt –, oder aber er bewegt sich nicht durch eine Seele, sondern durch die Natur im Kreis, auch wenn er zu den geradlinig sich bewegenden Körpern gehört, da er sich an seinem eigenen Platz befindet, weil kein geradlinig sich bewegender Körper, der sich an seinem eigenen natürlichen Ort befindet, sich geradlinig bewegen kann« [347].

Zwischen beiden Möglichkeiten, die Bewegung der Himmelszone zu erklären, trifft J.Ph. in aetm. anscheinend keine Entscheidung [348]. Sie sind jedoch

---

347 Aetm. 13,3 (489,3/490,5).

348 Gleichwohl ist damit zu rechnen, daß die Aussagen des J.Ph. vom vorgegebenen Thema her mitdiktiert sind und seine eigentliche Meinung sich eher in solch vorsichtigen Andeutungen wie zum Beispiel in aetm. 6,24 (196,19/25) widerspiegelt: »Daß aber die Aussagen zur Psychogonie im Timaios nichts anderes als die Bewegung der himmlischen (Körper) und ihr gegenseitiges Verhältnis wiedergeben, was sie (beides) durch die Seele, *wenn sie beseelt sind, wie Platon glaubt,* bekommen

wohl nicht unbedingt als einander vollkommen ausschließend gedacht. Jedenfalls begegnen sie in der zeitlich benachbarten Schrift c.Arist. frgm. 49/51.61
insofern miteinander kombiniert, als Seele und Natur, letztere verstanden als
Natur des materiellen Körpers, gleichberechtigt für die Bewegung verantwortlich gemacht werden.

> »Es ist nicht unmöglich, daß dieselbe Bewegung gleichzeitig durch eine
> Seele und natürlich verursacht wird; beispielsweise wenn man sich, sagt er
> [sc. J.Ph.], einen Vogel vorstellt, der in gerader Richtung zum Zentrum
> fliegt: Der Bewegungsdrang [ὁρμή] der Seele stimmt mit der natürlichen
> Bewegungstendenz [ῥοπή] des Körpers überein [συντρέχει]« [349].

J.Ph. kann die Natur wieder ohne Abstriche in den Rang einer Ursache erheben, weil er in c.Arist. wie in aetm. zu der platonischen Ansicht findet, daß
die Kreisbewegung dem Element Feuer von Natur aus zukommt und der
Himmel eben überwiegend aus Feuer besteht. Damit hat er in c.Arist. formal
wieder den Stand der ersten Version aus AnCom. erreicht [350]: Natur und
Seele sind gleichberechtigte Ursachen der Kreisbewegung. Freilich muß angesichts des fragmentarischen Zustands von c.Arist. eingeschränkt werden,
daß im letzten offenbleibt, ob der gerade zitierte Text nicht eben nur von
einem speziellen Fall spricht, der in der Wirklichkeit zwar vorkommen kann,
aber gar nicht auf eine generelle Stellungnahme des J.Ph. zum Zusammen-
wirken von Seele und Natur reduziert werden darf und so keine letzte Auskunft gibt, ob J.Ph. auf die Frage nach dem eigentlichen Bewegungsprinzip
bei Lebewesen nicht ganz selbstverständlich mit der Seele als Natur dieser
Lebewesen geantwortet hätte und wie er sich das Verhältnis von Natur und
Seele in anderen Fällen vorstellt. Da er jetzt an Aristoteles dessen zwiespältige

---

haben, kann man aus den Worten des Timaios selbst beweisen«. Auch aetm. 6,29
(234,9/20) gibt keinen letztgültigen Aufschluß über die Lehre einer Weltseele durch
J.Ph., da es nur darum geht zu zeigen, daß die Weltseele im platonischen Kosmos
mit dafür angeführt werden kann, daß hypothetische Einwirkungen von außerhalb
des Kosmos keine Folgen für den Kosmos haben. Gäbe es nicht die positive Stellungnahme des Simplicius, daß J.Ph. eine Weltseele zumindest noch in c.Arist. lehrt
(s. u. S. 365), wäre die Beurteilung seines tatsächlichen Standpunkts weitaus schwieriger.

349 C.Arist. frgm. 49 bei Simpl. CaelCom. 79,9/13. Der Kontext zeigt, daß es um den
Himmel geht. Bei Ptolemäus hyp. 2,7 (2,119,18/120,22 HEIBERG) dient das Bild des Vogels
dazu, die komplizierten Bewegungen der Planeten auf eine seelische Ursache zurückzuführen (vgl. ROSEN 16f, zu Jamblich vgl. o. S. 333 Anm. 235, S. 347 Anm. 289), hier soll
es die mögliche Koinzidenz von Natur und Seele darstellen.

350 Vgl. o. S. 352/5.

Stellungnahme zur Existenz der Weltseele [351] kritisiert und betont, daß Aristoteles von den eigenen Prinzipien her zur Annahme eines übergeordneten »externen« Prinzips gezwungen ist, ist jedoch offensichtlich, daß J.Ph. in c.Arist. also am Prinzip der Weltseele festhalten will; dies bestätigt Simplicius, wenn er ausdrücklich vermerkt, daß J.Ph. sich hierin von seinen Parteigängern (συστασιώτας = den Christen) unterscheidet [352].

Nachdem aus MetCom. keine weiteren Hinweise vorliegen, sondern eher auffällt, daß J.Ph. die Erklärung der Himmelsbewegung mittels der Weltseele zu vermeiden scheint [353], tritt die Reflexion in opm. in ein neues Stadium. Ein ganzes Kapitel widmet sich J.Ph. der Problematik seelischer Bewegung des Himmels, kommt aber zu einem anderen Ergebnis als bisher. Er behandelt das Thema allerdings nicht im Rahmen der Auslegung von Gen. 1,6/8, sondern im Zusammenhang der Gottebenbildlichkeit des Menschen [354]. Diese bekundet sich für ihn im Besitz einer Vernunft- oder Geistseele, die ihrem Besitzer einen Vorrang gegenüber allen anderen Lebewesen verschafft. Dabei setzt sich J.Ph. mit dem Einwand auseinander, daß diese Auszeichnung des Menschen angesichts des Himmels zu bezweifeln sei, wenn dieser ebenfalls mit einer Vernunftseele begabt ist. Offenkundig gibt es, anders als Simplicius meint, Christen, die von einer Beseelung des Himmlischen ausgehen [355]. J.Ph. lehnt sie ganz allgemein ab, weil die Schrift nichts derartiges lehrt und sie nicht wie beim Menschen von der Erschaffung nach Bild und Abbild des

---

351 Vgl. Aristoteles cael. II 1 284a27/35 (55f MORAUX) im Widerspruch zu II 2 285a29f (59 M.).

352 C.Arist. frgm. 61 bei Simplicius CaelCom. 91,17/9. Das Prinzip findet J.Ph. in Phys. VIII 10 206a23/b6 formuliert: Begrenzte Körper können nicht in sich selbst von Natur aus die Ursache einer unbegrenzten Kraft besitzen. Herminos nach Alexander Aphr. bei Simplicius CaelCom. 380,3/5 hat eben damit die Existenz der Weltseele begründet (vgl. o. S. 352). Dieser Gedanke taucht schon in CatCom. 50,23/51,1 auf und wird dort, was wichtig ist, als Argument nicht für die Existenz einer Seele, sondern eines unbewegten Bewegers (νοητὴ οὐσία) als causa finalis benutzt. Cont. baut diesen Ansatz aus, indem Beweger und Demiurg identifiziert werden.

353 MetCom. 12,24/7: »Warum bewegt er [sc. der Himmelskörper] sich im Kreis? Plotin sagt: weil er den Nous nachahmt. Denn wie der göttliche und demiurgische Nous in Rückbeziehung auf sich selbst alles und sich selbst in ihm sieht, so, sagt er, bewerkstelligen die Dinge im Himmel die Rückkehr zu sich selbst, indem sie den Nous nach Möglichkeit nachahmen«. WILDBERG, criticism 239f, deutet die im Vergleich zu aetm. vage Formulierung, die ein seelisches Prinzip mit Schweigen übergeht, als bereits spürbare Reserve gegenüber der Weltseele. Unterstützt wird dies im Grundsatz dadurch, daß J.Ph. seelische Einwirkungen der Planeten auf Irdisches ablehnt: MetCom. 44,21/36, vgl. o. S. 339f Anm. 263. Allerdings formuliert J.Ph. in MetCom. 12,24/7 nur die Position Plotins: vgl. o. S. 141f.

354 Opm. 6,2 (231,3/234,6).

355 Ebd. (231,7) »Εἰ δέ τισι τῶν ἡμετέρων ...« kann man angesichts des Kontexts nur auf Christen beziehen. Zu ihrer Identifizierung vgl. u. S. 379/82.

Schöpfers ausgeht. Auch die Dauerhaftigkeit ist kein Argument für die Beseelung des Himmlischen, denn es gibt Körper wie Diamanten und Edelsteine,
die ihr im Vergleich zum Menschen weitaus längeres Dasein nicht einer Seelenkraft verdanken [356]. Bei Lebewesen hingegen, deren lange Lebensdauer tatsächlich die Auswirkung der Seele ist, zeigt jedoch die Möglichkeit einer Zähmung durch den Menschen, daß eine λογικὴ οὐσία für ihre Langlebigkeit
gerade nicht in Frage kommt. J.Ph. sammelt sodann Argumente gegen die
Begabung des Himmlischen mit einer der verschiedenen Seelenarten. Die ψυχὴ
φυτική wird wohl nicht eigens erwähnt, weil in der philosophischen Diskussion die Annahme, sie sei alleiniges Weltseelenprinzip, ohnehin eine Außenseitermeinung darstellt [357]. Doch auch für die ἄλογος oder ζωτικὴ ψυχή
kann J.Ph. keine Anzeichen entdecken. Identifiziert man nämlich das Seelische anhand der sich in den Bewegungen manifestierenden ἐνέργεια, ist sie
bei den Lebewesen mit einer ἄλογος ψυχή als unregelmäßig anzusprechen,
während das Unbeseelte, also die Elemente oder die ausschließlich aus ihnen
bestehenden Körper, sich regelmäßig bewegen. Die Uniformität der den
Himmelsabläufen zugrundeliegenden Kreisbewegung ist jetzt zu einem Gegenargument gegen die Beseelung des Himmlischen geworden, während sie früher ein wichtiger Hinweis für die Existenz einer Weltseele war [358]. Mit Blick
auf die Beseelung des Himmlischen trennt J.Ph. streng zwischen lebenspendenden und noëtischen Kräften, während in AnCom. die Weltseele dadurch charakterisiert war, in der Mittlerstellung zwischen Nous und Materie Prinzip
von Leben und Nous zugleich (ζωὴ νοερά) zu sein [359]. Stattdessen wird das
Seelische im Himmel dem Aufbau des Seelischen beim Menschen analog gesehen, bei dem die noëtischen Fähigkeiten in der ψυχὴ νοερά liegen, die lebenspendende Kraft hingegen der ἄλογος ψυχή zuzusprechen ist [360]. Konsequenterweise werden alle Erscheinungen im Bereich des Elementaren wie
Erwärmung und Abkühlung auf die Elemente selbst zurückgeführt bzw. als
Folgen ihrer Bewegung erklärt und nicht mehr wie in AnCom. auf das Wirken einer seelischen Kraft im Kosmos zurückgeführt [361]. Dementsprechend

---

356 Auch hier werden also die Himmel indirekt nochmals mit glasartigen Körpern verglichen.

357 Vgl. o. S. 357 Anm. 327.

358 Platon Nomoi X 898AB, PsPlaton Epinomis 982AB. Die spontane Bewegung der Lebewesen war für die Gegner des Aristoteles in Phys. VIII 2 252b17/28 (= Platon) ein
     Argument für die Autokinese der Weltseele; Phys. ebd. 253a8/24 zeigt Aristoteles, daß
     sie in Wirklichkeit nicht vorliegt; vgl. SOLMSEN 245.

359 AnCom. 117,30/118,6.

360 AnCom. 8,17/35; 198,23/5; aetm. 7,5 (255,13/256,17); opm. 6,2 (231,24/232,15).

361 AnCom. 120,24/35: »Auch das Unbeseelte hat nämlich an einer Art Leben teil, durch
     das es auch gewisse Fähigkeiten [δυνάμεις] besitzt, Erwärmung oder Abkühlung,

sind alle Veränderungen, die das Irdische durch das Himmlische erfährt, Folgen nicht einer seelischen, sondern einer qualitativen Einwirkung, wie sie zum Beispiel die Wärmewirkung der Sonne nach MetCom. darstellt. Die Ursache der Kreisbewegung des Himmels wird ausschließlich im Elementenbereich gesucht und damit – wenn auch gegenüber früher, wie sich gleich zeigen wird, modifiziert – allein dem Prinzip Natur zugeordnet, dagegen das Motiv für die Annahme einer ψυχὴ λογική, nämlich die Erklärung der Kreisbewegung des Alls als Nachahmung des Nous, außer acht gelassen. Die Kreisbewegung geschieht nicht nur nicht übernatürlich durch eine Seele wie in aetm., sie geschieht auch anders als bei Aristoteles nicht gewaltsam (βίᾳ), wie J.Ph. an anderer Stelle ausgeführt zu haben angibt [362], sondern ausschließlich durch die den Elementen mitgegebene Bewegungstendenz. Denn Feuersphäre und angrenzende Luft bewegen sich, wie er in c.Arist. gezeigt hat, natürlich im Kreis, so daß in Analogie für den Himmel ein anderes Prinzip nicht mehr in Anspruch genommen zu werden braucht [363]. Die Rückführung aller vorkommenden Bewegung auf ein einziges Prinzip ist angesichts der elementaren Einheitlichkeit der Welt eine logische Entwicklung.

Austrocknung oder Verflüssigung, ferner Bewegung oder Wirkungen hinsichtlich anderer, auch merkwürdiger Kräfte, von denen die einen bei vielen erfahrungsmäßig bekannt sind, die meisten dagegen bei denen bekannt sind, die darüber geschrieben haben. Zum Beispiel besitzt der Magnetstein eine Anziehungskraft, ein anderer entflammt, wenn er mit Wasser übergossen wird, erlöscht aber bei Hinzugießen von Öl, ein anderer besitzt die Fähigkeit, Embryonen zurückzuhalten, und die Lebewesen, denen dieser Stein aufgelegt wird, gebären nicht, bevor er nicht weggenommen wird, und tausend anderes, über das zu sprechen nicht die rechte Gelegenheit ist. Woher also kommen diese Fähigkeiten, wenn das Unbeseelte ganz und gar nicht an einer Art Leben teilhätte? Warum wird von ihm [sc. Aristoteles] die Verflechtung der Seele mit dem Körperartigen des Kosmos gewollt?«. Vgl. dagegen opm. 5,1 (206,5/21): Kein Element ist beseelt; opm. 6,2 (232,12/26): der Text liegt auf der Linie von MetCom. 43,33/44,31, berührt sich jedoch mit keinem der Argumente der Aristoteliker gegen eine ἄλογος ψυχή aus AnCom. 597,2/598,7 (J.Ph.?/Stephanus?).

362 Opm. 6,2 (232,12). Dieser Hinweis bezieht sich nicht, wie REICHARDT im Apparat annimmt, auf PhysCom. (378,25 handelt von der übernatürlichen Bewegung, 384,19 handelt von einem anderen Problem, wie SORABJI: rejection 9 meint, vom Impetus), sondern auf c.Arist.

363 Man kann sich fragen, ob J.Ph. mit dieser Aussage hier nicht doch wieder stillschweigend davon ausgeht, daß der Himmel überwiegend aus Feuer besteht, obwohl er in opm. 3,5 das Firmament überwiegend aus Wasser und Luft hat bestehen lassen. Möglich ist zwar, daß gerade diese Neubestimmung der Zusammensetzung des Himmels mit zu einer vereinheitlichten Bewegungslehre beigetragen hat, aber davon verlautet in opm. nichts. Auch ob J.Ph. vielleicht über eine genauere Zuteilung der Eigenschaften im Himmel an die einzelnen Elemente spekuliert hat (Wasser ist in kristallierter Form für die Festigkeit, Feuer für die Kreisbewegung verantwortlich), läßt sich nicht erkennen.

Die eigentliche Neuerung in opm., so hat man mit Recht gesagt, besteht
darin, daß das Naturprinzip der ἔμφυτος ῥοπή durch den Demiurgen als causa
efficiens begründet ist. Die Sterne im Himmel bewegen sich nicht, weil ihnen
eine Seele oder ein unbewegter Beweger als causa finalis vorgeordnet ist, sondern
mit ihrer Erschaffung hat der Demiurg ihnen das Bewegungsprinzip, ihre Natur, ihren jeweils individuellen Impetus[364], mitgegeben. Natur kann so in opm.
ohne weiteres als causa efficiens verstanden werden; dies deckt sich mit dem
Verständnis von Natur in PhysCom.[365]. Übersehen worden ist bisher, daß schon
in der opm. vorausgehenden, aber c.Arist. nachfolgenden arabischen Zusammenfassung der Schrift cont. ein wichtiger Schritt, Demiurg und Bewegungsprinzip zusammenzuschließen, vollzogen ist[366]. Denn in ihr heißt es in der
Wiedergabe einer These eines Befürworters der Ewigkeit der Welt von Natur
aus:

> »Wenn jemand sagt: der Körper der Welt ist begrenzt, und für einen Kör-
> per, der eine Grenze besitzt, ist es unmöglich, daß er eine Kraft besitzt, die
> unbegrenzt ist, wie Aristoteles es dargelegt und bewiesen hat; die Kraft
> aber, die die Substanz der Welt in der Ewigkeit bewahrt hat und sie für die
> Zukunft dauerhaft und beständig bewahren wird, ist die Kraft Gottes, der
> den Himmel mit einer beständigen Bewegung bewegt«. Der Text fährt
> fort: »Wir [sc. J.Ph.] sagen: Der Unterschied zu uns besteht in der Tatsa-
> che, daß ihr sagt, die Welt ist ewig von Natur aus. Denn wenn sie ewig ist,
> wie ihr sagt, braucht sie vom Schöpfer keine Kraft zu empfangen, die ihre
> Substanz bewahrt«[367].

J.Ph. als Verfechter der zeitlichen Begrenztheit der Welt legt zwar hier und
im weiteren Verlauf des Textes in der gegnerischen Position den Widerpruch
offen, der zwischen Ewigkeit von Natur aus und Ausstattung der Natur mit
Ewigkeit durch eine äußere Kraft besteht, teilt aber offenbar die Aussage, daß
Gottes Kraft die Himmelsbewegung hervorruft und läßt indirekt damit sogar
erkennen, weshalb er von der Weltseele als Bewegungsursache abgekommen

---

364 Vgl. PhysCom. 690,12f die Aussage von der δύναμις διάφορος in den einzelnen Körpern, die für die unterschiedliche Geschwindigkeit verantwortlich ist.

365 Opm. 1,3 (9,13/5): »Anfang, sagt er [sc. Basilius], ist auch die Kunstfertigkeit für die
handwerklich hergestellten Arbeiten, wie es klar ist, daß auch die Natur (Anfang) für die
Naturdinge (ist). Diese Art von Anfang ist die Wirkursache«; vgl. PhysCom. 195,3/10.

366 Ob dieser Text eine Art Zusammenfassung der von Simplicius in PhysCom. in Auszügen mitgeteilten Schrift aetm. [2] darstellt und einen Teil von ihr bildete, ist nicht
sicher; in diesem Sinne jedenfalls PINES.

367 Cont. (84 TROPEAU); vgl. Ptolem. synt. 5,14f (1,416,17/425,21 HEIBERG); zur Parallele
PsAristoles mund. vgl. u. Anm. 369.

ist, wenn man aus dieser kurzen Bemerkung verallgemeinern darf, daß ein seelisches Prinzip ausgeschlossen sein soll. Denn eine ψυχὴ νοερά ist, wie sich in opm. beim Menschen deutlich zeigt, von Natur aus für J.Ph. mit ihrer Erschaffung ewig [368]. In bezug auf die Welt aber braucht er einen Beweger, der über jede natürliche Bestimmung hinaus ihr von außen mit der Erschaffung einen Impuls über einen begrenzten Zeitraum mitteilt, auch wenn er ihn theoretisch unendlich lang aufrechterhalten könnte [369]. Ein Prinzip Weltseele kommt daher weder in aetm. [2] noch in cont. vor [370], soweit der fragmentarische Zustand der Texte eine solche Aussage erlaubt.

Schwierig zu beurteilen ist, wie und von welchen Voraussetzungen aus J.Ph. zu diesen Überlegungen gefunden hat, da er in opm. und aetm. [2] nirgends seine Position auf dem Hintergrund seiner früheren Aussagen reflektiert oder eine Brücke zu ihnen schlägt, und sei es nur, um sich von ihnen abzusetzen. Doch läßt sich der Schritt, über Aristoteles hinaus Gott als Schöpfer einer Welt mit zeitlichem Anfang, also als causa efficiens der Seinsordnung, und zugleich als Wirkursache der Bewegung des Kosmos zu verstehen, von zwei verschiedenen Ansätzen aus seiner früheren Zeit her bedenken. Dies sind seine Aussagen in den Schriften vor aetm. [1] sowie seine Stellungnahme in aetm. [1] selbst.

Um mit der letzten zu beginnen, so fällt es nicht schwer zu verstehen, daß J.Ph., wenn er in aetm. einen zeitlichen Anfang der Welt lehrt, ihrem Beginn eine Wirkursache vorordnet. Als er bestimmte Timaiosstellen vor einer Fehlinter-

---

368 Opm. 1,10 (25,22/26,14), 6,23 (276,23/277,7); vgl. aetm. 6,29 (234,17/20).

369 Vgl. aetm.[2] (Simplicius PhysCom. 1333,23/33). Vor J.Ph. begegnet der Gedanke, daß sowohl die Seinsordnung in ihrer Unendlichkeit (zugrundeliegt Platon Tim. 41B) als auch die ewige Bewegung von außen mitgeteilt werden müssen, bei Proklos: im Falle der Bewegung pflanzt Gott dem Himmel sukzessiv und portionsweise den erhaltenden Impetus ein (δύναμιν διδόναι): Prokl. TimCom. 81F/82B (1,266,28/268,6 DIEHL); Passagen aus der Schrift gegen Aristoteles' Einwände gegen den platonischen Timaios bei J.Ph. aetm. 6,29 [237,15/242,22]; 8,1 [297,21/304,9]; 18,5 [626,1/627,10]). SORABJI, MSM 251/4. 282 (mit weiteren Belegen aus Proklos TimCom. und Übersetzung von 81F/82B [1,266,28/268,6 D.]) glaubt jedoch nicht, daß J.Ph. von Proklos seine Anstöße bekommen hat. Simplicius wendet u.a. ein, daß der von der Welt vor ca. 6000 Jahren mitgegebene Impuls sich allmählich erschöpfen müßte; davon aber sei bisher nichts zu beobachten (PhysCom. 1335,3/15). J.Ph. hätte wahrscheinlich mit dem Hinweis auf die erhaltende, im Sinne des Proklos sukzessiv und portionsweise mitgeteilte Kraft des Demiurgen geantwortet. Eine nahe Parallele stellt auch PsAristoteles de mundo 6 389b1/399a14 (84/6 LORIMER) dar: Gottes Kraft ist ein durchwaltendes kosmisches Prinzip, aber zugleich die Ursache aller Bewegung von »außen« und indirekt auch der untergeordneten Bewegungen.

370 Auch der Naturbegriff von PhysCom., der Natur als externes Formprinzip versteht, zielt in die gleiche Richtung: vgl. o. S. 349f; daß es sich um eine spätere Überarbeitungsschicht im Sinne VERRYCKENS handelt, die eben vom christlichen Ansatz her geprägt ist, ist ausgeschlossen.

pretation durch Proklos glaubt schützen zu müssen, erarbeitet er sich die Auffassung, daß der nach seiner Meinung von Platon angenommene zeitliche Beginn des Kosmos eine von diesem im Unterschied zu Aristoteles gelehrte Wirkursache zur Voraussetzung haben muß:

>>Weil nämlich Platon einige Naturlehrer vor sich kannte, die der Meinung waren, der Kosmos sei von einem Anfang her entstanden und nicht ewig, die aber fast alle außer einem nicht seine Wirkursache kannten und stattdessen nur materielle Ursachen angaben, gleichsam als ob die Formgebung und Ordnung von selbst eintrete – nur Anaxagoras stand gleichsam vom Schlaf auf, wie Platon selbst sagt [371], und hat das Denken auf das All gerichtet und ihm die schöpferische Ursache zugeschrieben –, hat er deshalb, als er über die zeitliche Entstehung und den (zeitlichen) Anfang die Unterredung führte, wo er sagt >Er entstand, denn er ist sichtbar und berührbar und hat einen Körper< [372], selbst den Schluß gezogen, daß der Kosmos entstanden ist und einen Anfang des Seins gehabt hat, und sogleich in der Folge auch über seine Wirkursache gelehrt; er sagt: >Vom Entstandenen aber sagen wir wiederum, daß es notwendig durch eine Ursache entstand< [373], >denn jedem ist es unmöglich, ohne Ursache die Entstehung zu haben< [374]; (so spricht er aber) nicht, weil er dies zum Problem erheben würde, sondern weil er konsequent die Schlußfolgerung aus dem, was vorher zugestanden wurde, zog: denn zugleich mit dem Zugeständnis, daß etwas geworden [γενητός] ist, stellt sich ganz deutlich sofort (der Schluß) ein, daß es irgendeine Wirkursache für diese Entstehung gibt. Entweder nun ist gewiß die Natur oder eine Kunstfertigkeit bei jedem Entstandenen Wirkursache; diesen Schluß mußten auch die Naturlehrer vor ihm ziehen, wenn sie einmal das Entstandensein des Kosmos zugestanden haben, daß dies sofort auf seine Wirkursache hinausläuft; dies hat ihnen nämlich auch Aristoteles im zweiten Buch der Physikvorlesung vorgeworfen [375]: denn es ist befremdlich, sagt er, daß sie bei Lebewesen und Pflanzen sagen, daß nichts zufällig ist oder entsteht, sondern für all das, was bei ihnen geschieht, entweder die Natur oder den Nous [376] angeben, andererseits aber behaupten, daß der Himmel und die göttlichsten Phänomene [sc. die Sterne] von selbst entstehen, und dies (vor dem Hintergrund), daß die Ordnung im All unverletzlich ist und nichts im Himmel

---

371 Platon pol. 390B, vgl. Phaidon 97BC, Proklos TimCom. 1C (1,2,1/15 DIEHL), J.Ph. PhysCom. 229,8/14.

372 Tim. 28B.

373 Tim. 28C.

374 Tim. 28A.

375 Aristoteles Physik II 4 196a28.

376 Aristoteles fügt hinzu: oder etwas anderes solches.

zufällig entstand. Deshalb hat also auch Platon den Kosmos als geworden bewiesen und infolgedessen auch auf seine Wirkursache geschlossen« [377].

Es ist festzustellen, daß J.Ph. bei der inhaltlichen Bestimmung der Wirkursache des Kosmos nicht einfach den Demiurgen nennt, so gewiß dieser in aetm. diese Funktion erfüllt, sondern es noch bei dem Verweis auf die Natur oder eine Kunstfertigkeit als Wirkursache beläßt [378] und damit bei den innerweltlichen Dingen noch nicht von der Bestimmung der Natur als causa efficiens in PhysCom. abgerückt ist. Doch bedeutet die Lehre einer Wirkursache für den in der Zeit entstandenen Kosmos in aetm. nicht, daß Gott auch causa efficiens der Himmelsbewegung ist. Bei der Interpretation einer Passage aus Platons Politikos in aetm. 6,28, die J.Ph. heranzieht, um zu zeigen, daß der Kosmos nicht von Natur aus a parte post unvergänglich ist, sondern erst zusätzlich durch den Willen des Schöpfers so geworden ist – es handelt sich also um dasselbe Problem wie in aetm. [2] –, versteht er offenbar den Text des Politikos nicht so, daß der Demiurg unmittelbar die Himmelsbewegung verursacht, sondern mit der Verleihung von Leben und Unsterblichkeit an den Kosmos durch den Demiurgen wird die Bewegung, die dem Himmel von Natur aus durch die Erschaffung als Körper zukommt, gestaltet und dauerhaft gemacht:

> »Daher hat er auch erklärt, daß das Körperartige am Kosmos unmöglich ganz frei von Veränderung sein kann, sondern wenn die Umläufe schon das gebührende Maß an Zeit empfangen haben, dann unterzieht sich das All dem Wechsel und der Veränderung, und dies hat er wiederum aus den heiligen Schriften gelesen, wie einige von uns richtig gezeigt haben. Denn das Drehen und wieder Loslassen des Himmels, sobald die Umläufe schon das gebührende Maß an Zeit bekommen haben, was ist dies anderes als daß die Himmel gleichsam als Gewand sich herumwenden [379] und verändern? Aber da Platon ebenso vernommen hat ›Gott hat nämlich den Tod nicht gemacht‹ [380] und ›alles schuf er für das Sein‹ [381] und daher glaubte, das All müsse unsterblich sein, weshalb sagte er im selben Politikos, daß dem Kosmos die Unsterblichkeit nicht von Natur aus, sondern vom Schöpfer hinzuerworben zukommt? ›Infolge all dieser (Überlegungen) darf man also nicht sagen, daß der Kosmos sich immer dreht, noch daß er ganz von Gott gedreht wird nach zwei entgegengesetzten Richtungen, noch auch (darf man sagen), daß irgendwelche zwei Götter von entgegengesetztem

---

377 Aetm. 6,20 (183,2/184,15).
378 Daß neben der Natur der Nous genannt wird, ist Referat der aristotelischen Aussage.
379 Ps. 101,27.
380 SapSal. 1,13.
381 SapSal. 1,14.

Denken ihn drehen, sondern – was eben gesagt wurde und allein übrigbleibt –, daß das eine [382] von einer anderen göttlichen Ursache mitgeführt
wird, das Leben neu erwirbt und als zusätzliche Verbesserung vom Schöpfer Unsterblichkeit empfängt, das andere aber, wenn es losgelassen wird,
durch denselben (rückwärts)geht, zum rechten Zeitpunkt sich so überlassen,
daß es viele tausend Umläufe rückwärts durchlaufen kann‹ [383]. Damit hat
er also wieder deutlich gesagt, da ja der Himmel die Unsterblichkeit von
Natur aus nicht besitzt, weil jede körperliche Natur sich im Fluß befindet,
daß er das Leben erworben hat und die Unsterblichkeit ihm als zusätzliche
Verbesserung durch den Schöpfer zukommt. Wenn also nach Platons
Ansicht der Himmel ein Lebewesen ist, bei jedem Lebewesen aber Sein
und Substanz gemäß der Art [εἶδος] des Lebens in ihm da ist, wird also
auch der Himmel Sein und Substanz in der Art des eigenen Lebens haben.
Dieses Leben aber, sagt er, hat der Himmel erworben, und die Unster-
lichkeit ist ihm als zusätzliche Verbesserung durch den Schöpfer zugekom-
men. Platon glaubte also nicht, daß die Substanz des Himmels von Natur
aus unauflöslich und unsterblich ist. Folglich nimmt er auch nicht an, daß
seine Existenz anfanglos ist. Denn jedes ohne Anfang muß der Natur nach
auch unvergänglich sein und jedes von Natur aus Vergängliche notwendig
auch γενητός« [384].

Die Verleihung von Leben und Unsterblichkeit ist jedoch, wie J.Ph. wenig später erkennen läßt, nichts anderes als die Einpflanzung der Weltseele in den Kosmos,
die ihm dauernde Unversehrtheit garantiert:

»Da der Kosmos von Natur aus auflösbar und sterblich war, weil er entstand
und deswegen Körper ist, er aber will, daß er ewig bleibt, damit er keinem
Zerstörung bewirkenden Leiden unterliegt, hat der Schöpfer nichts außerhalb von ihm übriggelassen, was ihn auflösen könnte. Das von Natur aus
Unauflösbare aber kann nicht irgendwann durch irgendetwas aufgelöst
werden. Im Hinblick auf die Seele des Kosmos fürchtete der platonische
Schöpfer also keineswegs etwas derartiges, vielmehr argwöhnte er, als er sie
von der Mitte [sc. des Alls] aus ganz bis zum äußersten Himmel einflocht,
nicht, daß sie vielleicht wegen der Verflechtung mit Warmem und Kaltem
einer Umwandlung und Veränderung unterliege; denn sie war von geistiger

---

382 Platon: er zu einer Zeit ...

383 Politikos 269E/270A. Die Interpretation dieser Platonstelle ist nicht einfach: Was ist
     mit der anderen göttlichen Ursache neben dem Demiurgen gemeint? Ferner: Kann
     man dem Text entnehmen, daß es anfangs eine Zeit nur rechtläufiger Bewegung des
     Kosmos gab?

384 Aetm. 6,28 (229,6/230,22).

Natur, die mit sich selbst identisch ist und sich immer gleich verhält. Und warum rede ich (nur) über die Weltseele? Als er nämlich unsere Seelen mit den Körpern zusammenband und mit Unsterblichem das Sterbliche verwob, fürchtete er nicht, daß sie etwas durch das Vergängliche erleiden würden, da auch sie nach seiner Aussage an der unsterblichen Natur teilhaben. Also konnte das von Natur aus Unsterbliche nichts durch die Elemente erleiden; denn sie leiden nur voneinander von Natur aus, soweit sie miteinander an derselben Natur teilhaben und dieselbe affizierbare Natur besitzen« [385].

Daß J.Ph. in aetm. mit der Weltseele als Bewegungsprinzip argumentiert, wurde schon gezeigt. Der Unterschied zu aetm. [2] bestände also nur darin, daß für die Dauerhaftigkeit des Kosmos und seiner Bewegung noch die Weltseele zwischen Demiurg und Kosmos geschaltet ist, während in aetm. [2] und opm. der Demiurg Leben und Bewegung mit der Erschaffung der Welt als Körper mitgibt und keine Ewigkeit a parte post verleiht, sondern das Maß der Dauer des Kosmos in seinen Händen behält.

Ungleich diffiziler einzuschätzen bleibt jedoch, ob die Schriften des J.Ph. vor aetm. [1] von Bedeutung für die Formulierung der Position in opm./aetm. [2] gewesen sind. Denn es ist bemerkenswert, daß hier Aussagen zu finden sind, die Schöpfer und Bewegungsprinzip bereits explizit miteinander identifizieren. J.Ph. hat sie freilich nicht eigenständig formuliert, sondern verdankt sie offensichtlich seinem Lehrer Ammonius. Aus Simplicius ist nämlich zu entnehmen, daß Ammonius ein ganzes Buch geschrieben hat, in dem er aus dem Bestreben, Platon und Aristoteles zu harmonisieren, zu zeigen unternahm, daß Aristoteles das höchste Prinzip der Neuplatoniker als causa efficiens der Seinsordnung des Kosmos wie seiner Bewegung gelehrt hat [386]. Asklepios bestätigt den Bericht und die

---

385 Aetm. 6,29 (234,3/24).

386 Simplicius PhysCom. 1363,8/11: »Mein Lehrer Ammonius aber hat ein ganzes Buch geschrieben, das viele Beweise dafür enthält, daß Aristoteles Gott auch als Wirkursache des ganzen Kosmos annimmt, ...«; CaelCom. 271,15/21: »Statt vieler (Aussagen) genügt es dafür [sc. zum Beweis, daß Gott auch Wirkursache und nicht nur causa finalis des Kosmos ist], ein einziges Wort von ihm in diesem Buch [sc. de caelo] zu nennen, das sagt, daß Gott und Natur nichts umsonst machen [de caelo I 4 271a33 {12 MORAUX}], es genügt aber auch der Beweis, daß die ewige Bewegung dem kreisförmig sich bewegenden Körper von dort zugeleitet, der von sich aus eine begrenzte Potenz besitzt, es genügt aber auch für dafür vollkommen auch der Beweis unseres Lehrers Ammonius in dem ganzen Buch, daß Aristoteles Gott nicht nur als causa finalis, sondern auch als causa efficiens kennt«. Vgl. die ausführliche Interpretation der Lehre des Ammonius durch K. VERRYCKEN, The metaphysics of Ammonius son of Hermeias: Aristotle transformed 199/231, hier 215/26. VERRYCKEN legt vor allem überzeugend dar, daß die Position des Ammonius sich ganz neuplatonisch interpretieren läßt und nicht etwa christlich eingefärbt ist. Vgl. SORABJI, MSM 253f, VANCOURT 18/21, BLUMENTHAL, John Philoponus 326f.

Argumente des Simplicius, auch wenn er Gott als Nous, also das zweite neuplatonische Prinzip, mit Bewegungs- und Schöpferprinzip durch Ammonius
identifiziert sein läßt [387]. Hatte schon früher Alexander Zweifel, daß Gott bloß
causa finalis ist, da er an eine göttliche Vorsehung glaubte, aber noch nicht zur
Position des Ammonius gefunden und den aristotelischen Gott nur als causa
efficiens der Bewegung des Kosmos akzeptiert, so schließen sich Asklepios und
Simplicius Ammonius an. Gleiches gilt auch für J.Ph. in seiner Zeit vor aetm.,
wie VERRYCKEN anhand von Passagen aus GenCorCom. und PhysCom. gezeigt
hat [388]. Für das Bewegungsverhalten des Himmels nach PhysCom. des J.Ph.
schließt sich hiermit der Kreis: Das oben dargelegte Verständnis von Natur als
externem Formprinzip und causa efficiens der Bewegung wird beim Himmel
durch das aristotelische πρώτως κινοῦν, interpretiert im neuplatonischen Sinn,
als Wirkursache der Bewegung erfüllt. Daß beim Himmel ein Lebewesen vor-

---

387 VERRYCKEN ebd. 220/3 spielt zu Recht die Differenz zwischen Simplicius und Asklepios
     herab.
388 VERRYCKEN: Aristotle transformed 224. Es handelt sich um folgende Stellen: Gen-
     CorCom. 136,33/137,3 (indirekt): »Und da hast du auch den Grund, weshalb Aristoteles
     offenbar Gott nicht als Wirkursache des Kosmos bezeichnen will. Wenn Wirken
     [ποιεῖν] qualitativ verändern heißt, Gott aber der Schöpfer des Alls ist (auch) in
     bezug auf die Substanz, dann ist klar, daß man nicht eigentlich sagen kann, er habe
     den Kosmos bewirkt, sondern vielmehr, er habe ihn erschaffen und ins Dasein ge-
     führt«. Wirken heißt für Aristoteles also lediglich qualitatives Verändern an einem
     schon existierenden Gegenstand. Diese Meinung scheint J.Ph. nicht unbedingt zu
     teilen. GenCorCom. 152,23/153,2 (ebenfalls indirekt): »Daß, sagt er, die causa finalis
     [τὸ οὗ ἕνεκα] keine Wirkursache ist, ist aus folgendem klar: Wenn nämlich die
     Wirkursache anwesend ist, entsteht noch etwas, was sich verändert, und es befindet
     sich auf dem Weg zur Form, die es noch nicht vollkommen angenommen hat (denn
     solange das Wirkende wirkt, hat das Entstehende noch nicht die Form angenom-
     men), sind aber Ziel und Habitus da, entsteht es nicht mehr, sondern ist bereits.
     Also ist die causa finalis nicht Wirkursache. Deshalb also nennt er [sc. Aristoteles]
     Gott offenbar nirgends Wirkursache des Kosmos. Denn da nach seinen Worten die
     Wirkursache das ist, was das Entstehende durch einen Weg und Entstehung zum
     Sein führt, Gott aber nicht in der Zeit wirkt, auch nichts Unvollkommenes, nennt
     er ihn deshalb nicht Wirkursache, sondern, wenn (er) also (zu benennen ist), muß
     man ihn den, der vorwärts leitet [προαγωγός], nennen. Er wird aber auch als
     Zielursache [τελικὸν αἴτιον] bezeichnet, weil alles sich nach ihm bewegt und aus-
     streckt«. GenCorCom. 50,1/10 (direkt): »Er erwähnte aber die Wirkursache und be-
     faßte sich nur kurz mit dem Gedanken an sie, indem er von den Wirkenden spricht,
     wie er auch im achten Buch der Physik sagt, daß das eine immer unbewegt ist, das
     andere sich immer bewegt; unbewegt aber ist das erste Bewegende, was er auch
     Anfang [ἀρχή] genannt hat. Denn Anfang im eigentlichen Sinn ist dieses (erste
     Bewegende). Über es zu sprechen, ist, sagt er, Aufgabe der ersten Philosophie (denn
     es ist der Theologie und der Metaphysik eigen, auf jeden Fall [dem Bereich] vor den
     Naturdingen; denn für uns ist später, was der Natur nach früher ist. Er sprach aber
     über die unbewegte Ursache auch im achten Buch der Physikvorlesung), über den

liegt, fordert zwar zusätzlich eine Klärung des Verhältnisses von Natur und Seele, ändert aber nichts daran, daß der aristotelische Gott causa efficiens der Himmels-bewegung ist und damit den Platz einnimmt, der sonst dem Naturprinzip vor-behalten ist, gleich ob man bei Lebewesen die Seele als ihre Natur oder wenig-stens als ein weiteres »natürliches« Prinzip neben der Natur ansieht[389]. Ist damit die von J.Ph. in seiner Frühzeit rezipierte Lehre des Ammonius vom aristoteli-schen Gott als causa efficiens des Kosmos und seiner Bewegung die eigentliche Voraussetzung der Bewegungslehre von opm.?

So plausibel dies zu sein scheint, so führt doch kein direkter Weg zu opm. Denn der Unterschied zwischen Ammonius (und dem J.Ph. der Frühzeit?) und J.Ph. seit aetm. besteht darin, daß Ammonius an der Ewigkeit der Welt festgehalten hat, während J.Ph. sicher seit aetm. zu einer anderen Einsicht gelangt ist. Denn gerade die Annahme eines zeitlichen Beginns der Welt, die am platonischen Timaios gegen Proklos erarbeitet wird, hat, wie VERRYCKEN richtig gesehen hat, auch wenn es nirgends explizit gesagt wird, zur Konse-

---

kreisbewegten Körper aber, der durch seine kontinuierliche Bewegung das übrige bewegt, wird er in der Abhandlung nach dieser sprechen«. GenCorCom. 297,15/24 (direkt): »Und daher ist klar, daß Aristoteles glaubt, daß der erste Anfang auch die Ursache alles Ewigen ist. Denn weil Gott auch das Ewige und ganz Unveränderliche bewirkt hat, er aber auch das geschaffen hat, das zwar substantiell ewig, aber körper-artig und ausgedehnt ist und örtlich Veränderung hat, hat er hinzugefügt: ›Auf die noch übriggebliebene Weise hat Gott das All vollendet; denn damit der Kosmos vollkommen sei, ist eine andere Weise der Schöpfung übriggeblieben, und zwar von dem, was zwar durch Nachfolge die Form ewig hat, zahlenmäßig aber geworden und vergänglich ist. Durch die Hervorbringung dieser (Dinge) erfüllte er den ganzen von ihm geschaffenen Kosmos, indem er kontinuierlich und ununterbrochen die Entste-hung gewirkt hat«. PhysCom. 298,6/12: »Die eine Wirkursache ist unbewegt, die andere bewegt, die bewegte bewegt sich entweder immer oder ist geworden und vergänglich; also ergeben sich auch drei Untersuchungsgegenstände. Daher, sagt er, haben wir auch drei Abhandlungen über die Wirkursachen geschrieben: über die unbewegte die Metaphysik, über die sich dauernd bewegende die über den Himmel, über die gewordene und vergängliche alle die Natur betreffenden Abhandlungen«. PhysCom. 304,5/10: »Denn er sagte, daß der Naturlehrer bei der Entstehung wie die übrigen Ursachen so auch die Wirkursache untersucht (denn er forscht, was das erste Wirkende ist), weil es nicht Sache des Naturlehrers ist, über jede Wirkursache zu forschen, sagt er deshalb, daß von den Anfängen zwei bewegt sind, davon ist die eine ganz unbewegt, die andere hat Bewegung und Ruhe ganz in sich; der allseits unbeweg-te Anfang aber ist nicht natürlich, der andere aber ist natürlich;« PhysCom. 189,13/ 7: »Es [sc. daß die Materie geworden und vergänglich ist] ist aber auch aus dem an anderer Stelle von ihm Gesagten klar (denn über das erste sagt er ›denn von dort ist allem Sein und Leben, für das eine klarer, für das andere undeutlicher‹ [de caelo I 9 279a28 {37 MORAUX}], daher auch für die Materie. Und ebenso ›Von einem derarti-gen Anfang also ist der Himmel und der Kosmos abhängig‹ [Metaph. XII 7 1072b13], daher auch das Zugrundeliegende des Kosmos)«.

389 Vielleicht ist dies mit ein Grund, daß in PhysCom. die Weltseele kaum eine Rolle spielt.

quenz, daß sich J.Ph. vom aristotelischen Gott als causa efficiens der Bewegungs-
und Seinsordnung wieder verabschiedet und zum traditionellen Aristoteles
zurückfindet, der Gott bloß als causa finalis des innerweltlichen Geschehens
betrachtet. Denn der göttliche Nous des Aristoteles ist für J.Ph. nicht länger
ein schöpferischer und bewegender Nous, der »ewig« schafft und bewegt.
Selbstverständlich lehnt J.Ph. einen so dargestellten Aristoteles ab. Wirkursache ist für ihn jetzt nicht mehr das neuplatonische höchste Prinzip, das
als aristotelischer Nous ewig schafft und bewegt, sondern der platonische
Demiurg des Timaios. Was sich religionshistorisch als Wechsel zum Christlichen darstellt, ist philosophiehistorisch die Ablösung des Aristoteles durch
Platon. Damit wird aber auch verständlich, weshalb die Weltseele in aetm.
stärker als früher in den Vordergrund tritt: denn bei Platon im Timaios ist sie
das Bewegungsprinzip des Kosmos, und in aetm. braucht es, wenn der Kosmos seiner Natur nach vergänglich – also in bezug auf den Kosmos nicht
mehr von Natur als causa efficiens und externem Formprinzip gesprochen
wird, sondern Natur sich jetzt wieder auch in der hylischen Komponente
eines Gegenstandes verwirklicht –, aber a parte post durch den Willen des
Demiurgen unvergänglich ist, ein Prinzip, das diesen Willen an die Materie
des Kosmos vermittelt. Dieses Prinzip ist eben die Weltseele. Fällt allerdings
dann noch die Lehre einer Ewigkeit a parte post weg, besteht auch kein
Grund mehr, ein ewiges stabilisierendes innerweltliches Prinzip anzunehmen,
sondern dann bleibt das Maß der Dauer des Kosmos und seiner Bewegung
im Willen des Schöpfers selbst für die Natur schon zu Beginn ihrer Erschaffung beschlossen. Formal gleicht dieses Ergebnis zwar der Lehre vor aetm.
[1]: der Schöpfer ist causa efficiens und externes Formprinzip der Welt und
ihrer Bewegung, jedoch ist es jetzt eine Welt mit zeitlichem Beginn und
Ende. Nur indirekt knüpft J.Ph. in opm. also an seine Zeit vor aetm. [1] an,
einen geraden Weg hat J.Ph. seitdem nicht beschritten. Eine Brücke zwischen aetm. [1] und aetm. [2] könnte vielleicht durch den Gedanken geschlagen worden sein, daß Gott die Welt und die Einzeldinge mit einer passenden Form für die Bewegung der Seele versehen hat[390], aber darüber ist
nichts weiter in Erfahrung zu bringen.

J.Ph. zieht also in opm. aus der Begrenztheit der Welt die letzte Konsequenz, daß in ihr auch nicht ein inneres Prinzip von theoretisch ewiger
Dauer für die Bewegung verantwortlich sein kann. Er gibt daher seine noch
in aetm. und c.Arist. vertretene Annahme einer Weltseele auf. Stattdessen
vereinheitlicht er alle im Kosmos auftretenden Bewegungen auf der Grundlage der Theorie vom Impetus als von außen durch den Demiurgen einge-
pflanzter vis impressa. Bewegungstendenz der Elemente (ῥοπή), erzwungene

---

390 Aetm. 13,2 (486,23/487,12).

Bewegung, Himmelsdrehung und die den Lebewesen durch ihre Seele mitgeteilte Bewegung gehen auf den Demiurgen zurück [391].

Selbst wenn es sich um eine in der Auseinandersetzung mit Theodor ad
hoc entwickelte These in Form einer Anfrage handelt und sie auch mehr als
Möglichkeit formuliert denn als eigene Lehre vorgetragen wird, stellt die
zitierte Passage, wie übereinstimmend festgestellt wird, den frühesten Versuch dar, die Theorie vom Impetus als vis impressa auf die Himmelssphären
anzuwenden, und nimmt so mittelalterliche und neuzeitliche Modelle vorweg. Wenn die Himmelsbewegungen bei J.Ph. mit den natürlichen Bewegungen zusammengestellt werden, bleibt trotzdem, obwohl die κινητικὴ δύναμις
von außen mitgeteilt wird, die Natur als Prinzip der Bewegung aufrechterhalten [392]. Gewaltsam, das heißt unnatürlich, wären hingegen die Himmelsbewegungen nach der Erklärung Theodors. Sie kommt deshalb nicht in
Frage, weil sie nicht mit der beobachtbaren Konstanz – wenn auch nicht
Ewigkeit – der Bewegungen übereinstimmt.

Selbstverständlich erhebt sich die Frage, wenn Gott mit der Seele den Lebewesen ein Bewegungsprinzip verliehen hat [393], ob er nicht auch dem Himmel ein
solches hätte verleihen können, selbst wenn dies nicht nur von der Art des Seelen-
prinzips der ζῷα sein dürfte, sondern eine noëtische, wenn auch im speziellen
Fall eine nicht ewige Eigenschaft haben müßte. Daß es hierzu eigentlich kein
direktes Gegenargument gibt, scheint auch J.Ph. nicht entgangen zu sein, denn
er schließt auf das Nichtvorhandensein einer νοερὰ ψυχή zunächst lediglich
durch den Hinweis auf die gezeigte Unwahrscheinlichkeit einer Beseelung mit
der ἄλογος ψυχή:

> »Wenn also durch nichts, was angeführt wird, gezeigt wird, daß das Himm-
> lische beseelt ist, ist um vieles mehr auch die Annahme vollständig unbewie-
> sen, daß es eine Vernunft- oder Geistseele besitzt« [394].

---

391   Opm. 1,12 (28,20/29,9), vgl. o. S. 200/2. SORABJI: rejection 9 stößt sich daran, daß die
      Analogie bei den Lebewesen an ihre Grenze stößt, weil die Einpflanzung einer Seele
      nicht direkt mit dem einem Gegenstand eingepflanzten Impetus vergleichbar ist. Das
      ist strenggenommen richtig, aber es geht darum, daß Gott als äußere Ursache allen
      Dingen ein inneres individuelles Prinzip der Bewegung mitgegeben hat. Eine exzellente
      Besprechung des Textes bei WILDBERG, criticism 242/6.
392   Die Übereinstimmung mit dem Verständnis von Natur als äußerlich mitgeteiltes Form-
      prinzip in PhysCom. ist augenfällig.
393   Konsequenterweise bedeutet dies, daß auch die durch die Seele hervorgerufene Bewe-
      gung als natürlich einzuordnen ist.
394   Opm. 6,2 (233,10/3). Möglich wäre auch die Übersetzung: »Wenn also durch nichts, was
      angeführt wird, gezeigt wird, daß das Himmlische beseelt ist, mehr noch, daß es auch
      nicht eine Vernunft- oder Geistseele besitzt, ist die Annahme vollständig unbewiesen«.
      Doch war im Gedankengang bisher von der Geistseele nicht die Rede.

Dieser Analogieschluß kann aber eben nicht ausschlaggebend sein. Der eigentliche Beweis für das Fehlen einer Geistseele wird erst in der Schrift gefunden:

> »Ihre wohlgeordnete Bewegung aber kommt ihnen von Gott, nicht von der
> Seele zu, vor allem, weil nichts derartiges der große Moses über sie angedeu-
> tet hat. Waghalsig ist es also, als anerkannt anzusehen, was weder Vernunft
> noch göttliche Schrift ihr [sc. der Vernunft] bezeugt« [395].

J.Ph. hat damit die Schrift über seine eigentliche Intention hinaus, ihre Übereinstimmung mit der Wirklichkeit nachzuweisen, zum Entscheidungskriterium
einer naturphilosophischen Problematik gemacht. Man kann zwar darüber
nachdenken, ob ihn in seiner Entscheidung, ein seelisches Prinzip der Welt
abzulehnen, nicht die christliche Tradition, insbesondere Basilius, die eine
Weltseele ebenfalls im wesentlichen nicht kennt, oder die Konfrontation mit
Theodor/Kosmas, der die Bewegung der Gestirne durch Engel erklärt und so
ihre Irregularität vom Ergebnis her gesehen vergleichbar zu Bewegungsabläu-
fen von Lebewesen darstellt [396], bestärkt haben. Auch könnte ihn mitbeein-
flußt haben, daß er in opm. zu einer elementaren Zusammensetzung des Firmaments aus Feuer, Erde sowie überwiegend Wasser und Luft in kristallierter
Form gefunden hat, die eine andere Voraussetzung für die Kreisbewegung
bedeuten muß, als sie die überwiegend aus den feinsten Feuerteilen bestehende Himmelszone von aetm. und c.Arist. darstellt mit der Folge, daß das Naturprinzip in Anwendung auf den himmlischen Bereich nur unter neu formulierten Bedingungen als Ursache der Bewegung zu denken wäre; dabei käme
zum einen hinzu, daß die elementare Beschaffenheit der Himmelssphären nach
opm. den reibungslosen Vollzug der Bewegung auf längere Dauer, wie er in
PhysCom. noch anvisiert ist [397], fraglich werden läßt, zum anderen erforderte
die Problematik der, wie in PhysCom. im Corollarium de inani gezeigt, individuell den einzelnen Sphären mitgegebenen ἔμφυτος δύναμις [398] eine eigene
Klärung in bezug auf die Weltseele. Darüberhinaus könnte sogar die Aussage
des platonischen Timaios, Gott sei der Schöpfer der Weltseele [399], oder Ten-
denzen der platonischen Tradition, Weltseele und Schöpfer zu identifizieren [400],
bzw. Aussagen zur Identität von Gott, Natur und Weltseele als in Kosmos

---

395 Ebd. (233,13/7).
396 A. SCOTT, Origen and the life of the stars (Oxford 1991) 128f weist allerdings zu Recht
     darauf hin, daß Beseelung der Gestirne und Lenkung der Gestirne durch ein anderes
     beseeltes Wesen (Engel) zwei Modelle sind, die man nicht verwechseln darf.
397 PhysCom. 690,34/691,5, vgl. SORABJI, MSM 282/4.
398 PhysCom. 690,12f.
399 Tim. 30A/34B.
400 PÉPIN, Théologie cosmique 485f.

und Materie waltendem Prinzip [401] J.Ph. seine Entscheidung für die Position von opm. nicht schwer gemacht haben. Aber von all dem sagt er nichts. Nirgendwo argumentiert er, daß eine Weltseele oder die Engel als Bewegungsprinzip aufzugeben sind, weil die Himmelsbewegung mit der Theorie vom Impetus als vis impressa erklärt werden muß. Er beruft sich allein auf die fehlende Belegbarkeit einer Weltseele in der Schrift, abgeleitet von der Erkenntnis, daß das Hexaemeron die herausragende Stellung des Menschen durch den Besitz einer Geistseele bestimmt und sich daher ihr Vorkommen an anderer Stelle im Kosmos verbietet [402].

2. Absage an die origenistische Tradition

Die bisher vorgetragene Interpretation von opm. 6,2 hat ihre Berechtigung vor dem Hintergrund der sich ändernden Anschauungen des J.Ph. über die Existenz einer Weltseele [403]. Doch lassen sich im Text weitere Implikationen erkennen, wenn man das Problem aufgreift, mit welchen christlichen Gegnern, die von einer Beseelung des Himmlischen ausgehen, sich J.Ph. in der Eingangspassage auseinandersetzt. Zeitgenössische christliche Autoren, die eine Weltseele lehren, lassen sich, soweit erkennbar, namentlich nicht ausfindig machen. Möglicherweise, so könnte man zunächst vermuten, kennt J.Ph. also eine solche Position selbst bereits nur doxographisch. Immerhin findet sich in Basilius' Hexaemeron ein wichtiger Beleg für christliche Befürworter einer Beseelung des Himmlischen, der ihm durch diesen Text vermittelt sein mag[404]. Hinter den »οἱ ἀπὸ τῆς ἐκκλησίας«, die so lehren, stehen bei Basilius, so wird allgemein vermutet, Origenes bzw. seine Anhänger. Dies ist umso wahrscheinlicher, als es keine anderen deut-

---

401 Proklos TimCom. 126B (1,414,4/7 DIEHL), referiert wird Chrysipp; ferner PsAristoteles de mundo 6 398b1/399a14 (84/7 LORIMER).

402 J.Ph. kann zwar auch für die Existenz einer Sache eintreten, die nicht in der Schrift bezeugt ist, muß aber für ihre fehlende Erwähnung (wie z.B. bei der Luft) Erklärungen finden.

403 In diesem Sinne deutet WILDBERG, criticism 240f den Text.

404 Basilius hex. 3,9 (236 GIET): »Und wenn auch die Wasser über den Himmeln sich einmal an den gemeinsamen Lobpreis des Schöpfers machen, so halten wir sie deswegen noch nicht für vernunftbegabte Natur [λογικὴ φύσις]. Denn weder sind die Himmel beseelt, weil sie Gottes Herrlichkeit erzählen [Ps. 18,2], noch ist das Firmament ein sinnenbegabtes Lebewesen [ζῷον αἰσθητικόν], weil es das Werk seiner Hände verkündigt [ebd.].« Allerdings ist einzuschränken, daß auch dieser Text, wie alle anderen, die im folgenden genannt werden, nicht eigentlich von einer Weltseele spricht, sondern nur von der Beseelung einzelner Teile der himmlischen Welt. Auch aus Origenes selbst ist von einer Weltseele als Beseelung des ganzen Kosmos nichts in Erfahrung zu bringen.

lichen Belege für Anhänger einer Beseelung des Himmlischen unter den Christen gibt[405]. Aus einer allgemeinen Überlegung heraus ergibt sich also, daß auch J.Ph. sich in opm. 6,2 vermutlich von der origenistischen Tradition absetzt.

Eine genaue Analyse dieses Abschnitts bestätigt diese Einschätzung, darüber hinaus führt die zu Origenes weisende Spur zu einer noch anders akzentuierten Deutung als bisher. Denn die das Seelische des Himmlischen betreffenden Stellen lassen sich nicht nur von der Weltseele her verstehen, sondern genau besehen spricht J.Ph. eigentlich von einer Beseelung der einzelnen Himmelskörper. Besonders bezeichnend ist die Pluralwendung:

> »Es ist aber zuzugeben, daß auch die Tatsache, daß das Irdische durch sie [sc. die himmlischen Dinge] bewegt wird, nicht durch ihre Seelen geschieht, sondern allein durch die Mischung ihrer Körper...«[406].

Philosophischerseits ist eine Beseelung der einzelnen Gestirne mit ἄλογος und νοερὰ ψυχή ernsthaft erst von Platon initiiert worden[407]. Auch Proklos kennt

---

405 Theophilus Ant. Autol. 2,13 (48 GRANT) bemüht nur eine Analogie zur menschlichen Seele, Hieronymus hebr. quaest. Gen. [zu 1,2] (CCL 72,3 DE LAGARDE) bezieht sich kaum auf eine Weltseele, Nemesius nat. 2 (33,26/34,17 MORANI) ist Platonreferat. In der antiochenischen Tradition wird offenbar keine Weltseele gelehrt, so daß dieser Gegner hier für J.Ph. nicht in Frage kommt. Die von TARABOCHIA CANAVERO 28/35 gesehene Lehre einer Weltseele durch Athenagoras, Irenäus und Klemens Alex. beruht auf der falschen Identifikation des Pneuma als der dritten göttlichen Hypostase mit der Weltseele aufgrund seiner lebenspendenden Eigenschaften. Vgl. H. ZIELRITZKY, Heiliger Geist und Weltseele. Das Problem der dritten Hypostase bei Origines, Plotin und ihren Vorläufern (Tübingen 1994).

406 Opm. 6,2 (232,12/5).

407 Platon Nomoi X 896E/899B, danach bes. in der wohl pseudoplat. Epinomis 982A/E u.a., vgl. J. MOREAU, L'âme du monde de Platon aux Stoïciens (Paris 1939 = Hildesheim 1981) 94/7, SCOTT (o.Anm. 396) 3/49. In der Doxographie wird bereits Alkmaion von Kroton diese Lehre zugewiesen, vgl. Cicero nat.deor. 1,27 (1,77,7/10 VAN DEN BRUWAENE) (vgl. M. Tulli Ciceronis de natura deorum 1, ed. A.S. PEASE [Cambridge/Leiden 1955] 215/9), Klem.Alex. prot. 5,66,2 (GCS Klem. 1³,50,20/4 STÄHLIN/TREU). Allerdings sagt der älteste Zeuge Aristoteles an. 405a29/b1 nur: »Ähnlich scheint auch die Annahme des Alkmaion über die Seele zu sein. Er sagt, sie sei unsterblich, weil sie den Unsterblichen gleiche. Das komme ihr zu als immer Bewegtem; denn auch alles Göttliche bewege sich stetig immer fort, Mond, Sonne, die Sterne und der ganze Himmel«. Die Position des Aristoteles selbst ist nicht eindeutig, wenngleich es wahrscheinlich ist, daß er zwar eine Beseelung der Sphären, jedoch nicht einzelner Gestirne annimmt: GUTHRIE, history 6,256₁. In der Doxographie bei PsPlutarch plac.phil. 1,3 (5,2,1,80f MAU) wird es so gesehen: Danach ist für Aristoteles zwar der Kosmos als ganzer unbeseelt, jedoch sind die Himmelskörper beseelt: »Ἀριστοτέλης οὔτ' ἔμψυχον ὅλον δι' ὅλων οὔτε λογικὸν οὔτε νοερὸν οὔτε προνοίᾳ διοικούμενον. τὰ μὲν γὰρ οὐράνια τούτων πάντων κοινωνεῖν – σφαίρας γὰρ περιέχειν ἐμψύχους καὶ ζωτικάς – τὰ δὲ περίγεια μηδενὸς αὐτῶν«. Plotin enn. II 3 (52) 1f (1,166 HENRY/SCHWYZER) beginnt die Untersuchung

beides, eine Weltseele und eine Beseelung der Himmelskörper [408]. Wenn in opm. in Wirklichkeit eine solche Beseelung der einzelnen Gestirne vorausgesetzt ist, treten nämlich, wie schon vermutet, als Gegner des J.Ph. die Anhänger des Origenes noch deutlicher ins Licht. Nicht nur findet sich nämlich bei Origenes in de principiis eine ausführliche positive Stellungnahme zu diesem Thema, die eben nicht eine Weltseele, sondern die Beseelung einzelner Himmelskörper betrifft[409], sondern Justinian hat im Jahre 542 oder 543[410] in den origenistischen Streitigkeiten die Lehre von einer Beseelung der Gestirne ausdrücklich bekämpft[411] und im unmittelbaren Vorfeld des Konzils von Konstantinopel 553 nochmals ihre Ana-

---

über die Einflußnahme der Gestirne mit der Beantwortung der Frage, ob die Gestirne beseelt sind oder nicht. Nach Abwägen der Argumente wird im Laufe der Ausführungen deutlich, daß er selbst sich für eine Beseelung ausspricht; vgl. die subtilen Unterscheidungen in II 3 (52) 10 (1,173 H./S.) zwischen der »eigentlichen« Seele eines Sterns und ihrer mit dem Körper vermengten Wirkung.

408 Proklos lehrt drei Seelenklassen mit etlichen Untergruppen: 1. Universelle Seelen; 2. Intelligible Seelen; 3. Partielle Seelen. Weltseele und Gestirnseelen (TimCom. 317D [3,255,10/9 DIEHL]) mit der speziellen Gruppe der universellen Seelen (Zeit, Tag, Nacht, Monat, Jahr) bilden die erste Klasse. Dabei trennt Proklos noch einmal zwischen immanenter und hyperkosmischer Weltseele (TimCom. 229F/230D [2,289,29/292,9 D.]): vgl. L. BRISSON, Proclus et l'Orphisme: Proclus 43/104, hier 86/8.

409 Orig. princ. 1,7,3/5 (GCS Orig. 5,87,24/94,13 KOETSCHAU), vgl. 2,8,3 (161,6/16 K.), H. GÖRGEMANNS/H.KARPP, Origenes vier Bücher von den Prinzipien = TzF 24 (Darmstadt ²1985) 248/51; L. LIES, Origenes «Peri Archon» (Darmstadt 1992) 74/6; A. SCOTT (o.Anm. 396) 126 geht auf das Problem der Weltseele bei Origenes nicht näher ein. Bezeichnend ist nämlich, daß Origenes in princ. 2,1,3 (GCS Orig. 5,108,11/6 K.) die Weltseele nur als Analogie für die Beherrschung der Welt durch Gottes Kraft hinzuzieht: »Wie unser Leib einer ist, aber aus vielen Gliedern zusammengefügt ist und von *einer* Seele zusammengehalten wird, so muß man, meine ich, auch das Weltganze gleichsam als ein ungeheuer großes Lebewesen [velut animal] ansehen, das wie von *einer* Seele [quasi ab una anima] von Gottes Kraft und Planung beherrscht wird«. In der Konzeption des J.Ph. nach opm. aber sind Weltseele und Kraft Gottes zwei gegensätzliche Modelle.

410 E. SCHWARTZ: ACO 3,VIII: anno 542, F. DIEKAMP, Die origenistischen Streitigkeiten im sechsten Jahrhundert und das fünfte allgemeine Konzil (Münster 1899) 39/56 »Januar 543«. Die jüngste Monographie von E.A. CLARK, The Origenist controversy (Princeton/ Oxford 1992) geht auf die Streitigkeiten des 6.Jhs. nicht ein.

411 Justinian zitiert in edictum c. Orig. (ep. ad Menam) [ClavisPG 6880] (ACO 3,203,14/ 204,6 SCHWARTZ) bemerkenswerterweise eben Basilius hex. 3,9 als Beleg für die frühere Verwerfung des Origenes. Basilius aber spricht deutlich von einer Beseelung des ganzen Firmaments bzw. der Himmel (vgl. o. S. 379 Anm. 404). Dies spricht für ein Ineinanderschieben beider Ideen schon in der Antike. Oder hat Basilius sich nicht präzise ausgedrückt? Justinian nennt ebd. und in nr. 6 (ACO 3,213, 27f SCHWARTZ) der neun (bzw. zehn) Anathematismen am Schluß ausdrücklich die Beseelung von Himmel, Sonne, Mond, Sternen und überhimmlischem Wasser; vgl. DIEKAMP 47/9, G.S. GASPARRO, Il problema delle citazioni del Peri Archon nella lettera a Mena di Giustiniano: Origeniana quarta (Innsbruck 1987) 54/76, hier 65f. Als antiorigenistischen Vorwurf kennen die Gestirnbeseelung Pamphilus apol. 9 (PG 17,607AB), Theophilus Alex. bei

thematisierung von den Teilnehmern gefordert [412]. Außerdem macht Kosmas den christlichen Anhängern der Epizykeltheorie den Vorwurf, sie lehrten eine Beseelung der Planeten mit »göttlicheren Seelen« [413]. Kosmas scheint, wenn er die von ihm abgelehnte Vorstellung als Beseelung einzelner Gestirne beschreibt, ebenfalls zunächst Origenes im Blick zu haben, doch geht der ganze betreffende Abschnitt bei Kosmas gegen die kosmologischen Anschauungen eines J.Ph., und Kosmas gibt sich auch an anderer Stelle Mühe, J.Ph. an die Seite des Origenes zu stellen und so zu diskreditieren [414]. Kosmas kann sich dann aber nur auf die Annahme einer Weltseele bei J.Ph. beziehen und versteht sie also bereits, ob lediglich polemisch eingefärbt oder nicht, als Lehre von der Beseelung einzelner Gestirne. Wertet man dies im übrigen chronologisch aus, scheiden cont. (und wohl auch aetm. [2]) und opm. als Angriffsziel des Kosmas aus, weil J.Ph. in diesen Texten eine Beseelung des Himmlischen in welcher Form auch immer ausschließt [415].

Für die Interpretation von opm. 6,2 bedeutet die Erkenntnis, daß J.Ph. von der Beseelung einzelner Gestirne spricht, daß J.Ph. hier in einem innerchristlichen

---

Hieronymus ep. 96,17 (CSEL 55,177,6/25 HILBERG) und ep. 98,10 (CSEL 55,194,4/195,7 H.), frgm. 9 bei M. RICHARD, Nouveau fragments de Theophile d'Alexandrie: DERS., Opera minora 2 nr. 39 (Turnhout 1976) 64,23/31, Epiphanius ep. ad Joh. Ant. bei Hieronymus ep. 51,5 (CSEL 54,403,4/405,19 H.), Hieronymus ep. 124,4.9 (CSEL 56,99f;107/11 H.).

412 Justinian ep. ad synodum de Origene [ClavisPG 6886] (PG 61,1,991B) und in can. 3 (ACO 4,1,248,14/6 STRAUB) der wohl an das Schreiben angehängten (vgl. J. STRAUB: ACO 4,1,XXVI/IX) 15 Kanones; vgl. GRILLMEIER 2,2, 422/30. Von den beiden anderen Dokumenten, die die antiorigenistischen Entscheidungen reflektieren, geht zwischen 543 und 553 auf die Beseelung der Gestirne Theodor Skythop. lib. de erroribus Origenianis keph. 6 (PG 86,233D) ein, während 553 Cyrill Skythop. vita Cyriaci 12f (229,25/ 230,31SCHWARTZ) diesen Irrtum des Origenes nicht nennt. Auch Stephanus bar Sudhaili, der in Palästina die origenistischen Streitigkeiten ausgelöst hat, erwähnt in seinem »Buch des heiligen Hierotheos« eine Gestirnbeseelung nicht. Zu den Veränderungen der Vorwürfe gegen Origenes im Vergleich zwischen 543 und 553, die allerdings nicht die Gestirnbeseelung betreffen, vgl. A. GUILLAUMONT, Évagre et les anathématismes antiorigénistes de 553: StPatr 3 = TU 78 (1961) 219/26.

413 Kosmas top. 1,12 (SC 141,283 WOLSKA-CONUS): »Καὶ πῶς ἐμψυχωμένους ἂν εἴποιτε καὶ θειοτέραις ψυχαῖς;«.

414 Top. 7,95 (SC 197,165 WOLSKA-CONUS): »... τοὺς οὐρανοὺς καταλύεσθαι λέγων, οὓς καὶ σφαιροειδεῖς δοξάζει κατὰ τὴν ὑποθήκην τῶν ἔξωθεν, καὶ τούτους ἀεὶ περιστρέφεσθαι [dies stimmt für J.Ph. allerdings nicht], ... οὐδενὶ τὸ σύνολον ἀκολουθήσας, εἰ μὴ ἐκ μέρους τῷ χρηστῷ Ὠριγένῃ«; vgl. WOLSKA, Topographie 191f. Im übrigen scheinen sich Origenes und J.Ph. tatsächlich in einigem zu treffen (Annahme einer neunten Sphäre, vermutlich auch Übernahme der ptolemäischen Epizykele). In 7,93 (SC 197,161/3 W.) kritisiert Kosmas die Apokatastasislehre des Origenes.

415 Ob dies Folgen für die absolute Datierung von cont. (bzw. aetm. [2]) hat, läßt sich kaum ausmachen.

Disput seiner Zeit Stellung bezieht, ihm aber wie schon gegen Theodor eine neue
Wendung gibt, indem er von naturphilosophischen Voraussetzungen aus einen
Aspekt eines theologischen Streits löst. Es ist unzweifelhaft, daß die Lektüre der
Bibel in Kombination mit naturphilosophischen Erkenntnissen zur Natur-, See-
len- und Bewegungslehre, die wiederum erst durch die Entwicklungen in den
früheren Schriften verständlich werden, das maßgebliche Argument für die Position des J.Ph. liefert, selbst wenn jene nur ad hoc in opm. 6,2 gegen die Anhänger
des Origenes wie in opm. 1,12 gegen Theodor in Erscheinung treten. Obwohl
nicht klar erarbeitet ist, wie sich Weltseele und Seelen der Himmelskörper zueinander verhalten, sei nochmals an Aussagen wie in AnCom., welche die Bewegungen der Sphären als Manifestation der Weltseele begreifen lassen[416], an Justinians
Interpretation von Basilius' Hexaemeron 3,9, welche die Beseelung des Firmaments als Beseelung einzelner Gestirne versteht[417], oder an Kosmas' anti-
origenistisch gefärbten Vorwurf gegenüber J.Ph. in seiner Zeit vor cont. und
opm. erinnert. Bei J.Ph. läßt sich nicht weiter erkennen, wie er und sein christlicher Gegner das Verhältnis beider Seelenarten zueinander denken bzw. ob überhaupt eine Spannung empfunden wird. Wenn J.Ph. aber anscheinend schon vor
opm. das Prinzip der Weltseele aufgegeben hat, nimmt er damit zugleich von
jeder Form von Beseelung im himmlischen Bereich Abschied. Als Streitgegenstand
begegnet sie ihm innerchristlich als Beseelung der Himmelskörper wieder. Diesen
– wenn man so will – Rest der Problematik einer Beseelung des Kosmos kann er
aber von einem ähnlichen Ausgangspunkt angehen, von dem aus er in cont. schon
die Frage der Weltseele erledigt hat. Anhaltspunkte dafür, daß J.Ph. sich nur
aufgrund der kirchenpolitischen Situation zu ihrer Ablehnung durchgerungen
hat, lassen sich weder diesem Text noch opm. entnehmen.

Vielmehr haben naturphilosophische Vorgaben, in diesem Fall Impetuslehre
und Naturbegriff, sowie christliche Bibelexegese wiederum zu einer Synthese
eigener Art gefunden.

V. Die Gestalt von Firmament, Himmel und Erde

a. Vorbemerkung

Der Beweis der Kugelgestalt des Firmaments in opm. 3,6/13 hat keine isolierte
Bedeutung, sondern Konsequenzen für die Gestalt des Himmels und der Erde
und damit für das gesamte Weltbild. Denn sowohl ist »entsprechend seiner Gestalt

---

416 Vgl. o. S. 357 Anm. 326.
417 Vgl. o. S. 381f Anm. 411.

notwendig auch das, was ihn [418] von außen umgibt«, also der erste Himmel [419], als auch das, was sich in seinem Inneren befindet, nämlich die Erde, denn da der Himmel den gleichen Abstand nach allen Seiten zur Erde in seiner Mitte besitzt [420], ist auch die Gestalt der Erde kugelförmig [421]. Dieser Weltaufbau stellt der Sache nach den Grundkonflikt zu Kosmas dar, weil dieser sein Modell des Kosmos ausführlich mit der hl. Schrift abgesichert und bewiesen zu haben glaubt [422]. Wenn dieser Begründungszusammenhang christlicherseits allgemeine Geltung beanspruchen dürfte, steht für J.Ph. gegenüber den Neuplatonikern und Naturphilosophen die Glaubwürdigkeit der Schrift auf dem Spiel [423]. Sie ist nur zu retten, wenn nachzuweisen ist, daß jede der von der Gegenseite angeführten Schriftstellen einem sphärischen Weltaufbau nicht widerspricht und daher die gegenteilige Interpretation von einem sinngemäß verstandenen Literalverständnis her angefochten werden kann.

b. Zum Aufbau von opm. 3,6/13

Der die Gestalt der Welt betreffende Abschnitt opm. 3,6/13 ist folgendermaßen aufgebaut: Zuerst holt sich J.Ph. in 3,6 die generelle Bestätigung für seine Ansichten und seine Vorgehensweise bei Basilius: Nicht nur lehrt dieser für J.Ph. die Kugelgestalt der Welt, sondern befürwortet ausdrücklich die naturwissenschaftliche Beschäftigung mit astronomischen Fragen, deren Lösung zur Klärung der Beschaffenheit des Weltaufbaus beiträgt [424]. Sodann wird in 3,7 gezeigt, daß die Redeweise von oben und unten im sphärischen Weltbild zwar weiterhin berechtigt ist, aber nur relative Bedeutung hat [425]. Dem in der Hexaemeronexegese immer wieder auftauchenden Bemühen zu ergründen, wie die Erde sich im Raum verhält, das schließlich in der antiochenischen Schule

---

418 Gemeint ist mit αὐτόν sicher der zweite Himmel, also das Firmament; korrekter müßte stattdessen αὐτό stehen.

419 Opm. 3,6 (120,19/21).

420 Vgl. Ptolemäus synt. 1,5 (1,16,20/20,2 HEIBERG).

421 Opm. 3,6 (122,7/18).

422 Gerne wüßte man, anhand welcher Autoren Stephanus Gobarus bei Photius bibl. 232 (5,73 HENRY) die Frage diskutiert hat, ob der Himmel kugelförmig ist und sich im Kreis dreht oder nicht: Photius ebd. (5,74 H.) selbst denkt an Severian und Irenäus.

423 Opm. 3,8 (125,5/126,24).

424 Zwar stimmt dies der Sache nach, doch ist die Position des Basilius differenzierter: vgl. o. S. 79f, zum Begriff »Astronomie« ebd. 80.

425 Vgl. PhysCom. 581,32/582,10; 633,25/634,2, es besteht eine sachliche Parallele, jedoch nicht unbedingt eine direkte Abhängigkeit; Kosmas top. 1,17f (SC 141,289/91 WOLSKA-CONUS) hält hingegen die gleichzeitige Benutzung von »Mitte« und »unten« für unmöglich.

zu dem Ergebnis führt, mit Hiob 26,7f das freie Schweben der Erde im Raum
als ein Gehaltenwerden durch Gott selbst über dem Nichts zu interpretieren,
macht J.Ph. aus naturwissenschaftlichen Erkenntnissen ein Ende, da eine
Unterstützung der Erde bei einem Weltaufbau, bei dem die Gewichte sich
zum Zentrum bewegen, überflüssig ist [426]. Daher hält J.Ph. Hiob 26,7f in
bezug auf eine im Weltzentrum befindliche Erde für wörtlich zutreffend.– Daß
die Gewichte sich allseits senkrecht zum Zentrum bewegen – eine auf aristotelischer Tradition begründete Aussage [427] –, bestätigt der Augenschein anhand
des Beispiels des Senkbleis. Zum Schluß wird die Einsicht des Basilius gelobt,
daß der Glaube zwar wichtiger als das Begreifen wissenschaftlicher Sachverhalte
ist, aber das wissenschaftliche Begreifen durchaus das Staunen über die Weisheit der Naturordnung fördern und damit den Glauben vertiefen kann [428].
Danach führt opm. 3,8 aus, daß das Eintreffen der von den Astronomen vor-
herberechneten Sonnenfinsternisse zum erwarteten Zeitpunkt der beste Beweis
für die Richtigkeit des sphärischen Weltbildes ist [429]. Theodor und seine Anhänger machen, da sie die Schrift mit ihrer Interpretation belasten, den christlichen Glauben vor den wissenschaftlich gebildeten Nichtchristen lächerlich.
Opm. 3,9 bietet drei Beweise für die Kugelgestalt des Himmels: 1. Der Lauf der
Gestirne von Ost nach West erklärt sich durch die Kreisbewegung einer zusammenhängenden Kugel, deren eine Hälfte jeweils über dem Horizont sichtbar ist. Ein Aufruhen der »Enden« des Himmels ist unmöglich, da es keinen
Ort gibt, an dem sich die Sterne des Nachts sammeln können.– 2. Ferner beweist die Sichtbarkeit von zwölf (resp. elf) Tierkreiszeichen in einer Nacht die
Kugelgestalt des Firmaments; dabei handelt es sich um einen Spezialfall von
Beweis 1.– 3. Sonnen- und Mondfinsternisse können nur eintreten, wenn Erde,
Sonne und Mond sich auf einer Geraden befinden; diese kann sich aber nur
bilden, wenn der Mond im Kreis die Erde umläuft. Opm. 3,10f setzt sich ausführlich mit den von den Gegnern in Anspruch genommenen Schriftzitaten
auseinander; opm. 3,10 beschäftigt sich mit der Gestalt der Welt, 3,11 versucht,
mittels der Schrift zu erklären, daß der Himmel bzw. die Sphären und nicht
die Gestirne sich bewegen. Anschließend zeigt opm. 3,12 letzteres in vier

---

426 Beruht auf der aristotelischen Lehre von der ῥοπή der Elemente, vgl. opm. 2,4 (67,8/
      15), MetCom. 34,29/35,9, o. S. 195/213, Theon Smryn. exp. (121,27/122,16 HILLER) und
      hat die nächste Parallele in Ptolemäus synt. 1,7 (1,21,7/22,11 HEIBERG); vgl. Kosmas top.
      2,15f (SC 141,319/21 WOLSKA-CONUS).
427 Aristoteles de caelo II 14 297a2/b22 (97/100 MORAUX), Strabo geogr. 1,1,20 (1,81f AUJAC).
428 Vgl. Basilius hex. 1,10 (SC 26²,130 GIET).
429 Auch Kosmas nimmt in Anspruch, daß man in seinem Weltbild zutreffend Finsternisse
      vorhersagen kann: top. 6,3 (SC 197,15/7 WOLSKA-CONUS). Daher hält er die astronomi-
      sche Terminologie der Anhänger des Kugelmodells für überflüssig: ebd. 9,3 (SC 197,207/
      9 W.).

naturwissenschaftlichen Anläufen [430]: 1. Die Halbkugeln des Firmaments gehen auf und unter; Gott hat nach dem Hexaemeron die Gestirne ins Firmament plaziert. 2. Die tägliche Bewegung der Milchstraße erfolgt mit dem Firmament. 3. Die jährliche Sonnenbewegung vollzieht sich vor dem Hintergrund
der Fixsternsphäre, während die Umdrehung im Laufe eines Tages allein zum
Firmament gehört. 4. Die Fixsterne bewegen sich weder mit gleicher noch
ungleicher Geschwindigkeit zueinander [431], folglich besitzen sie gar keine Ei-
genbewegung, sondern werden durch das Firmament herumgeführt. Den Abschluß bildet opm. 3,13: Diesen vier Beweisen haben die Anhänger Theodors
keine Schriftbeweise entgegenzusetzen. Schrift und Tradition (Basilius, die beiden Gregore, Athanasius und Dionysios) stimmen vielmehr mit der Natur überein. Die Lehre der Christen darf keiner Beschimpfung ausgesetzt werden.

c. Die Beweise des J.Ph. für die Kugelgestalt der Welt
und für die Kreisbewegung des Firmamentes

1. Die astronomischen Beweise

Herausgefordert durch die Vorstellung der Antiochener, daß die Erdoberfläche
eben sei und das äußere Himmelsgewölbe das Segment eines Zylinders darstelle,
in den das Firmament als flache Zwischendecke eingezogen ist, ist J.Ph. in der
christlichen Hexaemerontradition der erste, der ausführlich mit in sich geschlos-
senen einzelnen Beweisen für die Kugelgestalt der Welt argumentiert. Er hat sie
jedoch nicht selbst erfunden, sondern entnimmt sie der hellenistischen Astronomie. Die philosophische Tradition, besonders seit Platon und Aristoteles, hat zwar
schon die Kugelgestalt des Kosmos angenommen, und besonders Aristoteles hat
in de caelo II [432] einige Argumente für die Kugelgestalt der Erde und des Himmels
bereitgestellt, doch haben diese Gedanken erst durch Mathematik und Astronomie eine Begründung erfahren, sind durch sie um weitere ergänzt worden [433] und

---

430 Opm. 3,12 (146,19) nennt das Folgende »den vierten Beweis«. Wahrscheinlich ist 3,12
     (144,11/22) der erste Beweis, der wiederholt, was als Beweis 1 für die Kugelgestalt des
     Himmels gesagt wurde.

431 Vgl. anders Kosmas top. 9,3 (SC 197,207 Wolska-Conus); ihm zufolge bewegen sich
     die Gestirne, angetrieben durch Engel, frei im Raum. Diese Vorstellung der freien
     Beweglichkeit der Gestirne im Raum geht letztlich auf stoische Anschauung zurück: vgl.
     PsPlutarch plac. 2,13 (5,2,1,87,22/88,15 Mau).

432 Aristoteles de caelo II 13 293b32/294a10 (87f Moraux); ebd. II 4 286b10/287b20 (63/7
     M.), wo Aristoteles über die Argumentationsbasis seiner Ausführungen sagt: »da sich
     zeigt und wir voraussetzen, daß das All sich im Kreis bewegt ...«.

433 Daß Ptolemäus sich für einige Grundüberlegungen zur Kugelgestalt im allgemeinen
     Teil seiner Syntaxis an Aristoteles orientiert, zeigt F. Boll, Studien über Claudius
     Ptolemäus = Jahrbücher für class. Philologie Suppl. 21 (Leipzig 1894) 49/244, hier 75f.

haben dann so wieder die Stellungnahmen der Philosophen herausgefordert [434].
Daß J.Ph. nicht etwa nur aus naturphilosophischen Grundtexten wie de caelo II
als Vorlage für opm. geschöpft hat [435], verrät die Vermehrung der Argumenta-
tionsgänge für die Kugelgestalt der Welt gegenüber Aristoteles und ihre fachwissen-
schaftlich orientierte Durchführung; allerdings fehlen auch einige wichtige von
Aristoteles und anderen gemachte Beobachtungen [436]. Die Heimat der von J.Ph.
angeführten Beweise ist die antike Astronomie, durch die sie mathematisch längst
bewiesenes Allgemeingut, zumindest für Fachkreise, geworden sind. J.Ph. referiert jedoch, wie gesagt, nicht alle hier bekannten Überlegungen zur Kugelgestalt
der Welt, sondern begnügt sich mit den wichtigsten Argumenten und formuliert
in opm. nur den nach seiner Einschätzung allgemeinverständlichen Extrakt der
Beweise [437], die er ausgewählt hat [438]; ob er die mathematische Formulierung im
engeren Sinn nicht zu leisten imstande war, wird sich zeigen müssen.

---

434 Die besten spätantiken Beispiele für die philosophische Behandlung astronomischer
     Fragen sind Theon Alex., Proklos und Simplicius. Zur immer engen, aber manchmal
     spannungsreichen Beziehung zwischen Astronomie bzw. Mathematik und Philosophie
     – für Astronomen, die in Alexandrien am Musaion angestellt waren, wurde z.B. der
     Titel Philosoph verwendet, die Philosophen betrachteten Astronomie und Mathematik
     meistens nur als Vorstufe zur Philosophie – vgl. A. DIHLE, Philosophie, Fachwissen-
     schaft, Allgemeinbildung: Entretiens sur l'antiquité classique 32 (1986) 185/231, hier 210/
     8, I. HADOT, Arts liberaux et philosophie dans la pensée antique (Paris 1984) 252/61.

435 Vgl. opm. 4,18 (196,11/6), wo explizit Aristoteles und seine Ableitung der Kugelgestalt
     des Mondes aus den verschiedenen Phasen genannt wird.

436 Es fehlt in opm.: 1. die Ableitung der Kugelgestalt der Erde aus den kreisfömigen Seg-
     menten des Erdschattens bei Mondfinsternissen (Aristoteles de caelo II 14 297b23/30
     [100 MORAUX]). Es überrascht, daß J.Ph. in opm. gegen Kosmas nicht damit argumen-
     tiert, denn Kosmas top. 6,8/10 (SC 197,21/3 WOLSKA-CONUS) hatte behauptet, der Schat-
     tenwurf einer ins Sonnenlicht gehaltenen Holzkugel sei kreisförmig und nicht konisch,
     ohne zu merken, daß er sich selbst ad absurdum führt. Es fehlt 2. die Argumentation
     mittels der Verschiebung der Sichtbarkeit bestimmter Sterne in Nord-Süd-Richtung
     (Aristoteles de caelo II 14 297b31/298a20 [101fMORAUX]), vgl. Theon Smyrn. exp. (121,12/
     27 HILLER), ein Beweis, den J.Ph. durchaus kennt, wie MetCom. 18,23/19,6 (vgl. o. S.
     320f) zeigt, wo er für die Kleinheit der Erde angeführt wird. Es fehlt 3. der Beweis der
     Krümmung der Erdoberfläche aus dem Umstand, daß man aus sehr großer Entfernung
     den obersten Teil eines Gegenstandes, z.B. von sich nähernden Schiffen auf hoher See
     unabhängig von der Richtung zuerst die Mastspitze, erblickt (Kleomedes cael. 1,5 [30,
     114/31,124 TODD), Ptolemäus synt. 1,4 (1,16,13/8 HEIBERG), Strabo geogr. 1,1,20 [1,81f
     AUJAC], vgl. Theon Smyrn. exp. [122,17/123,4 H.]).

437 Opm. 3,8 (126,25/9): »Nur kurz werde ich über die Gestalt des Himmlischen sprechen,
     was für die, die in den Wissenschaften unkundig sind, faßlich ist und mit den Phäno-
     menen übereinstimmt, und die Abhandlung [λόγος] darüber zu Ende führen«. Vgl. 3,9
     (131,9/12): »Obwohl wir noch mehreres andere als Beweis dafür zu sagen hätten, begnü-
     gen wir uns mit dem Gesagten, da es zur Glaubwürdigkeit hinreicht und wir die Wahr-
     nehmung selbst dafür zum Zeugen haben«.

438 Vgl. z.B. die weiteren Überlegungen, die Ptolemäus synt. 1,3 (1,13,10/14,16 HEIBERG)

Die Begründung der Kugelgestalt des Firmaments mittels des nächtlichen Laufs der Gestirne von Ost nach West in Form der Bewegung einer Halbkugel, die zum Ausgangspunkt zurückführt, findet sich in allen wichtigen astronomischen Untersuchungen und Handbüchern an hervorgehobener Stelle. So beginnen die »Phainomena« des Euklid mit den Worten:

>»Da zu beobachten ist, daß die Fixsterne immer am selben Ort aufgehen und am selben Ort untergehen [ἀεὶ ἐκ τοῦ αὐτοῦ τόπου ἀνατέλλοντα καὶ εἰς τὸν αὐτὸν τόπον δυόμενα] und die, die gemeinsam aufgehen, immer gemeinsam aufgehen und die, die gemeinsam untergehen, immer gemeinsam untergehen und bei der Bewegung vom Aufgang zum Untergang die Abstände zueinander beibehalten, dies aber nur bei dem geschieht, was sich kreisförmig bewegt, wenn der Blick allseits den gleichen Abstand zur Peripherie hat, wie in der Optik gezeigt worden ist, muß davon ausgegangen werden, daß die Sterne sich kreisförmig bewegen und an einen einzigen Körper gebunden sind und der Blickpunkt gleichweit von den Bewegungen der Umgebung entfernt ist« [439].

---

anstellt oder die für die Erde im Zentrum der Welt von Kleomedes cael. 1,6 (32f Todd) und Ptolemäus synt. 1,5 (1,16,20/20,2 H.) gemacht werden. J.Ph. erwähnt in opm. 3 nicht die Ableitung der Kugelgestalt der Erde mittels des sich anfangs gleichförmig auf der Erde ausbreitenden Wassers, die er in opm. 2,4 und 4,2 vornimmt: vgl. o. S. 230/2. Theon Smyrn. exp. (120,8/10 Hiller) gibt an, seine Beweise aus Adrastos zu entlehnen.

439 Euklid phain. intr. (8,2,1/10 Menge/Heiberg). Der wichtigste Gedanke ist die Rückkehr aller Gestirne zum selben Aufgangsort; vgl. J.Ph. opm. 3,9 (128,8/10): »Beides ist also eine einzige zusammenhängende Kugel, die durch die Umdrehung an denselben Platz zurück [ἐκ τοῦ αὐτοῦ εἰς τὸ αὐτό] Tag und Nacht vollendet«. Der Text Euklids fährt mit der Beobachtung der Zirkumpolarsterne fort, vgl. opm. 3,9 (127,13/20), Ptolemäus synt. 1,3 (1,10,20/11,13 Heiberg). Die Scholien (Datum?) zu den Phainomena des Euklid (8,134,1/ 3 Menge/Heiberg) bemerken zum zitierten Anfang des Textes: »Τρία μόνα ζητοῦνται ἐν τῷδε τῷ συντάγματι. τὸ σφαῖραν εἶναι τὸ πᾶν, τὸ σφαιροειδὲς τὸ ὅμοιον εἶναι, τὸ τὴν γῆν κέντρου λόγον ἐπέχειν«. Den theoretischen Hintergrund für Euklid stellt dar Autolykos Pitan. περὶ κινουμένης σφαίρας 1f (195,1/198,20 Mogenet). Daß Autolykos über idealisierte Objekte theoretisiert, heißt keineswegs, daß seine Untersuchung nichts mit den Gegenständen der Astronomie zu tun hat, sondern bedeutet lediglich, daß hier Astronomie im Sinne Platons betrieben wird: vgl. van der Waerden, Astronomie 123/ 5. Nach Geminus und Proklos könnte man das Werk des Autolykos auch in den Teil der Mathematik einordnen, der sich mit Intelligiblen beschäftigt und Arithmetik und Geometrie umfaßt, während der andere Teil der Mathematik sich mit den Sinnendingen beschäftigt und Mechanik, Astronomie, Optik, Vermessungslehre, Kanonik (Musik) und Rechenkunst zum Gegenstand hat: Proklos EuclidCom. prol. 1 (38,1/24 Friedlein). Auf Euklid und Autolykus stützen sich die σφαιρικά des Theodosius aus Bithynien (1.Hälfte 1.Jh.v.Chr.), die theoretisch die Geometrie der Kugel (Kugelschnitte) behandeln (ed. J.L. Heiberg: AGWG.PH 19,3 [Berlin 1927]) und die die Voraussetzungen für die beiden weiteren theoretischen Werke des Theodosius περὶ οἰκησέων βιβλίον und περὶ ἡμερῶν καὶ νυκτῶν (beides ed. R. Fecht: AGWG.PH 19,4 [Berlin 1927]) darstellen.

Geminus formuliert denselben Sachverhalt so:

> »Das Weltall befindet sich in einer kreisförmigen Bewegung von Osten
> nach Westen. Alle Sterne, welche nach Sonnenuntergang am östlichen
> Horizont sichtbar werden, sieht man nämlich mit dem Vorrücken der Nacht
> immer höher und höher steigen. Alsdann erblickt man sie im Höchststand.
> Mit dem Vorrücken der Nacht sieht man dann dieselben Sterne am west-
> lichen Himmel sich tiefer und tiefer neigen und schließlich untergehen.
> Und dieser Vorgang wiederholt sich Tag für Tag bei allen Sternen. So ist
> denn ersichtlich, daß das ganze Weltall mit allen seinen Teilen sich von
> Osten nach Westen bewegt. Daß aber diese Bewegung eine kreisförmige
> ist, geht deutlich daraus hervor, daß alle Sterne aus demselben Ort aufge-
> hen und in denselben Ort untergehen, ferner aber halten auch, durch die
> Absehrohre [διὰ τῶν διόπτρων] beobachtet, alle Sterne bei einer ganzen
> Drehung der Absehrohre sichtbar eine kreisförmige Bewegung ein« [440].

Ptolemäus beginnt seine Untersuchung im ersten Teil der »μεγάλη σύνταξις«,
der grundlegend der Beziehung zwischen Himmel und Erde, also dem Aufbau
der Welt, gewidmet ist, ebenfalls mit der Darstellung der Kugelgestalt des Himmels und der Erde, die er als altbekannte Tatsache beschreibt:

> »Zu den ersten Gedanken über die vorstehend angedeuteten Verhältnisse
> sind die Alten aller Wahrscheinlichkeit nach etwa durch folgende Beob-
> achtung angeregt worden. Sie sahen die Sonne, den Mond und die übrigen
> Gestirne von Osten nach Westen sich stets auf Parallelkreisen bewegen
> und wie sie anfangs von unten aus dem Tiefstande, gewissermaßen direkt
> von der Erde aus, sich aufwärts bewegen, nach und nach zu einem Hoch-
> stand emporsteigen, hierauf einen ihrem bisherigen Aufstieg entsprechenden
> absteigenden Bogen beschreiben und wieder zu einem Tiefstand gelangen,
> bis sie schließlich gewissermaßen auf die Erde fallen und unsichtbar wer-
> den, worauf sich, nachdem sie eine gewisse Zeit in der Unsichtbarkeit ver-
> harren, Aufgang und Untergang von vorn wiederholt. Hinsichtlich der
> dabei verstreichenden Zeiten sowie der Stellen des Auf- und Untergangs
> aber sahen sie, daß sich dieselben im großen und ganzen in einem genau
> geregelten Verhältnis gegenseitig entsprachen. Ganz besonders aber brach-

---

440 Geminus isag. 12,1/4 (136,10/20 MANITIUS). Vgl. 7,1/3 (86,19/27 M.): »Da das Weltall
   Kugelgestalt hat und eine kreisförmige Bewegung von Osten nach Westen besitzt, so
   müssen alle Punkte der Kugel sich auf Parallelkreisen bewegen. Hieraus ist ersichtlich,
   daß auch alle Sterne ihre Bewegung auf Parallelkreisen vollziehen. Deshalb gehen auch
   alle Fixsterne aus demselben Ort auf und in denselben Ort unter. Desgleichen gehen
   auch die Parallelkreise aus demselben Ort auf und in denselben Ort unter«; 13,1f (146,6/
   12 M.).

te sie auf den Gedanken der Kugelgestalt der Umschwung der immer sichtbaren Sterne, welcher sich in sichtlich zu verfolgender Kreisbahn um ein
und dasselbe Zentrum als Pol vollzieht ...« [441].

In gleicher Weise zieht sich der Beweis mittels der Sichtbarkeit von zwölf
(bzw. elf) Tierkreiszeichen während einer Nacht durch die astronomische Literatur. Obwohl das Argument im Grunde nur einen Spezialfall des vorherigen
darstellt, ist es, soweit zu übersehen ist, wahrscheinlich immer deswegen unabhängig behandelt worden, weil der Tierkreis kein Parallelkreis des Himmelsäquators ist, sondern ihn schneidet und daraus sich kompliziertere Berechnungs-
probleme der für die Astrologie wichtigen Auf- und Untergangsdauer der
Tierkreiszeichen ergeben [442]. Daraus wird verständlich, weshalb sich auch J.Ph.
den Gedanken unabhängig vom ersten Beweis zu eigen macht [443]. Bereits Autolykos von Pitane hat das Argument angeführt:

»Im Laufe einer Nacht ist der Umlauf von elf Tierkreissternbildern zu sehen, sechs sind bereits aufgegangen, fünf gehen (noch) auf« [444].

Allgemeiner sagt es Euklid:

»Ferner ist zu sehen, daß die Milchstraße und der Tierkreis, die zu den
Parallelkreisen schief liegen und einander schneiden, während des Umlaufs sich immer als Halbkreise über der Erde befinden. Wegen all dem
bisher Gesagten muß der Kosmos als kugelförmig angenommen werden.
Wenn er zylindrisch oder konisch wäre, würden die Sterne, die sich auf
den schiefen Kreisen befinden, die den Himmelsäquator zweimal schneiden, sich nicht immer auf gleichen Halbkreisen bewegen, sondern bald auf
einem größeren, bald auf einem kleineren Stück eines Halbkreises« [445].

Ähnlich wie J.Ph. schreibt Eudoros (1.Jh.v.Chr.), der vermutlich aus Diodor

---

441 Ptolemäus synt. 1,3 (1,10,4/23 HEIBERG). Vgl. Kleomedes cael. 1,5 (30,98/113 TODD); Theon
     Smyrn. exp. (120,10/121,4 HILLER); Theon Alex. com. in Ptol. synt. 1,3 (2,342,20/346,26
     ROME), ebd. 1,4 (381/400 ROME). Häufig sind die Ausführungen mit dem Nachweis
     verbunden, daß die Bewegung der Fixsterne sich nicht mit einem zylindrischen, koni-
     schen oder anderen Weltaufbau vereinbaren läßt.
442 Vgl. A.A. BJÖRNBO, Studien über Menelaos' Sphärik = Abhandlungen zur Geschichte
     der mathematischen Wissenschaften 14 (Leipzig 1902) 65/80.
443 Vgl. MetCom. 12,14/7.
444 Autolykos Pit. de ortibus 2,3 (240,7/25 MOGENET); es folgt der geometrische Beweis.
445 Euklid phain. intr. (8,4,22/6,4 MENGE/HEIBERG), vgl. ebd. (6,23/8,15 M./H.), 6
     (8,30,26/34,9 M./H.), 11 (58,1/62,3 M./H.), das Lemma zu 13 (84,9/26 M./H.).

von Alexandrien (1.Jh.v.Chr.) schöpft:

> »Klar wird sie [sc. die Kugelgestalt] auch daraus, daß sich sechs Tierkreiszeichen unter und sechs über der Erde befinden. Bei keiner anderen Gestalt aber als bei der Kugel gibt es eine derartige Ordnung und Bewegung. Die kugelartige Gestalt aber haben sie dem Kosmos gegeben. Der Himmel ist zwar eine Kugel, die Erde aber kugelartig. Beide unterscheiden sich, insofern die kugelartige Gestalt Erhebungen und Vertiefungen hat, die (Gestalt der) Kugel aber ist allseits gleich und besitzt Linien gleicher Länge, die vom Zentrum in der Mitte zur Oberfläche ausgehen, wie Wein und Weinaroma an der Substanz des Weines teilhaben. Also ist der Himmel eine Kugel, daher vollzieht er die Kreisbewegung« [446].

Im allgemeinen Teil der σύνταξις des Ptolemäus heißt es:

> »Jederzeit und überall nämlich sind sechs Tierkreiszeichen über der Erde sichtbar und die übrigen sechs unsichtbar, während dann wieder letztere in ganzer Ausdehnung gleichzeitig über der Erde sichtbar sind und die übrigen alle zusammen unsichtbar. Demnach geht aus dem Umstand, daß dieselben Halbkreise der Ekliptik in ihrer ganzen Ausdehnung bald über bald unter der Erde abgeschnitten werden, klar hervor, daß vom Horizont auch die Ekliptik genau halbiert wird« [447].

Schließlich sei noch einer der Aristoteleskommentatoren zitiert. In MetCom. des Olympiodor wird auf die Sichtbarkeit eines vollen Kreises in einer Nacht folgendermaßen hingewiesen:

> »Denn nach dem Untergang der Sonne sind sechs Tierkreiszeichen zu sehen, und dann gehen in der Nacht die restlichen sechs nach und nach auf und erscheinen« [448].

Den Schluß auf die Kugelgestalt des Himmels mittels der Sonnen- und Mondfinsternisse konnte J.Ph. ebenfalls in astronomischen Abhandlungen nachlesen. So beschreiben z.B. Geminus und Kleomedes das Zustandekommen der

---

446 Zitiert bei Achilles Tatios isag. 6 (37,13/24 MAASS). Daß Eudoros hier aus Diodor schöpft, vermutet H. DIELS, Doxographi graeci (Berlin [4]1965) 20, weil an anderen Stellen bei Achilles, die dieser aus Eudoros zitiert, die Entlehnung aus Diodor vermerkt ist.

447 Synt. 1,5 (1,19,1/8 HEIBERG). Daraus folgt die Lage der Erde im Zentrum und ihre geringe Größe im Verhältnis zur Umgebung.

448 Olympiodor MetCom. 70,23/7; es folgt noch die Erklärung, weshalb es nur elf Tierkreiszeichen und nicht zwölf sein können. Vgl. auch J.Ph. MetCom. 19,6/32, o. S. 322f.

Sonnenfinsternisse und weisen auf den unterschiedlichen Zeitpunkt des Eintritts
der Finsternis für verschiedene Bewohner der Erde hin [449]. Ptolemäus gibt den
Sachverhalt, wiederum im ersten Teil seiner Syntaxis, folgendermaßen wieder:

> »Zu der Erkenntnis, daß auch die Erde als ganzes betrachtet für die sinnliche
> Wahrnehmung kugelförmig sei, dürften wir am besten auf folgendem Wege
> gelangen. Nicht für alle Bewohner der Erde ist Aufgang und Untergang der
> Sonne, des Mondes und der anderen Gestirne gleichzeitig zu sehen, sondern
> früher stets für die nach Osten zu, später für die nach Westen zu wohnen-
> den. Wir finden nämlich, daß der momentan gleichzeitig stattfindende Ein-
> tritt der Finsterniserscheinungen, besonders der Mondfinsternisse, nicht zu
> denselben Stunden, das heißt zu solchen, welche gleichweit von der Mit-
> tagsstunde entfernt liegen, bei allen Beobachtern aufgezeichnet wird, son-
> dern daß jedesmal die Stunden, welche bei den weiter östlich wohnenden
> Beobachtern aufgezeichnet stehen, spätere sind als die bei den weiter west-
> lich wohnenden. Da nun auch der Zeitunterschied in entsprechendem Ver-
> hältnis zu der räumlichen Entfernung der Orte gefunden wird, so dürfte
> man mit gutem Grund annehmen, daß die Erdoberfläche kugelförmig sei,
> weil eben die hinsichtlich der Oberfläche im großen und ganzen als gleich-
> artig zu betrachtende Beschaffenheit (der Erde) die Bedeckungserscheinungen
> zu der Aufeinanderfolge der Beobachtungsorte stets in ein entsprechendes
> (Zeit)Verhältnis setzt. Wäre die Gestalt der Erde eine andere, so würde dies
> nicht der Fall sein, wie man auch aus folgendem ersehen kann« [450].

---

449 Geminus isag. 10 (130,11/132,12 MANITIUS); für Kleomedes cael. 1,5 (28,33/44 TODD) beträgt
     die Differenz des Eintritts der Sonnenfinsternisse zwischen Persern und Iberern vier
     Stunden, z.B. die Spanne zwischen fünfter und erster Stunde; vgl. ganz ähnlich J.Ph.
     opm. 2,17 (89,13/21): »Denn was bei uns wohl die dritte Stunde ist, ist vielleicht bei den
     Indern die sechste, bei denen in der Gegend des westlichen Ozeans die erste, wenn es so
     ist, und bei anderen jeweils eine andere. Denn die Auf- und Untergänge sind nicht bei
     allen dieselben, wie sich klar aus Sonnen- und Mondfinsternissen ergibt, die ja nicht zur
     selben Stunde bei allen sichtbar sind. Und dies ist nicht schwer zu zeigen, nur daß ich
     die vorliegende Untersuchung unnötig in die Länge ziehe«. Bei J.Ph. sind dies willkür-
     liche Angaben, wie die ganz ähnliche Aufzählung in 3,8 (125,19/126,12) zeigt: Hier be-
     trägt der Zeitunterschied zwischen Indern und Ägyptern vier und zwischen Indern und
     den Bewohnern in der Gegend des westlichen Ozeans sieben Stunden. Zum Zustande-
     kommen der Mondfinsternisse Geminus isag. 11 (132,15/137,6 MANITIUS). Es fehlt bei
     Geminus die Begründung, die J.Ph. opm. 3,9 (130,20/5) gibt, weshalb nicht bei jedem
     Mondumlauf eine Finsternis eintritt. Nachlesen konnte er sie dafür dem Sinn nach bei
     Ptolemäus synt. 1,5 (1,19,23/20,2 HEIBERG). Im übrigen greift J.Ph. in opm. 3,9 (130,1/
     9), wenn er die Mondphasen beschreibt, fast wörtlich seine eigenen Ausführungen aus
     CatCom. 118,7/25 wieder auf.

450 Ptolemäus synt. 1,4 (1,14,19/15,15 HEIBERG). Es folgt die Demonstration, daß andere
     Formen der Erde bzw. des Himmels nicht zu den beobachteten Erscheinungen füh-

Ptolemäus bietet auch im Falle des Beweises für die Drehung des Firmaments als ganzen mittels der gegen die tägliche Umdrehung verschobenen Sonnenbewegung auf der Ekliptik die ausführlichste Parallele. Am Ende des einleitenden allgemeinen Teils seiner Syntaxis befaßt er sich eingehend mit diesem Phänomen; einige Auszüge mögen genügen:

»Nur die Vorausnahme des einen allgemeinen Satzes könnte man hierüber noch für gerechtfertigt halten, der da besagt, daß es am Himmel zwei voneinander verschiedene erste Bewegungen gibt. Die erste Bewegung ist diejenige, von welcher alle Gestirne ewig gleichmäßig von Osten nach Westen geführt werden ... Die zweite Bewegung ist diejenige, vermöge welcher die Sphären der Gestirne in der zum vorherbeschriebenen Umschwung entgegengesetzten Richtung gewisse Ortsveränderungen um andere Pole bewirken, nicht um dieselben wie die der ersten Umdrehung. Daß es diese zweite Bewegung gibt, nehmen wir aus folgendem Grund an. Gemäß der Tag für Tag anzustellenden Beobachtung sehen wir alle Gestirne ausnahmslos am Himmel Aufgang, Kulmination und Untergang für die Wahrnehmung an den gleichen, auf Parallelkreisen zum Äquator liegenden Stellen bewerkstelligen, worin eben die Eigenart des ersten Umschwungs liegt ... Die Sonne dagegen, der Mond und die Wandelsterne vollführen gewisse komplizierte und einander ungleiche Ortsveränderungen, die aber alle im Vergleich zu der allgemeinen Bewegung nach den ostwärts gelegenen Teilen gerichtet sind, welche hinter den Sternen, die ihre gegenseitigen Abstände beibehalten und gewissermaßen von einer einzigen Sphäre herumgeführt werden, zurückbleiben ... So gibt sich denn dieser schiefe Kreis als ein und dieselbe den Wandelsternen eigene Bahn zu erkennen; genau eingehalten und gewissermaßen beschrieben wird er freilich nur von der Bewegung der Sonne ...« [451].

J.Ph. fügt noch den durchschnittlichen Betrag der täglichen Sonnenbewegung (ein dreißigstel eines Tierkreiszeichens = 1°) hinzu und betont das langsame

---

ren. Vgl. Theon Smyrn. exp. (120,21/121,12 Hiller), Theon Alex. com.in Ptol. synt. 1,4 (381/400 Rome). Diesen Beweis kennt auch Kosmas top. 1,2 (SC 141,275 Wolska-Conus): »Sie [sc. die falschen Christen], irrend und irregeführt, unternehmen es, die Lage und die Gestalt der Welt aus Sonnen- und Mondfinsternissen zu begreifen, indem sie versichern, daß bei einer anderen Gestalt derartiges nicht geschehen könne«. Proklos EuclidCom. def. 4 (109,25/110,4 Friedlein): »Die Astronomen [ἀστρο-λόγοι] sagen denn auch, eine Sonnenfinsternis trete dann ein, wenn die Sonne selbst, der Mond und unser Auge in einer Geraden zusammentreffen. Denn dann werde sie vom Mond verdunkelt, indem er zwischen sie und uns trete«.

451 Ptolemäus synt. 1,8 (1,26,12/28,15 Heiberg), vgl. Geminus isag. 12,5/24 (138,1/144,18 Manitius), Macrobius somn. 1,18,12/9 (72,1/73,11 Willis).

Vorrücken der Sonne vor dem Hintergrund der Tierkreissternbilder, das für die tägliche Drehung des Firmaments spricht:

>»... so ist klar, daß die Sonne zwar ihre Eigenbewegung von West nach Ost besitzt und sich täglich nur ein gewisses Stück eines Zeichens bewegt, daß aber die tägliche und nächtliche Umdrehung von Ost nach West allein zum Firmament gehört, an das Gott alle Lichtgeber plaziert. Denn eine solche Entfernung bewältigt die Sonne in einem Jahr, wie ich früher sagte. Die tägliche Bewegung ist also nicht den Sternen, sondern dem Firmament eigen«[452].

Daß die Gestirne sich weder mit gleicher noch ungleicher Geschwindigkeit zueinander bewegen und folglich ihre Bahnen Parallelkreise eines sich drehenden sphärischen Firmaments bilden, sind Erkenntnisse, die sich aus der Geometrie der Kugel in Verbindung mit der Beobachtung des Himmels ergeben. Von philosophischer Seite aus hat sich Aristoteles in de caelo dazu geäußert:

>»Da es also weder wahrscheinlich ist, daß beide [sc. Gestirne und Kreise] sich bewegen, noch daß die Gestirne allein es tun, so bleibt nur übrig, daß die Kreise sich bewegen und die Gestirne ruhen und in die Kreise eingeschlossen bewegt werden. Denn nur so geschieht nichts Unwahrscheinliches. Daß nämlich die Schnelligkeit des größeren Kreises eine größere ist, ist begreiflich, da alle um denselben Mittelpunkt zusammengefügt sind ...«[453].

Die mathematische Beschreibung der Kugelkreise und der sich auf ihnen vollziehenden Bewegung läßt sich wiederum seit Autolykos von Pitane nachweisen und in vielen astronomischen Texten verfolgen[454]. So schreibt z.B. Euklid, wohl in Abhängigkeit von Autolykos:

>»Wenn eine Kugel sich gleichmäßig um ihre Achse dreht, beschreiben alle Punkte der Oberfläche der Kugel in der gleichen Zeit die gleichen Abschnitte der Parallelkreise, auf denen sie bewegt werden«[455].

---

452 Opm. 3,12 (146,9/18).
453 Aristoteles cael. II 8 289b27/290a7 (74 MORAUX).
454 Autolykos Pit. de ortibus 2,9 (247,25/248,14 MOGENET), ders. de sphaera 2f (196,26/ 200,23 MOGENET).
455 Euklid phain. intr. (8,8,3/7 MENGE/HEIBERG), vgl. 13 (8,78,8/84,8 M./H.), zur Abhängigkeit des Euklid von Autolykos vgl. J.L. HEIBERG, Litterargeschichtliche Studien über Euklid (Leipzig 1882) 41f, vorsichtiger MOGENET, Autolykos 161f. Von Autolykos und Euklid abhängig sind die σφαιρικά des Theodosius Bithyn.: K. ZIEGLER, Theodosius 2: KlP 5 (1979) 699.

Ptolemäus und Pappos sind weitere Zeugen, die das Bewegungsverhalten der Punkte einer rotierenden Kugeloberfläche in Verbindung zum Lauf der Gestirne bringen und daraus die Kugelgestalt des Firmaments folgern [456]. Bei J.Ph. finden sich in MetCom. die entsprechenden Kenntnisse:

»Was aber nützt es dafür [457], daß auch die Milchstraße ein Großkreis ist? Solcherart ist ja auch der Tierkreis und der Himmelsäquator und jeder (Kreis), der die Kugel in zwei gleiche Hälften scheidet. Ich sage freilich, daß die auf den Großkreisen sich drehenden Sterne sich, durch sie geführt, schneller bewegen als die in den kleineren Kreisen. Denn da der Umschwung des gesamten Himmels ein einziger ist und in derselben Zeit alle Kreise, ob größer oder kleiner, zugleich wieder an den Anfang zurückkehren, müssen die größeren Kreise sich schneller als die kleinen bewegen, und um wieviel sie an Größe überlegen sind, um soviel wird auch die Geschwindigkeit ihrer Bewegung größer, damit so die Rückführung aller an den Anfang [ἀποκατά-στασις] zugleich geschieht ... Wenn ich aber sage, daß die Sterne in den größeren Kreisen sich schneller bewegen, meine ich die Kreise, durch die sie herumgeführt werden. Denn die sich auf dem Tierkreis befindenden Sterne bewegen sich nicht schneller als alle anderen (obwohl er ein Großkreis ist), weil die Bewegung all dieser [sc. Tierkreissterne] nicht durch diese Mitte erfolgt [458]. Die in der Nähe der Wendezeichen stehen, wie Krebs und Steinbock, sind langsamer als alle anderen, welche sich näher zum Himmelsäquator befinden. Denn diese bewegen sich auf größeren Parallelkreisen, jene in den tropischen Zeichen auf kleineren« [459].

Schwierig zu beurteilen bleibt allerdings, welche der hier genannten Autoren J.Ph. tatsächlich benutzt bzw. woher er seine Kenntnisse geschöpft hat und wie tiefgehend sie sind. Denn nirgends lassen sich wörtliche Übereinstimmun-

---

456 Ptolemäus synt. 1,3 (1,10,4/19 HEIBERG), es folgt die Kritik anderer denkbarer Bewegungsarten der Fixsterne; Pappos coll. 6 [108/11] (2,598,21/602,18 HULTSCH) mit Verweis auf Hipparch und Euklid.

457 Bezieht sich auf das Vorige: Dort ist Aristoteles mit seiner Ansicht referiert worden, daß außerhalb des Tierkreises das richtige Temperaturmaß für die Zusammenballung der trockenen ἀναθυμίασις gegeben ist, die zur Milchstraße wird. J.Ph. fragt nun, was es für dieses Phänomen austragen soll, daß Aristoteles sagt, die Milchstraße sei zudem ein Großkreis. Aufs Ganze geht es J.Ph. um die Ablehnung der Theorie des Aristoteles, daß die Erhitzung eine Folge der Bewegung der Gestirne, also Reibungswärme, sei; vgl. o. S. 256/60.

458 Gemeint ist: bezüglich des Mittelpunktes des Tierkreises erfolgt.

459 MetCom. 112,5/32. Grundkenntnisse der verschiedenen Himmelskreise und des Sonnenlaufs und der durch sie geschaffenen Erdzonen expliziert Priskian solut. 6 [567/9] (64,25/68,11 BYWATER), der seine Ausführungen einleitet: »Sciendum autem, quicumque terram rotundiformem dicunt esse, quinque zonas in terra subponit«.

gen zwischen ihm und den zitierten Autoren ausmachen. Die klar voneinander
abgegrenzte Art der Darstellung der Beweise bei J.Ph. läßt zumindest darauf
schließen, daß ihm die Grundschemata der Beweisführungen der Mathematiker geläufig waren. So legt sich nahe, daß er die Einleitung der Phainomena des
Euklid und vor allem den allgemeinen Teil der Syntaxis des Ptolemäus, welcher
für die bisher aufgezählten Beweise die meisten Anknüpfungspunkte bietet,
gekannt hat, zumal beide Werke zu den wichtigsten ihrer Art in der Antike
gehört haben. Daß andere Neuplatoniker wie Damaskios, Olympiodor, Simplicius oder Priskian im 6. Jh. Schriften des Ptolemäus nennen und wohl auch
gelesen haben [460] und sich aus dem 6. Jh. eine Einleitung zur μεγάλη σύνταξις
erhalten hat [461], kann diese Einschätzung unterstützen. Außerdem ist nachweisbar, daß J.Ph. noch weitere bisher genannte Autoren und deren Werke
gekannt hat: in PhysCom. nennt J.Ph. die σφαιρικά des Theodosius, περὶ
κινουμένης σφαίρας des Autolykos [462] und die φαινόμενα des Euklid [463]. Alle

---

460 Vgl. die von Simplicius im CaelCom. benutzten Schriften des Ptolemäus (s.v. Πτολε-
     μαῖος) und Priskian solutiones prooe. (1,2,41f BYWATER), wo Ptolemäus unter den be-
     nutzten Quellen genannt wird, sollte dies nicht bloß ein summarischer Hinweis auf die
     Rezeption seiner Gedanken sein. Nach Damaskios PhilebosCom. 225,16/20 (105 WESTE-
     RINK) war Ptolemäus mit Nikomachos, Euklid und Aristoxenos Hauptvertreter der Wis-
     senschaften des Quadriviums (Arithmetik, Geometrie, Musik, Sphärik/Astronomie)
     und natürlich für Astronomie zuständig. Olympiodor MetCom. 75,33f weist auf die in
     der Syntaxis des Ptolemäus demonstrierten Schlüsse von der Größe der Parallaxen auf
     die Entfernung der Gestirne hin und kennt laut PhaedCom. 10,4 [59] (143,13/5 WESTE-
     RINK) die Kanobusinschrift, verbunden mit der Nachricht, daß Ptolemäus vierzig Jahre
     in Kanobus gewirkt habe. – Bemerkenswert ist ferner, daß auch die Isagoge des Gemi-
     nus möglicherweise in der Zeit nach Ptolemäus als Einleitung in dessen Syntaxis benutzt
     wurde; darauf scheint zumindest der ältere Teil der handschriftlichen Überlieferung,
     die Übersetzungen ins Arabische (8.Jh.) und daraus ins Lateinische (12.Jh.) und Hebräi-
     sche (13.Jh.), hinzuweisen, die das Werk unter dem Titel »Introductio Ptolemaei in
     Almagestum« führen, vgl. MANITIUS XVIII/XXIII in der Vorrede der Ausgabe des
     Geminus; die griechische Überlieferung hat ebenfalls verschiedene Abschnitte der Schrift
     unter dem Titel »Sphaira des Proklos« zusammengestellt. MANITIUS ebd. XXIII/V hält
     sie allerdings für mittelalterlich und glaubt nicht, daß Proklos der antike Philosoph sei;
     ob seine Argumente ausreichend sind, dies zu beweisen, sei offengelassen.

461 MOGENET, Introduction; er weist sie Eutokios (Anfang 6.Jh.) zu. Überlegen kann man,
     ob ein solcher Text im Philosophiestudiengang als Einführung benutzt wurde: vgl. u. S.
     398f Anm. 474; dafür spricht, daß der Text die Formalia des Kommentarprologs auf-
     weist. Daß Eutokios einen Kommentar zu Ptolemäus' Syntaxis verfaßt hat, ist sicher
     (MOGENET ebd. 22, vgl. WILSON, Scholars 45f), die diesbezügliche Skepsis von J.L. HEI-
     BERG: Philologus 43 (1884) 502 ist unangebracht.

462 Bei der Stelle aus PhysCom. handelt es sich um den einzigen antiken Text, der περὶ
     κινουμένης σφαίρας explizit Autolykos zuweist.

463 PhysCom. 220,1/11. Zum Verhältnis dieser drei Texte zueinander vgl. J. MOGENET, Les
     définitions dans l'Ancienne Sphérique: ASSB 61 (1947) 235/41; er glaubt, daß die De-
     finitionen aller drei Texte auf eine Vorlage zurückgehen, die von Autolykos am zuver-
     lässigsten wiedergegeben wird.

drei Werke begegnen in eben dieser Reihenfolge im sechsten Buch der collectio des Pappos (wohl 1. Hälfte 4. Jh.n.Chr.) und sind dort von ihm zusammen mit περὶ ἡμερῶν καὶ νυκτῶν des Theodosius, περὶ μεγέθων des Aristarch und der Optik des Euklid kommentiert worden und haben mit diesen Texten seit dem 3. Jh.n.Chr., möglicherweise als Ergänzung zur μεγάλη σύνταξις des Ptolemäus, wahrscheinlich eine Sammlung gebildet, die als μικρὸς ἀστρονομούμενος bezeichnet wurde. Auch wenn die Existenz dieser Zusammenstellung nicht ganz sicher und auch die Frage nicht restlos geklärt ist, ob sie noch weitere Texte umfaßte [464], so bleibt durch das Zeugnis des Pappos bestehen, daß diese Texte im Laufe der Jahrhunderte in Alexandrien tradiert und kommentiert wurden und J.Ph. sie zumindest dem Namen nach kannte und sie sich wohl beschaffen konnte. Für MOGENET gibt die Reihenfolge Theodosius, Autolykos, Euklid »und sozusagen jegliche Astronomie« [465], die J.Ph. nennt und sachlich begründet – es handelt sich für ihn um den Weg von der θεωρία zur Beschäftigung mit den μερικώτερα [466] –, zugleich einen Hinweis darauf, wo J.Ph. diese Autoren zumindest anfanghaft kennengelernt hat: es sind »ses souvenirs scolaires«; »les trois traités constituant, a partir de connaissances géométriques suffisamment développées, l'initiation progressive normale à l'astronomie« [467]. Das ist möglich, wenngleich die Kenntnisse über das zur Zeit des J.Ph. im alexandrinischen Hochschulstudium [468] vermittelte Wissen in Astronomie lückenhaft sind. Jedenfalls dürften im philosophischen Unterrichtsplan [469] den Platz der Mathe-

---

464 Dazu sind die Erkenntnisse von MOGENET, Autolykos 162/6, nicht überholt: Möglicherweise gehörten zur Sammlung noch »de ortibus« von Autolykos, περὶ οἰκήσέων des Theodosius (ein Werk der mathematischen Geographie) und der ἀναφορικός des Hypsikles (Hypsikles, Die Aufgangszeiten der Gestirne, hg.v. V. DE FALCO/M. KRAUSE = AAWG. PH 3,62 [Göttingen 1962]), nicht jedoch die σφαιρικά des Menelaos, die »data« Euklids und die Katoptrik PsEuklids.

465 PhysCom. 220,10: »τὰ Εὐκλείδου Φαινόμενα καὶ ἁπλῶς πᾶσα ἀστρονομία«.

466 Der Theoretiker befaßt sich nur mit der Kugelform, »μερικώτερος« ist der, der sich mit der Kugel und ihrer Bewegung beschäftigt, die individuelle Natur selbst untersucht schließlich der Astronom, der die Frage nach der οὐσία stellt. In dieses Schema paßt allerdings nicht, daß Theodosius sphaer. 1, def. 3 (2,3/5 HEIBERG) ebenfalls von der Bewegung einer Kugel spricht; oder fällt dies insofern noch unter den Bereich der »theoretischen« Sphärik, als dabei nur an das Verhalten eines Modells gedacht sein soll?

467 MOGENET, Autolycus 161.

468 Auch der Schulstoff, der vom Grammaticus unterrichtet wurde, beinhaltete zumindest theoretisch Stoff des Quadriviums: vgl. W. LIEBESCHUETZ, Hochschule: RAC 15 (1991) 858/911, hier 862f.

469 Er umfaßt in dieser Reihenfolge: I. Eine allgemeine Einleitung in die Philosophie; eine spezielle Einleitung in die Isagoge des Porphyrius; Isagoge des Porphyrius; II. aristotelische Philosophie, bestehend aus einer allgemeinen Einleitung zu Person und Werk des

matik die Quadriviumsautoren Nikomachos und Diophantos (Arithmetik[470]),
Euklid und Hero (Geometrie [471]), die »Pythagoreer« und Aristoxenos (Musik[472]) sowie Ptolemäus/Paulus und Theodosius (Astronomie [473]) eingenommen haben [474]. Damit könnte J.Ph. tatsächlich, sollte Theodosius den μικρὸς

Aristoteles, einer speziellen Einleitung in die Kategorien als erster Schrift der Sparte Logik, danach die Gebiete Ethik, Physik, Mathematik, Theologie; III. platonische Philosophie, bestehend aus einer allgemeinen Einleitung zu Person und Werk Platons, einem ersten Zyklus (I.Alkibiades, Gorgias, Phaidon, Kratylos, Thaitetos, Sophistes, Politikos, Phaidros, Symposium, Philebos) und einem zweiten Zyklus (Timaios, Parmenides): vgl. WESTERINK, Astrologisches Kolleg 20, DERS., Prolegomena XXXVII/XL, ausführlich HADOT, Introductions; zur Reihenfolge der platonischen Dialoge A.J. FESTUGIÈRE, L'ordre de lecture des dialogues de Platon aux Ve/VIe siècles: MH 26 (1969) 281/96 (= A.J. FESTUGIÈRE, Études de philosophie grecque [Paris 1971] 535/50), F. SCHEMMEL, Die Hochschule von Athen im IV. und V. Jahrhundert p.Ch.n.: Neue Jahrbücher für das klass. Altertum 22 (1909) 494/513, hier 510/2. K. VERRYCKEN, The metaphysics of Ammonius son of Hermeias: Aristotle transformed 199/231, hier 226/31 urteilt, daß anders als der athenische Schulbetrieb der alexandrinische seit Ammonius die Platonlektüre nicht unbedingt als Krönung des Studiums verstanden und auch weniger spekulativ das neuplatonische System entwickelt hat; stattdessen sei im Bestreben, Aristoteles zu einer Synthese mit Platon zu führen, ersterer und damit als Thema die Kosmologie in den Vordergrund gerückt.

470 Benutzt wurde die Isagoge des Nikomachos; Kommentare zu ihr haben sich von Ammonius und J.Ph. erhalten. Welches Werk des Diophantos (ca. 250 n.Chr.) Verwendung fand, ist nicht klar. Die Benutzung zweier Autoren entspricht einer Unterteilung der Disziplin in ἀριθμετική (Nikomachos) und λογιστική (Diophantos).

471 Benutzt wurden wahrscheinlich die Elementa Euklids und die Stereometrica des Heron. Wiederum ist die Disziplin zweigeteilt: Euklid steht für Geometrie, Hero für Geodäsie. Wie sich zu diesem Bereich die Geographie verhält, wird nicht gesagt. Jedenfalls scheinen in dieser Sparte Ptolemäus' Geographie und die Chorographie des Pappos als Lektüre möglich, wie J.Ph. opm. 4,5 (169,7/170,24) zeigt.

472 Die Unterteilung der Disziplin erfolgt in μουσική (Pythagoreer) und ἔνυλος μουσική (»Aristoxenier«).

473 Ptolemäus und Theodosius stehen nach Damaskios PhilebosCom. 225,16/20 (105 WESTERINK) und PsElias PorphyrIsCom. 19,29f (38f WESTERINK) für zwei himmelskundliche Disziplinen: beides sind zwar παιδευτικαὶ τέχναι, aber Ptolemäus lehrt Astronomie, indem er sich mit dem sichtbaren körperlichen Universum beschäftigt, während Theodosius σφαιρική (τέχνη) lehrt, die einem mathematischen Gegenstand gilt, der ἄϋλος ist.

474 L.G. WESTERINK, The Greek commentaries on Plato's Phaedo 1 (Amsterdam 1976) 26, DERS., Astrologisches Kolleg 19, erschlossen aus PsElias PorphIsCom. 19,25/30 (38f WESTERINK) (7.Jh.). Daß in früherer Zeit Ptolemäus anstelle des Astrologen Paulus stand, wird mit Damaskios PhilebosCom. 225,16/20 (105 WESTERINK) belegt. Dieser wiederum hatte seinerseits, wie Pappos, Damaskios und Olympiodor bezeugen, Euklids Phainomena verdrängt: vgl. SCHEMMEL (o.Anm. 469) 509. LIEBESCHUETZ

ἀστρονομούμενος vertreten, wenigstens die wichtigsten der genannten Autoren aus dem Bereich der Sphärik/Astronomie wie Ptolemäus, Autolykos, Euklid und Theodosius während seiner Studien kennengelernt haben. Sein allgemeiner Hinweis in opm. auf Autoren könnte dies ergänzend bestätigen, die über die Auf- und Untergänge der Gestirne und meteorologische Erscheinungen geschrieben haben [475]. Daß er sich nicht nur mit der Arithmetik – dafür steht seine Kommentierung der Isagoge des Nikomachos [476] –, sondern auch mit der Sphärik, also zumindest den theoretischen Problemen der Astronomie, beschäftigt hat, beweist seine Schrift über das Astrolab, die ebenfalls als solch ein propädeutischer mathematischer Text für Philosophiestudenten betrachtet wird [477]. Allerdings scheinen bei ihm nirgends tiefergehende Kenntnisse besonders der Astronomie durch; zwar kann dies mit der Zielsetzung von opm. zusammen-

---

(o.Anm. 468) 888 nimmt an, daß es für aristotelische Logik, Mathematik, Grammatik, Rhetorik und Medizin eigene Studiengänge gab, die die Grundlagen dieser Wissenschaften behandelten, daneben noch Spezialkurse für Mathematik, Medizin und Grammatik. HADOT, Art liberaux (o.Anm. 434), glaubt, daß die Benutzung vieler der schon genannten mathematischen Schriften wie Theon Smyrn., Geminus isagog., Kleomedes, Theon Alex. u.a. innerhalb des Mathematikteils des Philosophiestudiums, und zwar vor allem in der platonischen Schule, noch breiter war; positiv zeigen läßt es sich für Theon Smyrn. anhand des Titels und der Bemerkung (16 HILLER), seine Absicht sei nicht, einen Mathematiker oder Astronomen zu belehren, sondern die Platonlektüre zu ermöglichen; allerdings ist ein regulärer, in eine Vielzahl von Disziplinen ausgebauter Schulbetrieb wie in der Ammoniusschule in seiner Zeit kaum nachweisbar, wenngleich es deutliche Hinweise dafür gibt, daß Platon im 2. Jh.n.Chr. vorlesungsartig kommentiert wurde: vgl. P. HADOT, Théologie, exégèse, révélation, écriture, dans la philosophie grecque: Les règles de l'interprétation, ed. M. TARDIEU (Paris 1987) 13/34, hier 15/7. Möglicherweise hat auch der Titel eines Textes, unter dem er überliefert ist, etwas mit dem Ort seiner Verwendung zu tun, vgl. z.B. das Schwanken in der Betitelung des Werkes des Kleomedes als Μετέωρα oder Κυκλικὴ θεωρία. R.B. TODD, Cleomedis Caelestia (Leipzig 1990) XXf hält ersteren für älter.

475 Opm. 4,14 (188,2/8): »...,ὡς οἱ τὰ περὶ ἐπιτολῶν ἄστρων καὶ δύσεων καὶ περὶ διοσημειῶν ἐδίδαξαν γράψαντες, ...«. Wen J.Ph. damit meint, ist nicht klar. Außer Ptolemäus selbst kämen auch Werke wie Theons Kommentar zu den »handlichen Tafeln« (πρόχειροι κανόνες) des Ptolemäus (ed. J.MOGENET/A. TIHON, Le «Grand Commentaire» de Théon d'Alexandrie aux Tables faciles de Ptolémée = StT 315.340 [Rom 1985/91]) in Frage. Benutzt wurden die sphärischen Berechnungen auch zu astrologischen Zwecken.

476 Nach L.G.WESTERINK, Deux commentaires sur Nicomaque. Asclépius et Jean Philopon: REG 77 (1964) 526/35, hier 530, geht dieses Werk auf die Mitschrift des Asklepios zurück, die dieser von der Vorlesung des Ammonius gemacht hat; vgl. L.TARÁN, Asclepius of Tralles commentary to Nicomachus' introduction to arithmetic = TAPhS NS 59,4 (Philadelphia 1969) 10/3.

477 HADOT, Arts liberaux (o.Anm. 434) 291. Aus Simplicius CaelCom. 462,20/31 ist zu entnehmen, daß in der Philosophenschule praktische Übungen zum Studium gehörten.

hängen, doch fällt auf, daß J.Ph. auch in seinem Gesamtwerk über standardisierte Grundkenntnisse hinaus kaum detailliertere Aussagen zu astronomischen Problemen macht[478]. Andererseits erscheint das astronomische Wissen im direkten Vergleich zu einigen philosophischen Kollegen der Aristoteleskommentierung durchaus spezifiert, wenn man an die Genauigkeit der Maßangaben für die Abstände der Gestirne denkt, die J.Ph. im Unterschied zu Alexander und Olympiodor bietet [479]; gemessen an Simplicius' CaelCom. relativiert sich aber auch diese Bewertung. Eine genaue Einschätzung des wirklichen astronomischen Fachwissens des J.Ph. erweist sich daher als schwierig.

Noch eigens zu behandeln ist die aus dem Bewegungsverhalten der Milchstraße gezogene Folgerung des J.Ph. auf die Rotation des Firmaments. Sie ist weniger im Hinblick auf ihre Methodik, die, wie J.Ph. selbst feststellt, dem Schlußverfahren mittels der Tierkreissternbilder gleicht [480], von Belang, als vielmehr wegen des vorausgesetzten Verständnisses der Milchstraße und ihrer physischen Eigenschaften von Interesse. Zugrundeliegt nämlich die Bewertung dieses Phänomens, die sich J.Ph. in MetCom. in der kommentierenden Auseinandersetzung mit Aristoteles Met. I 8 erarbeitet hat.

Dort referiert J.Ph. zunächst in vier Schritten die Ausführungen des Aristoteles [481]. Er übernimmt als erstes dessen Abweisung des pythagoreischen Mythos, daß die Milchstraße die Spur einer früheren Bahn der Sonne sei [482], und ergänzt sie um die Widerlegung des Phaëton- und des Atreusmythos, die Aristoteles nicht bietet [483]; in allen drei Fällen, und J.Ph. hebt dies schon für

---

478 Zu den astronomischen Grundkenntnissen gehört offenbar auch das Wissen, daß das Astrolab für die Vermessung von Sternpositionen benutzt wird: vgl. Prokop GenCom. (PG 87,92D). Daß die Aufzählung der Sonnen-, Mond- und Planetenzyklen in opm. 4,14 (188,2/189,8) mit einer tragbaren Sonnenuhr mit Kalendergetriebe vom Anfang des 6.Jhs. aus Ägypten in Verbindung steht, wie MacCoull, Philoponus and the London sundial 19/21 suggeriert, ist nicht anzunehmen, da es sich in opm. um rein theoretische Kenntnisse handelt. Gleichwohl bleibt die Existenz dieses Gerätes bemerkenswert: vgl. J.V. Field/M.T. Wright, Gears from the Byzantines. A portable sundial with calendrical gearing: Byzantine and Arabic mathematical gearing (London 1985), Diess., Early gearing (London 1985) 1/13.18/23.

479 Vgl. o. S. 316/29.

480 Opm. 3,12 (145,5/9).

481 MetCom. 101,19/113,34. Vgl. Gilbert, Theorien 659/62. Vorgänger bzw. Kollegen des J.Ph. sind Alexander MetCom. 37,1/43,34 und Olympiodor MetCom. 66,5/79,8. Beide Abschnitte sind im folgenden verglichen worden. J.Ph. und Olympiodor gleichen sich im formalen Aufbau ihrer Kommentierung.

482 MetCom. 102,7/16. Das Argument lautet, daß auf der jetzigen Bahn der Sonne kein derartiges Phänomen zu beobachten ist.

483 MetCom. 102,16/36. J.Ph. gliedert damit die erste von Aristoteles überlieferte pythagoreische Position in zwei auf; den Atreusmythos erwähnt Aristoteles nicht. Dieser ist nicht von der Milchstraße gesagt, sondern meint für J.Ph. nach der Aussage gewisser

Aristoteles positiv hervor, erfolgt die Auseinandersetzung auf naturkundlicher Ebene [484]. Danach geht er ferner mit Aristoteles in der Abweisung der Positionen des Anaxagoras und Demokrits [485] konform: Die im Vergleich mit den anderen Sternen schwächere Erscheinung der Milchstraße kann keine Folge des Erdschattens am Himmel sein, der die Reflexion des Sonnenlichts an den Sternen in dieser Zone nicht zuläßt, da angesichts der Dimensionen des Kosmos der Erdschatten die Fixsternsphäre nicht erreichen kann – J.Ph. gibt dazu noch die ptolemäischen Maße an [486] – und sich bei wechselndem Sonnenstand der nicht von ihr beschienene Raum verschieben müßte. Als drittes stimmt er Aristoteles zu, daß es sich um keine Brechung des Sonnenlichts handeln kann, da weder die Sonne noch die Milchstraße die Eigenschaften eines Spiegels haben und die jährlichen Positionsverschiebungen der Sonne das Aussehen der Milchstraße verändern müßten; gleichzeitig muß er aus diesem Grund auch die modifizierten Überlegungen zur Brechungshypothese seines Lehrers Ammonius ablehnen, während er Alexander in diesem Punkt offenbar auf seiner Seite weiß [487]. Schließlich folgt die Darstellung der eigentlichen These des Aristoteles [488]: 1. Wie einzelne Sterne durch ihre Bewegung die trockene Ausdünstung verdichten, die Feuersphäre entzünden und damit die Entstehung von Kometen bewirken, so ruft der Himmel als ganzer durch seinen Umschwung die Milchstraße hervor. 2. Bestätigt wird dies dadurch, daß größere Sterne gerade in der Gegend der Milchstraße stehen. 3. Sonne und Planeten lösen deshalb keine Kometen aus, weil ihre im Vergleich zu den Sternen größere Hitze den Stoff der Feuersphäre, die καπνώδης ἀναθυμίασις, verflüchtigt; dieser darf also weder zu dünn noch zu dick sein. – Die Grund-

---

Leute (τινες), daß Atreus als erster den Menschen die Rückwärtsbewegung der Planeten bewiesen habe. Auch der Phaëtonmythos ist nicht auf die Milchstraße zu deuten, sondern hat bezogen auf das Phänomen der Kometen eine Berechtigung: die unruhige Bewegung des Phaëton im Vergleich zum geordneten Lauf des Sonnenwagens seines Vaters gleicht dem Verhalten der Kometen zur Sonne; das Entflammen gewisser Teile des Kosmos durch den Phaëtonsturz stimmt mit dem Anzünden der Luft unterhalb des Mondes durch die Kometen überein.

484 MetCom. 102,5f: »... ἐπάγει τὸν ἔλεγχον ὁπωσδήποτε φυσιολογίας ἡμμένην...«. Auf dieser Ebene wird sich J.Ph. gegen Aristoteles wenden.

485 W. GUNDEL, Γαλαξίας: PW 7 (1910) 560/71, hier 568f; er meint, daß Aristoteles Anaxagoras und Demokrit fälschlich gleichstellt.

486 MetCom. 103,1/105,14, Alexander MetCom. 37,24/38,27 tut dies nicht.

487 MetCom. 105,15/108,20. Alexander MetCom. 38,28/40,24 und Olympiodor MetCom. 68,30/69,26 führen die Brechungsthese unter dem Namen des Hippokrates. Die unterschiedlichen Positionen des Alexander und des Ammonius erwähnt Olympiodor ebenfalls.

488 MetCom. 108,21/113,34. Kritisiert wird hier nur die Unterteilung der Gestirne in Wandelsterne und solche, die »festgebunden« sind, also die Fixsterne, da beide Gestirnsarten an ihren jeweiligen Sphären befestigt sind: 109,28/110,6.

aussage des Aristoteles lautet also, daß die Milchstraße ein durch die Gesamtheit der Sterne verursachter Zustand der Feuersphäre ist.
    Mehrere Gründe lassen J.Ph. an dieser These zweifeln. Er findet sie, indem
er sich das von Aristoteles benutzte Prinzip der physischen Kritik zu eigen macht
und gegen ihn anwendet. Als erstes leuchtet J.Ph. nicht ein, daß die Milchstraße
ein Phänomen wie die Kometen sein soll: Er betrachtet es als auffällig, daß sich
die Milchstraße nicht verändert, wie man es von den Kometen gewohnt ist, da
die καπνώδης ἀναθυμίασις von Natur aus unbeständig ist. Die Milchstraße
aber verhält sich in allen Teilen immer gleich[489]. Viele und große Sterne gibt es
auch an anderen Stellen als in der Milchstraße, z.B. unterhalb des Orion[490].
Keine noch so kleine Bewegung der Sonne oder der übrigen Planeten nach Norden
oder Süden bewirkt auch nur irgendein geringfügiges Schwanken im Aussehen
der Milchstraße; dies ist verwunderlich, da zumindest die Sonne in der Luft im
Jahresablauf große Veränderungen hervorruft[491]. Unveränderlichkeit ist hingegen ein Charakteristikum des Himmels[492]. Des weiteren führt J.Ph. gegen
Aristoteles an: Wenn die Milchstraße eine Erscheinung der Luft wäre, müßte sie
eine teilweise Verfinsterung der Sterne bewirken, wie sie etwa Nebel hervorruft;
z.B. müßte die Milchstraße bei den Planeten, wenn diese sich in den Stern-
bildern Schütze und Zwillinge aufhalten, wo jene den Tierkreis schneidet, zu
einer Verfärbung führen, wenn sie sich wirklich unterhalb der Gestirne in der
Luft befinden sollte. Ebenfalls müßten bei der Milchstraße in dieser Nähe zur
Erde Parallaxenbewegungen vor dem Hintergrund der Fixsterne zu beobachten
sein[493]. Sodann weist – nach einer Textlücke[494] – J.Ph. aus physikalischen
Gründen sowohl den Mythos zurück, die Milchstraße sei Milch aus den Brüsten
der Hera[495], als auch die mythische Vorstellung, die Milchstraße sei der sichtbare Ort des Kommens und Gehens der Seelen[496]. Da sich an allen in der

---

489 MetCom. 113,35/114,17.

490 MetCom. 114,17/20.

491 MetCom. 114,20/30.

492 MetCom. 114,28/30: »Denn das immer Bleibende und sich Gleichverhaltende erscheint
     gewiß bei keinem Körper unterhalb des Mondes, sondern allein bei den himmlischen
     (Körpern), wenn überhaupt auch bei ihnen«.

493 MetCom. 114,30/115,16.

494 MetCom. 115,16. Der Umfang ist nicht klar.

495 MetCom. 115,16/21. J.Ph. gibt eine Fassung des Mythos wieder, nach welcher der von
     Athene Hera unterschobene Herakles so heftig gesaugt habe, daß Hera ihm die Brust
     entziehen mußte: vgl. GUNDEL (o.Anm. 485) 567. J.Ph. genügt dieser Mythos nicht,
     weil er nicht die Unveränderlichkeit der Milchstraße erklären kann, da die Milch der
     Hera nicht kontinuierlich strömte.

496 MetCom. 115,21/5. Dagegen spricht, daß die Zahl der Seelen und vor allem die Zahl der
     sichtbaren lichtartigen Körper dieser Seelen nicht ständig gleich sein kann.

trockenen Luft/Feuerzone abspielenden Erscheinungen auf Dauer Veränderungen beobachten lassen, kann die Folgerung nur lauten:

> »Da kein Bewegtes sich gleich verhält und immer bleibt, sondern tausender-
> lei Veränderungen erfährt, die Milchstraße aber keiner Veränderung unter-
> liegt oder einmal unterliegen wird, solange das All besteht, ist sie folglich
> kein Zustand [πάθος] der Luft oder der Feuerzone, der aus der trockenen
> Verdunstung entsteht. Denn alles, was aus ihr entsteht, Blitze, Sternschnup-
> pen, Meteore [δαλοί], Kometen, Donner, Winde und was in der Zone un-
> terhalb des Himmels [τὰ μετέωρα] auf einfache Weise eintritt, verändert
> sich leicht und entsteht und vergeht offensichtlich; die Milchstraße aber
> erleidet nichts davon. Sie scheint also ein substantieller Zustand des himm-
> lischen Körpers zu sein, der nicht von ihm getrennt ist [πάθος οὐσιῶδες
> εἶναι τοῦ οὐρανίου σώματος ἀχώριστον αὐτοῦ]«[497].

Ein Grund für das Auftreten der Milchstraße genau an dieser Stelle des Himmels läßt sich daher nicht angeben[498], sicher falsch ist also wiederum, daß es die Bewegung der Gestirne ist, die eine als Wärmephänomen verstandene Milchstraße hervorruft; dagegen spricht schon der große Abstand der Sterne[499].

J.Ph. setzt sich schließlich noch mit Damaskios auseinander[500]. Positiv vermerkt er, daß dieser aus zwei ganz ähnlichen Gründen, wie er selbst sie vorgebracht hat, die aristotelische Theorie ablehnt[501]. Kritisch nimmt er jedoch dazu Stellung, daß Damaskios den Mythos des Empedotimos[502], daß die Milchstraße der Ort der Seelenreinigung ist, als Logos akzeptiert[503]; allerdings müsse sie, so Damaskios, eher der Körper dämonischer oder göttlicher Seelen sein, da die ewig gleichbleibende Milchstraße kaum das Gefährt (ὄχημα) der Seelen sein

---

497 MetCom. 115,38/116,6.

498 MetCom. 115,7/12.

499 MetCom. 116,12/35. Darauf laufen die Ausführungen in MetCom. immer wieder hinaus: zu zeigen, daß die Wärme kein Bewegungsphänomen ist, sondern durch die Qualität der Gestirne selbst hervorgerufen wird und damit kein fünftes Element existiert.

500 Wahrscheinlich handelt es sich bei dem J.Ph. vorliegenden Text um einen Kommentar des Damaskios zur Metereologie; vgl. L.G. WESTERINK, The Greek commentaries on Plato's Phaedo 2. Damascius (Amsterdam u.a. 1977) 12.

501 MetCom. 116,36/117,8. Damaskios führt an: 1. Die Unveränderlichkeit der Milchstraße spricht gegen eine atmosphärische Erscheinung; 2. Die Milchstraße bleibt nicht hinter der Bewegung des Himmels zurück, was eintreten müßte, wäre sie ein Bestandteil des Äthers (d.h. der Feuerzone).

502 Wohl eine Dialogfigur des Heraklides Pontikos; vgl. E. ROHDE, Psyche 2 (Freiburg ²1898 = Darmstadt 1974) 94f.

503 MetCom. 117,8/10: »ἔργον αὐτὴν οὐ μῦθον καλῶν«; ebd. 117,26f: »ταῦτα πρὸς λέξιν Δαμάσκιος τὸν Ἐμπεδοτίμου μῦθον ὡς λόγον κυρῶν ἀληθῆ«. In dieser Form als Logos erklärt Damaskios auch den Mythos von der Milch der Hera für akzeptabel.

könne, die ständig auf und absteigen. Physikalisch betrachtet ist die Milchstraße nach Damaskios eine aus Sternen bestehende unvergängliche Einrichtung des Himmels, die durch die dichte Besetzung mit kleinen Sternen milchartig schimmert [504]. An dieser doppelten Sichtweise des Damaskios macht J.Ph. seine Kritik fest: Allegorisch/mytho-logische und physikalische Deutung einer physikalischen Erscheinung können nicht nebeneinander bestehen [505]. J.Ph. zeigt zwar noch, daß die mytho-logische Deutung in sich nicht stimmig ist [506], interessanter ist aber, daß er auch die physikalische Annahme des Damaskios für nicht richtig hält, da das Licht der Milchstraße vielfach auch nicht heller als das gewöhnlicher Sterne und deren Gestalt nicht verborgen ist [507]. Die Kugelgestalt der Gestirne scheint für J.Ph. an der inneren Oberfläche des Himmels nicht vorstellbar zu sein. Weitere Erkenntnisse über die Natur der Milchstraße hält J.Ph. nicht für möglich [508].

Die Bestimmung der Milchstraße als ein πάθος des Himmels greift J.Ph. in opm. nahezu wörtlich auf und verwendet ihr Auf- und Untergehen als Argument für die Kugelgestalt des Firmaments:

»Die Milchstraße ist einer von den Großkreisen und fällt als einziger von ihnen wegen seiner Farbe [χρῶμα] in unsere Augen, woher sie auch die Bezeichnung erhalten hat. Sie ist aber ein vom himmlischen Körper untrennbarer Zustand [πάθος ἀχώριστον τοῦ οὐρανίου σώματος], ihm verbunden, gemeinsam mit ihm existierend, oder was immer jemand will, möge er es nennen. Sie ist immer in jedem Teil des Himmels gleich, wo sie leuchtet, wo sie dunkel, wo sie einfach, wo sie doppelt ist. Sie erscheint jede Nacht ganz und wird mit den Fixsternen gemeinsam herumgeführt, wobei ihr einer Teil unter-, der andere aufgeht, wie wir es bei den zwölf Tierkreiszeichen gezeigt haben. Wenn nun der Himmel, wie sie [sc. die Antiochener] sagen, feststeht, die Milchstraße sich aber unmöglich aus sich selbst bewegen kann, da sie ein Zustand des himmlischen Körpers ist – denn das kann auch nicht das Weiße im Schnee oder in der Milch –, wie erscheint sie ganz in einer

---

504 MetCom. 117,19/21: »εῖναι δ'οῦν τοῦ οὐρανοῦ τινα διάθεσιν ἄφθαρτον, ἀστρῴαν, μικρῶν ἀστέρων πυκνότητι γαλακτίζουσαν«. Eine solche moderne Deutung der Milchstraße begegnet bereits bei Demokrit VS 68A91 und wird im übrigen auch von Kosmas top. 1,13 (SC 141,285 WOLSKA-CONUS) geteilt, vgl. GUNDEL (o.Anm. 485) 569.

505 MetCom. 117,27/31; 118,5/7. Die Abweisung der Mythologie mittels der Naturlehre kennt auch Olympiodor MetCom. 67,3/5.

506 MetCom. 117,31/9: ein Seelenaufstieg würde den Hades in den Himmel verlegen, dieser aber ist nicht licht; MetCom. 117,39/118,5: Hera ist nach Platon der Aër.

507 MetCom. 118,11f: »ἀλλὰ τὸ φῶς τοῦ γάλακτος πολλῷ καὶ οὐ τῶν τυχόντων ἀστέρων ἐστὶ λαμπρότερον, καὶ οὐκ ἂν ἔλαθεν ἡμᾶς αὐτῶν καὶ τὸ σχῆμα«. Die Gestalt der Sterne ist rund: vgl. o. S. 327 Anm. 215.

508 MetCom. 118,22/6.

Nacht teils auf-, teils untergehend, wenn nicht der Himmel der sich bewegende Ort war, an dem diese Farbe sich befindet?«[509].

Die Position des J.Ph., daß die Milchstraße ein πάθος des Himmels ist, ist allerdings durchaus nicht neu; bereits Theophrast vertritt sie[510], und J.Ph. verweist ja selbst auf Damaskios[511]. Auch die Astronomen haben Aristoteles vielfach nicht aufgegriffen, sondern betont, daß die Milchstraße ein Phänomen des Himmels ist[512]. Daß J.Ph. mit dieser Tradition vertraut ist und aus ihr schöpft, kann man daran erkennen, daß er seine Ausführung in opm. mit der Bemerkung einleitet:

> »Die Milchstraße ist einer von den Großkreisen und fällt als einziger von ihnen wegen seiner Farbe [χρῶμα] in unsere Augen«, [während die anderen nicht sichtbar sind]«.

Eine derartige Formulierung taucht nämlich häufig fast wörtlich in der astronomischen Literatur, z.B. bei Geminus, auf[513].

Seine Einwände gegen Aristoteles hat J.Ph. ebenfalls nicht alle selbst gefunden. Aus Olympiodors MetCom. ist zu entnehmen, daß bereits der Lehrer des J.Ph., Ammonius, mit vier Überlegungen Aristoteles widersprochen hat[514]. Ammonius führt an: 1. Die Unveränderlichkeit der Milchstraße spricht gegen ein Luftphänomen (so auch J.Ph.); 2. Als Erscheinung der Luft dürfte die Milch-

---

509 Opm. 3,12 (144,23/145,15). Kosmas top. 1,7 (SC 141,279 Wolska-Conus) hält die Milchstraße ebenfalls für ein nebelartiges Gebilde an der Himmelsoberfläche; seine Farbe beweist ihm die Existenz der vier Elemente auch im Himmel.

510 Macrobius somn. 1,15,4 (61,17/20 Willis): Die Milchstraße ist die Nahtstelle, an der die zwei Hälften des Himmels zusammengebunden sind; vgl. R.W. Sharples, Theophrastus on the heavens: Aristoteles. Werk und Wirkung 1,577/93, hier 584f.

511 Doxographien zur Natur der Milchstraße finden sich bei PsPlutarch plac.phil. 3,1 (5,2,1,100,4/28 Mau), Achilles Tatios isag. 24 (55,7/56,5 Maass) und Macrobius somn. 1,15,2/7 (61,7/62,3 Willis). Weiteres zur Deutung der Milchstraße in der Antike bei Gundel (o.Anm. 485) und M. Regali, Macrobio commento al Somnium Scipionis (Pisa 1983) 353f.

512 Auch Poseidonios und in seiner Nachfolge Diodor Alex. nach Macrobius somn. 1,15,2/7 (61,7/62,3 Willis) scheinen, obwohl die Aussagen nicht ganz klar sind, die Milchstraße als ein Phänomen des Himmels zu betrachten, das aus himmlischem Feuer besteht; jedenfalls hat sonst die Stoa die Milchstraße wie Aristoteles als ein Gebilde in der Luft eingeordnet, vgl. Gilbert, Theorien 661f.

513 Geminus isag. 5,11 (46,18/20 Manitius): Der einzig sichtbare Kreis im Weltall ist die Milchstraße, die übrigen (Kreise auf der Kugel) sind alle nur theoretisch angenommen; vgl. ebd. 5,68/70 (66,22/68,10 M.).

514 Olympiodor MetCom. 75,24/76,5.

straße nicht überall sichtbar sein (gleicht dem Argument der Parallaxen bei J.Ph.);
3. Der Mond befindet sich unterhalb der Milchstraße; 4. Gleiches gilt für die
anderen Planeten, wie die Beobachtung der Geschehnisse in den Zwillingen und
dem Schützen lehrt (so auch J.Ph.). Anders als Alexander hält auch Olympiodor
die Auskunft des Aristoteles zur Milchstraße für schlecht und nimmt sie nur
insofern in Schutz, als er konzediert, daß es sich nur um eine Hypothese, aber
nicht um endgültiges Wissen handele [515].

J.Ph. steht also in der Tradition der alexandrinischen Philosphenschule, wenn
er die Milchstraße als Phänomen des Himmels deutet. Wenn er dieses Wissen in
einem biblischen Kommentar zur Sprache bringt, geschieht dies allerdings, soweit ersichtlich, zum ersten Mal.

2. Die Schriftbeweise

Bereits REICHARDT ist aufgefallen, daß im Abschnitt opm. 3,10f engere Zusammenhänge mit der »Topographie« des Kosmas bestehen, auch wenn er keinen genauen oder vollständigen Vergleich beider Texte durchgeführt und
die möglichen Verbindungen geklärt hat [516]; dafür hat WOLSKA durch die
zitierende Entgegensetzung ausgewählter Abschnitte von Kosmas und J.Ph.
aus diesem Zusammenhang demonstriert, daß der naturphilosophische Grund-
dissens des richtigen Verständnisses des Weltaufbaus zwischen Antiochenern
und J.Ph. speziell einen direkten Konflikt zwischen Kosmas und J.Ph. betrifft und sich im wesentlichen in den Passagen aus opm. 3,10f (und einigen
anderen) bei J.Ph. niedergeschlagen hat [517]. Es ist jedoch stärker zu betonen
und in den Vordergrund zu rücken, daß der naturphilosophische Streit von
J.Ph. als Auseinandersetzung um das richtige Verständnis der Schrift mit der
antiochenischen Position geführt wird. Der Beweis der Schriftgemäßheit der
von ihm für richtig gehaltenen Lehre der Kugelgestalt der Welt ist nämlich
seinerseits nicht einfach eine freie Aneinanderreihung eigeninitiativ gesam-
melter Textstellen, sondern wird durch die Vorgabe von Schriftzeugnissen
bestimmt, die nach Auffassung der Antiochener einen flachen und meist
rechteckigen Weltaufbau belegen und deshalb die Schrift insgesamt sowie
damit inklusiv die christliche Lehrposition auf diesen Kosmostyp festlegen.
J.Ph. kann daher aufgrund der Überzeugung, daß der Schrift eine andere
Kosmologie zugrundeliegt, gar nicht anders, als bei einer Entkräftung dieser
Schriftbeweise anzusetzen. Der Nachweis, daß die Schrift das sphärische Welt-

---

515 Olympiodor MetCom. 66,17/22.
516 REICHARDT im Apparat.
517 WOLSKA, Topographie 161/79, bes. 170/7.

bild propagiert bzw. wenigstens für eine solche Deutung offen ist und alle ihre Einzelaussagen in diesem Sinn widerspruchsfrei miteinander übereinstimmen [518], ist für J.Ph. schon deshalb geboten, weil die Inanspruchnahme für den flachen Weltaufbau das Ansehen der Schrift bei den philosophischen nichtchristlichen Fachkollegen des J.Ph. ruinieren muß; von der Richtigkeit ihrer kosmologischen Hypothesen ist er aufgrund seiner eigenen Ausbildung überzeugt. So gesehen verfolgen die wiederholten Hinweise auf platonische Lehren den doppelten Zweck [519], sowohl den Neuplatonikern die Übereinstimmung zwischen der heiligen Schrift der Christen und der Philosophie Platons zu demonstrieren und damit das christliche Weltbild vom Makel naturphilosophischer Fehlerhaftigkeit zu befreien als auch die Christen, die nicht wie J.Ph. von einem sphärischen Weltbild ausgehen, von der grundsätzlichen Korrektheit vieler philosophischer und naturwissenschaftlicher Gedanken der Neuplatoniker zu überzeugen, da ja schon der größte Philosoph Platon nichts Unsinniges gedacht hat, sondern durch Ausschöpfung der Schrift zu seinen Lehren gefunden hat und so in unmittelbarer Nachfolge des Moses als des Kronzeugen christlicher Kosmologie steht.

Durch einen genauen Vergleich der von Kosmas und J.Ph. benutzten Bibelstellen läßt sich gleichzeitig weiter absichern, daß J.Ph. in der Tat primär an der »Topographie« des Kosmas seine Widerlegung festmacht und dieser Text den unmittelbaren, wenn auch nicht alleinigen Widerpart des J.Ph. darstellt [520]; damit klärt sich nämlich die bei WOLSKA offengebliebene Frage, in welcher zeitlichen Reihenfolge J.Ph.' opm. und Kosmas' Topographie zueinander stehen [521]. Alle von J.Ph. diskutierten Schriftzeugnisse finden sich nämlich ebenfalls bei Kosmas mit Ausnahme solcher Stellen, die von J.Ph. als zusätzliche Bestätigung oder Illustration einer Kontroversauslegung einer anderen Schriftstelle angehängt werden und erst in diesem Sinne ein

---

518 Vgl. die stereotype Wendung »... mit dem [sc. Schriftzitat] stimmt überein auch das [sc. folgende Schriftzitat]« in opm. 3,10 (133,1.7; 134,10.14) oder auch das einfache »ebenso« opm. 3,11 (142,5.17f.20f); umgekehrt ist der Vorwurf des J.Ph., daß die Schriftverse in der Auslegung der Antiochener nicht in Übereinstimmung sind: opm. 3,10 (139,19f). Dieses Verfahren, die Übereinstimmung aller Schriftzeugnisse in der ihm richtig erscheinenden Interpretation zu beweisen, findet sich auch an allen anderen Stellen in opm., bes. in Buch 1 und 6.

519 In opm. 3,10 sind dies die Hinweise auf Platon Tim. 41B (134,24/8) und Tim. 55DE (140,8/27).

520 Ein Vorbehalt ist insofern zu machen, als schon in der Genesisschrift des Theodor dieselben Schriftzeugnisse angeführt worden sein können; da sie, wie bekannt, nur in geringen Teilen erhalten ist, sind genaue Aufschlüsse nicht mehr möglich. Allerdings setzt sich J.Ph. in opm. 3 namentlich nicht mit Theodor auseinander.

521 Bei der Spätansetzung von opm. geht es nur um die Frage, ob J.Ph. auf Kosmas eingegangen ist.

neues Schriftargument darstellen [522]. Kosmas hingegen, der weitaus umfang-
reicher als J.Ph. Schrifttexte angeführt und ihre richtige und falsche Auslegung diskutiert hat, geht auf diese Stellen nicht ein, und gleiches gilt, soweit
zu übersehen ist, auch für seine antiochenischen Vorgänger. Dieser Sachverhalt zeigt bereits, daß J.Ph. der reagierende Part ist und nicht umgekehrt.
Unterstrichen wird dies dadurch, daß J.Ph. derjenige ist, der sich das Thema
der richtigen Schriftinterpretation vor dem Hintergrund einer für falsch gehaltenen Exegese herausgreift und sich, in einem eigenen Abschnitt gebündelt, an
die Widerlegung macht; wäre die »Topographie« des Kosmas eine Antwort
auf opm., könnte man erwarten, daß er sich ähnlich wie J.Ph. in einem
eigenen Kapitel nur mit der Diskussion strittiger Schriftstellen beschäftigt [523].
Die für J.Ph. wichtigen Schriftzitate zum Weltaufbau sind bei Kosmas über
das ganze Werk verteilt; derselbe Vers wird, wenn es gerade passend erscheint,
mehrfach an verschiedenen Stellen eingefügt. Dazu vermißt man die sachliche Auseinandersetzung des Kosmas mit den Argumenten des J.Ph., die
dieser zur Deutung der jeweiligen Schriftverse vorbringt: Kosmas benutzt die
Schrift nur, er analysiert sie nicht. Doch auch J.Ph. kümmert sich, wie schon
angedeutet, nicht um alle von Kosmas angeführten Schriftzeugnisse und geht
auf sämtliche Verse bzw. Verästelungen seiner Zitatengruppen ein, sondern
greift sich nur die für ihn anscheinend markantesten Stellen heraus und begnügt sich damit, an ihnen die Falschheit der Hypothese des flachen Weltaufbaus zu zeigen. So kennt er z.B. zwar die Argumentation der »Topographie« mit dem mosaischen Bundeszelt aus Exodus, das ja für Kosmas ein
zentrales Demonstrationsobjekt seiner Weltsicht darstellt, wischt aber alle
Schriftzeugnisse darüber mit der kurzen Bemerkung am Schluß von opm.
3,11 beiseite, daß das mosaische Zelt und der Jerusalemer Tempel von Menschen erbaut seien und damit nicht als göttlich legitimiertes Analogon des
Kosmos zu gelten hätten, ohne auf die Details einzugehen, die Kosmas alle –
wie z.B. die Maßangaben des Bundeszeltes – sorgfältig ausgewertet hat [524].
Auch macht sich J.Ph. nicht die Mühe, längere Texte aus der gegnerischen
Schrift oder aus anderen antiochenischen Zeugnissen zu zitieren, sondern

---

522 Es handelt sich in opm. 3,10 (134,10/23) um Jes. 34,4 (nicht bei Kosmas) als Verdeutli-
     chung von Ps. 101,27, ebd. (137,5/9) um Ps. 103,22 (nicht bei Kosmas) als Verdeutli-
     chung von Ekkl. 1,5, in opm. 3,11 (141,16/142,5; 142,25/143,18) um Ps. 8,4, Ps. 118,91 und
     Gen. 8,22 (nicht bei Kosmas) als Verdeutlichung von Jes. 40,22, 42,5 und 48,13, ebd.
     (143,19/144,4) um Joh. 1,14, Prov. 9,1 und Lk. 1,35 (nicht bei Kosmas) als Verdeutlichung
     von Hebr. 8,2.

523 Buch 5 der »Topographie« ist in diesem Sinn kein Abschnitt, der sich argumentativ dem
     Schriftbeweis widmet, auch wenn anhand der Bibel Buch für Buch das eigene Weltbild
     entwickelt wird. Buch 10 gibt zwar an, auf Kritik an den Schriftbeweisen hin verfaßt zu
     sein, bietet aber nur das Väterflorilegium.

524 Opm. 3,11 (144,5f).

gibt nur die Hauptideen, die mit den jeweiligen Schriftversen verbunden werden, kurz zusammengefaßt mit eigenen Worten wieder [525].

J.Ph. setzt ein mit der Exegese von Jes. 40,22b (α) »Der den Himmel wie ein Gewölbe (καμάρα) aufstellt (β) und ihn wie ein Zelt ausspannt, um zu wohnen«. Er hat zwar sogleich den ganzen Vers im Blick, interpretiert aber beide Teilaussagen nacheinander. Dies entspricht bei Kosmas dem Verfahren, sowohl Jes. 40,22bα isoliert auf die Gestalt des Himmels zu beziehen [526], als auch beide Halbverse gemeinsam zu verwenden, dann aber so, daß Jes. 40,22bα sich auf den ersten Himmel und Jes. 40,22bβ sich auf den zweiten Himmel bezieht; diese Differenzierung fehlt noch bei Johannes Chrysostomus, Severian, PsEustathius und Prokop [527]. An diesen Stellen, an denen er beide Halbverse benutzt, bringt Kosmas noch Ps. 103,2 ins Spiel [528]; J.Ph. folgt ihm darin und illustriert mit Ps. 103,2 Jes. 40,22bβ, natürlich in seinem Sinne. Gerade durch die Kombination von Jes. 40,22bβ und Ps. 103,2 wird das unmittelbare Gegeneinander der beiden Autoren erkennbar, denn, soweit zu überblicken ist, findet sich bei keinem anderen Autor der antiochenischen Richtung eine solche direkte Verbindung beider Verse [529]. Inhaltlich entkräftet J.Ph. die Deutung von Jes. 40,22bα auf einen zylindrisch oder oval gewölbten Himmel dadurch, daß er

---

525 Insofern suggeriert die Edition von REICHARDT durch ihre Anführungszeichen an den Stellen opm. 3,10 (131,25f; 135,13/7; 141,3f) und 3,11 (141,16/24) fälschlich wörtliche Zitate; das »φασίν« macht an diesen Stellen nur kenntlich, das gegnerische Thesen referiert werden.

526 Kosmas top. 2,17 (SC 141,321 WOLSKA-CONUS), 8,20 (SC 197,191 W.), 8,24f (SC 197,195 W.), 12,13 (SC 197,375 W.).

527 Kosmas top. 2,21 (SC 141,325 WOLSKA-CONUS), 4,4 (SC 141,539/41 W.), 7,84 (SC 197,147 W.); Ausnahme ist 10,31 (SC 297,269/71 W.), hier wird der ganze Vers pauschal auf den Himmel bezogen, allerdings handelt es sich eben um eine Entlehnung aus Severian. Joh. Chrysostomus de incompreh. Dei nat. 2,3 (SC 28²,160 DANIÉLOU/MALINGREY), PsEustathius hex. (PG 18,709B) und Prokop GenCom. (PG 87,40B), der hier offensichtlich aus Joh. Chrys. schöpft, beziehen die Stelle als ganze auf den ersten Himmel, daher legt sich nahe, daß dies auch für Severian gilt. Kosmas und J.Ph. zitieren Jes. 40,22 am Versende auch anders als Johannes Chrys. und Prokop (und wohl auch Severian, der hier kürzer ist): Kosmas und J.Ph. lesen »... διατείνας αὐτὸν ὡς σκηνὴν κατοικεῖν«, die anderen »... ὡς σκηνὴν ἐπὶ τῆς γῆς«.

528 Vgl. Belege aus der Anm. zuvor mit Ausnahme von Kosmas top. 10,31 (SC 197, 269/71 WOLSKA-CONUS). Darüberhinaus kommt Ps. 103,2 noch in top. 5,246 (SC 159,357 W.) und 7,56 (SC 197,115 W.) isoliert vor.

529 Dies ergibt die Durchsicht von Johannes Chrysostomus Gen.hom. und serm. in Gen., Severian creat.or., Akakios quaest.var. (Collect. Coisl.), Theodoret Gen.quaest., Jakob von Saruq Gen.hom. Nicht mehr als eine äußerliche Nachbarschaft beider Verse bietet auch PsKaisareios erot.: Zwar kommen sie bei ihm in etwas engerem Kontext vor, doch verteilen sie sich getrennt voneinander auf die beiden quaest. 65 und 66 (56fRIEDINGER).- Ps. 103,2 wird auch isoliert bei den zuerst genannten Autoren nicht verwendet. Außer

den Begriff καμάρα auf Rundformen bezieht, die keinen vollständigen Kreis bilden, und Jesaja für ihn mit diesem Wort nur den oberirdisch sichtbaren Teil des Himmels benennt und ihn also nicht als ganzen meint. Längsschnitte durch einen Zylinder oder ein Oval ergeben kein Kreissegment, sondern gerade Linien; dies stimmt wiederum nicht mit der Erkenntnis überein, daß das Erdzentrum sich, wie schon von ihm gezeigt, gleich weit von allen Punkten des Horizontes entfernt befindet und damit ein Kreis gebildet wird. Daß Jesaja den Himmel nicht einfach σφαῖρα genannt hat, erklärt sich mit seiner eigentlichen Absicht: astronomische Aussagen zu machen, lag ihm fern, vielmehr wollte er – so ließ sich schon das Ziel der Darstellung der Weltschöpfung durch Moses bestimmen – die Menschen zur Gotteserkenntnis führen. Jes. 40,22bβ weist nicht auf das Einziehen des Firmaments als eine Art flache Zwischendecke in das Weltgebäude hin, wie Kosmas meint, der damit die Sinnspitze des Verses im »Ausspannen« (διατείνειν) sehen muß, sondern bezeichnet ebenfalls die Halbkugel des Himmels über dem Horizont: Der gewöhnlich kreisförmige Grundriß eines Zeltes entspricht im Vergleich der kreisförmigen Horizontlinie, während der Zeltraum im weiteren Sinne analog zum Raum oberhalb der Erde zu sehen ist. Ps. 103,2 hat daher für J.Ph. seinen Skopos ebenfalls nicht im »Ausspannen« (ἐκτείνειν), sondern die Betonung liegt auf dem Vergleich des Himmels mit einer Haut, denn dies paßt zum Vergleich des Himmels mit einem Zelt, weil Zelte außen mit Häuten umgeben sind. Ein wenig verwundert, daß J.Ph. hier nicht noch den schon in opm. 2,4 geäußerten Gedanken vorbringt, daß Jes. 40,22a »Der das Rund der Erde beherrscht« offenkundig auf die runde Peripherie und somit die Kugelform der Erde hinweist [530].

Deutliche Anzeichen der Auseinandersetzung mit einer durch Kosmas vorgegebenen Verwendung von Bibeltexten zeigt auch der zweite größere Abschnitt der Schriftexegese in opm. 3,10 [531]. J.Ph. geht es um einen weiteren Jesajatext (Jes. 51,6), der bereits von Basilius und Severian benutzt worden ist und der von Kosmas im zehnten Buch aus Severian übernommen wird [532]. Daß er anders als Basilius den Vers nicht als Aussage über die Natur oder Substanz des Himmels gedeutet haben will und damit in der Kernfrage seinem gewöhnlichen Hauptgewährsmann widerspricht, verschweigt er freilich; allerdings mag man ihm zugute halten, daß Basilius den Vers auf den ersten Himmel bezieht, Severian/Kosmas ihn jedoch auf den zweiten Himmel anwenden und J.Ph. hier eben nur in die

---

     bei PsKaisareios findet sich Ps. 103,2 noch bei Prokop GenCom. (PG 87,68A). Nicht ganz klar wird, ob J.Ph. Jes. 40, 22b und Ps. 103,2 wie Kosmas, Prokop und anscheinend auch PsKaisareios noch auf den zweiten Himmel bezieht.

530 Opm. 2,4 (67,5/8).
531 Opm. 3,10 (133,11/134,28).
532 Daß die Antiochener Basilius hex. 1,8 (SC 26², 120 GIET) rezipiert haben, zeigt das Auftauchen in der Collect.Coisl. nr. 23 (CCG 15,23f PETIT).

Diskussion um letzteren eintritt [533]. Im Unterschied zu Basilius und Severian/ Kosmas gibt J.Ph. Jes. 51,6 vollständig wieder. Während sie zitieren »Der Himmel wurde wie Rauch festgemacht«[534], referiert J.Ph. ausführlich »Erhebt eure Augen zum Himmel und schaut auf die Erde unten, daß der Himmel wie Rauch festgemacht wurde, die Erde aber wie ein Gewand zerfallen wird, die sie aber bewohnen, werden wie diese zugrundegehen«[535]. Denn gerade mit den nicht von Basilius und Severian/Kosmas zitierten Stücken des Verses läßt sich für J.Ph. zeigen, daß Jes. 51,6 sich nicht auf die Gestalt oder die Substanz des Firmamentes bezieht[536], das Gott für Kosmas in Ewigkeit bestehen läßt, sondern daß der Vers nur anzeigt, daß Himmel und Erde samt ihren Bewohnern nicht ewig bestehen werden, da nichts Seiendes von Natur aus unauflöslich ist[537]. Während Severian/Kosmas im Text die Dauerhaftigkeit des Himmels ausgedrückt finden (»festgemacht«), interpretiert J.Ph. Jes. 51,6 also auf die natürliche Auflösbarkeit des Himmels hin (»wie Rauch«); darin stimmt er sogar wieder mit Basilius überein, der aus diesem Vers entnimmt, daß die Substanz des – wohlgemerkt ersten – Himmels von flüchtiger Natur ist. J.Ph. und seine beiden antiochenischen Gegner treffen sich freilich insofern, als die Dauerhaftigkeit den natürlichen Dingen durch Gott zukommen muß, doch hört die Gemeinsamkeit sofort wieder auf, wenn es um das Zeitmaß geht, das dem Himmel zugewiesen wird: Für Kosmas wird Gott das Firmament und den ersten Himmel ewig bestehen lassen, da hier eschatologisch das Himmelreich seines Sohnes lokalisiert ist, während nach J.Ph. dieser Kosmos insgesamt einschließlich der Himmel zugrundegehen wird. Genau diese Differenz bestimmt das Verständnis von Ps. 101,27, eines Verses, den J.Ph., veranlaßt durch das Stichwort Gewand aus Jes. 51,6, an dieser Stelle als nächstes ins Spiel bringt. Kosmas hat ihn ebenfalls benutzt, aber nicht in diesem Zusammenhang[538]. Ein weiteres Jesajawort (34,4), das sich allerdings nicht mehr bei Kosmas findet, unterstreicht für J.Ph. zusätzlich, daß die Möglichkeit der Zerstörung des Himmels durch den Schöpfer besteht und er sie auch wahrnehmen wird, während Kosmas Gott den Willen zur

---

533 Wie Basilius hält auch PsEustathius hex. (PG 18,709B) Jes. 51,6 noch für eine Aussage über den ersten Himmel. Daraus läßt sich möglicherweise für die Datierung des PsEustathius ableiten, daß Severian den Terminus ante quem darstellt.

534 Kosmas top. 10,26 (SC 197,265 WOLSKA-CONUS) aus Severian creat.or. 2,3 (PG 56,441f).

535 Opm. 3,10 (133,11/6).

536 J.Ph. interpretiert hier allerdings zu viel in Severian/Kosmas hinein. Denn beide wollen lediglich am Verhalten des Rauches, der, wenn er nach oben steigt, sich wolkenartig verdichtet, die Verfestigung des Firmaments aus Wasser illustrieren. Daß damit schon die Gestalt des Firmamentes angedeutet ist oder daß seine Substanz »irgendwie leicht ist nach Art des Rauches« (so J.Ph.), sagen beide nicht.

537 In aetm. 6,28f (225,13/242,22) basiert die Platoninterpretation auf demselben Gedanken, nur verleiht hier der Wille des platonischen Demiurgen dem Kosmos durch Einfügung der Weltseele die Unsterblichkeit a parte post; dies hat J.Ph. in opm. aufgegeben.

538 Kosmas top. 7,63 (SC 197,121/3 WOLSKA-CONUS).

Vernichtung des Alls abspricht[539]. J.Ph. erläutert vorsichtshalber noch, daß Ps.
101,27 nicht eine zeitliche Existenz Gottes meint, sondern vielmehr das ewige, der
Zeit enthobene Sein Gottes beschreibt.

Eine Beschäftigung mit Vorgaben der Antiochener, speziell von Kosmas,
läßt auch der Rest von opm. 3,10 erkennen, in dessen Zentrum die ausführliche
Erörterung des Schriftsinns von Ekkl. 1,2/7 steht und gezeigt wird, daß diese
Stelle, anders als die Gegner glauben, von einem sphärischen Weltaufbau ausgeht. J.Ph. hält diesen Abschnitt der Schrift für so wichtig, daß er ihn zunächst
vollständig zitiert; Kosmas und seine Vorgänger hingegen benutzen die Verse,
bes. Ekkl. 1,5f, nur einzeln und schenken solchen Argumenten, wie sie J.Ph.
vorbringt, keine Beachtung.

Um von vornehrein das Mißverständnis, das seines Erachtens die Antiochener/
Kosmas begehen, auszuräumen, die Aussagen des Buches Ekklesiastes seien aus
der Intention heraus entstanden, naturwissenschaftliche Phänomene zu beschreiben, hebt er eingangs hervor, daß Salomo als der ihm und der Kirche bekannte
Verfasser das Buch mehr moralisch und nicht naturwissenschaftlich konzipiert
hat[540]. Diese Äußerung ist von einigem Interesse, wenn man weiß, daß, begin-
nend mit Origenes, in der christlichen Exegesetradition die drei Salomo zugeschriebenen Bücher Proverbien, Ekklesiastes und Hoheslied bereits untereinander verglichen worden sind. Dabei ist ihre individuelle Aussageebene, auf der
ihr Inhalt zur Geltung kommen und verstanden sein will, kurz charakterisiert
und als Folge daraus ihr Verhältnis zueinander bestimmt worden: Origenes ordnet die drei Schriften den drei philosophischen Disziplinen Ethik, Physik und
Schau des Göttlichen (ἐποπτεία) zu; gleichzeitig stellt er damit eine Rangfolge
vom weniger Wichtigen zum Wichtigsten auf und gibt eine Reihenfolge für die
Lektüre an die Hand[541]. Auch wenn nicht abgestritten wird, daß die Aussagen
des Ekklesiastes in den Bereich des ἠθικόν hineinreichen, wird das Buch grundsätzlich der Disziplin Physik zugewiesen, wobei unter Physik bei Origenes hier
noch sehr allgemein die Beschäftigung mit der Natur einer jeden Sache zu verstehen ist[542]. Diese Einordnung der drei Bücher Salomons und die Zuweisung des
Ekklesiastes zur Physik läßt sich nach Origenes bei vielen Exegeten nachweisen;

---

539 Kosmas top. 7,60/82 (SC 197,117/45 WOLSKA-CONUS).

540 Opm. 3,10 (135,20f): »ἠθικώτερον, οὐ φυσικῶς«.

541 Vgl. Origenes CantCom. (GCS Orig. 8,75,2/76,16 BAEHRENS). Die Zusammenschau
     und gemeinsame Beschreibung der Grundtendenz der drei Bücher Salomons kennt schon
     Hippolyt CantCom. 1,3/5 (CSCO 264 Iber 16,23,9/25 GARITTE), vgl. griech. Paraphrase
     1,3/7 bei M. RICHARD, Opera minora 1 nr. 18 (Turnhout/Louvain 1976) 140f, allerdings
     nicht in der Zuweisung an die verschiedenen Disziplinen, wie sie Origenes vornimmt.

542 Vgl. Origenes CantCom. (GCS Orig. 8,75,19/21 BAEHRENS): »Naturaliter dicitur, ubi
     uniuscuiusque rei natura discutitur, quo nihil contra naturam geratur in vita, sed
     unumquodque his usibus deputetur, in quos a creatore productum est«; HADOT, Introduc-
     tions 115f. Daß diese Bemerkungen grundsätzlichen Charakter haben, ist daraus zu
     entnehmen, daß sie im allgemeinen Einleitungsteil des Kommentars stehen.

zu nennen sind Hieronymus, Didymos, Evagrius und nicht nur in räumlicher, sondern auch in zeitlicher Nähe zu J.Ph. der Diakon Olympiodor; am Ende des siebten oder Anfang des achten Jahrhunderts kennt sie immer noch der anonyme Autor eines EcclCom. [543]. Wichtig ist außerdem vor allem ein Beleg aus dem Hoheliedkommentar des Theodoret [544], denn er zeigt, daß die Antiochener sich wahrscheinlich ebenfalls diese Beurteilung zu eigen gemacht haben, auch wenn nicht sicher auszumachen ist, ob die antiochenische Schule durchgängig Origenes gefolgt ist, da wichtige Werke, aus denen möglicherweise Hinweise zu entnehmen wären, nicht oder nur fragmentarisch erhalten oder noch nicht ediert sind [545]. Jedenfalls setzt sich J.Ph. mit seinem Urteil, daß der Ekklesiastes »οὐ φυσικῶς« gemeint sei, deutlich sowohl von der origenistisch-alexandrinischen als auch einer bei Theodoret greifbaren antiochenischen Exegesetradition ab. Damit erweist er sich wie an vielen anderen Stellen als ganz eigenständig in seinem Urteil.

Mit dieser grundsätzlichen Relativierung im Rücken, die dazu führt, die naturkundlichen Hinweise in Ekkl. 1,2/7 nur als Beispiele für die Wiederkehr des im-

---

543 Hieronymus EcclCom. 1,1 (CCL 72,250,16/251,30 ADRIAEN): »... Haud procul ab hoc ordine doctrinarum et philosophi sectatores suos erudiunt, ut primum ethicam doceant, deinde physicam interpretentur; et quem in his professione perspexerint, ad theologicam usque perducant«; der moralische Aspekt des Ekklesiastes fehlt gleichwohl nicht: vgl. ebd. (CCL 72,250,19/22 A.). Didymos EcclCom. 5,31/6,28 (8/14 BINDER/LIESENBORGHS): »... αἱ παροιμίαι οὖν ἠθικά ἐστιν. ἐν δὲ τῷ ᾄσματι τῶν ἀσ[μ]άτων τὰ ὑπὲρ τὰ φυσικά ... ὁ ἐκκλησιαστὴς φυσικὰ λέγει ... τὸ πλεῖον μέρος ἐν τῷ ἐκκλησιαστῇ περὶ τῶν αἰσθητῶν καὶ ὁρ[ω]μένων οὐ μόνον κτισμάτων [ἀλ]λὰ καὶ ἐπιτηδευμάτων λέγεται«; ders. bei Prokop, Katene zum Ekklesiastes [zu 1,1] (CCG 4,6f LEANZA), nicht jedoch in ProvCom. (PG 39,1621); Evagrius expositio in Proverbia Salomonis (PG 17,161A): Die Weisheit Salomons ist geistliche Erkenntnis der ἠθικά, φυσικά und θεολογικά; Olympiodor EcclCom. (PG 93,477C) teilt ein in ἠθικά, φυσικά, νοητά, vgl. Frgm. in Prov. 1 (PG 93,469B). Anonymus EcclCom. (CCG 11,3,1/10 LUCCA): Salomon lehrt in den Proverbien Ethik, »... ἐκπαιδεύων ἡμᾶς διὰ τοῦ Ἐκκλησιαστοῦ καὶ φυσικῶς ...«.– Nicht zu finden ist die Zuordnung bei Gregor Thaumaturgos metaphrasis in Eccl. (PG 10,988B/1017D), doch lassen sich daraus keine Schlüsse ziehen. Zurückhaltend in der Zuordnung des Ekklesiastes zur Physik ist Gregor von Nyssa; jedenfalls gibt er keinen positiven Hinweis: Nach CantCom. 1 (GNO 6,18,7/23,1 LANGERBECK) fügt Salomon den Proverbien hinzu »... τὴν ἐν τῷ Ἐκκλησιαστῇ φιλοσοφίαν ... εἰς τὴν τῶν ἀρετῶν ἐπιθυμίαν« (22,7/9); vgl. ders. in Eccl. or. 1 (GNO 5,279,20/280,2 ALEXANDER).

544 Theodoret CantCom. praef. (PG 81,45D/48A): »Καὶ τοῦτο δὲ προειπεῖν ἀναγκαῖον, ὡς τρία τοῦ Σολομῶντος ἐδιδάχθημεν εἶναι συγγράμματα, τὰς Παροιμίας, καὶ τὸν Ἐκκλησιαστὴν, καὶ τὸ ᾆσμα τῶν ᾀσμάτων. καὶ αἱ μὲν Παροιμίαι τὴν ἠθικὴν ὠφέλειαν τοῖς βουλομένοις προσφέρουσιν. ὁ δὲ Ἐκκλησιαστὴς, τῶν ὁρωμένων ἑρμηνεύει τὴν φύσιν, καὶ τοῦ παρόντος βίου τὸ μάταιον ἐκδιδάσκει, ἵνα μαθόντες αὐτῶν τὸ ἐπίκηρον, ὡς παριόντων καταφρονήσωμεν, καὶ τῶν μελλόντων ὡς μενόντων ἐπιθυμήσωμεν. Τὸ δὲ ᾆσμα ...«. Wie bei Origenes ist also die moralische Seite des Ekklesiastes nicht grundsätzlich ausgeschlossen.

545 Unediert z.B. Joh. Chrysost. ProvCom. Bei Prokop findet sich nichts zu diesem Thema, weder in CantCom. noch in ProvCom. (Spurium); seine Proverbienkatene ist gleichfalls unediert.

mer Gleichen zu begreifen[546], wobei J.Ph. das Ziel der Verse des Ekkl. darin sieht, von der ständigen törichten Sorge um die gleichen Dinge im Leben abzuhalten, macht er sich daran, die Benutzung dieser Aussagen für das flache Weltbild den Antiochenern zu entwinden. Generell ist nämlich auch die Sonnenbewegung zunächst nur ein Beispiel für diese Wiederkehr des Gleichen; wenn man sich aber schon an eine naturkundliche Deutung begibt, dann bedeutet jedoch die Aussage »die Sonne geht auf« nur, daß die Sonne am Morgen allmählich den Horizont überschreitet. Das Dämmerungsgeschehen läßt erkennen, daß die Sonne unterhalb des Horizontes steht und von dort aus ihren Tageslauf antritt. Freilich scheint J.Ph. zu merken, daß der Sonnenaufgang sich auch in der Theorie des Kosmas, nach der die Sonne verborgen durch hohe Berge im Norden des Nachts nach Osten zurückkehrt, unterbringen läßt, denn als Begründung für seine eigene Theorie der sphärischen Welt weicht er schnell auf den früheren Beweis mittels des Auf- und Untergangs der zwölf Tierkreiszeichen aus[547]. Die für die Antiochener zentralen Verse Ekkl. 1,5f, die für sie den täglichen Lauf der Sonne von Ost nach West und nachts im Norden verborgen zum Aufgangsort zurück beschreiben, deutet J.Ph. durch eine einfache Änderung der Interpunktion und damit Aufteilung der Sinnabschnitte in diesem Vers anders. Zum besseren Vergleich folgt der Text mit den verschiedenen Interpunktionen:

Kosmas: »ἀνατέλλει ὁ ἥλιος καὶ δύνει ὁ ἥλιος καὶ εἰς τὸν τόπον αὐτοῦ ἕλκει. ἀνατέλλων αὐτὸς ἐκεῖ πορεύεται πρὸς νότον καὶ κυκλοῖ πρὸς βορρᾶν. κυκλοῖ κυκλῶν, καὶ ἐπὶ κύκλους αὐτοῦ ἐπιστρέφει τὸ πνεῦμα«[548].

J.Ph.: »ἀνατέλλει ὁ ἥλιος καὶ δύνει ὁ ἥλιος καὶ εἰς τὸν τόπον αὐτοῦ ἕλκει. ἀνατέλλων αὐτὸς ἐκεῖ πορεύεται πρὸς νότον καὶ κυκλοῖ πρὸς βορρᾶν, κυκλοῖ κυκλῶν· πορεύεται τὸ πνεῦμα καὶ ἐπὶ κύκλους αὐτοῦ ἐπιστρέφει τὸ πνεῦμα«[549].

---

546 J.Ph. fügt selbst noch die Jahreszeiten hinzu. Doch unterscheidet sich bereits sein naturkundliches Verständnis des »ἐπὶ κύκλους αὐτοῦ ἐπιστρέφει τὸ πνεῦμα« von dem des Kosmas. Dieser sieht in top. 2,34 (SC 141,341 WOLSKA-CONUS) die Bewegung der Sonne durch die Luft ausgedrückt; J.Ph. hingegen findet in den Grundzügen die Windlehre der antiken Meteorologie wieder (dazu GILBERT, Theorien 511/84).

547 Opm. 3,10 (138,3/10).

548 Top. 2,34 (SC 141,341 WOLSKA-CONUS), vgl. 10,33 (SC 197,273 W.). Demgegenüber lautet der Text bei Severian creat.or. 3,5 (PG 56,453): »ἀνατέλλει ὁ ἥλιος καὶ δύνει ὁ ἥλιος. ἀνατέλλων πορεύεται εἰς δύσιν καὶ κυκλοῖ πρὸς βορρᾶν. κυκλοῖ κυκλῶν, καὶ εἰς τόπον αὐτοῦ ἀνατέλλει«. Interessant ist, daß Severian, wenn man es so richtig versteht, seine Theorie an einer Karte demonstriert; ebd. (PG 56,452) heißt es kurz vorher: »ἀλλ' εἰ ἔχεις σφραγίδα μεμαρτυρημένην ὑπο τῆς ἀληθείας, συντρέχει τῇ φράσει καὶ ὁ τόπος«, daran anschließend wird mit »ἐκεῖ« auf bestimmte Teile der Karte verwiesen; zur Bedeutung σφραγίς = Karte s. LIDDELL/SCOTT 1742.

549 Opm. 3,10 (135,5/10), vgl. ebd. (138,11/3).

Kosmas faßt »ἀνατέλλων ... βορρᾶν« als eine Einheit und »κυκλοῖ κυκλῶν ... πνεῦμα« als andere auf[550]. J.Ph. hingegen zieht »κυκλοῖ κυκλῶν« zum vorigen und interpretiert den Satz als Aussage über die Bewegung der Sonne auf dem Tierkreis von Süd nach Nord im Laufe eines Jahres. Dabei kommt ihm sein Bibeltext entgegen, weil durch den von ihm gelesenen Einschub »πορεύεται τὸ πνεῦμα« die Aufteilung in seinem Sinne sehr deutlich markiert wird[551]. Der so abgetrennte Schlußsatz spricht für J.Ph. im Gegensatz zu Kosmas von den Winden und ihrer Entstehung, wie die antike Meteorologie sie beschrieben hat[552]. Das »kreist kreisend« im Satz zuvor stellt dagegen also nicht die tägliche Bewegung der Sonne, sondern ihre spiralartige scheinbare Bewegung von der Winter- zur Sommersonnenwende dar, einen Aspekt, den Kosmas höchstens im Plural »ἐπὶ κύκλους« des letzten Satzes angesprochen sieht[553]. Für J.Ph. aber ist gerade die Hervorhebung des kreisförmigen Ablaufs der Bewegung ein deutlicher Hinweis, daß nicht die tägliche Bewegung der Sonne gemeint sein kann, denn diese erfolgt nach der Theorie der Antiochener sowohl tagsüber auf einer geraden Linie als auch nachts auf einer Geraden, die zur Bahn am Tag abgewinkelt ist[554]. J.Ph. ist auch noch die ältere Theorie Severians bekannt, daß die Sonne den Himmel jeden Tag verläßt und in seinem Rücken zum Osten zurückkehrt[555]. Da Kosmas sie unterdrückt[556] und nicht mehr erwähnt, dürfte J.Ph. wahrscheinlich noch selbst das Werk Severians gekannt haben, kann sie aber auch durch dritte übermittelt bekommen haben[557].

Die Auslegung des J.Ph. von Ekkl. 1,5f wird noch interessanter, wenn man sie mit der seines Zeitgenossen Olympiodor vergleicht. Olympiodor kennt offenbar den Wortlaut in der gleichen Fassung wie J.Ph., interpunktiert ihn aber so wie Kosmas, zieht also »κυκλοῖ κυκλῶν« zu »πορεύεται τὸ πνεῦμα«; Pneuma ist für ihn jedoch nicht der Wind, sondern eigenartigerweise die Sonne – wegen der Schnelligkeit ihrer Bewegung, wie er meint[558]. Andererseits sagt er wie J.Ph., daß

---

550   Deutlich läßt sich dies der Wiederholung in top. 2,34 (SC 141,341 Wolska-Conus) entnehmen.

551   Der Bibeltext des J.Ph. an dieser Stelle ist mit der Edition von Rahlfs bis auf den Unterschied identisch, daß letzterer wie die Antiochener interpunktiert.

552   Vgl. o. Anm. 546. Vereinfacht gesagt faßt die antike Windtheorie Nord- und Süd- sowie Ost- und Westwind als korrespondierende Erscheinungen auf. Das Kreisen des Windes nach Ekkl. 1,6 zeigt also für J.Ph. den Ausgang des Windes z.B. im Norden und seine spätere Rückkehr als Südwind an.

553   Vgl. Kosmas top. 2,34 (SC 141, 341 Wolska-Conus).

554   Opm. 3,10 (139,4/7).

555   Opm. 3,10 (139,8/12).

556   Vgl. top. 10,33 (SC 197,271 Wolska-Conus), wo er den Severiantext »ἀλλ' ἐξελθῶν τὰ πέρατα τοῦ οὐρανοῦ« ausläßt.

557   Z.B. Prokop GenCom. (PG 87,89C).

558   Olympiodor EcclCom. (PG 93,484BC). Auch Stephanus bar Sudhaili lib. Hieroth. 4,11 (106 Marsh) bringt Ekkl. 1,6 mit der Sonnenbewegung von Ost nach West zusammen.

der Text »πορεύεται πρὸς νότον« usw. die jährliche Wanderung der Sonne zwischen den Wendekreisen anzeigt[559]. Geht man davon aus, daß Olympiodor seinen Ekklesiasteskommentar aller Wahrscheinlichkeit nach vor opm. verfaßt hat[560], so hat J.Ph. sich nicht nur mit der antiochenischen Bibelauslegung auseinandergesetzt, sondern auch die alexandrinische Bibelauslegung rezipert und beide philologisch und inhaltlich korrigiert und vorangebracht.

Ob die Interpretation, die der anonyme EkklCom. (Ende 7./Anfang 8. Jh.) zu Ekkl. 1,4/7 anbietet, irgendwie in Verbindung mit J.Ph. steht, läßt sich nicht entscheiden. Jedenfalls scheint es, wenn er in Ekkl. 1,5f wie die Antiochener den täglichen Umlauf der Sonne ausgedrückt sieht, daß er ihn in Kreisform denkt, weil er von ὑπόγειος πορεία spricht; außerdem bietet er die Windlehre, wie sie J.Ph. schon kurz angedeutet hat, ausführlich als Auslegung für das Kreisen des Pneuma an[561].

In Zusammenhang mit Ekkl. 1,5f macht J.Ph. außerdem Hiob 38,37f Mühe: »Wer zählte mit Weisheit die Wolken ab, wer legte den Himmel auf die Erde? Er ergoß sich wie staubige Erde, ich aber habe ihn zusammengefügt wie einen Würfel aus Stein«. Die Verse werden nur von Kosmas, aber nicht von Severian benutzt und spielen auch bei Prokop, der zumeist Antiochener exzerpiert hat und selbst in ihrer Tradition steht, keine Rolle – ein erneuter deutlicher Hinweis auf das direkte Gegeneinander von J.Ph. und Kosmas. Dieser findet in dem Schriftwort sowohl das Aufliegen der Enden des Himmels auf den Rändern der Erde als auch die viereckige Gestalt der Erde bzw. die kubische Form des unteren Teils des Weltaufbaus ausgedrückt[562]. J.Ph. setzt mit der Widerlegung der ersten Behauptung an der Teilaussage »ich habe ihn wie einen Würfel zusammengefügt« an. Er interpretiert sie als Vergabe lediglich der äußeren Form an Himmel und Erde und nicht als Hinweis auf ihren Gesamtzustand; die Zusammenfügung des Himmels, verstanden als Zusammenfügung mit der Erde, bedeutet aber dann gerade keine Berührung zwischen Himmel und Erde an irgendeiner Stelle, sondern gemeint ist vielmehr, daß der Himmel allseits die Erde umgibt. Diesen Gedanken sieht J.Ph. auch in dem Teilsatz »Er ist wie staubige Erde ausgegossen« angesprochen. Daß Hiob die Gestalt eines Würfels für den Himmel ausgewählt hat, kann sich J.Ph. angesichts der evidenten Wölbung nur so erklären, daß es Hiob um die ihm von Aristoteles her vertraute Ortsunveränderlichkeit der Welt als

---

559 Olympiodor EcclCom. (PG 93,484B): »τὰ κλίματα ἔφη, δι᾽ ὧν ὁ ἥλιος ὁδεύει«.

560 Dies legt sich aufgrund der relativen Chronologie der Kommentare zu Esra, Ekkl. und Hiob und dem Datum seiner Weihe zum Diakon (505/516) nahe: vgl. U.u.D. HAGEDORN, Olympiodor. Diakon von Alexandria. Kommentar zu Hiob = PTS 24 (Berlin 1984) XXXIX/XLV.

561 Anonymus EcclCom. zu Ekkl. 1,4/7 (CCG 11,5,36/6,57 LUCCÀ).

562 Top. 2,18 (SC 141,321/3 WOLSKA-CONUS), 4,5 (SC 141,541 W.), 7,85 (SC 197,149 W.).

ganzer geht. Dazu paßt der Vers Ekkl. 1,4, der nichts anderes im Blick hat, als ebenso die örtliche Unbeweglichkeit des gesamten Alls festzustellen. Für diese auf Himmel und Erde zusammen zielende Interpretation der Würfel-gestalt des Himmels nach Hiob läßt sich Unterstützung bei Platon finden, der dem Element Erde gleichfalls nicht wegen der Form, sondern wegen der Standfestigkeit und Unbeweglichkeit den Würfel zugewiesen hat [563].– Ferner stellt die Redeweise von den »Enden des Himmels« in der Schrift kein Hin-dernis dar, die Welt kugelförmig zu denken [564]. Das Argument der Antiochener, die Kugelform habe keine Enden [565], wird ähnlich wie schon bei der Bespre-chung von Jes. 40,22 damit entkräftet, daß die Schrift nur über den sicht-baren Teil der Welt spricht und die Enden dieses sichtbaren Teils der östliche und westliche Horizont sind.

An positiven eigenen Schriftbeweisen für die Kugelgestalt der Welt weiß J.Ph. schließlich noch 3Esra 4,34 anzuführen [566]. Olympiodor bestätigt in seinem EcclCom. bei der Kommentierung von Ekkl. 1,5, daß dieser Vers als Beleg für die Kreisform der täglichen Sonnenbewegung angeführt wird [567]. Dennoch hat die Nennung dieses Verses aus 1Esra LXX bei J.Ph. noch einen besonderen Akzent. Denn das Buch 1Esra LXX wurde von den Exegeten des antiochenischen Kreises in seiner Kanonizität völlig unterschiedlich beurteilt. Von Theodor ist bezeugt, daß er es als unkanonisch ablehnte, während Theo-doret das Gegenteil für richtig hielt [568]. Da aus Kosmas nichts zu entnehmen ist, was seine Einstellung zur Kanonizität dieser Schrift definitiv offenlegen

---

563 Opm. 3,10 (139,13/140,27).

564 Ps. 18,7: »Vom äußersten Ende des Himmels geht sie [sc. die Sonne] aus, und ihr Ziel ist an den Enden des Himmels«.

565 Kosmas top. 10,31 (SC 197,271 Wolska-Conus) (aus Severian), vgl. 4,5 (SC 141,541 W.); hinzu kommt der Gedanke, daß in Ps. 18,7 nicht vom Aufgang (ἄνοδος), sondern vom Ausgang (ἔξοδος) der Sonne gesprochen wird.

566 Opm. 3,10 (141,7/12).

567 Olympiodor EcclCom. (PG 93,481D): »κινεῖται [sc. die Sonne] κυκλοφορικῶς, ὡς τινες ἐκ τοῦ Ἔσδρα ἐσημειώσαντο, οὕτως εἰρηκότος ...« (es folgt 1Esra LXX 4,32/4). Ob J.Ph. gemeint ist, ist nicht zu entscheiden, da auch Origenes in Frage kom-men könnte. Wenn J.Ph. (mit)gemeint sein sollte, muß er sich bei der oben genann-ten zeitlichen Ansetzung des EcclCom. des Olympiodor schon vor opm. so geäußert haben; das ist möglich, wenn man an das Verhältnis zu Kosmas denkt. Um so auffälliger wäre dann aber, daß Kosmas nicht zur Bibelauslegung des J.Ph., gerade im speziellen Fall von 1Esra LXX 4,34 (s.u.), Stellung nimmt. Daher ist eher wahr-scheinlich, daß Olympiodor nicht J.Ph. meint. Dieser hätte dann in diesem Falle nicht aus eigenem Gedankengut geschöpft.

568 Über Theodor vgl. Leontius Byz. c. Nestorianos 3,17 (PG 86,1367A), Theodoret DanCom. (PG 81,1456), zum AT-Kanon Theodors Kihn 61/87, der mit der Inspirationslehre des Theodor die Verwerfung vieler atl. Schriften begründet, Th. Denter, Die Stellung der Bücher Esdras im Kanon des Alten Testamentes (Diss. Freiburg, Schw. 1962) 22f, der

würde, außer daß er sie nirgends zitiert [569], ist zwar nicht klar, ob sich durch den Verweis auf einen Vers aus diesem Buch überhaupt die gegnerische Position angreifen läßt, aber man kann auch umgekehrt argumentieren und sagen, daß J.Ph. so indirekt eine weitere Schwachstelle im gegnerischen Bibelverständnis offenlegt und sich zunutze macht [570].

Opm. 3,11 will gegen die Schriftbeweise der Antiochener zeigen, daß der Himmel keineswegs unbeweglich ist. Gründen diese ihre Argumentation darauf, daß Jesaja vom »Feststehen, Aufstellen, Begründen, Starrsein« u.a. des Himmels und der Erde spricht [571], so antwortet J.Ph., daß andere Schriftstellen – meist Psalmtexte – solche Aussagen auch über die Gestirne machen, die sich nach allgemeiner Überzeugung ja bewegen [572]. Wiederum läßt sich, wenn auch nicht so deutlich wie in opm. 3,10, die direkte Auseinandersetzung des J.Ph. mit Kosmas verfolgen: wenn er Ps. 18,6f vollständiger als Severian zitiert [573], wie Kosmas Jes. 42,5 in Verbindung mit Jes. 40,22 bringt [574] oder Verse hinzuzieht, zu denen dieser sich nicht äußert [575]. Letzteres gilt besonders für das Bemühen um das rechte Verständnis von Hebr. 8,2. Kosmas will den Vers auf die Errichtung des Himmels und damit seine Unbeweglichkeit

---

für Theodor auf den Einfluß der syrischen Kirche verweist. DENTER, der die Zitate der Esrabücher bei den Vätern gesammelt hat, erwähnt J.Ph. nicht. Zur Inspiration und Kanonizität von 1Esra LXX A.M. DUBARLE, Note conjointe sur l'inspiration de la Septante: Studies in the Septuagint. Origins, recensions, and interpretations, ed. S.JELLICOE (New York 1974) 572/80, hier 577f. G. DORIVAL: La bible grecque 321/9 geht bei der Behandlung des Kanons auf 1Esra LXX nicht näher ein.

569 Top. 8,23 (SC 197,193 WOLSKA-CONUS) wird erwähnt, daß der Kyroserlaß in den Chroniken und im Buch Esra zu finden ist. Vermutlich bezieht sich diese Aussage auf 2Esra LXX 1,1/3 (= Esra 1,1/3) und nicht auf 1Esra LXX 2,1/6. Der Erlaß selbst wird nach 2Chr. 36,22f zitiert.

570 Ein Nachteil der Biblia patristica ist das Zugrundelegen des masoretischen Kanons. R. HANHART, Esdrae liber I = Septuaginta 8,1 (Göttingen 1974) 23f weist darauf hin, daß das Buch selten zitiert wird; im antiochenischen Raum nennt er nur Theodoret als von Interesse für die Textgeschichte.

571 Wiederum Jes. 40,22; dazu Jes. 42,5; 48,13. Daß J.Ph. hier Jes. 40,22 nochmals erwähnt, zeigt, daß er den Abschnitt opm. 3,10f systematisch aufgebaut hat: 3,10 behandelt die Kugelgestalt, 3,11 die Bewegung des Himmels.

572 Ps. 8,4; Ps. 148,3/6; Ps. 18,6f; Ps. 103,5.32; dazu Ekkl. 1,4. Die Psalmentexte werden alle auch von Kosmas benutzt, aber um andere Sachverhalte des antiochenischen Weltbildes zu belegen.

573 Wenn in opm. 3,11 (141,16/22) Jes. 42,5 und 48,13 nicht so ausführlich wie bei Kosmas zitiert werden, so zeigt dies, daß auf beiden Seiten ähnlich verfahren wird; man kann aber J.Ph. zugestehen, daß er hier nur die für ihn wichtigen Passagen der Texte aufgreift.

574 Vgl. Kosmas top. 8,20 (SC 197,191 WOLSKA-CONUS).

575 Ps. 118,91; Gen. 8,22.

beziehen [576], J.Ph. sucht dagegen mit Joh. 1,14; 2,19.21; Prov. 9,1 und Lk. 1,35 zu zeigen, daß Hebr. 8,2 sich auf den Körper Christi bezieht und nicht für kosmologische Probleme auszuwerten ist. Kosmas hingegen schenkt diesen Schriftargumenten des J.Ph. keine Beachtung und erwähnt sie nicht einmal.

Das an dieser Stelle fallende Stichwort »Zelt« gibt J.Ph. schließlich Gelegenheit, summarisch alles Argumentieren mit dem mosaischen Bundeszelt oder dem Jerusalemer Tempel bei Kosmas als unberechtigt beiseite zu schieben; darauf wurde schon hingewiesen [577].

---

576 Vgl. Kosmas top. 4,5 (SC 141,541 WOLSKA-CONUS), 5,21 (SC 159,41 W.), 5,218 (SC 159,327/ 9 W.), 7,16 (SC 197,73 W.) (jeweils bezogen auf den zweiten Himmel bzw. den Zwischenraum zwischen erstem und zweitem Himmel). Der Vers wird von Severian in diesem Zusammenhang nicht zitiert, dafür jedoch von Joh. Chrysostomus Hebr.hom. 14,1 (PG 63,110f) und Prokop GenCom. (PG 87,40B).

577 Vgl. o. S. 408.

ZUSAMMENFASSUNG

In mehrfacher Hinsicht wird die Patrologie ihr Urteil über J.Ph. revidieren müssen. Die von der Philosophiegeschichte erkannte Bedeutung seiner Person findet ihre Bestätigung durch die Bewertung seiner kosmologischen Aussagen in opm. im Vergleich zu den Arbeiten seiner christlichen Vorgänger. J.Ph. ist der erste, dem es gelingt, in Auseinandersetzung mit der in der christlichen Theologie bis dahin verbreiteten und von ihm für falsch gehaltenen Vorstellung eines flachen Weltaufbaus eine christliche Kosmologie anhand des Schöpfungsberichts zu entwickeln, die dem Wissenschaftsstandard seiner Zeit entspricht. Sehr wahrscheinlich ist seine Schrift opm. dabei eine Reaktion auf die »Christliche Topographie« des Kosmas Indikopleustes. Eine genaue Einordnung in die kirchenpolitisch-theologischen Konflikte um die »Drei Kapitel« und den Origenismus will jedoch nicht gelingen.

Dennoch wäre opm. falsch beurteilt, wenn man die Schrift als Zeugnis für den Einzug der profanen Naturphilosophie als Ausgangspunkt der richtigen Bibelinterpretation in die christliche Theologie deuten würde. Im Gegenteil läßt J.Ph. keinen Zweifel daran, daß der Hexaemerontext auf seiner Aussageebene universale Gültigkeit beansprucht und durchaus Maßstab und Entscheidungshilfe für naturwissenschaftlich strittige Sachverhalte sein kann, auch wenn man damit seiner eigentlichen Intention nicht gerecht wird, theologische und nicht naturwissenschaftliche Aussagen machen zu wollen. Insofern ist die bisher vorgetragene Behauptung, J.Ph. sei Vertreter einer »Konkordanztheorie« und favorisiere die Harmonisierbarkeit von Bibel und Naturwissenschaft, nicht aufrechtzuerhalten: J.Ph. sucht nicht die Synthese, sondern er will lediglich zeigen, daß die Heilige Schrift der Christen den Wissenschaftsstandards der Zeit nicht nur in allen Belangen ebenbürtig ist, sondern selbst vieles vorweggenommen hat, was naturwissenschaftliches Forschen erst später herausfand.

Die zumeist damit verbundene Einordnung des J.Ph. als christlicher »Aristoteliker« ist so gleichfalls nicht aufrechtzuerhalten, ebenso trifft aber auch eine pauschale Klassifizierung als »Aristoteleskritiker« nicht ohne weiteres zu. Gewiß ist vieles in opm. nicht aristotelisch, sondern platonisch, aber anderes wiederum entspricht ganz den Vorstellungen des Aristoteles. Der Grund ist darin zu sehen, daß J.Ph. im neuplatonischen Denken der alexandrinischen Philosophenschule verwurzelt ist, in der Aristoteles und Platon gemeinsam zu einer spannungsvollen Synthese geführt worden sind. Dieser geistige Hintergrund als ganzer bestimmt seine Schrift opm. und läßt sich in vielen Einzelheiten, z.B. der Verwendung des Begriffs »Astronomie« für wissenschaftlich-mathematische Sternkunde, wiederfinden. Von J.Ph. in früheren Schriften vertretene, in Auseinandersetzung mit Aristoteles oder auch Platon entwickel-

te Ideen werden, wie z.B. die Impetustheorie, in opm. rezipiert oder vervoll-
kommnet, genausogut andere, z.B. die Lehre einer Beseelung des Kosmos,
verworfen.

J.Ph. orientiert sich mit seiner Darstellungsweise in opm. am formalen
Aufbau der in seiner philosophischen Schule gepflegten wissenschaftlichen
Kommentierung. Seine Schrift ist nichts anderes als ein Kommentar zum bi-
blischen Schöpfungsbericht. In der fortlaufenden Auslegung des Hexaemeron-
textes unter Hinzuziehung der bekannten anderen griechischen Übersetzungen
ist opm. im Vergleich zu früheren Werken der christlichen Genesis- und
Hexaemeronauslegung konkurrenzlos. Von dieser formalen Voraussetzung aus
muß opm. auch inhaltlich beurteilt werden. Denn was auf den ersten Blick
J.Ph.' eigene Meinung zu sein scheint, sind manchmal Aussagen, die nur als
Hypothesen verstanden werden wollen.

Trotzdem lassen sich auch unter diesem Vorbehalt die kosmologischen
Positionen des J.Ph. fixieren. Für J.Ph. gibt es in opm. wie für Aristoteles und
Platon nur den einen, zwar beinahe unendlichen, aber räumlich begrenzten
Kosmos. Er unterliegt als ganzer keiner Ortsveränderung. Außerhalb gibt es
nur das Nichts im strengen Sinn. Der Kosmosaufbau im Inneren folgt im
wesentlichen dem ptolemäisch-sphärischen Weltbild. Die äußerste Umgrenzung ist die ptolemäische neunte Sphäre bzw. der erste Himmel der Bibel. Den
zweiten Himmel oder das Firmament bilden die acht Planetensphären. Sie
sind nicht bloß theoretische Gebilde, sondern existieren als feste Körper in der
Realität und bestehen aus kristalliertem Wasser und kristallierter Luft. J.Ph.
baut die Lehre von den feinsten Elemententeilen, aus denen für die Neuplatoniker der Himmel besteht, in seine Kosmologie dadurch ein, daß er diese für
den Raum zwischen erstem und zweitem Himmel reserviert. Ein fünftes Element lehnt er ab. Den sublunaren Raum bilden die vier Elemente. Originell ist
dabei die Vermutung des J.Ph., das Pneuma aus Gen. 1,2 bezeichne die Feuersphäre. Ein leerer Raum innerhalb der Welt kommt de facto nicht vor.

An vielen Einzelheiten läßt sich das schöpferische Weiterdenken des J.Ph.
ablesen, wenn er z.B. aus seiner in opm. rezipierten Vorstellung von der Zweiheit
von Raum und Körper die Geistigkeit der Engel ableitet und den Gottesbegriff
vor dem Mißverständnis einer räumlichen Deutung sichert oder die exegesegeschichtlich mehr oder weniger festgelegte Zuordnung des Ekklesiastes zur
Naturlehre bestreitet. Gerade eher unausgesprochen im Hintergrund stehende, sich häufig nur in Nebenbemerkungen niederschlagende Vorstellungen
verdienen zur weiteren Erhellung des geistigen Umfeldes des J.Ph. ein gestei-
gertes Maß an Aufmerksamkeit.

Trotz oder wahrscheinlich wohl auch wegen seiner Eigenheit scheint J.Ph.
eher Außenseiter und Gelehrter geblieben zu sein. Spuren seiner kosmologischen und exegetischen Vorstellungen lassen sich jedenfalls in seiner Zeit nicht
nachweisen. Die christliche Öffentlichkeit scheint an ihm kein großes Interesse
gehabt zu haben und ist auf ihn schon damals offenbar erst aufmerksam gewor-

den, als er durch vermeintlich häretische Thesen unangenehm aufgefallen ist. Ob die Ideen und Motive, die J.Ph. zu seinen Aussagen haben kommen lassen, einer größeren Menge überhaupt verständlich gewesen sind, ist eher zu bezweifeln. Erst die arabische Gelehrtenwelt hat ihn entdeckt und sich mit ihm als Aristotelesinterpreten inhaltlich auseinandergesetzt. Ob seine auf aristotelisch-neuplatonischen Begriffsdefinitionen basierenden Formulierungen christologischer und trinitätstheologischer Probleme hätten zukunftsweisend sein können, ist heute eine eher akademische Frage, die aber vor dem philosophiehistorischen Hintergrund der Zeit weiterhin einer Aufarbeitung bedarf. Das Fehlurteil zu wiederholen, J.Ph. als Epigonen einzustufen, wird sich die Theologiegeschichte jedenfalls nicht mehr erlauben können.

ABKÜRZUNGEN

AAST	Atti dell' Accademia delle Scienze di Torino
AAWG	Abhandlungen der Akademie der Wissenschaften in Göttingen. Philologisch-Historische Klasse
AAWLM.G	Abhandlungen der Akademie der Wissenschaften und der Literatur in Mainz. Geistes- und sozialwissenschaftliche Klasse
ABG	Archiv für Begriffsgeschichte
ACO	Acta Conciliorum Oecumenicorum
AGWG.PH	Abhandlungen der Gesellschaft der Wissenschaften zu Göttingen. Philologisch-Historische Klasse
AIVS	Atti del Reale Istituto Veneto di scienze, lettere ed arti
ALMA	Archivum Latinitatis Medii Aevi
AnCl	Antiquité Classique
ASSB	Annales de la Societé Scientifique de Bruxelles
ATA	Alttestamentliche Abhandlungen
AUU	Acta Universitatis Upsaliensis
BAB.L	Bulletin de l'Académie royale de Belgique. Classe des Lettres et des Sciences morales et politiques
BByz.E	Bibliothèque Byzantine. Études
BEHE.H	Bibliothèque de l'École des Hautes Études. Section des Sciences Historique et Philologiques
BGPhMA	Beiträge zur Geschichte der Philosophie und Theologie des Mittelalters
BGrL	Bibliothek der Griechischen Literatur
Bib.	Biblica
BNGJ	Byzantinisch-neugriechische Jahrbücher
ByA	Byzantinisches Archiv
ByF	Byzantinische Forschungen
ByZ	Byzantinische Zeitschrift

CAG	Commentaria in Aristotelem Graeca
CB.OT	Coniectanea Biblica. Old Testament series
CBQ	Catholic Biblical Quaterly
CCG	Corpus Christianorum. Series Graeca
CCL	Corpus Christianorum. Series Latina
ClavisPG	Corpus Christianorum. Clavis Patrum Graecorum 1/5, ed. M. GEERARD (Turnhout 1974/87)
CLCAG	Corpus Latinum Commentariorum in Aristotelem Graecum
CNRS	Centre Nationale de la Recherche Scientifique
CollLat	Collection Latomus
CQ	Classical Quaterly
CSCP	Cornell Studies in Classical Philology
CSCO.Iber	Corpus Scriptorum Christianorum Orientalium. Scriptores Iberici
CSCO.S	Corpus Scriptorum Christianorum Orientalium. Scriptores Syri
CSEL	Corpus Scriptorum Ecclesiasticorum Latinorum
CSHB	Corpus Scriptorum Historiae Byzantinae
DOP	Dumbarton Oaks Papers
DThC	Dictionnaire de Théologie Catholique
EHS	Europäische Hochschulschriften
EnAC	Entretiens sur l'Antiquité Classique.
EPHE.SR	École Pratique des Hautes Études. Section des Sciences Religieuses
FGH	Die Fragmente der Griechischen Historiker, ed. F. JACOBY
FKDG	Forschungen zur Kirchen- und Dogmengeschichte
GCS	Die Griechischen Christlichen Schriftsteller der ersten drei Jahrhunderte
GGA	Göttingische Gelehrte Anzeigen
GNO	Gregorii Nysseni Opera
GöO	Göttinger Orientforschungen
GRBS	Greek, Roman and Byzantine Studies
HAW	Handbuch der Altertumswissenschaft

HUTh	Hermeneutische Untersuchungen zur Theologie
HWP	Historisches Wörterbuch der Philosophie
Hyp.	Hypomnemata
IOS	Israel Oriental Studies
JAOS	Journal of the American Oriental Society
JbAC	Jahrbuch für Antike und Christentum
JHS	Journal of Hellenic Studies
JNES	Journal of Near Eastern Studies
JSSt.M	Journal of Semitic Studies. Monograph
JThS	Journal of Theological Studies
KlP	Der Kleine Pauly
MAB.L	Mémoires de l'Académie royale de Belgique. Classe des Lettres et des Sciences Morales et Politiques
MFCL	Mémoires et Travaux publiés par des professeurs des Facultés Catholiques de Lille
MH	Museum Helveticum
ML.P	Museum Lessianum. Section Philosophique
NGWG.PH	Nachrichten der Gesellschaft der Wissenschaften in Göttingen. Philologisch-Historische Klasse
OrSuec	Orientalia Suecana
OLP	Orientalia Lovaniensia Periodica
OrSyr	L'Orient Syrien
ParOr	Parole de l'Orient
PG	Patrologia Graeca
PhAnt	Philosophia Antiqua
PhB	Philosophische Bibliothek
PhJ	Philosophisches Jahrbuch der Görresgesellschaft
Ph.S	Philologus. Supplement
PL	Patrologia Latina
PO	Patrologia Orientalis
PTS	Patristische Texte und Studien
PW	Paulys Realencyklopädie der classischen Altertumswissenschaft
QSP	Quellen und Studien zur Philosophie

RAAN	Rendiconti dell' Accademia di Archeologia, Lettere e Belle Arti di Napoli
RAC	Reallexikon für Antike und Christentum
REG	Revue des Études Grecques
RevBib	Revue biblique
RHLR	Revue d'Histoire et de Littérature Religieuses
RMP	Rheinisches Museum für Philologie
RPL	Revue Philosophique de Louvain
RQ	Römische Quartalschrift für christliche Altertumskunde
RSPhTh	Revue des Sciences Philosophiques et Théologiques
SBA	Schweizerische Beiträge zur Altertumswissenschaft
SC	Sources Chrétiennes
SO	Symbolae Osloenses
SPAW.PH	Sitzungsberichte der Preußischen Akademie der Wissenschaften. Philosophisch-Historische Klasse
StT	Studi e Testi
StPat	Studia Patavina
StPatr	Studia Patristica
SVF	Stoicorum Veterum Fragmenta, ed. J. von ARNIM.
TAPhS	Transactions of the American Philosophical Society
TEG	Traditio Exegetica Graeca
Theoph.	Theophaneia
ThLZ	Theologische Literaturzeitung
TRE	Theologische Realenzyklopädie
TU	Texte und Untersuchungen zur Geschichte der altchristlichen Literatur
TzF	Texte zur Forschung
VigChr	Vigiliae Christianae
VS	Die Fragmente der Vorsokratiker, ed. H. DIELS/W. KRANZ
WUNT	Wissenschaftliche Untersuchungen zum Neuen Testament
ZNW	Zeitschrift für die Neutestamentliche Wissenschaft und die Kunde der älteren Kirche
ZThK	Zeitschrift für Theologie und Kirche

ABKÜRZUNGEN DER WERKE DES JOHANNES PHILOPONOS

J.Ph.	Johannes Philoponos
aetm.	De aeternitate mundi (Schriftenverzeichnis nr. 19)
aetm. [2]	De aeternitate mundi [2] (nr. 21)
AnalPostCom.	In Aristotelis analytica posteriora commentaria (nr. 3)
AnalPriorCom.	In Aristotelis analytica priora commentaria (nr. 2)
AnCom.	In Aristotelis de anima libros commentaria (nr. 6)
astrol.	De usu astrolabi (nr. 16)
c.Andream	Contra Andream (nr. 38)
c.Arist.	Contra Aristotelem (nr. 20)
c.ep.Dosith.	Contra epistulam Dosithei (nr. 37)
c.Iambl.	Contra Iamblichum (nr. 40)
c.Themist.	Contra Themistium (nr. 33)
CatCom.	In Aristotelis categorias commentarium (nr. 1)
cont.	De contingentia mundi (nr. 22)
diait.	Diaitetes (nr. 25)
diait.dub.	Dubiorum quorundam in Diaetete solutio duplex (nr. 27)
diait.epit.	Diaitetes epitome (nr. 26)
diff.	Tractatus de differentia, numero ac divisione (nr. 30)
ep. ad cons.	Epistula ad consentaneum quemdam (nr. 34)
ep. ad Just.	Epistula ad Justinianum (nr. 31)
frgm.trith.	Tritheistische Fragmente (nr. 35)
GenCorCom.	In Aristotelis libros de generatione et corruptione commentaria (nr. 5)
MetCom.	In Aristotelis meteorologicorum librum primum commentarium (nr. 4)
NicomArithCom.	In Nicomachi Arithmet. isag. commentaria (nr. 15)
opm.	De opificio mundi (nr. 23)
pasch.	De paschate (nr. 39)

PhysCom.   In Aristotelis physicorum libros commentaria (nr. 7)

resurr.   De resurrectione (nr. 36)

tmem.   Tomi quattuor contra synodum quartam (nr. 28)

ton.   Tonika (nr. 18)

totalit.   Tractatus de totalitate et partibus (nr. 29)

trinit.   De trinitate (nr. 32)

vocab.   De vocabulis (nr. 17)

LITERATURVERZEICHNIS

A. Quellen

I. Johannes Philoponos

Die folgende Liste ist eine ergänzte, in der Numerierung der Schriften des J.Ph. identische Fassung der Werkübersicht in: rejection (s.u.) 231/5. Man mag die Unterteilung kritisieren (z.B. die Einordnung von opm.), doch bietet die Beibehaltung der Reihenfolge die Gewähr für eine Identifizierung der einzelnen Schrift.

a. Kommentare zu Aristoteles

1. Philoponi (olim Ammonii) in Aristotelis categorias commentarium, ed. A. Busse = CAG 13,1 (Berlin 1898).

2. Ioannis Philoponi in Aristotelis analytica priora commentaria, ed. M. Wallies = CAG 13,2 (Berlin 1905). Wallies bezweifelt die Authentizität des zweiten Buches.

3. Ioannis Philoponi in Aristotelis analytica posteriora commentaria cum anonymo in librum II, ed. M. Wallis = CAG 13,3 (Berlin 1909).

4. Ioannis Philoponi in Aristotelis meteorologicorum librum primum commentarium, ed. M. Hayduck = CAG 14,1 (Berlin 1901).

5. Ioannis Philoponi in Aristotelis libros de generatione et corruptione commentaria, ed. H. Vitelli = CAG 14,2 (Berlin 1897).

6. Ioannis Philoponi in Aristotelis de anima libros commentaria, ed. M. Hayduck = CAG 15 (Berlin 1897). Englische Übers. des Vorworts von J. Dudley: Bulletin de la société internationale pour l'étude de la philosophie médiévale 16/7 (1974/5) 62/85. Die Diskussion um die Zuschreibung von Buch 3 an J.Ph. oder Stephanus zuletzt bei Lautner (s.u.); er lehnt Stephanus als Autor ab und plädiert für einen Schüler des J.Ph.

   Daneben gibt es weitere AnCom., die J.Ph. zugeschrieben werden:

   – Jean Philopon commentaire sur le de anima d'Aristote traduction de Guillaume de Moerbeke, ed. G. Verbeke (Louvain/Paris 1966); ältere Edition: Le commentaire de Jean Philopon sur le troisième livre du «Traité de l'Ame» d'Aristote, ed. M. de Corte (Lüttich/Paris 1934): Lateinische Übersetzung eines Kommentars von J.Ph. zu Arist. an. III 4/8, die vom entsprechenden CAG-Abschnitt abweicht. Verbeke ediert ferner Fragmente einer anderen Übersetzung von J.Ph. AnCom. III von Moerbeke; die Emendationen von A. Mansion, Le texte du de Intellectu de Philopon: Mélanges A. Pelzer (Louvain 1947) 325/46, sowie die von S. van Riet, Fragments de l'original grec du »De intellectu« de Philopon: RPL 63 (1965) 5/40, gesammelten griechischen Fragmente hat VERBEKE berücksichtigt. Engl. Übers. von VERBEKE: Philoponus on Aristotle on the intellect (de anima 3.4-8), transl. W. CHARLTON with the assistance of F. BOSSIER (London 1991).

– Ferner gibt es ein Manuskript von Gennadius Scholarius (Codex Laurentianus 19 olim 86), in dem er fol. 269 behauptet, daß Thomas von Aquins de anima-Kommentar, den er (Gennadius) hier ins Griechische übertrage, im wesentlichen mit einem Kommentar des J.Ph. identisch sei. Jedoch gibt es keinen entsprechenden Text des J.Ph.: vgl. M. JUGIE, George Scholarios et Saint Thomas d'Aquin: Mélanges MANDONNET I (Paris 1930) 423/40; O. SCHISSEL VON FLESCHENBERG, Kann die Expositio in libros de Anima des S. Thomas Aquinas ein Kommentar des Joannes Philoponos zu Aristoteles »Peri psyches« sein?: BNGJ 9 (1932) 104/10; VERBEKE (1966) LXXI/LXXXII.

7. Ioannis Philoponi in Aristotelis physicorum libros tres priores commentaria, ed. H. VITELLI = CAG 16 (Berlin 1887). Ioannis Philoponi in Aristotelis libros quinque posteriores commentaria, ed. H. VITELLI = CAG 17 (Berlin 1888). Engl. Übers. der beiden »Corollarien« bei FURLEY/WILDBERG (s.u.); Engl. Übers. der arab. Zusammenfassung von Buch 5/8: Philoponus on Aristotle Physics 5-8 with Simplicius on Aristotle on the void, transl. P. LETTINK/J. URMSON (London 1994).

8. Daneben gibt es weitere, verlorene Kommentare zu Aristoteles. J.A. FABRICIUS, Bibliotheca Graeca 3 (Hamburg 1793) 218 und 10 (Hamburg 1807) 646 berichtet von einem Kommentar zu den »Sophistici Elenchi«; möglicherweise bezieht sich J.Ph. auf dieses Werk oder auf einen Kommentar zur »Topik«, der den erstgenannten vielleicht enthält, in AnalPostCom. 3,4. MetCom. 16,31 als Verweis auf einen verlorenen Cael-Com. zu deuten, ist spekulativ.

9. Der Metaphysikkommentar ist unecht. S. EBBESEN, Commentators and commentaries on Aristotle's »Sophistici Elenchi« = CLCAG 7,3 (Leiden 1981) 86f, hält ihn für später als Michael von Ephesus, also als 1100. Der Kommentar existiert in einer lateinischen Übersetzung von Patrizi und in zwei griechischen, von Patrizi nicht benutzten Manuskripten, die mit dem lateinischen Text übereinzustimmen scheinen.

Alle Kommentare werden in dieser Arbeit nach Seiten- und Zeilenzählung des CAG zitiert.

b. Kommentar zu Porphyrius' Isagoge zu Aristoteles' Kategorien

10. Vermutet wird, daß sich PhysCom. 250,28 auf diese Schrift bezieht. Aber das ist mehr als unsicher, da der Verweis wahrscheinlich auf Aristoteles' Kategorienschrift geht. Keine Untersuchung liegt vor zu »Philoponi interpretatio in quinque voces« Vat.Lat. ms. 4558 193ʳ/230ʳ. BAUMSTARK (s.u.) 167/81 (syr./deutsch) behauptet, syrische Fragmente in Vat.syr. ms. 158 gefunden zu haben.

c. Kommentar zu Platon

11. J.Ph. AnalPostCom. 215,5 verweist wahrscheinlich auf einen verlorenen Kommentar zu Platons Phaidon.

d. Medizinische Schriften

12. Eine Fülle von medizinischen, J.Ph. zugeschriebenen Schriften in arabischer Übersetzung liegt vor: M. STEINSCHNEIDER, Johannes Philoponus bei den Arabern: Al-
Farabi (Alpharabius) des arabischen Philosophen Leben und Schriften = Mémoire de
l'academie impériale des sciences de St. Petersbourg ser. 7, XIII,4 (1869) 152/76; 220/
4; 250/2. F. SEZGIN, Geschichte des arabischen Schrifttums 3 (Leiden 1970) 15/60
verzeichnet 19 arabische Titel.

Daneben existieren zwei griechische Manuskripte auf den Namen des J.Ph. mit den
Titeln:

13. Über Fieber, Mosquensis Gr. 466, fol. 157ff.

14. Über den Puls, cod. Vat.Gr. 280, fol. 204ff.

Der Beweis der Echtheit steht in allen Fällen aus.

e. Mathematische Schrift

15. Ἰωάννου Γραμματικοῦ Ἀλεξανδρέως τοῦ Φιλοπόνου εἰς τὸ πρῶτον καὶ εἰς τὸ
δεύτερον τῆς Νικομάχου τοῦ Γερασήνου Ἀριθμητικῆς εἰσαγωγῆς Teil 1/3, ed. R.
HOCHE (Wesel 1864/65/67).

f. Astronomische Schrift

16. Joannis Alexandrini, cognomine Philoponi, de usu astrolabi eiusque constructione
libellus, ed. H. HASE = RMP 6 (1839) 127/73; repr. mit franz. Übers.: A.P. SEGONDS,
Jean Philopon, traité de l'astrolabe (Paris 1981); dazu P. TANNERY, Notes critiques sur
le traité d'astrolabe de Philopon: Revue de philologie 12 (1888) 60/73, repr.: Mémoires
scientifiques 4 (1920) 241/60. Engl. Übers.: H.W. GREENE: R.T. GUNTHER, The
Astrolabes of the world 1. The eastern Astrolabes (London 1932 = 1976) 61/81.

g. Grammatische Schriften

17 Iohannis Philoponi De vocabulis quae diversum significatum exhibent secundem
differentiam accentus, ed. L.W. DALY (Philadelphia 1983). Die Schrift liegt in mehreren
voneinander abweichenden sog. »Epitomai« vor. Frühere Editionen haben die Schrift
unter anderen Titeln geführt.

18. Ἰωάννου Γραμματικοῦ Ἀλεξανδρέως τονικὰ παραγγέλματα Αἰλίου Ἡρωδιανοῦ
περὶ σχημάτων, ed. W. DINDORF (Leipzig 1825). Die Schrift ist eine Epitome der
Aussagen Herodians zu den Akzenten in seiner καθολικὴ προσῳδία; vielleicht ein
Auszug aus einem größeren Werk.

h. Schriften zur Kosmologie und Ewigkeit der Welt.

Unklar ist der Verweis PhysCom. 55,26: ÉVRARD hält ihn für einen Verweis auf die

»Symmikta Theoremata« (u.nr. 24), VERRYCKEN, development, für einen solchen auf aetm. Beides ist vollkommen unsicher.

19. Ioannes Philoponus De aeternitate mundi contra Proclum, ed. H. RABE (Leipzig 1899 = Hildesheim 1963). ClavisPG 7266. Zu einer arabischen Version s. G. GRAF, Geschichte der christlichen arabischen Literatur 1 = StT 118 (Città del Vaticano 1944) 417f. Zu den verschiedenen arabischen Übersetzungen und Zusammenfassungen der Argumente des Proklos BALTES, Weltentstehung 2,134f.; ebd. 134/64 eine deutsche Übersetzung der 18 Argumente des Proklos. Zum ersten (nur in Arabisch erhaltenen) Argument des Proklos mit dem Versuch einer Rückübertragung wichtiger Schlüsselwörter ins Griechische M. MAROTH, Der erste Beweis des Proklos für die Ewigkeit der Welt: Acta antiqua academiae scientarum hungaricae 30 (1982/4) 181/9.

Aetm. wird in dieser Arbeit nach Buch und Kapitel sowie in Klammern den Seiten- und Zeilenangaben der Edition RABES zitiert.

20. Contra Aristotelem. Philoponus Against Aristotle on the eternity of the world, transl. by. CH. WILDBERG (London 1987). Der Text ist nur in Auszügen erhalten, die meisten Fragmente stammen aus Simplicius CaelCom. 25/201 und PhysCom. 1129/ 82, ein weiteres griechisches (frgm. 2) ist erhalten bei Symeon Seth, Conspectus rerum naturalium: ed. A. DELATTE, Anecdota Atheniensia et alia 2 [Paris 1939] 41; drei arabische Fragmente (frgmm. 3; 62; 76) bei Al-Farabi c.Ioannem grammaticum: übers. M. MAHDI, Alfarabi against Philoponus: JNES 26 (1967) 233/60, ein weiteres arabisches (frgm. 79) in einer anonymen Rezension von Abu Sulaiman as-Sijistani, Siwan al-Hikmah, mit dem Titel »Muntakhab Siwan al-Hikmah« (12.Jh.), ed./ transl. D.M. DUNLOP, The Muntakhab Siwan al Hikmah of Abu Sulaiman As-Sijistani (Paris/New York 1979), das Fragment ed. und übers. bei KRAEMER, daneben ein syrisches Fragment (frgm. 134) British Library ms. Add. 17214 fol. 72ᵛb/73ʳa. C.Arist. wird in dieser Arbeit nach der Fragmentenzählung der engl. Übers. von WILDBERG und den Stellen aus Simplicius CaelCom. und PhysCom. zitiert.

21. Aetm. [2]. Philoponus on the eternity of the world, transl. CH. WILDBERG: FURLEY/ WILDBERG (s.u.). Kurze Auszüge bei Simplicius PhysCom. 1326/36. Der Text muß nach c.Arist. verfaßt sein, da J.Ph. bei Simpl. PhysCom. 1333,30/3 auf c.Arist. verweist. Der Titel des Werkes ist unbekannt. WILDBERG 100₇ hält es für möglich, daß er lautete: »Daß jeder Körper begrenzt ist und eine begrenzte Kraft besitzt«, da ein so betiteltes einbändiges Werk in der arabischen Literatur bekannt ist: vgl. F. SEZGIN, Geschichte des arabischen Schrifttums 3 (Leiden 1970) 157/60.

Aetm. [2] wird in dieser Arbeit nach Simplicius PhysCom. zitiert.

22. De contingentia mundi (Epitome). ClavisPG 7274. Das Werk, geschrieben nach aetm. und c.Arist., existiert nur in einer arabischen Zusammenfassung eines anonymen Autors: Text mit französischer Übersetzung: G. TROUPEAU, Un epitome arabe du »De contingentia mundi« de Jean Philopon: Antiquité païenne et chrétienne. Mémorial A.-J. FESTUGIÈRE, ed. E. LUCCHESI/H.D. SAFFREY = Cahiers d'Orientalisme 10 (Genf 1984) 77/88; engl. Übers.: PINES (s.u.). Der Titel ist in der arabischen Literatur auch anderenorts bezeugt. Der Text wird in der Literatur gelegentlich als »nichtpolemisches Werk über die Ewigkeit der Welt« oder wie ClavisPG »De aeternitate mundi (summarium)« bezeichnet«. Das Verhältnis zu 21 ist unklar: PINES vermutet, daß conting. (Epitome) Teile aus aetm. [2] zusammenfaßt.

Cont. wird nach der franz. Übers. von TROUPEAU zitiert.

23. Joannis Philoponi De opificio mundi libri VII, ed. W. REICHARDT = Scriptores sacri et profani I (Leipzig 1897). ClavisPG 7265.

Opm. wird in dieser Arbeit nach Buch und Kapitel sowie in Klammern den Seiten- und Zeilenangaben der Edition REICHARDTs zitiert.

i. Weitere philosophische und mathematische Schriften

24a. Symmikta theoremata. Verloren. Verweise auf diese Schrift PhysCom. 55,26 (umstritten); 156,17; AnalPostCom. 179,11 und 256,6 lassen vermuten, daß Schöpfung, Dreidimensionalität der Materie, Optik und Geometrie behandelt wurden.

24b. Περὶ ῥοπῶν. Verloren. Verweis auf diese Schrift opm. 2,1 (60,12f); s.o. S. 73. 202/8.

Zu weiteren, allerdings nicht eindeutigen Hinweisen auf verlorene naturphilosophische Schriften des J.Ph. s.o. S. 72/6.

j. Monophysitische Schriften

25. Diaitetes (Arbiter). ClavisPG 7260: Ioannis Philoponi opuscula monophysitica, ed. A. SANDA (Beirut 1930) 1/48 (syr. Text); 35/88 (lat. Übers.). Zwei griech. Fragmente bei Johannes Damascenus haer. 83: B. KOTTER, Die Schriften des Johannes von Damaskos IV = PTS 22 (Berlin/New York 1981) 50/5, diese teilweise auch bei Nikephoros Kallistos hist.eccl. 18,47 (PG 147,425/8) und F. DIEKAMP, Doctrina Patrum de incarnatione verbi (Münster 1907) 272/83. Deutsche Auszüge bei BÖHM (s.u.)

26. Epitome libri diaitetes. ClavisPG 7261: Ioannis Philoponi opuscula monophysitica, ed. A. SANDA (Beirut 1930) 49/62 (syr. Text); 89/103 (lat. Übers.). Deutsche Auszüge bei BÖHM (s.u.).

27. Dubiorum quorundam in Diaetete solutio duplex. ClavisPG 7262: Ioannis Philoponi opuscula monophysitica, ed. A. SANDA (Beirut 1930) 63/80 (syr. Text); 104/25 (lat. Übers.). Deutsche Auszüge bei BÖHM (s.u.). Apologie des Diaitetes.

28. »Tmemata« seu »Tomi quattuor contra synodum quartam«. ClavisPG 7271. Verloren. Erhalten nur in Auszügen bei Michael Syrus chronicon, éd. par J.-B. CHABOT I/4 (Paris 1900/1910) (syr. Bd. 4,218/38, franz. 2,92/121).

Tmem. werden in dieser Arbeit nach der franz. Übers. CHABOTs zitiert.

29. Tractatus de totalitate et partibus. ClavisPG 7263: Ioannis Philoponi opuscula monophysitica, ed. A. SANDA (Beirut 1930) 81/94 (syr. Text); 126/39 (lat. Übers.). Latein. Übers. auch bei G. FURLANI, Il trattato di Giovanni Filopono sul rapporto tra le parti e gli elementi ed il tutto e le parti: AIVS 81 (1921/2) 83/105; deutsche Auszüge bei BÖHM (s.u.).

30. Tractatus de differentia, numero ac divisione. ClavisPG 7277 spurium: Ioannis Philoponi opuscula monophysitica, ed. A. SANDA (Beirut 1930) 95/122 (syr. Text); 140/71 (lat. Übers.). Syr. mit italien. Übers. bei G. FURLANI, Unità e dualità di natura secondo Giovanni il Filopono: Bessarione 27 (1923) 45/65; vgl. A. VAN ROEY: OLP 10 (1979) 238$_7$.

31. Epistula ad Iustinianum. ClavisPG 7264: Ioannis Philoponi opuscula monophysitica, ed. A. Sanda (Beirut 1930) 123/30 (syr. Text); 172/80 (lat. Übers.). Latein. Übers. auch bei Furlani (s.u.); deutsche Auszüge bei Böhm (s.u.).

     Nr. 25/7 und 29/31 werden in dieser Arbeit zitiert nach der lat. Übers. von Sanda.

k. Tritheistische Schriften

32. De Trinitate. ClavisPG 7268. De theologia. ClavisPG 7270. Beide Werke sind höchstwahrscheinlich identisch. 11 (bzw. 6) syrische Fragmente mit latein. Übers. bei A. van Roey, Les fragments trithéistes de Jean Philopon: OLP 11 (1980) 135/63, hier 148/54 (syr.), 158/61 (lat.). Vier dieser Fragmente sind bei Michael Syrus chron. erhalten: syr. Chabot 4,361f, franz. Chabot 2,331f (s.o. nr. 28). Italien. Übersetz. einiger frgmm. bei G. Furlani, Sei scritti antitriteistici in lingua siriaca: PO 14 (Paris 1920) 673/766, hier 685.693.698.700.701.710.723.732.736 und Ders., Un florilegio antitriteistico in lingua siriaca: AIVS 83 (1923/4) 661/77, hier 663/5; 667/ 9; 671; 674. Englische Übers. einiger frgmm. bei Ebied/van Roey/Wickham (s.u.) 29; 30.

33. Contra Themistium. ClavisPG 7269. 8 syrische Fragmente mit latein. Übers. bei A. van Roey, Les fragments trithéistes de Jean Philopon: OLP 11 (1980) 135/63, hier 154/ 6 (syr.), 161f (lat.). Italien. Übers. einiger fragmm. bei G. Furlani, Un florilegio antitriteistico in lingua siriaca: AIVS 83 (1923/4) 661/77, hier 663/5; 667/9; 671; 674. Englische Übers. einiger frgmm. bei Ebied/van Roey/Wickham (s.u.)33; 51f.

34. Epistula ad consentaneum quemdam. Ein syrisches, in den »Scripta antitritheistica« (ClavisPG 7282) erhaltenes Fragment mit latein. Übers. bei A. van Roey, Les fragments trithéistes de Jean Philopon: OLP 11 (1980) 135/63, hier 157 (syr.), 162 (lat.). Italien. Übers. bei G. Furlani, Sei scritti antitriteistici in lingua siriaca: PO 14 (Paris 1920) 673/766, bes. 679/736.

35. Fragmente. Vier syr. Fragmente unbestimmter Herkunft mit latein. Übers. bei A. van Roey, Les fragments trithéistes de Jean Philopon: OLP 11 (1980) 135/63, hier 157f (syr.), 162f (lat.).

l. Schriften über die Auferstehung

36. De resurrectione. ClavisPG 7272. In wenigstens 6 Büchern. Griech. Fragm. bei Timotheos Constantinop. de receptione haereticorum (PG 86,61C; vgl. 44A), rezipiert bei Nikephoros Kallistos hist.eccl. 18,47 (PG 147,424D/425A); Syrische Fragmente mit franz. Übers. bei A. van Roey, Un traité cononite contre la doctrine de Jean Philopon sur la resurrection: Antidoron. Hommage à M. Geerard 1 (Wetteren 1984) 123/39, hier nr. 25; 29; 30; 32; 33.

37. Contra epistulam Dosithei. Zwei syrische Fragmente mit franz. Übers. bei A. van Roey, Un traité cononite contre la doctrine de Jean Philopon sur la resurrection: Antidoron. Hommage à M. Geerard 1 (Wetteren 1984) 123/39, hier nr. 29. Fürderhin als neue ClavisPG nr. (Vorschlag: 7275) zu führen.

m. Antiarianische Schrift

38. Contra Andream. ClavisPG 7273. Syrische Fragmente mit latein. Übers., wahrschein-lich alle aus demselben Werk bei A. VAN ROEY, Fragments antiariens de Jean Philopon: OLP 10 (1979) 237/50, hier 329/48. Auch das Fragment aus oben nr. 32 bei FURLANI: PO 14,700 ist nach Auskunft des antiken Verfassers, der es überliefert, gegen die Arianer gerichtet. Wahrscheinlich handelt es sich bei der Klassifizierung »Arianer« um eine dogmatische und keine historische Bewertung.

n. Andere theologische Schriften

39. Ioannes Philoponus Disputatio de Paschate, ed. C. WALTER (Jena 1899). ClavisPG 7267. Die Echtheit ist umstritten.

40. Contra Iamblichum de statuis. Verloren. Erwähnt bei Photius bibl. 215 (3,130fHENRY).

41. Refutatio Nestorii. ClavisPG 7278 spurium. Vgl. G. GRAF, Geschichte der christli-chen arabischen Literatur 1 = StT 118 (Città del Vaticano 1944) 418.

42. De monachatu. ClavisPG 7279 spurium. Vgl. GRAF ebd.

43. In opm. 1,17 (42,2/9) und 6,15 (261,13/6) verweist J.Ph. auf eine verlorene, gegen die Antiochener gerichtete Schrift zur Unbegrenztheit Gottes: s.o. S. 73. 75.

II. Übrige christliche Quellen

Quelleneditionen, die ClavisPG verzeichnet, sind hier in der Regel nicht eigens aufgeführt. In den Anmerkungen werden sie wie die im folgenden genannten Editionen in Klammern zitiert.

Anonymus Le commentaire sur Genèse-Exode 9,32 du Manuscrit (olim) Diyarbakir 22, ed. L. VAN ROMPAY = CSCO 483f S 205f (Louvain 1986).

Gregorii *Bar Hebraei* chronicon ecclesiasticum 1/3, ed. J.B. ABBELOOS/TH.J. LAMY (Louvain 1872/7).

Basile de Césarée Homélies sur l'Hexaéméron. Texte grec, introduction et traduction de S. GIET = SC 26² (Paris 1968).

Cosmas Indicopleustès Topographie chrétienne 1/3, ed. W. WOLSKA-CONUS = SC 141.159.197 (Paris 1968/70/73).

Didyme l'Aveugle Sur la Genèse. Texte inédit d'après un papyrus de Toura, ed. P. NAUTIN avec la collaboration de L. DOUTRELEAU 1 = SC 233 (Paris 1976).

PsDionysius Areopagita De divinis nominibus (Corpus Dionysiacum 1), hg.v. B.R. SUCHLA = PTS 33 (Berlin/New York 1990).

– De coelesti hierarchia, de ecclesiastica hierarchia, de mystica theologia, epistulae (Corpus Dionysiacum 2), hg.v. G. HEIL/A.M. RITTER = PTS 36 (Berlin/New York 1991).

Sancti *Ephraem Syri* In Genesim et in Exodum commentarii, ed. R.M. TONNEAU = CSCO 152f S 71f (Louvain 1955).

Iacobi Edesseni Hexaemeron seu in opus creationis libri septem, ed. I.-B. CHABOT/A. VASCHALDE = CSCO 92.97 S 44.48 (Louvain 1928).

Iso'dad de Merv Commentaire sur l'ancien Testament I. Genèse, ed. I.M. VOSTÉ/C. VAN DEN EYNDE = CSCO 126.156 S 67.75 (Louvain 1950/5).

John of Ephesus Lives of the Eastern saints 1/3, ed. E.W. BROOKS = PO 17,1; 18,4; 19,2 (Paris 1923/5).

Iohannis Ephesini Historiae ecclesiasticae pars tertia, ed. E.W. BROOKS = CSCO 105f S 54f (Louvain 1935/6).

Pseudo-Kaisarios Die Erotapokriseis, hg.v. R. RIEDINGER = GCS (Berlin 1989).

Katene La Chaîne sur la Genèse. Édition intégrale I. Chapitres 1 à 3. Texte établi par F. PETIT = Traditio exegetica Graeca 1 (Louvain 1992).

– Catenae graecae in Genesim et in Exodum. II. Collectio Coisliniana in Genesim, ed. F. PETIT = CCG 15 (Turnhout 1986).

Kosmas Indikopleustes s. *Cosmas*

Michel le Syrien Patriarche Jacobite d'Antioche (1166-1199) Chronique Syrien, éditée pour la première fois et traduite en français par J.-B. CHABOT 1/4 (Paris 1900/1910).

Moses bar Kepha Hexaemeronkommentar. Einleitung, Übersetzung und Untersuchungen 1/2 v. L. SCHLIMME = GöO 1,14,1/2 (Wiesbaden 1977).

Narsai doctoris Syri Homiliae et Carmina, ed. A. MINGANA (Mossul 1905).

Nemesius De natura hominis, ed. M. MORANI (Leipzig 1987).

Olympiodor Diakon von Alexandria, Kommentar zu Hiob, hg. von U.u.D. HAGEDORN = PTS 24 (Berlin/New York 1984).

Peter of Callinicum Anti-Tritheist dossier, ed. R.Y. EBIED/A. VAN ROEY/L.R. WICKHAM = Orientalia Lovaniensia Analecta 10 (Leuven 1981).

Photius Bibliothèque 1/8, texte établi et traduit par R. HENRY (Paris 1959/77).

Septuaginta Genesis, ed. J.W. WEVERS = Septuaginta. Vetus Testamentum Graecum 1 (Göttingen 1974).

– Esdrae liber I, ed. R. HANHART = Septuaginta. Vetus Testamentum Graecum 8,1 (Göttingen 1974).

– Isaias, ed. J. ZIEGLER = Septuaginta. Vetus Testamentum Graecum 14 (Göttingen 1939).

– La Bible d'Alexandrie. La Genèse. Avec la collaboration de M. ALEXANDRE u.a. traduction du texte grec de la Septante, intr. et notes par M. HARL (Paris 1986).

Stephanus bar-Sudaili The book of the holy Hierotheos ascribed to Stephen bar-Sudhaile, ed. F.S. MARSH (London 1927 = Amsterdam 1979).

Theodoreti Cyrensis Quaestiones in Octateuchum, ed. N. FERNÁNDEZ MARCOS/A. SÁENZ-BADILLOS = Textos y estudios «Cardenal Cisneros» 17 (Madrid 1979).

Theophanis Chronographia 1/2, ed. C. DE BOOR (Leipzig 1883/5 = Hildesheim 1963).

Ioannis Zonarae Epitomae historiarum 1/6, ed. L. DINDORF (Leipzig 1868/75).

Ioannis Zonarae Epitome historium 1/3, ed. M. PINDER/TH. BÜTTNER-WOBST = CSHB 29f.50 (Bonn 1841/44/97).

III. Pagane Quellen

Sammelwerke

Doxographi Graeci collegit recensuit prolegomenis indiciisque instruxit H. DIELS (Berlin 1879 = ⁴1965).

Die Fragmente der griechischen Historiker Teil 1/3, ed. F. JACOBY (Leiden 1961 ff.)

Die Fragmente der Vorsokratiker. Griechisch und Deutsch von H. DIELS, hg.v. W. KRANZ 1/3 (Berlin ¹⁷1974/¹⁶1972/¹⁵1975).

Stoicorum Veterum Fragmenta 1/4, ed. J. VON ARNIM (Stuttgart 1903/24 = 1964).

Einzelautoren

Achilles Tatios Isagoge s. Arat.

Alcinoos Enseignement des doctrines de Platon, ed. J. WHITTAKER (Paris 1990).

Alexandri In Aristotelis Meteorologicorum libros commentarium, ed. M. HAYDUCK = CAG 3,2 (Berlin 1890).

Ammonius In Aristotelis categorias commentarius, ed. A. BUSSE = CAG 4,4 (Berlin 1895).

Ammonius In Aristotelis de interpretatione commentarius, ed. A. BUSSE = CAG 4,5 (Berlin 1897).

Anonymus L'introduction à l'Almageste par J. MOGENET = MAB.L 51,2 (Brüssel 1955).

Anonymus Prolegomena to Platonic philosophy. Introduction, text, translation and indices by L.G. WESTERINK (Amsterdam 1962).

Anthemius of Tralles Περὶ παραδόξων μηχανημάτων und Fragmentum Mathematicum Bobiense. Anthemius of Tralles. A study in later Greek Geometry by G.L. HUXLEY (Cambridge 1959).

Commentariorum in *Aratum* reliquiae collegit recensuit prolegomenis indicibusque instruxit E. MAASS (Berlin 1898).

Aristote Du ciel. Text établi et traduit par P. MORAUX (Paris 1965).

Aristote Météorologiques 1/2, texte établi et traduit par P. LOUIS (Paris 1982).

Aristoteles Vom Himmel, von der Seele, von der Dichtkunst, eing. u. übertragen v. O. GIGON (Zürich 1950).

Aristoteles Kategorien. Lehre vom Satz, vorangeht Porphyrius, Einleitung in die Kategorien, übers. von E. ROLFES = PhB 8f (Hamburg ²1925 = 1974).

Aristoteles Metaphysik, übers. von F.F. SCHWARZ (Stuttgart 1970).

Aristoteles Die Lehrschriften 8,1/4, übertragen von P. GOHLKE (Paderborn 1949/61).

Aristoteles Meteorologie. Über die Welt, übers. von H. STROHM = Aristoteles Werke in deutscher Übersetzung 12 (Darmstadt ³1984).

Aristoteles qui fertur libellus de mundo, ed. W.L. LORIMER/E. KÖNIG (Paris 1933).

Aristoteles Physikvorlesung, übers. von H. WAGNER = Aristoteles Werke in deutscher Übersetzung 11 (Darmstadt ⁵1989).

Aristoteles Problemata physica, übers. von H. FLASHAR = Aristoteles Werke in deutscher Übersetzung 19 (Darmstadt ³1983).

Aristoteles Über die Seele, übers. von W. THEILER = Aristoteles Werke in deutscher Übersetzung 13 (Darmstadt ⁷1986).

Aristoteles De sensu: Parva naturalia. A revised text by W.D. ROSS (Oxford 1955 = 1970). [ohne Seitenzählung].

Aristoteles Kleine naturwissenschaftliche Schriften (Parva naturalia), übers. von E. ROLFES = PhB 6 (Leipzig 1924).

Aristotelis Categoriae et liber de interpretatione, ed. L. MINIO PALUELLO (Oxford 1949 = 1956).

Aristotelis quae feruntur problemata physica, ed. C.A. RUELLE/H. KNOELLINGER/J. KLEK (Leipzig 1922).

Aristotle De Anima, ed. D. ROSS (Oxford 1961) [ohne Seitenzählung].

Aristotle Historia animalium 1/3, ed. A.L. PECK/D.M. BALME (London 1979/91).

Aristotle Metaphysics 1/2, ed. W.D. ROSS (Oxford 1924) [ohne Seitenzählung].

Aristotle's Physics, ed. W.D. ROSS (Oxford 1936) [ohne Seitenzählung].

Aristotle On Coming-to-be and Passing-away, ed. H.H. JOACHIM (Oxford 1922 = Hildesheim/New York 1970).

> Zitiert wird Aristoteles nach Buch und Kapitel, der Seiten-, Spalten- und Zeilenzählung von: Opera edidit Academia regia Borussica 1/5 rec. I. BEKKER (Berlin 1831/70, revidierter Nachdruck von O. GIGON (Berlin ab 1960), sowie in Klammern nach Seiten der angegebenen neueren Editionen.

Autolycus de Pitane Histoire du texte suivie de l'édition critique des traités de la sphère en mouvement et des levers et couchers par J. MOGENET = Université de Louvain. Recueil de travaux d'histoire et de philologie 3,37 (Louvain 1950). *Autolycus de Pitane*. La sphère en mouvement. Levers et couchers héliaques. Testimonia. Texte établi et traduit par G. AUJAC/J.P. BRUNET/R. NADAL (Paris 1979) bietet keinen besseren Text.

Timaeus a *Calcidio* translatus commentarioque instructus in societatem operis coniuncto P.J. JENSEN ed. J.H. WASZINK = Plato Latinus 4 (London/Leiden 1962).

Cicero De natura Deorum 1/3, ed. M. VAN DEN BRUWAENE = CollLat 107.154.175 (Brüssel 1970/81).

Damascii successoris Dubitationes et solutiones de primis principiis, in Platonis Parmenidem 1/2, ed. C.A. RUELLE (Paris 1889 = Amsterdam 1966) [RUELLE 1/RUELLE 2,4 = de principiis; R. 2,5/322 = ParmenidesCom.].

Damascius Traité des premiers principes 1/2, ed. L.G. WESTERINK et traduit par J. COMBÈS (Paris 1986/9).

Damascius Lectures on the Philebus wrongly attributed to Olympiodorus, ed. L.G. WESTE-RINK (Amsterdam 1959).

Damascius Phaidonkommentar. The Greek commentaries on Plato's Phaedo 2, ed. L.G. WESTERINK (Amsterdam/Oxford/New York 1977).

Heliodoris *Damianos'* (von Larissa) Schrift über die Optik, mit Auszügen aus Geminos hg.v. R. SCHOENE (Berlin 1897).

Pseudo-Elias (Pseudo-David) Lectures on Porphyry's Isagoge, ed. L.G. WESTERINK (Amsterdam 1967).

Euclidis Elementa, ed. I.L. HEIBERG = Euclidis opera omnia 1/5 (Leipzig 1883/88).

Euclidis Optica, opticorum recensio Theonis, Catoptrica, cum scholiis antiquis ed. I.L. HEIBERG = Euclidis opera omnia 7 (Leipzig 1895).

Euclidis Phaenomena et scripta musica, ed. H. MENGE = Euclidis opera omnia 8 (Leipzig 1916).

Gemini Elementa astronomiae. Γεμίνου εἰσαγωγὴ εἰς τὰ φαινόμενα, ad codicum fidem recensuit germanica interpretatione et commentariis instruxit C. MANITIUS (Leipzig 1898).

Giuliano imperatore Contra Galilaeos. Introduzione, testo critico e traduzione a cura die E. MASARACCHIA (Rom 1990).

Heronis Definitiones cum variis collectionibus Heronis quae feruntur geometrica, ed. J.L. HEIBERG = Heronis Alexandrini opera quae supersunt omnia 4 (Leipzig 1912).

Herons von Alexandria Mechanik und Katoptrik, hg.v. L. NIX/W. SCHMIDT = Heronis Alexandrini opera quae supersunt omnia 2 (Leipzig 1900).

Herons von Alexandria Pneumatica et automata, ed. W. SCHMIDT = Heronis Alexandrini opera quae supersunt omnia 1 (Leipzg 1899).

Heronis quae feruntur stereometrica et de mensuribus, ed. J.L. HEIBERG = Heronis Alexandrini opera quae supersunt omnia 5 (Leipzig 1914).

Kleomedis Caelestia ed. R.B. TODD (Leipzig 1990).

Ambrosii Theodosii *Macrobii* Commentarii in somnium Scipionis, edidit I. WILLIS (Leipzig 1963).

M. *Manilii* Astronomica, ed. G.P. GOOLD (Leipzig 1985).

Moïse de Corène Géographie d'après Ptolémée. Texte arménie, traduit en français par A. SOUKRY (Venedig 1881).

Olympiodor Phaidonkommentar. The Greek commentaries on Plato's Phaedo 1, ed. L.G. WESTERINK (Amsterdam/Oxford/New York 1976).

Olympiodori In Aristotelis meteora commentaria, ed. W. STÜVE = CAG 12,2 (Berlin 1900).

Pappi Alexandrini Collectionis quae supersunt 1/3, ed. F. HULTSCH (Berlin 1876/8 = Amsterdam 1965).

Commentaires de *Pappus* et de Théon d'Alexandrie sur l'Almagest 1/2, ed. A. ROME = StT 54.72.106 (Rom 1931/36/43).

Pauli Alexandrini Elementa apotelesmatica, ed. Æ. Boer (Leipzig 1958).

Platonis Opera recognovit I. BURNET 1/5 (Oxford 1900/7 = 1979/82).

Plotini Opera 1/3, ed. P. HENRY/H.-R. SCHWYZER = ML. P 33/5 (Paris/Brüssel/Leiden 1951/ 59/73).

PsPlutarch Placita philosophorum, ed. J. MAU: Plutarch moralia 5,2,1 (Leipzig 1971) 50/152.

Porphyrii De philosophia ex oraculis haurienda librorum reliquiae, ed. G. WOLFF (Berlin 1876).

Prisciani Solutiones eorum de quibus dubitavit Chosroes = Supplementum Aristotelicum 1,2, ed. I. BYWATER (Berlin 1886).

Procli Diadochi In primum Euclidis elementorum librum commentarii, ed. G. FRIEDLEIN (Leipzig 1873).

Procli Diadochi Hypotyposis astronomicarum positionum, ed. C. MANITIUS (Leipzig 1909).

Procli Diadochi In Platonis Timaeum commentaria 1/3, ed. E. DIEHL (Leipzig 1903/6).

Proclus Commentaire sur le Timée 1/5, traduction et notes par A.J. FESTUGIÈRE (Paris 1966/8).

Claudii *Ptolemaei* Syntaxis Mathematica, ed. J.L. HEIBERG 1/2 = Claudii Ptolemaei opera quae exstant omnia 1 (Leipzig 1898/1903).

Ptolemäus Handbuch der Astronomie, deutsche Übersetzung und erläuternde Anmerkungen von K. MANITIUS, Vorwort und Berichtigungen von O. NEUGEBAUER 1/2 (Leipzig 1963).

Claudii *Ptolemaei* Opera astronomica minora, ed. J.L. HEIBERG = Claudii Ptolemaei opera quae exstant omnia 2 (Leipzig 1907).

Sexti Empirici Opera 1/4, rec. H. MUTSCHMANN/I. MAU (Leipzig 1958/62).

Simplicii In Aristotelis de caelo commentaria, ed. I.L. HEIBERG = CAG 7 (Berlin 1899).

Simplicii In Aristotelis physicorum libros quattuor priores commentaria, ed. H. DIELS = CAG 9 (Berlin 1882).

Simplicii In Aristotelis physicorum libros quattuor posteriores commentaria, ed. H. DIELS = CAG 10 (Berlin 1895).

Strabo Geographie 1/9, ed. J. AUJAC/F. LASSERE (Paris 1969/81).

Themistii In Aristotelis physica paraphrasis, ed. H. SCHENKL = CAG 5,2 (Berlin 1900).

Themistii In libros Aristotelis de caelo paraphrasis hebraice et latine, ed. S. LANDAUER = CAG 5,4 (Berlin 1902).

Theon Alexandrinus Kommentar zum Almagest s.o. Pappos.

Theonis Smyrnaei philosophi platonici Expositio rerum mathematicarum ad legendem Platonem utilium, rec. E. HILLER (Leipzig 1878).

B. HILFSMITTEL UND SEKUNDÄRLITERATUR

Aufgenommen sind nur mehrfach zitierte Werke. Eine umfassende Bibliographie zu J.Ph. findet sich in: rejection (s.u.) 236/45.

ALEXANDRE, commencement = M. ALEXANDRE, Le commencement du livre Genèse I-V. La version grecque de la Septante et sa réception = Christianisme antique 3 (Paris 1988).

ALEXANDRE, exégèse = M. ALEXANDRE, L'exégèse de Gen. 1,1-2a dans l'In Hexaemeron de Grégorie de Nysse. Deux approche du problème de la matière: Gregor von Nyssa und die Philosophie. Zweites int. Kolloquium über Gregor von Nyssa, hg.v. H. DÖRRIE/ M. ALTENBURGER/U. SCHRAMM (Leiden 1976) 159/92.

ALTANER/STUIBER = B. ALTANER/A. STUIBER, Patrologie. Leben, Schriften und Lehre der Kirchenväter (Freiburg ⁹1980).

ANASTOS = M.V. ANASTOS, Aristotle and Cosmas Indicopleustes on the void: Hellenika 4 (1953) 35/50.

Aristoteles. Werk und Wirkung = Aristoteles. Werk und Wirkung. P. MORAUX gewidmet. Bd. 1. Aristoteles und seine Schule. Bd. 2. Kommentierung, Überlieferung, Nachleben, hg.v. J. WIESNER (Berlin/New York 1985/87).

Aristotle transformed = Aristotle transformed. The ancient commentators and their influence, ed. R. SORABJI (London 1990).

BALTES, Weltentstehung = M. BALTES, Die Weltentstehung des platonischen Timaios nach den antiken Interpreten 1/2 = PhAnt 30.35 (Leiden 1976/78).

BARDENHEWER = O. BARDENHEWER, Geschichte der altkirchlichen Literatur 1/5 (Freiburg 1913/32 = Darmstadt 1962).

BAUMSTARK = A. BAUMSTARK, Aristoteles bei den Syrern vom 5. bis 8. Jahrhundert. Syrische Texte hg., übers. und untersucht (Leipzig 1900 = Aalen 1975).

BECK = H.G. BECK, Kirche und theologische Literatur im byzantinischen Reich = HAW 12,2,1 (München 1959).

Bible grecque = G. DORIVAL/M. HARL/O. MUNNICH, La bible grecque des Septante du Judaisme hellénistique au Christianime ancien (Paris 1988).

BLOMQUIST = J. BLOMQUIST, Johannes Philoponos och den aristoteliska kosmologin: Lychnos (1979/80) 1/19 (Schwedisch mit engl. Zusammenfassung).

BLUMENTHAL, elements = H.J. BLUMENTHAL, Neoplatonic elements in the De Anima Commentaries: Phronesis 20 (1975) 64/87.

BLUMENTHAL, John Philoponus = H.J. BLUMENTHAL, John Philoponus, Alexandrian Platonist?: Hermes 114 (1986) 314/35.

BÖHM = Johannes Philoponos, Grammatikos von Alexandrien (6.Jh.n.Chr.). Christliche Naturwissenschaft im Ausklang der Antike, Vorläufer der modernen Physik, Wissenschaft und Bibel. Ausgewählte Schriften übers., eingel. und komm. v. W. BÖHM (München/Paderborn/Wien 1967).

BOFFI = A. BOFFI, Osservazioni sull' edizione di G. Reichardt del commento all'Hexaemeron di Giovanni Filopono: Athenaeum 68 (1990) 545/9.

BOOTH = E.G.T. BOOTH, John Philoponos, Christian and Aristotelian conversion: StPatr 17,1 (Oxford 1982) 407/11.

CHRISTENSEN DE GROOT = J. CHRISTENSEN DE GROOT, Philoponus on De Anima II. 5, Physics III.3, and the propagation of light: Phronesis 28 (1983) 177/96.

COHEN/DRABKIN = A source book in Greek science by M.R. COHEN/I.E. DRABKIN (Cambridge, Mass. 1958).

DAVIDSON = H.A. DAVIDSON, John Philoponus as a source of medieval Islamic and Jewish proofs of creation: JAOS 89 (1969) 357/91.

DEVREESSE, Anciens commentateurs = R. DEVREESSE, Anciens commentateurs grecs de l'Octateuque: RevBib 44 (1935) 166/91; 45 (1936) 201/20; 364/84.

DEVREESSE, Anciens commentateurs Octat. = R. DEVREESSE, Les anciens commentateurs grecs de l'Octateuque et des Rois (Fragments tirés des Chaînes) = StT 201 (Città del Vaticano 1959).

DEVREESSE, Essai sur Théodore = R. DEVREESSE, Essai sur Théodore de Mopsueste = StT 141 (Città del Vaticano 1948).

DUHEM = P. DUHEM, Le système du monde. Histoire des doctrines cosmologiques de Platon à Copernic 1/2 (Paris 1954).

DÜRING = I. DÜRING, Aristoteles. Darstellung und Interpretation seines Denkens = Bibliothek des klass. Altertums NF 1,2 (Heidelberg 1966).

EBIED/VAN ROEY/WICKHAM, Peter of Callinicum s. Quellen II. Petrus von Kallinikum.

EKSCHMITT = W. EKSCHMITT, Weltmodelle. Griechische Weltbilder von Thales bis Ptolemäus = Kulturgeschichte der antiken Welt 43 (Mainz ²1990).

ÉVRARD = É. ÉVRARD, Les convictions religieuses de Jean Philopon et la date de son Commentaire aux «Météorologiques»: BAB.L 5. ser. 39 (1953) 299/357.

ÉVRARD, Ténèbre originelle = É. ÉVRARD, Philopon, la ténèbre originelle et la création du monde: Aristotelica. Mélanges offerts à M. DE CORTE = Cahiers de Philosophie ancienne 3 (Brüssel/Lüttich 1985) 177/88.

FELDMAN = S. FELDMAN, Philoponus on the metaphysics of creation: A straight path. Studies in medieval philosophy and culture. Essays in honor of A. HYMAN, ed. R. LINK-SALINGER (Washington 1988) 74/85.

FESTUGIÈRE, Proclus TimCom. s. Quellen III. Proklos.

FLASHAR = Die Philosophie der Antike 3. Ältere Akademie (v. H.J. KRÄMER). Aristoteles (v. H. FLASHAR). Peripatos (v. F. WEHRLI), hg.v. H. FLASHAR = Grundriß der Geschichte der Philosophie, begründet von F. ÜBERWEG (Basel/Stuttgart 1983).

FURLANI, lettera = G. FURLANI, Una lettera di Giovanni Filopono al imperatore Giustiniano: AIVS 79 (1919/20) 1247/65.

FURLEY/WILDBERG = Philoponus, Corollaries on Place and Void with Simplicius against Philoponus on the Eternity of the world, transl. D. FURLEY/CH. WILDBERG (London 1991).

GILBERT, Theorien = O. GILBERT, Die meteorologischen Theorien des griechischen Altertums (Leipzig 1907 = Hildesheim 1967).

GRANT, Studies = E. GRANT, Studies in medieval science and natural philosophy = Variorum reprints (London 1981).

GRILLMEIER = A. GRILLMEIER, Jesus der Christus im Glauben der Kirche 1; 2,1; 2,2; 2,4 (Freiburg/Basel/Wien 1979/90).

GRONAU = K. GRONAU, Poseidonios und die jüdisch-christliche Genesisexegese (Berlin 1914).

GUDEMAN/KROLL = A. GUDEMAN/W. KROLL, Iohannes Philoponus: PW 9,2 (1916) 1764/95.

GUTHRIE, History 6 = W.K.C. GUTHRIE, A history of Greek philosophy 6 (Cambridge/ New York 1981).

HADOT, Introductions = I. HADOT, Les introductions aux commentaires exégétiques chez les auteurs néoplatoniciens et les auteurs chrétiens: Les règles de l'interprétation, ed. M. TARDIEU (Paris 1987) 99/122.

HARL, Bible d'Alexandrie = La Bible d'Alexandrie. La Genèse. Traduction du texte grec de la Septante, intr. et notes par M. HARL (Paris 1986).

HEIBERG, Geschichte der Mathematik = I.L. HEIBERG, Geschichte der Mathematik und Naturwissenschaften im Altertum = HAW 5,1,2 (München 1925).

HOPPE = E. HOPPE, Mathematik und Astronomie im klassischen Alterum (Heidelberg 1911).

HUNGER, Profane Literatur = H. HUNGER, Die hochsprachliche profane Literatur der Byzantiner 1/2 = HAW 12,5,1/2 (München 1978).

In principio = In principio. Interprétations des premiers versets de la Genèse = EPHE.SR (Paris 1973).

JAEGER, Nemesios = W. JAEGER, Nemesios von Emesa (Berlin 1914).

JAMMER = M. JAMMER, Das Problem des Raumes. Die Entwicklung der Raumtheorien (Darmstadt 1960).

JANSMA = T. JANSMA, L'hexaemeron de Jacques de Sarûq: OrSyr 4 (1959) 3/42; 129/62; 253/ 84.

JOACHIM s. Quellen III. Aristoteles GenCor.

KIHN = H. KIHN, Theodor von Mopsuestia und Junilius Africanus als Exegeten (Freiburg 1880).

KRAEMER = J.L. KRAEMER, A lost passage from Philoponus' contra Aristotelem in Arabic translation: JAOS 85 (1965) 318/27.

KRAFFT, Geschichte = F. KRAFFT, Geschichte der Naturwissenschaften 1. Die Begründung einer Wissenschaft von der Natur durch die Griechen (Freiburg 1973).

KREMER, Metaphysikbegriff = K. KREMER, Der Metaphysikbegriff in den Aristoteles-Kommentaren der Ammonius-Schule = BGPhMA 39,1 (Münster 1961).

LAMPE = A patristic Greek lexicon, ed. G.W.H. LAMPE (Oxford [6]1982).

LAUTNER = P. LAUTNER, Philoponus, in de anima III. Quest for an author: CQ 42 (1992) 510/22.

LIDDELL/SCOTT = A Greek-English lexicon, ed. H.G. LIDDELL/R. SCOTT, rev. H.S. JONES/ R. MCKENZIE (Oxford [9]1940 = 1982).

LLOYD = G.E.R. LLOYD, Saving the appearances: CQ 28 (1978) 202/21.

LUCCHETTA, Aristotelismo = G.A. LUCCHETTA, Aristotelismo e cristianesimo in Giovanni Filopono: StPat 25 (1978) 573/93.

LUCCHETTA, Ipotesi = G.A. LUCCHETTA, Ipotesi per l'applicazione dell' »impetus« ai cieli in Giovanni Filopono: Atti e memorie dell' Accademia Patavina di scienze, lettere ed arti 87 (1974/75) 339/52.

MACIEROWSKY/HASSING = E.M. MACIEROWSKI/R.F. HASSING, John Philoponus on Aristotle's definition of nature: Ancient Philosophy 8 (1988) 73/100.

MANGENOT = E. MANGENOT, Hexaémeron: DThC 6,2 (1920) 2325/54.

MARCUS = W. MARCUS, Typen altchristlicher Kosmologie in den Genesiskommentaren: PhJ 65 (1957) 106/19.

MASPERO = J. MASPERO, Histoire des patriarches d'Alexandrie depuis la mort de l'empereur Anastase jusqu'à la réconciliation des églises Jacobites (518-616) = BEHE.H 237 (Paris 1923).

MACCOULL, Dioscorus of Aphrodito = L.S.B. MACCOULL, Dioscorus of Aphrodito and John Philoponus: StPatr 18,1 (Kalamazoo 1985) 163/8.

MACCOULL, Philoponus and the London sundial = L.S.B. MACCOULL, Philoponus and the London sundial. Some calendrical aspects of the de opificio mundi: ByZ 82 (1989) 19/21.

MAHDI = M. MAHDI, Alfarabi against Philoponus: JNES 26 81967) 233/60.

McGUIRE = J.E. McGUIRE, Philoponus on Physics ii 1. FᴏsiV, DᴏnamiV, and the motion of the simple bodies: Ancient Philosophy 5 (1985) 241/67.

MERLAN = PH. MERLAN, Ammonius Hermiae, Zacharias Scholasticus and Boethius: GRBS 9 (1968) 193/203.

MEYERHOFF, Alexandrien = M. MEYERHOFF, Von Alexandrien nach Bagdad. Ein Beitrag zur Geschichte des philosophischen und medizinischen Unterrichts bei den Arabern: SPAW.PH 1930 (Berlin 1930) 389/429.

MINJON = E. MINJON, Zur Geschichte der Auslegung des biblischen Schöpfungsberichtes: Der Katholik 92 (1912) 128/35. 336/56. 404/17.

MOGENET, Autolykos s. Quellen III. Autolycus.

MOGENET, Introduction s. Quellen III. Anonymus.

MORAUX, Aristotelismus 1 = P. MORAUX, Der Aristotelismus bei den Griechen von Andronikos bis Alexander von Aphrodisias 1. Die Renaissance des Aristotelismus im I. Jh.v.Chr. = Peripatoi 5 (Berlin/New York 1973); dazu die Rez. von L. TARÁN: Gnomon 53 (1981) 721/50.

MORAUX, Aristotelismus 2 = P. MORAUX, Der Aristotelismus bei den Griechen von Andronikos bis Alexander von Aphrodisias 2. Der Aristotelismus im I. und II. Jh.n.Chr. = Peripatoi 6 (Berlin/New York 1984).

MORAUX, quinta essentia = P. MORAUX, quinta essentia: PW 24 (1963) 1171/1263.

Naturphilosophie = Naturphilosophie bei Aristoteles und Theophrast. Verhandlungen des 4. Symposium Aristotelicum veranstaltet in Göteborg August 1966, hg.v. I. DÜRING (Heidelberg 1969).

Neoplatonism and Christian thought = Neoplatonism and Christian thought, ed. D.J. O'MEARA = Studies in Neoplatonism, ancient and modern 3 (Norfolk, Virg. 1982).

NEUGEBAUER = O. NEUGEBAUER, A history of ancient mathematical astronomy 1/3 = Studies in the history of mathematics and physical sciences 1/3 (Berlin/Heidelberg/New York 1975).

NEUSCHÄFER = B. NEUSCHÄFER, Origenes als Philologe 1/2 = SBA 18,1/2 (Basel 1987).

ÖFFENBERGER = N. ÖFFENBERGER, Philoponos und Pseudo-Philoponos über διὰ τὴν ὕπαρξιν (secundum essentiam) und διὰ τὴν κατηγορίαν (secundum praedicationem): ABG 28 (1984) 49/62.

PASQUALI, Basiliusscholien = G. PASQUALI, Doxographica aus Basiliusscholien: NGWG.PH 1910 (Berlin 1910) 194/228.

PATIN = A. PATIN, Rez. Ioannes Philoponus de aeternitate mundi contra Proclum, ed. H. RABE: ByZ 10 (1901) 250/5.

PÉPIN, Théologie cosmique = J. PÉPIN, Théologie cosmique et théologie chrétienne (Ambroise, Exam. I 1,1-4) (Paris 1964).

PINES = S. PINES, An Arabic summary of a lost work of John Philoponus: IOS 2 (1972) 320/52.

PRÄCHTER, Aristoteleskommentare = K. PRÄCHTER, Rez. Die griechischen Aristoteles-Kommentare, Commentaria in Aristotelem Graeca: ByZ 18 (1909) 516/38 = DERS., Kleine Schriften, hg.v. H. DÖRRIE = Collectanea 7 (Hildesheim 1973) 282/304; ins Englische übersetzt und mit kleineren Zusätzen in den Anmerkungen: Aristotle transformed 31/54.

PRÄCHTER, Richtungen und Schulen = K. PRÄCHTER, Richtungen und Schulen im Neuplatonismus: Genethliakon für C. ROBERT (Berlin 1910) 105/56 = DERS., Kleine Schriften, hg.v. H. DÖRRIE = Collectanea 7 (Hildesheim 1973) 165/216.

Proklus = Proklus. Lecteur et interprète des anciens. Actes du colloque international du CNRS Paris 2-4 oct. 1985, publ. p. J. PÉPIN/H.D. SAFFREY (Paris 1987).

Rejection = Philoponus and the rejection of Aristotelian science, ed. R. SORABJI (London 1987).

ROBBINS, Hexaemeral literature = F.E. ROBBINS, The Hexaemeral literature. A study of the Greek and Latin commentaries of Genesis (Diss. Chicago 1912).

ROSEN = E. ROSEN, The dissolution of the solid celestial spheres: History of Ideas 46 (1985) 13/31.

ROZHANSKY = I.D. ROZHANSKY, On the border of two epochs. Johann Philopon in argument with the Aristotelian conception of space: Voprosy istorii estestvoznanija e techniki 1983,3 (Moskva Nauka 1983) 28/42; russisch mit engl. Kurzresümee.

SAFFREY, Jean Philopon = H.-D. SAFFREY, Le chrétien Jean Philopon et la survivance de l'école d'Alexandrie au VIᵉ siècle: REG 67 (1954) 396/410.

SAFFREY, Recherches = H.D. SAFFREY, Recherches sur le Néoplatonisme après Plotin = Histoire des doctrines de l'antiquité classique 14 (Paris 1990).

SAMBURSKY, concept of place = The concept of place in late Neoplatonism. Texts with translation, introduction and notes by S. SAMBURSKY (Jerusalem 1982).

SAMBURSKY, Weltbild = S. SAMBURSKY, Das physikalische Weltbild der Antike (Zürich/Stuttgart 1965).

SCHÄUBLIN = CH. SCHÄUBLIN, Untersuchungen zu Methode und Herkunft der antiochenischen Exegese = Theoph. 23 (Köln/Bonn 1974).

SCHLEISSHEIMER, Glauben und Wissenschaft = B. SCHLEISSHEIMER, Zum Problem Glauben und Wissenschaft im sechsten Jahrhundert: Polychordia. FS F. DÖLGER = ByF 2 (Amsterdam 1967) 318/44.

SCHLEISSHEIMER, Kosmas = B. SCHLEISSHEIMER, Kosmas Indikopleustes. Ein altchristliches Weltbild (Diss. München 1959).

SEECK, Elemente = G.A. SEECK, Über die Elemente in der Kosmologie des Aristoteles.

Untersuchungen zu ›De generatione et corruptione‹ und ›De caelo‹ = Zetemata 34 (München 1964).

SHELDON-WILLIAMS = I.P. SHELDON-WILLIAMS, The Greek Christian Platonist tradition from the Cappadociens to Maximus and Eriugena: The Cambridge history of later Greek and early medieval philosophy, ed. A.H. ARMSTRONG (Cambridge/London u.a. 1967 =1980) 425/533.

Simplicius = Simplicius. Sa vie, son œuvre, sa survie. Actes du colloque intern. de Paris 28 Sept.-1er Oct. 1985, hg.v. I. HADOT = Peripatoi 15 (Berlin/New York 1987).

SMITH = R.B. SMITH, The Alexandrien scientific tradition: Akroterion 21,2 (1976) 14/21.

SOLMSEN = F. SOLMSEN, Aristotle's system of the physical world. A comparison with his predecessors = CSCP 33 (Ithaca/New York 1960).

SONDEREGGER = E. SONDEREGGER, Simplikios, Über die Zeit. Ein Kommentar zum Corollarium de tempore = Hyp. 70 (Göttingen 1982).

SOPHOCLES = Greek lexicon of the Roman and Byzantine periods (from b.c. 146 to a.d. 1100) by E.A. SOPHOCLES (Cambridge 1887 = New York 1900).

SORABJI, MSM = R. SORABJI, Matter, space and motion. Theories in antiquity and their sequel (London 1988).

SORABJI, TCC = R. SORABJI, Time, creation and the continuum. Theories in antiquity and the early middle ages (London 1983).

SORABJI: rejection = R. SORABJI, John Philoponus: rejection (s.o) 1/40.

STROHM, Meteorologie s. Quellen Aristoteles Met.

STÜCKELBERGER, Naturwissenschaften = A. STÜCKELBERGER, Einführung in die antiken Naturwissenschaften (Darmstadt 1988).

TANNERY, Memoires scientifiques = P. TANNERY, Memoires scientifiques, publies par J.-L. HEIBERG/H.G. ZEUTHEN 1/14 (Toulouse/Paris 1912/37).

TARABOCHIA CANAVERO = A. TARABOCHIA CANAVERO, Esegesi biblica e cosmologia (Mailand 1981).

TODD = R.B. TODD, Some concepts in physical theory in John Philoponus' Aristotelian commentaries: ABG 24 (1980) 151/70.

TSOUYOPOULOS = N. TSOUYOPOULOS, Die Entstehung physikalischer Terminologie aus der neoplatonischen Metaphysik: ABG 13 (1969) 7/33.

URMSON = Simplicius, Corollaries on place and time, transl. by J.O. URMSON, annotated by L. SIORVANES (London 1992).

VANCOURT = R. VANCOURT, Les derniers commentateurs Alexandrins d'Aristote = MFCL 52 (Lille 1941).

VERBEKE, human thinking = G. VERBEKE, Levels of human thinking in Philoponus: After Chalcedon. Studies in theology and church history offerd to A. VAN ROEY, ed. C. LAGA/J.A. MUNITIZ/L. VAN ROMPAY = Orientalia Lovaniensia Analecta 18 (Louvain 1986) 451/70.

VERRYCKEN, development = K. VERRYCKEN, The development of Philoponus' thought and its chronology: Aristotle transformed (s.o.) 233/74.

VERRYCKEN, Porphyry = K. VERRYCKEN, Porphyry, in Timaeum fr. XXXVII (Philoponus, de aeternitate mundi contra Proclum 148,9/23): AnCl 57 (1988) 282/9.

VERRYCKEN, psychogonie = K. VERRYCKEN, La psychogonie platonicienne dans l'œuvre de Philopon: RSPhTh 75 (1991) 211/34.

DE VRIES = J. DE VRIES, Grundbegriffe der Scholastik (Darmstadt ²1983)

VAN DER WAERDEN, Astronomie = B.L. VAN DER WAERDEN, Die Astronomie der Griechen. Eine Einführung (Darmstadt 1988); dazu die Rez. von W. HÜBNER: Gnomon 61 (1989) 494/500.

WENDLAND = P. WENDLAND, Rez. Ioannes Philoponus de aeternitate mundi contra Proclum, ed. H. RABE: ThLZ 25 (1900) 17/21.

WESTERINK, Astrologisches Kolleg = L.G. WESTERINK, Ein astrologische Kolleg aus dem Jahre 564: ByZ 64 (1971) 6/21.

WESTERINK, Prolegomena s. Quellen III. Anonymus: Anonymous Prolegomena.

WEVERS s.o. Quellen II. Septuaginta.

WIELAND, Ewigkeit = W. WIELAND, Die Ewigkeit der Welt: Die Gegenwart der Griechen im neueren Denken. FS H.-G. GADAMER (Tübingen 1960) 291/316.

WIELAND, Physik = W. WIELAND, Die aristotelische Physik. Untersuchungen über die Grundlegung der Naturwissenschaft und die sprachlichen Bedingungen der Prinzipienforschung bei Aristoteles (Göttingen 1962).

WIELAND, Raumtheorie = W. WIELAND, Zur Raumtheorie des Johannes Philoponus: FS J. KLEIN, hg.v. E. FRIES (Göttingen 1967) 114/35.

WILAMOWITZ = U. VON WILAMOWITZ-MOELLENDORFF, Lesefrüchte: Hermes 60 (1925) 280/4 (zu einer Stelle aus J.Ph. AnalPostCom.).

WILDBERG, against Aristotle = Philoponus against Aristotle on the eternity of the world, transl. by. CH. WILDBERG (London 1987).

WILDBERG: corollaries s. FURLEY/WILDBERG.

WILDBERG, criticism = CH. WILDBERG, John Philoponus' criticism of Aristotle's theory of aether = Peripatoi 16 (Berlin/New York 1988).

WILDE, Geschichte der Optik = E. WILDE, Geschichte der Optik 1 (Berlin 1838).

WILSON, Scholars = N.G. WILSON, Scholars of Byzantium (London 1983).

WOHLWILL = E. WOHLWILL, Ein Vorgänger Galileis im 6. Jahrhundert: Verhandlungen der Gesellschaft deutscher Naturforscher und Ärzte 77. Vers. Meran 1905, 2. Teil, 2. Hälfte (Leipzig 1906) 80/2 = Physikalische Zeitschrift 7 (1906) 23/32.

WOLFF, Fallgesetz = M. WOLFF, Fallgesetz und Massebegriff. Zwei wissenschaftshistorische Untersuchungen zur Kosmologie des Johannes Philoponus = QSP 2 (Berlin 1971).

WOLFF, Geschichte der Impetustheorie = M. WOLFF, Geschichte der Impetustheorie. Untersuchungen zum Ursprung der klassischen Mechanik (Frankfurt 1978).

WOLSKA, Topographie = W. WOLSKA, La topographie chrétienne de Cosmas Indikopleustès = BByz.E 3 (Paris 1962).

WOLSKA-CONUS, Geographie = W. WOLSKA-CONUS, Geographie: RAC 10 (1978) 155/222.

ZAHLTEN = J. ZAHLTEN, Creatio mundi. Darstellungen der sechs Schöpfungstage und naturwissenschaftliches Weltbild im Mittelalter = Stuttgarter Beiträge zur Geschichte und Politik 13 (Stuttgart 1979).

ZELLINGER = J. ZELLINGER, Die Genesishomilien des Bischofs Severian von Gabala = ATA 7,1 (Münster 1916).

ZÖCKLER = O. ZÖCKLER, Geschichte der Beziehungen zwischen Theologie und Naturwissenschaft 1 (Gütersloh 1877).

Nicht zugänglich waren:

J.E. McKENNA, The life-setting of the Arbiter by John Philoponus (Ph. Diss. Fuller Theol. Seminar 1987).

K. VERRYCKEN, God en wereld in de wijsbegeerte van Ioannes Philoponus (Diss. Louvain 1985); eine Kurzfassung davon ist offenbar DERS., development.

REGISTER

A. HEILIGE SCHRIFT
Altes Testament Septuaginta

Neues Testament

B. JOHANNES PHILOPONOS

In Aristotelis physicorum libros commentaria
76, 115

C. ÜBRIGE ANTIKE AUTOREN

ACHILLES TATIOS

Isagoge in Aratum

Isagoge bis excerpta

KATENE s. ANONYMUS

KLEMENS VON ALEXANDRIEN

Excerpta ex Theodoto

Paidagogos

Protreptikos

Stromata

KLEOMEDES

Caelestia

KONZIL VON KONSTANTINOPEL DES JAHRES 553

Kanones

KOSMAS INDIKOPLEUSTES

Topographia christiana

LAKTANZ

De opificio dei

LEONTIUS VON BYZANZ

Contra Nestorianos et Eutychianos

MACROBIUS

In somnium Scipionis

OLYMPIODOR, DIAKON

ORIGENES

PAMPHILUS

PAPPOS

PAULUS ALEXANDRINUS

PHILON VON ALEXANDRIEN

STEPHANUS BAR SUDAILI

STEPHANUS VON ALEXANDRIEN

STOICORUM VETERUM FRAG-
MENTA

D. MODERNE AUTOREN

E. ANTIKE NAMEN, SACHEN UND BEGRIFFE
(s. auch C. Antike Autoren)